산재보험 및 자동차보험 관리

제3판

최신 실무중심의

산재보험 및 자동차보험 관리

제3판

김회창 · 박의수 · 정상진 · 서정운 · 방기현 공저

보무각

최신 실무중심의

산재보험 및 자동차보험 관리 제3판

제3판 발행 2023년 9월 15일
초 판 인쇄 2018년 5월 14일

지은이 김회창 · 박의수 · 정상진 · 서정운 · 방기현
펴낸이 이호동
발행처 보문각
블로그 http://bomungak.blog.me
e-mail bomungak@naver.com
주소 서울시 서초구 바우뫼로7길 8
등록번호 302-2003-00085
전화 02)468-0457
팩스 02)468-0458

값 32,000원

ISBN 978-89-6220-460-5 93320

머리말

의료보장은 국민의 건강권을 보호하기 위하여 요구되는 필요한 보건의료서비스를 국가나 사회가 제도적으로 제공하는 것을 말하며, 건강보험, 의료급여, 산재보험을 포괄하고 있다.

산재보험은 근로자가 업무와 관련하여 질병, 부상 등의 근로 중에 입은 신체상의 피해와 그로 인한 경제적 손실을 신속하고 공정한 보상을 위해 사업주의 보험 가입을 국가가 책임지는 강제보험으로서 근로기준법에 규정하고 있는 사용자가 근로자에 부담해야 하는 형사 및 보상 책임을 담보로 제공하는 사회보험을 말한다.

자동차보험은 자동차의 운행 및 관리로 발생한 손해를 보상하는 보험으로 자동차의 충돌이나 화재, 도난 등의 사고로 인한 차량의 손해나 운전 중의 사고로 남에게 피해를 끼쳤을 때 지급 보상(배상)하는 사보험(私保險)을 말한다.

따라서 병원의 산재보험 및 자동차보험관리는 환자가 편리하게 이용할 수 있도록 제반 서비스를 제공하고, 수급자격과 진료비 관리를 효율적으로 수행하여 병원의 경영목표달성에 기여할 수 있어야 한다. 또한 진료활동을 하는 의사들이 양질의 진료를 할 수 있도록 진료지원을 하여야 한다.

오늘날 병원관리는 의료정책의 변화, 수가산정의 복잡화, 의료환경의 급격한 변화, 고객의 기대수준 향상, 병원간 환자유치 및 서비스 경쟁의 심화 등으로 최신경영기법에 의한 병원관리가 필요하며, 특성화와 차별화된 전략수립과 홍보마케팅으로 대외경쟁력의 강화가 요구되고 있다.

병원에 내원하는 환자는 보험유형이 다양하므로 산재 및 자동차보험환자는 관련 법령과 보험급여기준에 의한 체계적인 수급절차와 자격관리가 필요하다. 또한 우리나라의 의료수가 산정방식은 수가 한 종목당 값이 정해지는 행위별수가제를 채택하고 있어 수가산출과 진료비 청구방법이 복잡하기 때문에 진료행위에 대한 누락이 없도록 진료비관리를 할 수 있어야 한다.

본 교재는 교육부에서 현재 국가사업으로 추진하여 시행 중인 국가직무능력표준(National Competency Standard : NCS)을 기반으로 한 산업현장에서 직무를 효율적으로 수행하기 위하여 요구되는 지식 · 기술 · 태도 · 소양 등의 내용을 업무 수준별로 체계화하여 직무를 성공적으로 수행할 수 있도록 하는데 역점을 두어 집필하였다. 또한 해당 업무수행을 위한 필요지식을 습득 후 수행준거에 의거 체계적으로 학습할 수 있도록 집필하였다.

저자들은 그동안 서울아산병원 등을 비롯하여 의료기관에서 원무 · 보험관리 및 건강검진관리에 대한 실무경험과 강의경험을 바탕으로, 보건행정 및 병원경영을 전공한 학생들이 쉽게 이해를 하고 전문지식을 습득하여 졸업 후 의료기관에서 실무에 활용 할 수 있도록 교재를 집필하였다. 또한 의료기관의 원무팀(과) 및 보험심사팀(과)의 직원들과 산재 및 자동차보험 관련 업무에 종사하는 직원들이 직무교재로 활용할 수 있도록 현장 실무위주로 집필하였다.

그리고 그동안 여러 병원의 경영진단 컨설팅 연구원으로 참여해오면서 산재 및 자동차보험의 효율적 운영방안을 제시한 사항을 참고하여 환자의 자격관리와 미수금관리 및 진료행위에 대한 누락을 방지하고 병원의 수익증대에 도움이 되도록 관련법령 등 주요사항을 삽입하였다.

교재의 순서는 학습을 제13단원으로 분류하여 제1장 산재보험제도, 제2장 산재보험 급여유형 및 신청, 제3장 산업재해보험 요양급여 산정기준, 제4장 산재의료기관 지정 및 평가, 제5장 산재보험 접수 및 입 · 퇴원 관리, 제6장 산재보험 진료비 심사청구, 제7장 공무상요양보험 및 국가배상제도, 제8장 자동차보험 제도, 제9장 자동차보험 급여관리, 제10장 자동차보험 진료수가 기준, 제11장 자동차보험 진료비심사청구, 제12장 산재보험 및 자동차보험 의료수가관리, 제13장 환자진료실적 관리의 순서로 나열하고 필요지식과 수행준거 등으로 구성하였다.

특히 산재보험 및 자동차보험이 병원의 원무관리에 미치는 중요성을 인식하여 학습 중에서도 환자의 자격관리와 진료비관리에 더욱 비중을 두고 상세하게 이해가 쉽도록 서술하였다.

또한 최신 법령과 기준 및 고시내용을 참고하여 집필에 활용하였으며, 병원행정사 및 손해사정사 등 자격시험 대비를 할 수 있도록 하였다. 아무쪼록 이 책을 이용하시는 분들께서는 산재 및 자동차보험관리에 많은 도움이 되기를 바라며, 이 책의 편집을 계기로 미진한 부분은 매년 수정 보완하여 훌륭한 교재가 될 수 있도록 노력해 나가려고 한다.

그리고 교재집필에 자문과 도움을 주신 서울아산병원의 원무행정 관리자 및 알비즈 보건의료 TV 조형래 대표님, 정병원 육성수 행정부원장님, 참조은병원 전현구 경영지원본부장님, 남기새병원 서현석 행정부원장님께 감사드리며, 출판을 위해 성심성의를 다해 주신 이호동 사장님과 직원들에게 감사말씀을 전한다.

대표저자 김회창 드림

Contents

차례

Contents

산재보험 및 자동차보험 개요

▣ 학습개요

산재보험은 근로자가 업무와 관련하여 질병, 부상 등의 근로 중에 입은 신체상의 피해와 그로 인한 경제적 손실을 신속하고 공정한 보상을 위해 사업주의 보험 가입을 국가가 책임지는 강제보험으로서 근로기준법에 규정하고 있는 사용자가 근로자에 부담해야 하는 형사 및 보상 책임을 담보로 제공하는 사회보험을 말한다.

자동차보험은 자동차의 운행 및 관리로 발생한 손해를 보상하는 보험으로 자동차의 충돌이나 화재, 도난 등의 사고로 인한 차량의 손해나 운전 중의 사고로 남에게 피해를 끼쳤을 때 지급하는 보상(배상)하는 사보험(私保險)을 말한다.

따라서 병원의 산재보험 및 자동차보험관리는 환자가 편리하게 이용할 수 있도록 제반 서비스를 제공하고, 수급자격과 진료비 관리를 효율적으로 수행하여 병원의 경영목표달성에 기여할 수 있어야 한다.

오늘날 병원관리는 의료정책의 변화, 수가산정의 복잡화, 의료환경의 급격한 변화, 고객의 기대수준 향상, 병원간 환자유치 및 서비스 경쟁의 심화 등으로 최신경영기법에 의한 병원관리가 필요하며, 특성화와 차별화된 전략수립과 홍보마케팅으로 대외경쟁력의 강화가 요구되고 있다.

병원에 내원하는 환자는 보험유형이 다양하므로 특히 산재 및 자동차보험환자는 관련법령과 보험급여기준에 의한 수급절차와 자격관리가 필요하다. 또한 우리나라의 의료수가 산정방식은 상대가치점수에 의한 행위별수가제를 채택하고 있어 수가산출과 청구방법이 복잡하기 때문에 제공한 진료행위에 대하여 누락이 없도록 정확한 수가산정과 진료비 심사청구관리가 필요하다.

■ 학습목표

첫째, 의료기관에 내원하는 산재보험 및 자동차보험 환자의 자격을 관리할 수 있다.

둘째, 요양급여기준 및 진료수가산정기준과 지침에 의한 보험급여를 관리할 수 있다.

셋째, 산재보험 및 자동차보험환자의 접수/수납 및 입·퇴원업무를 수행할 수 있다.

넷째, 산재보험 및 자동차보험환자의 진료수익과 미수금을 관리할 수 있다.

다섯째, 산재보험 및 자동차보험환자의 진료비명세서를 작성 심사청구 할 수 있다.

여섯째, 요양급여신청 및 보험금 지급신청에 대하여 편의제공과 안내를 할 수 있다.

■ 관련법령

산업재해보상보험법, 자동차손해배상보장법. 교통사고처리특례법, 국가배상법, 국민건강보험법, 공무원연금법,사립학교교직원연금법, 요양급여기준(보건복지부, 고용노동부, 국토해양부고시), 진료수가산정기준 및 지침(상대가치점수 및 항목), 진료비심사기준

제 1 장

산재보험제도

1-1 산재보험제도

학습목표

1 | 산재보험의 특성과 적용범위 및 운영체계에 대하여 알 수 있다.
2 | 산업재해의 발생 및 인정 기준을 이해하고 업무를 수행할 수 있다.

1. 산재보험의 개요

(1) 개요

의료보장은 국민의 건강권을 보호하기 위하여 요구되는 필요한 보건의료서비스를 국가나 사회가 제도적으로 제공하는 것을 말하며, 건강보험, 의료급여, 산재보험을 포괄하고 있다.

- 산재보험은 공업화가 진전되면서 급격히 증가하는 산업재해 근로자를 보호하기 위하여 1964년에 도입된 우리나라 최초의 사회보험제도이다.
- 초기의 산업재해는 건설현장과 위험한 기계와 기구를 설치, 사용하는 사업장에서 주로 발생하였으나 산업사회의 현대화, 고도화, 정보화 등으로 재해 발생 원인도 신종 직업병과 과로, 스트레스 등에 기인한 재해가 급격히 증가하고 있다.
- 산재보험은 산재근로자와 그 가족의 생활을 보장하기 위하여 국가가 책임을 지는 의무보험으로 원래 사용자의 「근로기준법」상 재해보상책임을 보장하기 위하여 국가가 사업주로부터 소정의 보험료를 징수하여 그 기금(재원)으로 사업주를 대신하여 산재 근로자에게 보상을 해주는 제도이다.

따라서 **산업재해보험을 종합하면 근로자가 업무와 관련하여 질병(疾病), 부상(負傷), 사망(死亡) 등의 재해를 입은 경우 이를 신속하고 공정하게 보상하기 위하여, 사업주의 강제 가입 방식으로 운영되는 사회보험**을 말한다.

(2) 산재보험의 특성

① 근로자의 업무상 재해에 대하여 사용자에게는 고의 · 과실의 유무를 불문하는 무과실 책임주의이다.

② 보험 사업에 소요되는 재원인 보험료는 원칙적으로 사업주가 전액 부담한다.

③ 산재보험급여는 재해발생에 따른 손해전체를 보상하는 것이 아니라 평균임금을 기초로 하는 정률보상방식으로 행한다.

④ 자진신고 및 자진납부를 원칙으로 하고 있다.

⑤ 재해보상과 관련되는 이의신청을 신속히 하기 위하여 심사 및 재심사청구제도를 운영한다.

⑥ 타 사회보험과는 달리 산재보험은 사업장 중심의 관리가 이루어진다.

(3) 목적

산업재해(産業災害) 근로자에게는 신속하고 공정한 보상을 시행함으로써 근로자 및 가족의 생활 안정을 도모하고, 재해가 일어난 사업장의 사업주가 피재 근로자의 치료와 보상을 위해 일시에 과중하게 부담해야 하는 비용을 보험 기능을 통하여 분산시켜 기업을 안정적으로 운영할 수 있게 한다.

국가적으로는 건전한 노동력을 확보하고 보전하는 동시에, 기업도 보호함으로써 국가의 경제발전과 국민의 복지를 향상시킬 수 있는 기반을 갖추고자 하는 데 있다.

또한 이 법은 산업재해보상보험 사업을 시행하여 근로자의 업무상의 재해를 신속하고 공정하게 보상하며, 재해근로자의 재활 및 사회 복귀를 촉진하기 위하여 이에 필요한 보험시설을 설치 · 운영하고, 재해 예방과 그 밖에 근로자의 복지 증진을 위한 사업을 시행하여 근로자 보호에 이바지하는 것을 목적으로 한다.

(4) 연혁 및 적용사업장 확대

산업재해보상보험제도가 처음 시행된 1964년에는 상시근로자 500인 이상을 고용하는 대규모의 광업 및 제조업 부문에만 적용하고 「근로기준법」에 규정한 재해 보상을 행하였으나 그 후 산재보험 적용범위가 점차 확대되어 2000.7.1 부터는 근로자 1인 이상을 고용하는 사업장의 근로자에게까지 적용이 확대되었고 2005.1.1 부터는 고용보험 및 산업재해보상보험의 보험료를 통합징수하기 위한 「고용보험 및 산업재해보상보험의 보험료 징수 등에 관한 법률」이 제정되어 시행되고 있다.

표1-1 연혁

연도	내용
1963.11.5	산업재해보상보험법 제정, 공포
1964. 7.1	산업재해보상보험 실시(상시근로자 500인 이상)
1981.12.1	산업안전보건법 제정
1987.12.1	한국산업안전보건공단 설립
1992.7.1	산재사업장 확대(5인 이상 사업장)
1995. 5.1	근로복지 공단 설립(업무이관)
2000. 7.1	산재 사업장 확대(1인 이상)
2003.12.1	대통령령이 정하는 사업 제외 모든 사업 또는 사업장에 적용
2005.1.1	산재보험과 고용보험 보험료 통합징수
2009.1.1	공사금액 2천만원 이상, 연면적 100㎡ 초과 건축 또는 연면적 200㎡ 초과 건축물 수선 공사 당연가입 확대
2010.4.28	근로복지공단, 한국산재의료원 통합
2012.1.22	자영업자 고용보험(실업급여)사업 확대, 택배, 퀵서비스 산재보험 적용
2014.3.25	근로복지공단 본사 울산 이전
2018.1.1	출퇴근재해 보상범위 확대
2019.1.1	특수형태근로종사자(건설기계) 적용확대
2021.7.1.	특수형태근로종사자 산재보험 적용 확대

표1-2 산재보험 연도별 적용규모 확대 과정

연도	'64	'65	'66	'67	'68	'72	'73	'76 ~'81	'82 ~'91	'92	'96	'98	2000. 7.1
적용 규모	500인	200인	150인	100인	50인	30인	16인	5~16인	5~10인	5인	5인	5인	1인

(5) 산업재해 현황

① 연도별 산업재해 발생현황

재해 발생상황을 수치적으로 나타내는 것을 말하며, 이 통계는 산업재해 예방 정책수립의 기초자료로 활용되고 있다. 고용노동부에서는 연간 발생한 산업재해를 업종별, 사업장 규모별 등 다양한 형태로 분석하여 매년「산업재해분석」자료집을 발간하고 있다.

2021년도 2021년도 산업재해보상보험법 적용사업장 2,876,635개소에 종사하는 근로자 19,378,565명 중에서 4일 이상 요양을 요하는 요양재해자가 122,713명이 발생(사망

2,080명, 부상 101,182명, 업무상질병 요양자 19,183명)하였고, 요양재해율은 0.63% 이었다.

표1-3 연도별 산업재해 발생 현황

연도	적용 사업장 수 (개소)	대상 근로자 수 (명)	재해자수(명)				재해율 (%)	신체장해자수(명)			경제적 손실 추정액 (단위 : 백만 원)			근로 손실 일수 (일)
			계	사망	부상	업무상 질병 요양자 수		계	사고 장해자 수	업무상 질병 장해자 수	계	산재 보상금	간접 손실액	
2020년	2,719,308	18,974,513	108,379	2,062	91,237	14,816	0.57	37,426	29,813	7,613	29,984,095	5,996,819	23,987,276	55,343,490
2021년	2,876,635	19,378,565	122,713	2,080	101,182	19,183	0.63	41,772	31,731	10,041	32,264,700	6,452,940	25,811,730	60,492,479
증감	157,327	404,052	14,334	18	9,945	4,367	0.06	4,346	1,918	2,428	456,121	456,121	1,824,484	5,148,989
(%)	(5.79)	(2.13)	(13.23)	(0.87)	(10.90)	(29.47)		(11.61)	(6.43)	(31.89)	(7.61)	(7.61)	(7.61%)	(9.30)

② 업종별 산업재해 발생현황

산업별로는 전년 대비 임업(84명, 8.16%)은 감소하였고, 기타의 사업(4,835명, 11.92%), 건설업(3,144명, 11.73%), 제조업(2,869명, 9.95%) 등은 증가하였다.

표1-4 산업별 요양재해 비교표

(단위 : 명)

연 도	전 산업	광업	제조업	건설업	전기 가스 수도업	운수 창고 통신업	임업	어업	농업	금융 보험업	기타의 사업
2020년	108,379	2,753	28,840	26,799	105	7,251	1,030	48	639	341	40,573
2021년	122,713	3,336	31,709	29,943	130	10,091	946	74	668	408	45,408

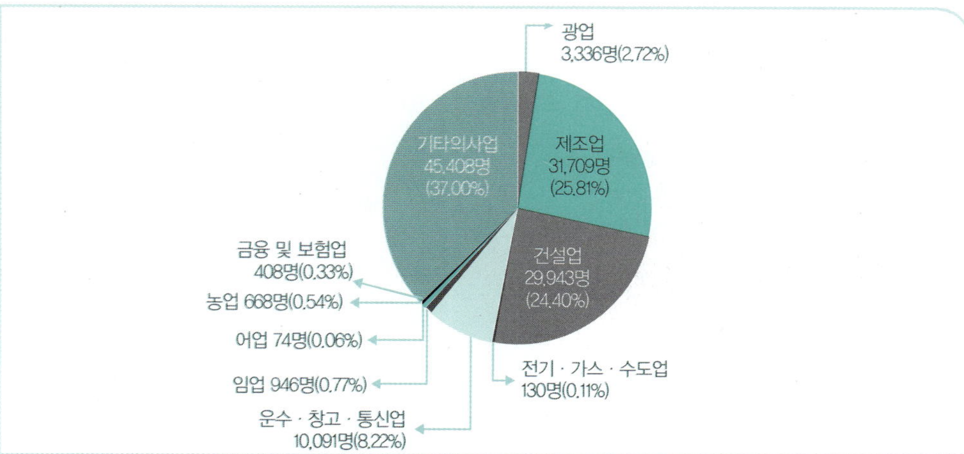

그림 1-1 ▶ 산업별 요양재해자 분포도

산업별 분포로는 기타의 사업이 전체 재해의 45,408명(37.00%)으로 가장 높고, 다음은 제조업이 31,709명(25.84%), 건설업이 29,943명(24.40%), 운수 · 창고 · 통신업이 10,091명(8.22%) 등의 순으로 나타났다.

③ 재해유형별 발생현황

재해유형별로는 전년 대비 화재 · 폭발 · 파열(78명, 14.21%), 무너짐(25명, 4.67%)은 감소하였고, 업무상질병(4,439명, 27.75%), 넘어짐(3,298명, 15.96%), 교통사고(1,350명, 24.40%) 등은 증가하였다.

표1-5 재해유형별 발생현황

(단위 : 명)

구분	총계	떨어짐	넘어짐	깔림 뒤집힘	부딪힘	물체에 맞음	무너짐	끼임	절단 베임 찔림	화재 폭발 파열	교통 사고	무리한 동작	업무상 질병	기타
2020년	108,379	14,406	20,659	2,201	7,503	7,248	535	12,894	10,374	549	5,533	4,343	15,996	6,138
2021년	122,713	14,775	23,957	2,436	8,219	8,360	510	13,668	11,085	471	6,883	5,651	20,435	6,263
증감 (%)	14,334 (13.23)	369 (2.56)	3,298 (15.96)	235 (10.68)	716 (9.54)	1,112 (15.34)	−25 (−4.67)	774 (6.00)	711 (6.85)	−78 (−14.21)	1,350 (24.40)	1,308 (30.12)	4,439 (27.75)	125 (2.04)

재해유형별 분포로는 넘어짐이 23,957명(19.52%)으로 가장 많고, 업무상질병 20,435명(16.65%), 떨어짐 14,775명(12.04%), 끼임 13,668명(11.14%) 등의 순으로 나타났다.

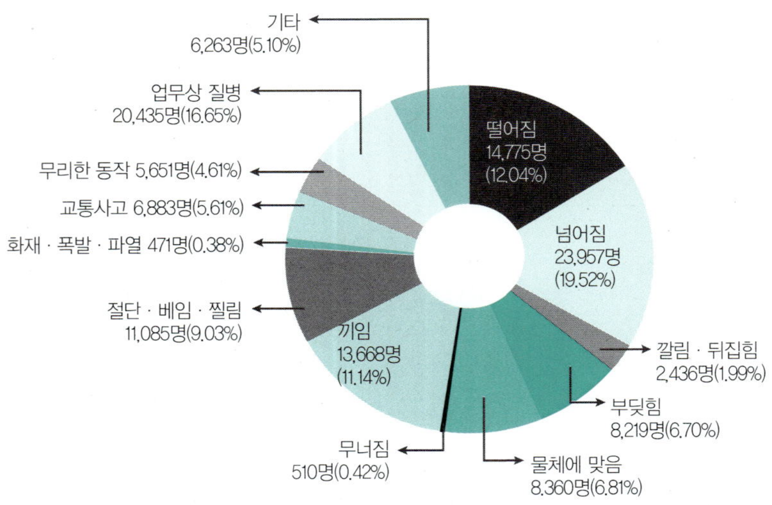

그림 1-2 ▶ 재해유형별 산업재해 현황 분포도

④ 재해정도(요양기간)별

재해정도(요양기간)별로는 전년 대비 29일~90일(5,207명, 16.98%), 4일~28일(3,747명, 28.35%) 등은 증가하였다.

표1-6 재해정도(요양기간)별 업무상사고 재해자 비교표

(단위: 명)

구분	재해자	사망자	6개월 이상	91일~180일	29일~90일	4일~28일
2020년	108,379	2,062	26,695	35,481	30,662	13,215
2021년	122,713	2,080	28,812	38,722	35,869	16,962
증감 (%)	14,334 (13.23%)	18 (0.87%)	2,117 (7.93%)	3,241 (9.13%)	5,207 (16.98%)	3,747 (28.35%)

자료출처 : 상기 ①②③④⑤⑥ 안전보건공단(2021년 산업재해현황분석)

2. 외국의 산재보험제도

외국의 산재보험제도의 운영국가 및 적용사례를 요약하면 다음과 같다.

(1) 독일(Germany)

독일의 산재보험은 협동정신을 기반으로 하여 각 업종별로 구분된 업종별, 직종별 조합체계(산재보험조합총연맹)로 운영되고 있으며, 최초 법은 1884년에 제정되었고 현재의 법은 1996년에 만들어졌다. 독일의 산재보험조합은 사회보험제도 중에 산재보험 분야를 담당하고 사업장에서의 업무와 직업훈련과 관련된 산업재해와 직업병에 대해 근로자, 훈련생 등을 사전적 또한 사후적으로 보호하는데 그 주목적이 있다. 산재보험 적용대상에는 근로자뿐만 아니라 학생 및 교육훈련생 집단, 기타 집단 등도 포함된다. 자영업자(같이 근무하는 배우자)는 의무가입대상이 아닌 임의 가입대상이다.

(2) 이탈리아(Italy)

이탈리아는 1898년에 산재보험에 관한 최초법률이 시행되어 설립된 강제적인 산재보험제도로서 사업주가 자유롭게 보험기관을 선정할 수 있었다. 그러나 미가입사업장이거나 보험료 체납을 한 경우에는 보험급여가 지급되지 않았다. 1933년에 전국산재보험공사(INAIL)가 설립되어 이전에 여러 기관에서 하던 것을 통합하여 INAIL이 운영하게 되었다. 1978년에는 국민보건서비스(NHS)가 설립되어 산재보험의 요양서비스와 기구가 지방자치단체로 이관되었다. 2000년에는 산재보험에 대한 대대적인 개혁이 이루어졌다. 프리랜서와 같이 계약으로 일하는 근로자, 프로스포츠선수, 주부에게도 적용이 확대되었고, 보호면에서도 생물학적 손해와 통근재해가 추가 되었다.

(3) 스위스(Switzerland)

스위스재해보험원(SUVA)은 1918년부터 산재보험제도의 징수, 보상, 예방, 재활을 담당하고 있으며, 산재보험의 특징은 피보험자의 범위와 보상범위가 넓은 점이다. 적용대상은 계속 확대되어 모든 근로자가 피보험자가 되었고 적용제외이던 자영업자, 사업주도 임의가입을 할 수 있게 되었다. 실업자도 스위스재해보험원(SUVA)에 강제가입대상으로 산재보험의 혜택을 받을 수 있다. 업무상재해, 직업병 및 비업무상재해도 보호대상이다. 비업무상재해란 업무시간외의 레저나 스포츠, 여행시 일어난 모든 사고를 보상의 대상으로 한다. 가입입사업장은 주로 건설, 가구, 목재, 음식, 음료, 담배, 섬유, 의류, 플라스틱, 종이, 인쇄업, 화학업, 금속, 시계제조업, 기계공학, 석공, 에너지, 수자원과 같은 2차 산업이다. 적용대상은 스위스내의 모든 근로자(1년 이내로 파견되는 해외 파견근로자도 포함)이며, 자영업자는 임의적용이다. 시간제근로자인 경우 근무시간이 1주일에 8시간을 넘지 않으면 업무상재해와 질병만 보호를 받는다(통근재해포함). 즉 비업무상재해는 보호를 받지 못하므로 근무시간외의 재해는 산재보험의 대상이 아니다.

(4) 프랑스(France)

프랑스의 사회보호체계는 대략 3가지로 구성된다. 첫째는 사회보장제도로서 건강보험, 연금, 산재보험, 출산, 사망, 장해, 가족수당 등 사회적 위험에 대한 보상을 목적으로 하는 사회보험이다. 이 사회보험은 URSSA(전국질병보험금고)에서 통합징수하고 보상은 금고(Caisse)라 불리는 조직에서 담당한다. 둘째는 국가와 지방자치단체가 빈곤층, 아동, 노인들을 위해 운영하는 공적부조이다. 셋째는 노사협약에 근거하여 구성된 공제조합이 주체가 되어 운영하는 고용보험제도, 보충연금제도 그리고 건강보험의 급여를 보충하는 제도 등이 있다.

적용대상은 1인 이상 사업장의 근로자가 적용대상이다. 특별제도는 농업·광업근로자, 선원, 국가·지방공무원, 직업군인, 자영농민을 대상으로 한다. 또한 프랑스국철(SNCF), 프랑스은행, 파리시교통공단 등 공기업마다 설치된 특별제도가 있어 각 기업이 관리·운영한다.

(5) 일본(Japan)

일본의 노동보험료(노재, 고용보험료)는 1972년부터 통합징수되고 있으며, 후생노동성 공무원이 노동보험업무를 담당하고 있다. 징수의 경우 특별가입제도의 범위가 넓어 중소기업사업주, 해외파견자, 자영업자의 성격을 갖는 노무자와 농업, 가사노동을 하는 특정작업종사자도 임의가입 할 수 있으며, 사무조합의 활성화로 인하여 전체 적용사업장의 46%인 약 140만개의 사업장이 업무위탁을 하고 있으며, 징수한 보험료는 전체 수납 보험료의 14%정도를 차지하고 있다. 적용대상은 1인 이상 사업장의 근로자가 적용대상이며, 단, 5인 미만의 농림수산업은 임의가입대상이다. 일원적용사업(산재·고용보험을 하나의 보험관계로 취급하는 사업)과 이원적용사업(산재·고용보험을 각각 별개로 취급하는 사업)이 있다(자료출처: 근로복지공단).

3. 산업재해보상보험의 특징

(1) 고용주 보험

보험료는 수급권자가 부담하지 않고 고용주(사업주)만이 부담하고 보험계약관계에서 노동자가 아니라 고용주가 보험가입자이다.

(2) 무과실 책임주의

민사배상의 과실책임주의와는 달리 업무상으로 인해 발생한 모든 재해에 대하여 사용자의 고의나 과실 유무와 상관없이 사용자의 무과실 책임을 인정하기 때문에 사용자와 근로자의 과실상계(過失相計)를 하지 않고 보상한다.

(3) 자진신고 및 자진납부의 원칙

산재보험 가입대상 사업주는 보험가입에 필요한 제반 절차를 자발적으로 이행하고 보험료도 스스로 납부하는 것을 원칙으로 한다.

(4) 정률(定率)보상 방식

보험급여는 재해발생에 따른 손해전체를 보상하는 것이 아니라 평균임금을 기초로 하는 정률보상방식으로 현물 및 현금급여를 모두 제공한다.

(5) 가입자와 수혜자의 불일치

수혜자(노동자)와 보험료 납부자(고용주)가 다르다.

(6) 수지상등(收支相等)의 원칙

철저히 민간보험의 기본원칙인 수지상등의 원칙을 준수한다.

(7) 보험료는 위험발생률, 산재발생률에 비례

보험료가 위험발생률과 관계되며, 즉 산재발생률에 비례한다.

(8) 사업장 중심 관리

사업장 근로자를 개별로 관리하지 않고 보험에 가입한 사업장을 대상으로 보험료의 산정과 자격관리를 수행한다.

(9) 강제사회보험

산재보험은 국가가 사업주의 손해배상책임을 담보로 하는 강제사회보험 방식이다.

(10) 신속 · 공정 · 확실성 보장을 위한 독립된 심사기구

특별히 제정된 산재심사제도(심사 및 재심청구제도)에 의한 심사전치(前置)주의를 채택한다.

4. 산재보험의 보험료

(1) 산재보험의 보험료

산재보험료는 고용주(사업주)만 부담하며, 기업의 산재예방 노력에 인센티브(incentive)를 부여하기 위해 산업별 전년도 산재발생률에 비례하여 산정한다(사업주가 경영하는 사업의 보수총액에 산재보험료를 곱한 금액으로 산정). 따라서 「고용보험 및 산업재해보상보험의 보험료징수 등에 관한 법률」 제14조제3항 및 제4항, 제7항 같은 법 시행령 제13조 및 같은 법 시행규칙 제12조 및 제12조의2에 따라 적용할 "사업종류별 산재보험료율"과 "통상적 경로와 방법으로 출퇴근하는 중 발생한 재해에 관한 산재보험료율"을 고용노동부장관이 고시하고 있다.

(2) 업종별 산재보험료(율)(2023년 기준)

보건 및 사회복지사업의 경우는 산재보험료율은 7.0%(출퇴근재해 1.0% 포함)이다.

표1-7 사업종류별 산재보험료율(2023년 기준)

(단위 : 천분율(%))

사 업 종 류	요율	사 업 종 류	요율
1. 광 업		4. 건 설 업	36
석탄광업 및 채석업	185	5. 운수 · 창고 · 통신업	
석회석 · 금속 · 비금속 · 기타광업	57	철도 · 항공 · 창고 · 운수관련서비스업	8
2. 제 조 업		육상 및 수상운수업	18
식료품 제조업	16	통신업	9
섬유 및 섬유제품 제조업	11	6. 임 업	58
목재 및 종이제품 제조업	20	7. 어 업	28
출판 · 인쇄 · 제본업	10	8. 농 업	20
화학 및 고무제품 제조업	13	9. 기타의 사업	
의약품 · 화장품 · 연탄 · 석유제품 제조업	7	시설관리 및 사업지원 서비스업	8
기계기구 · 금속 · 비금속광물제품 제조업	13	기타의 각종사업	9

금속제련업	10	전문 · 보건 · 교육 · 여가관련 서비스업	6
전기기계기구 · 정밀기구 · 전자제품 제조업	6	도소매 · 음식 · 숙박업	8
선박건조 및 수리업	24	부동산 및 임대업	7
수제품 및 기타제품 제조업	12	국가 및 지방자치단체의 사업	9
3. 전기 · 가스 · 증기 · 수도사업	8	**0. 금융 및 보험업**	6
		* 해외파견자: 14/1,000	

(주) 2023년도 통상적인 경로와 방법으로 출퇴근하는 중 발생한 재해에 관한 산재보험료율 : 전 업종 1.0/1,000 동일

1-2 적용대상사업 및 운영체계

1. 적용대상사업

(1) 적용대상사업

① 당연적용(가입)사업

사업이 개시되어 적용요건을 충족하게 되었을 때 사업주의 의사와는 관계없이 자동적으로 보험관계가 성립하는 사업을 말하는 것으로 적용제외 사업을 제외한 근로자를 1인 이상 사용하는 모든 사업 또는 사업장은 당연가입대상에 해당된다.

② 임의적용(가입)사업

당연가입 대상 사업이 아닌 사업으로서 보험가입여부가 사업주의 자유의사에 일임되어 있는 사업을 말한다. 산재보험 적용제외 사업의 사업주는 근로복지공단의 승인을 얻어 보험에 가입할 수 있다.

③ 특례적용사업

우리나라사업주에 의한 국외사업에 우리나라근로자가 취업한 경우, 지정보험회사가 산재보험법상의 보험사업을 관장하고 자기의 계산으로 영위할 수 있다.

표1-8 사업규모별 사업장 적용(증감현황)

(단위 : 개소(%))

	'20년 말		'21년 말		증감	증감률
		구성비		구성비		
합 계	2,719,308	100.00	2,876,635	100.00	152,327	5.79
5인 미만	1,737,848	63.91	1,815,151	63.10	77,303	4.45
5~9인	331,745	12.2	338,729	11.78	6,984	2.11
10~29인	234,880	8.64	235,754	8.20	874	0.37
30~49인	43,138	1,.59	43,417	1.51	279	0.65
50~99인	26,106	0.96	26,103	0.91	−3	−0.01
100~199인	10,261	0.38	10,306	0.36	45	0.44

200~299인	2,880	0.11	2,929	0.10	49	1.70
300~499인	1,714	0.06	1,733	0.06	19	1.11
500~999인	952	0.04	979	0.03	27	2.84
1000인 이상	505	0.02	544	0.02	39	7.72
건설업	329,279	12.11	400,990	13.94	71,711	21.78

자료출처 : 2021년 근로복지공단 통계연보(2022년)

표1-9 산재보험 사업종류별 적용현황

(단위 : 개소, %)

	'20년 말		'21년 말		증감	증감률
		구성비		구성비		
합계	2,719,308	100.00	2,876,635	100.00	152,327	5.79
금융보험업	42,858	1.58	43,679	1.52	821	1.92
광업	1,087	0.04	1,071	0.04	-16	-1.47
제조업	395,141	14.53	400,242	13.91	5,101	1.29
전기 · 가스 · 증기 · 수도사업	3,103	0.11	3,341	0.12	238	7.67
건설업	329,279	12.11	400,990	13.94	71,711	21.78
운수 · 창고 · 통신업	87,059	3.20	93,249	3.24	6,190	7.11
임업	12,919	0.48	14,596	0.51	1,677	12.98
어업	1,898	0.07	1,918	0.07	20	1.05
농업	19,382	0.71	20,302	0.71	920	4.75
기타의 사업	1,826,582	67.17	1,897,247	65.95	70,665	3.87

자료출처 : 2021년 근로복지공단 통계연보(2022년)

(2) 적용제외사업

다른 법률에 의하여 재해보상이 보장되는 경우 또는 사업의 위험률, 규모 및 사업장소 등을 참작하여 산재보험 적용을 제외하고 있는 사업장은 다음과 같다. (다만, 법적용제외 사업장이라 하더라도 근로복지공단의 승인을 얻어 보험에 임의 가입할 수 있다.)

적용제외사업	
산재보험 고용보험	고용보험
① 농업, 임업(벌목업제외), 어업 및 수렵업 중 법인이 아닌 자의 사업으로서 상시근로자수가 5명 미만인 사업, 가구내 고용활동 ②「공무원 재해보상법」 또는 「군인연금법」에 따라 재해보상이 되는 사업. 다만, 「공무원 재해보상법」 제60조에 따라 순직유족급여 또는 위험직무순직유족급여에 관한 규정을 적용받는 경우 적용 ③「선원법」, 「어선원 및 어선재해보상보험법」 또는 「사립학교직원연금법」에 따라 재해보상이 되는 사업	① 농업, 임업 및 어업 중 법인이 아닌 자가 상시 4명 이하의 근로자를 사용하는 사업 ② 가구내 고용활동 및 달리 분류되지 아니한 자가소비 생산활동 ③「건설산업기본법」에 따른 건설업자, 「주택법」에 따른 주택건설사업자, 「전기공사업컵」에 따른 공사업자, 「정보통신공사업법」에 따른 정보통신공사업자, 「소방시설공사업법」에 따른 소방시설업자 또는 「문화재수리 등에 관한 법률」에 따른 문화재수리업자가 아닌 자가 시공하는 공사(고시내용참고)

(3) 적용특례자

근로자가 아닌 사람도「산업재해보상법」에서 특별히 정한 사람은 산재보험의 혜택을 받을 수 있다. ① 해외파견자(임의가입) ② 당연적용사업장의 현장실습생 ③ 외국인산업기술 연수생 ④ 보험가입자로서 50명 미만의 근로자를 사용하거나 근로자를 사용하지 않고 자동차를 사용하여 여객 또는 화물운송사업을 행하는 중소기업 사업주 ⑤ 특수형태 근로종사자 ⑥「국민기초생활 보장법」에 의한 자활급여수급자 중 고용노동부장관이 정하여 고시하는 사업에 종사하는 자 등이다.

2. 운영체계 및 근로복지공단의 업무

(1) 운영체계

산재보험사업을 관장하는 운영체계는 관리 주체인 고용노동부장관과 산업재해보상보험업무를 실제로 담당하는 일선 집행기관인 근로복지공단 및 산재보험법에 규정하고 있는 보험료납부 등 제반의무를 이행하는 보험가입자, 그리고 보험급여를 받을 권리가 있는 수급권자의 관계로 기본구조를 형성하고 있으며, 이를 도식화하면 다음과 같다.

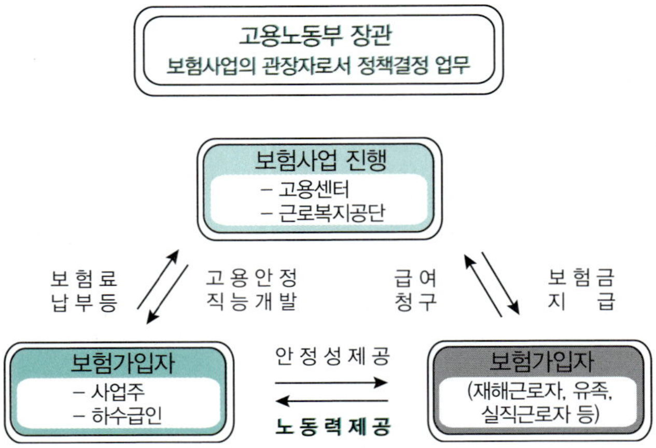

그림 1-3 ▶ 운영체계

(2) 근로복지공단

산업재해보상보험법에 따른 산업재해보상보험사업, 고용보험 및 산업재해보상보험의 보험료징수 등에 관한 법률(보험료징수법)에 따른 보험 적용 · 징수업무, 근로자복지기본법에 따른 복지사업, 고용정책 기본법에 따른 실업대책사업, 임금채권보장법에 따른 임금채권보장사업, 고용보험법에 따른 창업촉진지원사업, 진폐의 예방과 진폐근로자의 보호 등에 관한 법률에 따른 진폐업무, 업무상 재해를 입은 근로자의 요양과 재활 및 산업보건사업 등을 행함으로써 산업재해근로자의 보건향상과 근로자의 복지증진에 기여하고 있다. 근로복지공단은 1995년 5월 1일에 설립되었으며 본부는 울산(광역시)에 소재하고 있다.

근로복지공단

그림 1-4 ▶ 산재업무 관련기관 고용노동부 및 근로복지공단

근로복지공단의 본부 및 지역의 조직도는 다음과 같다.

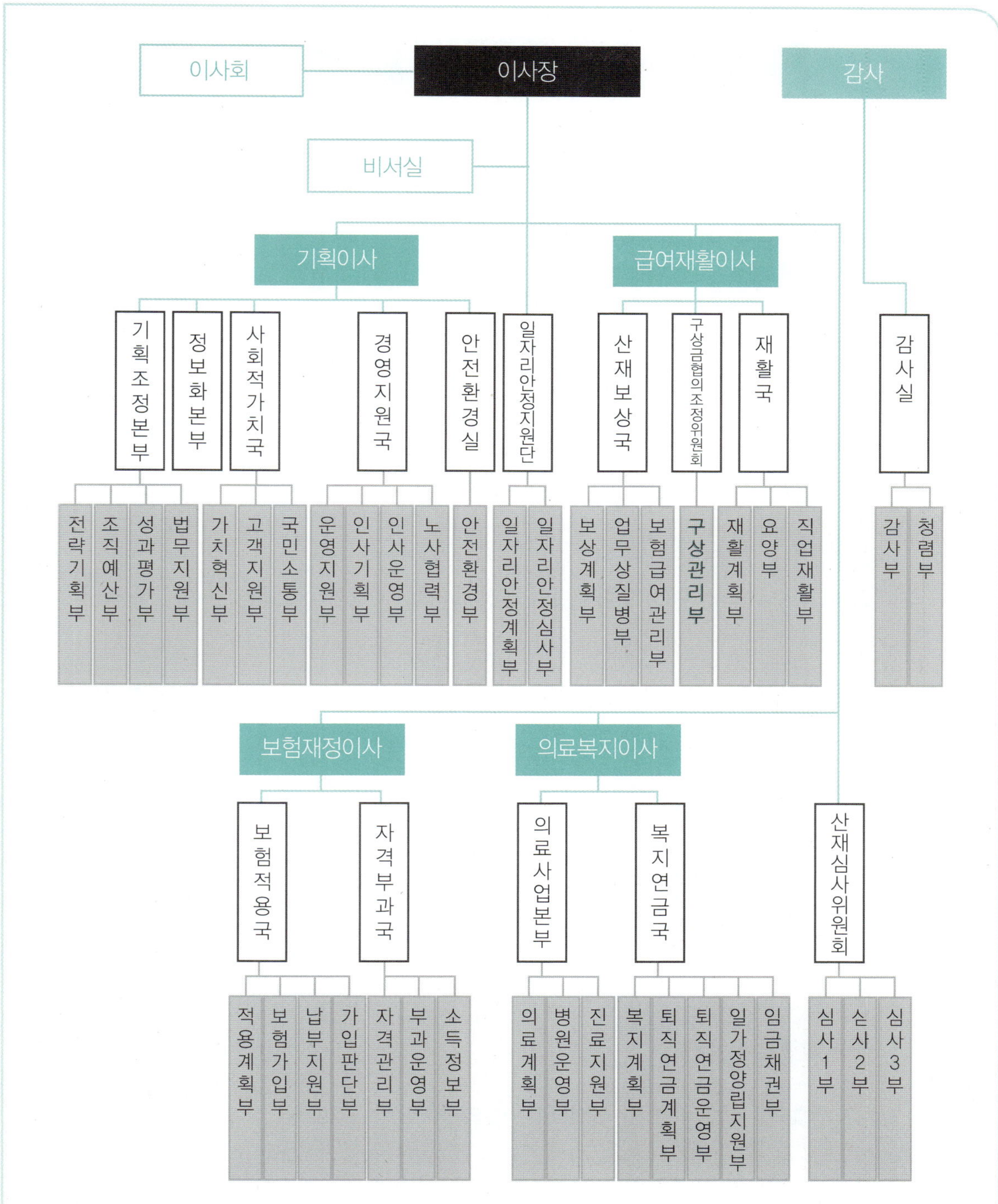

그림 1-5 ▶ 근로복지공단 조직도

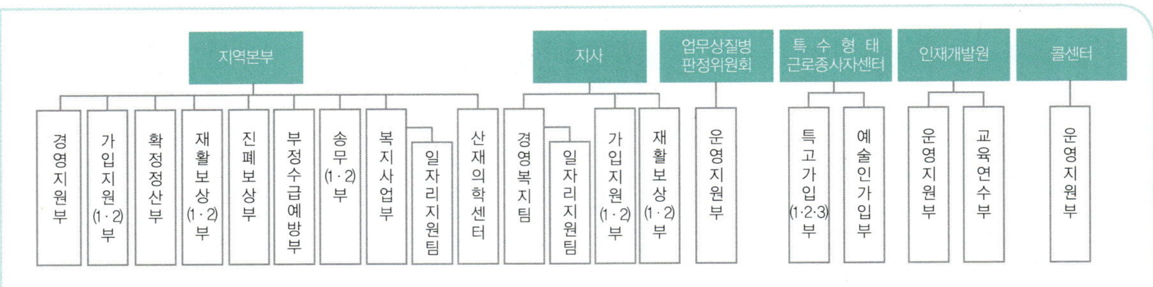

그림 1-6 ▶ 근로복지공단 소속기관(지역본부 및 지사) 조직도

(3) 근로복지공단의 주요사업(업무)

1. 고용노동부장관의 위탁을 받아 사업을 효율적으로 수행하기 위하여 근로복지공단을 설립 운영하며 주요사업(업무)은 아래와 같다.

① 보험가입자와 수급권자에 관한 기록의 관리 · 유지 ② 보험료징수법에 따른 보험료와 그 밖의 징수금의 징수 ③ 보험급여의 결정과 지급 ④ 보험급여 결정 등에 관한 심사청구의 심리 · 결정 ⑤ 산업재해보상보험 시설의 설치 · 운영 (5의 2) 업무상 재해를 입은 근로자 등의 요양 및 재활 (5의 3) 재활보조기구의 연구개발 · 검정 및 보급 ⑥ 근로자의 복지 증진을 위한 사업 ⑦ 그 밖에 정부로부터 위탁받은 사업 ⑧ 제5호 · 제5호의2 · 제5호의3 · 제6호 및 제9호에 따른 사업에 딸린 사업 제5호부터 제7호까지의 규정에 따른 사업에 딸린 사업

2. 공단은 사업을 위하여 의료기관, 연구기관 등을 설치 · 운영할 수 있으며, 사업의 수행에 필요한 자문을 하기 위하여 공단에 관계 전문가 등으로 구성되는 보험급여자문위원회를 둘 수 있다. 또한 정부는 예산의 범위에서 공단의 사업과 운영에 필요한 비용을 출연할 수 있다.

(4) 산업재해보상보험 및 예방심의위원회

산업재해보상보험 및 예방심의위원회의 설치 및 기능과 구성은 다음과 같다.

1 설치

① 산업재해보상보험 및 예방에 관한 중요 사항을 심의하게 하기 위하여 고용노동부에

산업재해보상보험 및 예방심의위원회를 둔다.

② 위원회는 근로자를 대표하는 자, 사용자를 대표하는 자 및 공익을 대표하는 자로 구성하되, 그 수는 각각 같은 수로 한다.

③ 위원회는 그 심의 사항을 검토하고, 위원회의 심의를 보조하게 하기 위하여 위원회에 전문위원회를 둘 수 있다.

④ 위원회 및 전문위원회의 조직 · 기능 및 운영에 필요한 사항은 대통령령으로 정한다.

2 기능

법 제8조제1항에 따른 산업재해보상보험 및 예방심의위원회는 다음 각 호의 사항을 심의한다.

1. 요양급여의 범위나 비용 등 요양급여의 산정 기준에 관한 사항
2. 산재보험료율의 결정에 관한 사항
3. 산업재해보상보험 및 예방기금의 운용계획 수립에 관한 사항
4. 산업안전 · 보건 업무와 관련되는 주요 정책 및 산업재해 예방에 관한 중 · 장기 기본계획
5. 그 밖에 고용노동부장관이 산업재해보상보험 사업(보험사업) 및 산업안전 · 보건 업무에 관하여 심의에 부치는 사항

3 위원회의 구성

위원회의 위원은 다음 각 호의 구분에 따라 각각 고용노동부장관이 임명하거나 위촉한다.

1. 근로자를 대표하는 위원은 총연합단체인 노동조합이 추천하는 사람 5명
2. 사용자를 대표하는 위원은 전국을 대표하는 사용자 단체가 추천하는 사람 5명
3. 공익을 대표하는 위원은 다음 각 목의 사람 5명

   가. 고용노동부차관

   나. 고용노동부에서 산업재해보상보험 업무를 담당하는 고위공무원 또는 산업재해 예방 업무를 담당하는 고위공무원 중 1명

   다. 시민단체(「비영리민간단체 지원법」 제2조에 따른 비영리민간단체를 말한다)에

서 추천한 사람과 사회보험 또는 산업재해 예방에 관한 학식과 경험이 풍부한 사람 중 3명

1-3 산업재해의 발생 및 인정기준

1. 산업재해

산업재해(産業災害)란 주어진 작업 환경하에서 작업을 수행하기 위해 근로자가 물체, 물질, 타인과 접촉하는 과정에서 장해를 입게 된 상태를 말하며, 산업재해와 관련된 용어의 정의와 인정기준은 다음과 같다.

(1) 용어의 정의

산업재해보상보험법에서 산업재해와 관련한 용어의 정의는 아래와 같다.

① "업무상의 재해"란 업무상의 사유에 따른 근로자의 부상 · 질병 · 장해 또는 사망을 말한다.

② "근로자", "임금", "평균임금", "통상임금"이란 각각 「근로기준법」에 따른 "근로자", "임금" · "평균임금", "통상임금"을 말한다. 다만, 「근로기준법」에 따라 "임금" 또는 "평균임금"을 결정하기 어렵다고 인정되면 고용노동부장관이 정하여 고시하는 금액을 해당 "임금" 또는 "평균임금"으로 한다.

③ "유족"이란 사망한 자의 배우자(사실상 혼인 관계에 있는 자를 포함) · 자녀 · 부모 · 손자녀 · 조부모 또는 형제자매를 말한다.

④ "치유"란 부상 또는 질병이 완치되거나 치료의 효과를 더 이상 기대할 수 없고 그 증상이 고정된 상태에 이르게 된 것을 말한다.

⑤ "장해"란 부상 또는 질병이 치유되었으나 정신적 또는 육체적 훼손으로 인하여 노동능력이 상실되거나 감소된 상태를 말한다.

⑥ "중증요양상태"란 업무상의 부상 또는 질병에 따른 정신적 또는 육체적 훼손으로 노동능력이 상실되거나 감소된 상태로서 그 부상 또는 질병이 치유되지 아니한 상태

를 말한다.

⑦ "진폐"(塵肺)란 분진을 흡입하여 폐에 생기는 섬유증식성(纖維增殖性) 변화를 주된 증상으로 하는 질병을 말한다.

⑧ "출퇴근"이란 취업과 관련하여 주거와 취업장소 사이의 이동 또는 한 취업장소에서 다른 취업장소로의 이동을 말한다.

그림 1-7 ▶ 산업재해예방홍보

2. 업무상 재해의 기본원칙 및 인정기준

(1) 업무상 재해의 기본원칙

임금(賃金)을 목적으로 근로를 제공하는 근로자가 사용자의 지휘 · 감독 아래, 업무를 수행하는 과정에서 발생된 재해가 업무와 관련성이 있는지, 혹은 없는 지를 판단하는 기준은 노사 쌍방에 있어 보상 책임과 보험 적용 여부를 결정하는 중요한 사항이기 때문에, 당사자 사이에 심각한 이해관계를 유발하는 문제이다. 근래에 들어, 업무상 재해는 폭 넓게 인정하는 추세이지만, 불인정 사례에 대해 불복하여 소송을 제기하는 경우도 폭발적으로 늘어나고 있는 것이 현실이다. 산업재해보상법에는 업무상 재해의 범위를 업무상 사고와 업무상 질병으로 구분하고 있다.

근로자가 다음의 어느 하나에 해당하는 사유로 부상 · 질병 또는 장해가 발생하거나 사망하면 업무상의 재해로 본다. 다만, 업무와 재해 사이에 상당인과관계(相當因果關係)가 없는 경우에는 그러하지 아니하다.

(2) 업무상 재해의 기준

근로자가 다음 각 호의 어느 하나에 해당하는 사유로 부상 · 질병 또는 장해가 발생하거나 사망하면 업무상의 재해로 본다. 다만, 업무와 재해 사이에 상당인과관계(相當因果關係)가 없는 경우에는 그러하지 아니하다.

(가) 업무상 사고

업무상 사고(業務上事故)는 근로자가 업무와 관련한 일로 인하여 사망하거나 부상을 당하는 일을 말하며 아래와 같다.

① 근로자가 근로계약에 따른 업무나 그에 따르는 행위를 하던 중 발생한 사고

② 사업주가 제공한 시설물 등을 이용하던 중 그 시설물 등의 결함이나 관리소홀로 발생한 사고

③ 사업주가 주관하거나 사업주의 지시에 따라 참여한 행사나 행사준비 중에 발생한 사고

④ 휴게시간 중 사업주의 지배관리 하에 있다고 볼 수 있는 행위로 발생한 사고

⑤ 그 밖에 업무와 관련하여 발생한 사고이다.

표1-10 재해유형별 업무상사고 재해현황

(단위 : 명)

연도	전 산업	광업	제조업	건설업	전기가스 수 도 업	운수창고 통 신 업	임업	어 업	농 업	금융 보험업	기타의 사업
2020년	92,383	141	23,127	24,617	87	6,504	1,004	44	593	258	36,008
2021년	102,278	133	24,265	26,888	102	9,148	915	67	630	297	39,833
증감 (%)	9,895 (10.71)	−8 (−5.67)	1,138 (4.92)	2,271 (9.23)	15 (17.24)	2,644 (40.65)	−89 (−8.86)	23 (52.27)	37 (6.24)	39 (15.12)	3,825 (10.62)

자료출처 : 안전보건공단(2022 산업재해현황분석)

(나) 업무상 질병

업무상 질병(業務上疾病)은 근로자가 업무로 인하여 시간의 연속성을 갖고 일정 시간이 경과된 후에 걸린 질병을 말하며 아래와 같다.

① 업무수행 과정에서 물리적 인자(因子), 화학물질, 분진, 병원체, 신체에 부담을 주는 업무 등 근로자의 건강에 장해를 일으킬 수 있는 요인을 취급하거나 그에 노출되어

발생한 질병

② 업무상 부상이 원인이 되어 발생한 질병

③「근로기준법」제76조의2에 따른 직장 내 괴롭힘, 고객의 폭언 등으로 인한 업무상 정신적 스트레스가 원인이 되어 발생한 질병

④ 그 밖에 업무와 관련하여 발생한 질병이다.

업무상 질병의 인정기준

① 근로자가「근로기준법 시행령」제44조 제1항 및 같은 법 시행령 별표 5의 업무상 질병의 범위에 속하는 질병에 걸린 경우 다음 각 호의 요건 모두에 해당하면 법 제37조 제1항 제2호가목에 따른 업무상 질병으로 본다.

1. 근로자가 업무수행 과정에서 유해 · 위험요인을 취급하거나 유해 · 위험요인에 노출된 경력이 있을 것
2. 유해 · 위험요인을 취급하거나 유해 · 위험요인에 노출되는 업무시간, 그 업무에 종사한 기간 및 업무 환경 등에 비추어 볼 때 근로자 의 질병을 유발할 수 있다고 인정될 것
3. 근로자가 유해 · 위험요인에 노출되거나 유해 · 위험요인을 취급한 것이 원인이 되어 그 질병이 발생하였다고 의학적으로 인정될 것

② 업무상 부상을 입은 근로자에게 발생한 질병이 다음 각 호의 요건 모두에 해당하면 법 제37조 제1항 제2호 나목에 따른 업무상 질병으로 본다.

1. 업무상 부상과 질병 사이의 인과관계가 의학적으로 인정될 것
2. 기초질환 또는 기존 질병이 자연발생적으로 나타난 증상이 아닐 것

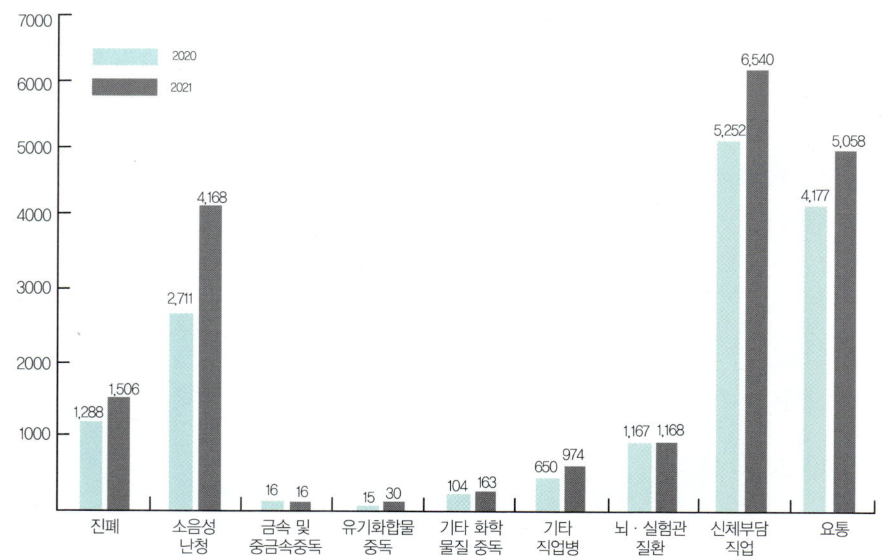

자료출처 : 2022년 산업재해현황분석(안전보건공단)

그림 1-8 ▶ 업무상 질병자 비교도(2022년)

(다) 출퇴근 재해

출퇴근 중 발생한 재해에 대해서는 관련법을 제정하여 2018년 1월 1일부터 시행하고 있다.

① 출퇴근 재해

가. 사업주가 제공한 교통수단이나 그에 준하는 교통수단을 이용하는 등 사업주의 지배관리 하에서 출퇴근하는 중 발생한 사고를 말한다.

나. 그 밖에 통상적인 경로와 방법으로 출퇴근하는 중 발생한 사고를 말한다.

② 근로자의 고의 · 자해행위나 범죄행위 또는 그것이 원인이 되어 발생한 부상 · 질병 · 장해 또는 사망은 업무상의 재해로 보지 아니한다. 다만, 그 부상 · 질병 · 장해 또는 사망이 정상적인 인식능력 등이 뚜렷하게 저하된 상태에서 한 행위로 발생한 경우로서 대통령령으로 정하는 사유가 있으면 업무상의 재해로 본다.

③ 제1항제3호나목의 사고 중에서 출퇴근 경로 일탈 또는 중단이 있는 경우에는 해당 일탈 또는 중단 중의 사고 및 그 후의 이동 중의 사고에 대하여는 출퇴근 재해로 보지 아니한다. 다만, 일탈 또는 중단이 일상생활에 필요한 행위로서 대통령령으로 정하는 사유가 있는 경우에는 출퇴근 재해로 본다.

④ 출퇴근 경로와 방법이 일정하지 아니한 직종으로 대통령령으로 정하는 경우에는 제1항제3호나목에 따른 출퇴근 재해를 적용하지 아니한다.

⑤ 업무상의 재해의 구체적인 인정 기준은 대통령령으로 정한다.

출퇴근재해 관련 내용

기존에는 통근버스 등 사업주가 제공하는 교통수단을 이용하던 중 발생한 사고만을 산재로 인정하였으나, 개정된 산재보험법에서는 통상적인 경로와 방법으로 출퇴근하는 중 발생한 사고'도 산재로 인정하고 있다. 통상의 출퇴근재해의 산재보상은 기존의 업무상의 재해와 동일하다.

통상의 출퇴근재해 인정지침은 다음과 같다.

① 출퇴근 재해

업무에 종사하기 위해 또는 업무를 마침에 따라 이루어지는 출퇴근 행위 중 이동 경로상에서 발생한 재해를 말한다.

② 통상적인 경로와 방법

대중교통.자가용.도보.자전거 등 다양한 교통수단을 이용하여 누구나 이용할 수 있다고 인정되는 통상적인 경로로 출퇴근을 하는 것을 말하는데, 공사, 시위, 집회 및 카풀을 위해 우회하는 경로도 포함한다.

③ 경로의 일탈. 중단
통상적인 출퇴근 경로를 일탈 또는 중단하던 중 발생한 사고는 원칙적으로 업무상 재해로 보지 않지만, 일탈.중단의 사유가 일상생활에 필요한 행위인 경우에는 예외적으로 업무상의 재해로 인정되는데, 일상생활에 필요한 행위로는 '일상생활용품의 구입, 직무관련 교육.훈련 수강, 선거권 행사, 아동 또는 장애인의 등.하교 또는 위탁, 진료, 가족간병'등을 말한다.

④ 적용제외
개인택시기사, 퀵서비스기사 등과 같이 출퇴근의 경로와 방법이 일정하지 않은 직종 중 본인의 주거지에 차고지를 두고 있어 주거지 출발부터 업무가 개시되는 경우 사실상 출퇴근재해의 혜택은 받기 어렵고 보험료만 부담할 우려가 있으므로, 출퇴근재해에 한해 적용제외하여 일반 산재보험료만 부담하고 출퇴근재해 보험료는 부담하지 않도록 하였다.

(라) 기타

① 근로자의 고의 · 자해행위나 범죄행위 또는 그것이 원인이 되어 발생한 부상 · 질병 · 장해 또는 사망은 업무상의 재해로 보지 아니한다. 다만, 그 부상 · 질병 · 장해 또는 사망이 정상적인 인식능력 등이 뚜렷하게 저하된 상태에서 한 행위로 발생한 경우로서 대통령령으로 정하는 사유가 있으면 업무상의 재해로 본다.

② 업무상의 재해의 구체적인 인정 기준은 대통령령으로 정한다.

3. 업무상 재해의 세부 인정기준

1 업무수행 중의 사고

① 근로자가 다음 각 호의 어느 하나에 해당하는 행위를 하던 중에 발생한 사고는 법 제37조제1항제1호가목에 따른 업무상 사고로 본다.

1. 근로계약에 따른 업무수행 행위
2. 업무수행 과정에서 하는 용변 등 생리적 필요 행위
3. 업무를 준비하거나 마무리하는 행위, 그 밖에 업무에 따르는 필요적 부수행위
4. 천재지변 · 화재 등 사업장 내에 발생한 돌발적인 사고에 따른 긴급피난 · 구조행위 등 사회통념상 예견되는 행위

② 근로자가 사업주의 지시를 받아 사업장 밖에서 업무를 수행하던 중에 발생한 사고는 법 제37조제1항제1호가목에 따른 업무상 사고로 본다. 다만, 사업주의 구체적인 지시를 위반한 행위, 근로자의 사적(私的) 행위 또는 정상적인 출장 경로를 벗어났

을 때 발생한 사고는 업무상 사고로 보지 않는다.

③ 업무의 성질상 업무수행 장소가 정해져 있지 않은 근로자가 최초로 업무수행 장소에 도착하여 업무를 시작한 때부터 최후로 업무를 완수한 후 퇴근하기 전까지 업무와 관련하여 발생한 사고는 법 제37조제1항제1호가목에 따른 업무상 사고로 본다.

2 시설물 등의 결함 등에 따른 사고

① 사업주가 제공한 시설물, 장비 또는 차량 등의 결함이나 사업주의 관리 소홀로 발생한 사고는 법 제37조 제1항 제1호 나목에 따른 업무상 사고로 본다.

② 사업주가 제공한 시설물 등을 사업주의 구체적인 지시를 위반하여 이용한 행위로 발생한 사고와 그 시설물 등의 관리 또는 이용권이 근로자의 전속적 권한에 속하는 경우에 그 관리 또는 이용 중에 발생한 사고는 업무상 사고로 보지 않는다.

3 행사 중의 사고

운동경기 · 야유회 · 등산대회 등 각종 행사에 근로자가 참가하는 것이 사회통념상 노무관리(勞務管理) 또는 사업운영상 필요하다고 인정되는 경우로서 다음의 어느 하나에 해당하는 경우에 근로자가 그 행사에 참가하여 발생한 사고는 업무상 사고로 본다.

1. 사업주가 행사에 참가한 근로자에 대하여 행사에 참가한 시간을 근무한 시간으로 인정하는 경우
2. 사업주가 그 근로자에게 행사에 참가하도록 지시한 경우
3. 사전에 사업주의 승인을 받아 행사에 참가한 경우
4. 그 밖에 제1호부터 제3호까지의 규정에 준하는 경우로서 사업주가 그 근로자의 행사 참가를 통상적 · 관례적으로 인정한 경우

4 특수한 장소에서의 사고

사회통념상 근로자가 사업장 내에서 할 수 있다고 인정되는 행위를 하던 중 태풍 · 홍수 · 지진 · 눈사태 등의 천재지변이나 돌발적인 사태로 발생한 사고는 근로자의 사적 행위, 업무 이탈 등 업무와 관계없는 행위를 하던 중에 사고가 발생한 것이 명백한 경우를 제외하고는 업무상 사고로 본다.

5 요양 중의 사고

업무상 부상 또는 질병으로 요양을 하고 있는 근로자에게 다음의 어느 하나에 해당하는 사고가 발생하면 업무상 사고로 본다.

1. 요양급여(療養給與)와 관련하여 발생한 의료사고(醫療事故)
2. 요양중인 산재보험 의료기관(산재보험 의료기관이 아닌 의료기관에서 응급진료 등을 받는 경우에는 그 의료기관) 내에서 업무상 부상 또는 질병의 요양과 관련하여 발생한 사고

6 제3자의 행위에 따른 사고

제3자의 행위로 근로자에게 사고가 발생한 경우에 그 근로자가 담당한 업무가 사회통념상 제3자의 가해행위를 유발할 수 있는 성질의 업무라고 인정되면 업무상 사고로 본다.

7 자해행위에 따른 업무상의 재해의 인정 기준

1. 업무상의 사유로 발생한 정신질환으로 치료를 받았거나 받고 있는 사람이 정신적 이상 상태에서 자해행위를 한 경우
2. 업무상의 재해로 요양 중인 사람이 그 업무상의 재해로 인한 정신적 이상 상태에서 자해행위를 한 경우
3. 그 밖에 업무상의 사유로 인한 정신적 이상 상태에서 자해행위를 하였다는 것이 의학적으로 인정되는 경우

4. 업무상 재해의 판단기준

업무상 재해란 임금을 목적으로 근로를 제공하는 근로자가 업무상의 원인에 의해 부상이나 질병, 신체장해 또는 사망한 경우로써 근로자가 사업주와 근로계약 후 사업주의 지배ㆍ관리하에서 업무수행 중 업무를 원인으로 발생된 재해를 말한다.

(1) 업무수행성(業務遂行性)

업무수행성이라 함은 당해 근로자가 사업주의 지휘, 명령하에서 업무를 행하는 것을 말한다. 업무에 종사하고 있는 경우는 물론, 업무에 종사하고 있지 않더라도 휴식시간중과

같이 여전히 사업주가 지휘 · 감독할 여지가 있는 범위내에서 사업주의 지배하에 있는 경우나 출장 중과 같이 사업주의 관리하에 없더라도 업무에 종사하거나 사업주의 지배하에 있는 경우에도 업무수행성은 인정된다.

(2) 업무기인성(業務起因性)

업무기인성이라 함은 업무와 재해로 인한 상병 등과의 사이에 상당인과관계가 인정되는 것을 말한다. 업무상의 행동, 작업내용 또는 작업환경과 당해 재해간에 사회통념상 상당한 정도로 인과관계가 인정되어야 한다.

즉 업무와 재해 사이에 그 업무에 종사하지 않았더라면 당해 재해는 발생하지 않았을 것이라든가 또는 그 재해발생의 원인이 된 상황 아래서 그와 같은 업무에 종사한다면 그 재해가 발생할 수 있다고 인정될 때에 업무기인성을 인정한다. 이와 같은 업무기인성은 업무와 재해 간에 상당한 정도의 인과관계가 존재하느냐의 여부를 업무상 재해의 인정기준으로 삼고 있는 것이다.

(3) 업무수행성과 업무기인성과의 관계

일반적으로 업무수행성에 의하여 업무기인성은 추정된다. 업무수행성이 있으면 업무기인성은 그 반증사유가 없는 한 업무상 재해로 추정되므로 업무수행성은 업무상 재해의 1차적 판단기준이 된다.

따라서 업무수행성이 인정되는 대부분의 재해는 특별한 반증이 없는 한 업무상 재해로 인정하므로 업무수행성은 업무기인성 유무를 판단하는 기준 또는 조건이 된다고 할 수 있다. 그러나 업무수행성이 인정되는 경우라도 사적행위 또는 자해행위로 인한 재해의 경우에는 업무기인성이 부인되므로 업무상 재해로 볼 수 없다.

5. 원 · 하청 산업재해 통합관리제도

원 · 하청 산업재해 통합관리제도는 외주화의 확대로 인해 재해발생 건수도 하청에게 전가되고 있는 현실을 바로잡아 원청의 책임을 산업재해 지표에 정확하게 반영하기 위한 제도로, 원청의 산업재해 지표에 원청 사업장에서 작업하는 하청 근로자의 산업재해를 포함하여 사고사망만인율 등 지표를 산출하는 제도로서 2018년 1월 1일부터 시행되고 있다.

따라서 원청의 산업재해 지표에 원청 사업장에서 작업하는 하청 근로자의 산업재해를 포함하여 사고사망만인율 등 지표를 산출하는 제도를 말한다. 2018년 통합관리제도 시행 대상 사업장은 제조 및 철도 지하철 업종 중 원청의 상시 근로자 수가 1,000명 이상인 사업장으로, 2019년부터는 500명 이상 사업장으로 확대 실시되고 있다.

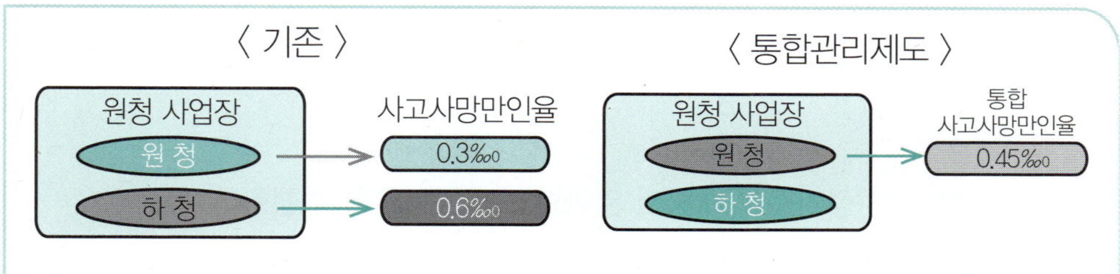

그림 1-9 ▶ 원청 · 하청산업재해 통합관리제도

※ 통합 사고사망만인율(‱) : (원청과 하청의 사고사망자 수/원청과 하청의 근로자 수)×10,000

수행 내용 및 수행 준거

1 산업재해보상보험의 개념 및 목적에 대하여 알아본다.

산업재해보상보험은 근로자의 업무상의 재해를 신속하고 공정하게 보상하고, 근로자의 복지증진을 위한 사업을 행함으로써 재해를 입은 근로자나 그 가족의 생존권을 보장하는 제도이다. 또한 불의의 재해로 발생하는 사업주의 과중한 경제적 부담에서 위험을 분산 · 경감시킴으로써 안정된 기업활동을 보장하는 데 목적이 있다.

2 산업재해보상보험의 사업을 관장하는 운영체계에 대하여 알아본다.

산재보험사업을 관장하는 관리주체는 고용노동부이며, 산업재해보상보험 업무를 실제로 담당하는 일선 집행기관은 근로복지공단이 담당한다.

3 산업재해보상보험의 발생요인에 대하여 알아본다.

산재보험의 발생요인에는 (1) 일반적 요인 (2) 기술적 요인 (3) 교육적 요인 (4) 관리적 요인이 있다.

구 분	내 용
일반적 요인	단순 반복 작업으로 인한 신경 피로, 숙련공의 자기과신, 안전 부주의, 능력급제와 같은 자극적 책임제도의 도입, 심신 피로에 의한 판단력 (주의력, 반응 속도) 저하, 안전시설 미비, 규율 해이 등
기술적 요인	건물 및 기계 불량, 부적합한 재료, 부적당한 생산 방법, 점검 및 정비 불량 등
교육적 요인	안전의식 부족 또는 오해, 경험과 훈련 부족, 작업 방법 및 유해 요인에 관한 교육 부족 등
관리적 요인	불충분한 조직체계, 작업 수칙 미 제정, 부족한 인원 배치, 부당한 작업 지시, 불충분한 작업 준비 등

4 업무상질병의 인정기준에 대하여 알아보고 해당업무를 수행한다.

(1) 사고성 질병

업무상 사유에 의한 부상원인이 되어 발생하는 질병뿐만 아니라 그 부상으로 인하여 발생하는 속발성 질병, 기타 최초 부상과의 사이에 상당인과관계가 있는 질병을 포함하여 업무상질병이라 한다.

(2) 직업성 질병

근로자가 업무수행 중에 각종 유해 · 위험한 물질에 장기간 접촉하고 있거나 건강에 유해한 근로조건이나 작업환경에서 근로를 계속함으로써 유해 · 위험한 인자가 서서히 가중 축적되어 점진적으로 건강이 약화되어 발생하는 질병이다.

(3) 과로성 질병

일을 지나치게 한 결과 피로가 누적되어 발생된 질병으로 이로 인해 사망에 이를 수 있는 것으로 뇌질환이나 심장혈관질환이 좋은 예이다.

5 산재보험료(율) 및 출퇴근 중 발생하는 재해보험료(율) 적용에 대하여 알아본다.

매년 고용노동부 고시로 "사업종류별 산재보험료율"과 "통상적 경로와 방법으로 출퇴근하는 중 발생한 재해에 관한 산재보험료율" 고시하여 업종별로 적용하고 있다.

6 출 · 퇴근 중 발생하는 재해의 산재보험적용기준에 대하여 알아본다.

(1) 통상의 출퇴근 재해 인정기준

- 출퇴근 중에 발생한 사고이어야 한다. '출퇴근'이란 취업과 관련하여 주거와 취업장소 사이의 이동 또는 한 취업장소에서 다른 취업장소로의 이동을 말하는 것이며, '출퇴근재해'는 이동 중 경로상에서 발생한 재해로서 경로이동 중 특정장소(마트, 유치원 건물 등)에서 머무는 동안 발생한 재해는 해당되지 않는다.
- 통상적인 경로와 방법으로 출퇴근 중 발생한 사고이어야 한다. 통상적인 경로란 주거와 취업장소 또는 취업장소와 취업장소를 사회통념상 이용할 수 있다고 인정되는 경로를 말한다.
- 최단, 최소거리가 아니더라도 일반적으로 선택할 수 있는 경로, 공사 · 시위 · 집회 등 도로사정에 따라 우회하는 경로, 카풀을 위해 우회하는 경로 등 포함된다.
  - 통상적인 방법이란 대중교통, 자가용, 오토바이, 자전거, 도보, 그 밖의 교통수단을 사회통념상 인정되는 합리적인 방법으로 이용하는 것을 말한다.
- 통상적인 경로의 일탈(출퇴근길에 경로를 벗어나는 행위) 또는 중단(출퇴근 경로 상에서 사적행위를 위해 출퇴근행위를 멈춘 경우)이 없어야 한다.
  - 일탈 · 중단은 개인적인 사유로 인해 발생한 것으로서 원칙적으로는 출퇴근재해가 불인정되나, 일탈 · 중단의 사유가 일상생활에 필요한 행위로서 인정되는 경우는 예외로 그 행위를 위한 전 · 후 이동 중 사고를 출퇴근재해로 인정된다.

(2) 경로의 일탈 · 중단의 예외(산재보험법 시행령 제35조제2항)

경로의 일탈 · 중단의 예외
1. 일상생활에 필요한 용품을 구입하는 행위 – (인정) 퇴근길에 마트에 들러 식료품을 구입하는 행위 – (불인정) 퇴근길에 백화점에 들러 명품가방을 사는 행위 2. 「고등교육법」 제2조에 따른 학교 또는 「직업교육훈련촉진법」 제2조에 따른 직업교육훈련기관에서 직업능력 개발향상에 기여할 수 있는 교육이나 훈련 등을 받는 행위 – (인정) 용접기술을 배우기 위해 퇴근길에 직업훈련교육기관에서 훈련을 받는 행위 – (불인정) 퇴근길에 취미로 요가를 배우는 행위 3. 선거권이나 국민투표권의 행사 – (인정) 출근길에 국회의원 보궐선거 투표를 하는 행위 – (불인정) 퇴근 중 탁구 동호회 회장 선거 투표를 하는 행위

4. 근로자가 사실상 보호하고 있는 아동 또는 장애인을 보육기관 또는 교육기관에 데려주거나 해당 기관으로부터 데려오는 행위
   - (인정) 출근길에 미취학 자녀를 유치원에 데려주는 행위
   - (불인정) 퇴근길에 아르바이트를 마친 고등학생 자녀를 데리러 가는 행위
5. 의료기관 또는 보건소에서 질병의 치료나 예방을 목적으로 진료를 받는 행위
   - (인정) 고혈압약을 처방받기 위해 퇴근길에 병원에서 진료받는 행위
   - (불인정) 퇴근길에 피부과에서 미용목적으로 보톡스를 맞는 행위
6. 근로자의 돌봄이 필요한 가족 중 의료기관 등에서 요양 중인 가족을 돌보는 행위
   - (인정) 퇴근길에 병원에서 입원중인 부모님을 돌보는 행위
   - (불인정) 퇴근길에 부모님 집에서 저녁식사를 같이 하는 행위
7. 제1호부터 제6호까지의 규정에 준하는 행위로서 고용노동부장관이 일상생활에 필요한 행위라고 인정하는 행위

7 산재보험의 제도에 대한 전반적인사항(고시, 변경)에 대하여 관련단체 홈페이지를 수시검색(근로복지공단)하여 업무수행에 적용한다.

수행 **Tip!**

- 산업재해보상보험법(시행규칙, 시행령 포함)에 대하여 먼저 이해한다.

제2장

산재보험 급여 유형 및 신청절차

2-1 산재보험 급여 유형

학습목표

1 | 산재보험의 급여의 종류 및 지급사유에 대하여 알 수 있다.
2 | 산재보험환자의 요양급여신청을 안내하고 업무를 수행할 수 있다.

1. 산재보험 급여종류

1) 보험급여의 종류와 산정 기준

산재보험급여(産災保險給與)란 산업재해보상보험에 가입한 사업장에 소속된 근로자가 업무로 인하여 부상이나 질병, 장해를 입거나 사망한 경우에, 근로자에게 진료와 임금을 제공하거나, 가족의 생활 보호를 위하여 지급하는 일체의 급여(현물 또는 현금)을 말한다.

산재보험급여의 종류는 1. 요양급여 2. 휴업급여 3. 장해급여 4. 간병급여 5. 유족급여 6. 상병(傷病)보상연금 7. 장례비(葬禮費) 8. 직업재활급여가 있으며, 산재보험급여별 지급사유 및 급여기준은 다음과 같다.

표2-1 산재보험급여별 지급사유 및 급여기준 요약

급여종류	지급사유	급여수준
요양급여	업무상 재해로 인한 부상, 질병	요양비 전액. 요양기간 4일 이상 시 적용
휴업급여	업무상 재해를 요양하기 위해 휴업한 기간	1일당 평균급여의 70%, 3일의 대기기간 갖고 4일 이상시 적용
장해급여	재해로 인하 부상, 질병 치유 후에도 장해가 남아있는 경우에 지급	장해등급에 따라 평균임금의 90.1%, 연금(1급)부터 55일분의 일시금(14급)까지 지급
유족급여	업무상 재해로 사망하여 유족이 청구하는 경우	수급자격자의 수에 따라 연금의 경우 67%(4인)부터 52%(1인)까지 지급
상병 보상 연금	업무상 재해가 요양개시 후 2년이 경과하여도 치유되지 않고 폐질의 정도가 제1급 ~ 제3급에 해당되는 경우	장해등급 1~3급과 동일 1급 : 평균임금의 90.1% 2급 : 평균임금의 79.5% 3급 : 평균임금의 70.4%
장례비	업무상 사망으로 장제를 실행한 경우	평균임금의 120일분
간병급여	상시 또는 수시 간병 필요하여 실제 간병 받는자	상시간병급여: 44,760원 수시간병급여: 41,170원
직업 재활급여	재취업 촉진을 위한 직업훈련비용 및 직업훈련수당, 직장복귀지원금 등 지급	장해등급 등 제1급부터 제12급까지의 어느 하나에 해당할 것

(1) 요양급여

요양급여(療養給與: Medical benefit)는 근로자가 업무상 부상 또는 질병에 걸려 4일 이상 요양할 경우 고용노동부장관(근로복지공단)이 설치한 보험시설 또는 지정한 의료기관에서 요양을 하며 진찰, 약제 또는 진료재료와 의지, 기타 보철구의 지급, 처치, 수술, 기타의 치료, 의료시설에의 수용, 개호, 이송료 등을 지급한 것을 말한다. 따라서 근로복지공단이 설치 또는 지정한 의료기관에서 요양을 하고 비용을 의료기관에 직접 지급하는 것을 원칙으로 하고 있지만, 부득이한 사유로 인해 근로자가 요양을 먼저하고 진료를 부담한 경우 및 급여의 성격상 근로자에게 직접 지급하여야 할 비용을 근로자에게 직접 지급하는 제도를 말한다.

① 요양급여는 근로자가 업무상의 사유로 부상을 당하거나 질병에 걸린 경우에 그 근로자에게 지급한다.

② 요양급여는 산재보험 의료기관에서 요양을 하게 한다. 다만, 부득이한 경우에는 요양을 갈음하여 요양비를 지급할 수 있다.

③ 부상 또는 질병이 3일 이내의 요양으로 치유될 수 있으면 요양급여를 지급하지 아니한다(업무상 재해로 요양기간이 4일이상인 경우만 요양급여 대상이 됨).

④ 요양급여의 범위는 1. 진찰 및 검사 2. 약제 또는 진료재료와 의지(義肢) 그 밖의 보조기의 지급 3. 처치, 수술, 그 밖의 치료 4. 재활치료 5. 입원 6. 간호 및 간병 7. 이송 8. 그 밖에 고용노동부령으로 정하는 사항으로 하고 있다. ⑤ 요양급여의 범위나 비용 등 요양급여의 산정 기준은 고용노동부령으로 정한다. ⑥ 업무상의 재해를 입은 근로자가 요양할 산재보험 의료기관이 제43조제1항제2호에 따른 상급종합병원인 경우에는 「응급의료에 관한 법률」 제2조제1호에 따른 응급환자이거나 그 밖에 부득이한 사유가 있는 경우를 제외하고는 그 근로자가 상급종합병원에서 요양할 필요가 있다는 의학적 소견이 있어야 한다.

표2-2 요양기간별 요양환자 현황

(단위 : 명, %)

	'20년 말			'21년 말			증감			증감률		
	합계	입원	통원	합계	입원	통원	합계	입원	통원	합계	입원	통원
합계	45,318	8,487	36,831	48,810	8,759	40,051	3,492	272	3,220	7.71	3.20	8.74

자료출처: 2021년 근로복지공단통계연보(2022년)

(2) 휴업급여

휴업급여(休業給與: Sick leave benefit)는 업무상 재해를 당하거나 업무상 질병에 걸린 근로자가 요양으로 인하여 취업하지 못한 기간에 대하여 피재근로자와 그 가족의 생활보호를 위하여 지급하는 보험급여를 말한다. 따라서 휴업급여는 업무상 사유로 부상을 당하거나 질병에 걸린 근로자에게 요양으로 취업하지 못한 기간에 대하여 지급하되, 1일당 지급액은 평균임금의 100분의 70에 상당하는 금액으로 한다. 다만, 취업하지 못한 기간이 3일 이내이면 지급하지 아니한다.

또한 휴업급여에는 부분휴업급여, 저소득 근로자의 휴업급여, 고령자의 휴업급여, 재요양기간 중의 휴업급여가 있으며, 세부사항은 아래와 같다.

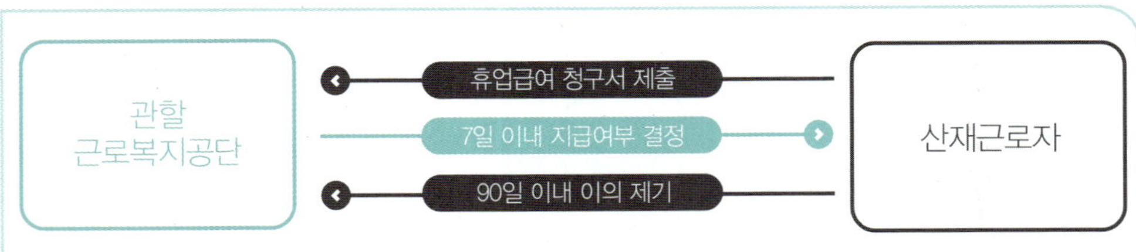

그림 2-1 ▶ 휴업급여 지급절차

평균임금이란?

근로자란 직업의 종류와 관계없이 임금을 목적으로 사업이나 사업장에서 근로를 제공하는 사람을 의미한다.

평균임금이란 휴업급여, 장해급여, 유족급여, 상병보상연금 및 장례비 등의 산재보험급여의 산정기초가 되는 금액으로서 근로기준법에 의한 평균임금 또는 고용노동부장관이 고시한 임금을 말한다. 즉 산정해야 할 사유가 발생한 날 이전 3개월 동안에 근로자에게 지급된 임금 총액을 그 기간의 총 일수로 나눈 금액으로서 취업한 후 3개월 미만도 동일하며 일급단위로 산정한다.

※ 평균임금 산정 공식(근로기준법 제2조 제1항 제6호)

평균임금 = 산정사유 발생일(예: 퇴사일) 이전 3개월간의 총 임금/3개월간의 총일 수

1 부분휴업급여

① 요양 또는 재요양을 받고 있는 근로자가 그 요양기간 중 일정기간 또는 단시간 취업을 하는 경우에는 그 취업한 날 또는 취업한 시간에 해당하는 그 근로자의 평균임금에서 그 취업한 날 또는 취업한 시간에 대한 임금을 뺀 금액의 100분의 90에 상당하

는 금액을 지급할 수 있다. 다만, 제54조제2항 및 제56조제2항에 따라 최저임금액을 1일당 휴업급여 지급액으로 하는 경우에는 최저임금액(별표 1 제2호에 따라 감액하는 경우에는 그 감액한 금액)에서 취업한 날 또는 취업한 시간에 대한 임금을 뺀 금액을 지급할 수 있다.

② 제1항에 따라 단시간 취업하는 경우 취업하지 못한 시간(8시간에서 취업한 시간을 뺀 시간을 말한다)에 대하여는 제52조 또는 제54조부터 제56조까지의 규정에 따라 산정한 1일당 휴업급여 지급액에 8시간에 대한 취업하지 못한 시간의 비율을 곱한 금액을 지급한다.

③ 제1항에 따른 부분휴업급여의 지급 요건 및 지급 절차는 대통령령으로 정한다.

2 저소득 근로자의 휴업급여

① 제52조에 따라 산정한 1일당 휴업급여 지급액이 최저 보상기준 금액의 100분의 80보다 적거나 같으면 그 근로자에 대하여는 평균임금의 100분의 90에 상당하는 금액을 1일당 휴업급여 지급액으로 한다. 다만, 그 근로자의 평균임금의 100분의 90에 상당하는 금액이 최저 보상기준 금액의 100분의 80보다 많은 경우에는 최저 보상기준 금액의 100분의 80에 상당하는 금액을 1일당 휴업급여 지급액으로 한다.

② 제1항 본문에 따라 산정한 휴업급여 지급액이 최저임금액보다 적으면 그 최저임금액을 그 근로자의 1일당 휴업급여 지급액으로 한다.

3 고령자의 휴업급여

휴업급여를 받는 근로자가 61세가 되면 그 이후의 휴업급여는 별표 1에 따라 산정한 금액을 지급한다. 다만, 61세 이후에 취업 중인 자가 업무상의 재해로 요양하거나 61세 전에 제37조제1항제2호에 따른 업무상 질병으로 장해급여를 받은 자가 61세 이후에 그 업무상 질병으로 최초로 요양하는 경우 대통령령으로 정하는 기간에는 별표 1을 적용하지 아니한다. 고령자 휴업급여 감액지급은 61세에 도달하는 시점부터 4%씩 65세까지 20% 감액 지급하며 산정방법은 휴업급여액 = 평균임금×0.7×요양으로 취업하지 못한 기간(일수)

4 재요양 기간 중의 휴업급여

① 재요양을 받는 자에 대하여는 재요양 당시의 임금을 기준으로 산정한 평균임금의 100분의 70에 상당하는 금액을 1일당 휴업급여 지급액으로 한다. 이 경우 평균임금 산정사유 발생일은 대통령령으로 정한다.

② 제1항에 따라 산정한 1일당 휴업급여 지급액이 최저임금액보다 적거나 재요양 당시 평균임금 산정의 대상이 되는 임금이 없으면 최저임금액을 1일당 휴업급여 지급액으로 한다.

③ 장해보상연금을 지급받는 사람이 재요양하는 경우에는 1일당 장해보상연금액(별표 2에 따라 산정한 장해보상연금액을 365로 나눈 금액을 말한다. 이하 같다)과 제1항 또는 제2항에 따라 산정한 1일당 휴업급여 지급액을 합한 금액이 장해보상연금의 산정에 적용되는 평균임금의 100분의 70을 초과하면 그 초과하는 금액 중 휴업급여에 해당하는 금액은 지급하지 아니한다.

④ 재요양 기간 중의 휴업급여를 산정할 때에는 제54조를 적용하지 아니한다.

(3) 장해급여

장해급여(障害給與, Disability benefit)는 업무상 재해를 당한 근로자가 요양 후 치유되었으나 정신적 또는 신체적 결손이 남게 되는 경우 그 장해로 인한 노동력손실보전을 위하여 지급되는 보험급여를 말한다.

① 장해급여는 근로자가 업무상의 사유로 부상을 당하거나 질병에 걸려 치유된 후 신체 등에 장해가 있는 경우에 그 근로자에게 지급한다.

② 장해급여는 장해등급에 따라 장해보상연금 또는 장해보상일시금으로 하되, 그 장해등급의 기준은 대통령령으로 정한다.

③ 장해보상연금 또는 장해보상일시금은 수급권자의 선택에 따라 지급한다. 다만, 대통령령으로 정하는 노동력을 완전히 상실한 장해등급의 근로자에게는 장해보상연금을 지급하고, 장해급여 청구사유 발생 당시 대한민국 국민이 아닌 자로서 외국에서 거주하고 있는 근로자에게는 장해보상일시금을 지급한다.

④ 장해보상연금은 수급권자가 신청하면 그 연금의 최초 1년분 또는 2년분(제3항 단서

에 따른 근로자에게는 그 연금의 최초 1년분부터 4년분까지)의 2분의 1에 상당하는 금액을 미리 지급할 수 있다. 이 경우 미리 지급하는 금액에 대하여는 100분의 5의 비율 범위에서 대통령령으로 정하는 바에 따라 이자를 공제할 수 있다.

⑤ 장해보상연금 수급권자의 수급권이 소멸한 경우에 이미 지급한 연금액을 지급 당시의 각각의 평균임금으로 나눈 일수(日數)의 합계가 별표 2에 따른 장해보상일시금의 일수에 못 미치면 그 못 미치는 일수에 수급권 소멸 당시의 평균임금을 곱하여 산정한 금액을 유족 또는 그 근로자에게 일시금으로 지급한다.

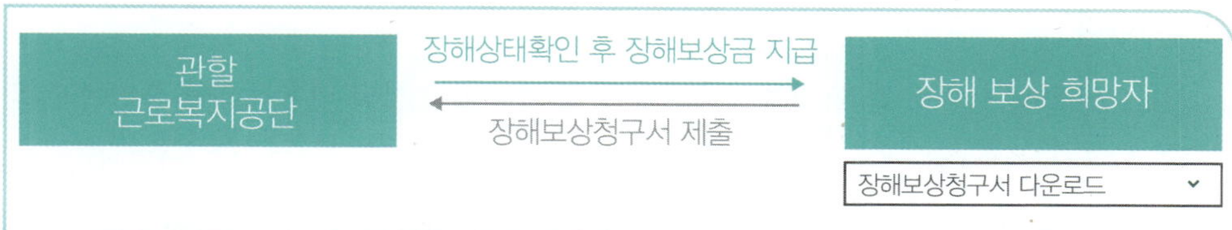

그림 2-2 ▶ 장해급여 지급절차

1 장해보상연금 등의 수급권의 소멸

장해보상연금 또는 진폐보상연금의 수급권자가 다음 각 호의 어느 하나에 해당하면 그 수급권이 소멸한다.

1. 사망한 경우
2. 대한민국 국민이었던 수급권자가 국적을 상실하고 외국에서 거주하고 있거나 외국에서 거주하기 위하여 출국하는 경우
3. 대한민국 국민이 아닌 수급권자가 외국에서 거주하기 위하여 출국하는 경우
4. 장해등급 또는 진폐장해등급이 변경되어 장해보상연금 또는 진폐보상연금의 지급 대상에서 제외되는 경우

2 장해등급의 재판정

① 근로복지공단은 장해보상연금 또는 진폐보상연금 수급권자 중 그 장해상태가 호전되거나 악화되어 이미 결정된 장해등급 또는 진폐장해등급이 변경될 가능성이 있는 자에 대하여는 그 수급권자의 신청 또는 직권으로 장해등급 등을 재판정할 수 있다.

② 제1항에 따른 장해등급 등의 재판정 결과 장해등급등이 변경되면 그 변경된 장해등급등에 따라 장해급여 또는 진폐보상연금을 지급한다.

③ 제1항과 제2항에 따른 장해등급 등 재판정은 1회 실시하되 그 대상자 · 시기 및 재판정 결과에 따른 장해급여 또는 진폐보상연금의 지급 방법은 대통령령으로 정한다.

3 재요양에 따른 장해급여

① 장해보상연금의 수급권자가 재요양을 받는 경우에도 그 연금의 지급을 정지하지 아니한다.

② 재요양을 받고 치유된 후 장해상태가 종전에 비하여 호전되거나 악화된 경우에는 그 호전 또는 악화된 장해상태에 해당하는 장해등급에 따라 장해급여를 지급한다. 이 경우 재요양 후의 장해급여의 산정 및 지급 방법은 대통령령으로 정한다.

(4) 간병급여

간병급여(看病給與: nursing benefit)는 요양을 종결한 산재근로자가 치유 후 의학적으로 상시 또는 수시로 간병이 필요하여 실제로 간병을 받는 사람에게 보험급여를 지급하는 제도를 말한다.

간병현물급여란 산재보험 의료기관에서 산업재해보상보험법 시행규칙 제11조에 따른 간병을 산재근로자에게 직접 제공하고 그에 따른 간병료를 진료비로 청구하여 지급받는 간병료를 말한다.

(가) 적용대상 및 종류

1 상시간병급여

① 신경계통의 기능, 정신기능 또는 흉복부 장기의 기능에 장해등급 제1급에 해당하는 장해가 남아 일상생활에 필요한 동작을 하기 위하여 항상 다른 사람의 간병이 필요한 사람

② 두 눈, 두 팔 또는 두 다리 중 어느 하나의 부위에 장해등급 제1급에 해당하는 장해가 남고, 다른 부위에 제7급 이상에 해당하는 장해가 남아 일상생활에 필요한 동작을 하기 위하여 항상 다른 사람의 간병이 필요한 사람

2 수시간병급여

① 신경계통의 기능, 정신기능 또는 흉복부 장기의 기능에 장해등급 제2급에 해당하는 장해가 남아 일상생활에 필요한 동작을 하기 위하여 수시로 다른 사람의 간병이 필요한 사람

② 장해등급 제1급(제53조제2항에 따른 조정의 결과 제1급이 되는 경우를 포함한다)에 해당하는 장해가 남아 일상생활에 필요한 동작을 하기 위하여 수시로 다른 사람의 간병이 필요한 사람

표2-3 간병등급 및 간병료

<table>
<tr><th>구분</th><th colspan="4">내용</th></tr>
<tr><td>간병등급</td><td colspan="4">간병 필요정도에 따라 간병범위각 호별 상병상태에 따라 1등급, 2등급, 3등급으로 구분</td></tr>
<tr><td>간병인 자격</td><td colspan="4">간호사, 간호조무사가족, 기타간병인노인복지법」에 따른 요양보호사전문교육과정이수자 ('08.7.1. 이전 종전의 규정 제29조의2에 따라 공단이 인정한 전문교육과정 이수자)</td></tr>
<tr><td rowspan="4">간병료</td><td>간호사</td><td>간병 1등급</td><td>간병 2등급</td><td>간병 3등급</td></tr>
<tr><td>전문간병인</td><td>67,140원</td><td>55,950원</td><td>44,760원</td></tr>
<tr><td>가족.기타 간병인</td><td>61,750원</td><td>51,460원</td><td>41,170원</td></tr>
<tr><td colspan="4">의료기관에서 간병제공시–간호인력확보수준에 따라 일정금액(간호등급 4등급 이상 15,050원, 4등급 미만 및 요양병원 13,530원) 가산– 간병인력 확보수준에 따라 간병료 차감(간병료의 15% 부터 50%까지) 근로자가 간병인 지정시 : 현행과 동일</td></tr>
<tr><td>간병료 청구방법</td><td colspan="4">의료기관에서 간병을 제공한 경우 진료비로 청구의료기관에서 간병을 제공하지 않을 경우 산재근로자가 요양비로 청구</td></tr>
</table>

단, 중환자실, 회복실 또는 폐쇄병동 입원기간은 간병기간에서 제외됨

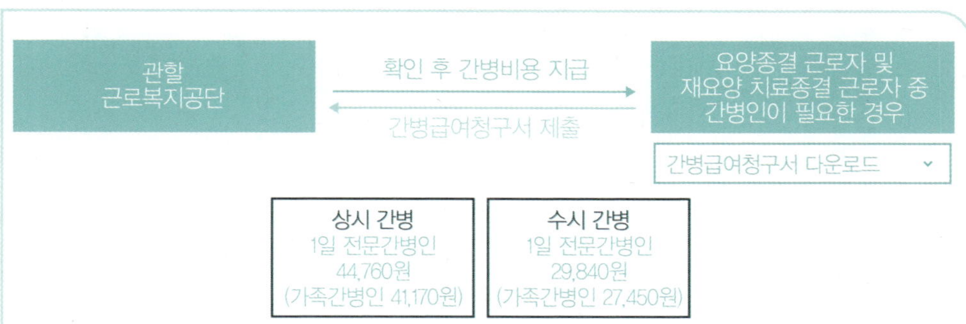

그림 2-3 ▶ 간병급여 지급절차

1 간병의 범위

① 법 제40조제4항제6호에 따른 간병은 요양 중인 근로자의 부상·질병 상태 및 간병이 필요한 정도에 따라 구분하여 제공한다. 다만, 요양 중인 근로자가 중환자실이나 회복실에서 요양 중인 경우 그 기간에는 별도의 간병을 제공하지 않는다.

② 간병은 요양 중인 근로자의 부상·질병 상태가 의학적으로 다른 사람의 간병이 필요하다고 인정되는 경우로서 다음 각 호의 어느 하나에 해당하는 사람에게 제공한다.

1. 두 손의 손가락을 모두 잃거나 사용하지 못하게 되어 혼자 힘으로 식사를 할 수 없는 사람
2. 두 눈의 실명 등으로 일상생활에 필요한 동작을 혼자 힘으로 할 수 없는 사람
3. 뇌의 손상으로 정신이 혼미하거나 착란을 일으켜 일상생활에 필요한 동작을 혼자 힘으로 할 수 없는 사람
4. 신경계통 또는 정신의 장해로 의사소통을 할 수 없는 등 치료에 뚜렷한 지장이 있는 사람
5. 체표면적(體表面積)의 35퍼센트 이상에 걸친 화상을 입어 수시로 적절한 조치를 할 필요가 있는 사람
6. 골절로 인한 견인장치 또는 석고붕대 등을 하여 일상생활에 필요한 동작을 혼자 힘으로 할 수 없는 사람
7. 하반신 마비 등으로 배뇨·배변을 제대로 하지 못하거나 욕창 방지를 위하여 수시로 체위를 변경시킬 필요가 있는 사람
8. 업무상 질병으로 신체가 몹시 허약하여 일상생활에 필요한 동작을 혼자 힘으로 할 수 없는 사람
9. 수술 등으로 일정 기간 거동이 제한되어 일상생활에 필요한 동작을 혼자 힘으로 할 수 없는 사람
10. 그 밖에 부상·질병 상태가 제1호부터 제9호까지의 규정에 준하는 사람

2 간병을 할 수 있는 사람의 범위

① 간병을 할 수 있는 사람은 다음 각 호의 어느 하나에 해당하는 사람으로 한다.

1. 「의료법」에 따른 간호사 또는 간호조무사

2. 「노인복지법」 제39조의2에 따른 요양보호사 등 공단이 인정하는 간병 교육을 받은 사람
3. 해당 근로자의 배우자(사실상 혼인관계에 있는 사람을 포함한다), 부모, 13세 이상의 자녀 또는 형제자매
4. 그 밖에 간병에 필요한 지식이나 자격을 갖춘 사람 중에서 간병을 받을 근로자가 지정하는 사람

② 제1항에도 불구하고 간병의 대상이 되는 근로자의 부상 · 질병 상태 등이 전문적인 간병을 필요로 하는 경우에는 제1항제1호 또는 제2호에 따른 사람만 간병을 하도록 할 수 있다.

❸ 간병료의 청구 방법

① 산재보험 의료기관이 제11조에 따른 간병을 제공하고 그에 따른 간병료를 받으려면 제27조에 따른 진료비 청구를 하여야 한다. 다만, 산재보험 의료기관에서 간병을 제공하지 않아 근로자가 제12조제1항제3호 또는 같은 항 제4호에 따른 사람을 지정하여 간병을 받은 경우에는 그 근로자가 영 제38조에 따라 요양비 청구를 할 수 있다.

② 공단은 제1항 단서에 따른 요양비 청구를 받으면 그 청구일 부터 10일 이내에 지급 여부를 결정하여 근로자에게 그 결과를 알려야 한다.

❹ 간병급여의 지급 기준 및 방법

① 법 제61조제1항에 따른 간병급여의 지급 대상은 별표 7과 같다.

② 간병급여는 제1항에 따른 간병급여의 지급 대상에 해당되는 사람이 실제로 간병을 받은 날에 대하여 지급한다.

③ 간병급여의 지급 기준은 「통계법」 제3조에 따른 지정통계 중 고용노동부장관이 작성하는 고용형태별근로실태조사의 직종별 월급여총액 등을 기초로 하여 고용노동부장관이 고시하는 금액으로 한다. 이 경우 수시 간병급여의 대상자에게 지급할 간병급여의 금액은 상시 간병급여의 지급 대상자에게 지급할 금액의 3분의 2에 해당하는 금액으로 한다.

④ 제1항에도 불구하고 간병급여의 대상자가 무료요양소 등에 들어가 간병 비용을 지출하지 않았거나, 제3항에 따른 지급 기준보다 적은 금액을 지출한 경우에는 실제 지출한 금액을 지급한다.

⑤ 간병급여 수급권자가 법 제51조에 따라 재요양을 받는 경우 그 재요양 기간 중에는 간병급여를 지급하지 않는다.

⑥ 간병급여의 청구 방법 등은 고용노동부령으로 정한다.

(5) 유족급여

유족급여(遺族給與, survivor benefit)는 업무상 재해를 당하거나 업무상 질병에 걸린 근로자가 요양으로 인하여 취업하지 못한 기간에 대하여 피재근로자와 그 가족의 생활보호를 위하여 지급하는 보험급여를 말한다.

① 유족급여는 근로자가 업무상의 사유로 사망한 경우에 유족에게 지급한다.

② 유족급여는 유족보상연금이나 유족보상일시금으로 하되, 유족보상일시금은 근로자가 사망할 당시 유족보상연금을 받을 수 있는 자격이 있는 사람이 없는 경우에 지급한다.

③ 유족보상연금을 받을 수 있는 자격이 있는 자가 원하면 유족보상일시금의 100분의 50에 상당하는 금액을 일시금으로 지급하고 유족보상연금은 100분의 50을 감액하여 지급한다.

④ 유족보상연금을 받던 자가 그 수급자격을 잃은 경우 다른 수급자격자가 없고 이미 지급한 연금액을 지급 당시의 각각의 평균임금으로 나누어 산정한 일수의 합계가 1,300일에 못 미치면 그 못 미치는 일수에 수급자격 상실 당시의 평균임금을 곱하여 산정한 금액을 수급자격 상실 당시의 유족에게 일시금으로 지급한다.

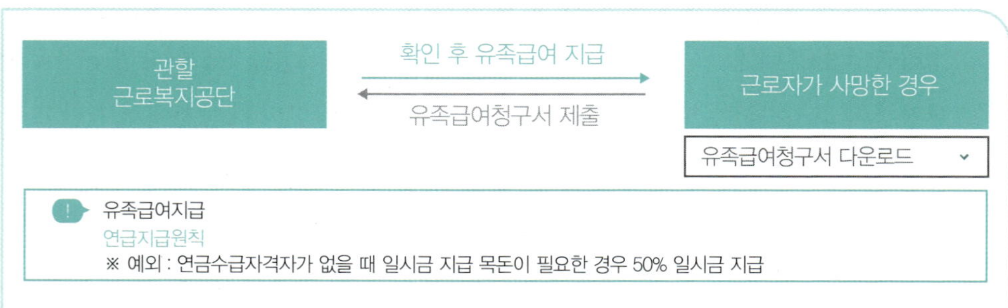

그림 2-4 ▶ 유족급여 신청 및 지급

표2-4 유족급여 신청 구비서류 및 지급방법

구분	내용
구비서류	• 사망진단서 또는 사체검안서 1부 • 근로자의 사체부검소견서(사인 미상인 경우) 1부 • 주민등록등본 또는 호적등본(주민등록등본으로 수급권자 확인이 곤란한 경우) 1부 • 기타 평균임금 및 업무상 사망을 입증할 수 있는 서류 각 1부
지급방법	• 연금지급이 원칙(평균임금의 52~67% 상당액 매월 지급) • 50% 일시금 지급 : 연금수급권자가 원하는 경우 유족일시금(평균임금 1,300일분 상당)의 50%를 일시금으로 지급 하고 유족보상 연금은 50% 감액하여 지급 연금수급자가 없는 경우 등 연금으로 받을 수 없는 경우에는 일시금으로 지급
유족보상연금 수급자격자 및 순위	근로자가 사망할 당시 그 근로자와 생계를 같이 하던 유족 중 • 1배우자 • 2부모 또는 조부모로서 각각 60세 이상인 자 • 3자녀 또는 손자녀로서 각각 19세 미만인 자 • 4형제자매로서 19세 미만이거나 60세 이상인 자 • 5위에 해당되지 않는 자녀, 부모, 손자녀, 조부모, 형제자매로서 「장해인복지법」 제2조에 따른 장애인 중 고용노동부령으로 정한 장애등급 이상에 해당하는 자(시각장애인인 경우 제3급인자도 해당됨) 받을 권리의 순위 : 배우자, 자녀, 부모, 손, 조부모 및 형제자매의 순

1 유족보상연금 수급자격자의 범위

① 유족보상연금을 받을 수 있는자격이 있는 사람(유족보상연금 수급자격자)이 근로자가 사망할 당시 그 근로자와 생계를 같이 하고 있던 유족 중 배우자와 다음 각 호의 어느 하나에 해당하는 자로 한다. 이 경우 근로자와 생계를 같이 하고 있던 유족의 판단 기준은 대통령령으로 정한다.

1. 부모 또는 조부모로서 각각 60세 이상인 자
2. 자녀 또는 손자녀로서 각각 19세 미만인 자
3. 형제자매로서 19세 미만이거나 60세 이상인 자
4. 제1호부터 제3호까지의 규정 중 어느 하나에 해당하지 아니하는 자녀 · 부모 · 손자녀 · 조부모 또는 형제자매로서 「장애인복지법」 제2조에 따른 장애인 중 고용노동부령으로 정한 장애등급 이상에 해당하는 사람

② 제1항을 적용할 때 근로자가 사망할 당시 태아(胎兒)였던 자녀가 출생한 경우에는 출생한 때부터 장래에 향하여 근로자가 사망할 당시 그 근로자와 생계를 같이 하고

있던 유족으로 본다.

③ 유족보상연금 수급자격자 중 유족보상연금을 받을 권리의 순위는 배우자 · 자녀 · 부모 · 손자녀 · 조부모 및 형제자매의 순서로 한다.

2 유족보상연금 수급자격자의 자격 상실과 지급 정지

① 유족보상연금 수급자격자인 유족이 다음 각 호의 어느 하나에 해당하면 그 자격을 잃는다.

1. 사망한 경우
2. 재혼한 때(사망한 근로자의 배우자만 해당하며, 재혼에는 사실상 혼인 관계에 있는 경우를 포함한다)
3. 사망한 근로자와의 친족 관계가 끝난 경우
4. 자녀 · 손자녀 또는 형제자매가 19세가 된 때
5. 제63조제1항제4호에 따른 장애인이었던 자로서 그 장애 상태가 해소된 경우
6. 근로자가 사망할 당시 대한민국 국민이었던 유족보상연금 수급자격자가 국적을 상실하고 외국에서 거주하고 있거나 외국에서 거주하기 위하여 출국하는 경우
7. 대한민국 국민이 아닌 유족보상연금 수급자격자가 외국에서 거주하기 위하여 출국하는 경우

② 유족보상연금을 받을 권리가 있는 유족보상연금 수급자격자(유족보상연금 수급권자)가 그 자격을 잃은 경우에 유족보상연금을 받을 권리는 같은 순위자가 있으면 같은 순위자에게, 같은 순위자가 없으면 다음 순위자에게 이전된다.

③ 유족보상연금 수급권자가 3개월 이상 행방불명이면 대통령령으로 정하는 바에 따라 연금 지급을 정지하고, 같은 순위자가 있으면 같은 순위자에게, 같은 순위자가 없으면 다음 순위자에게 유족보상연금을 지급한다.

3 수급권자인 유족의 순위

① 제57조제5항, 제62조제2항(유족보상일시금에 한한다) 및 제4항에 따른 유족 간의 수급권의 순위는 다음 각 호의 순서로 하되, 각 호의 자 사이에서는 각각 그 적힌 순서에 따른다. 이 경우 같은 순위의 수급권자가 2명 이상이면 그 유족에게 똑같이 나

누어 지급한다.

1. 근로자가 사망할 당시 그 근로자와 생계를 같이 하고 있던 배우자 · 자녀 · 부모 · 손자녀 및 조부모
2. 근로자가 사망할 당시 그 근로자와 생계를 같이 하고 있지 아니하던 배우자 · 자녀 · 부모 · 손자녀 및 조부모 또는 근로자가 사망할 당시 근로자와 생계를 같이 하고 있던 형제자매
3. 형제자매

② 제1항의 경우 부모는 양부모(養父母)를 선순위로, 실부모(實父母)를 후순위로 하고, 조부모는 양부모의 부모를 선순위로, 실부모의 부모를 후순위로, 부모의 양부모를 선순위로, 부모의 실부모를 후순위로 한다.

③ 수급권자인 유족이 사망한 경우 그 보험급여는 같은 순위자가 있으면 같은 순위자에게, 같은 순위자가 없으면 다음 순위자에게 지급한다.

④ 제1항부터 제3항까지의 규정에도 불구하고 근로자가 유언으로 보험급여를 받을 유족을 지정하면 그 지정에 따른다.

[별표 3] 유족급여(제62조제2항 관련)

유족급여의 종류	유족급여의 금액
유족보상연금	유족보상연금액은 다음의 기본금액과 가산금액을 합한 금액으로 한다. 1. 기본금액 급여기초연액(평균임금에 365를 곱하여 얻은 금액)의 100분의 47에 상당하는 금액 2. 가산금액 유족보상연금수급권자 및 근로자가 사망할 당시 그 근로자와 생계를 같이 하고 있던 유족보상연금수급자격자 1인당 급여기초연액의 100분의 5에 상당하는 금액의 합산액. 다만, 그 합산금액이 급여기초연액의 100분의 20을 넘을 때에는 급여기초연액의 100분의 20에 상당하는 금액으로 한다.
유족보상일시금	평균임금의 1,300일분

(6) 상병보상연금급여

상병보상연금급여(傷病補償年金給: injury-disease compensation annuity benefit)는 요양개시 후 2년이 경과하여도 치유되지 아니하고 요양이 장기화됨에 따라 해당 피재근

로자와 그 가족의 생활안정을 도모하기 위하여 휴업급여 대신에 보상수준을 향상시켜 지급하게 되는 보험급여를 말한다. 따라서 요양급여를 받는 근로자가 요양을 시작한지 2년이 지난 날 이후에 다음 각 호의 요건 모두에 해당하는 상태가 계속되면 휴업급여 대신 상병보상연금을 그 근로자에게 지급한다.

① 그 부상이나 질병이 치유되지 아니한 상태일 것

② 그 부상이나 질병에 따른 폐질(廢疾)의 정도가 대통령령으로 정하는 폐질등급 기준에 해당할 것

③ 요양으로 인하여 취업하지 못하였을 것

※ 상병보상연금은 별표 4에 따른 중증요양상태등급에 따라 지급한다.

상병보상연금의 지급
① 상병보상연금을 받으려는 사람은 폐질(廢疾)상태를 증명할 수 있는 의사의 진단서를 첨부하여 공단에 청구하여야 한다. ② 공단은 상병보상연금을 받고 있는 근로자의 폐질등급이 변동되면 수급권자의 청구에 의하여 또는 직권으로 그 변동된 날부터 새로운 폐질등급에 따른 상병보상연금을 지급한다. ③ 상병보상연금을 받고 있는 근로자가 제2항에 따라 폐질등급의 변동에 따른 상병보상연금을 청구할 때에는 변동된 폐질상태를 증명할 수 있는 의사의 진단서를 첨부하여야 한다.

1 저소득 근로자의 상병보상연금

① 제66조에 따라 상병보상연금을 산정할 때 그 근로자의 평균임금이 최저임금액에 70분의 100을 곱한 금액보다 적을 때에는 최저임금액의 70분의 100에 해당하는 금액을 그 근로자의 평균임금으로 보아 산정한다.

② 제66조 또는 제1항에서 정한 바에 따라 산정한 상병보상연금액을 365로 나눈 1일당 상병보상연금 지급액이 제54조에서 정한 바에 따라 산정한 1일당 휴업급여 지급액보다 적으면 제54조에서 정한 바에 따라 산정한 금액을 1일당 상병보상연금 지급액으로 한다.

2 고령자의 상병보상연금

상병보상연금을 받는 근로자가 61세가 되면 그 이후의 상병보상연금은 별표 5에 따른 1일당 상병보상연금 지급기준에 따라 산정한 금액을 지급한다.

3 재요양 기간 중의 상병보상연금

① 재요양을 시작한 지 2년이 지난 후에 상병상태가 제66조제1항 각 호의 요건 모두에 해당하는 자에게는 휴업급여 대신 별표 4에 따른 폐질등급에 따라 상병보상연금을 지급한다.

이 경우 상병보상연금을 산정할 때에는 재요양 기간 중의 휴업급여 산정에 적용되는 평균임금을 적용하되, 그 평균임금이 최저임금액에 70분의 100을 곱한 금액보다 적거나 재요양 당시 평균임금 산정의 대상이 되는 임금이 없을 때에는 최저임금액의 70분의 100에 해당하는 금액을 그 근로자의 평균임금으로 보아 산정한다.

4 연금의 지급기간 및 지급시기

① 장해보상연금, 유족보상연금, 진폐보상연금 또는 진폐유족연금의 지급은 그 지급사유가 발생한 달의 다음 달 초일부터 시작되며, 그 지급받을 권리가 소멸한 달의 말일에 끝난다.

② 장해보상연금, 유족보상연금, 진폐보상연금 또는 진폐유족연금은 그 지급을 정지할 사유가 발생한 때에는 그 사유가 발생한 달의 다음 달 초일부터 그 사유가 소멸한 달의 말일까지 지급하지 아니한다.

③ 장해보상연금, 유족보상연금, 진폐보상연금 또는 진폐유족연금은 매년 이를 12등분하여 매달 25일에 그 달 치의 금액을 지급하되, 지급일이 토요일이거나 공휴일이면 그 전날에 지급한다.

④ 장해보상연금, 유족보상연금, 진폐보상연금 또는 진폐유족연금을 받을 권리가 소멸한 경우에는 제3항에 따른 지급일 전이라도 지급할 수 있다.

[별표 4] 상병보상연금표(제66조제2항 관련)

폐질등급	상병보상연금
제1급	평균임금의 329일분
제2급	평균임금의 291일분
제3급	평균임금의 257일분

(7) 장례비

장례비(葬禮費, Funeral service expense)는 근로자가 업무상의 사유로 사망한 경우에 지급하되, 평균임금의 120일분에 상당하는 금액을 그 장례를 지낸 유족에게 지급하는 것을 말한다. 다만, 장제를 지낼 유족이 없거나 그 밖에 부득이한 사유로 유족이 아닌 자가 장제를 지낸 경우에는 평균임금의 120일분에 상당하는 금액의 범위에서 실제 드는 비용을 그 장제를 지낸 자에게 지급한다.

장례비 최고 · 최저금액의 산정가준은 다음과 같다.

① 장례비의 최고금액 및 최저금액은 다음 각 호의 구분에 따라 산정한다.

1. 장례비 최고금액: 전년도 장례비 수급권자에게 지급된 1인당 평균 장례비 90일분 + 법 제36조제7항에 따른 최고 보상기준 금액의 30일분
2. 장례비 최저금액: 전년도 장례비 수급권자에게 지급된 1인당 평균 장례비 90일분 + 법 제36조제7항에 따른 최저 보상기준 금액의 30일분

② 장례비 최고금액 및 최저금액을 산정할 때 10원 미만은 버린다.

③ 장례비 최고금액 및 최저금액의 적용기간은 다음 연도 1월 1일부터 12월 31일까지로 한다.

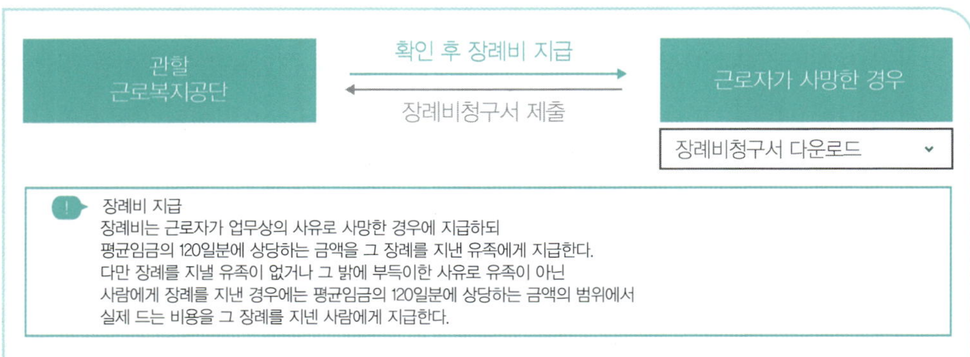

그림 2-5 ▶ 장례비 청구 및 지급절차

(8) 직업재활급여

직업재활급여(職業再活給與, vocational rehabilitation benefit)는 직업훈련이 필요한 산재근로자에게 직업훈련에 드는 비용과 직업훈련수당을 지급하는 직업훈련지원과 업무

상 재해가 발생할 당시사업장에 복귀한 산재근로자에 대하여 사업주가 고용을 유지하거나 직장적응훈련 또는 재활운동을 실시하는 경우 직장복귀지원금, 직장적응훈련비 및 재활운동비를 지원하는 제도를 말한다.

직업재활급여는 산재보험의 현금보상위주의 급여체계를 개선하고 요양과 재활의 연계 강화를 위해 일정부분의 재활사업은 법정급여화를 할 필요성이 제기됨에 따라 2008년 7.1.1부터 직업재활급여가 신설되었다.

직업재활급여는 ① 장해급여 또는 진폐보상연금을 받은 자나 장해급여를 받을 것이 명백한 자로서 대통령령으로 정하는 자(장해급여자) 중 취업을 위하여 직업훈련이 필요한 자(훈련대상자)에 대하여 실시하는 직업훈련에 드는 비용 및 직업훈련수당 ② 업무상의 재해가 발생할 당시의 사업에 복귀한 장해급여자에 대하여 사업주가 고용을 유지하거나 직장적응훈련 또는 재활운동을 실시하는 경우에 각각 지급하는 직장복귀지원금, 직장적응훈련비 및 재활운동비 등이다. 직업재활급여 지원대상은 치유 후 장해급여 제1급~제12급을 받은 자 또는 요양 중인 자이다.

1 직업훈련비용

① 훈련대상자에 대한 직업훈련은 공단과 계약을 결한 직업훈련기관에서 실시하게 한다.

② 제72조제1항제1호에 따른 직업훈련에 드는 비용(직업훈련비용)은 제1항에 따라 직업훈련을 실시한 직업훈련기관에 지급한다. 다만, 직업훈련기관이 「장애인고용촉진 및 직업재활법」, 「고용보험법」 또는 「근로자직업능력 개발법」이나 그 밖에 다른 법령에 따라 직업훈련비용에 상당한 비용을 받은 경우 등 대통령령으로 정하는 경우에는 지급하지 아니한다.

③ 직업훈련비용의 금액은 고용노동부장관이 훈련비용, 훈련기간 및 노동시장의 여건 등을 고려하여 고시하는 금액의 범위에서 실제 드는 비용으로 하되, 직업훈련비용을 지급하는 훈련기간은 12개월 이내로 한다.

④ 직업훈련비용의 지급 범위 · 기준 · 절차 및 방법, 직업훈련기관과의 계약 및 해지 등에 필요한 사항은 고용노동부령으로 정한다.

2 직업훈련수당

① 제72조제1항제1호에 따른 직업훈련수당은 제73조제1항에 따라 직업훈련을 받는 훈련대상자에게 그 직업훈련으로 인하여 취업하지 못하는 기간에 대하여 지급하되, 1일당 지급액은 최저임금액에 상당하는 금액으로 한다. 다만, 휴업급여나 상병보상연금을 받는 훈련대상자에게는 직업훈련수당을 지급하지 아니한다.

② 제1항에 따른 직업훈련수당을 받는 자가 장해보상연금 또는 진폐보상연금을 받는 경우에는 1일당 장해보상연금액 또는 1일당 진폐보상연금액과 1일당 직업훈련수당을 합한 금액이 그 근로자의 장해보상연금 또는 진폐보상연금 산정에 적용되는 평균임금의 100분의 70을 초과하면 그 초과하는 금액 중 직업훈련수당에 해당하는 금액은 지급하지 아니한다.

③ 제1항에 따른 직업훈련수당 지급 등에 필요한 사항은 고용노동부령으로 정한다.

3 직장복귀지원금

① 제72조제1항제2호에 따른 직장복귀지원금, 직장적응훈련비 및 재활운동비는 장해급여자에 대하여 고용을 유지하거나 직장적응훈련 또는 재활운동을 실시하는 사업주에게 각각 지급한다. 이 경우 직장복귀지원금, 직장적응훈련비 및 재활운동비의 지급요건은 각각 대통령령으로 정한다.

② 제1항에 따른 직장복귀지원금은 고용노동부장관이 임금수준 및 노동시장의 여건 등을 고려하여 고시하는 금액의 범위에서 사업주가 장해급여자에게 지급한 임금액으로 하되, 그 지급기간은 12개월 이내로 한다.

③ 제1항에 따른 직장적응훈련비 및 재활운동비는 고용노동부장관이 직장적응훈련 또는 재활운동에 드는 비용을 고려하여 고시하는 금액의 범위에서 실제 드는 비용으로 하되, 그 지급기간은 3개월 이내로 한다.

④ 장해급여자를 고용하고 있는 사업주가 「고용보험법」 제23조에 따른 지원금, 「장애인고용촉진 및 직업재활법」 제30조에 따른 장애인 고용장려금이나 그 밖에 다른 법령에 따라 직장복귀지원금, 직장적응훈련비 또는 재활운동비(직장복귀지원금 등)에 해당하는 금액을 받은 경우 등 대통령령으로 정하는 경우에는 그 받은 금액을 빼고 직장복귀지원금등을 지급한다.

⑤ 사업주가 「장애인고용촉진 및 직업재활법」 제28조에 따른 의무로써 장애인을 고용한 경우 등 대통령령으로 정하는 경우에는 직장복귀지원금등을 지급하지 아니한다.

(9) 장해특별급여 및 유족특별급여

1 장해특별급여

장해특별급여(障害特別給與, Special disability benefit)란 근로자가 보험가입자(사업주)의 고의 또는 과실로 발생한 업무상 재해로 제1급부터 제3급까지의 장해등급 또는 진폐장해등급에 해당하는 장해를 입은 경우 수급권자가 근로복지공단에 「민법」에 따른 손해배상청구 대신 청구할 수 있는 특별급여를 말한다.

① 보험가입자의 고의 또는 과실로 발생한 업무상의 재해로 근로자가 대통령령으로 정하는 장해등급 또는 진폐장해등급에 해당하는 장해를 입은 경우에 수급권자가 「민법」에 따른 손해배상청구를 갈음하여 장해특별급여를 청구하면 제57조의 장해급여 또는 제91조의3의 진폐보상연금 외에 대통령령으로 정하는 장해특별급여를 지급할 수 있다. 다만, 근로자와 보험가입자 사이에 장해특별급여에 관하여 합의가 이루어진 경우에 한한다.

② 수급권자가 제1항에 따른 장해특별급여를 받으면 동일한 사유에 대하여 보험가입자에게 「민법」이나 그 밖의 법령에 따른 손해배상을 청구할 수 없다.

③ 공단은 제1항에 따라 장해특별급여를 지급하면 대통령령으로 정하는 바에 따라 그 급여액 모두를 보험가입자로부터 징수한다.

장해특별급여의 청구는 장해특별급여를 지급받으려는 수급권자는 장해 · 유족특별급여청구서에 장해 · 유족특별급여합의서를 첨부하여 근로복지공단에 제출해야 한다.

2 유족특별급여

유족특별급여(遺族特別給與, special Bereaved family's benefit)란 근로자가 보험가입자(사업주)의 고의 또는 과실로 발생한 업무상 재해로 사망한 경우에 수급권자가 근로복지공단에 「민법」에 따른 손해배상청구를 갈음하여 청구할 수 있는 특별급여를 말한다.

① 보험가입자의 고의 또는 과실로 발생한 업무상의 재해로 근로자가 사망한 경우에 수

급권자가 「민법」에 따른 손해배상청구를 갈음하여 유족특별급여를 청구하면 제62조의 유족급여 또는 제91조의4의 진폐유족연금 외에 대통령령으로 정하는 유족특별급여를 지급할 수 있다.

② 유족특별급여에 관하여는 제78조제1항 단서 · 제2항 및 제3항을 준용한다. 이 경우

유족특별급여의 청구는 유족특별급여를 지급받으려는 수급권자는 유족특별급여청구서에 유족특별급여합의서를 첨부하여 근로복지공단에 제출해야 한다.

(10) 진폐에 따른 보험급여의 특례

근로자가 진폐증(塵肺症, Pneumoconiosis)에 걸릴 우려가 있는 작업으로서 암석, 금속이나 유리섬유 등을 취급하는 작업 등 고용노동부령으로 정하는 분진작업에 종사하여 진폐에 걸리면 제37조 제1항 제2호 가목에 따른 업무상 질병으로 본다.

(11) 업무상 스트레스 정신건강 손상된 경우 산재(신청)

① 업무상 스트레스로 정신건강이 손상된 경우 산재신청

업무와 관련한 사고를 목격하고 생긴 불안장애, 직장 내 성희롱 · 성폭력 또는 고객의 폭언, 상사 · 동료로부터의 괴롭힘 등 업무와 관련된 각종 정신적 스트레스로 정신질병이 발생하면 산재신청을 통해 업무상 재해를 인정받을 수 있으며, 이 경우 산재보험법에서 정하는 적절한 치료와 보상을 받을 수 있다.

② 인정기준

1. 「산재보험법」 제37조제1항제2호
   - 「근로기준법」 제76조의2에 따른 직장 내 괴롭힘, 고객의 폭언 등으로 인한 업무상 정신적 스트레스가 원인이 되어 발생한 질병 ('19.7.16.시행)
2. 「산재보험법 시행령」 별표3
   가. 신경정신계 질병
   - 업무와 관련하여 정신적 충격을 유발할 수 있는 사건에 의해 발생한 외상 후 스트레스장애

- 업무와 관련하여 고객 등으로부터 폭력 또는 폭언 등 정신적 충격을 유발할 수 있는 사건 또는 이와 직접 관련된 스트레스로 인해 발생한 적응장애 또는 우울병에피소드

③ 신청방법 및 업무처리절차

1. 신청방법
   - 우편, 팩스, 산재보험 토탈서비스, 의료기관 대행
   - 연락처: 1588-0075, 산재보험 토탈서비스(https://total.kcomwel.or.kr)
2. 업무처리절차

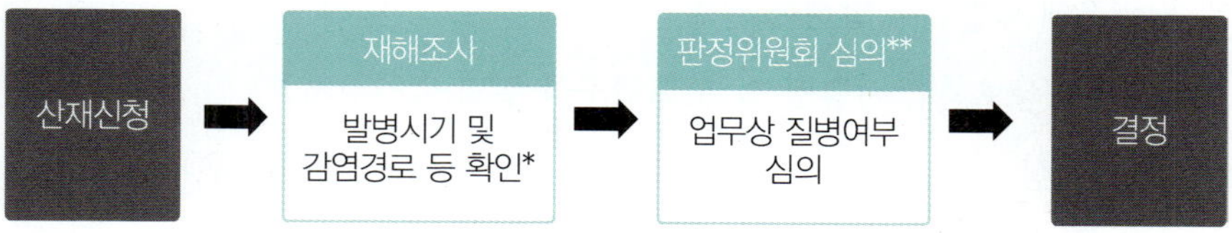

* 발병시기 및 감염경로 등은 시 · 군 · 구(보건소)등 지방자치단체에서 보관하는 사례조사서, 역학조사 결과 등을 통해 확인

**보건의료 및 집단수용시설 종사자에게 발생한 감염성 질병의 경우 판정위원회심의 생략

자료참고: 근로복지공단 홈페이지

(12) 코로나바이러스감염증-19 감염된 경우 산재(신청)

① 코로나-19 감염된 경우 산재신청 및 업무관련성 판단 원칙

1. 개요
   - 업무수행 과정에서 코로나바이러스감염증-19 감염자와의 접촉으로 감염된 경우 산재신청을 통해 업무상 재해로 인정받을 수 있고, 산재로 인정되는 경우 산업재해보상보험법에 따른 치료와 보상을 받을 수 있다.
2. 업무관련성 판단 기본 원칙
   - 보건의료 및 집단수용시설 종사자가 업무수행과정에서 코로나바이러스감염증-19 감염자와 접촉으로 감염되는 경우에는 업무와 질병간의 상당인과관계를 명백히 알 수 있는 경우로 보아 업무상질병 인정 가능
   - 기타 근로자는 개별사안에 따라 업무와 질병 발생 간의 상당인과관계(노출기간, 강도, 범위, 발병 시기)가 있는 경우 업무상 재해로 인정

② 관련 법령

■ 산업재해보상보험법 제37조(업무상의 재해의 인정 기준)

1. 근로자가 다음 각 호의 어느 하나에 해당하는 사유로 부상 · 질병 또는 장해가 발생하거나 사망하면 업무상의 재해로 본다. 다만, 업무와 재해 사이에 상당인과관계(相當因果關係)가 없는 경우에는 그러하지 아니하다.

가. 업무상 질병

- 업무수행 과정에서 물리적 인자(因子), 화학물질, 분진, 병원체, 신체에 부담을 주는 업무 등 근로자의 건강에 장해를 일으킬 수 있는 요인을 취급하거나 그에 노출되어 발생한 질병

■ 산업재해보상보험법 시행령 제34조(업무상 질병의 인정기준)

별표3 업무상 질병에 대한 구체적인 인정 기준(제34조제3항 관련)

1. 감염성 질병

가. 보건의료 및 집단수용시설 종사자에게 발생한 다음의 어느 하나에 해당하는 질병

- B형 간염, C형 간염, 매독, 후천성면역결핍증 등 혈액전파성 질병
- 결핵, 풍진, 홍역, 인플루엔자 등 공기전파성 질병
- A형 간염 등 그 밖의 전염성 질병

③ 신청 방법 및 업무처리절차

1. 신청방법

- 우편, 팩스, 산재보험 토탈서비스, 의료기관 대행
- * 연락처 : ☎1588-0075 , 산재보험 토탈서비스(https://total.kcomwel.or.kr)

2. 업무처리절차

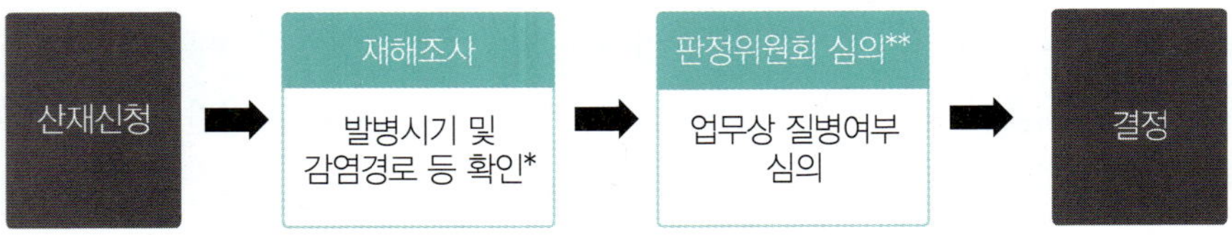

* 발병시기 및 감염경로 등은 시 · 군 · 구(보건소)등 지방자치단체에서 보관하는 사례조사서, 역학조사 결과 등을 통해 확인

**보건의료 및 집단수용시설 종사자에게 발생한 감염성 질병의 경우 판정위원회심의 생략

자료참고: 근로복지공단 홈페이지

④ 코로나19 산재 인정될 경우 받을 수 있는 산재보험급여 종류

구분	내용
요양급여	코로나바이러스감염증-19 치료 관련된 진료비, 간병료, 이송료 등
휴업급여	코로나바이러스감염증-19 치료기간 중 일하지 못한 기간 동안 평균임금의 70%에 해당하는 휴업급여 지급
장해급여	코로나바이러스감염증-19 치료 후 • 신체에 장해가 남은 경우 해당 급수에 따라 장해급여 지급 • 간병이 필요한 경우 간병급여 지급
간병급여	
유족급여	코로나바이러스감염증-19로 근로자가 사망한 경우 • 근로자와 생계를 같이하는 유가족에게 유족급여 지급 • 장례를 치른 사람에게 장례비 지급
장례비	
직업재활급여	• 재취업을 위하여 직업훈련을 받는 경우 훈련비용 · 수당 지급 • 사업주가 산재노동자를 복귀시켜 고용을 유지하는 경우 사업주에게 직장복귀지원금 등 지급 ※ 직업재활급여는 산재 장해 12급 이상자의 경우 해당

※ 수급권자가 동일한 사유로 「민법」 이나 「감염병예방법」 등 그 밖의 법령에 따라 보험급여에 상당한 금품을 받은 경우 지급이 제한될 수 있다.

자료참고: 근로복지공단(www.kcomwel.or.kr)

2-2 요양급여범위 및 신청절차

1. 요양급여의 범위

(1) 요양급여의 범위 및 비용

① 요양급여의 범위나 비용 등 요양급여의 산정 기준은 산업재해보상보험 요양급여 산정기준(고용노동부고시)과 「국민건강보험법」 및 「국민건강보험 요양급여의 기준에 관한 규칙」, 같은 법에 따라 보건복지부장관이 고시하는 요양급여 비용의 기준, 같은 법 및 같은 법 시행규칙 제18조에 따른 기준에 따른다. 다만, 요양급여의 범위나 비용 중 건강보험 요양급여기준에서 정한 사항이 근로자 보호를 위하여 적당하지 않다고 인정되거나 건강보험 요양급여기준에서 정한 사항이 없는 경우 등 고용노동부

장관이 법 제8조에 따른 산업재해보상보험 및 예방심의위원회의 심의를 거쳐 기준을 따로 정하여 고시하는 경우에는 그 기준에 따른다.

요양급여의 범위
(1) 진찰 및 검사 (2) 약제 또는 진료재료와 의지(義肢) 그 밖의 보조기의 지급 (3) 처치, 수술, 그 밖의 치료 (4) 재활치료 (5) 입원 (6) 간호 및 간병 (7) 이송 (8) 그 밖에 노동부령으로 정하는 사항

② 근로복지공단은 법 제11조제2항에 따라 공단에 두는 의료기관에서 하는 요양에 대한 요양급여의 범위 · 비용 등에 대하여는 고용노동부장관의 승인을 받아 제1항의 기준(산재보험 요양급여기준)을 조정하여 적용할 수 있다.

(2) 산재보험 요양급여 신청

1 요양급여의 신청(산업재해보상보험법 제41조)

제40조제1항에 따른 요양급여를 받으려는 사람은 소속 사업장, 재해발생 경위, 그 재해에 대한 의학적 소견, 그 밖에 고용노동부령으로 정하는 사항을 적은 서류를 첨부하여 공단에 요양급여의 신청(별지 제2호 서식)을 하여야 한다. 이 경우 요양급여 신청의 절차와 방법은 고용노동부령으로 정한다.

2 요양급여의 신청요령

① 요양급여를 받으려는 사람은 소속 사업장, 재해발생 경위, 그 재해에 대한 의학적 소견, 그 밖에 고용노동부령으로 정하는 사항을 적은 서류를 첨부하여 공단에 요양급여의 신청을 하여야 한다. 이 경우 요양급여 신청의 절차와 방법은 고용노동부령으로 정한다.

② 근로자를 진료한 산재보험 의료기관은 근로자의 재해가 업무상의 재해로 판단되면 그 근로자의 동의를 받아 요양급여의 신청을 대행할 수 있다.

01 응급조치 후 병원 후송 (산재 지정의료기관 여부확인) → 02 요양급여신청서 작성후 공단, 병원, 회사에 각각 제출 → 03 업무상 재해여부 확인 후 7일 이내 요양 승인여부 통지

그림 2-6 ▶ 산재 요양급여 신청 절차

[산재보험 요양급여 및 휴업급여 신청서 서식]

산 업 재 해 보 상 보 험

요양급여 및 휴업급여(최초분) 신청(청구)서 [별지 제2호 서식]

※ 공통란은 모두 기재하시고, 해당 신청란에 [√] 하고 기재하시기 바랍니다.

접수번호	접수일	처리기간 : 7일

구분		내용		
공통	재 해 근로자	성 명	주민등록번호	
		주 소 : 휴대전화: 전화번호:		
		재해발생일시 □□□□년 □□월 □□일 □□시 □□분		
		채용일자: 년 월 일	국 적:	직 종:
		출근시간:	퇴근시간:	작업개시시간:
		보험가입자와의 관계: □실제사업주 □하수급인 □동업자 □배우자 □부모 □자녀 □형제자매 □기타 친인척( ) □해당없음		
		종사상 지위: □상용 □임시 □일용	고용형태: □정규직 □비정규직	
		평균급여액: 원(□1개월 □1일)	〈사업장의 산재보험 담당자〉 성명: 직책: 연락처:	
		향후 치유(치료종결)후 동 사업장에서 계속 근무할 의사가 있습니까?		□ 예 □ 아니오
		본인은 「산업재해보상보험법」에 따라 근로복지공단이 산 재보험 관련 안내와 고객만족도 조사를 위하여 본인의 개 인정보를 수집 · 이용하는 것에 동의합니다.		□ 예 □ 아니오
		본인은 「산업재해보상보험법」에 따라 근로복지공단이 산 재보험 관련 안내와 SMS서비스 및 고객만족도 조사를 위하여 본인의 주민번호, 성명, 전화번호 등 개인정보를 제3자(위탁발송)에게 제공하고 조회정보 및 조회결과를 수 집 · 이용함에 동의합니다.		□ 예 □ 아니오

[ ]요양

신청구분 □최초요양 □재요양 □전원 □병행진료 □진폐

※ 최초요양 및 재요양 신청시 휴업급여(뒷면)를 함께 청구하실 수 있습니다.

사업장관리번호

□□□-□□-□□□□□□-□ (사업개시번호:)

재해원인 및 발생상황

① 위 재해와 관련하여 음주 또는 음주운전으로 관공서에 신고(접수)한 사실이 있습니까?	□ 예 □ 아니오
② 위 재해와 관련하여 119 또는 소방서에 구조구급 · 재난 신고(접수)한 사실이 있습니까?	□ 예 □ 아니오
③ 위 재해와 관련하여 경찰서에 사고(사건) 신고한 사실이 있습니까?	□ 예 □ 아니오

※ 재해경위 등 주요사항을 사실과 달리 기재하여 보험급여를 지급받은 경우에는 「산업재해보상 보험법」제84조에 따라 배액징수 등 불이익 처분을 받게 되오니 사실대로 · 구체적으로 기재하 셔야 합니다.

※ 작성방식: 어디에서(· 구체적장소), 무엇을 하기 위해(작업내용, 목적), 무엇을 사용하여(작업도구, 취급물질) 어떻게 하다가(경위, 동작, 움직임), 어떤 이유 때문에 어떻게 재해를 당하였는지 작성하여주시기 바랍니다.

목격자가 있는 경우: 성명( ), 연락처( ), 재해자와의 관계( )

가해자가 있는 경우: 성명( ), 연락처( ), 재해자와의 관계( )

재요양을 받는 사유	사유	□금속내 고정물 제거 □증상악화로 인한 요양 □물리치료 □증상악화로 인한 수술적 가료 □의지장착을 위한 요양 □기타	
	수술할 경우 기재	수술부위:	수술예정일자: 년 월 일

재해 발생 후 현재 요양 중인 의료기관 전에 진료(치료) 받은 의료기관

• 의료기관명: • 소재지:

• 전원의료기관명: • 소재지: • 신청사유:

※ 전원이란 생활근거지 또는 전문적 치료 등을 위해 현재 요양 중인 의료기관에서 다른 의료기관으로 변경하는 것을 말합니다.

(뒷면에 휴업급여 청구서가 있습니다)

[ ] 휴업급여

〈 근로자 확인사항 〉

① 휴업급여 청구기간에 대하여 이미 사업주로부터 급여를 받았습니까? 1.예( ) 2.아니오( )

※ '휴업급여'에 상당하는 금액을 사업주로부터 받은 경우 근로자는 중복으로 휴업급여를 받으실 수 없습니다.

※ 사업주는 휴업급여에 상당하는 금품을 근로자에게 지급한 경우에는 지급 사실을 증명하는 서류(급여대장, 계좌이체내역 등)를 첨부하여 공단에 휴업급여를 대체청구 할 수 있습니다.

② 휴업급여를 청구한 기간 중 취업한 사실이 있습니까? 1.취업 함 ( ) 2.취업하지 못함 ( )

③ 휴업급여 자동지급을 신청하겠습니까? 1.예( ) 2.아니오( )

※ '휴업급여 자동지급제도'란 입원 요양기간 동안(통원기간 제외)에는 본 청구로 휴업급여가 매월 10일내에 자동지급 되는 제도입니다. (부분휴업급여 대상자는 자동지급신청에서 제외됩니다)

휴업급여 청구기간	. . . ~ . . .
수령희망은행 및 계좌번호	은행명: 계좌번호: (예금주:)

〈요양급여 신청 구비서류〉

1. 초진소견서(최초요양 또는 재요양) 1부
2. 목격자 및 행정기관(경찰서) 등에서의 관련 진술서 사본 등 재해경위와 사실 확인을 위한 관계인의 진술 또는 관련 서류 1부.
3. 「민법」또는 다른 법령에 의거 보상이나 배상을 받은 경우 및 사업주(보험가입자) 또는 제3자 등으로 부터 보험급여에 상당한 금품을 받은 경우 금품의 내역 및 금액을 알 수 있는 판결문 · 합의서 등의 서류

〈휴업급여 청구 구비서류〉

1. 재해가 발생한 달을 포함하여 이전 4개월간의 임금대장(단, 연차수당 및 상여금이 있는 경우에는 12개월간의 임금대장)
2. 일용근로자의 경우 일용근로계약서 또는 일당을 확인할 수 있는 자료

※ 유의사항 ※

1. 요양기간이 아닌 기간 또는 취업한 기간에 허위 기타 부정한 방법으로 휴업급여를 받은 경우에는 받은 급여액의 2배에 해당하는 금액을 부당이득금으로 공단에 납부하여야 합니다.
2. 휴업급여 청구서의 처리기한내에 평균임금을 산정하기 곤란한 경우에는 산재근로자의 생계보호를 위하여 최저임금액을 1일당 휴업급여 지급액으로 산정하여 우선 지급하며 평균임금 산정 후 지급 차액이 있는 경우에는 추가 지급합니다.
3. 「산재보험법 시행령」제23조에 따른 일용근로자는 일당에 0.73을 곱한 금액이 평균임금으로 적용됩니다.

공통

	수령일자	수령금액	보상 또는 배상내역(수령근거)
본 재해와 동일한 사유로 민법, 기타 법령의 규정에 의하여 수령한 보상 또는 배상내역 (산업재해보상보험법 제80조)			
	첨부서류	1. 합의서 2. 판결문 3. 영수증 4. 기타	

〈확인서〉 본인은 최초요양 또는 재요양을 신청하기 전에 보험가입자 또는 제3자 등으로부터 보험급여에 상당한 금품을 받지 아니하였음을 확인합니다.

청 구 인 (서명 또는 인)

요양급여 신청 및 휴업급여 청구에 관한 기재 사실이 틀림없음을 확인합니다.

년 월 일

사업장명 ☎

소 재 지

보험가입자(사업주) (서명 또는 인)

위와 같이 신청(청구)합니다.

년 월 일

신청인(청구인) (서명 또는 인)

대 리 인 (서명 또는 인)

근로복지공단 지역본부(지사)장 귀하

〈요양급여 신청 및 휴업급여 청구 대행에 대한 위임(동의)장〉

위 본인은 □요양급여 신청, □휴업급여 청구를 아래 산재보험 의료기관이 대행하여 근로복지공단 (고용 · 산재보험 토탈서비스(total.kcomwel.or.kr) 제출포함)에 제출하는 것에 대하여 동의합니다.

위임하는 자(신청인) (서명 또는 인) 위임받는 자 (서명 또는 인)

(210mm×297mm, 백상지 80g/㎡)

또한 업무상 재해가 발생한 경우 인터넷을 통한 신고가 가능하며, 인터넷으로 산재발생사실을 신고하시면 "최초요양급여신청서"를 보다 신속히 처리할 수 있다(근로복지공단 홈페이지의 [인터넷 산재발생신고하기]에서 클릭하여 신고요령에 의함).

요양급여를 받으려는 자는 소속 사업장, 재해발생 경위, 그 재해에 대한 의학적 소견, 그 밖에 고용노동부령으로 정하는 사항을 적은 서류(요양급여 신청서)를 첨부하여 근로복지공단에 요양급여의 신청을 하여야 한다. 이 경우 요양급여 신청의 절차와 방법은 고용노동부령으로 정한다. 산재병원은 근로복지공단 직영병원(10개 기관)과 지정병원(약 5,450개)이 있다.

1. 요양급여신청서 작성

- 재해자의 인적사항, 재해목격자, 사고 경위 등 기재하고 사업주와 신청인(재해자) 날인
  - 신청서 제출 위임란에 날인하면 의료기관이 토탈서비스를 통해 접수 가능
  만약, 사업주 날인 거부 시 거부사유를 구체적으로 기재하면 사업주 날인 없이 제출 가능
- 병원에 제출하여 요양급여신청서 뒷면에 의사소견서 작성
- 사업장 소재지 관할 근로복지공단 지사, 병원, 회사에 각 한부씩 제출
- 또한, 업무상질병(일부상병 제외)은 업무상질병판정위원회에서 심의
  - 신청서를 제출 받은 소속기관장은 업무상 질병에 대하여 7일 이내에 판정위원회에 심의를 의뢰하고, 판정위원회는 20일 이내(1차 10일 이내 연장 가능)에 심의하여 그 결과를 해당 소속기관장에게 통지

2. 업무상 재해여부 확인 및 결과통지

- 요양급여의 신청을 받은 공단은 그 사실을 보험가입자에게 알리고, 보험가 입자는 10일 이내에 의견제출
- 업무상 사유에 의한 재해여부가 명확한 경우 7일 이내에 요양승인여부 결정 통지
- 업무내용이나 사고 경위 등에 대한 구체적 사실관계확인이 필요할 경우 처리기간이 지연될 수 있으며 업무상 질병의 경우 업무와의 인과관계 확인에 오랜 기간이 소요될 수 있음

3. 불승인 통지에 관한 이의 신청

요양불승인 처분을 받았을 경우 그 처분에 이의가 있을 때 처분이 있음을 안 날로부터 90일 이내에 처분지사를 경유하여 공단 산재심사실에 심사청구하거나 관할 행정법원에 행정소송제기.
단, 업무상질병판정위원회의 심의를 거쳐 불승인 결정된 경우에는 처분지사를 경유하여 고용노동부 산재보험재심사위원회에 재심사청구하거나 관할 행정법원에 행정소송 제기

그림 2-7 ▶ 요양급여 신청과정

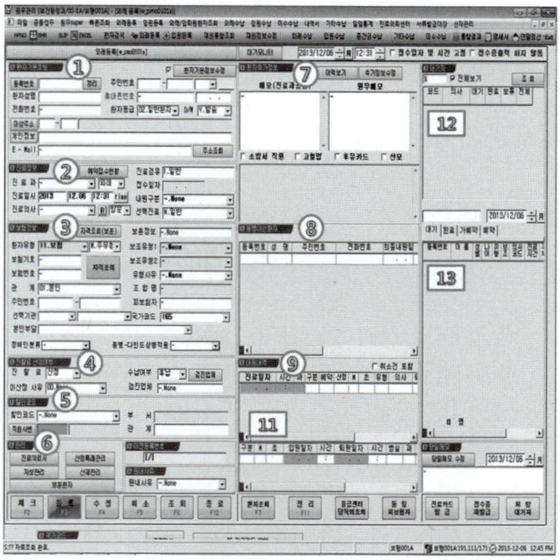

그림 2-8 ▶ 산재보험환자 자격관리 화면

(3) 요양급여의 결정

① 근로복지공단은 법 제41조에 따른 요양급여의 신청을 받으면 그 신청을 받은 날부터 7일 이내에 요양급여를 지급할지를 결정하여 신청인(법 제41조제2항에 따라 산재보험 의료기관이 요양급여의 신청을 대행한 경우에는 산재보험 의료기관을 포함) 및 보험가입자에게 알려야 한다.

② 제1항에 따른 처리기간 7일에는 다음 각 호의 어느 하나에 해당하는 기간은 산입하지 않는다.

1. 판정위원회의 심의에 걸리는 기간
2. 법 제117조 및 법 제118조에 따른 조사에 걸리는 기간
3. 법 제119조에 따른 진찰에 걸리는 기간
4. 제20조에 따른 요양급여 신청과 관련된 서류의 보완에 걸리는 기간
5. 제20조제3항에 따른 보험가입자에 대한 통지 및 의견 제출에 걸리는 기간
6. 업무상 재해의 인정 여부를 판단하기 위한 역학조사나 그 밖에 필요한 조사에 걸리는 기간

③ 공단은 제1항에 따른 요양급여에 관한 결정을 할 때 필요하면 영 제42조제1항에 따른 자문의사에게 자문하거나 영 제43조에 따른 자문의사회의의 심의를 거칠 수 있다.

(4) 요양급여 범위

건강보험 요양급여 지급기준에 의함을 원칙으로 하되, 산재환자의 특성에 맞게 건강보험 지급기준과 달리 적용하거나 추가로 인정하고 있다.

표2-5 추가인정 요양급여 범위

구분	내용
치과보철료	총 2회에 한하여 지급하며, 2회째 보철은 최초 보철일로부터 5년이 경과된 후에 지급 단, 부득이한 경우 5년경과 전에도 지급 가능 2회 지급 규정은 2000.8. 19. 요양 중에 있는 자부터 적용하므로 이전에 요양을 종결한 재해자는 적용 제외함.
재활보조기구	내구연한 경과 시마다 추가지급하며, 재활보조기구에 대한 요양급여의 범위 및 비용은 국민건강보험 장애인보장구 적용기준 및 산재보험 요양급여 산정기준 별표 제2절 재활보조기구의 기준에 의함
보험급여청구서 확인 및 진단서 발급수수료	산재환자가 산재보험급여 청구를 위해 의료기관의 확인이나 진단서를 발급할 경우 발생되는 수수료 또한 의료기관 종별에 따라 공단이 의료기관에 지급하므로 산재환자는 별도의 비용을 부담하지 않아도 됨
이송비	① 이송비 산정기준 – 교통비는 순로(정상적인 교통수단 및 경로)에 따라 이송에 실제로 드는 금액으로 산정 – 교통수단별 이용기준 및 등급기준에 따라 지급 – 자가용을 이용하는 경우에는 지역별 일반택시요금의 100분의 50을 지급 – 의료기관 등의 구급차를 이용하여 환자를 이송한 경우 구급차 이용비용은 보건복지부장관이 고시하는 「응급의료수가기준」 중 "이송처치료 기준금액"에 따라 산정 ② 구비서류 – 요양비청구서(의학적 소견 포함) – 영수증(택시인 경우 별도 양식의 영수증 첨부), 이송경로내역서, 의료기관의 통원요양 사실 확인서 등 첨부

(5) 자비(사업주부담)로 치료 받았을 경우 (의료비) 처리요령

근로복지공단 병원 또는 산재지정 의료기관에서 치료를 받는 현물급여가 원칙이며, 부득이하게 본인이 먼저 부담한 경우 산재환자에게 현금으로 지급 가능 진료비는 공단이 의료기관에 직접 지급. 다만, 산재보험요양급여산정기준에서 정하지 아니한 비급여 항목 등 일부 본인 부담이 발생할 수 있다.

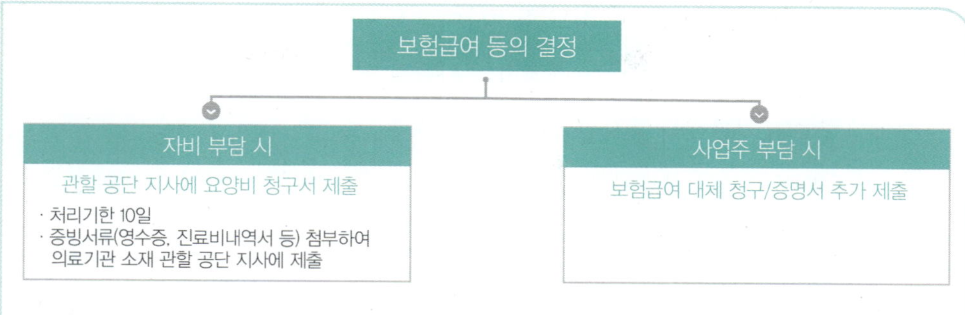

그림 2-9 ▶ 자비(사업주부담)로 치료 받았을 경우 (의료비) 처리요령

(6) 병행진료 사유

① 요양 중인 산재보험 의료기관에 치과, 안과, 이비인후과, 비뇨의학과, 정신건강의학과, 피부과, 신경과, 흉부외과, 내과, 마취통증의학과가 없어 다른 산재보험 의료기관에서 통원 진료가 필요한 경우

② 수술 후 상병상태를 확인하기 위하여 수술을 한 산재보험 의료기관에 통원 진료가 필요한 경우

③ 진폐로 요양급여를 받고 있는 산재근로자가 폐암진료를 위하여 법 제43조제1항제2호에 따른 상급종합병원에서 요양이 필요한 경우

④ 진폐로 요양급여를 받고 있는 산재근로자가 수술이 필요한 합병증 또는 속발증이 발생하였으나 해당 산재보험 의료기관에서 수술이 불가능한 경우

⑤ 진폐로 요양급여를 받고 있는 산재근로자가 진폐 요양급여 지급대상 합병증 또는 속발증이 발생할 우려가 있거나 그 이외의 질병이 발생한 경우로서 상급 의료기관에서 진료할 특별한 사유가 있다고 해당 산재보험 의료기관에서 인정하는 경우

⑥ 요양중 산재보험 의료기관에 자기공명영상진단(MRI), 전산화단층촬영장치(CT), 본스캔(Bone scan) 검사 및 근전도 검사를 위한 검사장비가 없어 다른 산재보험 의료기관에서 검사가 필요한 경우

⑦ 산재근로자가 요양을 하고 있는 산재보험 의료기관이 「응급 의료에 관한 법률」에 따른 응급 의료기관으로 지정되어 있지 않아 요양 중 다른 산재보험 의료기관에서 응급처치를 한 경우

⑧ 인접한 장소(같은 건물이나 일정한 구역을 말한다)에서 의과 산재보험 의료기관과

한의과 산재보험 의료기관이 서로 협의하여 진료체계를 이루고 있는 경우 산재근로자가 다음 각 목의 어느 하나에 해당하는 사유로 의과 산재보험 의료기관과 한의과 산재보험 의료기관에서 동시진료가 필요한 경우

가. 한의과 산재보험 의료기관에서 요양을 하고 있는 산재근로자가 약제의 투여 등으로 의과 산재보험 의료기관에서 통원진료가 필요한 경우

나. 통원요양 중인 산재근로자가 서로 다른 상병으로 의과 산재보험 의료기관과 한의과 산재보험 의료기관에서 동시에 통원진료가 필요한 경우

⑨ 해당 산재근로자가 수술 등 상병의 치료를 목적으로 다른 산재보험 의료기관(상급종합병원으로 한정)으로 전원요양을 하기 위하여 미리 전원요양을 하고자 하는 그 산재보험 의료기관에서 수술 등을 위한 검사가 필요하여 통원진료를 받는 경우

⑩ 산재근로자가 법 제43조제1항제1호에 해당하는 의료기관 또는「산재보험 의료기관 관리규정」제6조제2항에 따라 이사장이 정한 재활치료전문 산재보험 의료기관에서 전문적인 재활치료의 필요성을 판단하기 위하여 전원요양 전에 통원진료를 받는 경우

⑪ 뇌혈관질환으로 업무상 재해로 인정받은 산재근로자가 『의료법』 제3조제3항에 따른 종합병원 이상에서 수술을 하지 않고 전원을 한 후 계속적인 약물치료 등 경과관찰이 필요한 경우

⑫ 현재 요양 중인 산재보험 의료기관에서 시설 및 전문 인력이 없고 통원요양으로 수술 및 처치가 가능한 경우이다.

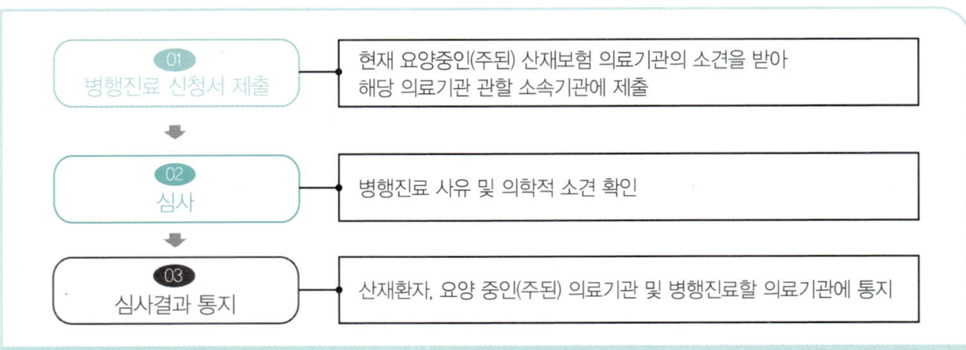

그림 2-10 ▶ 2개의 의료기관에서 요양하려는 경우(병행진료)

(7) 건강보험의 우선 적용

① 제41조제1항에 따라 요양급여의 신청을 한 자는 공단이 이 법에 따른 요양급여에 관한 결정을 하기 전에는 「국민건강보험법」 제41조에 따른 요양급여 또는 「의료급여법」 제7조에 따른 의료급여를 받을 수 있다.

② 건강보험 요양급여 등을 받은 사람이 「국민건강보험법」 제44조 또는 「의료급여법」 제10조에 따른 본인 일부 부담금을 산재보험 의료기관에 납부한 후에 이 법에 따른 요양급여 수급권자로 결정된 경우에는 그 납부한 본인 일부 부담금 중 제40조제5항에 따른 요양급여에 해당하는 금액을 공단에 청구할 수 있다.

(8) 전원 요양

전원요양(轉院療養)이란 요양중인 근로자는 요양 중인 산재보험 의료기관의 인력 · 시설 등이 그 근로자의 전문적인 치료 또는 재활치료에 맞지 않아서 다른 산재보험 의료기관으로 옮길 필요가 있는 경우를 말한다.

1 전원요양의 신청사유

① 공단은 다음 각 호의 어느 하나에 해당하는 사유가 있으면 요양 중인 근로자를 다른 산재보험 의료기관으로 옮겨 요양하게 할 수 있다.

1. 요양 중인 산재보험 의료기관의 인력 · 시설 등이 근로자의 전문적인 치료 또는 재활치료에 맞지 아니하여 다른 산재보험 의료기관으로 옮길 필요가 있는 경우
2. 생활근거지에서 요양하기 위하여 다른 산재보험 의료기관으로 옮길 필요가 있는 경우
3. 제43조 제1항 제2호에 따른 상급종합병원에서 전문적인 치료 후 다른 산재보험 의료기관으로 옮길 필요가 있는 경우
4. 그 밖에 대통령령으로 정하는 절차를 거쳐 부득이한 사유가 있다고 인정되는 경우

② 요양중인 근로자는 제1항 제1호부터 제3호까지의 어느 하나에 해당하는 사유가 있으면 공단에 전원(轉院) 요양을 신청(전원요양신청서에 전원요양소견서를 첨부)할 수 있다.

따라서 전원요양의 신청 사유 및 신청은 요양중인 근로자는 위의 1.부터 3.까지의 어느 하나에 해당하는 사유가 있으면 근로복지공단에 전원요양을 신청할 수 있다. (요양 신청은 근로복지공단에 직접 신청하는 외에 근로복지공단의 『고용 · 산재보험 토탈서비스』를 통해 인터넷으로도 신청할 수 있다.)

01 전원요양 신청서 제출

현재 치료받고 있는 의료기관의 주치의사 소견을 기재하여 의료기관 관할 공단 지사에 제출
전원요양 사유를 기재하고, 산재환자가 사전에 전원하려는 의료기관의 산재지정 여부, 입원가능 여부 및 진료과목 등을 확인하여야 함

전원요양 사유

① 생활근거지에서 요양하기 위하여 다른 산재보험 의료기관으로 옮길 필요가 있는 경우
② 요양 중인 산재보험 의료기관의 인력, 시설 등이 본인의 전문적인 치료 또는 재활치료에 맞지 않는 전원이 필요한 경우
③ "산업재해보상보험법" 제43조 제1항 제2호에 따른 상급종합병원에서 전문적인 치료 후 전원이 필요한 경우

02 구체적 사유 확인

관할 공단 지사에서 산재근로자의 생활근거지나 수술 및 전문척 치료의 필요성 등 전원요양을 받고자 하는 구체적 사유 확인

03 전원 승인 여부 통지

전원 승인 여부 결정하여 신청인, 의료기관, 사업주에게 통지
전원요양 사유 등을 확인하여 결정하므로 응급 등 긴급한 경우를 제외하고는 반드시 사전에 승인을 받아야 함
전원요양 사유에 해당하지 않거나 부적정하다고 판단될 경우에는 전원이 승인되지 아니할 수 있음

그림 2-11 ▶ 의료기관을 옮기고자 할 경우(전원)

2 전원요양 신청에 대한 결정

근로복지공단은 전원요양 신청을 받은 경우에는 요양중인 산재근로자의 부상 또는 질병의 치료를 위해 다른 산재보험 의료기관으로 옮겨서 요양을 하는 것이 적절한지 여부, 해당 산재근로자의 생활근거지, 전문적인 치료 및 재활치료의 필요성 등에 대해 자문의사의 자문 또는 자문의사회의의 심의를 거쳐 전원요양 여부를 결정한다.

(9) 추가상병 요양급여의 신청

업무상의 재해로 요양 중인 근로자는 다음 각 호의 어느 하나에 해당하는 경우에는 그 부상 또는 질병에 대한 요양급여를 신청할 수 있다.

① 그 업무상의 재해로 이미 발생한 부상이나 질병이 추가로 발견되어 요양이 필요한 경우

② 그 업무상의 재해로 발생한 부상이나 질병이 원인이 되어 새로운 질병이 발생하여 요양이 필요한 경우

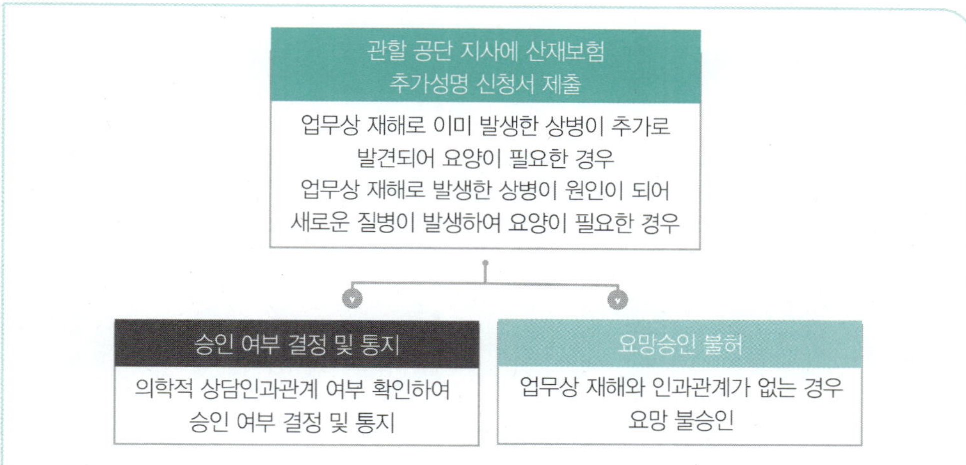

그림 2-12 ▶ 요양 중 새로운 상병이 발생된 경우 (추가상병)

(10) 재요양

재요양(再療養)이란 요양급여를 받은 사람이 치유 후 요양의 대상이 되었던 업무상의 부상 또는 질병이 재발하거나 치유 당시보다 상태가 악화되어 이를 치유하기 위한 적극적인 치료가 필요하다는 의학적 소견이 있으면 다시 요양급여(재요양)를 받을 수 있는 것을 말한다.

1 재요양 요건

① 요양급여를 받은 자가 치유 후 요양의 대상이 되었던 업무상의 부상 또는 질병이 재발하거나 치유 당시보다 상태가 악화되어 이를 치유하기 위한 적극적인 치료가 필

요하다는 의학적 소견이 있으면 다시 제40조에 따른 요양급여를 받을 수 있다.

② 재요양의 요건과 절차 등에 관하여 필요한 사항은 대통령령으로 정한다.

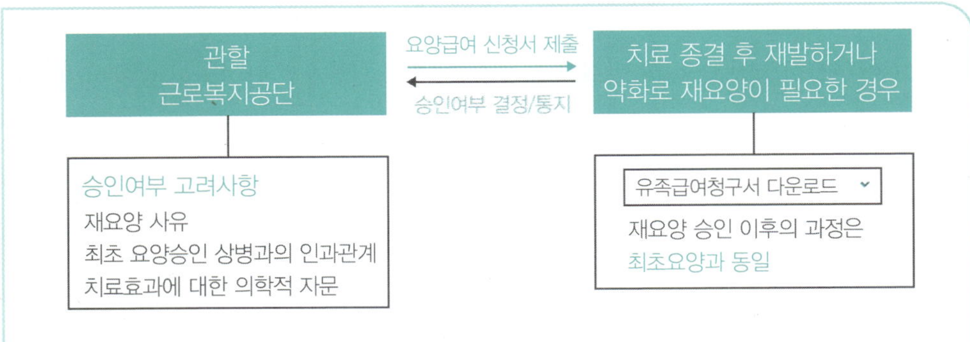

그림 2-13 ▶ 재요양절차

재요양의 요건

1. 치유된 업무상 부상 또는 질병과 재요양의 대상이 되는 부상 또는 질병 사이에 상당인과관계가 있을 것
2. 재요양의 대상이 되는 부상 또는 질병의 상태가 치유 당시보다 악화된 경우로서 나이나 그 밖에 업무 외의 사유로 악화된 경우가 아닐 것
3. 재요양의 대상이 되는 부상 또는 질병 상태의 호전을 위하여 수술(신체 내 고정물의 제거 수술 또는 의지 장착을 위한 절단 부위의 재수술을 포함한다) 등 적극적인 치료가 필요하다고 인정될 것
4. 재요양의 대상이 되는 부상 또는 질병의 상태가 재요양으로 치료효과를 기대할 수 있다고 인정될 것

2 재요양의 절차 및 첨부서류

재요양을 신청하는 경우 아래의 서류를 첨부하여 마지막으로 치료받았던 의료기관 또는 사업장을 관할하는 공단 해당 지사에 제출하면 된다.

① 재요양의 대상이 되는 부상 · 질병 상태와 재요양의 필요성에 관한 의사 · 치과의사 또는 한의사의 진단서 또는 소견서

② 재요양을 신청하기 전에 보험가입자 또는 제3자등으로 부터 보험 급여에 상당하는 금품을 받은 경우에는 그 금품의 명세 및 금액을 확인할 수 있는 판결문 · 합의서 등의 서류

③ 재요양을 신청하기 전에 보험가입자 또는 제3자 등으로부터 보험급여에 상당하는 금품을 받지 않은 경우에는 그 사실을 확인하는 본인의 확인서 등이 있다.

(11) 한방요양

① 요양대상

「산재보험법」 적용을 받는 사업 또는 사업장 소속 근로자의 업무상 부상 또는 질병으로 4일 이상의 요양이 필요한 경우이다.

② 한방요양을 받을 수 있는 상병

- 양방요법으로 외과적 치료를 받은 후 한방요법에 의한 요양이 필요한 외상
- 요통, 염좌, 근골격계 질환
- 뇌혈관 및 심장질환 등 업무상 질병
- 기타 한방요양의 필요성이 인정되는 내과질환 등이다.

③ 한방요양 방법

- 상병상태에 따라 한방 의료기관에서 입원, 통원치료 ㅇ요양승인기간 중 양방과 한방 의료기관에서 각각 다른 날짜에 통원치료 가능하다.

④ 한방요양 급여의 범위

- 한방 건강보험 요양급여기준 및 진료수가 기준을 원칙적으로 적용하되, 산재보험 요양급여 산정 기준을 추가 적용하고 있다.
- 한방 건강보험 요양급여기준 및 진료수가 기준
  - 진찰료, 입원료 - 투약(가미소요산 등 56종) 및 처방조제료 - 침술, 구술, 부항술 처치료 - 양도락 검사, 맥전도 검사, 경락기능 검사(※ 한방의 첩약, 물리치료는 산재급여 대상이 아님)
  - 한방 첩약은 한방 의료기관 에서 요양 중인 산재 근로자의 진료 상 반드시 필요한 경우에 지급한다.
  - 한방 탕전료는 1일 1회 산정 지급한다.

(12) 진료계획의 제출

① 산재보험 의료기관은 요양급여를 받고 있는 근로자의 요양기간을 연장할 필요가 있는 때에는 그 근로자의 부상 · 질병 경과, 치료예정기간 및 치료방법 등을 적은 진료계획을 대통령령으로 정하는 바에 따라 공단에 제출하여야 한다.

② 공단은 제1항에 따라 제출된 진료계획이 적절한지를 심사하여 산재보험 의료기관에 대하여 치료기간의 변경을 명하는 등 대통령령으로 정하는 필요한 조치(이하 "진료계획 변경 조치등"이라 한다)를 할 수 있다.

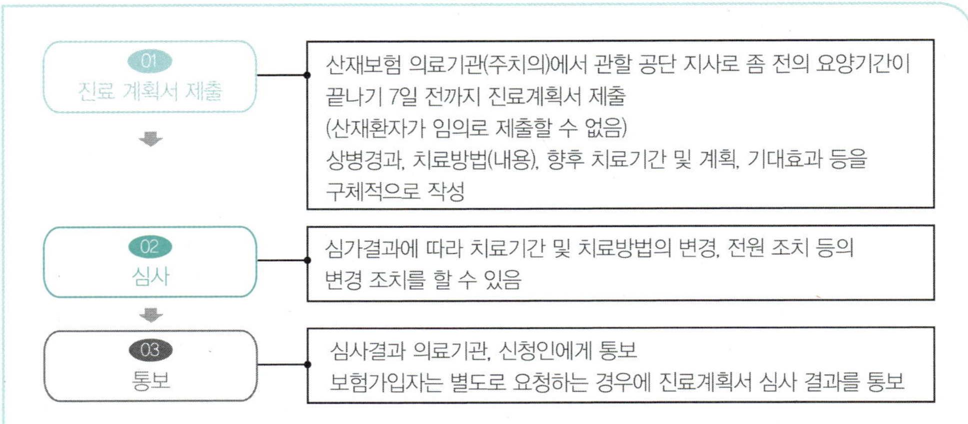

그림 2-14 ▶ 치료기간을 연장하고자 할 경우(진료계획)

(13) 질병판정절차

업무상 질병판정위원회 심의 절차로 심의기간 20일, 부득이한 경우 10일 연장 가능하다.

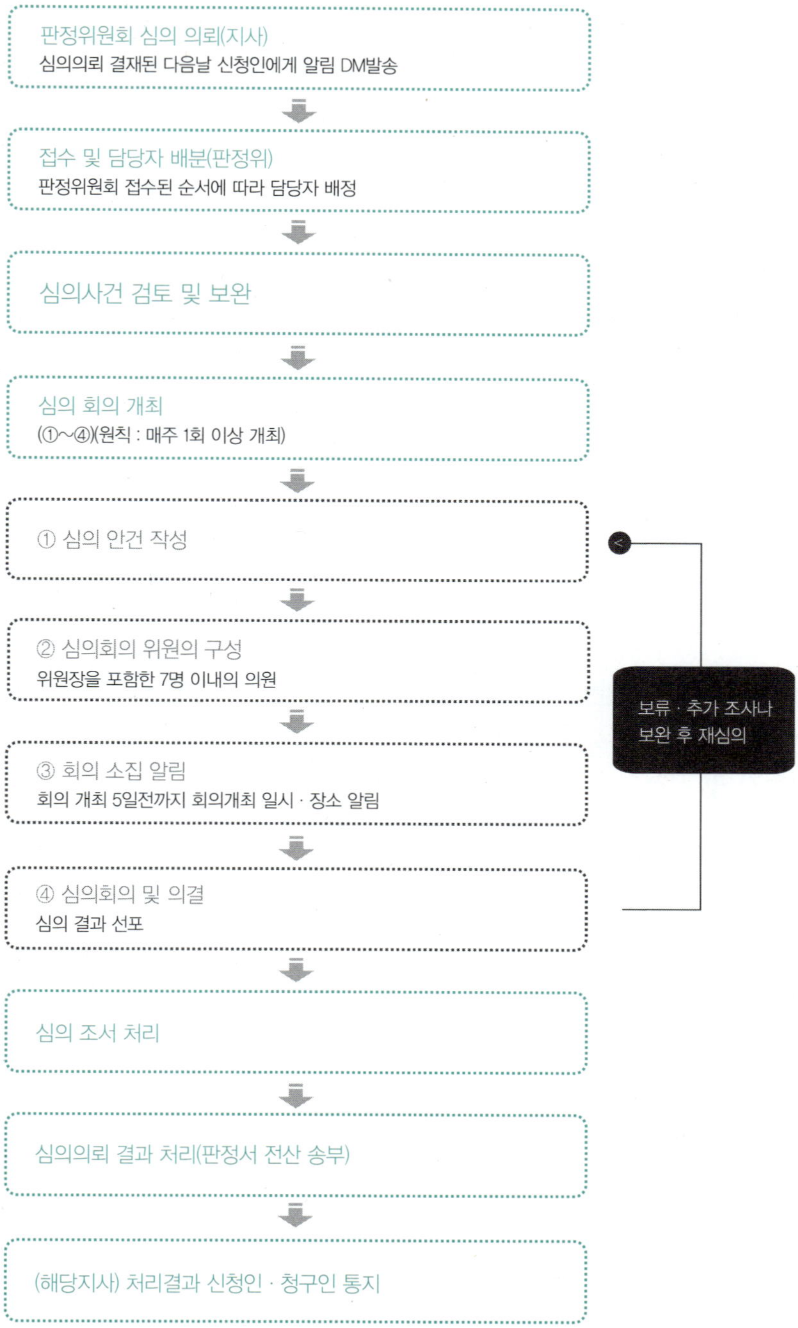

자료참고 : 근로복지공단 홈페이지

그림 2-15 ▶ 질병판정절차

(14) 업무상질병판정 확인(조회)

근로복지공단 고용·산재보험 토탈서비스에서 개인정보호법에 의거 개인정보 수집. 이용 동의를 한 후 재해자명과 생년월일을 입력한 후 사건번호나 휴대전화번호를 조회하면 판정여부에 대하여 검색이 가능하다.

(15) 개별 요양급여 제도

개별요양제도란 건강보험 및 요양급여 산정기준에 급여로 정하지 않은 진료항목과 비용 중에서 산재근로자 진료에 필요한 경우에는 개별요양급여로 심의하여 지급하는 제도를 말한다.

관련근거는 산재보험 요양급여 산정기준 제10조제3항에서 공단 이사장은 산재근로자의 진료와 관련하여 국민건강보험 및 별표에서 요양급여로 정하지 아니한 진료항목과 비용 중 산재근로자의 진료에 필요하다고 판단되는 경우에 요양급여로 인정할 수 있다. 이 경우, 공단 이사장은 요양급여 승인 결과를 고용노동부장관에게 보고하여야 한다.

1 신청자 및 신청방법. 제출서류

■ 신청자(산재근로자 또는 사업주)

사업주가 신청자일 경우에는 비급여항목에 대한 비용을 사업주가 부담하고 수급권을 대위한 경우 해당된다.

■ 신청방법

요양비청구서(대체지급청구서)를 해당 지역본부(지사)에 제출-요양비를 청구하여 "비급여항목"으로 부지급 결정이 된 경우는 심사청구 대상이다.

■ 제출서류

진료비내역서, 세금계산서, 진료기록부 등이 있다.

2 신청대상 항목 및 제외 대상

① 신청대상 항목

가. 국민건강보험 비급여항목

- 「국민건강보험 요양급여의 기준에 관한 규칙 [별표 2]」 비급여 대상
- 「건강보험 행위급여 · 비급여 목록표 및 상대가치점수」 제1편. 제3부 비급여 항목
- 「약제 급여 · 비급여 목록 및 급여상한 금액표」 중 비급여 약제
- 「치료재료 급여 · 비급여 목록 및 급여상한 금액표」 중 비급여 치료재료

나. 국민건강보험 비급여항목은 아니나, 비급여로 운영되는 행위, 약제, 치료재료

- 「인체조직안전 및 관리 등에 관한 법령」에 따른 인체조직
- 「의료기기법령」에 따른 의료기기

② 신청제외 대상

- (제1호) 업무상 부상 또는 질병의 목적이 아닌 진료 또는 투약
- (제3호) 상급병실 사용료 차액(다만, 종합병원이상에서 일반병실이 없어 부득이하게 사용한 경우 제외)
- (제4호) 선택진료 추가비용(다만, 공단의 특진요구에 따른 비용 및 진찰료, 방사선특수영상진단(CT, MRI 제외), 마취, 수술에 해당되는 진료를 받은 경우 제외)

③ 승인신청 및 처리절차(지역본부 또는 지사)

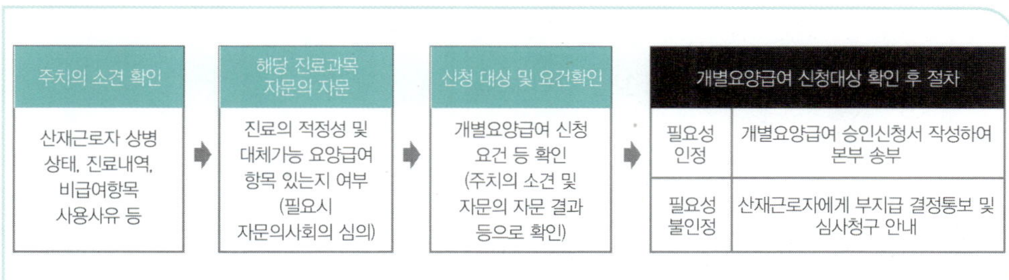

그림 2-16 ▶ 개별요양급여제도 신청절차

2. 요양급여의 신청 절차

(1) 요양급여의 신청

① 법 제41조제2항에 따라 산재보험 의료기관이 요양급여의 신청을 대행하는 경우에는 제1항에 따른 서류 외에 해당 근로자가 요양급여의 신청 대행에 동의하였음을 확인할 수 있는 서류를 첨부하여야 한다.

② 근로복지공단은 제1항에 따른 보험가입자의 확인이 없는 요양급여의 신청을 받은 경우에는 그 사실을 해당 근로자가 소속된 보험가입자에게 알려야 한다. 이 경우 보험가입자는 통지를 받은 날부터 10일 이내에 공단에 그 요양급여 신청에 대한 의견을 제출할 수 있다.

(2) 요양급여의 결정

근로복지공단은 법 제41조에 따른 요양급여의 신청을 받으면 그 신청을 받은 날부터 7일 이내에 요양급여를 지급할지를 결정하여 신청인 및 보험가입자에게 알려야 한다.

(3) 요양비의 청구

① 수급권자가 받을 수 있는 요양비는 다음 각 호의 비용으로 한다.

1. 산재보험 의료기관이 아닌 의료기관에서 응급진료 등 긴급하게 요양을 한 경우의 요양비
2. 다음 각 목의 어느 하나에 해당하는 요양급여에 드는 비용
   가. 의지(義肢)나 그 밖의 보조기의 지급
   나. 간병
   다. 이송
3. 그 밖에 공단이 정당한 사유가 있다고 인정하는 요양비가 있다.

(4) 2종 요양비 청구

2종 요양비는 부득이한 사유로 피재근로자가 산재 요양급여를 받지 못하고 자신이 직접 부담한 요양 진료비를 근로복지공단에 직접 청구하는 현금급여 이다.

산재 환자가 2종 요양비를 청구할 수 있는 부득이한 사유는 ① 진료를 받고자 하는 지역인근에 지정 진료기관이 없거나 특수 의료기술이 필요한 경우 ② 응급 치료 중 긴급하게 요양이 필요하게 된 경우 ③ 피재 근로자가 요양신청 절차를 거치지 않았을 경우 ④ 이송료, 개호료, 의지(義肢), 보철료 등을 부담한 경우 등이 해당된다.

이때, 피재 근로자가 진료비를 일반수가로 납입한 경우는 요양비 청구서 3부와 진료를 받은 병원에서 진료소견서와 진료비 내역서를 작성하고 영수증을 첨부하여 근로복지 공단에 청구한다. 또한, 건강보험으로 진료한 경우는 요양비 청구서 3부와 병원에서 국민건강보험공단에 제출한 요양급여비용 청구명세서 사본을 첨부하고, 건강보험공단이 병원에 지급한 부담금을 건강보험공단에 먼저 납부한 영수증과 본인 부담금 영수증을 함께 첨부하여 근로복지 공단에 요양비를 청구한다.

2-3 보험급여 지급제한 및 구상권

1. 보험급여 지급의 제한

① 근로복지공단은 근로자가 다음의 어느 하나에 해당되면 보험급여의 전부 또는 일부를 지급하지 아니할 수 있다.

1. 요양 중인 근로자가 정당한 사유 없이 요양에 관한 지시를 위반하여 부상 · 질병 또는 장해 상태를 악화시키거나 치유를 방해한 경우
2. 장해보상연금 또는 진폐보상연금 수급권자가 제59조에 따른 장해등급 또는 진폐장해등급 재판정 전에 자해(自害) 등 고의로 장해 상태를 악화시킨 경우

② 근로복지공단은 제1항에 따라 보험급여를 지급하지 아니하기로 결정하면 지체 없이 이를 관계 보험가입자와 근로자에게 알려야 한다.

③ 제1항에 따른 보험급여 지급 제한의 대상이 되는 보험급여의 종류 및 제한 범위는 대통령령으로 정한다.

2. 부당이득의 징수

근로복지공단은 보험급여를 받은 자가 다음 각 호의 어느 하나에 해당하면 그 급여액에 해당하는 금액을 징수하여야 한다. 이 경우 공단이 제90조제2항에 따라 국민건강보험공단 등에 청구하여 받은 금액은 징수할 금액에서 제외한다.

1. 거짓이나 그 밖의 부정한 방법으로 보험급여를 받은 경우
2. 수급권자 또는 수급권이 있었던 자가 제114조 제2항부터 제4항까지의 규정에 따른 신고의무를 이행하지 아니하여 부당하게 보험급여를 지급받은 경우
3. 그 밖에 잘못 지급된 보험급여가 있는 경우

3. 제3자에 대한 구상권

① 근로복지공단은 제3자의 행위에 따른 재해로 보험급여를 지급한 경우에는 그 급여액의 한도 안에서 급여를 받은 자의 제3자에 대한 손해배상청구권을 대위(代位)한다. 다만, 보험가입자인 2 이상의 사업주가 같은 장소에서 하나의 사업을 분할하여 각각 행하다가 그 중 사업주를 달리하는 근로자의 행위로 재해가 발생하면 그러하지 아니하다.

② 제1항의 경우에 수급권자가 제3자로부터 동일한 사유로 이 법의 보험급여에 상당하는 손해배상을 받으면 공단은 그 배상액을 대통령령으로 정하는 방법에 따라 환산한 금액의 한도 안에서 이 법에 따른 보험급여를 지급하지 아니한다.

③ 수급권자 및 보험가입자는 제3자의 행위로 재해가 발생하면 지체 없이 공단에 신고하여야 한다.

2-4 산재보험 수급권 보호 및 권리구제

1. 수급권의 보호 및 소멸시효

(1) 수급권의 보호

근로자의 보험급여를 받을 권리는 퇴직하여도 소멸되지 아니하며, 또한 보험급여를 받을 권리는 양도 또는 압류하거나 담보로 제공할 수 없다.

(2) 소멸시효

산업재해보상법에 의해 보험급여를 받을 권리를 3년간 행사하지 아니하면 소멸시효가 만료되어 보험급여가 지급되지 않으므로 3년 이내에 근로복지공단에 청구하여야 한다.

2. 권리구제방법

(1) 심사 청구의 제기

① 다음 각 호의 어느 하나에 해당하는 공단의 결정 등에 불복하는 자는 공단에 심사 청구를 할 수 있다.
1. 보험급여에 관한 결정 2. 진료비에 관한 결정 3. 약제비에 관한 결정 4. 진료계획 변경 조치 등 5. 보험급여의 일시지급에 관한 결정 6. 부당이득의 징수에 관한 결정 7. 수급권의 대위에 관한 결정

② 심사 청구는 보험급여 결정 등이 있음을 안 날부터 90일 이내에 하여야 한다.

③ 심사 청구서를 받은 공단의 소속 기관은 5일 이내에 의견서를 첨부하여 공단에 보내야 한다.

표2-6 산재보험 심사청구 및 재심사

구분	내 용
심사청구	급여결정에 대한 불복은 그 결정이 있음을 안 날로부터 90일 이내에 근로복지공단의 지역본부(지사)에 청구
근로복지공단의 결정	공단은 심사청구서를 받은 날로부터 90일 이내에 산업재해보상보험심사위원회의 심의를 거쳐 결정
재심사청구	공단의 심사청구에 대한 결정의 불복은 산업재해보상보험 재심사위원회에 90일 이내에 재심사청구
재심사	산업재해보상재심사위원회는 청구 받은 후 60일 이내에 결정
행정소송	재심결정에 불복이 있는 경우 90일 이내에 제기

(2) 심사(재심사)청구 및 행정소송

근로복지공단이 행한 보험급여 등의 결정에 불복이 있는 자는 이의제기를 할 수 있으며 이를 「심사청구」라 하고, 심사청구 결과 결정된 내용에 대하여 다시 이의를 제기하는 것을「재심사청구」라 한다. 심사(재심사)청구는 보험급여 등의 결정이 있음을 안 날부터 90일 이내에 그 보험급여 등의 결정을 행한 근로복지공단 지역본부 또는 지사에 접수하여야 한다. 또한 심사청구. 재심사청구를 거치지 않고 바로 행정법원에 소송을 제기할 수도 있다.

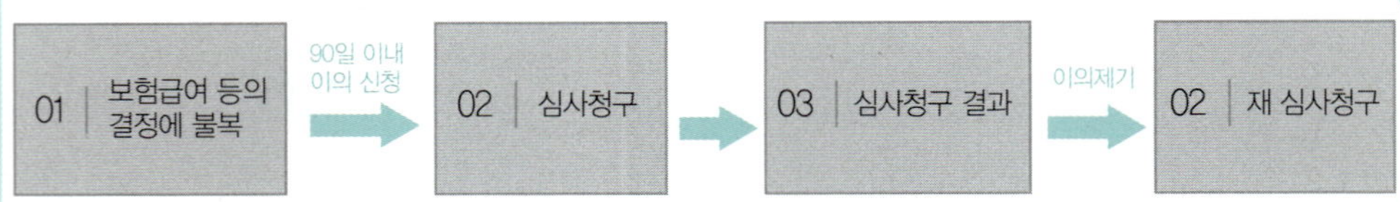

그림 2-17 ▶ 심사(재심사)청구 및 행정소송 절차

① 심사청구제도

근로복지공단 각 지역본부(지사)에서 행한 산업재해보상보험법상의 보험급여에 관한 결정에 불복이 있는 자는 권리구제를 위해 심사청구를 제기할 수 있다.

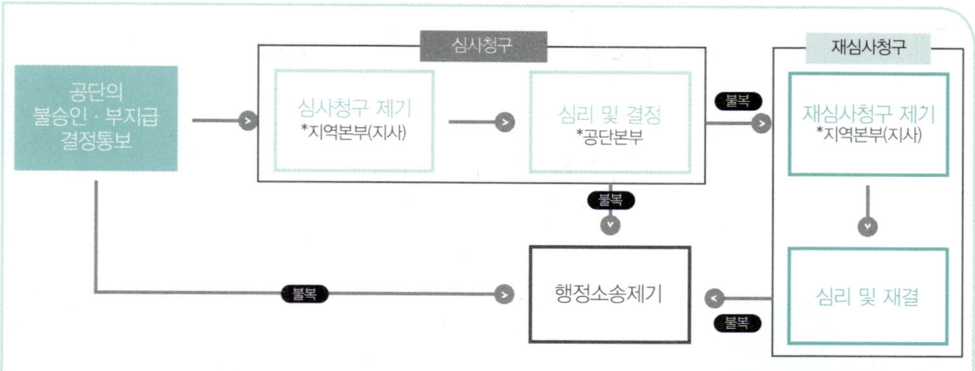

그림 2-18 ▶ 심사청구 절차

표2-7 심사 청구처리(결정)현황

	'20년	'21년	증감	증감률
합계	10,966	10,638	-328	-2.99
취소	1,571	1,521	-50	-3.18
기각	9,098	8,857	-241	-2.65
각하	119	100	-19	-15.97
기타	178	160	-18	-10.11

자료출처 : 2021년 근로복지공단통계연보(2022년)

② 재심사청구

공단본부에 심사청구를 제기한 후 동 심사청구에 대한 공단본부의 심사결정에 이의가 있는 사람은 고용노동부 산재보험재심사위원회에 재심사청구가 가능하다. (다만, 공단 소속기관인 업무상질병판정위원회의 심의를 거쳐 결정된 경우는 심사청구를 거치지 않고 고용노동부 산재보험재심사위원회에 재심사청구 가능)

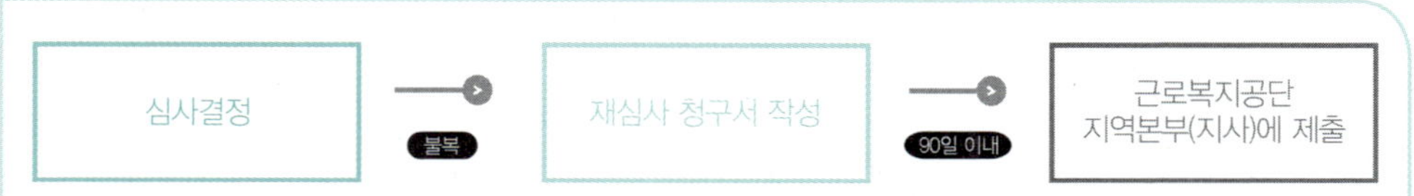

그림 2-19 ▶ 재심청구절차

③ 행정소송제기

산업재해보상보험법상 보험급여 등에 관한 결정 또는 심사결정에 불복이 있는 경우 결정(심사결정)이 있음을 안 날부터 90일 이내에 심사 또는 재심사 청구를 거치지 아니하고 행정소송을 제기 할 수 있다.

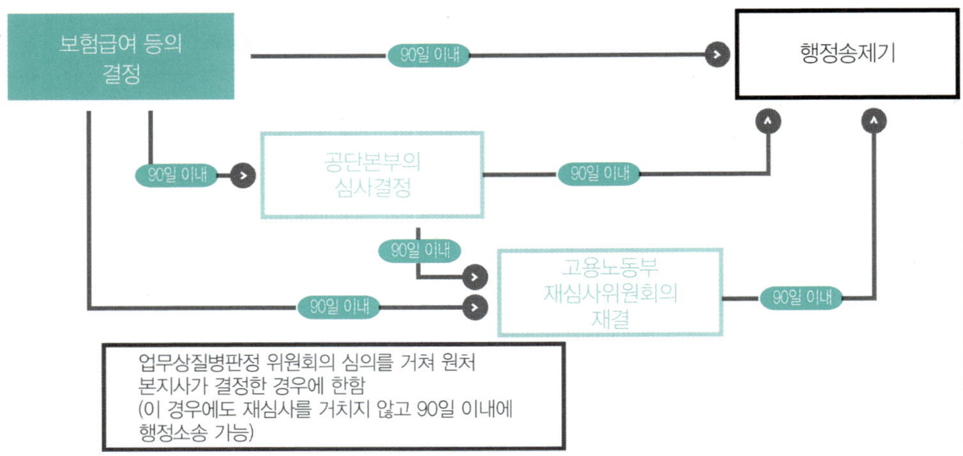

그림 2-20 ▶ 행정소송절차

(3) (재)심사청구·이의신청

심사청구 결정에 대한 불복이 있을 경우 결정이 있음을 안 날로부터 90일 이내에 고용노동부 산재보험재심사위원회에 재심사 청구할 수 있다.

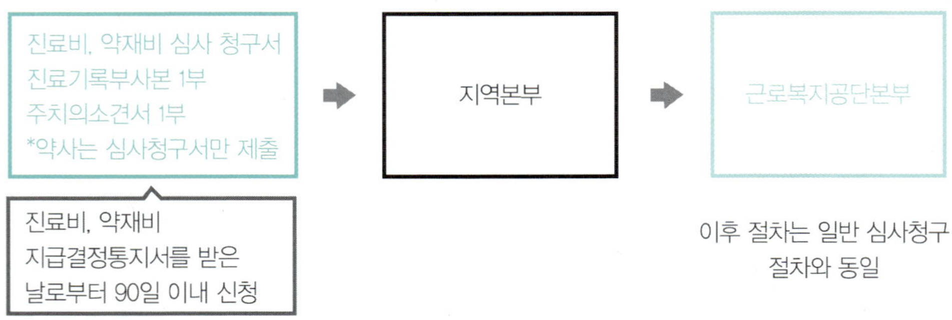

자료출처 : 근로복지공단

그림 2-21 ▶ 재심청구 및 이의신청절차

(4) 처리절차 안내

① 심사, 재심사청구 과정을 거쳐 행정소송을 하는 경우

1 심사청구서를 작성하여 근로복지공단의 결정지사에 제출

- 제출지사 : 보험급여 등의 결정을 한 지사
- 청구할 수 있는 기한 : 결정내용을 안 날부터 90일 이내

심사청구서가 접수되면 해당지사에서는 의견서를 첨부하여 공단본부로 송부(접수후 5일 이내) 공단본부에서는 이를 접수 · 심리 하여 산업재해보상보험심사위원회의 심의를 거쳐 공단본부에 송부된 날부터 최장 80일 이내에 심사결정 후 그 결과를 심사청구인에게 통보

2 심사결정에 대한 이의 제기와 관련한 청구절차

※ 심사청구와 같은 방식으로 재심사 청구서에 의거 재심사청구 제기

- 제출지사 : 보험급여 등을 결정한 지사(심사청구 제출지사와 동일)
- 청구할 수 있는 기한 : 심사청구에 대한 결정내용을 안 날부터 90일 이내
- 심사기관 : 노동부 산업재해보상보험재심사위원회
- 결정통보 : 노동부 산업재해보상보험재심사위원회에 접수된 날부터 최장 80일 이내 심리. 재결 후 통보

재심사청구 재결내용을 안 날부터 90일 이내 행정법원에 소송제기

② 심사 · 재심사청구 절차를 거치지 않고 행정소송을 제기하는 경우

공단의 결정에 이의가 있는 경우 바로 (행정)법원에 행정소송 제기

- 제기할 수 있는 기한 : 보험급여 등의 결정내용을 안 날부터 90일 이내
- 제기기관 : (행정)법원

수행 내용 및 수행 준거

1 산업재해의 보험급여 종류에 대하여 이해하고 업무를 수행한다.

(1) 요양급여란 공단이 설치 또는 지정한 의료기관에서 요양을 하고 비용을 의료기관에 직접 지급하는 것을 원칙으로 하고 있지만, 부득이한 사유로 인해 근로자가 요양을 먼저하고 진료를 부담한 경우 및 급여의 성격상 근로자에게 직접 지급하여야 할 비용을 근로자에게 직접 지급하는 것이다.

(2) 휴업급여란 업무상 재해를 당하거나 업무상 질병에 걸린 근로자가 요양으로 인하여 취업하지 못한 기간에 대하여 피재근로자와 그 가족의 생활보호를 위하여 지급하는 보험급여이다.

(3) 장해급여란 업무상 재해를 당한 근로자가 요양후 치유되었으나 정신적 또는 신체적 결손이 남게 되는 경우 그 장해로 인한 노동력손실보전을 위하여 지급되는 보험급여이다.

(4) 상병보상연금급여란 요양개시 후 2년이 경과하여도 치유되지 아니하고 요양이 장기화됨에 따라 해당 피재근로자와 그 가족의 생활안정을 도모하기 위하여 휴업급여 대신에 보상수준을 향상시켜 지급하게 되는 보험급여이다.

(5) 유족급여란 근로자가 업무상 사유로 사망 시 또는 사망으로 추정되는 경우 그 근로자와 생계를 같이 하고 있던 유족들의 생활보장을 위하여 지급되는 보험급여이며, 장례비는 그 장제에 소요되는 비용으로 실비의 성질을 가진다.

(6) 간병급여란 요양을 종결한 산재근로자가 치유 후 의학적으로 상시 또는 수시로 간병이 필요하여 실제로 간병을 받는 자에게 보험급여를 지급하는 제도이다.

(7) 직업재활급여란 장해급여자에 대하여 사업주가 고용을 유지하거나 직장적응훈련 또는 재활운동을 실시하는 경우에 지급하는 직장복귀지원금, 직장적응훈련비 및 재활운동비 등이다.

2 산재보험법상 요양급여의 범위에 대하여 알아보고 해당업무를 수행한다.

산재보험법」상 산재근로자에 대한 요양급여의 범위는「산재보험법」제40조제4항에 규정하고 있으며 요양급여의 범위 및 비용 산정기준에 관한 세부적인 사항은 고용노동부장관이 고시하는 「산업재해보상보험요양급여산정기준」에서 규정하고 있다.

요양급여의 범위
1. 진찰 및 검사 2. 약제 또는 진료재료와 의지(義肢) 그 밖의 보조기의 지급 3. 처치, 수술, 그 밖의 치료 4. 재활치료 5. 입원 6. 간호 및 간병 7. 이송 8. 그 밖에 노동부령으로 정하는 사항

3 산재보험환자가 병원도착시 산재보험 자격관리 및 급여관리 업무를 수행한다.

(1) 요양급여절차

① 산재보험가입 확인

산재로 부상 및 질병을 진료하기 위해 처음 방문하는 환자가 산재보험진료를 요구할 경우에는 업무상의 부상·질병 및 산재적용사업장 여부와 4일 이상의 진료를 요하는지를 우선적으로 확인한다. 또한 타 의료기관에서 전원되어 온 환자는 전원신청서 사본과 전원승인통지여부를 확인한 다음 진료를 받도록 한다.

② 진료비 지불각서 접수

근로자가 업무수행 중 사고나 질병으로 의료기관에서 진료가 필요한 경우에는 진료비 지급에 대한 지불보증서를 받아야 한다.

- 부상과 동시에 내원한 경우는 근로복지공단의 산재승인여부가 불투명할 뿐만 아니라 사업주와 환자사이에 다툼이 발생할 수 있다.
- 산재가 승인되더라도 산재사고(승인질환)와 관련이 없는 기왕증(旣往症: 과거에 앓았거나 현재 앓고 있는 질병)이나 만성질환이 있어 진료를 받는 경우가 있다.
- 산재보험에서 급여가 제공되지 않는 선택진료비, 특수검사, 상급병실료, 환자측의 희망에 의한 단백아미노산제(수액영양제)투여가 발생할 수 있기 때문이다.

③ 초진소견서 발급

- 산재보험으로 신청하기 위해서는 소속회사가 작성한 최초요양신청서(전원의 경우는 전원요양신청서)의 뒷면에 담당의사가 초진소견서를 작성하여야 한다.
- 초진소견서는 3부를 발급하고 원본은 병원에 보관하고 1부는 근로복지공단에, 1부는 소속회사로 발송한다.

- 근로복지공단 산하에는 6개의 지역본부와 약 40개의 지사가 있으며, 제조업은 소재지별로, 건설업은 현장중심별로 관할 지사가 결정되며 타 지역에 전입된 환자는 의료기관이 위치한 지역본부의 지사가 관장한다(근로복지공단 홈페이지 참조).

④ 요양연기 신청

입원 또는 통원치료 중인 산재보험환자 중에서 병원의 최초 요양신청이 끝난 후 추가 요양기간이 필요한 경우에는 기존 요양승인 만료일 전에 반드시 치료연기의 원인이나 사유에 대한 구체적인 담당의사의 손견서와 추가요양기간을 기록한 요양연기신청서를 작성하여 근로복지공단의 승인을 득하여야 한다.

⑤ 추가상병 승인요청

산재환자의 요양기간 중 처음 진료할 때 발견하지 못한 병명이 추가되거나 누락된 상병에 있을 경우에는 근로복지공단에 추가승인을 신청하여야 한다. (단 산재보험과 관련이 없는 기왕증 질병의 진료는 건강보험이나 의료급여로 진료하고 본인부담을 납부하도록 한다).

⑥ 재요양 신청

하나의 상병에 대한 요양이 종결되고 당해 상병이 재발하거나 당해 상병에 기인한 합병증이 발생된 경우에는 재요양이 인정되므로 "재요양신청서"를 작성하여 근로복지공단에 접수를 하여야 한다.

⑦ 전원신청서

요양중인 피재근로자의 상병상태가 당해 의료기관에서 요양을 담당할 능력이 없거나, 가족들의 간호 또는 통원치료에 지장이 있다고 인정되어 다른 의료기관으로 전원하는 경우에는 회사 및 의료기관의 확인을 거쳐 전원을 할 수 있으므로 의료기관의 관할 근로복지공단(지사)의 승인을 받아야 한다.

⑧ 특별진찰 의뢰

진찰의뢰는 타 의료기관에서 요양중인 환자가 그 병원에서 어려운 질병이나 장애판정, 추가상병에 대한 요양급여 여부 등을 위하여 필요할 때 보다 전문적인 의료기관에 특별진찰을 의뢰한다.

[별지 제3호 서식]

※ 굵은 선 안은 의료기관에서 기입하지 않습니다. (앞 면)

<table>
<tr><td colspan="4">산 업 재 해 보 상 보 험
초진소견서 (□ 최초요양 □ 재요양)</td></tr>
<tr><td>① 성명</td><td colspan="2">② 주민등록번호
□□□□□□-□□□□□□□</td><td>③ 재해일자</td></tr>
<tr><td>④ 의료기관 최초 도착일시</td><td>년 월 일 (:)</td><td>⑤ 내원방법</td><td>□ 걸어서 □ 부축해서
□ 들것 □ 휠체어</td></tr>
<tr><td colspan="4">⑥ 재해당시 의식소실 □ 없었음 □ 약 시간(분) □ 계속</td></tr>
<tr><td>⑦ 재해 후 최초 진료개시일</td><td colspan="3">년 월 일 (:) □ 본원 □ 타 의료기관</td></tr>
<tr><td colspan="4">⑧ 상병명과 상병코드</td></tr>
<tr><td colspan="4">⑨ 귀하가 알고 있는 재해경위 (재요양 신청일 경우 재요양 대상 상병 및 사유 기재)</td></tr>
<tr><td colspan="4">⑩ 환자가 호소하는 증상(환자의 표현대로)</td></tr>
<tr><td colspan="4">⑪ 주요검사 : □ X-ray □ MRI □ CT □ 초음파 □ 근전도 □ 관절경 □ 적외선체열검사 □ 정신상태검사 □ 심리학적검사 □ 기타 ( )

※ 주요소견 기재 또는 결과지 첨부</td></tr>
<tr><td colspan="4">※ 통증부위를 "X"로 표시하고 통증정도(시각통증척도 1~10)기재. 외상명, 상처 크기 기재
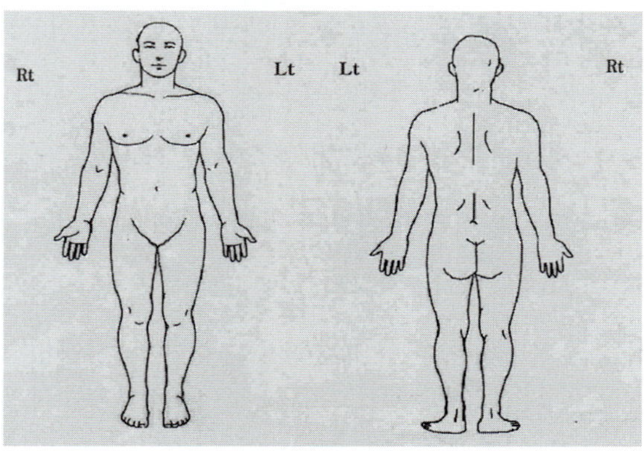</td></tr>
</table>

〈첨부서류〉	1. 신청 상병을 확인할 수 있는 각종 검사자료 및 결과지 각1부. 2. 절단, 화상, 좌멸창, 욕창은 환부 칼라사진 3. 정신질환의 경우 진단의 근거를 의학적으로 입증할 수 있는 응급진료 또는 초진기록지 등 의무기록 및 각종 검사 결과지 각1부.(뇌영상 검사, 뇌파 검사, 심전도 검사, 정신상태 검사, 심리학적 검사, 갑상선 기능검사 등)

(210mm×297mm, 신문용지 54g/㎡)

4 산재보험의 요양승인에 대하여 알아보고 업무를 수행한다.

의료기관에서 작성하여 근로복지공단에 제출한 요양급여의 내용에 따라 관할 근로복지공단에서 심의 후 승인여부를 결정하며, 그 결과를 요양기관에 통보하는 것을 요양승인이라 한다. 요양승인에는 최초요양신청서나 요양연기신청서, 재요양신청서, 요양비청구서, 전원신청서 등이 있으며 해당양식을 사용한다.

5 요양급여비용 청구절차 및 제출서류에 대하여 알아보고 업무를 수행한다.

(1) 산재보험 의료기관이 요양급여의 신청을 대행하는 경우에는 제1항에 따른 서류 외에 해당 근로자가 요양급여의 신청 대행에 동의하였음을 확인할 수 있는 서류를 첨부하여야 한다.

(2) 산재보험으로 처리를 하려면 요양신청서 앞면에 인적사항과 사고가 난 경위를 작성하고, 뒷면에 담당의사의 소견을 받은 후 회사가 있는 곳(건설은 공사현장)을 관할하는 근로복지공단 지사에 제출하면 된다.

(3) 요양신청서에 사업주(회사)의 날인을 받아서 제출해야 하지만, 회사에서 날인을 거부할 경우에는 다른 용지에 날인을 받지 못한 사유를 간단히 적어서 요양신청서에 첨부하여 제출하면 된다.

(4) 치료기간(요양기간)이 더 필요하면 산재보험 의료기관은 요양급여를 받고 있는 근로자의 요양기간을 연장할 필요가 있는 때에는 그 근로자의 상병경과, 치료예정기간 및 치료방법 등을 적은 진료계획을 공단에 제출하여야 한다(진료계획은 반드시 이전 치료기간(요양승인기간)이 끝나기 전 7일 전 까지 공단에 제출해야 한다.

(5) 요양 중 다른 병원으로 옮기려면 의료기관(병원 등)을 옮기는 것을 전원이라 하며, 전원이 필요한 경우에는 옮기려는 의료기관을 지정하여 전원 신청을 하여야 한다(전원은 수술이 필요하거나 생활근거지에서의 요양 등 타당한 사유가 있어야 하며, 반드시 공단의 승인을 받은 후 옮겨야 한다)

(6) 요양기간 중 합병증 등이 발생하였을 경우 애초 승인된 상병에 의하여 합병증이 발생하거나 재해로 인한 상병 중 일부가 누락된 경우 주치의사의 소견을 첨부하여 추가로 상병신청을 하면 된다.

표2-7 요양급여 신청사유 및 제출서류

구분	신청사유	제출서류
요양신청	산재보험 의료기관에서 요양을 받고자 할 때	– 최초요양급여신청서 3부 작성 · 제출(공단소정양식) – 공단, 회사, 의료기관에 제출
요양비청구	긴급 기타 부득이한 사유로 요양승인을 받지 아니하고 자비로 치료한 경우	– 요양비청구서 작성, 공단 제출 • 구비서류 • 청구내용에 관한 증빙서류 • 대체지급보험급여금지급청구서 (수급권의 대위 경우)
비고	산재보험 지정의료기관은 최초 산재요양급여신청시 환자(근로자)의 동의를 받아 신청을 대행하고 있음.	

6 평균임금산정방법과 통상임금에 대하여 알아보고 환자상담시 설명한다.

(1) **평균임금**은 휴업급여, 장해급여, 유족급여, 상병보상연금 및 장례비 등의 산재보험 급여를 지급할 때에 그 금액을 계산하기 위하여 일급개념으로 산출하는 임금을 말한다. 산정방법은 다음과 같다.

$$\text{평균임금} = \frac{\text{산정사유발생일 이전 3개월 동안 지급된 임금총액}}{\text{산정사유발생일 이전 3개월 동안 총일 수}}$$

※ 3개월간의 총일 수 : 이전 3개월 동안은 90일이 아니라 실제 근로를 제공하였는지 여부와 관계없이 사유가 발생한 날의 전일부터 소급하여 월력상의 3개월간을 말한다(업무상 사고 : 사고가 발생한 날. 업무상 질병 : 진단에 의하여 질병이 발생되었다고 확정된 날을 의미)

(2) **통상임금**은 근로자에게 정기적 · 일률적으로 소정근로 또는 총 근로에 대하여 지급하기로 정하여진 시간급금액, 일급금액, 주급금액, 월급금액 또는 도급금액을 말한다.

7 산재근로자가 요양 중 다른 병원으로 전원절차에 대하여 알아보고 업무를 수행한다.

(1) 산재근로자가 산재보험 의료기관(병원 등)을 옮겨 요양하는 것을 전원요양이라고 하며, 산재근로자가 전원요양을 하려는 경우 옮기려는 산재보험 의료기관을 지정하여 근로복지공단에 전원요양신청을 해야 한다.

(2) 전원요양은 수술이 필요하거나 생활근거지에서 요양하는 등의 타당한 사유가 있어야 하며, 전원요양을 하려는 산재근로자는 반드시 근로복지공단의 승인을 받은 후 산재보험 의료기관을 옮겨야 합니다. 만약, 산재근로자가 근로복지공단으로부터 전원요양 승인을 받기 전에 산재보험 의료기관을 옮긴 경우 전원요양 승인 전에 발생한 비용은 지급받지 못한다.

8 요양급여의 지급요건에 대하여 이해하고 관련 업무를 수행한다.

(1) 업무상의 사유에 의한 부상 또는 질병

○ 산재보험 적용대상 근로자가 업무상의 사유로 부상을 당하거나 질병에 걸린 경우에 그 근로자에게 지급한다(개인질환은 산재보험 요양급여의 대상에 해당되지 아니하나, 업무상 부상 또는 질병의 치료를 위하여 개인 질병의 조절이 반드시 선행되어야 한다는 것이 의학적으로 인정되는 경우에는 그 범위 내에서 필요한 요양을 예외적으로 제공)

(2) 현물급여 원칙

○ 「산재보험법」 제43조제1항에 따른 산재보험 의료기관에서 요양하도록 하고 「약사법」 제20조에 따라 등록한 약국을 통하여 약제를 지급한다(다만, 부득이한 경우에는 요양을 갈음하여 요양비를 지급할 수 있음).

(3) 4일 이상의 요양

○ 업무상의 부상 또는 질병이 3일 이내의 요양으로 치유될 수 있으면 요양급여를 지급하지 아니한다(3일 이내의 요양을 요하는 경우에는 「근로기준법」 제78조의 규정에 의해 소속 사업주 에게 요양보상의무가 있고 요양의 정도에 대한 제한이 없으므로 사업주가 요양 보상함).

※ 요양개시 후 2일 만에 사망한 경우와 같이 요양기간은 3일 이내 다른 보험급여(유족급여, 장례비)의 지급사유가 발생되는 경우에는 요양급여 대상이다.

투약일수가 요양기간에 포함되는지 여부
요양범위는 진찰, 약제 또는 진료재료와 의지 기타 보철구의 지급, 처치·수술 기타의 치료, 의료시설에의 수용, 간병, 이송, 기타 노동부장관이 정하는 사항으로 규정하고 있는 바 의료기관의 진료 이외의 치료를 위한 투약기간도 요양기간으로 보는 것이 타당함.(보상 14587-890 1984. 1.14)

9 2종요양비에 대하여 이해하고 대상환자에게 안내하여 신청할 수 있도록 한다.

2종 요양비는 부득이한 사유로 피재근로자가 산재 요양급여를 받지 못하고 자신이 직접 부담한 요양 진료비를 근로복지공단에 직접 청구하는 현금급여로서 ① 진료를 받고자 하는 지역인근에 지정 진료기관이 없거나 특수 의료기술이 필요한 경우 ② 응급 치료 중 긴급하게 요양이 필요하게 된 경우 ③ 피재 근로자가 요양신청 절차를 거치지 않았을 경우 ④ 이송료, 개호료, 의지(義肢), 보철료 등을 부담한 경우 등이 해당된다.

10 의료기관이 간병을 직접 제공하는 경우 간병료 지급기준에 대하여 알아보고 업무를 수행한다.

(1) 산재보험 의료기관이 간병을 직접 제공하는 경우에 지급하는 간병료

의료기관에서 간병을 제공하는 경우에는 「산업재해보상보험법 시행규칙」 제12조제1항 제1호 또는 제2호에 해당하는 사람만이 간병을 할 수 있다.

구분	간병 1등급	간병 2등급	간병 3등급
국민건강보험법 시행령 제21조2항 및 국민건강보험 요양급여의 기준에 관한 규칙 제8조제2항부터 제4항에 따라 보건복지부장관이 고시하는 간호인력 확보수준이 1등급부터 4등급까지인 의료기관(요양병원 제외)	82,190원	71,000원	59,810원
간호인력 확보수준이 5등급부터 7등급까지인 의료기관 및 요양병원	80,670원	69,480원	58,290원

단, 근로자가 간병인을 지정하여 간병을 받는 경우에는 간병 필요등급에 따라 지급되는 간병료 금액을 산정(지급)한다.

수행 Tip!

• 산업재해보상보험의 급여종류를 이해하고 급여신청 및 보상에 대하여 알아본다.

제3장

산재보험 요양급여 산정기준

3-1 요양급여 산정기준

학습목표

1 | 산업재해보상보험의 요양급여 산정기준에 대하여 알 수 있다.
2 | 산재보험환자에게 요양급여 산정에 대하여 업무를 수행할 수 있다.

1. 요양급여 산정기준

(1) 요양급여의 범위 및 비용산정

요양급여의 범위 및 비용 산정은 매년 개정되는 고용노동부고시에 의하며,「산업재해보상보험법」에 따른 업무상의 재해를 입은 근로자에 대한 요양급여의 범위 및 요양에 소요된 비용의 산정기준을 정함을 목적으로 한다.

(가) 요양급여의 범위

① 업무상의 재해를 입은 근로자(산재근로자)에 대한 요양급여의 범위는 다음 각 호에 따른다.

1. 「국민건강보험법」 제41조제2항 및 제3항에 따라 보건복지부령으로 정한「국민건강보험 요양급여의 기준에 관한 규칙」 제5조 및 제8조에 따른 요양급여
2. 「국민건강보험법」 제49조제1항 및 같은 법 시행규칙 제23조 제1항에 따른 요양비
3. 「국민건강보험법」 제51조 및 같은 법 시행규칙 제26조제1항 관련 별표 7에 따른 장애인 보조기기
4. 「응급의료에 관한 법률」 제23조제1항에 따른 응급의료수가기준

② 제1항의 경우, 보건복지부장관이 고시하는「건강보험 행위 급여·비급여 목록표 및 급여 상대가치점수」 및「요양급여의 적용기준 및 방법에 관한 세부사항」의 인정기준을 초과하여 본인이 전액 부담하는 부분에 대해서는 산재근로자 진료를 위해 필요한 경우 인정할 수 있다.

(나)요양급여의 비용 산정

① 제2조에 따른 요양급여의 비용은「국민건강보험법」 제45조, 제46조, 제49조, 같은

법 시행령 제22조, 같은 법 시행규칙 제23조제4항 및 건강보험요양급여규칙에 따라 보건복지부장관이 고시하는 요양급여의 내역 및 기준에 따른다.

②「산업재해보상보험법」제11조제2항에 따라 근로복지공단에 두는 의료기관 및 연구기관 또는 공단이 지정한 의료기관에서 일반 환자에게 적용하는 진료비용기준이 이 고시에 의한 기준보다 낮은 경우에는 낮은 수가에 따라 산정한다.

제4조(산업재해보상보험에서 국민건강보험과 달리 정하거나 추가로 인정하는 요양급여의 범위 및 비용산정기준 등)

① 산업재해보상보험(산재보험)에서 국민건강보험과 달리 정하는 요양급여의 범위 및 비용산정기준은 별표 1과 같다.

② 국민건강보험에서 요양급여로 정하지 않은 사항 중 산재보험에서 추가로 인정하는 요양급여의 범위 및 비용산정기준은 별표 2와 같다. 이 경우, 요양급여의 비용은 별표 2에서 정한 금액의 범위에서 산재보험 의료기관이나 산재근로자가 구입한 가격 또는 실제 소요된 금액으로 한다.

(2) 산재보험 의료기관에 대한 지원

① 공단 이사장은 재활인증의료기관, 화상인증의료기관, 산재근로자를 재활인증의료기관으로 의료기관 변경 요양하게 한 산재보험 의료기관 및 법 제50조제1항에 따른 평가점수가 높은 산재보험 의료기관에 대하여 재정적으로 우대할 수 있다.

② 공단 이사장은 재활인증의료기관, 화상인증의료기관, 산재근로자를 재활인증의료기관으로 전원 요양하게 한 산재보험 의료기관 및 법 제50조제1항에 따른 평가점수가 높은 산재보험 의료기관에 대하여 재정적으로 우대할 수 있다.

(3) 산재 전문의사에 대한 지원

① 근로복지공단 이사장은 산재보험 의료기관 중에서 산재보험에 대한 전문지식을 가지고 있는 의사, 치과의사, 한의사를 산재전문의사로 임명할 수 있다.

② 공단 이사장은 산재전문의사의 자격, 임명절차, 행정적 또는 재정적 지원에 관하여 별도로 정할 수 있다.

(4) 요양기관 종별 가산율

① 행위 및 상대가치점수 제1부II. 요양기관 종별 가산율은 다음과 같이 적용한다.

요양기관 종별 가산율			
1. 상급종합병원 : 45%	2. 종합병원 : 37%	3. 병원 : 21%	4. 의원 : 15%

② 제1항을 적용함에 있어 공단에 두는 의료기관에 대해서는 법 시행규칙 제10조제2항에 따라 고용노동부장관의 승인을 얻어 조정한 등급을 적용한다.

(5) 입원료

① 행위 및 상대가치점수 제1편제2부제1장 [산정지침] 2. 입원료 등 라목 및 분류번호 가-2에 따른 입원료는 다음 각 호에 따라 산정한다.

1. 상급종합병원 및 공단에 두는 의료기관: 입원기간에 관계없이 행위 및 상대가치점수 중 소정점수의 100분의 100에 병원관리료의 100분의 100을 가산하여 산정
2. 종합병원: 입원기간에 관계없이 소정점수의 100분의 100을 산정
3. 병원(요양병원은 제외) 및 의원: 입원일부터 50일째까지는 소정점수의 100분의 100, 입원 51일째부터 150일째까지는 소정점수의 100분의 90, 입원 151일째부터는 소정점수의 100분의 85를 산정

② 위 제 ①항에 따른 입원료 산정 시 공단에 두는 의료기관에 대해서는 법 시행규칙 제10조제2항에 따라 고용노동부장관의 승인을 얻어 조정한 등급을 적용한다.

표3-1 산재보험의 입원료산정 및 체감제

구분	입원기간		
	1~50일	51~150일	151일 이후
상급종합병원	해당점수의 100%에 병원관리료 100%를 가산		
종합병원	100%(입원료체감제 미적용)		

(6) 응급의료관리료

휴일 · 야간 근로 등으로 인하여 발생한 업무상 재해의 진료를 위해 부득이 휴일 또는 야간에 응급의료센터 및 응급의료기관을 이용한 경우에는 응급의료관리료 산정대상 응급증상에 해당하지 아니하더라도 "응급의료관리료"를 지급한다(응-1).

(7) 이송료

법 시행규칙 제16조제2항의 이송비는 다음 각 호에 따라 산정하여 지급한다.

① 의료기관 등의 구급차를 이용하여 환자를 이송한 경우 구급차 이용비용을 지급하되, 비용은「응급의료에 관한 법률 시행규칙」제11조 별표 3 "이송처치료의 기준"에 따라 산정한다.

② 구급차 이외의 교통비, 숙박료 및 식대는 별표 제11절에 따라 산정한다.

(8) 재활치료

행위 및 상대가치점수 제7장 이학요법료(기본물리치료료, 단순재활치료료, 전문재활치료료)를 산정함에 있어 진료상 반드시 필요하다는 의사의 소견서가 있는 경우 보건복지부장관이 정한 산정횟수 제한에도 불구하고 이를 추가로 인정할 수 있다.

(9) 의약품관리료

행위 및 상대가치점수 제1편제2부제1장 가-11 나. 입원환자 의약품관리료의 의료기관 종류별 1일분 의약품관리료에 투약일수를 곱하여 산정한다.

(10) 자기공명영상진단(Magnetic Resonance Imaging: MRI)

① 자기공명영상진단에 관한 요양급여의 범위 및 산정기준은 보건복지부장관이 고시한「요양급여의 적용기준 및 방법에 관한 세부사항」Ⅰ.제3장 영상진단 및 방사선치료료에 따른다.

(다-246)업무상 부상 또는 질병 진단을 위해 실시한 경우 1회 인정한다. 다만, 다음 각 호에 해당하는 경우에는 추가로 인정할 수 있다.

1. 장해상태의 확인을 위한 경우
2. 상병상태가 호전되지 않거나 악화되어 진료방향을 결정하기 위한 촬영의 필요성이 의학적으로 인정되는 경우
3. 수술 후 상병상태 확인을 위한 촬영의 필요성이 의학적으로 인정되는 경우

(11) 산소치료

① 진폐 합병증 등으로 통원요양중 시행한 동맥혈 가스검사 결과가 다음 각 호의 어느 하나에 해당되는 경우에도 그 비용을 지급한다. 이 경우 산소치료 처방전을 발행할 수 있는 의사에 그 진폐환자를 진료하고 있는 직업환경의학과 전문의를 포함한다.

1. 동맥혈 산소분압이 55mmHg 이하
2. 동맥혈 산소포화도가 88% 이하

② 산소치료서비스 제공대상 산재근로자에게는 전기요금 등의 비용으로 월 30,000원을 정액으로 지급한다.

(12) 초음파검사

① 초음파 검사에 관한 요양급여의 범위 및 산정기준은 보건복지부장관이 고시한「요양급여의 적용기준 및 방법에 관한 세부사항」Ⅰ. 행위 제2장 검사료에 따른다.

1. 일반 또는 그 밖의 특수검사방법으로 진단이 곤란하다고 인정되는 손상 및 질환에 대하여 해당 부위별로 1회 인정한다(나-940~나-944, 나-946, 나-948).
2. 위 제1호에도 불구하고 장해상태 확인을 위한 특진 또는 촬영 시점이 장기간 경과되어 상병상태의 확인을 위한 검사가 필요하다는 의학적 소견이 있는 경우 추가로 인정할 수 있다(나-950~나-952, 나-956, 나-961).

(13) 치과임플란트

① 업무상 재해로 승인된 치과상병에 대해 연령제한 없이 1치 당 1개 인정한다(찬-11).

② 치과임플란트 시술 중 치과의사의 의학적 판단에 따라 불가피하게 시술을 중단하는 경우에는 인정개수에 포함하지 아니한다.

(14) 보청기

업무상 재해로 승인된 청각장애에 대해서는연령 제한 없이 인정한다.

(15) 신경인지기능검사

① 업무상 재해로 인한 뇌의 장애나 정신질병의 진단 또는 치료를 위해 표준화된 평가도구를 사용하여 실시한 경우에는 연령과 관계없이 인정한다(나-628).

② 요양기간 중 1회 인정하며 추적검사는 6개월마다 인정한다. 다만 환자의 급박한 상태 변화 등으로 진료 상 필요하다는 의학적 소견이 있는 경우에는 추가로 인정할 수 있다.

(16) 산업재해보상보험에서 추가로 인정하는 요양급여의 범위 및 비용산정기준

① 국민건강보험에서 요양급여로 정하지 않은 사항 중 산업재해보상보험에서 추가로 인정하는 요양급여의 범위는 별표와 같다. 이 경우 요양급여의 비용은 별표에서 정한 금액의 범위에서 산재보험 의료기관이나 산재근로자가 구입한 가격 또는 실제 소요된 금액으로 한다.

② 별표(고용노동부장관 별도고시)에서 정한 요양급여의 범위 및 비용 산정기준이 국민건강보험 관련규정의 개정으로 새로이 국민건강보험의 요양급여의 범위 및 비용산정기준에 포함되는 경우에는 개정된 규정이 시행되는 날부터 국민건강보험 관련규정에 따른다.

③ 공단 이사장은 산재근로자의 진료와 관련하여 국민건강보험 및 별표에서 요양급여로 정하지 아니한 진료항목과 비용 중 산재근로자의 진료에 필요 하다고 판단되는 경우에 요양급여로 인정할 수 있다. 이 경우, 공단 이사장은 요양급여 승인 결과를 고용노동부장관에게 보고하여야 한다.

(17) 관절가동 범위검사

다발성 병변으로 같은 날 여러 부위에 검사를 실시한 경우 상지, 하지, 수부(신체의 양측은 별개 부위로 본다)로 나누어 각각 산정한다(나-773).

(18) 치과보철

① 광중합형 복합레진충전(차-13-다)

업무상 재해로 인한 일부 치아파절에 적용한 경우 연령 제한 없이 인정한다.

② 레진상완전틀니(찬-1), 임시레진상완전틀니(찬-2), 금속상완전틀니(찬-5), 부분틀니(찬-3), 임시레진상부분틀니(찬-4)

업무상 재해로 인해 발생한 상악 또는 하악의 완전 무치악에 적용한 경우 연령 제한 없이 인정한다. 이 경우, 보철은 총 2회에 한하여 지급하되 2회째 보철 지급은 별표 2 제1절 [진료원칙] 제6호에 따른다.

③ 치과임플란트(찬-11)

1. 업무상 재해로 승인된 치과상병에 대해 연령제한 없이 1치당 1개 인정한다.
2. 치과임플란트 시술 중 치과의사의 의학적 판단에 따라 불가피하게 시술을 중단하는 경우에는 인정개수에 포함하지 아니한다.

3-2 비급여 대상

1. 비급여

(1) 비급여

비급여(非給與)란 요양급여에서 제외되는 범위는 질병, 부상의 치료목적이 아니거나, 업무 또는 일상생활에 지장이 없는 질환, 기타 보험급여의 원리에 부합하지 않는 것으로서 보험급여가 되지 않고 전액 환자가 부담하는 것을 의미한다. 비급여 대상의 항목에는 행위 · 약제 및 치료재료 등이 있다.

산재보험이 적용되지 않는 항목 등에 대해 의료기관이 고지하는 비용의 전액을 환자가 부담하는 것을 말한다. 비급여의 유형은 ① 치료적 비급여 ② 제도 비급여 ③ 선택 비급여로 크게 3종류로 분류할 수 있다.

① 치료적 비급여는 질병의 진단 · 치료 등을 목적으로 하지만, 보건복지부에서 비급여로 정하여 고시한 항목(등재 비급여)으로 다빈치로봇수술, 체외충격파치료[근골격계질환] 등이 있으며, 건강보험 급여항목이지만 급여기준(적응증, 개수 등)에 따라 비급여로 적용되고 있는 항목(기준비급여)으로는 초음파검사료, MRI 진단료 등이 해당된다.

② 제도적 비급여는 제도적 규정에 따라 비급여로 정한 경우로 상급병실료 차액과 제증명수수료(산재보험 인정 외)가 해당된다.

③ 선택 비급여는 일상생활에 지장이 없는 질환의 치료나 신체적 필수 기능개선을 직접 목적으로 하지 않는 진료로서 미용 · 성형수술, 라식 · 라섹수술, 골드크라운(금니)가 해당된다.

이러한 비급여 진료비용 중 국민의 알권리 증진을 위하여 2023년 기준 672개 항목에 대하여 건강보험심사평가원에서 공개하고 있다.

(2) 산재보험 비급여대상

산업재해보상보험법 제40조에 따른 요양급여의 범위에서 제외되는 사항은 다음 각 호의 어느 하나와 같다.

1. 업무상 부상 또는 질병의 치료목적이 아닌 진료 또는 투약
2. 제2조 및 제3조제1항의 규정에서 정하지 않은 요양급여
3. 상급병실 사용료. 다만, 다음 각 목의 어느 하나에 해당하는 경우에는 그러하지 아니하다.
   가. 종합병원 이상에서 요양하는 경우로서 상병상태가 응급진료, 수술 등으로 입원요양이 필요하나 일반병실이 없어 부득이하게 특실을 제외한 상급병실을 사용하는 경우에 7일의 범위에서 인정. 다만, 상급병실 사용 중 그 차급 또는 일반병실이 있음에도 병실을 옮기지 않은 경우에는 불인정한다.

나. 증상이 위중하여 절대 안정이 필요하고, 의사 또는 간호사가 상시 감시하면서 수시로 적절한 조치를 해야 할 필요가 있다고 인정되나, 중환자실 · 격리실 등 집중치료실이 없거나 여유 병상이 없어 불가피하게 상급병실을 사용한 경우

(3) 산재보험 요양비용으로 지급할 수 없는 비급여 항목

가. 국민건강보험 기준에 의한 비급여 대상

나. 업무상 부상 또는 질병의 치료 목적이 아닌 진료 또는 투약 건강보험 기준에서 정하지 않은 요양급여 상급병실사용료차액(다만, ① 종합병원이상에서요양하는 경우로서 상병상태가 응급진료, 수술 등으로 입원요양이 필요하나 일반병실이 없어 부득이 상급병실을 사용하는 경우 7일의 범위에서 인정 ② 증상이 위중하여 절대안정이 필요하고, 의사 또는 간호사가 상시 감시하면서 수시로 적절한 조치를 해야 할 필요가 있다고 인정되나, 중환자실 또는 경리실 등 집중치료실이 없거나 여유 병상이 없어서 불가피하게 상급병실을 사용한 경우 인정)

3-3 재활특진

1. 재활특진 의료기관

(1) 재활특진 의료기관

근로복지공단이 아래 의료기관 중에서 제시하는 2~3개소 중 재활특진 대상자가 선택한 하나의 의료기관에서만 가능하다.

- 재활인증 의료기관 중 근로복지공단 소속병원(정선병원, 경기요양병원 제외)
- 재활인증 의료기관 중 「의료법」에서 따른 종합병원 이상의 의료기관

(2) 재활특진 의료기관 선택방법

"특진의료기관 선택 확인서(요양업무처리규정 별지 제8호 서식)"에서 선택한 의료기관을 표시하여 요양 중인 의료기관을 관할하는 근로복지공단 소속기관으로 제출하면 된다(요양 중인 의료기관에서 대행하여 제출 가능함).

(3)재활특진 의료기관 현황

강남세브란스병원외 52개기관(2021년 기준) : 근로복지공단 홈페이지 참고 바람.

3-4 산재보험 추가 인정 요양급여 범위 및 비용 산정기준

1. 추가 인정 요양급여 범위 및 비용

(1) 치과보철

① 보철금속재료는 금합금, 팔라디움합금 또는 코발트크롬합금을 사용한다.

② 보철재료대, 행위진료에 대한 가산율 및 보철진료 중 실시한 국소마취료는 별도 계산하지 아니한다.

③ 보철시행 시 산재로 인한 것이 아닌 환부(결손치 등)가 있을 때 환자가 희망하면 본인부담으로 할 수 있다.

④ 보철설계 시행 시 같은 조건의 두 가지 설계방법 중 하위의 가격으로 기능회복이 가능한 것을 상위가격으로 할 수 없으며, 보철재료 중 귀금속은 비귀금속에 과민반응이 있는 경우에 적용할 수 있다.

⑤ 가공치는 인접 지대치에 시행된 보철방법을 준용하여 수가를 산출한다.

⑥ 보철은 총 2회에 한하여 지급하되, 2회째 보철은 최초 보철 일부터 5년이 경과된 후에 지급한다. 다만, 의학적 소견이 있는 등 부득이한 사유가 있을 경우에는 5년경과 이전이라도 지급할 수 있다.

(2) 재활보조기구

① 재활보조기구는 해당 신체부위 또는 기능 상실에 대한 보조를 위하여 각각의 유형 및 용도별로 지급하되, 신체부위 또는 기능 상실에 대한 보조의 목적이 동일한 경우에는 산재근로자가 선택한 1개의 품목만 지급한다. 다만, 수동휠체어와 전동휠체어(또는 전동스쿠터)를 각각 신청한 경우에는 각각 지급할 수 있다.

② 재활보조기구의 수가는 산재보험 의료기관 등급과 관계없이 동일하다.

③ 재활보조기구의 장착수수료 및 기타비용 중 이 기준에서 따로 정하지 아니한 비용은 수가에 포함된 것으로 간주한다.

④ 상지의지는 반자동형(기능형)을 지급함을 원칙으로 한다. 다만, 산재근로자가 요청한 경우에는 미관형을 지급한다.

⑤ 하지의지는 일반형 소켓을 지급함을 원칙으로 한다. 다만, 절단 후 남아있는 신체부분(stump)이 불안정하여 실리콘형 소켓이 필요하다는 의학적 소견이 있는 경우에는 실리콘형 소켓을 지급할 수 있다.

⑥ 넓적다리의지는 타-14-1(공압식 또는 유압식)을 지급함을 원칙으로 한다. 다만, 산재근로자가 요청한 경우에는「국민건강보험법 시행규칙」별표 7의 넓적다리 의지를 지급하며, 장착의 필요성이 의학적으로 인정되는 경우에는 공단에 두는 연구기관에서 타-15(인공지능식)를 지급한다.

⑦ 재활보조기구는 요양종결시 지급하되, 내구연한을 초과하여 장착이 필요한 경우에는 내구연한 경과시마다 추가 지급할 수 있으며, 내구연한 내라도 진료담당 의사가 재활보조기구의 훼손, 마모 또는 신체 변형 등으로 재활보조기구를 수리하여도 계속 장착하기가 부적절하거나 교체하여야 할 필요가 있다고 판단한 경우에는 추가지급할 수 있다.

다만, 재요양기간 중 재활보조기구의 내구연한이 도래할 경우에는 재요양 종결시에 지급하며, 다음 각 목의 어느 하나에 해당하는 경우에는 재활보조기구를 치료 중에도 지급할 수 있다.

⑧ 이미 장착하고 있던 재활보조기구가 일부 훼손되어 본래의 기능회복을 위한 수리가 필요한 경우에는 보수할 수 있다. 다만, 근전전동의수 배터리는 내구연한을 2년으로 하고, 이동식 리프트 배터리는 내구연한을 3년으로 한다.

⑨ 재활보조기구 지급품목 중 다음 각 목에 해당하는 재활보조기구의 추가지급 및 이에 따른 단순외과적 처치 및 수리는 공단에 두는 의료기관 및 연구기관에서 담당한다. 다만, 거리 · 교통편의 등의 불가피한 사유로 공단에 두는 의료기관 및 연구기관에서 추가지급, 처치 또는 수리하는 것이 곤란 하다고 인정되는 경우 산재근로자가 재활보조기구를 거주지 관내 의료기관에서 구입, 처치 또는 수리한 후 그 비용을 공단에 청구할 수 있다.

⑩ 활동형 휠체어, 수 · 전동 휠체어, 욕창예방매트리스(고무제-공기격자형), 근전전동의수, 설치형 전동리프트(차량용, 벽체용)는 제조 또는 수입업체가 공단에 두는 연구기관에 해당 제품을 등록 · 신청하여 다음 각 목의 요건을 충족한 제품에 대하여 지급한다.

⑪ 근전전동의수는 산재보험 의료기관에서 재활의학과 또는 정형외과 전문의가 처방한 경우에 지급한다.

⑫ 요양이 종결 된 후 재활보조기구의 제작 또는 장착을 위하여 의료기관에서 한 진찰 · 검사 · 처치 등에 소요된 비용은 요양급여로 지급한다.

(3) 재활보조기구지급대상 및 기 준

① 치료 중 재활보조기구 지급기준

가. 사지절단환자 또는 신경마비 등으로 인하여 치료종결 후에도 계속적으로 재활보조기구의 장착이 의학적으로 필요한 경우

나. 경추, 흉추, 요추 등 척추손상 또는 척추질환의 치료를 위해 보조기 착용이 의학적으로 필요한 경우

다. 관절손상등으로 인한 관절운동의 제한 또는 관절의 고정을 위하여 보조기 착용이 의학적으로 필요한 경우

라. 하지골절 등으로 요양하는 동안 목발이 필요하다는 의학적 소견이 있는 경우

② 재활보조기구 청구 및 지급방법

처음으로 재활보조기구를 구입하는 경우는 산재보험 의료기관에서 해당 전문의가 재

활보조기구를 처방 · 검수하여 산재근로자에게 직접 제공하고 의료기관에서 공단으로 진료비를 청구하여야 한다.

의료기관(치료 중인 경우에는 현재 요양 중인 의료기관)에서 처방을 받고 불가피하게 시중업체에서 재활보조기구를 구입한 경우에는 근로복지공단에 요양비로 청구한다.

그림 3-1 ▶ 재활보조기구 청구 및 지급방법

(4) 보험급여청구서 확인 및 진단서 발급수수료

① 보험급여청구서에 대한 산재보험 의료기관의 확인 또는 진단서 발급 수수료는 매수에 관계없이 확인 또는 발급회수를 기준으로 하여 산정한다.

② 같은 건에 대한 재확인 또는 재발급 수수료는 인정하지 아니한다.

③ 복합상병에 대해 전문과목별로 장해보상청구용 진단서를 발급하는 경우에는 해당 수수료를 각각 산정할 수 있다.

④ 요양급여신청서용 진단서 발급수수료는 최초 및 재요양에 대한 진료담당 의사의 초진소견서를 제출하는 경우에 지급한다.

⑤ 진료계획서용 진단서 발급수수료는 같은 요양기간에 대하여는 1회만 지급하고, 같은 산재보험 의료기관에서 같은 산재근로자의 진료계획을 2회 이상 제출하는 경우 2회째는 해당 수수료의 100분의 70, 3회째부터는 해당 수수료의 100분의 50을 지급한다.

다만, 산재보험 의료기관에서 제출한 진료계획의 내용만으로 산재근로자의 상병상태 및 치료계획에 대한 판단이 곤란한 경우에는 수수료를 지급하지 아니할 수 있다.

⑥ 신체감정용 진단서 발급수수료는 법 제76조에 따른 보험급여의 일시지급 신청과 관련하여 공단이 신체감정을 의뢰하는 경우에 지급한다.

⑦ 다차원심리검사(L형) 수수료는 산재보험 의료기관에서 심리적 안정이 필요한 요양 중인 산재근로자에 대해 검사를 실시하고, 「산업재해보상보험법 시행규칙」 제2조에

따른 고용 · 산재정보통신망(토탈서비스)을 이용하여 제출한 경우에 지급하되, 동일한 의료기관에서 실시한 검사에 대해서는 1회만 인정한다.

⑧ 전원요양 신청 소견서 발급수수료는 법 제48조제1항제1호 또는 제3호의 사유로 전원 요양하는 경우에 지급한다.

⑨ 재활특진 의뢰 소견서 발급수수료는 법 제119조에 따른 진찰 사유가 전문적인 재활치료가 필요한지 여부에 대하여 진찰이 필요한 경우에 지급한다.

⑩ 간병요구도 평가 소견서 발급수수료는 법 제61조에 따른 간병급여를 지급 받기 위하여 간병요구도 평가 결과에 대한 소견서를 제출한 경우에 지급한다.

⑪ 진료기록부 등 사본 복사수수료는 공단이 산재보험 의료기관에 진료기록부 등 사본 제출을 요청하여 받은 경우에 산정한다. 다만 복사수수료는 최대 30,000원까지 지급한다.

⑫ 토탈서비스 이용 수수료는 산재보험 의료기관이 보험급여청구서의 확인 또는 진단서를 발급하고 토탈서비스를 이용하여 제출한 경우에 산정한다.

⑬ 보험급여청구서 대행 신청 수수료는 산재보험 의료기관이 산재신청인의 위임(동의)을 받아 토탈서비스를 이용하여 대행 신청한 경우에 보험급여청구서의 종류에 따라 산정한다.

▣ 수수료

표3-2 진단서발급 및 소견서 등 수수료

분류번호	분 류	금액(원)			
		상급종합병원	종합병원	병원	의원
너-1	장해보상청구용 진단서 발급	40,000	30,000	25,000	20,000
너-4	중증요양상태등급 신고용 진단서 확인	40,000	30,000	25,000	20,000
너-5	요양비 청구서 확인	6,000	5,000	4,000	3,000
너-6	요양급여신청서용 진단서	20,000	18,000	17,000	15,000
너-6-1	진료계획서용 진단서	20,000	20,000	20,000	20,000
너-7	특별진찰에 대한 소견서	50,000	40,000	–	–
너-7-1	신체감정용 진단서	100,000	–	–	–

너-8	소견조회 등 회신	10,000	10,000	10,000	10,000
너-9	방사선 등 영상진단 필름 복사수수료(매당)	5,000	5,000	4,000	4,000
너-9-1	방사선 등 영상진단 CD 복사수수료(개당)	10,000	10,000	10,000	10,000
너-9-2	방사선 등 영상진단 DVD 복사수수료(개당)	20,000	20,000	20,000	20,000
너-11	다차원심리검사(L형)수수료	13,000	13,000	13,000	13,000
너-12	업무상질병 전문소견서	50,000	50,000	50,000	50,000
너-13	의료기관 변경 요양 신청 소견서 발급 수수료	50,000	50,000	50,000	50,000
너-14	재활특진 의뢰 소견서 발급 수수료	50,000	50,000	50,000	50,000
너-15	간병요구도 평가 소견서 발급 수수료	40,000	30,000	25,000	20,000
너-16	진료기록부 등 복사수수료 (1~5매까지, 1매당)	1,000	1,000	1,000	1,000
너-16-1	진료기록부 등 복사수수료 (6매부터, 1매당)	200	200	200	200
너-17	토탈서비스 이용 수수료	2,000	2,000	2,000	2,000
너-17-1	토탈서비스 이용 최초요양급여신청(대행) 수수료	10,000	10,000	10,000	10,000
너-17-3	토탈서비스 이용 방사선 등 영상진단 자료 제출 수수료	10,000	10,000	10,000	10,000
너-18	주치의 면담료	20,000	20,000	20,000	20,000
너-19	영상정보제공 수수료	40,000	40,000	40,000	40,000

㈜ 진단서발급 및 소견서 등 수수료는 2021년 기준이며, 고시에 따라 변경될 수 있음.

(5) 화상환자에게 인정하는 약제 및 치료재료

① 화상환자에게 인정하는 약제 및 치료재료 등은 같은 부위에 대해 각각 한 번만 인정하며 의료기관 종별 행위가산은 적용하지 않는다.

② 자기유래피부각질세포(홀로덤, 케라힐)는 급성기 화상환자로서 화상의 범위가 체표면적의 40% 이상이고 3도 화상의 범위가 체표면적의 30% 이상으로 사용가능한 자기 피부가 부족한 경우에 인정하되, 창상치유를 위한 드레싱용으로는 인정하지 않는다. 이 경우, 자기유래피부각질세포를 사용한 피부이식술은 자기유래배양피부이식술로 산정한다.

③ Versajet(변연절제용 hydrosurgery system)은 화상치료를 위한 수술 시 1개 인정하며 치료기간 중 최대 2개까지 인정한다.

분류번호	분류	규격	단위	금액(원)	회사명
더-1	Holoderm	56㎠	1장	784,000	테고사이언스(주)
더-5	케라힐	1ml	1바이알	3,122,640	(주)엠씨티티
더-6	Versajet (변연절제용 Hydrosurgery System)	15도 45도	1개	484,500	스미스앤드네퓨

(6) 재활보조기구 처방 및 검수료

① 재활보조기구 처방 및 검수료는 산재보험 의료기관에서 해당 전문의가 재활보조기구를 품목별 지급원칙 및 지급대상(용도)에 맞게 처방·검수하여 산재근로자에게 직접 지급하고 별지 서식의 재활보조기구 처방전 및 검수확인서를 제출한 경우에 산정한다. 다만, 목발, 지팡이, 흰지팡이, 집뇨기 또는 재활보조기구 수리료에 대해서는 산정하지 않는다.

② 재활보조기구 처방 및 검수료를 산정할 수 있는 분류(유형)별 전문의는 다음 각 목과 같다.

1. 의지 : 재활의학과, 정형외과
2. 저시력보조안경, 돋보기, 망원경, 콘택트렌즈, 의안: 안과
3. 보청기, 체외성 인공후두: 이비인후과
4. 그 밖의 품목: 재활의학과, 정형외과, 신경외과, 신경과, 외과

[처방 및 검수료]

1. 보조기

분류번호	분 류	금 액(원)			
		상급종합병 원	종합병원	병원	의원
러-1	의지(미관형 팔의지 제외)	24,680	21,700	18,720	16,580
러-2	미관형 팔의지 · 의지 이외의 품목	12,340	10,850	9,360	8,290

(7) 이송료

① 의료기관 등의 구급차를 이용하여 환자를 이송한 경우 구급차 이용비용을 지급하되, 비용은 「응급의료에 관한 법률 시행규칙」 제11조 관련 별표 3 "이송처치료의 기준"에 따라 산정한다.

② 구급차 이외의 교통비는 순로(정상적 교통수단 및 경로)에 따라 산재근로자 및 그와 동행하는 간호인의 이송에 실제로 드는 금액으로 하되, 다음의 원칙을 고려하여 교통수단별 이용기준 및 등급기준에 따라 지급한다.

가. 등급의 차이가 있는 교통수단을 이용하는 경우에는 제2등급에 해당하는 등급을 기준으로 산정하되, 산재근로자의 상병상태로 보아 상위등급의 교통수단을 이용하는 것이 필요하다는 의학적 소견이 있는 경우에는 제1등급을 기준으로 지급

나. 순로에 따른 이송이 아닌 경우에는 교통수단별 이용기준 및 등급기준에 따라 정상적인 교통수단 및 경로에 따른 비용을 지급

다. 자가용을 이용하는 경우에는 지역별 일반택시요금의 100분의 50을 지급

③ 숙박비 및 식대는 산재근로자 및 그와 동행하는 간호인 중 숙식이 필요한 경우에만 지급하되, 「공무원여비규정」 제16조제1항 별표 2 제2호에 따른 숙박비 및 식비에 준하여 지급한다.

[교통수단별 이용기준]

구 분	이 용 기 준
근거리 대중 교통수단	퇴원, 통원 하는 경우로 시내 · 시외버스, 농어촌버스, 마을버스, 전철 및 그 밖에 이에 준하는 교통수단의 이용이 가능하다는 의학적 소견이 있는 경우
원거리 대중 교통수단	고속버스, 시외버스, 철도 및 그 밖에 이에 준하는 교통수단을 통한 원거리 이송이 필요하다는 의학적 소견이 있는 경우
자가용 · 택시	1. 근거리 대중교통수단으로 이동이 가능한 구간임에도 불구하고 상병상태로 보아 다른 대중교통수단의 이용이 불가하다는 의학적 소견이 있는 경우 2. 원거리 이송 필요성이 인정되나 상병상태로 보아 간호인 동행에도 불구하고 다른 대중교통수단 이용이 불가능하여 그 이용이 유일한 수단이라는 의학적 소견이 있는 경우
선박 · 항공기	지리적 여건으로 다른 교통수단 이용이 불가능하거나, 응급치료 등 긴급한 경우로 그 이용이 필요하다는 의학적 소견이 있는 경우

[교통수단별 등급기준]

구 분		등 급 기 준		비 고
		1등급	2등급	
근거리 대중교통수단		–	시내 · 외 버스, 전철, 마을버스, 농어촌 버스 등	직행좌석형, 좌석형, 일반형 등 등급 구분 없이 실제 부담한 금액
원거리 대중교통수단	고속버스	우등고속	일반고속, 시외버스	운행계통, 시설, 요금 등이 고속버스에 준하는 시외버스는 고속버스로 분류
	철도	새마을호 특실, KTX 보통실	새마을호 보통실	새마을호, KTX 비통과 구간은 그 노선의 이용 열차 운임 적용
택 시		–	소형 · 중형택시	대형, 모범형, 고급형 배제
선 박		1등실	2등실	특등실 배제(2개 등급의 경우 아래등급 인정)
항공기		Business Class	Economy Class	First Class 배제(2개 등급의 경우 아래 등급 인정)

(8) 치료보조기구

치료보조기구는 해당 유형별 지급대상에 해당하는 경우에 상한금액의 범위에서 한 번만 지급하되, 자가 도뇨기구는 월 1개를 지급한다.

분류번호	분 류	지급대상	금액(원)
머–1	이동형 산소치료기	산소치료서비스 지급 대상자로서 이동시에도 이동형 산소치료기가 필요한 경우	
	가. 산소절약기 부착		739,000
	나. 산소절약기 미부착		371,000
머–2	의료용흡인기 (Aspirators for medical use)	통원 요양 중인 산재근로자로서 기관지확장제 등 흡입제의 투여가 필요한 경우	219,000
머–3	의료용흡인기 (Aspirators for medical use)	통원 요양 중인 산재근로자로서 의식장애 또는 호흡기장애 등으로 스스로 객담을 배출하기 어려운 경우	397,000
머–4	자가도뇨기구	척수손상 등으로 인하여 약물로 조절되지 않는 배뇨장애가 있고 잔뇨량이 100cc 이상인 경우, 그 밖에 자가 도뇨기구 사용이 불가피하다는 주치의의 소견이 있는 경우	14,000

머-5	할로베스트(Halovest)	할로베스트 골견인술 대상자로서 경추골절의 척주 안정 또는 수술 후 경추부의 확고한 고정이 필요한 경우	1,800,000
머-6	팔걸이(Arm Sling)	상지 골절 또는 근육 손상 등으로 부목이나 캐스트 후 손상부위의 고정을 위해 필요한 경우	10,000
머-6-1	어깨 밴드 가. 쇄골밴드 나. 8자형 밴드	견 및 쇄관절탈구 도수정복술 후 손상부위의 고정을 위해 필요한 경우	10,000 10,000
머-6-2	석고 신발(Cast shoe)	하지 골절 또는 손상 등으로 캐스트 또는 부목 시행 후 필요한 경우	10,000

(9) 한방 첩약 및 탕전료

1. 한방 첩약은 한방 의료기관에서 요양 중인 산재근로자의 진료상 반드시 필요한 경우에 지급한다.
2. 첩약은 1일 2첩, 입원 60일, 외래 30일을 원칙으로 하되, 상병상태가 추가 첩약치료가 필요하다는 의학적 소견이 있는 경우 추가로 인정할 수 있다.

분류번호	분 류	금액(원)
버-1	한방 첩약(1첩당)	6,690
버-2	한방 탕전료(1첩당)	670

(10) 전신해부에 따른 비용

1. 전신해부비용은 분진직업에 종사하고 있거나 종사하였던 근로자의 사망원인을 알 수 없는 경우에 그 유족의 의뢰에 의하여 전신해부 지정 의료기관에서 전신해부를 실시한 경우에 지급한다.
2. 전신해부 행위료는 사체의 전신 검안 및 머리 · 가슴 · 배 등의 주요 장기의 해부행위를 실시한 경우에 지급한다.

분류번호	분 류	금액(원)
서-1	전신해부 행위료	500,000

3. 해부소견서 발급수수료는 매수에 관계없이 1회 지급하며, 전신해부를 실시한 후 그 결과를 작성하여 공단에 제출한 경우에 지급한다.

분류번호	분 류	금액(원)
서-2	해부 소견서	300,000

(11) 전문재활치료료

① 해당 항목의 재활치료를 실시할 수 있는 일정한 면적의 해당 치료실과 실제 사용할 수 있는 장비를 보유하고 있는 요양기관에서 재활의학과 전문의가 상근하고, 해당 전문의 또는 전공의의 처방에 따라 상근하는 물리치료사 또는 해당분야 전문치료사가 실시하고 그 결과를 진료기록부에 기록한 경우에 산정한다.

② 전문재활치료료는 산정기준의 산정횟수 제한에도 불구하고 진료상 필요하다는 의사의 소견이 있는 경우 추가로 인정할 수 있다.

③ 행위진료료 가산특례는 증식치료 및 도수치료, 체외충격파치료-근골격계 질환에 대하여만 적용한다.

④ 언어재활사의 자격기준은 「장애인복지법」에 따른다.

[치료 종류 및 금액]

분류번호	분 류	산정기준	금액(원)
어-1	언어치료 (Speech and Language Therapy) [1일당]	1인의 언어재활사가 별도로 구분된 언어치료실에서 1인의 환자를 대상으로 30분 이상 실시한 경우에 산정	36,540
어-2	전산화인지재활치료 (주의 · 기억) [Computer-Assisted Cognitive Rehabilitation Therapy (Attention · Memory)] [1일당]	1인의 작업치료사가 1인의 환자를 대상으로 전산화인지치료도구를 이용하여 30분 이상 실시한 경우에 산정	17,630

어-3	증식치료 (Prolotherapy) [1일당] 가. 사지관절부위 나. 척추부위	1. 전문재활치료료 산정지침 제1호에도 불구하고, 재활의학과 전문의 또는 동통재활분야 교육을 이수한 의사가 직접 실시한 경우에 산정 2. 사용된 약제 및 유도료는 소정금액에 포함되므로 별도 산정하지 않음 3. 관절 및 그 주위부를 1부위(요 · 천추부위는 1부위)로 하며, 동일에 2이상의 부위에 각각 실시한 경우에는 소정금액의 50%를 가산하여 산정하되, 실시부위를 불문하고 최대 2부위 이내만 산정 4. '가', '나' 각각 치료기간 중 6회 이내만 산정	5,750 11,520
어-4	도수치료 (Manual Therapy) [1일당]	1. 카이로프랙틱(Chiropractics), 정골의학(Osteopathy), 정형도수치료(Orthopedic manual therapy) 등의 도수치료는 치료방법에 따라 다음 각 목에 해당하는 전문과목의 전문의 또는 물리치료사가 실시한 경우 산정하며, 도수치료는 주 3회 이내 산정하되, 치료기간 중 15회 이내만 산정 가. 전문재활치료료 산정지침 제1호에도 불구하고 도수치료는 재활의학과, 정형외과, 신경외과 전문의가 10분 이상 실시한 경우에 산정 나. 위 "가"의 규정에도 불구하고 정골의학(osteopathy), 정형도수치료(orthopaedic manual therapy)는 의사의 지시 감독하에 물리치료사가 30분 이상 실시한 경우에 산정 2. 시술부위를 불문하고 소정금액을 산정 3. 행위 및 상대가치점수 제7장 이학요법료 맛사지치료(사-105)는 소정금액에 포함되며, 운동치료(사-106, 사-116) 또는 재활기능치료(사-130)와 동시에 실시한 경우에는 주된 항목의 소정금액만 산정	36,080
어-5	체외충격파치료-근골격계질환 (Extracorporeal Shock Wave Therapy)	1. 근골격계 질환(가관절, 골절 지연 유합, 석회화성 건초염, 족저근막염, 종골 골극, 상완골 내상과염 및 외상과염, 동결건, 견관절 회전근개파열, 어깨 건초염 및 활액낭염)이 발병하고 3개월간 보존적인 치료에도 호전이 없는 통증 환자에 대하여 실시한 경우에 산정 2. 전문재활치료료 산정지침 제1호에도 불구하고, 재활의학과 또는 정형외과 전문의가 직접 10분 이상 실시한 경우에 주 1회 산정하되, 최초 시술시부터 4회 이내만 산정 3. 다만, 상병명, 환자의 상태 및 동 치료에 대한 환자의 반응 등에 따라 제통되지 않을 경우에는 치료의 방향 등을 고려하여 2회에 한하여 추가 산정	42,030

2. 검사료

[산정지침]

1. 검사료에는 검사에 필요한 약제, 판독료 및 그 밖의 재료대가 포함된 것으로 간주하며, 행위진료료 가산특례는 적용하지 않는다.
2. 검사료는 산정기준의 산정횟수 제한에도 불구하고 진료상 필요하다는 의사의 소견이 있는 경우 추가로 인정할 수 있다.
3. 언어재활사의 자격기준은「장애인복지법」에 따른다.

[검사의 종류 및 금액]

분류번호	분 류	산정기준	금액(원)
여-1	언어전반진단검사 (LanguageAssessment)	중추신경계 손상 및 질환에 의한 언어장애가 있는 1인의 환자에 대하여 1인의 의사 또는 언어재활사가 표준화된 도구(K-WAB 등)를 이용하여 30분 이상 검사를 실시하고 그 결과를 작성한 경우에 산정	40,190
여-2	발음 및 발성검사 (Assessment of Speech and Voice disorder) 가. 발음검사 나. 발성검사	말장애(말더듬 포함), 음성장애, 조음장애가 있는 1인의 환자에 대하여 1인의 의사 또는 언어 재활사가 언어치료실에서 30분 이상 구강구조기능검사, 한국어발음의 위치별 정확도 측정, 최대모음연장발성시간, 조음교대운동속도 등을 측정한 후 검사결과를 작성한 경우에 산정	28,130 56,260
여-4	체온열검사 (Thermography)	1. 복합부위통증증후군, 신경병증성 통증, 말초혈관질환(레이노증후군포함) 환자에게 실시한 경우 산정하며, 요양기관에 상근하는 전문의 및 전공의의 처방에 따라 의사 또는 임상병리사가 실시하고 그 결과를 진료기록부에 기록한 경우에 산정 2. 실시부위는 체간(얼굴 포함)·좌·우·상·하지의 5부위로 구분하여 각 부위별 소정금액을 각각 산정하며, 2부위 검사부터는 소정금액의 50%씩 가산하되, 최대 5부위까지 산정할 수 있으며, 치료기간 중 1회만 산정	33,270

3. 기본진료료

[산정지침]

1. 중추신경계 손상 또는 질환, 사지절단, 신경근골격계 손상 또는 질환 등으로 재활치료를 실시한 경우에 산정한다.
2. 재활치료팀 회의료는 재활의학과 전문의 또는 전공의, 물리치료사, 작업치료사, 사회복지사 등 해당 분야 전문가 4명 이상이 참여하여 팀회의를 실시한 경우에 산정한다. 이 경우 팀회의에는 재활의학과 전문의 또는 전공의가 참여하여야 한다.
3. 팀 회의료는 재활의학과 전문의 또는 전공의 처방에 따라 의사의 주도로 팀회의를 실시하고, 물리치료 및 작업치료 등 평가내용을 근거로 진료기록부에 치료목표와 연결되는 재활치료계획서(별지 제9호 서식)를 작성 · 비치한 경우에 산정한다.
4. 팀 회의료는 입원 요양기간 중 최대 3회까지 인정하며, 최초 팀회의료는 재활치료 시작일로부터 2주 이내에 실시한 경우에만 산정한다. 한편, 최초 팀회의료를 산정할 수 없을 때에는 입원요양기간 중 최대 2회까지 인정한다.
5. 2회차 및 3회차 팀회의는 전회차 팀회의 실시일부터 4주 이상의 기간을 두어 실시한 경우에 산정한다. 다만, 퇴원 직전 2주 이내에 실시하는 팀회의료는 전회차 팀회의 실시일로부터 4주 이내에 실시한 경우에도 산정할 수 있다.
6. 행위진료료 가산 특례는 적용하지 않는다.

[치료 종류 및 금액]

분류번호	분 류	금액(원)
오-1	재활치료 팀 회의료 가. 최초 나. 2회차 부터	 30,150 20,100

4. 냉각부하검사료

[산정지침]

1. 레이노증후군 진단을 목적으로 의사의 처방에 따라 검사를 실시하고 그 결과를 작성

한 경우에 산정한다.

2. 냉각부하검사료에는 검사에 필요한 촬영료, 판독료 및 재료대가 포함된 것으로 간주하며, 행위진료료 가산특례는 적용하지 않는다.

[검사의 종류 및 금액]

분류번호	분 류	금액(원)
요-1	냉각부하검사	50,000

5. 처치료

[산정지침]

1. 의사 또는 한의사의 처방에 따라 처치를 시행하고 그 결과를 진료기록부에 기록한 경우에 산정한다.
2. 처치에 사용된 약제 및 치료재료대는 별도로 명시한 경우를 제외하고는 각 분류항목의 소정점수에 포함되므로 별도 산정하지 아니한다.
3. 행위진료료 가산 특례는 적용하지 않는다.

[처치 종류 및 금액]

분류번호	분 류	산정기준	금액(원)
우-1	사후처치료	의사 또는 한의사의 사망진단이 내려진 후 병실 등에서 사망한 환자에게 사후처치를 시행한 경우 산정	20,000

6. 구급차 이송비 산정 기준 개정 내용

보건복지부장관이 정한「응급의료에 관한 법률 시행규칙」별표3 "이송처치료의 기준"에 따라 산정한다.

<table>
<tr><th rowspan="2">구분</th><th rowspan="2">요금의 종류</th><th colspan="2">구급차의 운용자</th></tr>
<tr><th>법 * 제44조제1항제1호부터 제4호까지에 따른 의료기관 등</th><th>법 제44조제1항제5호에 따른 비영리법인</th></tr>
<tr><td rowspan="3">일반구급차</td><td>기본요금
(이송거리 * * 10km 이내)</td><td>30,000원</td><td>20,000원</td></tr>
<tr><td>추가요금
(이송거리10km 초과)</td><td>1,000원/1km</td><td>800원/1km</td></tr>
<tr><td>부가요금
(의사, 간호사 또는 응급구조사가 탑승한 경우)</td><td>15,000원</td><td>10,000원</td></tr>
<tr><td rowspan="2">특수구급차</td><td>기본요금
(이송거리10km 이내)</td><td>75,000원</td><td>50,000원</td></tr>
<tr><td>추가요금
(이송거리10km 초과)</td><td>1,300원/1km</td><td>1,000원/1km</td></tr>
<tr><td>공통</td><td>할증요금
(00:00~04:00)</td><td colspan="2">기본 및 추가요금에 각각 20% 가산</td></tr>
</table>

* "법"은 「응급의료에 관한 법률 시행규칙」임.
* * "이송거리"는 환자가 구급차에 실제로 탑승한 거리임.

7. 예방접종비용

① 만65세 미만의 진폐증, 만성폐쇄성폐질환(COPD), 천식환자에게 폐렴구균이나 인플루엔자 백신을 접종한 경우에 산정한다. 다만, 연령기준은 「국가예방접종 지원사업 관리지침」이 정하는 기준에 따라 달리 적용한다.

② 예방접종비용은 「예방접종업무의 위탁에 관한 규정」 제5조(예방접종비용)에 따라 해마다 정하는 백신비와 예방접종 시행비용을 산정하고, 행위진료료 가산특례는 적용하지 않는다.

③ 예방접종 실시방법은 「감염병의 예방 및 관리에 관한 법률 시행규칙」 제26조(예방접종의 실시기준과 방법)에 따라 의사의 처방에 의해 실시하고 그 결과를 진료기록부에 기록한 경우에 산정한다.

분류번호	분류	산정기준
유-1	폐렴구균 가. PCV(단백결합) 13 나. PPSV(다당질) 23	요양기간 중 총 1회 산정

유-2	인플루엔자 Flu3 (0.5ml) 또는 인플루엔자 Flu4 (0.5ml)	요양기간 중 1년에 1회 산정
유-3	예방접종 시행비용 가. 폐렴구균 백신 나. 인플루엔자 백신	

3-5 산재보험 요양급여 산정기준 개정 관련 Q & A

고용노동부고시 산재보험 요양급여 산정기준(제2017-116호, 2018.1.1) 개정 시행 관련 Q&A 사항은 다음과 같다.

□ **발급수수료 (요양급여 산정기준[별표]제7절)**

질 의	답 변
휴업급여 신청서를 토탈서비스를 이용하여 제출하는 경우 **토탈서비스 이용 수수료**를 산정할 수 있나요?	**산정할 수 없습니다.** '토탈서비스 이용 수수료'는 산재보험 요양급여 산정기준 별표 **제7절의 '수수료' 중 토탈서비스를 이용하여 신청(제출)하는 보험급여 청구서에 한하여 산정**할 수 있습니다. ※ (토탈서비스 이용신청) 장해보상청구용 진단서(너-1), 요양비 청구서(너-5), 요양급여신청서용 진단서(너-6), 진료계획서용 진단서(너-6-1), 다차원심리검사수수료(너-11)
요양급여 산정기준 별표 제7절의 지급원칙 제13호에 해당하는 **보험급여청구서 대행 신청 수수료**는 보험급여 전체를 말하는 것인가요?	보험급여신청서 대행 신청 수수료는 의료기관이 최초요양급여신청서를 토탈서비스를 이용하여 대행 신청한 경우에 지급하는 수수료로 **보험급여 전체를 총칭하는 것은 아닙니다.** ※ 토탈서비스 이용 최초요양급여신청(대행)수수료와 토탈서비스 이용 수수료 중복 지급 불가
토탈서비스 이용 수수료는 보험급여청구서 종류별 신청(제출) 횟수에 따라 산정할 수 있나요?	토탈서비스 이용 수수료는 매수에 관계없이 **확인 또는 발급회수를 기준으로 산정**할 수 있습니다.
진료계획서용 진단서의 소견 내용이 불명확하여 비타당인 경우 토탈서비스 이용 수수료를 산정할 수 있나요?	진료계획서용 진단서 발급수수료와 토탈서비스 이용 수수료는 지급 목적이 다르므로 진료계획서가 비타당인 경우에도 **토탈서비스 이용 수수료는 지급할 수 있습니다.**

질 의	답 변
다차원심리검사(L형)수수료에 대한 지급원칙은 검사결과를 토탈서비스를 이용하여 제출한 경우 지급하도록 되어 있는데 이 경우에도 토탈서비스 이용 수수료를 산정할 수 있나요?	다차원심리검사(L형)수수료와 토탈서비스 이용 수수료는 지급 목적이 다르므로 **토탈서비스 이용 수수료는 지급할 수 있습니다.**
의료기관이 **최초요양급여신청서**를 토탈서비스를 이용하여 대행 신청한 경우 최초요양이 불승인되면 토탈서비스 이용 최초요양급여신청서(대행)수수료를 산정할 수 있나요?	**산재로 요양승인 된 경우에만 산정할 수 있습니다.** 다만, 최초 요양승인 이전이라도 공단에서 진찰(특진)을 의뢰한 경우에 발생한 진료비용에 대해서는 지급하고 있으나 **발급수수료는 산정할 수 없습니다.**
산재보험 의료기관에서 **최초요양급여신청**을 산재신청인에 위임(동의)받아 토탈서비스를 이용하여 대행 신청하는 경우 **사업장 정보를 확인**할 수 있는 곳이 있나요?	**근로복지공단 홈페이지**(http://www.kcomwel.or.kr) **메인화면**의 검색에서 "사업장관리번호 검색"을 클릭하여 검색 → 사업장관리번호 찾기로 이동 → 검색구분* 선택 → 관리번호 조회를 하시면 됩니다. * (검색구분③) 사업장(공사)명, 보험가입자명, 법인등록번호, 사업장등록번호, 사업장연락처, 사업장 FAX 
재활특진을 의뢰하는 경우 **특진의료기관의 요건**은 어떻게 되나요?	산재보험법 시행령 제118조(특진의료기관)에 따른 **특진의료기관이면서, 종합병원급 이상인 산재보험 재활인증의료기관** ※ **(특진의료기관)** 근로복지공단 소속병원(정선, 경기요양 제외), 산재보험 의료기관 중 「의료법」에 따른 상급종합병원 또는 종합병원 ※ **(재활인증의료기관 찾기)** 근로복지공단 홈페이지 → 산재보상서비스 → 산재보상서비스 절차도 → **재활인증의료기관 참조(종합병원급 이상: 28개소)**
산재보험에서 인증한 재활인증의료기관(58개소)에서 재활특진의료기관으로 **재활특진을 의뢰하는 경우** 발급수수료를 산정할 수 있나요?	**산정할 수 없습니다.** 재활인증의료기관은 전문재활치료를 직접 제공하거나 그 필요성을 판단할 수 있는 의료기관으로 재활특진 의뢰 소견서 제출시 발급수수료는 인정되지 않습니다.

<table>
<tr><th>질 의</th><th>답 변</th></tr>
<tr><td>재활특진 의뢰 소견서 (지급원칙)에 '재활특진 진찰 사유가 전문적인 재활치료가 필요한지 여부에 대한 진찰이 필요한 경우 지급한다'로 규정하고 있는데, 이 경우</td><td>❖ 산재보험법 시행령 제118조(특진의료기관)에 따른 특진의료기관이면서, 종합병원급 이상인 산재보험 재활인증의료기관에 해당하는 1개의 의료기관을 선택하여 재활특진 의뢰
※ (서식) 요양업무처리규정(별지 제29호)</td></tr>
<tr><td>1) 전문적인 재활치료란 어떤 치료를 말하는 것인지?</td><td>1) 산재근로자의 상병상태에 따라 의사가 전문적인 재활치료가 필요하다고 판단하는 경우로 전문적인 재활치료란
– 건강보험 요양급여 비용 제7장 이학요법료 제3절 전문재활치료료, 재활인증의료기관의 집중재활치료(시범재활수가 포함), 요양급여 산정기준 별표 제15절 전문재활치료료에 해당하는 경우입니다</td></tr>
<tr><td>2) 산재보험 의료기관이 재활특진 의뢰 소견서를 제출하였으나 공단이 재활특진이 필요하지 않다고 판단한 경우 발급수수료를 산정할 수 있나요?</td><td>2) 산정할 수 없습니다. 재활특진 의뢰를 신청하는 산재보험 의료기관이 상기 1)의 <u>전문적인 재활치료의 필요 여부 판단에 해당하고 공단 소속기관이 재활특진이 필요하다고 인정하여 재활특진을 의뢰한 경우</u> 재활특진 의뢰 소견서 발급수수료를 산정할 수 있습니다.</td></tr>
<tr><td>3) 재활특진 의뢰 소견서를 발급할 수 있는 의사에 대한 진료(전문)과목은 어떻게 되나요?</td><td>3) 재활특진 의뢰 소견서를 발급할 수 있는 의사에 대한 진료(전문)과목을 별도 정하고 있지 않습니다.</td></tr>
<tr><td>간병요구도 평가 소견서 발급수수료는 간병급여 청구서 접수 시 마다 산정할 수 있나요?</td><td>간병요구도 평가 소견서는 장해급여청구서 접수 시 또는 간병급여청구서 1회분 접수 시 평가 소견서를 제출하는 경우 산정할 수 있습니다
※ (서식) 보상업무처리규정(별지 제12호의2)</td></tr>
<tr><td>의료기관에서 진료비 청구 시 진료기록부 등 사본 복사 수수료 청구 방법은?</td><td>공단이 진료기록부 등 사본 제출을 요청하여 의료기관이 제출한 경우 특정내역(줄번호) 기재
– 제출일자/ 사본 매수 / 공문번호 등
<table>
<tr><th>구분코드</th><th>특정내역</th><th>기재형식</th><th>설명</th></tr>
<tr><td>JB008</td><td>진료기록부 등 사본 발급 사유</td><td>ccyymmdd/9(3)/X(200)</td><td>공단이 진료기록부 등 사본을 요청하여 제출한 경우 기재 제출일자/사본 매수/공문번호를 간단하게 평문(Free text)으로 기재(200자)</td></tr>
</table>
※ 전산개발 중으로 전산개발 이전기간은 "줄번호 단위 특정내역 기타내역(JX999)"을 이용하여 청구(전산개발 완료 후 추후 안내)</td></tr>
</table>

질 의	답 변
공단 진료비 심사 과정에서 간호기록지, 영상진단 **사본** 등을 요청한 경우 복사수수료를 산정할 수 있나요?	의료기관에서 진료비를 청구하고 그 비용을 지급받기 위해서는 청구와 관련하여 필요한 자료제공이 이루어져야 함으로 **복사수수료는 별도 산정할 수 없습니다.**
업무상질병 전문소견서와 전원요양 신청 소견서는 2018. 1.1. 적용일부터 산정할 수 있나요?	업무상질병 전문소견서와 전원요양 신청 소견서는 「요양업무처리규정」 개정 후 시행일부터 적용됩니다. ※ 2018.7월경 개정으로 개정 후 청구방법 등 안내 예정
합병증 등 예방관리 유효기간 연장신청 시 **합병증 등 예방관리카드 발급신청**을 토탈서비스를 이용하여 신청하는 경우 토탈서비스 이용 신청 수수료는 산정할 수 있나요?	합병증 등 예방관리카드 발급신청을 토탈서비스를 이용하여 신청하는 경우 **토탈서비스 이용 수수료는 산정할 수 없습니다.**

ㅁ 재활보조기구(요양급여 산정기준(별표)제2절)

질 의	답 변
뇌병변장애가 있는 환자가 수동휠체어와 전동휠체어(또는 전동스쿠터)를 각각 청구하는 경우 지급할 수 있나요?	재활보조기구 (지급원칙) 제1호에 따라 수동휠체어와 전동휠체어, 수동휠체어와 전동스쿠터는 **각각 지급이 가능**합니다. ※ 단,「장애인보장구 보험급여 기준 등 세부사항」(별표2) "보험급여 지급 대상자 기준"에 해당하는 경우 지급
전동휠체어와 전동스쿠터는 각각 지급할 수 있나요?	전동휠체어와 전동스쿠터는 **지급대상자 세부 인정기준이 다르므로 중복하여 지급할 수 없습니다.**
척수장애(하반신 마비)가 있는 경우 활동형 휠체어와 전동 휠체어(또는 전동스쿠터)를 각각 구입하고 청구한 경우 지급할 수 있나요?	활동형 휠체어, 전동휠체어, 전동스쿠터는 각각 지급대상 기준이 다르므로 중복 지급할 수 없으며, **질문의 하지장애가 있는 경우에는 활동형 휠체어만 지급**할 수 있습니다. ※ '활동형 휠체어'의 지급대상은 양팔 및 자세균형 제어기능이 양호하여 다른 사람의 도움 없이 휠체어를 안전하게 작동할 수 있는 경우로 **상지기능이 정상인 하지마비 장애인에 지급하기 위해 요양급여 인정('07.3.6.)** ※ '전동휠체어(전동스쿠터*)' 지급대상은 평지에서 100m 이상 보행이 어렵고, 팔의 기능장애로 팔에 대한 도수근력검사 결과 최대근력 3등급(4등급*) 이하(이상*)인 경우 지급

질 의	답 변
전동휠체어 지급대상자에 해당되어 **수·전동 휠체어를 지급 받은 경우** 수동휠체어와 각각 지급받을 수 있나요?	수·전동 휠체어(**지급대상기준 – 전동휠체어 지급대상)**는 **수동 또는 전동 겸용으로 사용하는 휠체어**로 수동휠체어를 **중복하여 지급 받을 수 없습니다.**
한쪽 귀의 소음성 난청 상병으로 청각장애가 있는 경우 **양측으로 보청기**를 지급 받을 수 있나요?	**지급 받을 수 없습니다.** 양측 보청기 지급대상 인정기준은 업무상 재해로 승인된 **양측 청각장애**로 다음 요건을 충족하는 경우 요양급여로 인정합니다. ※ 양측 보청기 지급대상자 세부인정기준) • 양측 80dB 미만의 난청 환자 • 양측 어음명료도가 50% 이상 • 양측 순음청력역치 차이가 50% 이상 • 양측 어음명료도 차이가 20% 이하
어깨 보조기는 **제품을 공단에 등록**해야 하나요?	**공단에 등록하지 않습니다.** 의료기관에서는 어깨 보조기를 구입하신 증빙서류(세금계산서 등)를 보관하시고 공단에서 요청시 제출하시면 됩니다.
어깨 보조기는 **고시 상한금액으로 청구**하면 되나요?	**재활보조기구(어깨 보조기)는 실구입가로 청구**하셔야 합니다. ※ 실구입가가 고시 상한금액보다 높은 경우에는 고시 상한금액으로 청구
차량용 설치형 전동리프트와 **벽체용** 설치형 전동리프트를 구입하여 청구한 경우 **각각 지급**할 수 있나요?	재활보조기구 지급원칙에 따라 용도가 동일한 이동 보조 기구로 **1개의 품목만 요양급여로 인정**합니다. ※ 이동식 전동리프트, 차량형 전동리프트, 벽체용 전동리프트는 용도가 동일하므로 1개의 품목만 인정
설치형 전동리프트를 입원하고 있는 경우에도 지급 받을 수 있나요?	**입원 또는 통원에 대한 구분은 없습니다.** 다만, 산재보험 재활보조기구는 요양 종결 시 지급하되, 사지절단환자 또는 신경마비 등으로 인하여 **치료 종결 후에도 계속적으로 재활보조기구의 장착이 필요하다는 의학적 소견이 있는 경우 지급**할 수 있습니다. ※ 벽체용은 벽면에 설치하는 보조기구로 의료기관에 설치할 수 없을 것으로 판단됨
2018.1.1.부터 합병증 등 예방관리 "재활보조기구 장착 등에 따른 단순처치" 증상(99900) 대상자에 대한 단순처치 비용 청구방법은?	요양 종결 후 재활보조기구 장착 등에 따른 처치비용이 '18.1.1.부터 산재보험 요양급여로 적용하게 됨에 따라 **산재보험 의료기관에서는 처치비용을 진료비(08항, 처치 및 수술료)로 청구 하시면 됩니다.** 단, 재활보조기구의 지급이력이 확인된 경우에 지급합니다.

□ 재활치료료 (요양급여 산정기준(별표)제15절)

질 의	답 변
도수치료를 처방 할 수 있는 전문과목의 의사는?	도수치료는 **재활의학과, 정형외과, 신경외과 전문의가 처방한 경우 요양급여로 인정**하고 있습니다. ※ 산재보험 요양급여 산정기준(별표)제15절 재활치료료 1. 전문재활치료료 '도수치료' 산정기준 참조
의사는 카이로프랙틱만 실시 할 수 있나요?	재활의학과, 정형외과, 신경외과 전문의는 **도수치료 종류에 상관없이 시행할 수 있습니다.**
물리치료사가 카이로프랙틱을 실시 할 수 있나요?	**카이로프랙틱은 물리치료사가 실시 할 수 없습니다.** 카이로프랙틱은 도수치료 산정기준에 따라 재활의학과, 정형외과, 신경외과 전문의만 시행할 수 있습니다.
물리치료사가 도수치료를 시행하는 경우 **도수치료 관련 자격** 이수자만 인정하나요?	도수치료 관련 자격은 현재 국가에서 인정하고 있는 자격이 없습니다. ※ 정형외과학회 등 종별학회, 사단법인으로 운영하는 협회 등에서 도수치료 전문 과정 운영
도수치료의 산정기준에 따라 치료기간 중 치료횟수를 초과한 경우 산정할 수 있나요?	산재보험 요양급여 산정기준 (별표)제15절 재활치료료 1.전문재활치료료, 2. 검사료의 (산정지침)각각의 제2호에 따라 산정기준에서 정하고 있는 **치료기간 중 산정횟수 제한에도 불구하고 진료상 필요하다는 의사의 소견이 있는 경우 추가로 산정할 수 있습니다.**

□ 치료보조기구(요양급여 산정기준(별표)제12절)

질 의	답 변
팔걸이, 쇄골밴드, 8자형밴드, 석고신발은 **고시 상한금액으로 청구**하면 되나요?	팔걸이 등 치료보조기구는 **실구입가로 청구**하셔야 합니다. ※ 석고 신발이 실구입가 2,000원, 비급여 5,000원, 산재고시금액 10,000원인 경우 ➡ 진료비 2,000원으로 청구 ※ 실구입가가 고시 상한금액보다 높은 경우에는 고시 상한금액으로 청구
팔걸이, 쇄골밴드, 8자형밴드, 석고신발을 의료기관에서 환자에게 직접 제공하는 경우 **공단에 제품을 등록**해야 하나요?	**공단에 등록하지 않습니다.** 의료기관에서는 팔걸이 등을 구입하신 증빙서류(세금계산서 등)를 보관하시고 공단에서 요청시 제출하시면 됩니다.
직업환경의학과 전문의가 (가정)산소치료 처방전을 발행할 수 있는 경우는?	직업환경의학과 전문의는 **진료를 담당하고 있는 진폐환자**에 대하여 (가정)산소치료 처방전을 발행할 수 있으며, 진폐환자 이외에는 처방전을 발행할 수 없습니다.
합병증 예방관리 대상자가 자가도뇨 소모성 재료 등 건강보험 요양비 항목을 구입하여 청구한 경우 지급할 수 있나요?	**산재 요양 중인 경우에만 지급**할 수 있습니다. 합병증 예방관리 대상자는 건강보험으로 청구하셔야 합니다.

<table>
<tr><th>질 의</th><th>답 변</th></tr>
<tr><td colspan="2">❖ 자가도뇨 소모성 재료(자가도뇨카테타) 관련</td></tr>
<tr><td>자가도뇨 소모성 재료(이하 '자가도뇨카테타')등 건강보험 요양비 항목은 건강보험공단에 대상자 등록을 한 경우에만 제공 받을 수 있나요?</td><td>산재환자는 건강보험공단에 대상자 등록을 하지 않아도 됩니다.</td></tr>
<tr><td>자가도뇨카테타는 신경인성 방광 상병이 있는 경우에만 인정 되나요?</td><td>자가도뇨카테타는 ①지원 대상상병에 해당하는 상병이 있고, ②요류역학검사 5가지 중 어느 하나에 해당하는 경우로, 산재보험은 승인상병에 신경인성방광 상병이 있는 경우 인정합니다.</td></tr>
<tr><td>신경인성방광 승인 상병은 있으나, 요류역학검사 결과가 없는 경우는?</td><td>신경인성방광 승인상병이 있는 경우에도 자가도뇨카테타 산재보험 최초 청구시에는 요류역학검사 결과를 제출하셔야 합니다. 이 경우 요류역학검사 결과는 3년 이내 시행된 검사까지는 진단기준으로 인정됩니다.</td></tr>
<tr><td>처방전은 누가 발급하나요? 또한 처방기간은?</td><td>(처방의사) 비뇨기과, 재활의학과, 정형외과, 신경과, 신경외과 전문의
(처방기간) 1회 90일 이내, 1일 최대 6개</td></tr>
<tr><td>자가도뇨카테타는 1일 9,000원(1일 최대 6개)을 기준금액으로 정하고 있는데, 자가도뇨카테타 1개당 가격이 1,500원인 것인가요?</td><td>자가도뇨카테타 1개의 가격을 말하는 것은 아닙니다. 1일 9,000원 범위 내에서 최대 6개 까지 제공하는 것을 말하는 것입니다.

• 1일 1,500원＊3개=4,500원, 1,000원＊3개=3,000원인 경우
➡ 진료비 7,500원으로 청구
• 1일 1,500원＊4개=6,000원, 2,500원＊2개=5,000원인 경우
➡ 진료비 9,000원으로 청구</td></tr>
<tr><td>자가도뇨기구(머-4)와 자가도뇨카테타(파-5)는 각각 지급할 수 있나요?</td><td>사용 목적이 동일하므로 중복하여 지급할 수 없습니다.</td></tr>
<tr><td>자가도뇨카테타를 환자가 구입하여 요양비로 청구하는 경우 제출 서류는?</td><td>요양비 청구서와 함께 ① 의료기관 처방전(건강보험 서식 사용), ② 건강보험 공단에 등록된 의료기기 판매업소 증빙서류 제출
※ 증빙서류
<table><tr><th>구 분</th><th>증빙서류</th><th>비 고</th></tr><tr><td>세금계산서 발생 시</td><td>– 세금계산서</td><td>품명 · 단위 · 수량 · 단가 · 제조 또는 판매회사명 기재</td></tr><tr><td>신용카드 또는 현금영수증 발급시</td><td>– 카드전표(현금영수증)
– 거래명세서</td><td>카드전표 등에 거래내역(품목 등)을 확인할 수 있는 경우 거래명세서 생략 가능</td></tr></table></td></tr>
<tr><td colspan="2">❖ 휴대용 산소발생기 관련</td></tr>
<tr><td>휴대용 산소발생기 지급대상자는?</td><td>(가정) 산소치료 지급대상자와 동일하며, 외부 활동 등에 필요한 휴대용 산소발생기를 대여하여 사용한 경우 지급</td></tr>
</table>

질 의	답 변
처방전은 누가 발급하나요? 또한 처방기간은?	(처방의사) 내과, 결핵과, 흉부외과 전문의 및 진폐환자를 진료하는 직업환경의학과 전문의 (처방기간) 1회에 1년 이내
휴대용 산소발생기 지급금액은?	(기준금액) 월 20만원 ~ 24만원 ※ 15일 이내 사용 시 기준금액의 50% 지급(월100,000원~120,000원)
휴대용 산소발생기와 이동형 산소치료기를 중복하여 지급할 수 있나요?	사용 목적이 동일하므로 **중복하여 지급할 수 없습니다.**
휴대용 산소발생기를 환자가 구입하여 요양비로 청구하는 경우 제출 서류는?	요양비 청구서와 함께 ① 의료기관 처방전(산소치료) 1부(건강보험 서식 사용), ② 표준계약서 1부 ③ 세금계산서 1부(증빙서류 제출–자가도뇨카테타와 동일)
❖ 인공호흡기치료 서비스 관련	
인공호흡기치료 지급대상자는?	복지부장관이 고시하는 만성호흡부전을 동반한 중추신경계 · 폐질환 · 선천성 심장질환자로, 상병별 진단기준과 검사항목을 충족하고, 임상증상과 이산화탄소분압 검사결과가 인공호흡기가 필요하다고 전문의로부터 확진 받은 자 ※ 「요양비의 급여기준 및 방법」[별표4의2]에 고시된 상병으로 산재승인상병에 해당하는 경우 인정
상병별 진단을 위한 검사 및 임상증상 확인 및 이산화탄소 분압 검사도 시행해야 하나요?	해당상병으로 인해 인공호흡기가 필요한 환자에 대해 요양급여하므로 상병별 진단기준과 검사항목에 따른 검사를 반드시 실시해야 합니다. 또한 임상증상 확인 및 이산화탄소 분압검사까지 급여대상에 해당하는 것으로 진단된 경우 요양급여 인정합니다.
처방전은 누가 발급하나요? 또한 처방기간은?	(처방의사) 신경과, 신경외과, 재활의학과, 내과, 결핵과, 흉부외과 전문의 ※ 처방전 발급 시 검사결과지(또는 의사소견서)를 반드시 첨부 (처방기간) 최초처방은 6개월(180일 이내), 재 처방은 2년 이내의 범위에서 담당의사가 판단하여 처방

<table>
<tr><th>질 의</th><th>답 변</th></tr>
<tr><td>인공호흡기치료 서비스 지급 금액은?</td><td>
ㅇ 인공호흡기 대여비
<table>
<tr><th>구 분</th><th>기 준 금 액</th><th>비 고</th></tr>
<tr><td>혼합형</td><td>월 535,000원</td><td></td></tr>
<tr><td>압력형 또는 볼륨형</td><td>월 356,000원</td><td></td></tr>
</table>
ㅇ 소모품 구입비
<table>
<tr><th>구 분</th><th colspan="2">소모품 종류</th><th>기준금액</th><th>비 고</th></tr>
<tr><td rowspan="2">기본 소모품</td><td colspan="2">세트 1 : 튜브1개, 필터4개, 가습기물통1개</td><td>60,000 (월)</td><td></td></tr>
<tr><td colspan="2">세트 2 : 튜브2개, 필터4개, 가습기물통1개</td><td>80,000 (월)</td><td></td></tr>
<tr><td rowspan="2">기관절개 환자용 커넥터(월)</td><td colspan="2">일반 일체형</td><td>7,000원/개</td><td rowspan="2">커넥터는 월 2개까지 지원, 교차 선택 가능</td></tr>
<tr><td colspan="2">실리콘 연결형</td><td>14,500원/개</td></tr>
<tr><td rowspan="4">마스크
* 연간
(1.1~12.31.)
40만원 범위내</td><td rowspan="2">코 마스크</td><td>실리콘 또는 필로우</td><td>125,000원/개</td><td rowspan="4">마스크는 월 1개를 초과할 수 없음</td></tr>
<tr><td>겔</td><td>125,000원/개</td></tr>
<tr><td rowspan="2">코 · 입 마스크</td><td>실리콘</td><td>72,000원/개</td></tr>
<tr><td>겔</td><td>148,000원/개</td></tr>
</table>
</td></tr>
<tr><td>인공호흡기치료 서비스는 입원의 경우에도 제공할 수 있나요?</td><td>입원은 의료기관에서 보유하고 있는 인공호흡기를 제공하고 행위진료료를 산정하여야 합니다. 다만, 의료기관에서 부득이 제공할 수 없는 경우 의료기관에서 대여하여 환자에게 제공할 수 있습니다.</td></tr>
<tr><td>인공호흡기를 환자가 구입하여 요양비로 청구하는 경우 제출 서류는?</td><td>요양비 청구서와 함께 ① 의료기관 처방전(인공호흡기) 1부(건강보험 서식 사용), ② 검사결과지 또는 의사소견서, ③ 표준계약서 1부 ③ 세금계산서 1부(증빙서류 제출–자가도뇨카테타와 동일)</td></tr>
</table>

❖ 기침유발기 관련

질 의	답 변
기침유발기 지급대상자는?	복지부장관이 고시하는 만성호흡부전이 동반되는 중추신경계 질환(제2호) 상병으로 인공호흡기를 사용하는 사람이 기침유발기가 필요하다고 진단 받은 자 * 뇌간뇌졸중 증후군(G47.31) 및 중추성 수면무호흡증(G46.3)은 제외 ※ 「요양비의 급여기준 및 방법」(별표4의2)에 고시된 상병으로 산재승인상병에 해당하는 경우 인정
처방전은 누가 발급하나요? 또한 처방기간은?	(처방의사) 신경과 · 신경외과 · 재활의학과 · 내과 · 결핵과 · 흉부외과 전문의 (처방기간) 최초처방은 6개월(180일 이내), 재 처방은 2년 이내의 범위에서 담당의사가 판단하여 처방
기침유발기 지급금액은?	(기준금액) 월 16만원(소모품비 포함) ※ 소모품비: 튜브, 필터, 커넥터와 마스크 또는 기관절개용연결관 중 하나를 세트로 하여 월 1개 포함 ※ 대여를 월 중에 시작 또는 종료한 경우 일할 계산
기침유발기를 환자가 구입하여 요양비로 청구하는 경우 제출 서류는?	요양비 청구서와 함께 ① 의료기관 처방전(기침유발기) 1부(건강보험 서식 사용), ② 검사결과지 또는 의사소견서, ③ 표준계약서 1부 ③ 세금계산서 1부(증빙서류 제출-자가도뇨카테타와 동일) ※ 제공업소와 계약한 월에 한하여 제출, 변경사항 발생 시 추가 제출
❖ 당뇨병 소모성 재료	
당뇨병 소모성 재료 지급대상자는?	업무상재해로 승인된 인슐린을 투여하는 당뇨병 환자
처방전은 누가 발급하나요? 또한 처방기간은?	(처방의사) 내과, 소아청소년과, 가정의학과 전문의(제1형) 전문의 제한 없이 모든 의사(제2형) 내과, 가정의학과, 산부인과, 소아청소년과 전문의(임신 중 당뇨병) ※ 산재근로자는 업무상 재해로 인한 '당뇨병' 승인상병이 있는 경우 인정으로 대부분 제2형 당뇨병에 해당 (처방기간) 1회 90일 이내. 다만 제1형 당뇨병의 경우 전문의가 필요하다고 판단한 경우에는 180일 이내
당뇨병 소모성 재료 지급금액은?	(기준금액) 1일 900원 ~ 2,500원
당뇨병 소모성 재료 중 채혈침(란셋)만 별도로 신청할 수 있나요?	**별도 신청할 수 없습니다.** 당뇨병 소모성 재료는 '혈당측정검사지, 채혈침(란셋), 인슐린주사기 또는 인슐린주사바늘(펜니들)'로 구성되어 1일 기준금액 900원 ~ 2,500원을 요양급여로 인정하고 있습니다.
당뇨병 소모성 재료 구입처, 구입품목은 무엇인가요?	공단에 등록된 의료기기판매업소(의료기기 판매업을 하는 약국 포함)에서 등록된 제품을 구입하여야 합니다. ※ 소모성 재료 등록업소 및 제품은 건강보험공단 홈페이지(www.nhis.or.kr) → 사이버 민원센터 → 건강보험안내 → 보험급여 → 보험급여 → 당뇨병 소모성 재료 구입비

질 의	답 변
당뇨병 소모성 재료를 환자가 구입하여 요양비로 청구하는 경우 제출 서류는?	요양비 청구서와 함께 ① 의료기관 처방전(당뇨병환자 소모성 재료) 1부(건강보험 서식 사용), ② 세금계산서 1부(증빙서류 제출–자가도뇨카테타와 동일) ※ 제공업소와 계약한 월에 한하여 제출, 변경사항 발생 시 추가 제출
❖ 자동복막투석 소모성 재료	
자동복막투석 소모성 재료 지급대상자는?	업무상재해로 승인된 만성신부전 환자가 의사의 처방전에 따라 복막관류액 및 자동복막 투석에 사용되는 소모성재료를 사용한 자
처방전은 누가 발급하나요? 또한 처방기간은?	(처방의사) 전문의 구분 없이 모든 의사 (처방기간) 처방기간은 별도로 정하고 있지 않으나, 복막관류액(원외처방전) 처방일수에 따라 구입
자동복막투석 소모성 재료 지급금액은?	(기준금액) 1일 10,420원
자동복막투석 소모성 재료를 환자가 구입하여 요양비로 청구하는 경우 제출 서류는?	요양비 청구서와 함께 ① 원외처방전(복막관류액) 1부 ② 세금계산서 1부(증빙서류 제출–자가도뇨카테타와 동일)

□ **기타**

질 의	답 변
신경인지기능검사를 장해진단을 위해 시행하는 경우 산정할 수 있나요?	신경인지기능검사는 뇌의 기질적 장애 또는 정신질병을 평가하여 진단 또는 치료의 목적으로 시행하는 경우 요양급여로 인정하고 있으므로, 장해 진단을 평가하기 위해 시행한 경우 산정할 수 있습니다.

3-6 산재보험 기타 급여 산정기준

1. 산재보험 완화의료 산정기준

1 산정기준

- 요양중인 산재근로자가 암관리법 제20조 및 제24조에 의한 말기암환자로 진단받고 같은법 제22조에 의한 완화의료전문기관 완화의료 병동에서 입원진료를 받은 경우 건강보험 기준에 따라 산정한다. 단, 완화의료 보조활동 비용과 산재보험 간병료의 성격이 같으므로 완화의료 보조활동 비용이 포함된 입원료를 청구하는 경우 간병료

는 중복지급은 불가하다.

※ 완화의료 보조활동 비용 청구에 따른 진료비 지급 시 산재보험 간병료는 지급중지

2 비용산정

• 「건강보험행위급여 · 비급여목록표및급여상대가치 점수」에서 정한 분류번호(코드) 및 금액으로 산정한다.

2. 산재보험 입원환자 식대 산정기준

입원환자 식대는 보건복지부장관 고시에 따른 건강보험 산정기준에 따라 산정한다.

단, 치료식 영양관리료는 해당 의료기관에 소속된 영양사 1인당 1일 40명 이하의 산재보험 환자에게 치료식(멸균식)을 제공한 경우 산정한다.

3. 간호 · 간병통합서비스 병동 입원료 적용기준

(1) 간호·간병통합서비스

입원환자가 보호자나 개인 고용 간병인이 필요 없도록 간호 인력에 의해 전문적인 간호 서비스를 24시간 받게 됨으로써 입원 서비스의 질을 향상시키고 환자 및 가족의 간병부담을 경감시킬 수 있도록 간호사와 간호보조 인력이 전인 간호서비스를 제공하는 제도이다.

2013년 7월부터 시범운영(포괄간호서비스)하였으며, 2016년 4월1일부터 정식(간호 · 간병서비스)으로 운영되고 있다. 특히 간호인력을 늘리고, 병실환경을 개선하여 간호 · 간병통합서비스 병동의 입원환자에게 충실한 케어가 가능하도록 포괄적 간호를 제공하는 입원서비스를 의미한다.

(2) 산재보험 적용방안 및 산정기준

① 입원대상 : 환자상태의 중증도나 질병군의 제한은 없으나, 주치의가 간호 · 간병통

합서비스 병동 입원결정을 하고 이에 동의한 산재근로자- 다만, 담당 주치의가 간호 · 간병통합서비스 병동 입원이 부적절하다고 판단하는 경우는 제한 가능

② 적용방법 : 간병료 지급대상자는 간호 · 간병통합서비스 병동과 현물 간병급여 병실 중 선택하여 이용 가능

※ 간호 · 간병통합서비스 병동을 운영하지 않는 의료기관에서 요양 중인 간병료 지급대상자가 해당 병동이 있는 의료기관에서 요양을 희망하는 경우 산재보험법 제48조(전원요양)에 따라 전원 검토

③ 운영방식 : 병동 단위로 제공하며 간호에 필요한 모든 입원서비스를 의료기관이 제공- 병동에 개인간병인이나 보호자가 상주하지 않도록 제한

④ 입원료 산정 : 간호 · 간병통합서비스 사업 지침에 따른 "간호 · 간병통합서비스 병동 입원료"를 산정하되- 입원료 산정 시 병원관리료 가산 및 체감율은 산재보험 기준으로 적용

(3) 진료비 청구방법

① 입원료 : 건강보험 심사평가원의 "간호간병통합서비스 제공인력 배치 평가 결과 통보서" 결과에 따라 산정

※ 제공인력 배치 현황은 최초 진료비청구서 접수 전까지 서면으로 제출 및 변경된 경우에는 변경 시점 진료비 청구서 접수 전까지 제출토록 산재보험 의료기관에 안내함

② 진료항목: "의치과: 요양장기(정액)/(L)" 및 "한의과: 기타/기타(9901)"

(4) 간병료와의 관계

의료기관에서 간병을 포함한 포괄적 입원간호서비스를 직접 제공하므로 간병료는 지급 불가(단, 간병료 지급대상자가 일반병동에서 개인간병을 받은 경우 종전대로 간병료 지급)

(5) 비용산정

「간호 · 간병통합서비스 사업지침」에서 정한 간호 · 간병통합서비스 병동입원료 분류번호(코드) 및 금액

※ 간호 · 간병통합서비스 병동 입원료 수가파일 〔붙임 2〕 참조(단, 상급종합병원 입원료 단가에는 병원관리료를 포함한 금액임)

(6) 적용일자

해당의료기관은 2017. 10. 1. 진료분부터 적용한다.

수행 내용 및 수행 준거

1 산재보험의 요양급여산정기준에 대하여이해하고 업무를 수행한다.

2 산재보험의 요양기관종별가산울 적용을 하여 산재보험수가를 산정한다.

산재보험의 종별가산율은 상급종합병원 : 45%, 종합병원 : 37%, 병원 : 21%, 의원 : 15%이다. 수가산정은 상대가치점수에 환산지수(점수당 단가)를 곱하여 요양기관종별가산율 적용한다.

3 산재의료기관의 입원료산정기준에 따라 종별로 적용한다.

(1) 상급종합병원 및 공단에 두는 의료기관: 입원기간에 관계없이 행위 및 상대가치점수 중 소정점수의 100분의 100에 병원관리료의 100분의 100을 가산하여 산정한다.

(2) 종합병원은 입원기간에 관계없이 소정점수의 100분의 100을 산정한다.

(3) 병원(요양병원 및 의원은 입원일부터 50일째까지는 소정점수의 100분의 100, 입원 51일째부터 150일째까지는 소정점수의 100분의 90, 입원 151일째부터는 소정점수의 100분의 85를 산정한다.

(4) 제1항에 따른 입원료 산정 시 공단에 두는 의료기관에 대해서는 법 시행규칙 제10조 제2항에 따라 고용노동부장관의 승인을 얻어 조정한 등급을 적용한다.

4 산재보험환자의 비급여대상(상급병실차액 등)을 관리하고 업무를 수행한다.

5 산재보험환자의 보험급여청구서 확인 및 진단서 발급수수료에 대하여 업무를 수행한다.

6 산재보험 임시공휴일지정시 진료비 가산적용에 대하여 알아보고 적용한다.

임시공휴일로 지정되면 기본진찰료 · 조제기본료 등 30% 가산과 사전 예약 등 해당 일에 불가피하게 시행되는 마취 및 수술(시술)과 외래에서(입원은 제외) 시행되는 처치의 경우 50% 가산한다.

7 고용노동부의 고시사항 및 홈페이지를 검색하여 변경된 사항을 알아보고 급여관리에 참고한다.

수행 **Tip!**

- 고용노동부에서 고시한 산업재해보상보험의 요양급여산정기준을 적용한다.

제4장

산재의료기관 지정 및 평가

4-1 의료기관 지정

학습 목표

1 | 산재의료기관의 지정기준에 의거 지정신청을 할 수 있다.
2 | 산재의료기관의 시설 · 인력 변경현황을 신고할 수 있다.
3 | 산재활인증의료기관의 인증제도에 대하여 알 수 있다.
4 | 산재의료기관의 평가기준에 의거 평가준비를 수행할 수 있다.

1. 산재의료기관 지정

(1) 산재보험 의료기관의 지정

업무상의 재해를 입은 근로자의 요양을 담당할 의료기관(산재보험 의료기관)은 다음 각 호와 같다.

1. 근로복지공단에 두는 의료기관
2. 「의료법」 제3조의4에 따른 상급종합병원
3. 「의료법」 제3조에 따른 의료기관과 「지역보건법」 제7조에 따른 보건소(「지역보건법」 제8조에 따른 보건의료원을 포함)로서 고용노동부령으로 정하는 인력 · 시설 등의 기준에 해당하는 의료기관 또는 보건소 중 공단이 지정한 의료기관 또는 보건소

근로복지공단 산하 직영 산재병원
① 근로복지공단은 전국의 10개 직영병원(근로복지 공단 인천병원, 안산병원, 창원병원, 대구병원, 순천병원, 대전병원, 태백병원, 동해병원, 정선병원, 경기요양병원)에서 산재상병에 풍부한 임상경험을 가진 전문의 진료와 첨단의료장비를 바탕으로 건강관리센터 및 재활전문센터를 운영하여 근로자의 건강예방과 질병치료, 재활을 통해 산재근로자의 조속한 직업 · 사회복귀를 지원하고 있다. ② 주요사업은 의료사업(전문진료 및 신청부터 치료.재활.직업복귀까지 One-Stop 서비스) 과 재활사업(재활전문센터, 수중재활센터) 및 보건사업(건강진단, 보건대행, 환경측정)이 있다.

㈜ 산재보험 의료기관 지정병원에는 근로복지공단 산하 직영병원(10개)과 근로복지공단이 지정하는 지정병원(약 5,450개)이 있다.

<table>
<tr><td colspan="5">산 업 재 해 보 상 보 험
의 료 기 관 ☑ 지 정(□ 변 경) 신 청 서(신 고 서)
☑ 일반지정 □ 진폐일반 □ 진폐전문</td><td colspan="2">처리기간</td></tr>
<tr><td colspan="5"></td><td>15일
(지정)</td><td>5일
(변경)</td></tr>
<tr><td rowspan="2">신 청 인
(신 고 인)</td><td>① 성 명</td><td></td><td>② 생년월일</td><td colspan="3"></td></tr>
<tr><td>③ 주 소</td><td></td><td></td><td colspan="3">☎휴대전화</td></tr>
<tr><td rowspan="4">산재보험
의료기관</td><td>④ 명 칭</td><td></td><td>⑤ 개설자(대표자)</td><td colspan="3"></td></tr>
<tr><td>⑥ 소 재 지</td><td></td><td></td><td colspan="3">☎</td></tr>
<tr><td>⑦ 진료과목</td><td></td><td>⑧ 구 분</td><td colspan="3">의과 · 한의과 · 요양병원</td></tr>
<tr><td>⑨ 사업자등록번호</td><td></td><td>⑩ 법인등록번호</td><td colspan="3"></td></tr>
<tr><td colspan="2">변 경 사 항</td><td>변 경 전</td><td colspan="4">변 경 후</td></tr>
<tr><td colspan="2">⑪ 의 료 기 관 명 칭</td><td></td><td colspan="4"></td></tr>
<tr><td colspan="2">⑫ 의 료 기 관 소 재 지</td><td></td><td colspan="4"></td></tr>
<tr><td rowspan="2">대표자
(법인인 경우
에 한함)</td><td>⑬ 성 명</td><td></td><td colspan="4"></td></tr>
<tr><td>⑭ 생년월일</td><td></td><td colspan="4"></td></tr>
<tr><td colspan="2">⑮ 진료과목 · 의료기관 종류</td><td></td><td colspan="4"></td></tr>
<tr><td colspan="2">⑯ 시설 · 장비 · 인력 · 운영 현황</td><td></td><td colspan="4"></td></tr>
<tr><td colspan="2">변 경 사 유</td><td></td><td colspan="4"></td></tr>
<tr><td colspan="7">「산업재해보상보험법」제43조에 따른 산재보험 의료기관으로 지정받고자 신청 (산재보험 의료기관 변경사항을 신고)합니다.
년 월 일
신 청 인 (신 고 인) (서명 또는 날인)</td></tr>
<tr><td colspan="7">근로복지공단 지역본부(지사)장 귀하</td></tr>
<tr><td rowspan="2">〈구비서류〉</td><td colspan="3">신청인 제출서류</td><td colspan="3">담당직원 확인사항 (동의하지 아니하는 경우 해당서류 제출)</td></tr>
<tr><td colspan="3">1. 의료기관개설허가증 또는 신고필증 사본 1부(공통)
2. 진료과목의 전문의 자격증 사본 1부(공통)
3. 의료기관 개요서 1부(지정)
4. 사업자등록증 사본 1부(지정)
5. 의료기관 개설자의 예금계좌통장 사본 1부(지정)
6. 변경전 산재보험 의료기관 지정서 1부(변경)
7. 그 밖에 변경사항을 확인할 수 있는 서류(변경)
※ 진단방사선과 의원은 제1호 서류 제출을 생략가능 합니다(지정)</td><td colspan="3">1. 사업자등록증 1부</td></tr>
<tr><td colspan="7">신청인은 본 민원의 처리와 관련하여 「전자정부법」제21조 제1항에 따른 행정정보의 공동이용을 통하여 담당 직원이 위의 '담당 직원 확인사항'을 확인하는 것에 [동의 / 부동의]합니다.</td></tr>
<tr><td>〈유의사항〉</td><td colspan="6">구비서류는 사본의 경우 '원본대조필'하시기 바랍니다.</td></tr>
<tr><td>〈공지사항〉</td><td colspan="6">본 민원의 처리결과에 대한 만족도 조사 및 관련 제도 개선에 필요한 의견조사를 위해 귀하의 전화번호(휴대전화)로 전화조사를 실시할 수 있습니다.</td></tr>
<tr><td>접수일자</td><td></td><td>접수번호</td><td></td><td>처리기한</td><td colspan="2"></td></tr>
</table>

그림 4-1 ▶ 현대시설의 산재전문 직영병원

(2) 산재보험 의료기관의 지정신청 절차

산재보험 의료기관으로 지정받으려는 의료기관 또는 보건소는 다음의 서류를 첨부하여 공단에 신청하여야 한다.

1. 의료기관 개요서 2. 의료기관 개설허가증 또는 신고필증 사본 3. 진료과목의 전문의 자격증 사본 4. 사업자등록증 사본 5. 의료기관개설자의 거래은행 통장사본 등이다.

근로복지공단은 제1항에 따른 지정 신청을 받은 경우에는 그 지정 신청을 받은 날부터 15일 이내에 지정 여부를 결정하여 지정 신청을 한 의료기관 또는 보건소에 알려야 한다. 이 경우 산재보험 의료기관으로 지정하기로 결정한 경우에는 공단이 정하는 지정 조건을 명시한 지정서를 발급하게 된다.

산재보험 의료기관의 지정절차는 다음과 같다.

그림 4-2 ▶ 산재의료기관 지정절차

(3) 산재보험 의료기관지정시 고려사항

① 공단은 제1항제3호에 따라 의료기관이나 보건소를 산재보험 의료기관으로 지정할 때에는 다음 각 호의 요소를 고려하여야 한다.

1. 의료기관이나 보건소의 인력 · 시설 · 장비 및 진료과목
2. 산재보험 의료기관의 지역별 분포

② 공단은 제1항제2호 및 제3호에 따른 산재보험 의료기관이 다음 각 호의 어느 하나의 사유에 해당하면 그 지정을 취소(제1항제3호의 경우만 해당된다)하거나 12개월의 범위에서 업무상의 재해를 입은 근로자를 진료할 수 없도록 하는 진료제한 조치 또는 개선명령(진료제한 등의 조치)을 할 수 있다.

1. 업무상의 재해와 관련된 사항을 거짓이나 그 밖에 부정한 방법으로 진단하거나 증명한 경우
2. 제45조에 따른 진료비를 거짓이나 그 밖에 부정한 방법으로 청구한 경우
3. 제50조에 따른 평가 결과 지정취소나 진료제한 등의 조치가 필요한 경우
4. 「의료법」 위반이나 그 밖의 사유로 의료업을 일시적 또는 영구적으로 할 수 없게 되거나, 소속 의사가 의료행위를 일시적 또는 영구적으로 할 수 없게 된 경우
5. 제1항제3호에 따른 인력 · 시설 등의 기준에 미치지 못하게 되는 경우
6. 진료제한 등의 조치를 위반하는 경우

③ 지정이 취소된 산재보험 의료기관은 지정이 취소된 날부터 1년의 범위에서 고용노동부령으로 정하는 기간 동안은 산재보험 의료기관으로 다시 지정받을 수 없다.

④ 공단은 산재보험 의료기관이 다음 각 호의 어느 하나의 사유에 해당하면 12개월의 범위에서 진료제한 등의 조치를 할 수 있다.

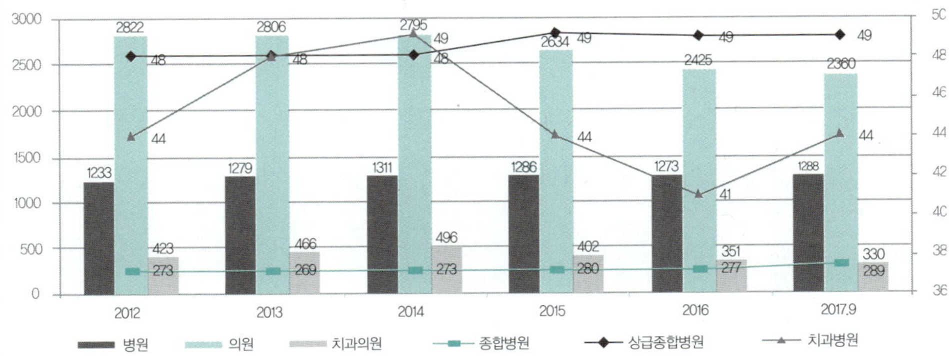

그림 4-3 ▶ 산재보험 의료기관 현황 (양방/단위: 개소)

1. 요양급여의 산정 기준을 위반하여 제45조에 따른 진료비를 부당하게 청구한 경우
2. 제45조제1항을 위반하여 공단이 아닌 자에게 진료비를 청구한 경우
3. 제47조제1항에 따른 진료계획을 제출하지 아니하는 경우
4. 제118조에 따른 보고, 제출 요구 또는 조사에 응하지 아니하는 경우
5. 산재보험 의료기관의 지정 조건을 위반한 경우

⑤ 공단은 제3항 또는 제5항에 따라 지정을 취소하거나 진료제한 조치를 하려는 경우에는 청문을 실시하여야 한다.

⑥ 지정절차, 제3항 및 제5항에 따른 지정취소, 진료제한 등의 조치의 기준 및 절차는 고용노동부령으로 정한다.

(4) 변경사항 신고

의료기관장은 의료기관의 진료과목이나 의료인 또는 의료시설 등에 관한 사항이 변경된 때에는 산재보험 의료기관 변경 신고서에 의료기관 개요서 및 의료기관 개설허가증 또는 신고필증, 진료과목의 전문의 자격증, 사업자등록증 중에서 그 내용의 변경이 있는 서류의 사본을 첨부하여 신고하여야 한다.

변경사항 신고제출서류
1. 산재보험 의료기관 변경신고서(별지 제1호 서식) 2.「의료법」등에 의한 의료기관개설허가증 또는 신고필증 사본 3. 의료기관 개요서 4. 표방진료과목에 따른 전문의 자격증사본 1부

(5) 지정취소 및 진료제한 등의 조치의 기준

법 제43조제3항 및 같은 조 제5항에 따른 산재보험 의료기관에 대한 지정취소, 진료제한 조치 또는 개선명령(이하 "진료제한 등의 조치"라 한다)의 기준은 별표 2와 같다.

(6) 산재보험 의료기관에 대한 과징금

① 근로복지공단은 제43조 제3항 제1호 · 제2호 및 같은 조 제5항 제1호 중 어느 하나에 해당하는 사유로 진료제한 조치를 하여야 하는 경우로서 그 진료제한 조치가 그 산재보험 의료기관을 이용하는 근로자에게 심한 불편을 주거나 그 밖에 특별한 사

유가 있다고 인정되면, 그 진료제한 조치를 갈음하여 거짓이나 부정한 방법으로 지급하게 한 보험급여의 금액 또는 거짓이나 부정 · 부당하게 지급받은 진료비의 5배 이하의 범위에서 과징금을 부과할 수 있다.

② 제1항에 따라 과징금을 부과하는 위반행위의 종류와 위반정도 등에 따른 과징금의 금액 등에 관한 사항은 대통령령으로 정한다.

③ 제1항에 따라 과징금 부과 처분을 받은 자가 과징금을 기한 내에 내지 아니하면 고용노동부장관의 승인을 받아 국세 체납처분의 예에 따라 징수한다.

별표 1 산재보험 의료기관의 지정 기준(제23조 관련)

1. 산재보험 의료기관(진폐요양 의료기관은 제외한다)의 지정 기준
   가. 공통기준
   지정 신청을 한 날 이전 1년 동안 「의료법」에 따른 업무정지 이상의 행정처분을 받지 않았을 것
   나. 의료기관 종류별 기준
   1) 종합병원: 가목의 공통기준을 충족하는 의료기관
   2) 병원 · 치과병원 · 한방병원 · 요양병원 · 의원 · 치과의원 · 한의원 및 보건소(보건의료원): 다음 지정기준 배점합계의 80퍼센트 이상을 받은 의료기관

가) 병원 및 보건의료원

구분		항목별 배점 기준	배점
인력 기준	의사	1. 전문의(산부인과 및 소아과 전문의는 제외한다. 이하 이 표에서 같다)가 2명 이상 있는 경우: 20점	20
		2. 전문의가 1명 있는 경우 : 8점	
		3. 전문의가 없는 경우 : 3점	
		– 임상경력이 가장 오래된 의사를 기준으로 임상경력 1년당 2점 (임상경력이 5년 이상이면 10점)	10
		1. 해당 의료기관에 소속된 모든 의사가 지정신청일 이전 2년 동안 「의료법」에 따른 행정처분 받지 않은 경우 : 5점	5
		2. 해당 의료기관에 소속된 의사 1명 이상이 지정 신청일 이전 2년 동안 「의료법」에 따른 행정처분을 받은 경우 : 3점	
	간호사	1. 지정신청일이 속하는 분기의 직전 분기(지정신청일이 속하는 분기에 의료기관을 개설한 경우에는 그 개설일. 이하 같다)의 일반병동의 평균 병상 수에 대한 평균 간호사(간호조무사를 포함한다. 이하 같다) 수의 비율이 25퍼센트 이상인 경우 : 5점	5
		2. 지정신청일이 속하는 분기의 직전 분기의 일반병동의 평균 병상 수에 대한 평균 간호사 수의 비율이 25퍼센트 미만인 경우 : 3점	

시설 및 장비 기준	– 응급시설이 있는 경우	5
	– 수술실이 있는 경우	5
	– MRI, CT, 근전도검사 중 어느 하나의 검사가 가능한 경우	10
	– 물리치료실과 물리치료사(작업치료사를 포함한다)가 있는 경우	10
	– 의료기관이 있는 건물 안에 식당이 있고, 식당을 의료기관에서 직영하거나 위탁 운영하는 경우	10
	– 정보통신망으로 진료비 청구를 할 수 있는 경우	10
산재보험 의료기관의 지역별 분포 기준	1. 지리적 여건 및 교통편 등을 고려할 때 가까운 곳에 병원급 이상의 산재보험 의료기관이 없는 경우 : 10점	10
	2. 지리적 여건 및 교통편 등을 고려할 때 병원급 이상의 산재보험 의료기관이 부족하여 추가로 지정할 필요가 있는 경우 : 5점	
	3. 가까운 곳에 병원급 이상의 산재보험 의료기관이 많아 추가로 지정할 필요가 적은 경우 : 0점	
합계		100

나) 한방병원

구분		항목별 배점 기준	배점
인력 기준	의사	1. 전문의가 2명 이상 있는 경우 : 10점	10
		2. 전문의가 1명 있는 경우 : 8점	
		3. 전문의가 없는 경우 : 3점	
		– 임상경력이 가장 오래된 의사를 기준으로 임상경력 1년당 4점 (임상경력이 5년 이상이면 20점)	20
		1. 해당 의료기관에 소속된 모든 의사가 지정신청일 이전 2년 동안 「의료법」에 따른 행정처분 받지 않은 경우 : 5점	5
		2. 해당 의료기관에 소속된 의사 1명 이상이 지정 신청일 이전 2년 동안 「의료법」에 따른 행정처분을 받은 경우 : 3점	
	간호사	1. 지정신청일이 속하는 분기의 직전분기의 일반병동의 평균 병상 수에 대한 평균 간호사 수의 비율이 25퍼센트 이상인 경우 : 5점	5
		2. 지정신청일이 속하는 분기의 직전분기의 일반병동의 평균 병상 수에 대한 평균 간호사 수의 비율이 25퍼센트 미만인 경우 : 3점	
시설 기준		– 경락자극요법 시설 등 한방요법 시설과 특수생약을 증기, 탕 요법으로 치료하는 시설이 있는 경우	15
		– 의료기관이 있는 건물 안에 식당이 있고, 식당을 의료기관에서 직영하거나 위탁 운영하는 경우	15
		– 정보통신망으로 진료비 청구를 할 수 있는 경우	10

산재보험 의료기관의 지역별 분포 기준	– 한방병원과 함께 의과 의료기관이 있어 협의진료가 가능한 경우	10
	1. 지리적 여건 및 교통편 등을 고려할 때 가까운 곳에 있는 산재보험 의료기관 중 한방병원이 없는 경우 : 10점	10
	2. 지리적 여건 및 교통편 등을 고려할 때 산재보험 의료기관 중 한방병원이 부족하여 추가로 지정할 필요가 있는 경우 : 5점	
	3. 가까운 곳에 있는 산재보험 의료기관 중 한방병원이 있어 추가로 지정할 필요가 적은 경우 : 0점	
합계		100

다) 의원 및 보건소

구분		항목별 배점 기준	배점
인력 기준	의사	1. 전문의가 2명 이상 있는 경우 : 20점	20
		2. 전문의가 1명 있는 경우 : 15점	
		3. 전문의가 없는 경우 : 5점	
		– 임상경력이 가장 오래된 의사를 기준으로 임상경력 1년당 2점(임상경력이 5년 이상이면 10점)	10
		1. 해당 의료기관에 소속된 모든 의사가 지정신청일 이전 2년 동안 「의료법」에 따른 행정처분 받지 않은 경우 : 5점	5
		2. 해당 의료기관에 소속된 의사 1명 이상이 지정 신청일 이전 2년 동안 「의료법」에 따른 행정처분을 받은 경우 : 3점	
	간호사	1. 간호사가 2명 이상 있는 경우 : 5점	5
		2. 간호사가 1명 있는 경우 : 3점	
시설 기준		1. 입원시설이 있는 경우 : 10점	15
		2. 입원시설이 없는 경우 : 15점	
		– 승강기 또는 경사로가 있는 경우	2
		– 의료기관이 있는 건물 안에 식당이 있고, 식당을 의료기관에서 직영하거나 위탁 운영하는 경우	3
		– 물리치료실과 물리치료사(작업치료사를 포함한다)가 있는 경우	10
		– 방사선실 및 방사선사가 있는 경우	10
		– 정보통신망으로 진료비 청구를 할 수 있는 경우	10
산재보험 의료기관의 지역별 분포 기준		1. 지리적 여건 및 교통편 등을 고려할 때 가까운 곳에 해당 의료기관과 같은 진료과목의 산재보험 의료기관이 없는 경우 : 10점	10
		2. 지리적 여건 및 교통편 등을 고려할 때 해당 의료기관의 진료과목과 같은 진료과목의 산재보험 의료기관이 부족하여 추가로 지정할 필요가 있는 경우: 5점	
		3. 가까운 곳에 해당 의료기관과 같은 진료과목의 산재보험 의료기관이 많아 추가로 지정할 필요가 적은 경우 : 0점	
합계			100

라) 치과병원 및 치과의원

구분		항목별 배점 기준	배점
인력 기준	의사	1. 전문의가 2명 이상 있는 경우 : 10점	10
		2. 전문의가 1명 있는 경우 : 8점	
		3. 전문의가 없는 경우 : 5점	
		– 임상경력이 가장 오래된 의사를 기준으로 임상경력 1년당 10점 (임상경력이 5년 이상이면 50점)	50
		1. 해당 의료기관에 소속된 모든 의사가 지정신청일 이전 2년 동안 「의료법」에 따른 행정처분을 받지 않은 경우 : 10점	10
		2. 해당 의료기관에 소속된 의사 1명 이상이 지정 신청일 이전 2년 동안 「의료법」에 따른 행정처분을 받은 경우 : 8점	
	간호사	1. 간호사가 2명 이상 있는 경우 : 10점	10
		2. 간호사가 1명 있는 경우 : 8점	
시설 기준		정보통신망으로 진료비 청구를 할 수 있는 경우	10
산재보험 의료기관의 지역별 분포 기준		1. 지리적 여건 및 교통편 등을 고려할 때 가까운 곳에 해당 의료기관과 같은 진료과목의 산재보험 의료기관이 없는 경우 : 10점	10
		2. 지리적 여건 및 교통편 등을 고려할 때 해당 의료기관의 진료과목과 같은 진료과목의 산재보험 의료기관이 부족하여 추가로 지정할 필요가 있는 경우 : 5점	
		3. 가까운 곳에 해당 의료기관과 같은 진료과목의 산재보험 의료기관이 많아 추가로 지정할 필요가 적은 경우 : 0점	
합계			100

마) 한의원

구분		항목별 배점 기준	배점
인력 기준	의사	1. 전문의가 2명 이상 있는 경우 : 10점	10
		2. 전문의가 1명 있는 경우 : 9점	
		3. 전문의가 없는 경우 : 8점	
		– 임상경력이 가장 오래된 의사를 기준으로 임상경력 1년당 4점 (임상경력이 5년 이상이면 20점)	20
		1. 해당 의료기관에 소속된 모든 의사가 지정신청일 이전 2년 동안 「의료법」에 따른 행정처분 받지 않은 경우 : 5점	5
		2. 해당 의료기관에 소속된 의사 1명 이상이 지정 신청일 이전 2년 동안 「의료법」에 따른 행정처분을 받은 경우 : 3점	
	간호사	1. 간호사가 2명 이상 있는 경우 : 5점	5
		2. 간호사가 1명 있는 경우 : 3점	

<table>
<tr><td rowspan="5">시설 기준</td><td>1. 입원시설이 있는 경우 : 10점</td><td rowspan="2">20</td></tr>
<tr><td>2. 입원시설이 없는 경우 : 20점</td></tr>
<tr><td>– 침구치료실 및 물리치료장비를 갖춘 한방요법시설과 탕전실의 시설이 있는 경우</td><td>10</td></tr>
<tr><td>– 승강기 또는 경사로가 있는 경우</td><td>10</td></tr>
<tr><td>– 정보통신망으로 진료비 청구를 할 수 있는 경우</td><td>10</td></tr>
<tr><td></td><td></td><td></td></tr>
<tr><td rowspan="3">산재보험 의료기관의 지역별 분포 기준</td><td>– 지리적 여건 및 교통편 등을 고려할 때 가까운 곳에 있는 한방병원 또는 한의원 중 산재보험 의료기관이 없는 경우 : 10점</td><td rowspan="3">10</td></tr>
<tr><td>– 지리적 여건 및 교통편 등을 고려할 때 산재보험 의료기관 중 한방병원 또는 한의원이 부족하여 추가로 지정할 필요가 있는 경우 : 5점</td></tr>
<tr><td>– 가까운 곳에 있는 산재보험 의료기관 중 한방병원 또는 한의원이 있어 추가로 지정할 필요가 적은 경우 : 0점</td></tr>
<tr><td colspan="2">합계</td><td>100</td></tr>
</table>

바) 요양병원

<table>
<tr><th colspan="2">구분</th><th>항목별 배점 기준</th><th>배점</th></tr>
<tr><td rowspan="14">인력 기준</td><td rowspan="5">의사</td><td>1. 전문의가 2명 이상 있는 경우 : 20점</td><td rowspan="3">20</td></tr>
<tr><td>2. 전문의가 1명 있는 경우 : 15점</td></tr>
<tr><td>3. 전문의가 없는 경우 : 5점</td></tr>
<tr><td>1. 해당 의료기관에 소속된 모든 의사가 지정신청일 이전 2년 동안 「의료법」에 따른 행정처분을 받지 않은 경우 : 5점</td><td rowspan="2">5</td></tr>
<tr><td>2. 해당 의료기관에 소속된 의사 1명 이상이 지정 신청일 이전 2년 동안 「의료법」에 따른 행정처분을 받은 경우 : 3점</td></tr>
<tr><td rowspan="2">간호사</td><td>1. 지정신청일이 속하는 분기의 직전분기의 일반병동의 평균 병상 수에 대한 평균 간호사 수의 비율이 25퍼센트 이상인 경우 : 5점</td><td rowspan="2">5</td></tr>
<tr><td>2. 지정신청일이 속하는 분기의 직전분기의 일반병동의 평균 병상 수에 대한 평균 간호사 수의 비율이 25퍼센트 미만인 경우 : 3점</td></tr>
<tr><td rowspan="5">의료 인력</td><td>– 물리치료사가 있는 경우</td><td>2</td></tr>
<tr><td>– 작업치료사가 있는 경우</td><td>2</td></tr>
<tr><td>– 언어치료사가 있는 경우</td><td>2</td></tr>
<tr><td>– 임상심리사가 있는 경우</td><td>2</td></tr>
<tr><td>– 사회복지사가 있는 경우</td><td>2</td></tr>
</table>

시설 기준	– 물리치료실이 있는 경우	5
	– 작업치료실이 있는 경우	3
	– 언어치료실이 있는 경우	2
	– 운동치료기를 3개 이상 보유한 경우	5
	– 작업치료기를 3개 이상 보유한 경우	3
	– 통증치료기를 3개 이상 보유한 경우	2
	– 응급장비를 보유한 경우	5
	– 승강기 또는 경사로가 있는 경우	2
	– 의료기관이 있는 건물 안에 식당이 있고, 식당을 의료기관에서 직영하거나 위탁 운영하는 경우	10
	– 병실 당 1개 이상의 휠체어 및 보행기를 비치한 경우	3
	– 정보통신망으로 진료비 청구를 할 수 있는 경우	10
산재보험 의료기관의 지역별 분포 기준	– 지리적 여건 및 교통편 등을 고려할 때 가까운 곳에 있는 요양병원 중 산재보험 의료기관이 없는 경우 : 10점	10
	– 지리적 여건 및 교통편 등을 고려할 때 산재보험 의료기관 중 요양병원이 부족하여 추가로 지정할 필요가 있는 경우 : 5점	
	– 가까운 곳에 있는 산재보험 의료기관 중 요양병원이 있어 추가로 지정할 필요가 적은 경우 : 0점	
합계		100

[별표 2] 산재보험 의료기관에 대한 지정취소 및 진료제한등의 조치의 기준(제25조 관련)

산재보험 의료기관에 대한 지정취소 또는 진료제한 등의 조치의 기준은 다음과 같다.

1. 공통기준
   가. 하나의 위반행위가 둘 이상의 조치 기준에 해당하면 그 중 중한 조치 기준을 적용한다.
   나. 위반행위의 횟수에 따른 조치 기준은 위반행위가 확인된 날 이전 1년 동안 위반행위로 조치를 받은 횟수로 한다.
   다. 진료제한 조치의 사유에 해당하는 위반행위가 동시에 2개 이상 있는 경우에는 각각의 위반행위에 해당하는 진료제한의 기간을 합산한다. 다만, 이 경우 진료제한의 기간을 합산한 기간이 12개월을 초과하면 12개월로 본다.
   라. 진료제한 조치를 받은 산재보험 의료기관이 진료제한 조치를 받은 날부터 1년 이내에 다시 진료제한 조치의 사유에 해당하는 위반행위를 하면 그 지정을 취소한다.
   마. 산재보험 의료기관이 개선명령을 받은 날부터 1년 이내에 2회 이상 개선명령 사유에 해당하는 위반행위를 하면 3개월간 진료를 제한한다.
   바. 법 제43조제1항제2호에 따른 상급종합병원이 제2호에 따른 위반행위별 조치기준 중 지정취소에 해당하는 위반행위를 하면 12개월간 진료를 제한한다.

2. 위반행위별 조치 기준

가. 산재보험 의료기관이 법 제43조제3항에 해당하는 위반행위를 한 경우의 조치 기준은 다음과 같다.

1) 법 제43조제3항제1호 및 제3호부터 제6호까지의 규정에 해당하는 위반행위를 한 경우

근거법령	위반 행위의 종류	위반행위의 정도	조치기준
법 제43조제3항제1호	업무상의 재해와 관련된 사항을 거짓이나 그 밖 의 부정한 방법으로 진단하거나 증명한 경우	· 재해발생경위, 재해발생일 및 시간, 상병명, 업무와 상병 간의 인과관계에 관한 사항을 거짓으로 작성한 경우	지정취소
		· 취업가능 여부에 관한 사항, 장해상태, 진료행위 또는 진료계획을 거짓으로 작성한 경우	진료제한 5개월
법 제43조제3항제3호	법 제50조에 따른 평가 결과 지정취소나 진료제 한 등의 조치가 필요한 경우	· 업무상의 재해를 입은 자의 요양을 담당 할 능력이 없는 경우	지정취소
		· 평가결과에 따른 인력 · 시설 등에 관한 공단의 보정 요구를 이행하지 않은 경우 · 인력 · 시설 등의 보정 등을 위하여 일정기간 진료제한이 필요한 경우	진료제한 3개월부터 12개월까지
		· 인력 · 시설 등의 보정이 즉시 가능한 경우로서 시정이 필요한 경우	개선명령
		· 의료기관 평가 결과 그 평가 순위가 의료기관 종류별(의원급, 병원 및 종합병원) 하위 100분의 5에 해당하는 경우	개선명령
		· 의료기관 평가 결과 연속 2회 그 평가순위가 의료기관 종류별(의원급, 병원 및 종합병원) 하위 100분의 5에 해당하는 경우	진료제한 3개월
		· 의료기관 평가 결과 연속 3회 그 평가순위가 의료기관 종류별(의원급, 병원 및 종합병원) 하위 100분의 5에 해당하는 경우 · 의료기관 평가 결과 그 평가 순위가 의료기관 종류별(의원급, 병원 및 종합병원) 하위 100분의 5에 해당하는 경우로서 그 평가점수가 40점 미만인 경우 · 의료기관 평가 결과 산재요양의 기여도가 현저히 낮은 경우로서 2년 이상 산재보험 대상 환자의 진료 실적이 없는 경우	지정취소
		· 의료기관 평가에 필요한 자료제공 요청을 불응하는 등 평가 를 거부하는 경우	1회: 개선명령 2회: 지정취소

<table>
<tr><td rowspan="3">법 제43조 제3항제4호</td><td rowspan="3">「의료법」 위반이나 그 밖의 사유로 의료업을 일시적 또는 영구적으 로 할 수 없게 되거 나, 소속 의사가 의료행위 를 일시 적 또는 영구적으로 할 수 없게 된 경우</td><td colspan="2">· 의료업 허가 · 등록 취소 또는 폐쇄
· 소속 의사의 면허 취소(업무상의 재해를 입은 자를 진료할 의사가 없게 되는 경우에만 해당된다)</td><td>지정취소</td></tr>
<tr><td colspan="2">· 일정기간의 의료업 정지 처분
· 소속 의사의 자격 정지 처분</td><td>진료제한 (해당 행정 처분 기간)</td></tr>
<tr><td colspan="2">· 의료업 정지 사유에 해당되었으나 의료법에 따른 과징금을 납부하여 의료 업을 계속 영위할 수 있는 경우
· 면허가 취소되거나 자격이 정지된 의사를 대신하여 진료할 다른 의사가 있는 경우</td><td>개선명령</td></tr>
<tr><td rowspan="3">법 제43조 제3항제5호</td><td rowspan="3">법 제43조제1항제3호에 따른 지정 기준에 미치지 못하게 되는 경우</td><td>· 인력 · 시설 등이 별표 1에 따른 지정 기준에 미치지 못하게 된 경우</td><td>개선 가능</td><td>개선명령</td></tr>
<tr><td>· 인력 · 시설 등이 별표 1에 따른 지정 기준에 미치지 못하게 된 경우</td><td>개선 불가능</td><td>지정취소</td></tr>
<tr><td colspan="2">· 개선명령에도 불구하고 3개월이 지날때까지 개선되지 않은 경우</td><td>지정취소</td></tr>
<tr><td rowspan="4">법 제43조 제3항제6호</td><td rowspan="4">진료제한등의 조치를 위반하는 경우</td><td rowspan="2">· 진료제한 기간 중 정당한 사유 없이 업무상의 재해를 입은 자(응급환자는 제외한다) 진료한 경우</td><td>1회</td><td>진료제한 3개월</td></tr>
<tr><td>2회</td><td>지정취소</td></tr>
<tr><td rowspan="2">· 개선명령을 이행하지 않은 경우</td><td>1회</td><td>개선명령</td></tr>
<tr><td>2회</td><td>진료제한 3개월</td></tr>
</table>

2) 현지조사 결과 법 제43조제3항제2호에 해당하는 위반행위가 확인된 경우

부정비율 / 월평균 부정금액	2퍼센트 이상 ~ 4퍼센트 미만	4퍼센트 이상 ~ 6퍼센트 미만	6퍼센트 이상 ~ 8퍼센트 미만	8퍼센트 이상 ~ 10퍼센트 미만	10퍼센트 이상
10만 원 이상 ~ 50만 원 미만	개선명령	진료제한 3개월	진료제한 6개월	진료제한 9개월	진료제한 12개월
50만 원 이상 ~ 150만 원 미만	진료제한 3개월	진료제한 6개월	진료제한 9개월	진료제한 12개월	지정취소
150만 원 이상	진료제한 6개월	진료제한 9개월	진료제한 12개월	지정취소	지정취소

나. 산재보험 의료기관이 법 제43조제5항에 해당하는 위반행위를 한 경우의 조치 기준은 다음과 같다.

1) 현지조사 결과 법 제43조제5항제1호에 해당하는 위반행위가 확인된 경우

부당비율 / 월평균 부당금액	2퍼센트 이상 ~ 4퍼센트 미만	4퍼센트 이상 ~ 6 퍼센트 미만	6퍼센트 이상 ~ 8퍼센트 미만	8퍼센트 이상 ~ 10퍼센트 미만	10퍼센트 이상
10만 원 이상 ~ 50만원 미만	개선명령	개선명령	진료제한 3개월	진료제한 4개월	진료제한 5개월
50만 원 이상 ~ 150만 원 미만	개선명령	진료제한 3개월	진료제한 4개월	진료제한 5개월	진료제한 6개월
150만 원 이상	진료제한 3개월	진료제한 4개월	진료제한 5개월	진료제한 6개월	진료제한 7개월

근거법령	위반행위의 종류	위반행위의 정도	조치 기준
법 제43조 제5항제2호	법 제45조제1항을 위반하여 공단이 아닌 자에게 진료비를 청구한 경우	· 2회 이하 위반	개선명령
		· 3회 이상 위반	진료제한 3개월
법 제43조 제5항제3호	법 제47조제1항에 따른 진료계획을 제출하지 않는 경우	· 정당한 사유 없이 지연 제출하는 경우	개선명령
		· 공단의 제출요구에도 불응하는 경우	진료제한 3개월
법 제43조 제5항제4호	법 제118조에 따른 보고, 제출 요구 또는 조사에 응하지 않는 경우	· 1회 위반	개선명령
		· 2회 위반	진료제한 3개월
		· 3회 위반	진료제한 6개월
법 제43조 제5항제5호	산재보험 의료기관의 지정 조건을 위반한 경우	개선명령	

4-2 재활인증의료기관 인증제도

1. 재활인증의료기관

(1) 재활인증 의료기관

근복지공단에서 전문적인 재활치료(집중재활치료 대상자 포함)가 필요한 산재환자를 위하여 병원급 이상의 산재보험 의료기관 중에서 인력, 시설, 산재환자 요양의 적합성 등을 평가 및 심사하여 별도 인증한 의료기관이다.

재활인증의료기관제도는 산재근로자에게 적정한 시기에 체계적인 집중재활치료서비스를 받게 함으로서 장해 최소화 및 사회복귀를 촉진하기 위하여 인력 · 시설 · 장비 및 재활의료서비스 체계를 갖추는 등의 일정 수준 이상 되는 의료기관을 공단이 평가한 뒤 이를 인증하는 제도이다.

따라서 "재활인증의료기관"으로 인증된 기관에 대해서는 산재근로자의 전문적인 재활치료를 제공할 수 있도록 우대하고, 산재근로자는 양질의 재활치료를 받아 신체적, 정신적, 사회적 능력을 발달시켜 조기회복을 기대할 수 있는 의료기관과 산재근로자 모두에게 좋은 제도이다.

1 재활인증 의료기관의 장점

- 전문적인 재활치료가 필요한 산재환자(집중재활치료 대상자 포함)에게 일반 산재보험 의료기관에서 제공하는 치료뿐만 아니라 전문적인 재활치료를 추가로 제공받을 수 있다(재활인증기관현황은 근로복지공단 홈페이지 검색)
- 특히 근로복지공단에서 운영하는 직영병원(재활전문센터)에서는 로봇 보행, 무중력 보행, 수중재활, 작업능력강화(평가)뿐만 아니라 재활전문간호사로부터 개인별 맞춤형치료, 산재보험에 관한 상담을 받으실 수 있다.

❷ 인증절차도

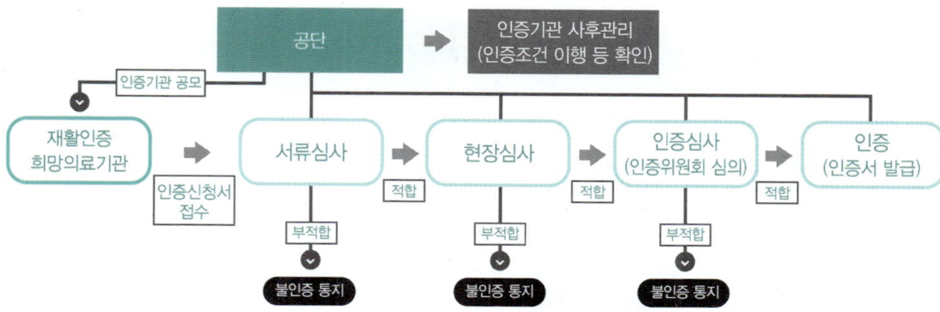

그림 4-4 ▶ 재활기관인증절차도

(2) 신청대상 의료기관

「의료법」 제3조에 따른 병원급 이상 산재보험 지정 의료기관 중 재활인증의료기관 인증을 희망하는 의료기관을 말한다.

(3) 인증요건 및 평가항목

① 인증요건

병원급 이상 산재보험 의료기관 중 인력,시설의 필수조건이 충족되어야 하며, 재활인증의료기관 인증 평가기준에 따른 평가 결과 총 85점 이상을 충족하는 경우이다.

② 평가부문 및 적합기준

표4-1 평가부문 및 적합기준

구분	인력	시설
평가점수	필수	필수
적합기준	전문인력별 필수 인원 충족	병상당 치료실 최소 면적 충족

③ 평가항목 및 내용

표4-2 평가항목 및 내용

<table>
<tr><th>구분</th><th colspan="2">평가기준</th><th>평가내용</th></tr>
<tr><td>필수항목</td><td colspan="2">재활전문인력의 충족성 (20점)</td><td>인력구성 부문 평가</td></tr>
<tr><td rowspan="11">평가항목
(100점)</td><td colspan="2" rowspan="2">시설 및 장비의 적절성(30점)</td><td>시설구비</td></tr>
<tr><td>재활치료장비</td></tr>
<tr><td rowspan="9">재활의료서비스
제공체계(50점)</td><td rowspan="5">인력 다직종간 팀 구성 및
활동내역(25점)</td><td>다직종간 팀 구성 여부</td></tr>
<tr><td>팀 단위 평가회의 여부</td></tr>
<tr><td>팀 단위 회의록 작성 및 보관 여부</td></tr>
<tr><td>재활간호서비스 제공여부</td></tr>
<tr><td>보장구 처방.검수 제공 체계</td></tr>
<tr><td rowspan="4">질적 서비스의 제공 (25점)</td><td>입원시 재활치료 계획 수립 여부</td></tr>
<tr><td>기능상태 평가 및 정기적 재평가 여부</td></tr>
<tr><td>퇴원전 퇴원계획 수립 여부</td></tr>
<tr><td>재활 치료계획에 환자 또는 보호자
교육 및 설명 여부</td></tr>
<tr><td>기타항목
(2점)</td><td>권고 사항</td><td colspan="2">산재근로자 상담공간 보유 여부(2점)</td></tr>
</table>

(4) 인증방법 및 절차

① 서류심사 : 평가부문 중 인력 및 시설 · 장비부문 심사한다.

② 현장심사 : 서류심사 결과, 적합 판정받은 의료기관에 대해 평가반이 현장 방문하여 평가조사표에 따라 현장조사 한다.

③ 인증심사 : 현장심사 결과, 평가점수가 85점 이상인 의료기관에 대해「재활인증의료기관 인증위원회」에서 인증 심의 - 인증의료기관은 지역별 분포, 평가점수 등을 고려하여 선정한다.

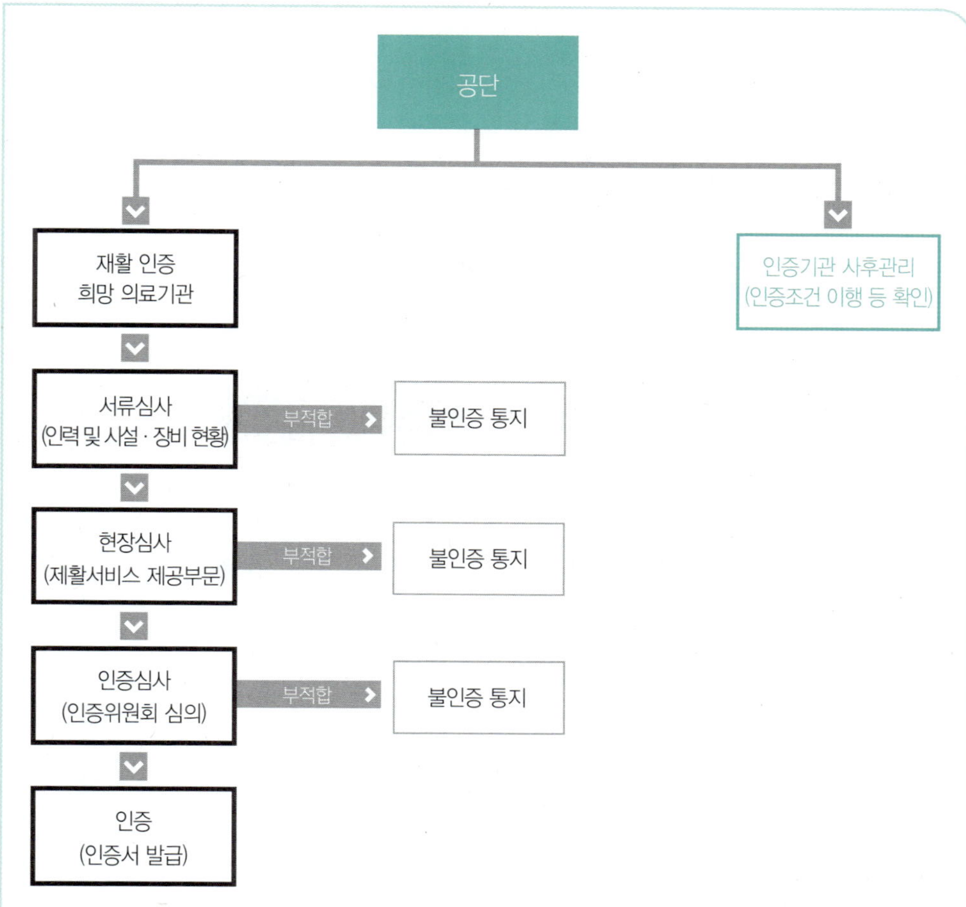

그림 4-5 ▶ 인증방법 및 절차

(5) 신청 방법

고용 · 산재보험 토탈서비스(http://total.kcomwel.or.kr) ⇨ 공지사항 ⇨ "산재보험 재활인증의료기관 인증 신청 안내"에서 관련서식 내려 받아 작성한다.

구비서류는 ① 의료기관 일반현황 조사표 1부 ② 재활인증 인력부문 조사표 1부 ③ 재활인증 시설 및 장비 조사표 1부 ④ 인력부문 평가에 해당하는 자의 면허증(자격증) 사본 각1부이다. 제출방법은 우편 또는 직접 제출하며, 제출처 : 근로복지공단 보험급여국 보험계획부(주소 : (681-240) 울산광역시 중구 종가로 340)로 하면 된다.

(6) 선정 방법은 1차 서류심사(신청자격, 인력 및 시설 · 장비부문 적격여부 심사)와 2차 현장심사(인력 및 시설 · 장비부문, 재활의료서비스 제공체계 부문을 현지에서 진료기록부 등 자료를 통해 평가) 및 3차 인증심사('재활인증의료기관 인증위원회'의 심의를 거쳐 인증)로 진행된다.

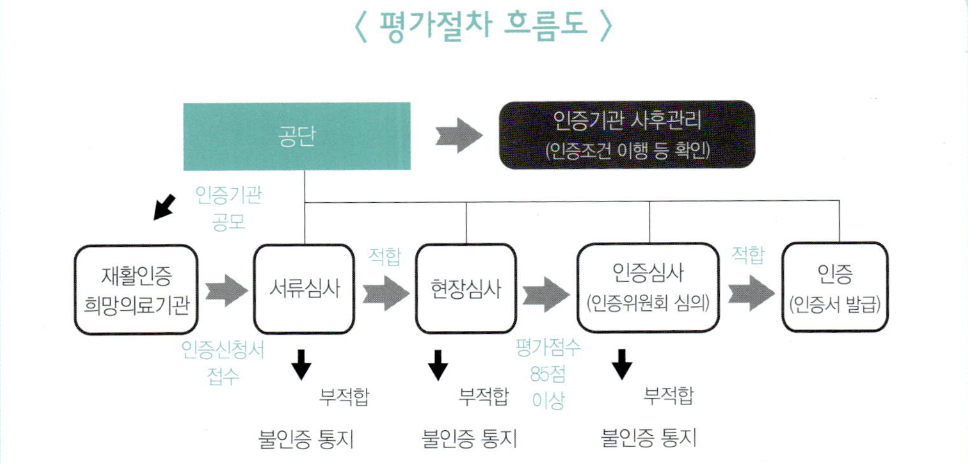

그림 4-6 ▶ 재활인증기관 인증평가 절차

(7) 재활치료 대상자 요건

뇌혈관계질환은 발병일 또는 수술일로부터 6개월 이내 요양자이며, 척주질환은 발병일 또는 수술일로부터 3개월 이내 요양자이고, 슬관절질환은 발병일 또는 수술일로부터 3개월 이내 요양자이다. 또한 견관절, 고관절질환은 발병일 또는 수술일로부터 3개월 이내 요양자이며, 뇌혈관계질환, 척주질환, 슬관절, 견관절, 고관절 질환자가 위 해당기간 도과하였으나 의학적 소견상 적극적인 재활치료의 효과가 기대되는 자 등이다.

(8) 인증기관 우대조치

① 재활수가 별도 인정하며, 급여항목 이학요법료 소정점수의 20% 별도 인정과 재활수가 26개 항목(비급여대상 15개, 급여대상 기준완화 11개) 추가 인정한다.

※ 추가인정 재활수가 항목 및 산정기준 〔별첨〕

② 재활치료 대상자의 전원 지원 등이 있다.

□ 일반원칙

- 비급여항목은 항목별 분류, 금액, 산정기준에 따라 산정하되, 건강보험 상대가치점수를 적용하거나 준용한 경우에는 의료기관 종별 행위진료료 가산율을 별도 적용
- 이학요법료는 다음의 원칙에 따라 산정

① 추가인정 항목은 현행 요양급여로 인정하는 다른 이학요법료 항목과 동일에 실시한 경우에도 별 도 산정
② 건강보험 진료수가 산정원칙에 따라 입원은 1일 2회, 외래는 1일 1회 이내로 산정
③ 전문재활치료는 재활의학과 전문의의 처방에 따라 물리치료사 또는 해당 분야 전문치료사가 실시 한 경우에 산정하되, 세부 산정기준이 있는 경우에는 그 기준에 따름

- 요양급여 적용기준 완화 항목은 기준완화 적용기준에 따라 산정하되, 진료상 반드시 필요한 경우에만 실시한다.

□ 항목별 산정기준

◈ 비급여 항목 급여적용

- 검사료

분류	금액(원)	산정기준
체온열 검사	33,270	1. 복합부위통증증후군, 신경병증성 통증 등의 환자에 대하여 의사 또는 해당 검사를 실시할 수 있는 의료기사가 실시하고 검사 결과를 작성한 경우에 산정하며, 2부위 검사부터는 소정금액의 50%씩 각각 가산하되 최대 5부위까지만 산정한다. 2. 실시부위는 체간(얼굴포함) · 좌 · 우 · 상 · 하지로 구분한다.
장비를 이용한 근력검사	*4,610	1. 뇌질환, 뇌손상, 척수질환, 척수손상, 장기간 침상에 누워있는 환자, 근골격계질환 손상 및 수술후 근육의 약화와 마비 등 재활이 필요한 환자로 근력평가가 필요한 경우에 의사 또는 물리치료사가 공압식 측정장비를 이용한 근력검사를 실시하고 시스템을 통한 평가를 시행한 경우에 부위별(상 · 하지, 척추 – 최대 3부위)로 산정한다. 2. 같은날 도수근력검사(나-661) 또는 등속성 운동기능검사(너-775)를 실시한 경우에는 주된 항목의 소정금액만 산정한다.

10미터 걷는 동안 속도평가	*3,270	1. 뇌손상 또는 척수손상으로 보행에 이상이 있는 환자에 대하여 재활치료 평가를 목적으로 재활의학과 전문의 또는 재활의학과 전문의의 처방에 따라 물리치료사가 5분 이상 정형화된 평가도구를 사용하여 걷는 속도(Time) 및 보조기 사용여부 등의 평가를 실시하고, 평가 결과지를 작성 · 비치한 경우에 산정한다. 2. 10미터 걷는 동안 속도평가는 월 1회만 산정하며, 치료기간 중 2회 이내만 산정하며, 척수손상 보행평가(WISCI)와 같은날 실시하는 경우에는 주된 항목의 소정금액만 산정한다.
척수손상 보행평가 (WISCI)	*9,830	1. 척수손상으로 보행에 이상이 있는 환자에 대하여 재활치료 평가를 목적으로 재활의학과 전문의 또는 재활의학과 전문의의 처방에 따라 물리치료사가 15분 이상 표준화된 평가도구(WISCI 등)를 사용하여 평가를 실시하고, 평가 결과지를 작성 · 비치한 경우에 산정한다. 2. 척수손상보행평가는 월 1회만 산정하며, 치료기간 중 3회 이내만 산정하며, 10미터 걷는동안 속도 평가와 같은날 실시하는 경우에는 주된 항목의 소정금액만 산정한다.
뇌졸중 상지 기능평가(MFT)	*13,120	1. 뇌손상 환자의 조기 재활치료 평가를 목적으로 재활의학과 전문의 또는 재활의학과 전문의의 처방에 따라 작업치료사가 20분 이상(양측) 표준화된 평가 도구(MFT)를 사용하여 평가를 실시하고, 평가 결과지를 작성 · 비치한 경우에 산정한다. 2. 뇌졸중 상지기능평가는 월 1회만 산정하며, 치료기간 중 3회 이내만 산정한다.
연하장애 임상평가	*6,560	1. 연하장애가 있는 환자에 대하여 재활치료 평가를 목적으로 재활의학과 전문의 또는 재활의학과 전문의의 처방에 따라 작업치료사가 10분 이상 정형화된 평가도구를 사용하여 구강인두기능 신체사정 및 연하시 증상 사정 등의 평가를 실시하고, 평가 결과지를 작성 · 비치한 경우에 산정한다. 2. 연하장애 임상평가는 월 2회만 산정하며, 치료기간 중 4회 이내만 산정한다.
균형평가(BBS)	*13,120	1. 뇌손상 환자의 균형능력 평가를 목적으로 재활의학과 전문의 또는 재활의학과 전문의의 처방에 따라 물리치료사가 20분 이상 표준화된 평가도구(K-BBS 등)를 사용하여 평가를 실시하고, 평가 결과지를 작성 · 비치한 경우에 산정한다. 2. 균형평가는 월 2회만 산정하며, 치료기간 중 4회 이내만 산정한다.

※ *표 항목은 의료기관 종별 행위진료료 가산율을 별도 적용함

• 처치 및 수술료(치료재료 포함)

분류	금액(원)	산정기준
체외충격파치료 (근골격계 질환)	42,030	가관절, 골절 지연유합, 석회화성 건초염, 족저 근막염, 종골 골극, 상완골 내상과염 및 외상과염 등에 고식적인 치료방법으로 발병 후 3개월간 치료에도 불구하고 호전을 보이지 않는 만성통증 환자에 대하여 정형외과, 재활의학과 의사가 직접 10분 이상 실시한 경우에 주 1회 산정하며, 치료기간 중 4회 이내만 산정한다.

• 이학요법료

분류	금액(원)	산정기준
기립경사훈련 (단순재활치료)	3,630	심장신경성 실신환자 또는 중추신경계 손상 및 질환 환자, 그외 기립성 저혈압이 있는 환자, 장기간 기타 이유로 인하여 침상안정을 했던 환자 등에 대하여 의사 또는 의사의 처방에 따라 물리치료사가 실시한 경우에 산정한다.
집단운동치료 (단순재활치료)	*6,490	1. 의사, 재활간호사, 물리치료사, 작업치료사 등이 계획된 프로그램에 따라 일정한 공간(면적 : 82.645㎡ 이상)에서 5인 이상 10인 이내의 환자에게 40분 이상의 교육훈련 또는 운동치료를 실시한 경우에 산정한다. 2. 같은날 제1절에 분류된 단순운동치료와 제2절에 분류된 운동치료, 수중운동치료를 실시하는 경우에는 주된 항목의 소정금액만 산정한다.
집단상담치료 (단순재활치료)	*6,790	1. 집중재활치료 대상자 중 사회사업상담이 필요한 경우 의사의 처방에 따라 사회복지사, 임상심리사가 2인 이상의 환자 또는 가족을 대상으로 45분 이상 상담을 실시한 경우에 주 2회 이내로 산정하되, 치료기간 중 6회 이내로 산정한다. 2. 같은날 사회사업상담(사-128-나) 또는 재활심리상담-개인을 실시하는 경우에는 주된 항목의 소정금액만 산정한다.

※ *표 항목은 의료기관 종별 행위진료료 가산율을 별도 적용함

• 수중운동평가 및 치료

분류	금액(원)	산정기준
수중운동평가	33,550	수중운동치료 대상자에 대하여 의사의 처방에 따라 운동처방실에서 물리치료사가 검사를 실시하고 의사가 그 결과를 종합적으로 평가한 경우에 산정한다.

수중운동치료 – 1 : 1 (전문재활치료)	37,040	1. 중추신경계손상 및 질환 등으로 인하여 정상적 보행이 곤란한 환자에 대하여 재활의학과 전문의의 처방에 따라 수중운동치료 교육과정을 이수한 1인의 물리치료사가 1인의 환자를 1대 1로 30분 이상 실시한 경우에 산정한다. 2. 수중운동치료와 풀치료(사–121)를 같은 날 실시한 경우 주된 항목의 소정금액만 산정한다. 3. 같은날 제1절에 분류된 단순운동치료와 제2절에 분류된 운동치료, 풀치료(사–121)와 동시에 실시한 경우에는 주된 항목의 소정금액만 산정한다.
수중운동치료 – 그룹치료 (단순재활치료)	27,260	1. 근육과 관절의 구축이나 강직, 근육이완, 근력강화 등이 필요한 환자에 대하여 의사의 처방에 따라 수중운동치료 교육과정을 이수한 물리치료사가 2명 이상의 환자를 대상으로 30분 이상 실시한 경우에 산정한다. 2. 수중운동치료와 풀치료(사–121)를 같은 날 실시한 경우 주된 항목의 소정금액만 산정한다. 3. 같은날 제1절에 분류된 단순운동치료와 제2절에 분류된 운동치료, 집단운동치료를 실시하는 경우에는 주된 항목의 소정금액만 산정한다.

◈ 요양급여 적용기준 완화

• 기능검사 요양급여 기준 완화

분류	현행 기준	기준완화 적용기준
나–610–가 신경학적검사	신경계의 질환에만 산정하되 월 1회만 산정	신경계 질환에만 월 2회 이내 산정하되, 정신 기능, 뇌신경 운동 기능, 지각 기능, 반사자율신경계 및 자세, 보행, 실화 등을 순서로 전 신체 신경부위에 대하여 시행하였을 경우 산정
나–661 도수근력검사	월 1회만 산정	① 산정횟수완화(월 2회 이내 산정) ② 동일에 실시한 경우 부위별로 산정(상·하지 양측–최대 4부위)
너–771 일상생활동작검사	월 1회만 산정, 변형된 바텔지수(Modified Barthel Index) 등을 이용한 경우에도 소정점수를 산정	① 산정횟수완화(월 2회 이내 산정) ② FIM, MBI는 평가내용이 유사하므로 별도 산정불가, 척수신경평가도구(SCIM)은 별도 산정
너–772 수지기능검사	월 1회만 산정, 젭슨수부평가검사, 오코너 핑거 덱스트리티 검사를 실시한 경우에도 소정점수를 산정	① 산정횟수완화(월 2회 이내 산정) ② 젭슨수부평가검사와 오코너 핑거 덱스트리티검사는 검사 내용이 다르므로 각각 산정 ③ 양측은 별도산정(병변이 있는 경우)

• 이학요법료 요양급여 기준 완화

<table>
<tr><th>분류</th><th>현행 기준</th><th>기준완화 적용기준</th></tr>
<tr><td>사-105
맛사지치료</td><td>근마비로 인한 연부조직 위축, 감염 및 외상으로 인한 연부조직 유착을 개선하기 위하여 수기로 20분 이상 실시한 경우에 산정</td><td>① 상지 · 하지 관련 상병으로 인한 관절구축을 개선하기 위해 실시한 경우에도 인정
② 수기로 10분 이상 실시한 경우에 인정</td></tr>
<tr><td>사-116
운동치료
사-130
재활기능치료</td><td>제1절에 분류된 단순운동치료, 제2절에 분류된 운동치료와 동시 실시하는 경우에는 주된 항목의 소정점수만 산정</td><td>제3절 재활기능치료(매트 및 이동치료, 보행치료)와 제1절 또는 제2절 운동치료를 동시에 실시한 경우에도 각각 인정</td></tr>
<tr><td>사-121 풀치료</td><td>뇌졸중, 두부손상, 신경계의 이상 등으로 대기 중에서 체중부하가 불가능한 경우 보행 및 보행에 필요한 하지 근력을 강화시킬 목적으로 1인의 물리치료사가 1인의 환자를 1대 1로 중점적으로 30분 정도 풀내의 평행봉을 이용한 혼자서기, 체중이동, 균형잡기 등의 훈련을 하는 경우에 산정</td><td>근골격계 질환으로 대기 중에서 체중부하가 불가능한 경우에 실시한 경우에도 인정하되, 같은날 풀치료(사-121)와 수중운동치료를 실시하는 경우에는 주된 항목의 소정금액만 산정</td></tr>
<tr><td>사-128-나
재활사회사업
-사회사업상담</td><td>주1회 산정
- 치료기간 중 2회 이내만 산정</td><td>① 주 1회 산정하되, 치료기간 중 3회 이내만 산정
② 같은날 집단상담치료와 재활심리상담-개인을 실시한 경우에는 주된 항목 1종만 산정</td></tr>
<tr><td>사116-가
복합운동치료</td><td rowspan="2">1일당 산정</td><td rowspan="2">① 입원은 1일 2회, 외래는 1일1회 산정
② 전산화된 평가 및 치료가 가능한 등척성 운동기구를 사용하여 근력운동을 30분이상 실시하고 전산화된 정량적 평가결과지를 비치한 경우 등속성 운동치료로 산정
③ 같은날 단순운동치료, 복합/등속성 운동치료, 집단운동치료, 수중운동치료를 실시한 경우에 는 주된 항목 1종만 산정</td></tr>
<tr><td>사116-나
등속성
운동치료</td></tr>
<tr><td>'재활 낮병동'
이학요법료
산정기준</td><td>통원 기준적용(1일 1회 산정)</td><td>입원 기준 적용(1일 2회)</td></tr>
</table>

<table>
<tr><th colspan="5">산 업 재 해 보 상 보 험
재활인증의료기관 ㅁ인증 ㅁ재인증 신청서</th></tr>
<tr><td rowspan="2">신 청 인</td><td>① 성 명</td><td></td><td>② 주민등록번호</td><td></td></tr>
<tr><td>③ 주 소</td><td></td><td></td><td>☎</td></tr>
<tr><td rowspan="5">의료기관</td><td>④ 명 칭</td><td></td><td>⑤ 개설자(대표자)</td><td></td></tr>
<tr><td>⑥ 소 재 지</td><td></td><td></td><td>☎</td></tr>
<tr><td>⑦ 진료과목</td><td></td><td></td><td></td></tr>
<tr><td>⑧ 산재보험 지정코드</td><td></td><td>⑨ 사업자등록번호</td><td></td></tr>
<tr><td colspan="4">년 월 일
신 청 인 (서명 또는 날인)</td></tr>
<tr><td colspan="5">근로복지공단 지역본부(지사)장 귀하</td></tr>
<tr><td>〈구비서류〉</td><td colspan="4">1. 의료기관 일반현황 조사표1부.
2. 재활인증 인력부문 조사표 1부.
3. 재활인증 시설 및 장비 조사표 1부.
4. 재활인증 인력부문 평가에 해당하는 자의 면허증(자격증) 사본 각1부.</td></tr>
<tr><td>〈유의사항〉</td><td colspan="4">구비서류는 사본의 경우 '원본대조필'하시기 바랍니다.</td></tr>
<tr><td>접수일자</td><td></td><td>접수번호</td><td></td><td>처리기한</td></tr>
</table>

■ 산재보험 재활전문의료기관 현황

연번	의료기관명	소재지	종별	관할지사
1	강동경희대학교병원	서울특별시 강동구 동남로 892	종합병원	서울동부
2	서울재활병원	서울특별시 은평구 갈현로 11길 30	병원	서울서부
3	명지춘혜병원	서울특별시 영등포구 대림로 223	병원	서울남부
4	한림대학교 한강성심병원	서울특별시 영등포구 버드나루로 7길 12	종합병원	
5	(의)기상의료재단 카이저병원	구리시 건원대로 44	병원	의정부
6	강원도재활병원	춘천시 충열로 142번길 24-16	병원	춘천
7	근로복지공단 동해병원	동해시 하평로 11	병원	강릉
8	근로복지공단 태백병원	태백시 보드미길 8	종합병원	태백

9	파크사이드 재활의학병원	부산광역시 남구 유엔평화로 125	병원	부산본부
10	학교법인 동의병원	부산광역시 부산진구 양정로 62	종합병원	부산중부
11	워크재활의학과병원	부산광역시 연제구 고분로 13 번길 15	병원	
12	메드윌병원	부산광역시 금정구 중앙대로 1951	병원	부산동부
13	해운대나눔과행복병원	부산광역시 해운대구 좌동순환로 502	병원	
14	(의)영재의료재단 큰솔병원	부산광역시 사상구 대동로 141	병원	부산북부
15	맥켄지화명 일신기독병원	부산광역시 북구 금곡대로 133	병원	
16	(의) 인당의료재단 구포부민병원	부산광역시 북구 사상로 605	병원	
17	근로복지공단 창원병원	창원시 성산구 창원대로 721	종합병원	창원
18	(의) 희연의료재단 희연요양병원	창원시 성산구 원이대로 393번길 25	병원	
19	성균관대학 삼성창원병원	창원시 마산회원구 팔용로 158	종합병원	
20	(의)송은의료재단 울산시티 e병원	울산광역시 북구 산업로 1001	병원	울산
21	세민에스요양병원	울산광역시 중구 내황4길 11	병원	
22	양산부산대학교병원	양산시 물금읍 금오로 20	상급종합	양산
23	예손요양병원	진주시 진주대로 839	병원	진주
24	남산병원	대구광역시 중구 남산로 13길 9	병원	대구본부
25	뉴라이프병원	대구광역시 북구 공항로 15	병원	대구북부
26	근로복지공단 대구병원	대구광역시 북구 학정로 515	병원	
27	미추홀재활전문병원	인천광역시 남동구 남동대로 799 번길 25	병원	경인본부
28	근로복지공단 인천병원	인천광역시 부평구 무네미로 446	종합병원	인천북부
29	가톨릭관동대학교 국제성모병원	인천광역시 서구 심곡로 100번길 25	종합병원	
30	한림대학교 동탄성심병원	화성시 큰재봉길 7	종합병원	수원
31	휴앤유병원	부천시 소사구 심곡로 10번길 63	병원	부천
32	가은병원	부천시 마니로 24번길 43-17	병원	
33	근로복지공단 안산병원	안산시 상록구 구룡로 87	종합병원	안산
34	국립교통재활병원	양평군 양평읍 중앙로 260	병원	성남
35	분당베스트병원	성남시 분당구 성남대로 926 번길 6	병원	
36	분당러스크 재활전문병원	성남시 분당구 정자일로 156번길 6	병원	
37	차의과대학교 분당차병원	성남시 분당구 야탑로 59	종합병원	
38	대진의료재단 분당제생병원	성남시 분당구 서현로 180번길 20	종합병원	

39	(의) 명지의료재단 명지병원	고양시 덕양구 화수로 14번길 55	종합병원	고양
40	국민건강보험 일산병원	고양시 일산동구 일산로 100	종합병원	
41	동국대학교 일산불교병원	고양시 일산동구 동국로 27	종합병원	
42	호남권역재활병원	광주광역시 북구 하서로 590	병원	광주본부
43	(의)우암의료재단 첨단우암병원	광주광역시 북구 앰코로 6	병원	
44	(의) 우암의료재단 우암병원	광주광역시 북구 동문대로 248번길 10	병원	
45	광주희망병원	광주광역시 북구 하서로 429	종합병원	
46	첨단종합병원	광주광역시 광산구 첨단중앙로 170번길 59	종합병원	광산
47	신가병원	광주광역시 광산구 목련로 316	종합병원	
48	예수병원	전주시 완산구 서원로 365	종합병원	전주
49	전북대학교병원	전주시 덕진구 진지로 20	상급종합	
50	원광대학교병원	익산시 무왕로 895	상급종합	익산
51	전라북도 군산의료원	군산시 의료원로 27	종합병원	군산
52	근로복지공단 순천병원	순천시 조례1길 24	종합병원	순천
53	제주권역재활병원	제주특별자치도 서귀포시 동문로 1	병원	제주지사
54	제주한라병원	제주특별자치도 제주시 동령로 65	종합병원	
55	을지대학교병원	대전광역시 서구 둔산서로 95	종합병원	대전본부
56	근로복지공단 대전병원	대전광역시 대덕구 계족로 367	종합병원	
57	충남대학교병원	대전광역시 중구 문화로 266	상급종합	
58	청주푸른병원	청주시 흥덕구 2순환로 1234	병원	청주지사

㈜ 산재보험 재활전문의료기관은 매년 변경될 수 있음

4-3 산재보험 의료기관의 평가

1. 산재보험 의료기관 평가

(1) 평가의 목적

산재보험 의료기관에 대하여 인력 · 시설 · 의료서비스나 그 밖에 요양의 질과 관련된 사항을 평가하여 업무상의 재해에 대한 의료의 질 향상을 촉진하기 위함이다.

(2) 관련 근거

- 산재보험법 제50조(산재보험 의료기관의 평가)
- 산재보험법 시행령 제46조(평가 대상 산재보험 의료기관) 내지 제47조(산재보험 의료기관)
- 관의 평가 방법 등)
- 산재보험 의료기관 관리규정 제34조 내지 제37조
- 산재보험법 제50조(산재보험 의료기관의 평가)

(3) 평가기준 및 대상과 평가방법

1 평가기준

① 공단은 업무상의 재해에 대한 의료의 질 향상을 촉진하기 위하여 제43조제1항제3호의 산재보험 의료기관 중 대통령령으로 정하는 의료기관에 대하여 인력 · 시설 · 의료서비스나 그 밖에 요양의 질(質: quality)과 관련된 사항을 평가할 수 있다. 이 경우 평가의 방법 및 기준은 대통령령으로 정한다.

표4-3 산재의료기관 평가기준

평가기준(항목)산재보험법 시행령 제47조 (산재보험 의료기관의 평가방법 등)	
산재보험법 시행령 제47조 (산재보험 의료기관의 평가방법 등)	
1. 인력, 시설 및 장비	2. 의료서비스의 내용 및 수준
3. 요양한 근로자의 만족도	4. 업무상의 재해를 입은 근로자에 대한 진료실적
5. 그 밖에 업무상의 재해를 입은 근로자에 대한 요양의 질에 관한 사항	

② 공단은 제1항에 따라 평가한 결과를 고려하여 평가한 산재보험 의료기관을 행정적·재정적으로 우대하거나 제43조제3항제3호에 따라 지정취소 또는 진료제한 등의 조치를 할 수 있다.

2 평가 대상

① "대통령령으로 정하는 의료기관"이란 법 제43조제1항제3호에 따른 산재보험 의료기관으로 한다. 다만,「의료법」제58조에 따라 의료기관 인증을 받은 의료기관에 대한 평가는 같은 법에 따른 평가에서 제외되는 평가항목으로서 업무상의 재해에 대한 요양의 질과 관련된 사항만을 대상으로 한다.

② 공단은 제1항에 따른 평가 대상 산재보험 의료기관 중에서 인력, 시설, 규모, 업무상의 재해를 입은 근로자에 대한 진료 실적, 진료비 청구 금액 또는 요양급여 등에 관한 종전의 평가결과 등을 고려하여 평가할 의료기관을 선정할 수 있다.

3 평가 방법

산재보험 의료기관의 평가 방법은 현지평가 또는 서면평가로 한다. 이 경우 현지평가의 대상으로 선정된 산재보험 의료기관에는 그 사실을 미리 알려야 한다.

4-4 산재의료기관 진료비 현지조사제도

1. 현지조사제도

(1) 현지조사제도

산재보험 의료기관의 적정진료를 유도하고, 진료비 부정 · 부당청구에 따른 보험재정의 누수를 방지하기 위한 일환으로 시행되는 제도이다. 현지조사의 종류에는 정기현지조사와 수시현지조사(기획현지조사 및 특별현지조사)가 있다.

① 공단은 산재보험 의료기관을 방문하여 법 제118조에 따른 보고의 요구, 서류나 물건의 제출 요구, 질문, 서류나 물건의 조사를 하려면 현지조사의 일시, 조사 내용 및 조사 방법 등을 미리 해당 산재보험 의료기관에 알려야 한다.

② 현지조사 대상 산재보험 의료기관의 선정 기준, 현지조사의 절차 및 방법은 공단이 정한다.

표4-4 현지조사의 법적근거

항목	내용	비고
현지조사	산재보험법 제118조 (산재보험 의료기관에대한 조사 등)	산재보험 의료기관에 대하여 진료에 관한 보고 또는 그 진료에 관한 서류나 물건의 제출을 요구하거나 소속 직원으로 하여금 그 관계인에게 질문을 하게 하거나 관계 서류나 물건을 조사할 수 있음
	시행규칙 제30조 (진료비의 현지조사	산재보험 의료기관을 방문하여 법 제118조에 따른 보고의 요구, 서류나 물건의 제출 요구, 질문, 서류나 물건의 조사를 할 수 있음

행정처분	산재보험법 제43조 (산재보험 의료기관의 지정 및 지정취소 등)	산재보험 의료기관이 진료비를 거짓이나 그 밖의 부정한 방법으로 청구한 경우의 사유에 해당하면 그 지정을 취소하거나 (공단에 두는 의료기관, 국민건강보험법에 의한 상급종합병원 제외)12개월의 범위에서 진료제한 조치 또는 개선명령을 할 수 있음 · 산재보험 의료기관이 요양급여의 산정 기준을 위반하여 진료비를 부당하게 청구한 경우, 법 제118조에 따른 보고, 제출 요구 또는 조사에 응하지 아니하는 경우 등 어느 하나의 사유에 해당하면 12개월의 범위에서 진료제한등의 조치를 할 수 있음
	산재보험법 제84조 (부당이득의 징수)	진료비나 약제비를 "거짓이나 그 밖의 부정한 방법"으로 진료비나 약제비를 지급받은 경우에는 그 진료비나 약제비의 2배에 해당하는 금액을 징수 · 산재보험 의료기관이나 등록 약국이 요양급여의 산정기준을 위반하여 부당하게 진료비나 약제비를 지급받은 경우, 그 밖에 진료비나 약제비를 잘못 지급받은 경우 등 어느 하나에 해하면 그 진료비나 약제비에 해당하는 금액을 징수
형사고발	산재보험법 제127조 (벌칙)	산재보험 의료기관이나 등록 약국의 종사자로서 거짓이나 그 밖의 부정한 방법으로 진료비나 약제비를 지급받은 자는 3년이하의 징역 또는 3천만원 이하의 벌금

(2) 정기현지조사와 수시현지조사

1 정기현지조사

현지조사 계획을 매년 수립1하여 연간 조사계획 및 여건에 따라 현지조사의 효율성과 시급성을 감안하여 적정수의 기관을 선정하여 실시하는 조사를 말한다. 대상은 ① 1인 1일 평균진료가 의료기관 종류별 평균보다 높은 기관 ② 진료비 평균지급일수가 의료기관 종류별 평균보다 높은 기관 ③ 의료기관 조정율이 의료기관 종류별 평균보다 높은 기관 ④ 그 밖의 현지조사가 필요하다고 이사장 또는 소속기관장이 인정하는 산재보험 의료기관이다.

2 수시현지조사

① 산재근로자에 대한 적절한 서비스를 제공하고 있지 않거나 진료비를 거짓이나 부정 방법으로 청구할 우려가 있다고 인정하여 소속기관장이 현지조사를 요청하는 경우

② 의료법 등 관계법령에 따라 진료비와 관련하여 행정처분을 받은 경우

③ 언론보도나 진료비 부당청구 신고 등으로 현지조사가 필요하다고 인정하는 경우

④ 그 밖에 진료비의 현지조사가 필요하다고 이정되는 경우이다.

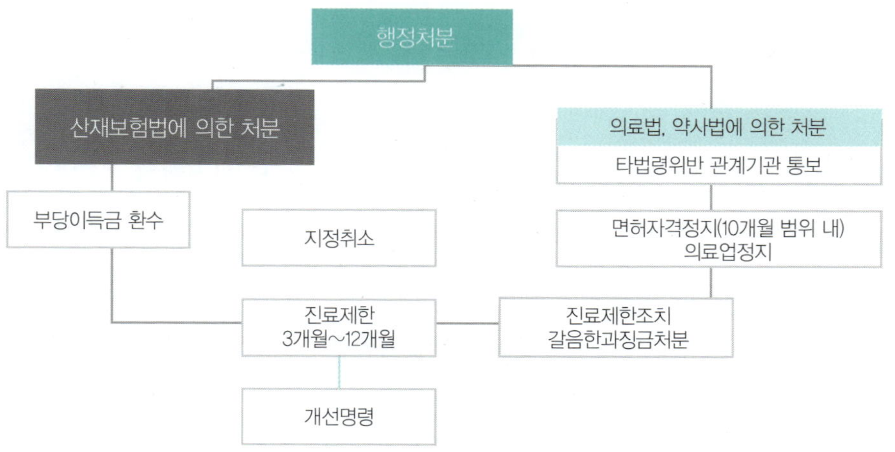

그림 4-7 ▶ 행정처분

수행 내용 및 수행 준거

1 산재보험 의료기관의 지정기준에 대하여 알아보고 지정을 신청한다.

산재보험 의료기관으로 지정받으려는 의료기관은 1. 의료기관 개요서 2. 의료기관 개설허가증 또는 신고필증 사본 3. 진료과목의 전문의 자격증 사본 4. 사업자등록증 사본 서류를 첨부하여 근로복지공단에 신청한다.

2 근로복지공단 산하 직영병원에 대하여 알아보고 환자상담시 참고한다.

표4-5 근로복지공단 직영병원의 위치

기관명	소재지	우편번호
근로복지공단 인천병원	인천광역시 부평구 무네미로 446 (구산동)	21417
근로복지공단 안산병원	경기 안산시 상록구 구룡로 87(일동)	15324
근로복지공단 창원병원	경남 창원시 성산구 창원대로 721 (중앙동)	51524
근로복지공단 대구병원	대구광역시 북구 학정로 515 (학정동)	41405
근로복지공단 순천병원	전남 순천시 조례1길 24 (조례동)	57947

근로복지공단 대전병원	대전광역시 대덕구 계족로 637 (법동)	34384
근로복지공단 태백병원	강원 태백시 보드미길 8 (장성동)	26052
근로복지공단 동해병원	강원 동해시 하평로 11 (평릉동)	25738
근로복지공단 정선병원	강원도 정선군 정선읍 봉양1길 145 (봉양4리)	26129
근로복지공단 경기요양병원	경기 화성시 우정읍 쌍봉로 465-4 (화수리)	18558

3 재활전문의료기관 인증제도에 대하여 알아보고 대상 시 신청한다.

산재근로자가 적정한 시기에 체계적인 집중 재활치료서비스를 받게 함으로서 장해 최소화 및 사회복귀를 촉진하기 위하여 인력 · 시설 · 장비 및 재활의료서비스 체계를 갖추는 등의 일정 수준 이상 되는 의료기관을 근로복지공단이 평가한 뒤 이를 인증하는 제도이며, 인증기관은 별도 고시한 수가가 가산된다.

4 산재의료기관의 평가대상과 현지조사제도에 대하여 알아보고 관련 업무를 수행한다.

수행 Tip!

- 산업재해보상보험법 및 산재의료기관의 지정 및 평가기준을 참고한다.

제5장

산재보험 접수 및 입 · 퇴원관리

5-1 진료접수

학습 목표

1 | 진료접수를 전산으로 등록하고 취소할 수 있다.
2 | 초진과 재진을 구분하여 접수할 수 있다.
3 | 보험의 종류와 급여유형에 따라 수진자격을 확인할 수 있다.

1. 접수창구 관리

1) 창구관리 및 고객응대 예절

접수창구는 내원 고객과의 첫 만남의 장소로서 고객과의 접점은 대부분 창구에서 이루어지므로 창구의 이미지가 병원에 미치는 영향은 매우 크다. 따라서 창구를 관리하는 관리자는 적합한 인력을 배치하여 적절한 권한을 부여함으로써 고객응대시 빠른 의사결정이 이루어질 수 있도록 해야 한다. 그리고 물적 시스템적 자원을 적극적으로 지원하는 것이 필요하다.

또한 구조적인 시스템 원인으로 인해 비효율이 발생하거나 고객응대에 애로사항이 없는지를 수시로 점검하고 개선하는 데 노력을 기울여야 한다. 창구의 업무에는 접수(등록) 및 수납(외래, 응급실, 입원), 자격관리, 진료수가계산, 입 · 퇴원 수속, 제증명서 발급, 진료상담 등으로 분류될 수 있다.

(1) 고객응대 요령

창구업무를 효율적으로 수행하고 내원객에게 좋은 인상을 주기위하여 창구에서는 다음과 같은 자세로 내원객을 응대하여야 한다.

① 환자의 심리상태를 이해하고 고객의 입장에서 배려하고 응대한다.

② 창구업무는 신속하고도 정확하게 처리한다.

③ 친절한 태도와 인품을 갖추고 성의 있게 설명한다.

④ 단정한 몸가짐과 상냥한 표정으로 응대한다.

⑤ 민원인과 언쟁발생이 없도록 차분하고 성실하게 응대한다.

⑥ 창구의 번잡을 피하기 위하여 상황에 맞게 적절하게 응대한다.

⑦ 진료비 등 환자의 궁금증에 대해서는 확실한 답변이 필요하다.

⑧ 대기시간 단축을 위하여 환자의 시간적 가치를 존중한다.

(2) 고객의 요구 사항

내원한 환자나 보호자 또는 병원내원객들의 요구사항은 매우 다양하며, 접수 및 수납에 관련된 사항, 진료비 관련사항, 병원의 이용절차 및 편의시설 등 제반 안내사항은 다음과 같다.

① 진료예약, 접수, 수납절차, 수납방법에 관한 사항

② 질환별 수진자 및 해당 의사 선택, 전문센터이용 및 특수클리닉에 관한 사항

③ 수가유형별 진료절차 및 진료비에 관한 사항

④ 처방내용에 대한 문의 및 수가에 관한 사항

⑤ 각 검사실 및 검사절차, 검사 유의사항 등에 관한 사항

⑥ 진료신청서 대필(노약자 및 장애인 등)

⑦ 급여제한여부 등 보험급여에 관한 사항

⑧ 의료전달체계 및 산정특례에 관한 사항

⑨ 입원환자의 병실안내 및 면회에 관련 사항

⑩ 원내 각과, 실, 병동, 편의시설, 주차 등의 위치 및 전화번호 안내

⑪ 불친절, 불만, 건의 등 민원에 대한 답변 등이 있다.

(3) 병원의 안내사항

병원의 안내는 병원의 첫인상과 이미지에 매우 중요함으로 방문객에게 밝은 표정과 성실한 안내가 요구되며, 진료 및 일반안내 사항은 다음과 같다.

① 진료안내

진료안내
❶ 진료절차 및 의료전달체계 ❷ 진료과목 및 담당의사 ❸ 전문센터 및 특수클리닉 ❹ 진료예약 ❺ 일반 및 상급병실료 ❻ 특수검사 ❼ 진료비 ❽ 제증명 ❾ 건강검진 등

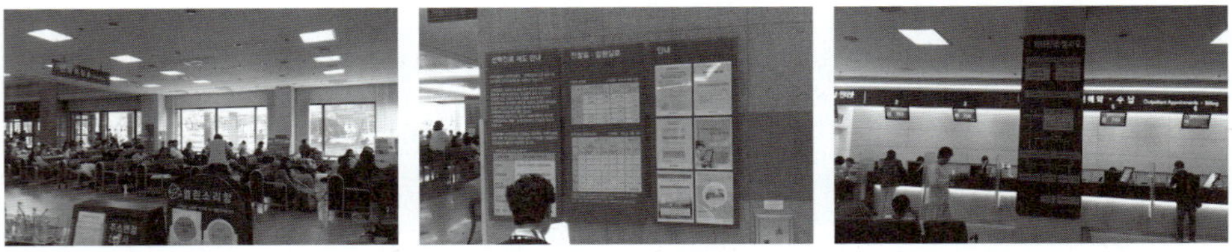

그림 5-1 ▶ 외래접수대기 및 진료안내

(4) 안내시 유의사항

내원객들의 문의에 답변하거나 안내활동을 할 때는 항상 다음사항을 염두에 두고 업무에 임하여야 한다.

① 환자의 심리상태를 이해하고 성의껏 응대하여야 한다.

② 밝은 표정과 부드러운 말씨로 친절하고, 상냥하게 응답하고 안내하여야 한다.

③ 항상 경어를 사용하고 몸가짐과 복장을 단정히 하여야 한다.

④ 질문에 대한 핵심을 파악하고 정확하게 안내하여야 한다.

⑤ 필요한 경우 관련부서와 협의하거나 확인하여 안내하고 불만 등 민원사항은 해당부서에 즉시 통보하여야 한다.

⑥ 다양한 질문에 대비하여 많은 지식과 정보를 습득하여야 한다.

⑦ 안내에 필요한 물품이나 자료를 준비하여야 한다.

⑧ 민원인과의 언쟁이 발생되지 않도록 유의하여야 한다.

⑨ 감정적이거나 환자의 사생활을 간섭하는 내용의 대화가 되지 않도록 주의한다.

⑩ 고객을 차별하지 않고 순서대로 한 사람씩 안내한다.

⑪ 응대가 길어지게 될 경우는 다음고객을 위하여 적절하게 대처하도록 한다.

(5) 인사 및 대화예절

① 인사

사람들 사이에 지켜야할 예의로서 또는 그러한 예의를 지키기 위한 행동이며, 만나거나 헤어질 때 예의를 갖추는 일이다. 또는 그러한 말이나 행동으로 만나는 사람끼리 서로 이름을 주고받으며 자기를 소개하는 일이다.

② **대화**

서로 마주하여 주고받는 행위로서 겸손한 예의를 갖추고 부드러운 말씨로 시선을 상대방의 눈과 입 주위를 바라보며 상대방에게 호감을 가지도록 하여야 한다.

(6) 용모와 복장예절

직원들이 단정한 복장과 용모를 갖추게 함으로써 소속감과 일체감의 제고하고, 내원객에 대한 병원의 이미지를 고양시키도록 한다. 복장 및 용모에 관한 참고사항은 아래와 같다.

① 근무 중에는 반드시 병원에서 지정하는 복장(피복, 신발 등)을 착용하여야 한다.

② 원내에서는 자신의 소속과 성명을 타인이 인지할 수 있도록 항시 좌측 가슴에 사원증(또는 사원증 목걸이)을 패용하여야 한다.

③ 머리는 항시 청결하고 단정하게 보일 수 있도록 관리하여야 한다(남직원은 귀를 덮지 않도록 옆머리와 뒷머리를 짧게 유지한다).

④ 긴머리의 여직원은 머리 뒷부분을 단정히 묶거나 망을 이용하여 관리한다(지나친 부분염색과 모발 색조 변형은 피한다).

⑤ 지나친 색조화장은 피하고 립스틱은 근무시 복장과 잘 어울릴 수 있는 무난한 색상으로 한다.

⑥ 손톱은 짧게 유지하고 매니큐어를 바를 경우에는 환자나 보호자 등의 내원객에게 좋은 인상을 줄 수 있도록 가급적 연한 색상을 사용토록 한다.

⑦ 길게 늘어지는 형태의 목걸이나 귀밑으로 늘어지는 형태의 귀걸이 등 업무에 지장을 초래할 수 있을 정도의 장신구 착용을 피한다.

⑧ 근무 중 껌을 씹는 행위, 팔짱을 끼고 다니는 행위, 주머니에 손을 넣고 다니는 행위, 삼삼오오 짝을 지어 길을 막고 다니는 행위, 엘리베이터 내에서 크게 웃거나 잡담을 하는 행위 등을 금한다.

(7) 창구직원의 실명제

접수창구에 실명제판(직원이름, 사진, 정성을 다 하겠습니다 등)을 설치하여 친절하고 성실하게 업무에 임하는 것이 병원의 이미지(image)와 신뢰도(reliance)는 물론 서비스 향상에 많은 도움이 될 수 있다.

2. 외래업무

외래업무는 병원에 입원하지 않은 상태의 환자가 전문의의 의학적 진단과 지시에 따라 병원의 진료시설과 장비를 이용하여 신속하고 정확한 의료서비스를 제공 받는 과정을 말한다. 따라서 외래업무는 하루 중 일정시간대에 진료를 포함한 각종 검사와 처치 및 진료비회수 등의 모든 업무가 수행되어야 하고 고객인 환자는 자신의 질병이 완치될 때 까지 반복적으로 병원을 이용하기 때문에 고객의 이용편의와 욕구가 최대한 보장되어야 하는 당위성이 매우 큰 분야이다.

(1) 외래환자의 구분

① 외래환자는 내원동기 및 또는 진료형태에 따라 일반환자, 응급환자, 의뢰환자로 구분된다, 일반환자는 해당병원에 진단이나 치료를 받기 위하여 내원하는 환자를 말하며, 응급환자는 응급실을 통하여 내원환자이고, 의뢰환자는 특별한 진단이나 치료를 받기 위하여 타 의료기관에서 의뢰한 환자를 의미한다.

② 또한 특정 병원을 이용한 경험의 유무에 따라 신환과 구환, 질병별 수진횟수에 따라 초진과 재진 환자로 구분한다.

③ 의료보장 유형에 따라 건강보험과 의료급여, 산재보험, 공무상요양(공상), 자동차보험 및 일반 환자, 외국인 환자 등으로 구분한다.

(2) 산재보험환자

산재보험환자는 산업재해보상보험법에 의하여 산재보험이 적용되는 환자를 말한다.

(3) 진료형태에 의한 분류

(가) 신환 및 구환

① 신환 : 내원한 병원에 처음 방문한 환자로 내원 정보가 없는 환자를 말하며, 병원에 내원해 환자 등록번호(진찰권)가 내원당일 처음으로 부여되는 환자를 말한다.

② 구환 : 내원한 병원에 환자의 정보가 등록되어 있고 해당 병원에서 진료를 받은 경험이 있는 환자를 말하며 재진에 해당된다.

(나) 초진과 재진

진찰료는 의사가 문진과 시진, 청진, 타진, 촉진 등의 방법으로 환자의 병이나 증상을 살피는 것을 진찰이라고 하며, 진찰을 받게 되면 진찰료가 발생한다. 진찰료는 초진료와 재진료로 구분된다.

① 초진 : 진료 전문과목별로 처음 내원한 환자에 해당된다. 또한 해당 상병의 치료가 종결된 후 동일 상병이 재발하여 내원한 경우도 초진 환자로 본다. 즉 초진환자란 해당 상병으로 동일 의료기관의 동일 진료과목 의사에게 진료 받은 경험이 없는 환자를 말한다.

② 재진 : 해당상병으로 치료가 종결되지 아니하고 계속 진료를 받는 경우에 해당된다. 즉 재진환자란 해당 상병으로 동일 의료기관의 동일 진료과목 의사에게 계속 진료 받고 있는 환자를 말한다.

(다) 진찰료 가산 산정기준

① 평일 18시(토요일은 13시) ~ 익일 09시 또는 관공서의 공휴일에 관한 규정에 의한 공휴일에는 진찰료 중 기본진찰료(초진 또는 재진) 소정점수의 30%를 가산한다.

② 토요일 09시 후 ~ 13시 전의 진료시에는 의원급 요양기관(보건의료원 포함)에 한하여 기본진찰료(초진 또는 재진) 소정점수의 30%를 별도 산정한다.

③ 의원급 및 병원급(종합병원 이상은 제외) 요양 기관에서 만 6세 미만의 소아에 대하여 20시 ~ 익일 07시에는 진찰료 중 기본 진찰료(초진 또는 재진) 소정점수의 100%를 가산한다.

그림 5-2 ▶ 진료신청서 작성

(4) 외래환자의 업무처리의 흐름

환자가 내원하게 되면 직원의 성실한 안내와 동시에 진료신청서를 작성하게 된다. 진료신청서에는 초진, 재진의 표기부터 인적사항, 진료과 등을 기재한다. 접수(등록)시에 보험유형과 자격관리에 대한 세심한 주의가 필요하다. 접수 후 해당 진료과에서 진료를 받

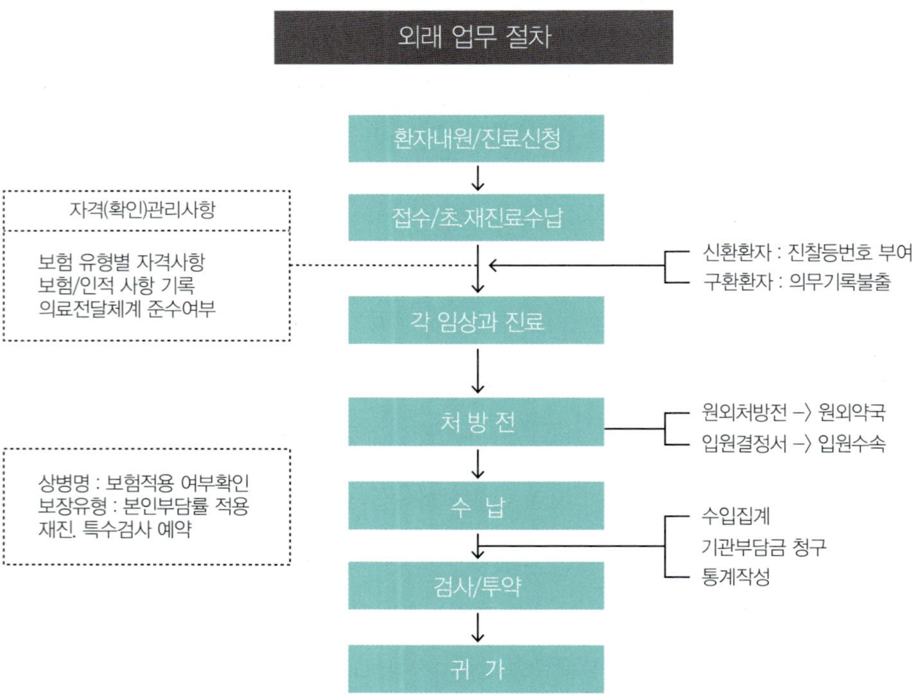

그림 5-3 ▶ 외래 업무절차

게 되며, 진료 후 의사지시(order sheet)에 의해 여러 가지의 진단적 검사를 시행하거나 입원 사유가 있는 경우 입원을 결정하기도 한다. 또한 원외처방의 경우 처방전을 발급받아서 병원의 외부 약국에서 조제 후 귀가하게 된다. 내원환자에게 외래 진료서비스를 원활하게 제공하기 위해 전개되는 외래 업무절차 및 외래환자의 진료비 흐름도는 다음과 같다.

3. 업무과정별 외래업무 내용

(1) 접수 및 자격관리 확인

환자가 진료신청서를 작성하여 제출하면 의료서비스를 제공하는데 필요한 기본적인 정보의 확보와 관련된 접수업무가 진행된다. 먼저, 진료신청서에 기재된 주소 및 연락처 등 개인정보를 근거로 초 · 재진 여부를 구분하고 수진을 원하는 진료과 및 의사의 진료 일정과 의료보장유형을 확인한다.

자격관리란 의료보장제도와 관련 급여기준에 적절한 진료를 받을 수 있도록 수진자의 자격여부를 확인하는 과정이다. 산재환자의 경우는 근로복지공단의 산재요양급여승인 여부를 확인해야 한다.

(2) 외래 진료

① 진료과 접수

진료신청서에 의하여 접수창구에서 발급한 접수증이나 의사소견서 등 해당 진료과에 접수한다. 당일내원 접수 또는 사전예약에 의한 접수가 있다.

② 진료

진료과에서는 초진과 재진환자의 순번대기 시스템에 의한 의사에게 진료를 받게 한다.

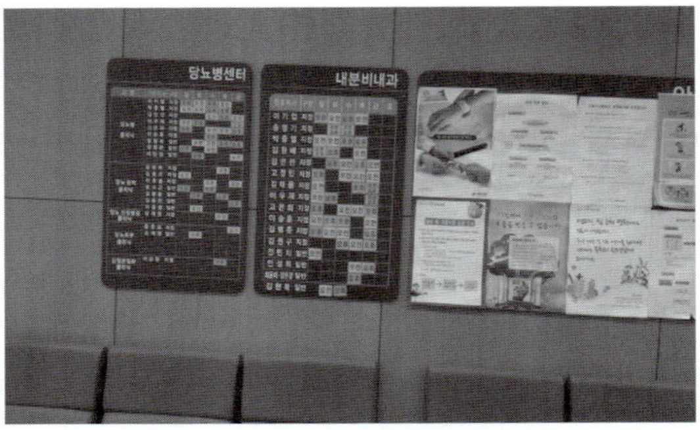

그림 5-4 ▶ 진료안내

③ 처방입력 및 처방전 발행

진료가 끝난 후 처방을 입력하게 되며 처방전달시스템(Order Communication : OCS)을 이용할 경우 병명과 처방을 전산에 입력한다. 처방전 발행시에는 병명까지 기록하여 수납할 수 있도록 하고 비급여항목에 해당되는 처방이 필요한 경우에는 진료의사가 환자에게 충분히 설명하고 OCS 화면을 이용하여 비급여 Check를 하거나 처방전에 명시하여 진료비를 계산할 수 있도록 한다. 그리고 약품에 대한 원외처방전을 발급하는 경우에는 원외처방에 대한 전산입력이 필요하지 않으나 요양급여비용 명세서 청구 시 처방내용을 기재해야 하므로 진료기록부에 정확히 기록하거나 전산입력을 시키는 것이 좋다. 병원에 따라 처방전을 원무부서 또는 약국에서 처방전을 발급하고 있다.

④ 검사 및 처치

❶ 검사가 필요한 환자의 경우에는 임상병리검사 및 조직검사, 기능검사, 방사선 일반 및 특수촬영을 하게 된다.

❷ 처치가 필요한 경우는 일반처치(단순 및 염증성)가 하게 된다.

⑤ 진료 후 다음진료 예약

진료비계산과 동시에 예약을 할 수 있도록 담음 진료일자, 시간 및 진료과, 담당의사 등을 입력하며 예약증을 발급한다.

⑥ 입원결정서 교부

외래 진료 후 입원진료를 요하는 경우에는 입원결정서를 교부받아 원무창구(입원수속)로 가서 당일입원 또는 입원예약을 하게 된다.

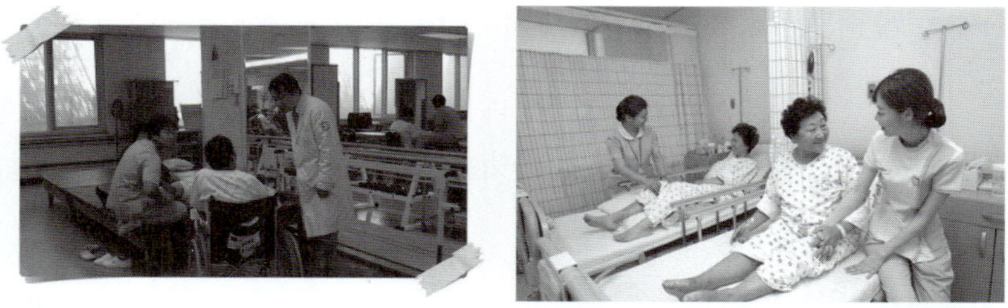

그림 5-5 ▶ 산재보험환자 입원 진료

(4) 산재보험 병행진료 및 진찰요구

(가) 병행진료

소속기관장은 산재근로자가 다음 각 호의 어느 하나에 해당하면 자문의사에게 자문을 하여 서로 다른 2개의 산재보험 의료기관에서 병행진료를 하게 할 수 있다. 다만, ②의 경우에는 자문의사의 자문을 생략할 수 있다.

① 요양 중인 산재보험 의료기관에 치과, 안과, 이비인후과, 비뇨의학과, 정신건강의학과, 피부과, 신경과, 흉부외과, 내과, 마취통증의학과가 없어 다른 산재보험 의료기관에서 통원 진료가 필요한 경우

② 수술 후 상병상태를 확인하기 위하여 수술을 한 산재보험 의료기관에 통원 진료가 필요한 경우

③ 진폐로 요양급여를 받고 있는 산재근로자가 폐암진료를 위하여 상급종합병원에서 요양이 필요한 경우 등

(나) 진찰요구

- 공단은 보험급여에 관하여 필요하다고 인정하면 대통령령으로 정하는 바에 따라 보험급여를 받은 자 또는 이를 받으려는 자에게 산재보험 의료기관에서 진찰을 받을

것을 요구할 수 있다

- 소속기관장은 특별진찰을 실시하는 때에는 해당 산재근로자에게 '특진의료기관 선택 확인서'(별지8호서식)를 받아야 한다.
- 소속기관장은 산재근로자가 특진의료기관을 선택한 때에는 진찰을 요하는 사항, 진찰일시 등을 별지 제9호 서식에 따라 산재근로자 및 산재보험 의료기관에 알려야 한다.
- 계속 요양의 필요성을 판단하기 위한 진찰이란 다음의 어느 하나에 해당하는 경우를 말한다.
  ① 산재근로자의 상병상태, 치료방법 및 치료예정기간 등에 대하여 주치의사와 자문의사 소견이 다른 경우
  ② 상병의 치유 여부나 남게 될 후유증상 등에 대한 특별진찰이 필요한 경우
  ③ 산재근로자가 현재 요양 중인 의료기관에 재활관련 전문의가 없거나, 전문적인 재활치료가 필요한지 여부에 대한 판단을 위해 의료기관 중 이사장이 정한 재활인증의료기관으로 특별진찰이 필요한 경우
  ④ ① 및 ②, ③ 이외에 소속기관장이 계속 요양의 필요성을 판단하기 위하여 특별진찰이 필요하다고 인정하는 경우

수행 내용 및 수행 준거

1 내원환자가 외래 진료신청서를 작성(초진 경우)하여 접수창구에 제출한다.

병원안내창구에 비치되어 있는 진료신청서 양식에 직원의 안내를 받아 작성한다. 태블릿을 원무창구에 설치시는 직원의 안내에 따라 확인 후 서명한다.

2 접수직원은 내원환자의 수급자격을 확인한다.

의료전달체계 이행여부(건강보험, 의료급여), 산재보험 또는 자동차보험 여부, 산정특례대상 등을 확인한다.

3 접수직원은 환자 접수등록 후 진찰권카드를 출력하여 드리고 진료과로 안내한다.

(1) 등록번호(진찰권번호)를 부여한다.

(2) 인적 사항 및 보험사항을 입력한다.

보험기관기호, 증번호, 피보험자, 환자의 성명, 주민등록번호, 주소, 전화번호(자택, 핸드폰), 이메일 등을 입력한다.

(3) 환자유형(수가유형)을 입력한다.

산재보험, 공무상요양보험(공상) 등을 구분하여 입력한다.

(4) 진료과목과 담당의사 등을 확인하고 입력한다.

(5) 초진 및 재진사항과 일과시간 외에 접수 경우는 가산료를 적용한다.

평일 18:00~09:00(토요일 13:00~09:00) 및 공휴일 진료시 가산료를 적용한다.

(6) 등록이 완료되면 진찰권 카드를 출력하여 드리고 해당 진료과로 안내한다.

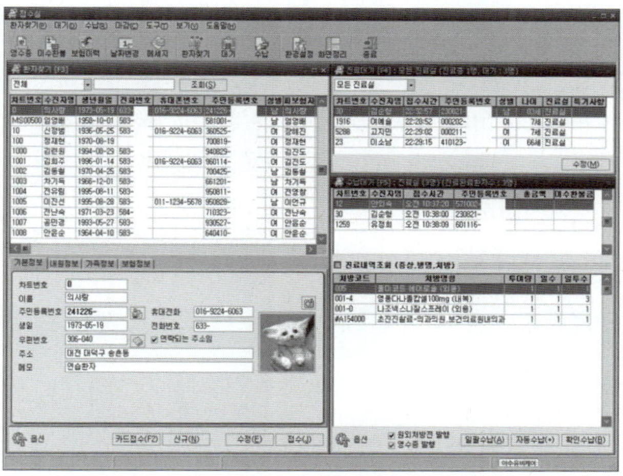

그림 5-6 ▶ 접수등록화면

4 재진환자의 경우에는 인적사항과 자격을 재확 인 후 재진으로 등록한다.

등록번호를 입력 후 환자의 이름으로 조회하여 진료과와 진료 의사, 상급병실사용 여부, 자격사항 변동 여부를 확인한 후 진찰료 산정 기준에 의하여 재진으로 등록한다.

5 진찰료의 구성요소와 초진 및 재진료의 주요 산정기준에 대하여 숙지한다.

(1) 진찰료의 구성요소는 기본진찰료와 병원관리료로 구성된다. 초진은 병원에 처음 내원한 경우 진료 전문과목별로 산정하며, 재진료는 상병이 치료 되지 않고 계속 진료가 이어질 때 산정한다.

(2) 평일 18시(토요일은 13시) ~ 익일 09시 또는 관공서의 공휴일에 관한 규정에 의한 공휴일에는 진찰료 중 기본진찰료(재진) 소정점수의 30%를 가산한다.

(3) 방사선 촬영 및 각종 검사의 결과만을 알기 위하여 익일 이후 내원한 경우에도 재진 진찰료를 산정할 수 있다.

6 진찰료산정 질의회신에 대한 고시내용 및 유권해석(사례)에 대하여 알아보고 적용한다.

(1) 관공서 공휴일에 관한 규정에 의한 공휴일에 대체공휴일 포함여부

대체공휴일 진찰료 가산 적용여부(보건복지부 행정해석 2014-2928호)
관공서의 공휴일에 관한 규정"에서 말하는 '공휴일'은 제2조에 따른 공휴일 및 제3조에 따른 대체공휴일을 포함하는 개념으로 판단됨. 따라서 "건강보험 행위 급여 · 비급여 목록표 및 급여 상대가치점수"에서 규정하는 '관공서의 공휴일에 관한 규정'에 의한 공휴일에는 대체공휴일이 포함됨

(2) 검사의 결과만을 알기 위해 내원한 경우 진찰료 산정여부

검사의 결과만 알기 위해 내원한 경우 진찰료 산정
방사선 촬영 및 각종 검사의 결과만을 알기 위하여 익일 이후 내원한 경우에도 재진진찰료를 산정할 수 있음

(3) 응급실 진찰료 산정방법

응급실 진찰료 산정방법(보건복지부고시 제 2013-36호)
응급실의 진료의사가 환자상태를 종합적으로 파악하고 다른 진료과목, 전문분야 전문의에 진료를 요청하여 해당 전문의가 응급환자를 직접 진료한 경우에는 진료과목(전문분야)별 진찰료를 각각 산정함(진료 전문의 기재). 다만, 응급실 내원 후 진료상 계속적인 치료를 위해 같은 날 외래에서 다시 진료를 받은 경우에 진찰료는 1회만 산정함.

7 외래 진료후 산재보험승인신청이 필요한 환자에 대해서는 산재업무 담당자가 상담 후 신청서비스를 지원(산재승인신청서류 안내 포함)한다.

수행 Tip!

- 병원의 OCS 시스템 및 진료예약 시스팀에 구축된 병원을 방문하여 최신 정보를 습득한다.

5-2 진료비 수납

학습목표

1 처방을 확인하여 진료비를 계산하고 수납(대상자)할 수 있다.
2 수납 내역을 전산으로 등록하고 수납내역을 설명할 수 있다.

1. 진료비 수납

1) 개요

외래진료비 계산은 병원에서 진료를 받고 공급자(병원)로부터 받은 서비스거래내역을 영수하기 위한 행위를 말한다. 항목별로 요양급여내용과 비급여에 해당하는 내용을 진료비 영수증에 명확히 하여 실제로 수납금액은 진료비 총액에서 공제되는 금액을 확인할 수 있도록 계산되는 과정을 의미한다.

(1) 수납방법

산재보험환자는 진료비를 근로복지공단에 전액 청구하기 때문에 수납사항이 거의 없으나 비급여대상 진료가 있을 경우는 수납을 하게 된다.

수납방법에는 창구직접수납, 자동계좌이체, 무인수납, 하이패스 수납방법 등이 있다.

① 창구 직접 수납(현금 및 신용카드)

진료 후 창구에서 환자 또는 보호자가 창구직원에게 직접 수납하는 방법이다.

② 진료비 자동계좌 이체(오픈카드 서비스)

진료비자동계좌이체는 환자 또는 보호자가 지정한 예금통장에서 진료비가 자동으로 이체되어 대기시간이 필요 없는 편리한 수납제도이다. 따라서 환자나 보호자가 신용카드를 미리 병원에 등록시켜 놓으면, 진료비나 검사비 등이 발생시 원무창구에 수납하지 않아도 자동으로 결제가 가능한 수납방법이다.

표5-1 일반수납과 오픈카드서비스 수납절차 비교

수납구분	수납절차
일반수납	① 예약(접수) → ② 진찰료수납 → ③ 외래진료 → ④ 당일진료비 수납 → ⑤ 검사 → ⑥ 귀가
오픈카드 서비스 수납	① 예약 → ② 진료/검사 → ③ 귀가

③ 무인수납기 이용 수납

환자의 수납 대기시간 불만을 해소하고자 자동화기기를 이용한 신속한 서비스를 제공하고 위해 도입된 것으로 환자나 보호자가 직접 무인수납기를 통하여 수납하는 방법이다. 기능에 따라 당일외래진료비(당일 진료비, 예약접수비, 검사비 수납)와 건강보험 환자만 수납이 가능하고 산정특례환자는 확인이 필요하다.

④ 진료비 하이패스(Hi-Pass) 수납

환자 또는 보호자가 신용카드를 병원에 등록, 당일 진찰과 검사가 모두 종료된 후 한 번에 결재하는 진료비 일괄 후불 결제 서비스로서 현재는 주로 대형병원만 시행하고 있으나 점점 확대하여가는 추세이다.

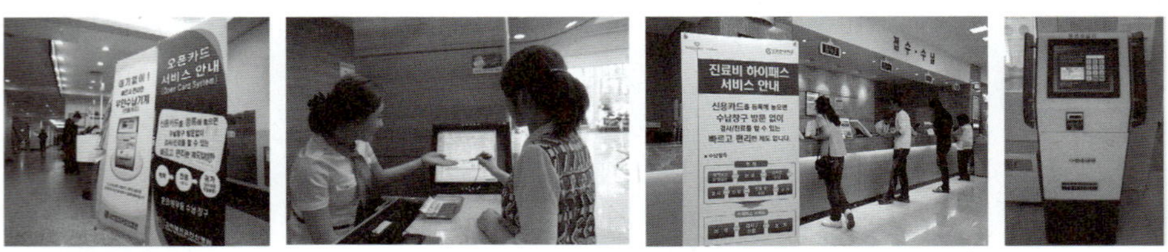

그림 5-7 ▶ 진료비 수납방법 및 안내

(2) 진료비 계산과 수납

진료비 계산과 수납업무는 정확한 근거를 적용해야 하고 현금을 수수하는 과정을 거쳐야 하는 업무이므로 외래업무에 큰 비중을 차지하고 있는 분야이다. 또한, 수납과정은 진료비에 대한 문의나 민원이 많이 제기되며, 어떤 경우는 본인부담금을 진료과정이나 결과와 연관시켜 불만을 제기하는 사례도 있으므로 민원이나 불만의 발생을 최소화하면서 업무의 효율성을 확보하기 위해서는 다음과 같은 절차에 따라 업무가 진행되도록 해야 한다.

① 진료비 계산

진료실에서 의사의 진단 결과에 따라 각종 검사, 촬영, 투약, 처치 등 필요한 처방이 발행되면 환자의 의료보장 유형과 유형별 수가 산정기준에 따라 본인 부담금을 산정하게 한다.

② 유형변경

접수시 산재보험 미승인으로 하여금 진료비를 전액본인부담으로 처리하였으나, 계산시 관련서류를 제출할 경우 유형을 변경하고 진료비 계산이 다시 이루어지게 한다.

③ 진료비 수납과 영수증발급

처방전의 입력이나 보험사항 변경, 산정특례 확인, 진료비 감면 및 진료예약이 완료 되었을 때는 영수증을 발급하고 다음진료를 예약하는 경우에는 예약증을 동시에 발급하고 진찰료를 수납한다. 수납직원은 보건복지부에서 고시한 영수증(별지 제6호 서식)을 보는 방법과 고객에게 진료내역 설명방법을 터득하여 진료비에 대한 민원이 발생되지 않도록 하여야 한다.

④ 다음진료 예약

진료비계산과 동시에 예약을 할 수 있도록 다음진료일자, 진료과 및 담당의사, 상급병실사용 여부, 시간, 보험유형 등을 입력하고 영수증과 동시에 예약증을 발급한다.

(3) 진료비 계산서·영수증

■ 국민건강보험 요양급여의 기준에 관한 규칙 [별지 제6호서식]

[ ]외래 [ ]입원 ([ ]퇴원[ ]중간) 진료비 계산서 · 영수증

환자등록번호	환자 성명	진료기간	야간(공휴일)진료
		. . .부터 . . .까지	[ ] 야간 [ ] 공휴일

진료과목	질병군(DRG)번호	병실	환자구분	영수증번호 (연월-일련번호)

<table>
<tr><th colspan="3" rowspan="3">항목</th><th colspan="3">급여</th><th colspan="2">비급여</th></tr>
<tr><th colspan="2">일부 본인부담</th><th rowspan="2">전액
본인
부담</th><th rowspan="2">선택
진료료</th><th rowspan="2">선택
진료료 외</th></tr>
<tr><th>본인
부담금</th><th>공단
부담금</th></tr>
<tr><td rowspan="20">기
본
항
목</td><td colspan="2">진 찰 료</td><td></td><td></td><td></td><td></td><td></td></tr>
<tr><td rowspan="3">입
원
료</td><td>1인실</td><td></td><td></td><td></td><td></td><td></td></tr>
<tr><td>2 · 3인실</td><td></td><td></td><td></td><td></td><td></td></tr>
<tr><td>4인실 이상</td><td></td><td></td><td></td><td></td><td></td></tr>
<tr><td colspan="2">식대</td><td></td><td></td><td></td><td></td><td></td></tr>
<tr><td rowspan="2">투약 및
조제료</td><td>행위료</td><td></td><td></td><td></td><td></td><td></td></tr>
<tr><td>약품비</td><td></td><td></td><td></td><td></td><td></td></tr>
<tr><td rowspan="2">주
사
료</td><td>행위료</td><td></td><td></td><td></td><td></td><td></td></tr>
<tr><td>약품비</td><td></td><td></td><td></td><td></td><td></td></tr>
<tr><td colspan="2">마취료</td><td></td><td></td><td></td><td></td><td></td></tr>
<tr><td colspan="2">처치 및 수술료</td><td></td><td></td><td></td><td></td><td></td></tr>
<tr><td colspan="2">검사료</td><td></td><td></td><td></td><td></td><td></td></tr>
<tr><td colspan="2">영상진단료</td><td></td><td></td><td></td><td></td><td></td></tr>
<tr><td colspan="2">방사선치료료</td><td></td><td></td><td></td><td></td><td></td></tr>
<tr><td colspan="2">치료재료대</td><td></td><td></td><td></td><td></td><td></td></tr>
<tr><td colspan="2">재활 및 물리치료료</td><td></td><td></td><td></td><td></td><td></td></tr>
<tr><td colspan="2">정신요법료</td><td></td><td></td><td></td><td></td><td></td></tr>
<tr><td colspan="2">전혈 및
혈액성분제제료</td><td></td><td></td><td></td><td></td><td></td></tr>
<tr><td rowspan="5">선
택
항
목</td><td colspan="2">CT 진단료</td><td></td><td></td><td></td><td></td><td></td></tr>
<tr><td colspan="2">MRI 진단료</td><td></td><td></td><td></td><td></td><td></td></tr>
<tr><td colspan="2">PET 진단료</td><td></td><td></td><td></td><td></td><td></td></tr>
<tr><td colspan="2">초음파 진단료</td><td></td><td></td><td></td><td></td><td></td></tr>
<tr><td colspan="2">보철 · 교정료</td><td></td><td></td><td></td><td></td><td></td></tr>
<tr><td colspan="3">「국민건강보험법」제41조의4
에 따른 요양급여</td><td></td><td></td><td></td><td></td><td></td></tr>
<tr><td colspan="3">65세 이상 등 정액</td><td></td><td></td><td></td><td></td><td></td></tr>
<tr><td colspan="3">정액수가(요양병원)</td><td></td><td></td><td></td><td></td><td></td></tr>
<tr><td colspan="3">정액수가(완화의료)</td><td></td><td></td><td></td><td></td><td></td></tr>
<tr><td colspan="3">질병군 포괄수가</td><td></td><td></td><td></td><td></td><td></td></tr>
<tr><td colspan="3">합계</td><td>①</td><td>②</td><td>③</td><td>④</td><td>⑤</td></tr>
</table>

<table>
<tr><th colspan="3">금액산정내용</th></tr>
<tr><td colspan="2">⑦ 진료비 총액
(①+②+③+④+⑤)</td><td></td></tr>
<tr><td colspan="2">⑧ 환자부담 총액
(①-⑥)+③+④+⑤</td><td></td></tr>
<tr><td colspan="2">⑨ 이미 납부한 금액</td><td></td></tr>
<tr><td colspan="2">⑩ 납부할 금액
(⑧-⑨)</td><td></td></tr>
<tr><td rowspan="4">⑪
납부한
금액</td><td>카드</td><td></td></tr>
<tr><td>현금영수증</td><td></td></tr>
<tr><td>현금</td><td></td></tr>
<tr><td>합계</td><td></td></tr>
<tr><td colspan="2">납부하지 않은 금액
(⑩-⑪)</td><td></td></tr>
<tr><td colspan="3">현금영수증( )</td></tr>
<tr><td colspan="2">신분확인번호</td><td></td></tr>
<tr><td colspan="2">현금영수증
승인번호</td><td></td></tr>
<tr><td colspan="3">* 요양기관 임의활용공간</td></tr>
</table>

상한액 초과금	⑥	-	선택진료 신청	[ ] 유 [ ] 무	
요양기관 종류	[ ] 의원급 · 보건기관 [ ] 병원급 [ ] 종합병원 [ ] 상급종합병원				
사업자등록번호		상호		전화번호	
사업장 소재지			대표자	[인]	
년 월 일					

항목별 설명	일반사항 안내
1. 일부 본인부담 : 일반적으로 다음과 같이 본인부담률을 적용하나, 요양기관 지역, 요양기관의 종별, 환자 자격, 「국민건강보험법」제41조의4에 따른 요양급여 여부, 병실종류 등에 따라 달라질 수 있습니다. – 외래 본인부담률: 요양기관 종별에 따라 30% ~ 60%(의료급여는 수급권자 종별 및 의료급여기관 유형 등에 따라 0원 ~ 2500원, 0% ~ 15%) 등 – 입원 본인부담률: 20%(의료급여는 수급권자 종별 및 의료급여기관 유형 등에 따라 0% ~ 10%) 등 ※ 식대: 50%(의료급여는 20%) CT · MRI · PET: 외래 본인부담률(의료급여는 입원 본인부담률과 동일) 「국민건강보험법」 제41조의4에 따른 요양급여(선별급여): 보건복지부장관이 고시한 항목별 본인부담률 ※ 상급종합병원 입원료: 2인실 50%, 3인실 40%, 4인실 30% / 치과병원을 제외한 병원급 의료기관 입원료: 2인실 40%, 3인실 30% 2. 전액 본인부담: 「국민건강보험법 시행규칙」 별표 6 또는 「의료급여법 시행규칙」 별표 1의2에 따라 적용되는 항목으로 건강보험(의료급여)에서 금액을 정하고 있으나 진료비 전액을 환자 본인이 부담합니다. 3. 상한액 초과금 : 본인부담액 상한제에 따라 같은 의료기관에서 연간 500만원(2015년부터는 「국민건강보험법 시행령」 별표 3 제2호에 따라 산정한 본인부담상한액의 최고 금액, 환자가 내는 보험료 등에 따라 다를 수 있음) 이상 본인부담금이 발생한 경우 공단이 부담하는 초과분 중 사전 정산하는 금액을 말합니다. ※ 전액 본인부담 및 「국민건강보험법」제41조의4에 따른 요양급여의 본인부담금 등은 본인부담상한액 산정시 제외합니다. 4. "질병군 포괄수가"란 「국민건강보험법 시행령」 제21조제3항제2호 및 「국민건강보험 요양급여의 기준에 관한 규칙」 제8조제3항에 따라 보건복지부장관이 고시한 질병군 입원진료에 대하여 해당 입원진료와 관련되는 여러 의료행위를 하나의 행위로 정하여 요양급여비용을 결정한 것을 말합니다. 다만, 해당 질병군의 입원진료와 관련되는 의료행위라도 비급여대상이나 이송처치료 등 포괄수가에서 제외되는 항목은 위 표의 기본항목 및 선택항목란에 합산하여 표기됩니다.	1. 이 계산서 · 영수증에 대한 세부내용은 요양기관에 요구하여 제공받을 수 있습니다. 2. 「국민건강보험법」 제48조 또는 「의료급여법」 제11조의3에 따라 환자가 전액 부담한 비용과 비급여로 부담한 비용의 타당성 여부를 건강보험심사평가원(☎1644-2000, 홈페이지: www.hira.or.kr)에 확인 요청하실 수 있습니다. 3. 계산서 · 영수증은 「소득세법」에 따른 의료비 공제신청 또는 「조세특례제한법」에 따른 현금영수증 공제신청(현금영수증 승인번호가 적힌 경우만 해당합니다)에 사용할 수 있습니다. 다만, 지출증빙용으로 발급된 "현금영수증(지출증빙)"은 공제신청에 사용할 수 없습니다. (현금영수증 문의 126 인터넷 홈페이지: http://현금영수증.kr)
주(註) : 진료항목 중 선택항목은 요양기관의 특성에 따라 추가 또는 생략할 수 있으며, 야간(공휴일)진료 시 진료비가 가산될 수 있습니다.	

210㎜×297㎜[백상지 80g/㎡]

(4) 진료지원부서의 업무

영수증에는 진료 지원부서를 표기하고 해당 지원부서에서는 각종 검사나 주사, 촬영, 물리치료 등을 시행할 수 있게 한다. 진단검사의학과에서는 검사종류 및 검체량을 확인하여 채혈, 채뇨 등 필요한 조치를 하게 되고 영상의학과에서는 진료카드를 제출하면 검사항목을 출력하여 검사(촬영)를 하거나 예약을 하게 된다.

(5) 진료비 환불

환불사유가 발생하면 환불사유 및 대상, 환불가능 여부, 투약이나 검사의 시행여부, 감액 및 미수금 발생 여부, 영수증 등을 확인하여 적정금액을 환불한다. 산재보험환자의 경우 진료 전 산재보험 미승인으로 진료비수납 후 근로복지공단의 승인이 나면 환불대상이 될 수 있다.

(6) 진료비 수납 마감 및 정산 입금

수납담당자는 일일 수납이 마감되면 당일 수납 및 미수금액 리스트(list)를 전산 출력하여 대조 확인 후 정산을 한 다음 당일 마감처리 담당자 또는 병원이 지정한 은행창구에 입금한다.

(8) 수납시 유의사항

환자가 외래진료를 받는 과정에서 접수뿐 아니라 진단을 위한 각종 검사 및 검사결과에 따른 처치 및 투약 등과 관련하여 적어도 두 차례 이상 진료비를 납부하게 되어 있어 금전수불과 관련한 대기시간, 비용의 정당성 등의 문제가 발생할 가능성이 있으므로 접수와 수납업무를 담당하는 근무자는 각별한 주의가 요구된다.

특히, 컴퓨터 사용자는 자신의 ID 및 password가 노출되지 않도록 개인정보보안에 유념하는 한편, 부서장은 직원의 ID 및 password를 정기적으로 변경하게 하고 철저히 관리하도록 감독하는 것이 필요하다.

(9) 일일결산통계 관리 및 보관

처방건수와 진료수익, 수납액(현금, 신용카드, 이체계좌별), 환불액, 구분사유에 따른 미수금, 감면액, 환불액에 대한 수진형태, 내원형태, 수가유형, 진료과, 의사, 기간(연간, 월간), 일자, 환자, 검사실, 수가항목, 수납직원, 거래처로 구분된 의료수익 통계를 관리한다. 처방전이나 영수증 사본 등의 증빙서류는 관련 법률에서 규정하고 있는 기간 동안(5년) 보관한다.

수행 내용 및 수행 준거

1 환자는 담당의사에게 진료를 받은 후 의사는 처방전을 입력(또는 발행)한다.

(1) 병원의 의료수가분류코드에 의하여 처방을 입력(발급)한다.

(2) 진단 및 치료를 위해 검사, 촬영, 투약 등의 처방을 OCS를 이용하여 병명과 함께 전산에 입력한다.

(3) 비급여 처방이 필요한 경우 진료 의사가 환자에게 충분히 설명하고, OCS 창 화면에 비급여를 표시한다.

2 원무 수납직원은 OCS 처방입력에 의한 진료비를 계산(수납사항이 있을 경우)하고 수납내역을 설명한다.

(1) 진료실에 입력된 처방에 대해 의료 보장 유형과 유형별 수가 산정 기준에 따라 본인부담금을 산정한다.

(2) OCS 창에서 진찰권번호를 입력하거나 검색을 통해 환자의 인적사항과 의료보장 정보를 최종 확인한다.

(3) 입력된 처방을 의료보장 유형(건강보험, 의료급여, 산재, 공상, 자보, 일반, 외국인)에 근거하여 의료수가 산정기준을 확인한다.

(4) 처방 내용에 따라 진료비를 산정하거나, OCS 창 진료실에서 입력한 처방내용을 근거로 본인부담금을 계산한다.

(5) 처방 누락이나 입력오류 및 적용된 수가의 적정성 여부를 확인한다.

(6) 진료비를 수납하고 각종 검사와 처치, 투약 등의 후속 절차가 진행될 수 있도록 수납기능을 수행한다.

(7) 현금이나 신용 카드 등으로 지불 방식의 처리 절차를 거쳐 영수증을 발행한다.

(8) 처방 내역에 따라 해당하는 검사실이나 촬영실(일반 및 특수), 처치실, 약국 및 원외처방 발급장소 등을 수진자에게 안내하고, 다음날짜가 예약된 경우는 설명한다.

3 의료수가 산정방식에 의거 진료비 산정과정(계산)을 이해하고 업무를 수행한다.

발행된 처방전을 근거로 진료비를 산정하여 계산(비급여진료 등 수납사항이 있을 경우)한다. OCS프로그램에서 자동적으로 계산되지만, 계산되는 과정을 이해하여 신속 · 정확한 진료비를 계산할 수 있도록 한다.

(1) 진료비 계산과정

① 의료수가 = 상대가치 점수 × 1점당 가격(환산지수)에 종별가산율을 적용한다.

② 의료수가(II란)에 의료기관 종별과 의료보장 유형별에 따른 가산율을 적용하고, 진찰료, 입원료, 약품, 주사, 재료비(I 란) 등에는 종별가산율을 적용하지 않는다(투약료 중 조제료와 주사료의 행위료는 (II란)에 적용되어 종별가산율이 적용된다)

(2) 총급여액 산정

진료비명세서작성의(I)란 금액 + (II)란 + 종별 가산 금액으로 산정한다.

(3) 진료비 청구

산재보험환자는 본인부담금액이 발생되지 않으며 진료비 전액을 근로복지공단으로 청구한다.

(4) 환자 납부액(본인부담액)

산재환자의 경우 원칙적으로 본인부담이 없으나 비급여와 전액본인부담(100 : 100항목) 등 이 있을 경우 합하여 부담한다.

(5) 진료비계산 시 단수 처리 원칙을 적용한다.

① 총급여액과 청구액 : 10원 미만 절사한다.

② 본인부담금 : 외래 100원 미만 절사하고, 입원의 경우는 10원 미만에서 절사한다.

③ 가산율 : 원 미만에서 4사5입 한다.

④ 의료수가 : 10원 미만 4사5입 한다.

4 병원에서 운영 중인 진료비 수납방법에 따라 환자가 선택하여 수납(수납대상환자만 해당)한다.

(1) 원무창구방문 수납

진료 후 원무수납창구를 방문하여 현금수납 또는 신용카드로 수납한다.

(2) 진료비자동계좌이체

진료비자동계좌이체는 환자 또는 보호자가 지정한 예금통장에서 진료비가 자동으로 이체되어 대기시간이 필요 없는 편리한수납제도이다.

(3) 진료비 무인수납기

환자의 수납 대기시간 불만을 해소하고자 자동화기기를 이용한 신속한 서비스를 제공하고 있다.(단, 당일외래진료비(당일 진료비, 예약접수비, 검사비 수납)와 건강보험 환자만 수납가능하며, 산정특례환자는 병원별 운영방법이 상이하다)

(4) 진료비 하이패스 (Hi-Pass)

환자 또는 보호자가 신용카드를 병원에 등록, 당일 진찰과 검사가 모두 종료된 후 한 번에 결재하는 진료비 일괄 후불 결제 서비스제도이다.

▣ 안내사항

① 진료비 하이패스(진료비 후수납)를 신청한 분은 진료비 수납 없이 모든 진료, 검사를 시행하실 수 있다.

② 진료 종료 후 단 1회만 수납창구를 방문하셔서 진료비를 계산하면 된다.

※ 특히 "진료비 하이패스 후불 서비스"는 환자들이 여러 번 결제할 필요 없이 신용카드를 등록하면 진료종결 시 1회만 창구를 방문해 후수납 일괄 결제가 가능하다.

5-3 입원예약 및 입원수속

학습목표	1 산재보험입원환자의 자격을 확인 후 입원예약 및 입원수속을 할 수 있다.

1. 입원진료

1) 입원진료의 개요

입원진료(入院診療)는 환자가 의사의 진료소견에 따라 소정의 절차를 거쳐 병원에 수용되어 진료를 받는 것을 말한다. 입원환자는 내원 동기나 진료형태에 따라 응급입원 및 외래입원으로 나누어지며, 입원은 응급실이나 외래진료시, 의사의 판단에 따라 입원진료가 필요하다고 판단되는 환자와, 타 병원에서 입원 의뢰된 환자를 입원 결정한다. 입원관리는 입원결정에서부터 퇴원시 까지의 과정에서의 진료지원 업무라고 할 수 있다.

(1) 입원

입원(入院)은 환자가 치료를 받거나 요양을 하기위해서 일정기간 동안 병원에 들어가는 것을 말한다.

(2) 입원진료와 입원관리

의사의 지시에 따라 의료기관에 수용된 입원환자에게 진단, 수술, (특수)검사 및 처치 뿐 아니라 투약과 간호를 포함한 식이 등과 관련한 종합 서비스를 제공하는 것을 입원진료라 하고 입원을 위한 수속부터 치료가 종결되어 귀가할 때까지 수반되는 여러 단계의 수속과 업무절차를 이행하는 것을 입원관리라 구분한다.

(3) 입원경로

입원경로는 당일 외래진료 후 입원, 입원예약 후 당일내원 입원, 응급실 진료 후 입원, 전원 등이 있다.

(4) 입원환자 업무흐름도

입원대상은 외래진료 후, 응급실 진료 후, 타 병원 의뢰환자 등으로 입원을 하게 되며, 의사의 진료결정에 의하여 입원이 결정되면 입원수속을 거쳐 병동에 입원을 하게된다. 따라서 해당 병동에 입원을 하게 되면 그때부터 진료가 시작되며, 진료과정에서 협의진단, 전과, 전실, 주치의변경 등이 있을 수 있다. 진료가 종결되면 담당의사가 퇴원을 결정하고 퇴원수속을 하게 되며, 퇴원수속시에는 진료비를 납부하고 퇴원후의 투약, 진료 등에 관하여 상담한다. 입원환자의 업무흐름도는 병원의 여건과 특수성에 따라 다소 차이가 있으나 일반적으로 다음과 같다.

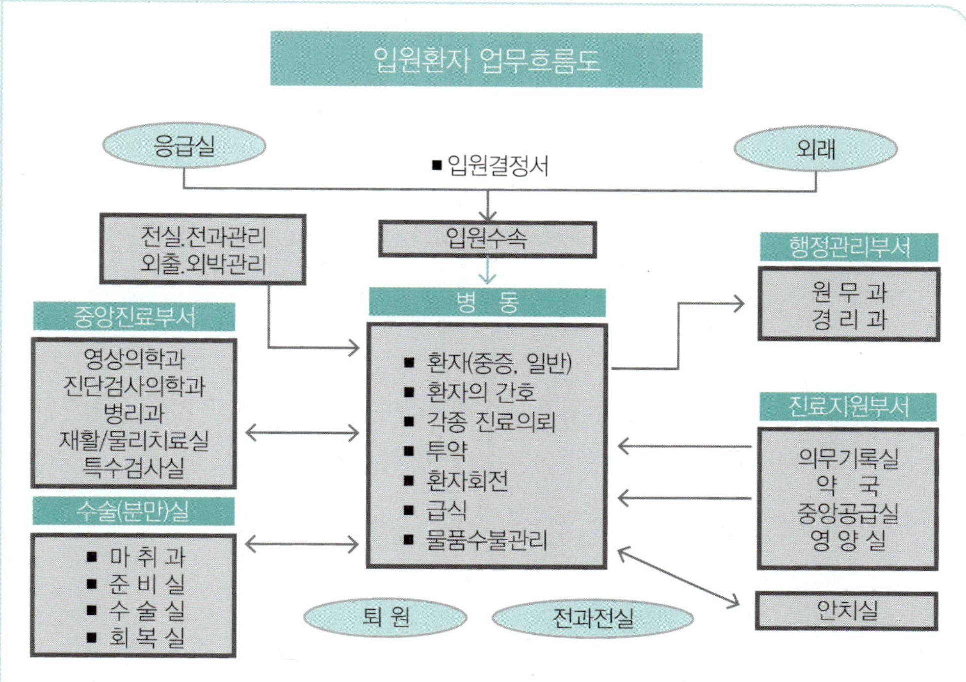

그림 5-8 ▶ 입원환자 업무 흐름도

2. 입원료 산정

입원료는 환자가 병실에 입원하였을 때 산정되는 비용으로서 의학관리료, 간호관리료, 병원관리료로 구성이 된다. 의학관리료는 의사의 회진과 질병의 치료 및 상담, 의무기록과 진료계획 작성 등의 모든 비용을 의미하며, 간호관리료는 간호사의 간호와 상담, 간호기록지의 작성 및 환자의 진료를 보조하는 행위 등의 비용이고, 병원관리료는 환자복과 침구 등의 세탁비용과 비품 및 시설관리 등에 대한 비용이다.

(1) 입원료

① 1일이라 함은 12시(정오)부터 다음 날 12시(정오)까지를 의미한다.

② 0시~06시 사이에 입원하거나 18시~24시 사이에 퇴원하는 경우는 입원료 소정점수의 50%를 별도로 산정한다.

③ 6~12시 사이에 입원하거나 12~18시 사이에 퇴원하는 경우에는 동기간의 입원료는

별도 산정하지 아니한다.

④ 입원일과 퇴원이 24시간 이내에 이루어진 경우에는 전체 입원시간이 6시간 이상인 경우에 한하여 1일의 입원료를 산정한다.

[산재환자 및 자동차보험 입원료 체감제 및 가산]

⑤ 상급종합병원과 종합병원을 제외한 의료기관의 입원료(가-2)는 입원 51일째부터 150일까지는 해당 점수의 90%를 산정하고, 입원 151일째부터 해당 점수의 85%를 산정한다.

⑥ 종합병원의 입원료(가-2)는 입원기간에 관계없이 해당 점수의 100%를 산정한다.

⑦ 상급종합병원의 입원료(가-2, 가-9)는 입원기간에 관계없이 해당 점수의 100%에 병원관리료 100%를 가산하여 산정한다.

(2) 일반병실 입원료 및 가산

① 일반병실에 입원한 경우에 입원료를 산정한다.

② 내과질환자, 정신질환자, 만 8세 미만의 소아환자에 대하여는 소정점수의 30%를 가산한다.

(3) 간호인력확보수준에 따른 입원환자 간호관리료 차등제

일반병동의 직전 분기 평균 병상 수 대 병동간호업무에 종사하는 평균 간호사수(일반병상수/일반병상 간호사 수)에 따라 1~7등급으로 구분한다.

3. 입원진료절차

(1) 입원결정

입원진료의 필요성 여부는 외래나 응급실로 내원하여 진료를 받은 결과 진료를 담당하고 있는 의사의 의학적 판단에 따라 결정된다. 입원진료가 필요하다고 판단되면 담당 주치의는 병원의 양식에 의거 "입원결정서"를 발부하게 된다.

입원결정서에는 입원수속 및 진료에 참고할 수 있는 기본적이 사항들이 표시되며, 입 ·

퇴원 결정서는 병원마다 사용하는 형태가 약간씩 다를 수 있지만 담당 의사는 환자의 등록(진찰권)번호, 성명, 진료과, 최초 병명, 입원지시(예정)일, 특수 병실 사용 여부 등을 구분하여 기록하고 입원수속 과정이나 입원직후 병동 진료에 참고가 될 사항을 추가로 기재한 후 주치의 확인란에 서명하고 원무과로 이관하여 후속 절차를 받도록 전달한다.

입 · 퇴원 결정서

진찰권 번호 : 입원번호:
급여종별 : 건강보험( ) 산재보험( ) 의료보험( ) 자동차보험( ) 일반( ) 기타( )

환자	성명		주민번호		휴대폰		전화	
	주소				남 · 여	나이 세	종교	

입 원

진료과		주치의		선택진료 : 예( ), 아니오( )	
상병명				예상입원기간	일
입원지시(예정)일 년 월 일	( )Emergency ( )General ( )I.C.U ( )N.C.U ( )Incubator ( )격리실 ( )일일병실 ( )First Admission ( )Re-Admission				

입원 및 이동	일자	병동	병실 침대	등급	확인	전과		
						진료과	주치의	일자

입원수속	입원원무과	수간호사	참고 사항	

퇴 원

퇴원 일자	년 월 일(오전 · 오후) ( )정상퇴원 ( )전일퇴원 ( )사망 ( )기타
최종진단명	

구분	수술	마취	특수검사 및 처치		시행일	검사명
1차	월 일	유/무	MRI, CT, DITI, Angio, ERCP, ESWL, EKG, BD-M, 심장초음파, 방사선치료			
2차	월 일	유/무				
3차	월 일	유/무	퇴원일	물리치료, X-ray, 처치, 약반환, 퇴원약, 예약		
4차	월 일	유/무				

퇴원 수속	주치의사	수간호사	입원원무과	주치의사 참고사항

그림 5-9 ▶ 입 · 퇴원결정서

(2) 입원신청접수

입원예약당일의 지정된 시간에 내원하여 입원예약증을 제출하면 입원담당자는 입원결정서에 기록된 환자상태에 따라 필요한 절차를 수행하게 된다. 즉, 병명에 따라 환자유형 파악, 예상재원기간 및 진료비 예상 등 환자의 특성을 파악한다. 입원수속시 수가구분에 따른 환자의 유형을 파악하는 것은 매우 중요하다. 산재보험대상의 경우는 담당자와 상담을 거치게 하여 입원단계에서 환자상태를 파악할 수 있도록 조치한다.

입 · 퇴원관리 전산 등록화면 내용
1. 입원등록 2. 입원등록취소 3. 퇴원등록 4. 퇴원등록취소 5. 전과전실관리 6. 진료의뢰사항 7. 가퇴원등록 8. 병실등급 9. 병실관리 10. 병실조회 11. 병실별재원조회 12. 입원안내 13. 입원기록조회 14. 전실전과조회 15. 입원안내(성명) 16. 진료사실통보서 17. 미청구등록 18. 전산퇴원증발급 19. 진료비계산(퇴원) 20.진료비계산(중간) 21. 처방전입력 22. 취소(일별) 23. 취소(전체) 24. 조정(과별) 25. 추가처방전입력 26. 요양비계산작성 27. 상병관리 28. 수납액입력 29. 환자유형변경 30. 입원일자변경 31. 중간수납입력 32. 처방전조회(일자별) 33. 수납액조회 34. 환자정보수정 35. 보험사항관리 36. 외래등록조회 37. 외래처방조회 38. 외래수납액조회 39. 진료의뢰서관리 40. 마감 Sign 41. 마감조회 42. 진료수익조회 43. 보고서관리 44. 참고사항 등

그림 5-10 ▶ 입원수속

(3) 입원수속

외래나 응급실에서 진료한 결과, 입원 진료가 필요하다는 의학적 판단이 내려지면 진료를 담당한 의사는 입원을 권유하고 입원결정서를 발부함으로써 입원수속이 시작된다. 입원결정서를 발부 받은 환자나 보호자는 원무과에 의료보장 유형과 관련한 서류를 제출하여 입원진료를 신청하는 절차를 밟게 된다.

이때, 모든 유형의 환자가 동일하게 작성하여 제출해야 하는 가장 중요한 서류가 입원약정서이다. 입원수속시에는 입원서약서(입원약정서), 상급병실신청서 등을 작성하고 병상을 배정 받는다.

(4) 입원서약서(입원약정서) 작성

입원서약서(hospitalization agreement)는 의료제공에 대한 대가인 진료비채권의 성격을 지니고 있을 뿐만 아니라 병원의 제규정과 절차를 이행할 것을 약속하는 쌍방계약의 과정이다. 따라서 작성된 서약서에는 인적사항 이외에도 건강보험증 내용, 연대보증 등을 성실히 기록하고 작성하도록 한다.

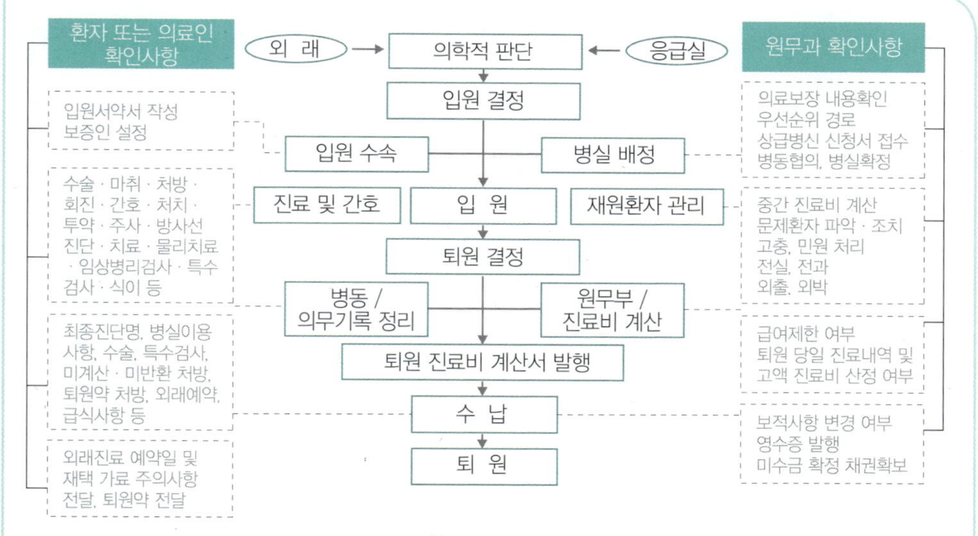

그림 5-11 ▶ 입원환자 관리의 세부업무 흐름도

입원약정서	등록번호		성명	
	진료과		주치의	
	병실		전실	

환자성명	(남, 여)	주민등록번호	
주소		전화	
		휴대폰	

1. 귀 의료기관에서 제시한 제반규칙을 준수함은 물론, 치료와 퇴원 등의 의사 및 간호사(또는 직원)의 정당한 지시에 따르겠습니다.
2. 환자가 의료기관의 정당한 진료지침이나 교육에 반하는 무단 외출 · 외박으로 인하여 발생하는 손해 에 대한 책임은 원칙적으로 환자에게 있습니다.
3. 입원료 기타 입원기간 동안 발생하는 진료비는 귀 의료기관에서 정하는 납부기한 내에 환자와 연대보 증인이 연대하여 납부하겠으며, 정당한 이유 없이 체납될 때에는 채권확보를 위한 법적조치에 이 의가 없으며, 만일 본건 의료분쟁 등으로 인하여 소송을 제기할 경우 관할법원은 민사소송법에 따릅 니다.
4. 입원기간 중에 환자 및 보호자가 귀 의료기관의 비품 또는 기물을 고의 또는 과실로 망실, 훼손한 때에는 이를 변상합니다.
5. 입원기간 중 환자 또는 보호자 등이 소지 중인 현금 기타 귀중품은 귀 의료기관이 지정한 보관 장소 가 있는 경우에는 보관 장소에 보관하고, 보관 장소가 따로 없는 경우에는 귀 의료기관이 지정한 직원에게 보관을 의뢰합니다. 이를 이행하지 아니하여 현금 기타 귀중품 등이 분실 및 훼손되어 발생한 손해에 대하여는 의료기관은 책임이 없습니다.
6. 진료상 발생하는 문제와 수술 후에 일어나는 문제에 분쟁이 생겼을 때에는 의료법에 따라 원인이 발생한 날부터 1년 이내에 시 · 도시사에게 의료심사조정위원회의 조정을 신청할 수 있습니다.

	20XX년 월 일	
위 약정인:		(서명 또는 기명날인)
대리인(환자의:)		(서명 또는 기명날인)
주민등록번호:	전화:	휴대폰:
주소:		
연대보증인(환자의:)		(서명 또는 기명날인)
주민등록번호:	전화:	휴대폰:
주소:		
보증채무 최고액: 원	보증기간: 년	
00병원장 귀하		

상급병실사용신청	환자성명		병실번호	
	호실	인실	차액	원

위와 같이 사용을 신청하며, 일반병실과의 입원료 차액을 본인이 전액 부담하겠습니다.

20XX년 월 일

신청인 성명: (인) 관계: 환자의( )

그림 5-12 ▶ 입원약정서

(5) 입원의 우선순위

입원환자의 우선순위결정에는 먼저 내원한 환자가 입원하는 것이 원칙이나 병원의 입장에서는 환자의 상태나 증상, 성별, 진료과, 감염성질환 여부 등에 따라 입원순서가 결정되는데 일반적으로 다음과 같다.

특히 병실의 여유가 없을 경우에는 병원의 병실배정 규정에 의하여 병실을 배정하는 데 이때 공정성이 확보되어야 입원대기환자의 불만이 줄어들게 된다. 대부분의 병원에서는 일반적으로 응급수술이나 중환자의 입원을 우선으로 하여 병실을 배정하고 있다.

입원의 우선순위
① 수술이 예약된 환자 ② 검사 및 치료가 예약된 환자 ③ 담당의사의 진료일정에 따른 예약환자 ④ 환자의 사정으로 입원일을 예약하는 환자 – 입원예약 환자수는 최근 3개월간의 진료과별, 요일별, 입 · 퇴원 실적을 감안하고 해당 병동별 가동율 및 진료과별 특성에 따라 일정수를 정하여 예약을 하면 관리에 효율적이다. 그러나 환자의 중증도 등을 감안하여 담당의사의 특별한 요구(응급수술, 중환자 입원 등)가 있을 때에는 우선 예약한다.

(6) 병상의 배정

입원서약서가 작성되면 환자상태, 진료과, 성별(소아는 예외), 감염성질환여부, 희망병실여부와 병원의 병실사정을 고려하여 병상을 배정한다. 이때 상급병실을 희망할 경우에는 "상급병실사용신청서"를 작성하여 서명하도록 하도록 한다.

(7) 입원등록

입원등록은 병실의 파악과 진료비계산, 각종 처방입력, 급식제공 등이 전산으로 이루어질 수 있도록 병실배정 후 곧바로 등록하여야 한다. 전산화가 되지 않은 병원의 경우에는 입원진료비 계산 대장을 별도로 작성하여 처방전을 개인별로 보관하거나 매일 기록하여 계산하고 있다. OCS를 가동하고 있는 병원에서는 환자가 작성한 입원서약서와 보험유형, 상급병실사용 등을 중심으로 전산에 입력한다.

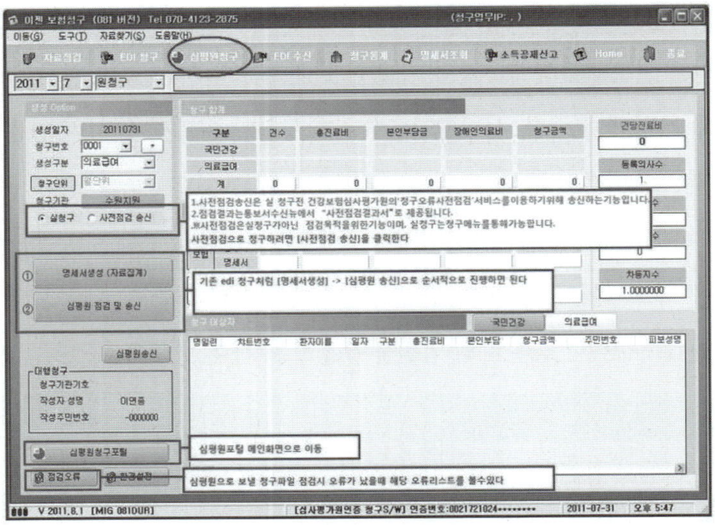

그림 5-13 ▶ 입원등록화면

수행 내용 및 수행 준거

1 환자는 진료 후 의사의 입원결정(지시)에 의한 입원신청 또는 입원예약을 한다.

(1) 의사의 입원결정에 따라 환자 및 보호자가 입원진료여부를 입원수속담당자에게 전달하는 과정으로 의사가 발행한 입원결정서를 제출하고, 입원수속담당자는 입원결정서에 기재된 내용에 따라 필요한 절차를 수행하게 된다. 입원수속 담당자는 입원대기자가 많고 세부적인 설명이 필요하거나 사고경위기 복잡하고 보험유형구분이 어려울 경우에는 보다 자세한 대화를 통하여 충분한 정보를 습득하고 기록을 유지하는 등 적절한 조치를 시행하여야 한다.

(2) 진료 담당의사와 진료상담 후 입원(수술)예약을 해야 할 경우는 예약을 한다.

2 입원서약서 작성절차 및 과정에 대해서 알아보고 업무를 수행한다.

(1) 입원서약서를 환자 또는 보호자가 작성하여 원무과 입원창구 담당자에게 제출한다.

입원서약서 내용
① 환자 인적사항 및 보험유형 ② 상급병실 사용여부 ③ 보증인 서명 ④ 제규정 및 지시사항 준수 등

(2) 제출된 서약서와 수급자격을 확인한다.

(3) 담당자의 확인이 끝나면 환자의 상태, 진료과, 성별, 감염성여부 질환, 희망병실여부와 병원의 병실사정을 고려하여 병실을 배정한다.

3 입원수속시 확인사항에 대하여 알아보고 업무를 수행한다.

(1) 보험의 유형 및 자격에 대하여 확인한다(단, 산재 및 공상, 자동차보험의 경우 추가 제출서류를 확인한다).

(2) 상급병실 신청에 대하여 확인한다(대상자 경우).

(3) 입원진료상병이 비급여 대상 또는 급여제한여부 대상자인지 확인한다.

(4) 타 법령으로 이중 보험급여사항이 아닌지 확인한다.

(5) 입원서약서의 기재사항이 전반적으로 누락사항이 없는지 최종 점검한다.

4 입원의 우선순위 결정에 대하여 알아보고 실행한다.

입원환자의 우선순위 결정에는 먼저 내원한 사람이 입원하는 것이 원칙이나, 병원의 입장에서는 환자의 상태나 증상, 성별, 진료과, 감염성질환 여부, 타병원에서 전원환자 등에 따라 입원순서가 결정된다. 입원의 우선순위는 ① 응급수술을 요하는 환자 ② 수술예약환자 ③ 응급실에 대기 중인 중환자 ④ 외래환자 중 중증환자 ⑤ 접수순서에 의한 환자 등이다.

5 입원등록사항에 대하여 알아보고 업무를 수행한다.

입원 시 등록사항은 (1) 등록번호 (2) 입원일자 (3) 입원시간 (4) 입원진료과 (5) 진료의사 (6) 보험유형 (7) 산정특례 및 보조 유형 (8) 감면코드 (9) 병실조회 (10) 병실번호 (11) 병실등급(코드) (12) 도착경로 (13) 입원경로 (14) 산재사업장 및 승인번호 등을 입력한다.

6 입원료의 구성요소와 입원료 산정지침을 이해하고 적용한다.

(1) 입원료의 구성요소는 의학관리료(40%), 간호관리료(25%), 병원관리료(35%)로 구성된다.

(2) 내과질환자, 정신질환자, 만8세 미만의 소아환자에 대하여는 소정점수의 30%를 가산한다.

(3) 입원료 산정은 1일당으로 아래와 같이 산정하며 단입법(퇴원일-입원일)으로 계산한다.

① 1일이라 함은 12시(정오)부터 다음 날 12시(정오)까지를 의미한다.

② 0시~06시 사이에 입원하거나 18시~24시 사이에 퇴원하는 경우는 입원료 소정점수의 50%를 별도로 산정한다.

입원료 및 재원일수 산정 실례

입원료 산정방법에는 양입법(퇴원일−입원일+입원당일)과 단입법(퇴원일−입원일)이 있는데 우리나라는 단입법을 사용하고 있다. 단입법은 같은 달에 입 · 퇴원이 발생했다면 퇴원일에서 입원일을 빼면 재원일수가 된다.

예를 들어 4월1일 입원하여 4월 16일 퇴원하였다면 16−1=15일이 된다. 그러나 입원한 당일 퇴원한 경우(6시간 이상 경과)는 재원일수를 1일로 보며, 한편 입원한 다음날 퇴원한 경우도 재원일수는 1일이 된다. 보통 2박3일을 양입법으로 계산하면 3일이 되고, 단입법으로 계산하면 2일이 된다.

7 상급병실입원시 병실차액의 본인부담 적용에 대하여 알아보고 수행한다.

(1) 상급종합병원 및 종합병원의 1인실(특실포함)에 입원하는 경우는 입원료 전액을 본인이 부담한다(비급여대상).

(2) 상급종합병원을 제외한 병원(병원, 종합병원)의 상급병실(1인실)에 입원한 경우는 보험자부담금을 제외한 상급병실차액(비급여)을 본인이 부담한다.

8 병상의 배정방법에 대하여 이해하고, 입원수속시 병상을 배정한다.

환자상태, 진료과, 성별(소아는 예외), 감염성질환여부, 희망병실여부와 병원의 병실사정을 고려하여 병상을 배정한다.

9 당일 입원수속이 완료된 후 등록이 올바르게 되었는지 확인하고 점검한다.

10 입원환자의 외출 · 외박 또는 재입원 시 입원료산정에 대하여 알아보고 환자관리 시 적용한다.

(1) 입원 중 환자 외박시

입원중 환자가 외박 시 병원관리료 산정방법
입원중인 환자가 주치의의 허가를 받아 외박 시 입원료는 산정할 수 있으나, 연속하여 24시간을 초과하는 경우는 입원료 중 입원환자 병원관리료만 산정함. 이 때 병원관리료는 내과질환자, 정신질환자, 만 8세 미만의 소아환자에 대한 가산, 간호인력 확보 수준에 따른 입원환자 간호관리료 차등 가산 및 입원일수에 따른 체감이 적용되지 않은 상태에서 입원료 소정점수의 35%를 산정함.

(2) 퇴원당일 재입원료 산정

퇴원 당일 재입원시 입원료 산정방법
퇴원한 후 당일 재입원한 경우에는 계속 입원 중이었던 환자로 간주하여 입원료를 산정하되 입원료 체감제는 최초 입원일로부터 적용해야 함.

11 산재보험 입원환자의 의료기관종별 입원료 산정기준 및 체감제를 이해하고 산정(적용)한다.

12 원무부서장은 진찰료 및 입원료 산정기준과 지침 및 변경사항에 대하여 정기적으로 직원교육을 실시한다.

5-4 병상 및 재원환자 관리

학습 목표

1 | 입원환자의 상태. 성별, 연령 등을 확인하고 병실배정을 할 수 있다.
2 | 재원환자를 관리하고, 전과/전실, 자격변경을 할 수 있다.

1. 병상관리

1) 병상관리

병상관리(病床管理)라 함은 병원이 보유하고 있는 병상을 운영하기 위한 계획을 수립하고 그에 따라 병상을 진료과별 또는 환자개인에게 배정하고 변경이나 이동상황 등을 점검하여 운용하며 그 운용결과에 대한 평가를 실시하여 보다 효율적인 병상활용을 가능케 하는 활동이다.

병상은 입원진료가 필요한 환자에게 적당한 진료를 적절한 시기에 편리하게 제공받을 수 있도록 관리되어야 한다. 또한 담당의사의 진료계획에 의한 진료가 가능하도록 최대한 보장되어야 하며 병원수익을 제고하는 차원에서 관리되어야 한다.

(1) 병상의 운용

진료의 능률과 환자의 편의를 고려하여 환자연령, 성별, 진료과, 질병군에 따라 병동을 구성하고 병동별로 적정한 인력배치와 필요한 시설을 하여야 한다. 가장 일반적으로는 진료과별분류로 동일 진료과 환자들로 병상을 배정하여 병동을 구성하는 것으로 이 방법은 의료진의 진료편의와 전문간호, 단순화 등의 장점이 있으나 병상이용률의 효율성 저하로 수익성이 악화되는 경향이 있다.

흔히 1개 진료과의 병상이 1개 병동을 구성하기에 부족한 경우에는 관련 진료과와 함께 추가병동을 구성한다. 또 다른 방법은 내과계, 외과계로 구분하여 내과, 신경과, 소아청소년과, 피부과 등을 내과계로 하고, 수술의 빈도가 높은 진료과를 외과계로 구분하기도 하고, 일부 특정진료과만 구분하고 전체병상을 혼합 운영하는 방법이 있다.

(2) 병상의 구분

병상은 다음과 같은 기준에 따라 여러 가지로 구분하여 관리되고 있다. 병실(病室)은 병을 치료하기 위해 환자를 따로 거처하게 만든 방을 의미하며 1개의 병실(호실) 한 개의 병상 또는 수개의 병상이 있을 수 있다. 병상(病床)은 입원환자의 침상을 의미한다.

■ **일반(기준)병상과 상급병상**

병실의 크기와 수용 인원수에 따라 일반(기준)병상과 상급병상으로 구분하기도 한다. 국민건강보험 요양급여 기준에 관한 규칙에 의하면 '일반병실'이란 의료법령에 의하여 허가를 받거나 신고한 병상 중 의료법령에 의한 시설기준에 적합한 병실을 말한다.

㉮ 의료법령에 따라 신고한 병상이 10병상을 초과하는 의원급 의료기관, 치과병원, 산부인과 또는 주산기전문병원 및 아동 · 분만병원 : 일반병상을 총 병상의 2분의 1이상 확보할 것

㉯ 병원급 의료기관(치과병원 및 아동 · 분만병원을 제외) : 일반병상을 총 병상의 5분의 3이상 확보할 것

㉰ 종합병원 및 상급종합병원: 일반병상을 총 병상의 5분의 4이상을 확보하여야 한다.

■ 수용환자의 특성에 따라 일반병상(general bed), 중환자병상(I.C.U), 재활병상(rehabilitation bed), 미숙아를 위한 보육기(incubator) 등으로 구분하거나, 정신병상(mental bed), 결핵병상(T.B bed) 등과 같은 격리병상으로 구분하기도 한다.

그림 5-14 ▶ 병실안내

(3) 병상배정

병상배정은 진료과별 병동, 과별 상한제(ceiling), 담당의사의 동선, 야간입실, 격리여

부, 병실내 동일상병, 질병의 상태 및 중증도, 소아, 노인, 남녀 등을 고려하여야 하며, 해당병동의 간호사실과 긴밀한 업무연락으로 환자진료에 효율성을 높이고 병상가동률을 높이는 요인들을 충분히 파악하고 있어야 한다.

■ **전과 · 전실 병상**

질환의 특성이나 진료과정의 필요성 또는 환자의 희망에 따라 병실을 이동하게 되는 불가피한 경우에도 정해진 순서나 기준에 따라 공정하고 신속하며 정확하게 전실업무가 처리되어야 환자의 불만이 최소화되고 효과적인 병실관리가 가능할 수 있다.

기본적으로 환자불만을 최소화하고 정해진 순서 및 원칙에 따라 공정, 신속, 정확하게 처리하여야 한다. 병실의 이동 없이 전과만 있는 경우와 전실이 있는 경우가 있으며, 담당의사 및 간호사의 확인으로 전과와 전실이 이루어지며 이때 원무부서의 확인절차는 필수적이다.

2. 재원환자 관리

(1) 재원환자 의의

각종 환자에 관련된 사무를 신속하고 정확한 업무처리로 재원환자의 안정된 진료를 보장하고, 또한 환자관리에 필요한 상담을 실시하여 환자의 편의를 제공함은 물론, 철저한 개인별 정보 및 통계를 관리함으로써 원무행정의 질적 수준을 향상시키는 것을 의미한다.

(2) 재원환자 관리

재원환자관리란 병원에 입원하고 있는 환자를 대상으로 여러 유형의 사무를 신속하고 정확하게 처리하고 환자에게 편의를 제공함으로써 안정된 상태에서 최상의 진료서비스가 제공될 수 있는 환경을 마련하고 의료보장 유형을 조기에 파악하여 적용하여 진료수익 확보에 차질이 없도록 하며 환자 별 정보 및 각종 통계를 정확히 관리함으로써 원무행정의 수준을 향상시키는 업무를 말하는 것이다.

① 병동별 관리

환자가 입원중인 병동을 중심으로 전담자를 두고 환자를 관리하는 방식으로 병동담당자와 병동간호사의 긴밀한 협조로 병동환자 파악이 쉬우나 수가형태에 따른 복잡한 업무를 처리하는 데는 어려움이 있다.

② 보험유형별 자격 관리

수가의 적용에 따른 보험유형별로 환자를 관리하는 방법으로 건강보험, 산재, 자동차보험, 의료급여, 일반 등으로 구분하여 담당자를 두어 관리하는 방법이다.

③ 산업재해보상보험

입원시 미비한 수속서류를 보완하고, 진료중 사고와 관련 없는 질환의 확인(기왕증 등)하고 조치한다. 또한 산재요양급여 신청 등 다음과 같은 사항을 확인하고 조치한다.

산재요양급여 신청 등
• 최초요양신청서(3부) 접수 및 담당의사 확인발급 및 통보 • 요양비청구서 및 신청서 필요시 발급(예 : 이송료, 보조기, 교통비, 식대 등) • 개호료 필요시 청구 : 환자상태가 위중하여 개호를 필요로 할 경우 • 추가상병신청서 : 최초요양신청서상의 상병 외에 상병이 추가로 발견될 때 • 재요양신청서 : 요양종료 후 증상악화로 추가요양이 필요한 경우 • 전원신청서 : 요양중 타 요양기관으로 이송할 때

④ 자동차보험

입원시 미비한 사항을 보완하며, 자동차보험 적용과 관련 사항(사고일시, 장소, 차량번호, 운전자, 보험회사, 책임보험 및 종합여부 등)을 확인 관리한다. 아울러 보험회사의 지급보증서를 서면으로 받도록 하고 곤란한 경우에는 Fax를 이용한다.

또한 진료중 지병이나 사고와 관련이 없는 질환의 확인하여 조치하고, 보험회사 및 경찰서제출용 진단서 발급을 확인한다.

(3) 전실·전과 관리

전실은 입원(재원)환자가 병실을 옮기는 것을 의미하고, 전과는 치료 진료과를 옮기는 것을 의미한다. 따라서 환자의 증상이나 상태에 따라 진료과가 변경되거나 병실을 이동해야 하는 경우가 있다.

병실이동은 진료과가 바뀌는 경우와 환자 및 보호자의 희망에 따라 병실이 변경되는 경우로 어떠한 경우든 병실담당자에게 통보되고 관리되어야 한다. 진료과 변경은 입원중인 진료과보다 타과 진료가 더욱 필요하다고 판단될 때 전과를 하게 되고 이때에는 대부분 병실의 이동을 동반하여 발생된다. 전실이나 전과사유 발생시 전실 · 전과 신청서를 작성하여 병실관리 담당자에게 확인을 받도록 한다.

(4) 협의 진찰료(Consultation)관리

협의진찰료는 입원 중인 환자의 특별한 문제에 대한 평가 및 관리를 위하여 그 환자의 주치의가 아닌 다른 진료과목[또는 세부 전문과목(분야)] 의사의 견해나 조언을 얻는 경우 산정하며, 협의진료를 요청하는 특별한 문제 및 협의진료의사의 견해 등을 의무기록에 명시하여야 한다.

진료과목당 산정횟수
가. 상급종합병원, 상급종합병원에 설치된 치과대학부속치과병원 : 입원기간 중 30일에 5회 이내(다만, 중환자실 입원환자의 경우 환자상태 변화 등으로 인해 협진이 필요한 경우 추가산정 가능) 나. 종합병원, 상급종합병원에 설치된 경우를 제외한 치과대학부속치과병원 : 입원기간 중 30일에 3회 이내 다. 병원, 한방병원, 치과병원 : 입원기간 중 30일에 2회 이내 라. 요양병원, 의원, 한의원, 치과의원, 보건의료원 : 입원기간 중 30일에 1회

(5) 외출·외박관리

외출 · 외박은 원칙적으로 제한하도록 하며 외박이 가능할 정도의 상병상태가 완화되어 외박을 신청하는 때에는 퇴원 후 재입원시키도록 한다. 따라서 입원환자가 사정에 의해서 외출 · 외박을 원할 경우에는 담당의사, 간호사의 허락을 받아 원무부서의 협조하에 외출 · 외박을 할 수 있도록 하되. 특히 장기재원환자의 외출에 따른 관련 보험회사와의 마찰이나 건강보험환자의 입원료 체감제 적용에 따른 손실이나 요양기관의 현지조사 등에도 영향을 미치므로 외출·외박은 특별한 사유가 없는 한 통제되어야 한다.

3. 입원(재원)환자 식사관리

입원환자 식대는 입원한 환자에게 건강보험의 식대산정기준에 의한 의사처방(식사종류별)에 의하여 식사를 제공한 경우에 산정하며 산재보험의 경우 본인부담없이 전액 근로복지공단에 청구한다.

수행 내용 및 수행 준거

1 일반병상과 상급병상의 기준과 관리요령을 이해하고 병상관리업무를 수행한다.

(1) 일반병상은 6인실, 5인실, 4인실, 3인실, 2인실은 보험급여가 되는 병실을 말하며, 입원실료는 보건복지부에서 정한 의료기관별 종별수가를 적용한다.

상급병상은 일반병상에 비하여 시설이 현저히 우수한 병상을 의미하며 1인실과 특실 등이 있다(산재환자의 경우 상급병실에 입원시 차액을 본인이 부담한다).

2 입원수속시 보험유형별 자격관리사항이 미비된 경우는 병동별 재원담당자가 자격을 보완한다.

(1) 산재보험요양급여 신청서(또는 자동차보험 지급보증서), 인적사항 보완

(2) 산재 및 자보환자의 승인상병 외 기왕증 진료 진료비 관리

(3) 고액진료비 및 체납진료비 환자의 진료비 연대보증인 확보 등이다.

3 상급병실신청환자의 경우 상급병실료(차액)를 적용한다.

상급병상은 일반병상에 비하여 시설이 현저히 우수한 병상을 의미하며 특실, 1인실 등이 있다(산재환자의 경우 근로복지공단에서 1인실 등 상급병실을 사용 승인시 공단으로 청구하고 미승인시 환자가 부담함)

4 전실 및 전과환자 발생과 상급병실사용 신청 등이 있을 경우에는 업무를 처리한다.

(1) 전실이나 전과환자가 발생시는 병원의 전실 · 전과 신청양식을 사용하여 신청한다.

(2) 일반병실에서 상급병실 사용신청시는 '상급병실사용신청서'에 인적사항을 기록하여 신청한다.

5 입원(재원) 중 환자유형이 변경된 경우는 유형변경을 한다.

입원기간 중 의료보장 자격의 변동으로 진료수가산정방법이 다르므로 대상자는 자격을 확인 즉시 변경하여 사전심사와 진료비 계산을 하여야 한다. 또한 자격변동에 따른 보험청구단체도 변경되므로 유의하여야 한다.

5-5 퇴원수속 및 진단서 발급

학습목표

1 | 입원환자의 퇴원수속과 진료비(비급여)를 수납할 수 있다.
2 | 정산된 퇴원 진료비 내역을 설명할 수 있다.
3 | 진단서 발급요청에 따라 진단서를 발급할 수 있다.

1. 퇴원수속

(1) 퇴원결정

입원환자의 퇴원은 먼저 담당의사의 의학적 판단에 의해 퇴원결정이 이루어진다. 담당의사의 퇴원결정 후 미비한 병명이나 진료기록부를 정리하고 퇴원에 따른 투약 등의 처방과 동시에 진료비 계산부서로 진료기록부를 이송한다. 대부분의 병원들은 진료기록부와 퇴원결정서가 동시에 원무부서로 송부되고 있으나 처방전만으로 진료비를 계산하고 진료기록부는 정리 후 의무기록실로 송부하는 병원도 있다.

퇴원예고제 시행에 따른 원무부서에서는 퇴원진료비가 빨리 계산되어야 퇴원이 신속히 이루어지도록 하여야 한다. 특히 건강보험환자의 증가와 복잡한 진료비 계산으로 퇴원이 늦어지는 경우가 많으므로 매일 발생되는 처방전을 신속히 입력하여 두고 퇴원통보와 동시에 진료비 계산이 될 수 있도록 한다.

(2) 퇴원수속절차

① 정상퇴원절차

① 퇴원결정 → ② 사전심사 → ③ 계산서 출력 → ④ 계산서 병동송부 → ⑤ 진료비수납 → ⑥ 재진예 약 및 검사예약 → ⑦ 귀가

② 비정상 퇴원절차

공휴일이나 야간에 환자의 상병상태 변화나 희망에 의한 비정규 퇴원이 생기는 경우 소수의 당직자가 근무할 때이므로 처방의 확인이나 정확한 진료비 산정이 어려우니 전일까지의 진료비 총액에 당일 발행된 처방을 계산하여 우선 수납하고 다음날 정산할 있게 안내한다.

그림 5-15 ▶ 퇴원수속

(3) 퇴원심사

퇴원심사란 입원진료 중 발행된 처방전에 의해 입력된 진료비가 정확하게 산정되었는지 진료기록부와 확인하는 과정이다. 따라서 진료기록부의 상병명, 보험유형별 진료수가 및 급여범위, 처치 및 수술료, 마취료, 특정재료대, 주사약제 등을 OCS 화면으로 확인하여 잘못 입력된 부분은 수정한다. 즉 퇴원심사는 입원환자의 퇴원에 있어서 최종진료비 계산 전에 진료비가 적절하게 계산 및 산정되었는지 검토하는 과정을 의미한다.

그림 5-16 ▶ 진료비 심사

(4) 퇴원진료비 계산

산재보험의 경우 비급여대상 진료나 상급병실을 사용 경우 진료비계산 대상의 경우는 진료를 수납한다.

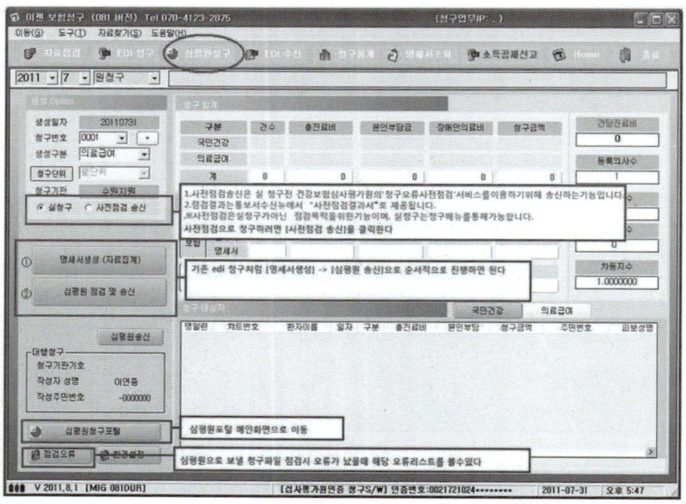

그림 5-17 ▶ 퇴원진료비 수납 화면

(5) 퇴원수속

① 퇴원수속

퇴원진료비계산이 완료되면 해당병동이나 환자에게 연락하여 퇴원진료비를 청구하고, 은행이나 수납계에서 진료비를 수납후 퇴원수속완료증을 발급한다. 진료비영수증은 중간진료비청구서와 같이 사용하고 퇴원증은 퇴원수속이 완료되었을 경우에 발급하도록 한다.

퇴원수속이 완료된 환자는 약국이나 병동에서 퇴원약을 받고 퇴원후의 주의사항 및 다음 진료에 대하여 자세한 설명을 듣고, 다음 내원일을 예약후 귀가하도록 한다.

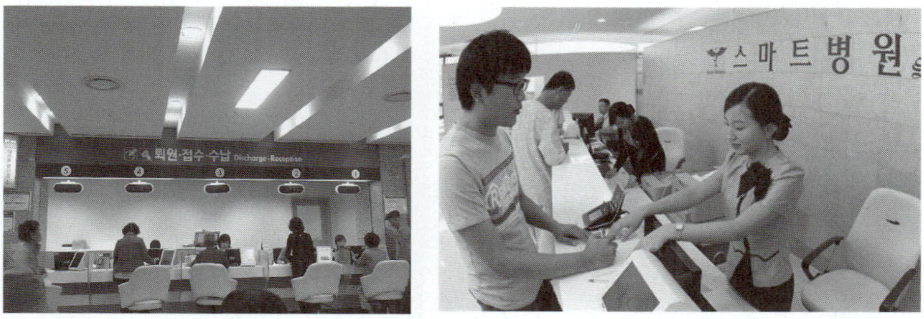

그림 5-18 ▶ 퇴원수속

3. 진단서 발급절차 및 방법

(1) 병원중심 및 환자중심 발급

① 병원중심 발급

진단서나 제증명이 필요한 환자나 보호자가 의사에게 제증명 발급을 신청하고 의사가 발급한 진단서를 제증명 발급 창구에 제출하여 필요한 수만큼 발급한 후 다시 발급한 의사에게 제출하여 서명날인을 받는 방법이다.

② 환자중심 발급

내원고객이 제증명 발급을 신청하면 병원차원에서 모든 발급과정을 처리하는 방법으로 의원의 경우 많이 이용되고 있으나 대형병원의 경우 시간이 많이 소요되고 제증명발급 전담인력이 필요로 하는 등의 어려움이 있다.

(2) 외래 및 입원 경우 발급절차

① 외래의 경우

진단서 발급절차
① 해당 진료과 접수 → ② 담당의사와 상담 → ③ 담당의사 진단서 입력 → ④ 수납창구에서 진단서료 수납 ⑤ 담당의사 날인 및 수납창구에서 발급

② 입원의 경우

진단서 발급절차
① 해당 주치의, 간호사에게 신청 → ② 담당의사와 상담 → ③ 담당의사 진단서 입력 → ④ 증명서 발급 창구 진단서 출력 ⑤ 담당의사 날인 및 발급창구에서 발급

(3) 제증명 발급방법

① 의사직접 발급

의사가 직접 작성하기 때문에 가장 정확한 방법이긴 하지만 바쁜 진료일정에 많은 시간을 소요해야하는 어려움이 있다.

② 전산이용발급

의사가 원본만 작성하고 진단서 발급 전담자가 신청한 수만큼 PC를 이용하여 발급하는 방법이다.

③ 원내전자문서 이용발급

의사가 제증명서를 전산화면에서 작성 · 서면 날인 후 제증명 발급창구로 전송시키는 방법으로서 OCS가 잘 개발된 대학병원 등에서 많이 활용되고 있다.

(3) 제증명 발급료 보험급여여부

① 제증명발급료는 건강보험 및 의료급여의 경우는 비급여대상으로 전액 환자가 부담

한다.

② 산재보험 및 자동차보험은 발급목적 및 용도에 따라 급여 또는 비급여대상이다.

수행 내용 및 수행 준거

1 퇴원 전 심사 유의사항에 대하여 알아보고 업무를 수행한다.

(1) 보험유형별 자격관리사항과 주민등록번호 누락여부를 확인한다.

(2) 처치 및 수술료, 마취료, 특정재료대, 야간가산율 적용 여부를 확인한다.

(3) 고가약제 및 단백 아미노산제, 특수촬영(MRI, PET 등) 보험인정기준에 따른 급여 여부를 확인한다.

(4) 진료내역과 진료기록부(약제 및 치료재료 order, 상병명과 검사 등)가 일치하는지 확인한다.

(5) 산재 및 자보환자의 경우 승인상병과 기왕증 진료여부를 확인한다.

(6) 비급여대상여부 및 전액본인부담항목, 기타 사항에 대하여 확인 후 퇴원심사를 완료한다.

2 퇴원등록이 완료되면 코드와 진료결과를 OCS 퇴원 화면에 입력한다.

진료결과의 입력은 계속(1), 이송(2), 회송(3), 사망(4), 퇴원(5)으로 입력하여 보험청구에 반영되도록 한다.

3 퇴원진료비 계산과 수납에 대하여 알아보고 업무를 수행한다.

퇴원진료비 계산이 완료되면(수납대상 환자만) 해당병동이나 환자에게 퇴원진료비를 청구하고 수납창구나 은행에 진료비를 수납 후 진료비영수증(외래진료예약 포함)을 발급한다.

4 진단서의 의의와 제증명서의 종류에 대하여 이해한다.

(1) 진단서란 의사가 다른 사람을 진찰 또는 검사한 결과를 종합하여 생명이나 건강의 상태를 증명하기 위하여 작성하는 의학적 판단서이다.

(2) 제증명의 종류에는 건강진단서, 진단서(일반, 병사용, 공무원요양용, 각종 보험용 등), 상해진단서, 사망진단서(또는 사체검안서), 출생증명서, 사산 및 사태증명서, 소견서감정서, 장애진단서, 치료확인서, 향후치료비 추정서 등이 있다.

5 의료법에 명시된 진단서의 기재사항에 대하여 이해하고 업무를 수행한다.

진단서의 기재사항은 1. 환자의 주소 · 성명 및 주민등록번호 2. 병명 3. 발병 연월일 4. 향후 치료에 대한 소견 5. 진단 연월일 6. 의료기관의 명칭 · 소재지, 진찰한 의사 · 치과의사 또는 한의사(부득이한 사유로 다른 의사 등이 발급하는 경우에는 발급한 의사 등을 말한다)의 성명 · 면허자격 · 면허번호 등이다.

6 제증명발급 절차에 대하여 이해하고 업무를 수행한다.

제증명발급 절차는 병원중심의 발급절차와 환자중심의 발급절차가 있다.

(1) 병원중심의 발급절차는 진단서가 필요한 환자나 보호자가 의사에게 제증명 발급을 신청하고 의사가 발급한 진단서를 제증명창구에 제출하여 필요한 수만큼 발급한 후 다시발급한 의사에게 제출하여 서명날인을 받는 방법이다.

(2) 환자중심의 형태는 고객중심의 의료서비스가 강조되면서 환자나 보호자가 일일이 담당의사를 찾아 다녀야 하는 번거로움을 해소하고 제증명 서류 발급을 신청하면 병원에서 발급과정을 전산화하여 발급하는 방법이며 주로 개인의원에서 많이 이용되고 있다.

(3) 외래 및 입원 경우 발급절차를 이해하고 실행한다.

7 제증명 발급 방법과 제증명 발급시 유의사항에 대하여 알아보고 실행한다.

제증명 발급 방법에는 (1) 의사직접발급 (2) 전산이용 발급 (3) 전자문서 이용방법 등이 활용되고 있다.

제증명 발급 유의사항은 (1) 의료법에 따라 진단서의 보존기간은 3년이다. (2) 제증명서를 발급한 경우는 발급대장에 기록하고 관리한다. (3) 진단서 발급 시는 본인확인과 인적사항확인 및 진단기간 및 숫자확인, 사망진단서의 경우는 외인사에 대하여 확인 기재한다.

8 진단서 및 제증명료의 발급비용의 보험급여사항에 대하여 알아본다.

진단서 및 제증명발급료는 건강보험인 경우는 비급여대상이며, 산재보험 및 자동차보험은 사용 용도에 따라 급여대상 또는 비급여대상이다.

9 진단서의 서식에 의하여 발급하고 관리한다.

- 발급 후 제증명발급 사실조회가 있을 경우에는 문서로 회신한다(공공기관으로부터 진단서발급 사실조회요청이 문서로 접수되면 발급 관련 자료를 찾아 확인 후 문서로 회신하여야 한다)
- 제증명발급 현황(진단서 발급 종류별)에 대하여 자료를 작성하여 부서장에게 보고한다.

5-6 진료비관리

학습목표

1. 입원환자의 진료비 대상(비급여진료)이 발생할 경우 진료비를 계산할 수 있다.
2. 퇴원 후 발생한 진료 미수금에 대하여 관리할 수 있다.

1. 진료비관리

1) 진료비의 개념

(1) 진료비관리의 의의

진료비 관리업무는 외래 와 응급실 및 입원시설을 이용하는 모든 환자에게 제공된 진료행위나 재료(의료 소모품) 등과 같은 모든 의료서비스를 의료보장 유형별 수가기준을 적용하여 진료수익으로 전환하고 회수하는 일을 말한다. 진료비는 수입과 수익, 비용으로 나누어지며, 수입(income)은 지출의 반대개념이다. 수익(profit)이라고 함은 비용에 대응되는 개념으로 일정기간 고객에게 제공된 재화나 용역의 판매가격이라고 한다. 또는 수익은 현금 + (외상매출금) + 미수금이다. 비용이라 함은 수익을 위해 소요된 재화나 용역의 원가를 말한다.

산재보험 진료비
진료비(診療費)라 함은 진찰, 약제 또는 진료재료, 의지 기타 보철구 지급, 처치 · 수술 기타의 치료, 의료시설에의 수용, 간병, 이송, 기타 산재환자 치료를 위해 필요한 비용을 말한다. 산재환자에 대한 진료비는 보건복지부장관이 고시하는 건강보험진료수가에 의해 산출하는 것을 원칙으로 하되, 건강보험이 적용되지 않는 항목 또는 부분 적용되는 치과보철료, 재활치료료, 의지 및 보조기장착료, 식대, MRI촬영료, 초음파검사료 등은 고용노동부장관이 별도로 정하여 산정하여 고시한다.

2. 진료비 관리

진료비 관리라고 하면 통상 진료비에 대한 계수관리뿐만 아니라 그 금액이 결정되기 위한 기준이 필요하며, 환자에 대한 진료행위 또는 물자의 제공 시점부터 전체금액의 수납까지 지속적으로 연계 수행되어져야 한다.

(1) 의료수익관리

진료비관리는 서비스 또는 물자의 제공에서 현금의 회수시까지 계속적으로 연계되어 이루어져야 하며, 수가기준의 인식, 계산, 산정, 청구 및 수납과 미수금 관리의 단계로 구분할 수 있다.

① 수가기준 인식

병원이 환자에게 특정행위 또는 물자를 제공할 경우 특정제도의 적용여부 및 적용시 얼마의 진료비가 되는가?에 대한 원칙 내지는 근거이다. 현 의료보장제도하에서는 요양급여기준과 진료수가기준이 주 내용이며, 단순한 수가가 아니라 많은 인식기준과 범위가 매우 광범위하다. 수가인식의 대상자는 의료행위자(의사, 간호사, 약사, 의료기사 등)와 사무요원(수가계산, 청구서작성, 수납자 등)이다.

② 수가산정 체계

입원환자의 진료비는 현행 행위별수가체계하에서 진료기준수가에 의해 행위별로 산정하고 있다. 비급여 등 병원자체수가를 적용하는 환자를 제외하면 보건복지부가 고시한 진료수가 기준액표상의 항목에 상대가치점수와 환산지수를 곱하여 요양기관의 가산율을 적용하여 운영되고 있다.

③ 수가기준

진료수가란 크게 진료행위료와 재료대로 구분되어 있으며, 진료행위료는 검사료, 영상의학진단 및 방사선치료료, 처치 및 수술료, 마취료, 이학요법료 등과 같이 일정한 자격과 기술을 갖춘 의료진이 진료한 대가로 요양기관 종별 가산율을 산정할 수 있는 항목이다. 재료대는 진료행위에 대한 가산율을 적용할 수 없는 항목으로 약제 및 치료재료가 포함되며, 의료기관의 실구입 또는 상한가에 따라 산정하고 청구하도록 되어 있다. 다만 진찰료, 입원료, 수혈료는 병원에 따라 수익을 인식하는 기준에 다소 차이가 있다.

표5-2 의료보장별 진료비 산정기준 및 근거

구분	건강보험	의료급여	산재보험	자동차보험
산정근거	보건복지부고시	보건복지부고시	고용노동부고시	국토교통부고시
종별가산율 (행위료)	상급종합병원 : 30%, 종합병원: 25%,병원 20%, 의원 : 15%	의료급여 3차의료기관 : 22%, 종합병원 : 18%, 병원 : 15%, 의원 : 11%	상급종합병원: 45%, 종합병원 : 37%, 병원 : 21%, 의원 : 15%	산재보험과 동일

(2) 입원진료비 계산

진료비계산은 진료수가기준에 의해 환자에게 제공된 진료행위 또는 물자를 진료비로 전환하는 업무이다.

① 처방전발행

환자에게 제공된 각종 진료내용을 진료비를 계산하는 원무부서로 전달하는 방법이다. 가장 중요한 것은 제공된 행위 또는 재료비에 대한 누락은 수익의 감소를 의미하기 때문에 정확한 정보가 전달될 수 있도록 처방전을 발급작성과 동시에 수가화 되거나 정보전달체계에 의거 진료비 계산부서로 직접 전달되어야 한다. 처방전달시스템(OCS)을 이용하는 병원은 의료진의 의료행위나 진료용 재료가 진료기록부와는 별도로 처방전을 발급하지 않고 해당 병동이나 부서에서 전산에 곧바로 입력시키는 방법이다. 입력된 정보는 해당부서나 진료지원부서로 곧 바로 전달됨과 동시에 진료비도 자동으로 계산되며 대부분의 병원이 시행하고 있다. 특히 진료부서 및 지원부서의 처방전 발행시 진료행위에 대한 착오가 없도록 신속 · 정확한 발행과 입력이 요구된다.

② 입원 중 유형 변경시

보험의 유형에 따라 적용수가가 다르기 때문에 입원진료 중 환자의 자격 유형이 변경되는 경우를 확인하여 변경이 필요하다.

(4) 퇴원전 심사

진료비 계산이 끝나면 자체 심사직원에 의해 환자가 퇴원하기 전에 진료기록부나 처방전과 진료비계산서를 검토 확인하는 과정과 그 목적은 퇴원계산서와 청구명세서상의 금액차이를 줄여 사후 발생될 수 있는 민원을 감소시키고, 수가유형에 다른 급여제한사항에 대하여 적정급여여부를 사전에 검토하여 청구불가능으로 인한 "악성미수"의 발생을 감소시키며, 진료과의 처방전 발생누락 및 삭제 혹은 착오에 의한 중재적 홍보역할을 함으로서 병원 경영에 도움을 줄 수 있다.

3. 진료비 지불보증

(1) 지불보증

보증은 채무자가 채무를 이행하지 않을 경우에 보증인이 대신하여 채무자의 채무를 부담하는 것을 말한다. 병원의 진료비는 보험의 유형에 따라 본인부담금(율)이 상이하다. 따라서 진료비 지불보증은 본인부담금을 제외한 보험의 유형별로 제3자 단체에서 하게 된다.

(2) 산재보험환자 및 자동차보험 진료비 지불 보증 기관(청구액)

산업재해보상보험법, 공무원연금법과 사립학교교직원연금법, 자동차손해배상보장법에 의하여 진료비 지불보증기관은 다음과 같다.

① 산업재해보상보험 : 심사 및 진료비지급을 모두 고용노동부 산하 근로복지공단에서 담당한다.

② 공무상요양보험(공상): 진료비심사는 건강보험심사평가원에서 담당을 하고, 공무원연금법과 사립학교교직원연금법에 의하여 공무상 사망 및 부상, 질병, 폐질 등이 발생할 경우에 요양급여를 한다.

③ 자동차보험 : 심사는 건강보험심사평가원에서 담당을 하고, 진료비 지급은 각 보험사에서 지급한다.

(3) 재원 기간 중 유형(자격) 변경

① 재원 기간 중에 자격이 변경되는 경우는 변경된 일자를 기준으로 자격을 변경하여 등록한다.

② 산재보험 환자나 자동차보험 환자의 경우 재원 중 사고와 관련이 없는 질환(기왕증)이 발생한 경우는 의료 보장 자격으로 본인부담금 수납(계산)할 수 있도록 한다.

③ 자동차보험 환자 중 책임보험 환자나 자손 환자의 경우 지불 보증 한도액을 초과하여 진료비가 발생한 경우 급여 제한 여부 조회서(또는 의료급여 제한 여부 조회서)를 해당기관에 의뢰 후 보험자의 결정에 따라 자격을 관리하도록 한다.

4. 진료미수금 관리

1) 미수금의 개념

(1) 미수금 관리의 의의

의료기관에 있어 미수금(未受金)은 제공하는 서비스 및 관련제도의 특성 때문에 전혀 발생하지 않도록 관리하기가 불가능할 뿐 아니라, 총 수익 중에 미수금이 차지하는 비율이 다른 업종의 조직이나 기업보다 매우 높고, 거의 회수가 불가능한 악성채권도 많으며, 특히 채무자(지불자)가 미수금을 일방적으로 삭감하거나 조정하는 제도 때문에 미수금관리자에게는 전문화된 지식과 복잡한 절차를 수행할 수 있는 숙련도가 요구된다.

(2) 진료미수금의 정의

진료미수금이란 병원이 환자에게 제공한 의료서비스 항목에 해당하는 수가를 적용하여 계산한 진료비총액 중 진료행위가 종료된 시점에 병원수입으로 현금화하지 못한 일부 진료비를 말한다.

(3) 진료미수금의 구분

① 미수금은 기준에 따라 여러 가지로 구분되지만, 의료보장 제도에 의해 진료가 종결된 후 청구해야 하는 보험자(공단) 부담금과 환자본인이 납부해야 할 부담금 가운데 개인사유로 미납한 개인미수금으로 대별할 수 있다.

② 미수금은 회계처리를 위한 계정과목을 기준으로 할 때 입원환자에게 의료서비스를 제공한 결과에 의한 퇴원미수금과 재원미수금, 외래환자와 관련한 외래미수금으로 분류할 수 있다. 진료형태에 따라 외래미수금과 입원미수금으로 구분되며, 의료보장 여부 및 형태에 따라 건강보험, 의료급여, 산재보험, 자동차보험, 일반환자, 기타로 구분하기도 한다.

③ 지불처를 기준으로 하여 계약기관, 개인미수금, 기타 등으로 구분하기도 하는데, 원무부서에서는 효율적인 업무수행을 위해 진료미수금을 다음과 같이 분류하고 관리하는 것이 일반적이다.

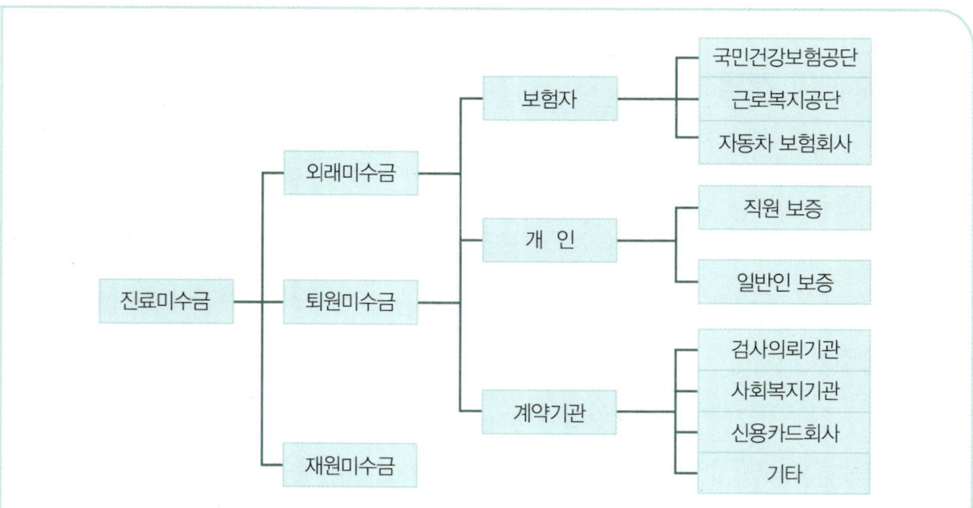

그림 5-19 ▶ 진료미수금의 분류

5. 진료미수금 관리업무의 흐름 및 발생과정

(1) 미수금 관리업무의 흐름

미수금의 발생과 회수 및 회계처리의 개괄적인 절차를 보면, 외래 원무부서와 입원 원무부서의 담당자가 미수금을 발생시켜 미수담당자에게 이관하면, 미수담당자는 미수채권을 거래처 또는 청구처별로 분류하여 미수금 관리대장에 등재한 후 해당기관이나 채무자에게 청구하게 된다.

미수금을 회수하면 미수금 관리대장의 해당되는 계정에 정확한 내역을 정리하고 회계기준에 따라 작성한 수입일보 또는 대체일보(전표)를 경리부서로 통보하여 회계 처리하는 과정을 거치게 된다. 진료비 미수금 관리업무절차 및 흐름도는 다음과 같다.

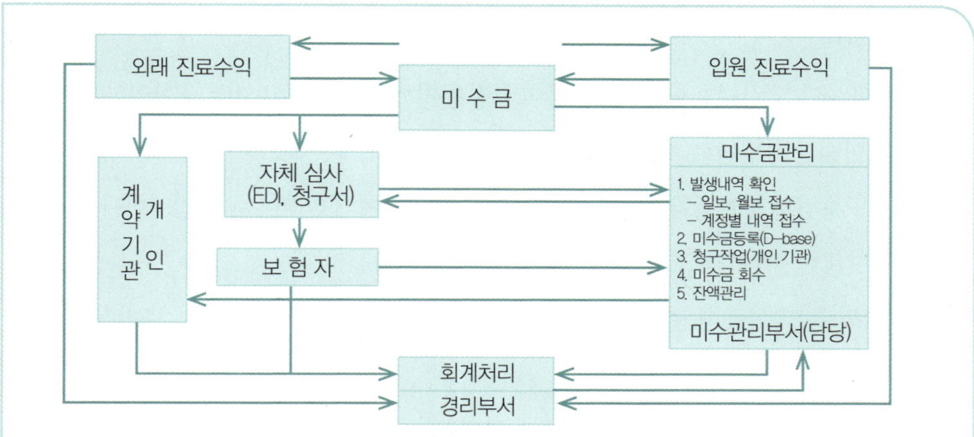

그림 5-20 ▶ 진료미수금 관리업무 흐름도

주 : 1) 미수금을 회수하면 미수금관리대장의 해당계정에 내역정리

2) 회계기준에 따라 작성한 수익일보 또는 대체일보(전표)를 경리부서 통보

(2) 산업재해보상보험 미수금관리

산재보험 환자는 대부분 장기 입원하게 되므로 본인 부담금이 악성미수가 발생되지 않도록 조기회수에 노력하는 것이 중요하며, 기관부담금 회수에 큰 어려움은 없다고 할 수 있다. 건강보험과 달리, MRI 촬영의 보험급여는 인정범위가 높고, 초음파 검사(endo sonography 제외)는 특정한 신체부위를 대상으로 시행할 때만 요양급여에 해당되므로,

이에 대한 착오청구 또는 중복청구가 발생되지 않도록 철저하게 확인하는 것이 필요하다.

수행 내용 및 수행 준거

1 보험유형별 진료비 지불보증을 알아보고 지불보증업무를 수행한다.

(1) 산업재해보상보험 진료비 지불 보증

① 산재환자의 비급여진료 및 산재 미승인 등을 대비하여 진료비보증(입원서약서)을 환자 또는 보호자에게 받는다.

② 산업재해로 인한 입원경우는 산재승인신청 여부를 확인한다.

③ 산업재해 환자의 '요양 급여 결정 통지서'에 외래 또는 입원 치료 요양 승인 기간을 확인한다.

④ 환자의 진단 및 상태 확인 후 "요양 급여 결정 통지서"에 승인 상병 여부를 확인한다.

⑤ 산재 미승인 상병진료(기왕증 등)에 대하여 건강보험 또는 의료급여를 적용하여 본인부담금을 수납하고 보험자부담금(또는 의료급여기관)에 대한 미수금이 발생한다.

⑥ 진단 기간을 확인하고 퇴원 예정일 전에 퇴원통보를 한다.

⑦ 퇴원 및 통원 치료에 대하여 근로복지공단(의료기관 관할 지사)에 진료비를 심사 청구한다.

⑧ 청구가 끝나면 산재보험 관리대장에 환자에 대한 인적 사항과 지급받은 금액을 기입하여 관리한다.

⑨ 근로복지공단으로부터 진료비 심사지급내역서가 통보되면 미수금을 정산한다.

2 산재보험환자의 진료비내역을 확인하고 상담이 필요한 환자에 대하여 진료비상담을 하며, 비급여 내역을 설명한다.

특히 비급여 내역에 대하여 자세하게 설명하여 환자의 민원발생을 사전에 방지하도록 한다.

제6장

산재보험 진료비 심사청구

6-1 산재보험 진료비청구 명세서 작성

학습 목표

1 | 진료비청구 명세서 작성요령에 의거 요양급여명세서를 작성할 수 있다.
2 | 상병명 및 상병분류기호는 「한국표준질병 · 사인분류」에 의거 주상병, 부상병, 배제된 상병 순으로 기재할 수 있다.
3 | 진료비 명세서 작성시 (Ⅰ)란과 (Ⅱ)란의 기재내용을 구분 작성할 수 있다.

1. 진료비청구 및 지급 관련 법령(산재보험법)

(1) 진료비의 청구

① 산재보험 의료기관이 요양을 실시하고 그에 드는 비용을 받으려면 근로복지공단에 청구하여야 한다.

② 청구된 진료비에 관한 심사 및 결정, 지급 방법 및 지급 절차는 고용노동부령으로 정한다.

산재보험 의료기관이 진료비를 청구하는 경우에는 다음 각 호의 서류를 첨부하여야 한다.

1. 개인별 진료비 명세서
2. 「의료법 시행규칙」 제12조에 따른 처방전(고용 · 산재정보통신망 또는 정보통신망으로 청구하는 경우에는 처방전의 내용을 입력한 것으로 갈음할 수 있다.)

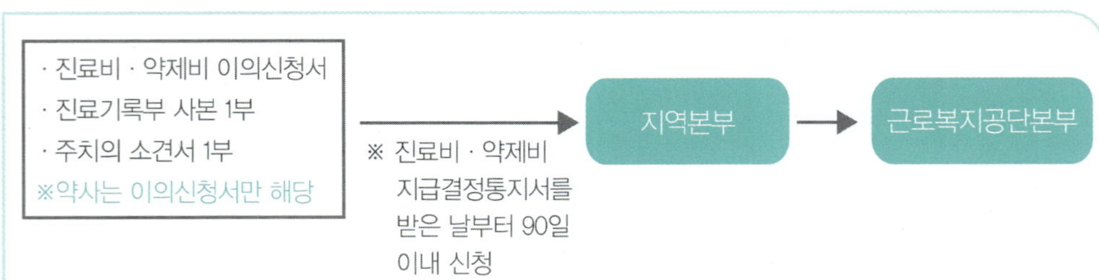

그림 6-1 ▶ 산재보험 진료비 청구과정

(2) 약제비의 청구

약국이 약제비를 청구하는 경우에는 다음 각 호의 서류를 첨부하여야 한다.

1. 약국개설등록증 사본 및 사업자등록증 사본(최초로 청구하는 경우만 해당된다)
2. 개인별 약제비 명세서
3. 산재보험 의료기관에서 발급한 처방전(고용 · 산재정보통신망 또는 정보통신망으로 청구하는 경우에는 처방전의 내용을 입력한 것으로 갈음할 수 있다.)

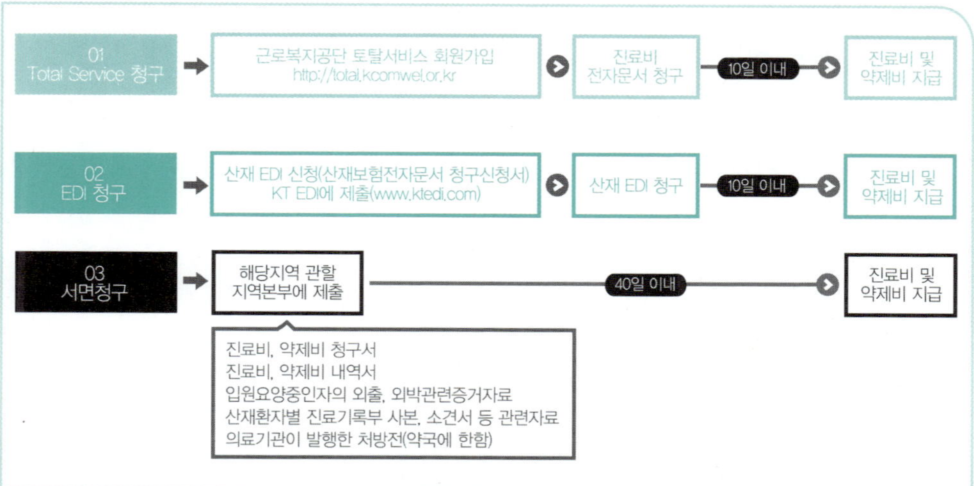

그림 6-2 ▶ 산재보험 진료비 및 약제비 청구절차

(3) 진료비·약제비의 심사 및 지급결정

① 근로복지공단은 진료비나 약제비의 청구를 받은 경우에는 다음 각 호의 사항을 심사하여 지급 여부 및 지급 금액을 결정하여야 한다.

1. 청구 명세 중 산재보험 요양급여기준을 위반한 사항이 있는지 여부
2. 진찰 · 약제 · 처치 · 수술이나 그 밖의 치료가 업무상의 재해를 입은 근로자의 요양에 필요하고 적정한 것이었는지 여부

② 제1항에 따른 지급결정은 진료비나 약제비의 청구를 받은 날부터 40일 이내에 하여야 한다. 다만, 고용 · 산재정보통신망이나 정보통신망으로 청구한 경우에는 10일 이내에 지급결정을 하여야 한다.

③ 공단은 제2항 단서에 따라 10일 이내에 지급결정을 할 수 없는 경우에는 산재보험 의료기관 또는 약국이 청구한 진료비나 약제비의 100분의 85에 해당하는 금액을 미리 지급한 후 제1항에 따른 심사가 끝나면 그 결과에 따라 정산할 수 있다.

④ 공단은 진료비나 약제비의 지급결정을 한 경우에는 그 내용을 해당 산재보험 의료기관 또는 약국에 알려야 한다.

(4) 산재보상 요양급여

산업재해보상보험법의 적용을 받는 사업 또는 사업장 소속 근로자가 업무상 부상, 질병, 장해 또는 사망한 경우(부상, 질병의 경우 4일 이상의 요양을 요할 것) 최초요양신청 또는 요양연기신청(치료기간을 연장), 전원요양신청(병원을 옮겨야 할 때), 재요양신청(치료 종결 후 상병이 재발하였을 때), 추가상병신청(새로운 상병이 추가되었을 때)을 하면 된다.

(5) 산재보험 진료비의 산정

산재보험 진료비는 산재보험법 제40조, 동법 시행령 제28조, 동법 시행규칙 제17조에 의거하여 고용노동부장관이 고시하는 산재보험 요양급여 산정기준에 따라 산정할 수 있다. 원칙적으로 보건복지부장관이 고시하는 건강보험 진료수가/약제비 산정기준에 따르도록 되어 있으나 이에 규정되지 않았거나 이를 적용함이 근로자 보호에 적당하지 아니한 경우에는 고용노동부장관이 별도로 산재보험 요양급여산정기준으로 정하여 고시하고 있다.

(6) 산재보험진료비 청구 방법과 지급

산재보험 진료비(요양비)청구는 산재의료기관 해당지역 관할 근로복지공단 지역본부에 서면청구, 토탈서비스청구, 정보통신망에 의한 청구의 3가지 방법 중 하나로 청구한다(상기 그림 6-2 참고). 진료비지급은 토탈서비스청구 및 정보통신망을 이용한 청구는 10일 이내, 서면청구는 40일 이내 지급한다.

(7) 산재보험급여의 청구시 유의사항

① 급여의 청구

재해를 당한 근로자나 그 유족은 업무상재해가 발생하면 재해가 발생한 사업장 소재지를 관할하는 근로복지공단 지사에 가서 보험급여청구서를 작성하여 청구한다.

② 증인의 사전확보

업무상 재해인지가 문제되므로 나중에 회사가 협조를 해주면 증명하기가 쉬우나 그렇지 않은 경우도 많으므로 회사와의 관계를 생각하여 증언을 꺼려하는 경우가 많으므로 사고발생 직후 당시 상황을 목격한 동료근로자의 진술서라도 받아놓아야 하며, 퇴사한 동료라도 필요하면 증인으로 세울 수 있다.

③ 건강진단서 등 근거서류 사전확보

과로로 인한 질병 발생의 경우에는 노동자의 기존병력, 건강상태, 작업조건, 과로여부, 질병(사망)원인 등을 충분히 조사하여 산재보상을 신청하여야 한다. 즉 예를 들면 사원건강진단서나 발생 전에 평소보다 연장근로를 많이 한 근거서류들을 확보해 두는 것이 필요하다.

④ 사업주의 조력

산재법 제100조는 사업주의 조력 규정을 두고 있다. 산재와 관련한 많은 서류는 회사가 갖고 있기 때문에 노동자가 보험급여를 받는 데 필요한 증명을 요구하면 사업주는 응하여야 한다.

⑤ 의사소견서 등의 확보

직업성 질병이나, 과로로 인한 질병에서 주치의 소견, 진단서, 사망진단서, 사체부검소견서 등은 업무상 질병인지 여부를 판단할 때 매우 중요하다.

(8) 산재보험 진료비 심사기준

산재보험 요양급여의 범위 및 비용 산정기준은 건강보험 요양급여 기준을 적용하고, 동 기준에서 정한 사항이 근로자 보호를 위하여 적당하지 아니한 경우 및 동 기준에서 정하고 있지 아니한 사항의 경우 등에는 고용노동부장관이 별도 고시하는「산업재해보상보험 요양급여산정기준」을 적용한다.

2. 진료비청구 명세서 작성

1) 진료비 청구 개요

산재보험환자의 요양비청구방법에는 서면청구(진료비명세서 작성), 토탈서비스 청구, 정보통신망에 의한(전자문서)청구가 있다. 요양급여비용 청구방법과 심사청구서 명세서 서식 및 작성요령은 고용노동부고시에 의거 아래와 같다.

3. 진료비 · 약제비청구서 서식 작성요령(별지 제9호 서식)

(1) 청구서 서식번호

명세서 고유번호로서 타 서식과 구분할 수 있는 번호로서 전자문서의 경우 서식번호는 다음과 같다.

표6-1 청구서 서식번호

서식번호	서식명	비고
M110	산재보험진료비청구서	서면은 별도 기재 생략
M120	후유증상관리비용 진료비청구서	
M130	진폐건강진단비용청구서	
M210	산재보험약제청구서	
M220	후유증관리비용 약제비청구서	

(2) 사업구분

서면은 사업구분별 해당되는 청구서에 "v"로 기재하고, 전자문서는 사업구분별 해당되는 구분자를 기재한다.

- 요양급여비용 : 요양 중인 산재근로자 진료에 소요된 비용을 말한다.
- 후유증상관리비용 : 산재보험 후유증상관리 대상자 진료에 소요된 비용을 말한다.
- 진폐건강진단비용: 진폐법 적용사업의 분진작업 근로자에 대한 건강진단에 소요된 비용을 말한다.

(3) 청구기관코드

산재보험 의료기관 지정을 신청하여 부여받은 산재지정코드를 아래 유형(7자리)으로 기재한다.

- ■ 기재 유형 : ㅁ산재보험 의료기관 지정코드(1000000)

산재보험 약국등록을 신청하여 부여받은 약국코드를 아래 유형(7자리)으로 기재한다.

- ■ 기재 유형 : ㅁ산재보험 약국 등록코드(2000000)

(4) 명칭 · 대표자 · 작성자 등

① 명칭

청구기관(의료기관 · 약국) 명칭을 기재한다.

② 대표자

청구기관(의료기관 · 약국) 대표자 성명을 한글로 기재한다.

③ 작성자

청구기관(의료기관 · 약국)에서 해당 청구건을 작성한 청구담당자 성명을 기재한다.

④ **우편번호**

청구기관(의료기관 · 약국)의 관할구역 우편번호를 기재한다.

⑤ **소재지**

청구기관(의료기관 · 약국)의 소재지를 기재한다.

⑥ **전화번호**

청구기관(의료기관 · 약국)의 전화번호를 기재한다.

⑦ **은행, 계좌번호**

청구기관(의료기관 · 약국)은 심사 지급결정 금액을 수령받고자 하는 은행명 및 계좌번호를 기재한다(단, 전자문서 청구기관은 계좌 변경 시에만 제출).

(5) 청구구분

청구기관은 보완청구, 추가청구를 할 수 있으며, 이 경우 청구구분란에 반드시 "보완청구" 또는 "추가청구" 구분자를 기재한다.

- 서면은 해당란에 "v" 로 기재하고, 전자문서는 해당하는 구분자를 기재한다.
  - □ (0) 원 청구 : 진료비용 발생분에 대한 최초 청구
  - □ (1) 보완청구 : 최초 청구분에 대한 심사불능 건에 대한 보완청구
  - □ (2) 추가청구 : 기 청구된 명세서 내역 중 일부가 최초 청구에서 누락된 내역에 청구

(6) 진료년월

입원의 경우 퇴원일이 속한 월을 진료 년 월로 기재하되 청구단위는 월별청구를 원칙으로 한다.

- 기재 유형 : CCYYMM

(7) 건수 · 청구액 · 계

① 건수

해당 요양급여비용 명세서의 청구건수를 합하여 기재하며, 입원 · 통원 등을 구분하여 기재한다.

② 청구액

해당 요양급여비용 명세서의 요양급여비용의 총액을 합하여 기재하며, 입원 · 통원 등을 구분하여 기재한다.

③ 계

해당 요양급여비용 명세서의 요양급여비용의 총액을 합하여 기재하며, 입원 · 통원 구분 없이 합하여 총액을 기재한다.

(8) 청구기관 진료형태

진료형태에 따라서 1 : 의과입원, 보건기관입원 2 : 의과통원, 보건기관통원 3 : 치과입원 4 : 치과통원 5 : 한방입원 6 : 한방통원 7 : 약국으로 구분한다.

(9) 간호인력 확보수준 (간호등급)

- 서면은 해당 구분란에 간호등급을 "숫자"로 기재한다.

예시 :

⑮ 간병제공현황	㉮ 간호인력확보수준(간호등급)
	5 등급

- 전자문서는「건강보험 행위 급여 · 비급여 목록표 및 급여 상대가치점수 제2부 제1장 〔산정지침〕 2. 입원료 등 라. 간호인력확보수준에 따른 입원환자 간호관리료 차등제에 분류된 1등급 내지 7등급에 해당하는 간호등급 구분자를 기재한다.

  (1) : 간호등급 1등급 내지 4등급 의료기관

  (2) : 간호등급 5등급 내지 7등급 의료기관 및 요양병원

(10) 간병료 산정 및 청구방법

① 간병료 산정 현황

의료기관에서 산재근로자에게 간병을 제공한 경우 기재한다.

② 간병료 청구기간

의료기관에서 실제 간병을 제공한 기간을 매월 단위로 구분하여 아래유형에 따라 기재한다.

단, 중환자실, 회복실 또는 폐쇄병동 입원기간은 간병대상에서 제외

예시 :

▶ 기재유형 : CCYYMMDD ~ CCYYMMDD

③ 간병 병상 수

의료기관에서 실제 간병을 제공하는 운영 병실의 병상수로 일별 병상 수의 총합을 기재한다.

예시 :

▶ 간병이 제공된 병실의 총 병상수가 20병상이고 간병을 제공한 총일수가 31일인 경우 ⇨ 20병상 수 × 31일 = 620병상

④ 간병인 수

의료기관에서 실제 간병을 제공하는 병실에서 간병업무에 종사하는 간병인수로 일별 간병인 수의 총합을 기재한다. 단, 15일 이상 장기 휴가자는 제외한다.

예시 :

▶ 간병을 제공한 총일수가 31일이고 서비스를 제공한 간병인수가 15일간 18명, 16일간 17명인 경우 ⇨ (18명×15일) + (17명×16일) = 542명

⑤ 병상수 대 간병인 수의 비

간병 병상수를 간병인 수로 나눈 비율을 소수점 둘째 자리에서 절사하여 기재하되

예시 :

▶ 20병상에 투입된 간병인수가 15일간은 18명, 16일간은 17명일 경우 ⇨ 20병상×31일/{(18명×15일)+(17명×16일)} = 620 / 542 = 1.143 : 1 = 1.1 : 1 〔※ 구분자 코드(4) 기재〕

- 전자문서는 해당비율에 해당하는 구분자를 기재한다.
  (1) : 1:1 이하인 경우 (2) : 1:1 초과 1.5:1 미만인 경우 (3) : 1.5:1 이상 2;1 미만인 경우 (4) : 2:1 이상인 경우
- 서면은 해당 구분란에 간병비율을 직접 "숫자"로 기재한다.

예시 :

⑮ 간병제공현황	㉶ 병상수 대 간병인 수의 비
	1.1 : 1

⑥ 간병인 현황

간병인 이름, 주민번호, 간병인 면허(자격)번호, 간병인자격 취득일자, 입사일자, 퇴사일자를 기재한다.

최초 제출 시에는 간병인 인력을 모두 입력하지만 두 번째 제출시 부터는 기 등록된 간병인 현황과 변동된 사항만 기재한다.

- 입사일(최초근무일) : 직접 고용한 경우에 입사일을 기재하고, 직접 고용하지 않은 경우에는 최초 근무일을 기재한다.
- 퇴사일(근무종료일) : 직접 고용한 경우에 퇴사일을 기재하고, 직접 고용하지 않은 경우에는 근무 종료일을 기재, 계속 근무시는 99991231로 기재한다.

- "전자문서"는 명일련단위 특정내역 구분코드 MB001로 기재한다.
  X(성명20)/9(주민등록번호13)/9(면허(자격)번호11)/9(취득일자8)/9(입사일8)/9(퇴사일8)
- "서면" 의 경우 간병인 현황을 서류로 직접 제출한다.

(11) 급여구분

급여구분(진료비 · 약제비)을 반드시 구분하여 구분자를 기재하며, 서면은 해당란에 "v"로 기재한다. □ (1) : 진료비 □ (2) : 약제비

(12) 첨부

청구기관(의료기관 · 약국)에서 청구 시 첨부 자료를 말한다.

(13) 진료비 · 약제비 명세서 및 관련서류

① 진료비 · 약제비 명세서

해당 청구건의 명세내역서 첨부 부수를 기재한다.

② 진료비 · 약제비 청구관련 자료

해당 청구건의 명세내역 관련 보완자료 첨부 부수를 기재하며, 명일련 번호를 표기하여 명일련 순서로 첨부한다. 또한 관련자료는 명일련별로 하되 유형별로 묶는다.

③ 처방전

해당 청구건의 총 처방전 매수를 기재한다.

(14) 청구일자 · 청구인 · 인증결과

① 청구일자

서면은 청구일자를 청구 년, 월, 일 숫자로 기재하며, 전자문서는 청구일자를 아래 유형(8자리)으로 기재한다. - 청구일자 : CCYYMMDD

② 청구인

청구기관(의료기관 · 약국)의 대표자(개설자)가 청구내용 및 금액을 확인한 후 성명을 기재하고 서명 또는 날인한다.

③ 인감대체기호

청구기관(의료기관 · 약국) 대표자(개설자)의 인감대체기호를 기재한다.

④ 인증결과

전자문서의 위조 및 변조여부를 점검할 수 있는 검증결과 값을 생성하여 기재한다.

3. 진료비 명세서

• 의 · 치과(별지 제11호 서식), 한의과(별지 제12호 서식)

<table>
<tr><th>구 분</th><th>항 목 설 명</th></tr>
<tr><td>사업구분</td><td>• 서면 : 사업구분별 해당되는 청구서에 “√” 로 기재
• 전자문서 : 사업구분별 해당되는 구분자를 기재
ㅁ (1) : 요양급여비용 : 요양 중인 산재근로자 진료에 소요된 비용
ㅁ (2) : 후유증상관리비용 : 산재보험 후유증상관리대상자 진료에 소요된 비용
ㅁ (3) : 진폐건강진단비용 : 진폐법 적용사업의 분진작업 근로자에 대한 건강진단에 소요된 비용</td></tr>
<tr><td>서식번호</td><td>명세서 고유번호로서 타 서식과 구분할 수 있는 번호
• 서 면 : 별도 기재 생략
• 전자문서 :
<table>
<tr><td>· M311</td><td>산재보험 진료비 명세서(의 · 치과)</td></tr>
<tr><td>· M312</td><td>산재보험 진료비 명세서(한의과)</td></tr>
<tr><td>· M321</td><td>후유증상관리비용 명세서(의 · 치과)</td></tr>
<tr><td>· M322</td><td>후유증상관리비용 명세서(한의과)</td></tr>
<tr><td>· M331</td><td>진폐건강진단비용 명세서</td></tr>
</table></td></tr>
<tr><td>청구구분</td><td>보완청구, 추가청구(진료내역 일부 누락분 추가청구)시 구분코드를 기재</td></tr>
<tr><td>코 드</td><td>ㅁ (1) : 보완청구 ㅁ (2) : 추가청구</td></tr>
<tr><td>접수번호</td><td>보완청구, 추가청구의 경우 최초 청구한 명세서의 접수번호를 기재</td></tr>
<tr><td>명세서일련번호</td><td>보완청구, 추가청구의 경우 최초 청구한 명세서의 일련번호를 기재</td></tr>
<tr><td>사유코드</td><td>보완청구의 경우 최초 청구한 명세서 내역 중에서 심사불능 사유를 기재</td></tr>
<tr><td></td><td>서면청구는 보완청구, 추가청구의 경우 최초 청구한 명세서의 접수번호 및 명세서의 일련번호를 기재하여 청구하되, 청구서와 명세서의 우측 하단 여백에 적색으로 “보완청구” 또는 “추가청구”를 표기</td></tr>
<tr><td>산재근로자
인적사항 등</td><td>산재근로자 인적사항 등 기재</td></tr>
<tr><td>성 명</td><td>산재근로자의 성명을 한글로 기재하되 반드시 성과 이름을 붙여서 기재
외국인 산재근로자는 외국인등록증 상 영문 대문자를 기재
외국인등록이 안되어 있는 경우 여권 상 first name + middle name + last name
예시 :
<table>
<tr><td colspan="2">성 : mohammad, 이름 : emon ali,</td></tr>
<tr><td>서면 기재</td><td>모하메드 에몬 알리</td></tr>
<tr><td>전자문서 기재</td><td>MOHAMADEMONALI</td></tr>
</table></td></tr>
<tr><td>주민등록번호</td><td>산재근로자의 주민등록번호를 기재하되 생년월일 다음의 “–”는 기재 생략
외국인 산재근로자는 외국인등록번호 기재. 단, 외국인등록을 하지 않은 경우 근로복지공단에서 부여한 직권번호로 기재</td></tr>
</table>

<table>
<tr><td>소속사업장명</td><td>산재근로자가 업무상 재해발생 당시 소속된 사업장명을 기재</td></tr>
<tr><td>재해일자</td><td>해당 산재근로자가 최초의 업무상 재해로 인하여 부상하거나 발병한 연월일을 기재
• 유형 : CCYYMMDD</td></tr>
<tr><td>진료개시일</td><td>해당 의료기관에 산재근로자가 진료 받은 초일을 기재
• 유형 : CCYYMMDD</td></tr>
<tr><td>진료기간</td><td>청구 월 해당 청구명세서의 진료 시작일과 종료일을 기재
진료기간을 아래 유형(8자리)으로 기재
• 유형 : CCYYMMDD – CCYYMMDD</td></tr>
<tr><td>실진료일수</td><td>해당 명세서 건에 실제 진료한 일수를 기재 (입원은 입원일수, 통원은 내원일수)

예시 :
입원 : 2021. 1. 1 ~ 1. 28. (28일) ⇨ 실진료일수 (28)일
통원 : 2021. 1. 1 ~ 1. 28. (내원일 : 1, 2, 3, 4, 5, 6) ⇨ 실진료일수 (6)일</td></tr>
<tr><td>간병료청구
·
간병범위</td><td>의료기관에서 산재근로자에게 제공한 간병료를 청구할 경우 “간병료청구 유 · 무” 해당란에 기재하고 산재보험법 시행규칙 제11조제2항에 따른 간병의 범위 1호 내지 10호에 해당하는 구분자 기재
• 전자문서는 해당되는 구분자를 기재
• 서면은 “유 ㅁ · 무 ㅁ ”에 “√”로 기재하고 간병범위 괄호에 “숫자”로 기재

예시 :
<table><tr><td>간병료청구</td><td>유 ☑ 1 · 무 ㅁ 2.</td><td>간병범위</td><td>(00) 호</td></tr></table>
〈 간병의 범위 〉

1 : 두 손의 손가락을 모두 잃거나 사용하지 못하게 되어 혼자 힘으로 식사를 할 수 없는 사람
2 : 두 눈의 실명 등으로 일상생활에 필요한 동작을 혼자 힘으로 할 수 없는 사람
3 : 뇌의 손상으로 정신이 혼미하거나 착란을 일으켜 일상생활에 필요한 동작을 혼자 힘으로 할 수 없는 사람
4 : 신경계통 또는 정신의 장해로 의사소통을 할 수 없는 등 치료에 뚜렷한 지장이 있는 사람
5 : 체표면적(체표면적)의 35퍼센트 이상에 걸친 화상을 입어 수시로 적절한 조치를 할 필요가 있는 사람
6 : 골절로 인한 견인장치 또는 석고붕대 등을 하여 일상생활에 필요한 동작을 혼자 힘으로 할 수 없는 사람
7 : 하반신 마비 등으로 배뇨 · 배변을 제대로 하지 못하거나 욕창 방지를 위하여 수시로 체위를 변경 시킬 필요가 있는 사람
8 : 업무상 질병으로 신체가 몹시 허약하여 일상생활에 필요한 동작을 혼자 힘으로 할 수 없는 사람
9 : 수술 등으로 일정 기간 거동이 제한되어 일상생활에 필요한 동작을 혼자 힘으로 할 수 없는 사람
10 : 그 밖에 부상 · 질병 상태가 제1호부터 제9호까지의 규정에 준하는 사람</td></tr>
</table>

구분	내용
중환자실 입원	명세서의 산재근로자 입원기간 중 중환자실에 입원한 기간을 "ㅁ"에 "√"로 기재하고 진료연월일 기재 예시 : ▶ 진료기간 : 2021. 1. 1 ~ 2021. 1. 28. (28일) ⇨ 실진료일수 (28)일 ▶ 중환자실 입원 ☑ : 2009. 1. 1 ~ 2009. 1. 15. (15)일 ▶ 기재유형 : CCYYMMDD ~ CCYYMMDD ,DD
퇴원약 투약일수	입원인 경우에 기재하며, 퇴원당일 처방된 퇴원약 투여일수를 기재

진료구분

서 면: 진료구분을 선택 "√" 기재하고 진료형태(의 · 치과, 한의과)에 따른 아래 해당항목을 선택하여 괄호 안에 "숫자"로 기재

- 진료구분 : ㅁ 입원 ( ), ㅁ 통원 ( )

구 분	의과 · 치과	한의과	내 용
①	일반	일반	②~⑫를 제외한 의과 일반 요양
②	요양장기(정액)	요양장기(정액)	요양병원 장기환자
③	치과		치과
④	특별진찰	특별진찰	공단의 진찰요구에 의한 요양
⑤	병행진료	병행진료	병행진료 환자를 진료한 경우
⑥	진폐		'산재법'에 따른 진폐 환자로 진폐요양기관에서 요양
⑦	정밀진단		'산재법'에 따른 정밀진단대상자로 정밀진단기관에서 요양
⑧	신체감정	신체감정	보험급여 일시지급의 신청을 위해 신체감정을 한 경우
⑨	건강진단 1차		'진폐법'에 따른 분진작업 대상자를 건강진단 검사한 경우
⑩	건강진단 2차		'진폐법'에 따른 분진작업 대상자를 건강진단 검사한 경우
⑪	사용유보		
⑫	사용유보		

전자 문서: 아래에서 해당되는 구분자를 기재

구 분	의과 · 치과			한의과			
①	입원 일반	②	통원 일반	①	입원 일반	②	통원 일반
③	요양장기(정액)			③	요양장기(정액)		
④	입원 치과	⑤	통원 치과	④	입원 특별진찰	⑤	통원 특별진찰
⑥	입원 특별진찰	⑦	통원 특별진찰	⑥	입원 병행진료	⑦	통원 병행진료
⑧	입원 병행진료	⑨	통원 병행진료	⑧	입원 신체감정	⑨	통원 신체감정
⑩	입원 진폐	⑪	통원 진폐	⑩	사용유보	⑪	사용유보
⑫	입원 정밀진단	⑬	통원 정밀진단				
⑭	입원 신체감정	⑮	통원 신체감정				
⑯	입원 건강진단1차	⑰	통원 건강진단1차				
⑱	입원 건강진단 2차	⑲	통원 건강진단2차				
⑳	사용유보						

치료구분	해당 명세서 작성 시 최종 진료일의 산재근로자 상태를 구분하여 기재 • 서면은 치료구분을 선택하여 괄호 안에 “숫자” 기재 • 전자문서는 아래 ① ~ ⑤ 중 해당되는 구분자를 기재 ① 치유 : 부상 또는 질병이 완치되거나 치료의 효과를 더 이상 기대할 수 없고 그 증상이 고정된 상태 ② 사망 : 최초요양 접수되기 전에 사망한 경우 ③ 요양 중 사망 : 요양기간 중 사망한 경우 ④ 전원 : 해당 의료기관에서 치료를 위하여 다른 의료기관으로 옮겨가는 경우 ⑤ 계속 : 해당 명세서 건 작성 시 최종 진료일 당시 입원 중이거나 계속 통원이 예정된 경우
상병분류기호	해당 명세서의 산재근로자 산재승인 상병명에 해당하는 분류기호를 기재하되, 통계청 고시에 의거 “한국표준질병사인분류(K.C.D-8)”의 분류기호를 주상병, 부상병 순으로 기재 • 주상병 : 진료기간 중 최종적으로 진단 받은 병태 및 환자가 여러 질환을 동시에 가진 경우에는 진단이나 치료에 대한 환자의 요구가 가장 컸던 질환 즉, 의료자원을 가장 많이 사용하게 했던 질환을 기재(단, 주상병은 1개만 기재) • 부상병 : 진료기간 중 주상병과 함께 있었거나 발생된 병태로서 환자 진료에 영향을 주었던 상병은 두 번째 자리부터 중요도 순으로 기재 (영문자는 반드시 대문자로 기재하고 ‘·’ 또는 *, + 등 특수기호는 기재 생략)
진료과목	해당 명세서에 실제 진료를 받은 진료과목(병원) 또는 상병명에 해당하는 진료과목을(의원) 기재하되, 진료과목이 2개 이상에 해당하는 경우 진료받은 진료과목 모두 기재 (4. 진료과목 및 특정내역 구분코드)
치식도	치식번호를 우상, 좌상, 우하, 좌하 순으로 일렬로 위치한 뒤 상병명과 관련된 치식번호 위치에 영구치는 ‘*’를, 유치는 ‘#’를 기재 서면 예시 ▶ 영구치인 경우(복합상병 시) 부위 및 상병명 : ＿＿＿＿| 4 5 6 만성치수염(분류기호 K05.3)
내원일	진료구분이 통원인 경우 기재하며 실제 내원한 일자를 모두 기재 • 전자문서는 월별로 명세서를 통합하여 작성하는 경우 당월에 초진 또는 재진으로 당해 의료기관에 실제 내원한 날짜에 ‘1’을 기재 • 서면은 당해 요양기관에 실제 내원한 일자마다 각각 ‘o’ 으로 표기
처방내역	처방전을 교부한 경우에 기재
처방전교부번호	의료기관에서 부여하는 번호로서 처방전교부일과 처방전 교부순서에 따른 일련번호를 연이어 기재 • 유형 : CCYYMMDD+(일련번호) CCYYMMDD : 처방전교부 연.월.일(8자리) 일련번호 : 해당 처방전 교부년.월.일에 발생한 처방전의 일련번호(5자리)
처방일수	해당 처방전에 의하여 조제투약 하도록 처방한 일수를 기재
줄번호	처방전교부번호별로 처방약품의 일련번호를 4자리숫자로 연이어 부여 기재 • 유형 (3번째 줄번호인 경우 다음과 같이 기재) : 0003

구분		기재 방법
약품코드		처방약품의 코드를 구분하는 구분자를 기재 • 전자문서는 코드를 기재 할 경우는 반드시 해당 구분자를 기재 • 서면은 코드구분에 해당되는 약품에 대한 코드를 직접 기재 〔 코드구분 〕 3 : 보험등재약(약제급여 · 비급여목록 및 급여상한금액표에 수록된 코드) 4 : 원료약, 요양기관 자체 조제(제제)약 5 : 보험등재약의 일반(성분)명
약품명		• 전자문서는 처방약품의 보험등재약 또는 일반명 코드, 원료약 코드를 기재 • 서면은 처방약품의 보험등재약 또는 일반명 코드, 원료약에 해당되는 약품에 대한 약품명 등을 직접 기재 ■ 산재근로자에게 교부한 처방전의 사본을 명세서에 첨부하는 경우에는 처방내역은 기재하지 않아도 무방 ■ 약사법의 관련 규정에 해당되어 원내 투약한 경우에는 "분류"란에 "의약분업 예외구분코드"의 해당 코드와 의약품명을 함께 기재
1회 투약량		1회 투약량(소수 셋째자리에서 4사5입하여 소수 둘째자리까지 기재)을 기재
1일 투여횟수		1일 투여횟수를 기재
총 투약일수		총 투약일수를 기재
줄번호		진료코드에 일련번호를 4자리 숫자로 부여하되, 항, 목 순으로 연이어 부여 기재 ■ 유형(103번째 줄번호인 경우 다음과 같이 기재) : 0103
항번호	의 · 치과 전자문서	의과 · 치과는 "진찰료"항부터 "기타"항까지 22개 항에 부여된 번호를 기재 01: 진찰료 02: 입원료 03: 투약료 및 처방전 04: 주사료 05: 마취료 06: 이학요법료 07: 정신요법료 08: 처치 및 수술료 09: 검사료 10: 영상진단 및 방사선치료료 L: 요양장기(정액) : 요양병원 장기환자에 해당 S: 특수장비 51: 간병료 53: 치과보철 54: 재활보조기구 55: 통합재활훈련 56: 초음파('13.10.1 이후 삭제) 57: 수수료 58: 이송료 59: 치료보조기구 99: 기타
	한의과 전자문서	한의과는 "진찰료"항부터 "기타"항까지 12개 항에 부여된 번호를 기재 01: 진찰료 02: 입원료 03: 투약료 04: 시술 및 처치료 05: 검사료 06: 한방물리요법 51: 간병료 52: 선택진료 57: 수수료 58: 이송료 60: 한방 첩약료 및 탕전료 99: 기타
	서 면	서면은 명세서 중단 좌측 란에 "요양급여의 내역과 처방 내역"을 구분한 내역에 따라 회(종), 기본진료 · 약제 · 특정재료(Ⅰ)에 해당하는 금액, 진료행위(Ⅱ)에 해당하는 금액을 각각 구분 기재 ▶ "기본진료, 약제, 특정재료(Ⅰ)"란은 기본진료료, 의약품관리료, 약제, 치료재료 및 혈액 등 요양기관 종별 가산율이 적용되지 아니하는 비용 기재 ▶ "진료행위(Ⅱ)"란은 요양기관 종별 가산율이 적용되는 비용 기재

목번호		의과 · 치과는 22개 항의 소분류 단위로 부여된 번호 기재 ■ 목번호 분류 예시 – 진찰료항 01: 초진 02: 재진 03: 의약품관리료 04: 응급 및 회송료 05: 가정간호기본방문료 06: 만성질환관리료 – 입원료항 01: 일반 02: 내과 · 정신과 03: 중환자실 04: 격리병실 05: 상급병실 06: 기타 07: 기본식대 08: 가산식대 – 투약료 및 처방전항 01: 내복약 02: 외용약 03: 처방전 – 주사료항 01: 피하또는근육내 02: 정맥내 03: 수액제 04: 기타 05: 특정재료 06: 수혈
목번호	의 · 치과 전자문서	– 마취료항 01: 마취료 – 이학요법료항 01: 이학요법료 – 정신요법료항 01: 정신요법료 – 처치 및 수술료항 01: 처치 및 수술(치과포함) 02: 캐스트 – 검사료항 01: 자체검사 03: 위탁검사 – 영상진단 및 방사선치료료항 01: 진단 02: 치료 – 요양장기(정액)항 01: – 특수장비항 01: CT진단 02: MRI진단 03: PET진단 – 간병료항 01: 간병료 – 치과보철료항 01: 치과보철 – 재활보조기구항 01: 재활보조기구 02: 재활보조기구 처방 및 검수료 – 통합재활훈련항 01: 통합재활훈련 – 초음파항('13.10.1이후 삭제) 01: 초음파 – 수수료항 01: 발급 · 확인수수료 – 이송료항 01: 이송료 – 치료보조기구항 01: 치료보조기구 – 기타항 01: 기타

목번호	한의과 전자문서	한의과는 12개 항의 소분류 단위로 부여된 번호 기재 ■ 목번호 분류 예시 – 진찰료항 01: 초진 02: 재진 03: 기타 04: 가정간호 기본방문료 – 입원료항 01: 일반 02: 내과 · 정신과 03: 중환자실 04: 상급병실 05: 기타 06: 기본식대 07: 가산식대 – 투약료항 01: 내복약 02: 처방 · 조제 · 복약지도료 – 시술 및 처치료항 01: 침술 02: 구술 03: 부항술 04: 처치료 05: 기타 – 검사료항 01: 양도락검사 02: 맥전도검사 03: 경락기능검사 04: 기타 – 한방물리요법료항 01: 이학요법료 – 간병료항 01: 간병료 – 수수료항 01: 발급 · 확인수수료 – 이송료항 01: 이송료 – 한방 첩약료 및 탕전료항 01: 첩약료 02: 탕전료 – 기타항 01: 기타

<table>
<tr><td>서 면</td><td>
서면 요양급여의 내역은 진찰료, 입원료(식대 포함), 투약료및처방전, 주사료, 마취료, 이학요법료, 처치 및 수술료, 검사료, 영상진단 및 방사선 치료료, 요양장기(정액), 특수장비, 간병료, 양도락검사, 맥전도검사, 경락기능검사 등… 순서로 코드, 진료기간, 단가, 수량(1일 투여량 또는 실시횟수), 일수(총투여일수 또는 실시횟수), 금액을 각각 기재

간병료 청구 방법

■ "간병료 청구"는 반드시 의료기관에서 실제 간병을 제공한 기간을 기재
예시 : 진료비 청구기간이 2009. 1. 1 – 2009. 1. 31. 기간 중에 A환자에게 2회에 걸쳐 간병을 제공한 경우 간병료 진료기간을 아래와 같이 분리하여 기재

<table>
<tr><th>코드</th><th>코드명</th><th>진료기간</th><th>단가</th><th>수량</th><th>일수</th><th>금액</th></tr>
<tr><td>99324</td><td>간호4등급 미만 일반 의료기관 및 요양병원 –간병2등급–간병 비율 2:1 이상</td><td>2009. 01. 01 – 2009. 01. 12.</td><td>30,470</td><td>1</td><td>12</td><td>365,640</td></tr>
<tr><td>99324</td><td>간호4등급 미만 일반 의료기관 및 요양병원 –간병2등급–간병 비율 2:1 이상</td><td>2009. 01. 20 – 2009. 01. 31.</td><td>30,470</td><td>1</td><td>12</td><td>365,640</td></tr>
</table>
■ 간병료 산정에 따른 시설 · 인력현황 및 간병필요에 대한 의사의 소견서 제출 시 청구 방법
① "전자문서"는 (4. 진료과목 및 특정내역 구분코드) 해당되는 항목의 줄번호 단위 구분코드 (JB001)로 기재

예시 :
<table>
<tr><th>발생단위구분</th><th>줄번호</th><th>특정내역구분</th><th>특정내역</th></tr>
<tr><td>2</td><td>00××</td><td>JB001</td><td>X(간병사유400)/ 9(면허번호6)/ X(담당의사20)
간병사유 : 사유를 간단하고 구체적으로 기재</td></tr>
</table>
주 1) JB001 : "간병료 청구 관련 사항"임을 표시하는 특정내역 구분코드
2) '간병사유'는 평문(Free Text)으로 기재(한글 200자, 영문 400자)
② "서면" 의 경우 간병료 산정에 따른 시설 · 인력현황 및 간병필요에 대한 의사의 소견서는 서류로 직접 제출
</td></tr>
</table>

목번호	■ "서면" 청구시 검체검사 위탁의 경우 의뢰기관은 "검사료"란의 (Ⅰ)란에 ②위탁검사관리료, ③위탁검사료를 구분하여 각각 총 합산한 금액을 기재하되, ③위탁검사료에는 위탁검사 해당항목의 소정 검사료와 별도 산정 가능한 재료대를 합산하여 기재하여야 하며, 이 경우 해당 검사항목 뒷줄 여백에 검체검사 위탁 구분코드 "L"과 실시(수탁)한 요양기관의 "기호", "검사의뢰일"을 기재 ■ "서면" 청구시 의료법 제39조(시설 등의 공동이용)에 의거 의료자원(시설 · 장비 및 인력 등)을 공동이용하는 계약에 의한 경우에는 해당 진료항목 뒷줄 여백에 시설 등의 공동이용 진료구분자 "K"와 실시한 요양기관(수탁기관)의 "산재지정코드", "진료의뢰일"을 기재하며, 공동이용계약에 의한 경우가 아닌 시설 · 장비 및 인력 등을 보유한 다른 요양기관에 진료를 의뢰한 경우에는 해당 진료항목 뒷줄 여백에 위탁진료 구분자 "T"와 수탁한 의료기관의 "산재지정코드", "진료의뢰일"을 기재 ■ "서면" 청구시 상대가치점수표 제1부 1. 일반기준 제3호에 의거 제2부 각 장에 분류되지 아니한 진찰 · 처치 · 수술 및 기타의 치료에 대한 요양급여를 실시한 경우에 우선적으로 행위의 내용 · 성격과 상대가치점수가 가장 유사한 분류항목으로 산정하는 경우에는 "준용" 항목임을 명시하고 해당코드 외에 실 진료행위 명칭을 기재 ■ 서면 한의과 약제 단미엑스산제를 56개 고시처방에 의하지 아니하고 한의사 임의 처방으로 투여하는 경우에는 분류란 상단에 처방명을 기재하고, 그 하단에 "한약제제급여목록및상한금액표"에 등재된 단미엑스산제의 품명, 단가 등을 기재 ■ 서면 한의과 "처방 · 조제 · 복약지도료"란은 외래 또는 입(퇴)원환자에게 투약한 경우에 산정하며 "진료행위(Ⅱ)"란에 기재. 입원환자에 대하여 입원기간 중 투약한 경우에는 투약 1일당으로 산정하며, 퇴원환자에게 투약한 경우에는 퇴원 익일부터 산정하되, 입원명세서의 "분류"란에 투약내역 기재 시 "퇴원약 ○일분"이라고 기재 ■ 서면 한의과"시술 및 처치료"란에 실시한 시술 및 처치명, 실시횟수, 금액을 "분류"란에 기재하고 실시횟수와 합계금액을 "구분"란과 "진료행위(Ⅱ)"란에 기재 ■ 서면 한의과 고정용 신축성 붕대 및 처치 시 사용된 재료대는 "4. 시술 및 처치료 ⑤기타"란의 "기본진료약제(Ⅰ)"란에 기재 ■ 서면 한의과 변증기술료(40400)는 "4. 시술 및 처치료⑤기타"란의 "진료행위(Ⅱ)"란에 기재
코드구분	코드를 구분하는 구분자로서, 코드를 기재할 경우는 반드시 해당 구분자를 기재 • 서면은 코드구분에 해당되는 코드를 직접 기재 〔 코드구분 〕 1. 수가(상대가치점수표에 수록된 코드) 2. 준용수가 3. 보험등재약(약제급여 · 비급여목록 및 급여상한금액표에 수록된 코드) 4. 원료약, 의료기관 자체 조제(제제)약 8. 치료재료
코드	진료수가, 보험등재약, 원료약, 조제 · 제제약, 치료재료를 기재

진료기간	해당 명세서의 진료기간 내에서 해당 코드에 대해 실제로 투여 또는 실시한 기간을 아래 유형(8자리)으로 기재 • 유형 : CCYYMMDD~CCYYMMDD
단가	상대가치점수표상의 점수에 점수당 단가를 곱하여 10원 미만은 4사5입한 금액을 기재 단, 약가, 치료재료, 원료약 등의 경우는 "약제 및 치료재료의 구입금액에 대한 산정기준"에 의한 단가를 기재 한의과 서면 "단가" 란은 기준처방(임의처방)별 1일당 약가 또는 "한약제급여목록 및 상한금액표"상의 단위가격을 기재하되, 기준처방(임의처방)별 1일당 약가는 원미만을 4사5입하여 금액을 정확히 기재. 단미엑스산제(분할 투여한 처방)인 경우 1일투여량란에 1일 총투여량(소수 셋째 자리에서 4사5입)을 기재하며, 총투여일수 란에는 실투여일수를 기재. 금액은 기준처방(임의처방)별 1일당 약가 또는 "한약제제급여목록 및 상한금액표" 단위가격에 1일 투여량 및 총투여일수를 곱하여 금액란에 기재
수량	1일 투여량(소수 셋째 자리에서 4사5입하여 소수 둘째 자리까지 기재) 또는 투여(실시) 횟수를 기재 단, 위탁검사의 경우 위탁검사관리료를 반영하여 1.1을 기재하며, 위탁진료, 개방병원진료 및 시설 등의 공동이용 진료시에는 실시(수탁)한 기관의 종별 가산율을 적용하여 기재
일수	총 투여일수 또는 실시횟수를 기재 단, 수탁기관에 위탁한 진료(검사)료 산정 시에는 총실시횟수(1일 진료(검사)실시횟수×총실시일수)를 기재
금액	단가×수량(1일투여량)×일수(총투여일수 or 실시횟수)를 계산한 후 원 미만은 4사5입하여 기재
소계	기본진료료, 약제 등 요양기관 종별가산율이 적용되지 않는 기본진료 · 약제 · 특정재료(Ⅰ), 요양기관 종별가산율이 적용되는 진료행위료(Ⅱ) 각각의 총합을 기재
가산율	건강보험 행위 급여 · 비급여 목록표 및 급여 상대가치점수 제2부 제2장 내지 제10장 및 제14장에 분류된 분류항목에 대하여 건강보험 요양기관 종별가산율에 '산업재해보상보험 요양급여 산정기준 제4조'를 적용하여 종별가산율 기재
청구액	소계와 가산율 가산금액의 합을 기재하되 10원 미만은 절사한 금액을 기재
특정내역기재란	■ 전자문서는 원내투약일수, 특정기호 등을 기재 ■ 서면은 특정의 진료(조제)내역 및 청구내역에 대한 추가적 기술사항 등을 기재
발생단위구분	특정내역 발생 단위별로 해당 구분자를 기재 1 : 명세서 단위, 2 : 줄번호 단위
줄번호	진료내역의 줄번호 단위로 특정내역을 기재할 경우에 해당 줄번호를 4자리 숫자로 기재. (단, 명세서 단위의 특정내역인 경우에는 기재하지 않음)
특정내역구분 특정내역	당해 내역의 구분코드(4. 진료과목 및 특정내역 구분코드)를 특정내역 구분란에 기재하고 그에 해당되는 기술사항을 특정내역란에 기재
인증결과	전자문서의 위조 및 변조여부를 점검할 수 있는 검증결과 값을 생성하여 기재

4. 약제비 명세서(별지 제 13호 서식)

구 분	항 목 설 명
사업구분	• 서면 : 사업구분별 해당되는 청구서에 "√" 로 기재 • 전자문서 : 사업구분별 해당되는 구분자를 기재 ㅁ (1) : 요양급여비용 : 요양 중인 산재근로자 진료에 소요된 비용 ㅁ (2) : 후유증상관리비용 : 산재보험 후유증상관리대상자 진료에 소요된 비용
서식번호	명세서 고유번호로서 타 서식과 구분할 수 있는 번호 • 서 면 : 별도 기재 생략 • 전자문서 : · M413 — 산재보험 약제비 명세서 · M423 — 후유증상관리비용 약제비 명세서
청구구분	보완청구, 추가청구(진료내역 일부 누락분 추가청구)시 구분코드를 기재
코 드	ㅁ (0) : 보완청구 ㅁ (1) : 추가청구
접수번호	보완청구, 추가청구의 경우 최초 청구한 명세서의 접수번호를 기재
명세서일련번호	보완청구, 추가청구의 경우 최초 청구한 명세서의 일련번호를 기재
사유코드	보완청구의 경우 최초 청구한 명세서 내역 중에서 심사불능 사유를 기재
	• 서면청구는 보완청구, 추가청구의 경우 최초 청구한 명세서의 접수번호 및 명세서의 일련번호를 기재하여 청구하되, 청구서와 명세서의 우측 하단 여백에 적색으로 "보완청구" 또는 "추가청구"를 표기
산재근로자	산재근로자 인적사항 등 기재
성 명	산재근로자의 성명을 한글로 기재하되 반드시 성과 이름을 붙여서 기재 외국인 산재근로자는 외국인등록증 상 영문 대문자를 기재 외국인 등록이 안되어 있는 경우 여권 상 first name + middle name + last name 예시 : 성 : mohammad, 이름 : emon ali, 서면 기재 — 모하메드 에몬 알리 전자문서 기재 — MOHAMADEMONALI
주민등록번호	산재근로자의 주민등록번호를 기재하되 생년월일 다음의 "–"는 기재 생략 외국인 산재근로자는 외국인등록번호 기재. 단, 외국인등록을 하지 않은 경우 근로복지공단에서 부여한 직권번호로 기재
재해일자	해당 산재근로자가 최초의 업무상 재해로 인하여 부상하거나 발병한 연월일을 기재 ■ 기재 유형 : CCYYMMDD
처방전 발행 의료기관	처방전을 발행한 산재보험 의료기관
산재보험 의료기관지정코드	처방전을 발행한 산재보험 의료기관의 산재지정코드 숫자 7자리 형식 기재 ■ 기재 유형 : 1000000
의료기관명칭	처방전을 발행한 산재보험 의료기관 명칭을 기재

대표자	처방전을 발행한 산재보험 의료기관의 대표자 성명을 한글로 기재
상병분류기호	처방전의 상병분류기호를 기재하되 통계청 고시에 의거 "한국표준질병사인분류"의 분류기호를 기재하며, 영문자는 반드시 대문자로 기재하고 '·' 또는 *, + 등 특수기호는 기재 생략 의사 또는 치과의사가 발행한 처방전에 기재된 상병분류기호를 기재
처방전교부일자	산재보험 의료기관에서 처방전을 발행한 일자를 기재
처방전교부번호	• 서면은 처방전에 기재된 교부연월일(CCYYMMDD)과 일자별 일련번호(5자리수 이내)를 기재 • 전자문서는 처방전의 교부번호를 기재
사용기간	처방전의 사용기간 기재 • 서면은 의사 또는 치과의사가 처방전을 교부하여 약국에서 조제하기까지의 기간을 의미하며, 처방전의 "사용기간"에 기재된 대로 기재
조제투약일	처방조제 시 해당 처방전으로 조제투약한 년,월,일을 기재 ■ 기재 유형 : CCYYMMDD
투약일수	해당 요양급여비용 명세서에서 조제투약을 받은 실일수 기재
처방내역	처방조제 시 대체, 수정, 변경, 저가대체, 성분처방으로 처방전의 약제와 조제 내역이 상이한 경우 해당 처방전의 약제 내역을 모두 기재
줄번호	처방약품의 일련번호를 4자리숫자로 연이어 부여 기재 ■ 유형(3번째 줄번호인 경우 다음과 같이 기재) : 0003
코드번호	코드를 구분하는 구분자로서, 코드를 기재할 경우는 반드시 해당 구분자를 기재 ■ 코드구분 : 3: 보험등재약 4: 원료약 5: 보험등재약의 일반명
약품코드	처방약품의 보험등재약 또는 일반명 코드, 원료약 코드를 기재 서면은 처방약품의 보험등재약 또는 일반명 코드, 원료약 코드 및 코드명을 직접 기재
1회 투약량	"처방전"의 1회 투약량(소수 셋째 자리에서 4사5입하여 소수 둘째 자리까지 기재)을 기재
1일 투여횟수	"처방전"의 1일 투여횟수를 기재
총 투약일수	"처방전"의 총투약일수를 기재
항	조제투약시 "약가"항부터 "조제료 등"항까지 1개 항에 부여된 번호 기재 01: 약가 02: 조제료 등
목	조제투약 시 각 약가항의 소분류 단위로 부여된 번호 기재 ■ 약가 01: 내복약 02: 외용 03: 주사 ■ 조제료 등 01: 조제료 등
줄번호	조제투약내역에 일련번호를 4자리숫자로 순차적으로 부여하며 줄번호는 동일 약제비 명세서에서 중복되지 않아야 함 ■ 유형 (10번째 줄번호인 경우 다음과 같이 기재) : 0010

조제내역투약	서면 "조제투약내역"은 약제 조제내역을 약제별로 기재하며, 조제투약내역 기재가 끝난 후에는 조제기술료 등 각 조제료의 해당코드와 산정내역을 모두 조제내역란에 기재 "조제투약내역"기재가 끝난 후 처방전의 대체 · 수정 · 변경 · 성분처방 등 실 처방내역과 조제내역이 상이한 경우에는 "처방내역"란에 해당 처방전의 약제내역 부분을 코드(일반명코드 또는 제품명코드), 약품명(일반명 또는 제품명), 1회투약량(소수 셋째자리에서 4사5입), 1일 투여횟수, 총투약일수 순서대로 기재하며, 실 처방내역 과 조제내역이 동일한 경우에는 처방내역을 생략할 수 있음
코드구분	코드를 구분하는 구분자로서, 코드를 기재할 경우는 반드시 해당 구분자를 기재 〔코드구분〕 1: 수가 3: 보험등재약 4: 원료약
약품코드	약국조제료, 보험등재약, 원료약의 코드를 기재 서면은 약국조제료, 보험등재약, 원료약의 코드 및 코드명을 직접 기재
조제구분	처방전에 의한 조제투약시 처방전의 대체, 변경, 수정 또는 성분처방인 경우 해당 구분자를 기재 서면은 처방전의 대체 · 수정 · 변경 등이 있는 경우에는 그 내용을 처방전(약국보관용 및 환자보관용)에 기록하되, "대체"의 경우 원 처방내역으로 기재하고, 수정 · 변경의 경우 수정 · 변경된 내역으로 기재하며, 조제투약내역의 "조제구분"란에 해당기호를 기재 1: 대체 2: 수정 3: 변경 4: 저가대체 5: 성분처방 9: 저가대체 가산금
단가	상대가치점수표상의 점수에 점수당 단가를 곱하여 10원 미만은 4사5입한 금액을 기재 단, 약가의 경우는 "약제 및 치료재료의 구입금액에 대한 산정기준"에 의한 단가를 기재
1일투약량	1일 총 투약량(소수 셋째 자리에서 4사5입하여 소수 둘째 자리까지)을 기재
총투약일수	총 투약일수 기재
금액	단가×1일투약량×총투약일수를 계산한 후 원 미만은 4사5입하여 기재
소계	약가(I)와 조제료(II) 를 각각 합산한 금액에서 10원미만 절사하여 기재 • 서면 : 각"약제비"란의 "내복약"은 처방전에 의한 조제투약 시 내복약을 투약한 경우에, "외용약"은 외용약을 투약한 경우에, "주사제"는 주사제를 투약한 경우에 각각 총투약일수 및 약가의 총액을"약가(I)"란에 기재 • 처방전에 의하여 조제 · 투약한 경우에는"약국관리료(Z1000), 기본조제기술료(Z2000), 복약지도료(Z3000), 조제료(Z4101–Z4121)"는 1.약제비 "①내지④목 조제료 등(II)"란에 각각 기재하고, "①내지④목"의 합계액을 "⑤목 조제료등(II)" 란에 기재하며, 의약품관리료(Z5000)는 내복약 조제일수에 따라 산정하여 1.약제비 "⑥목 조제료 등(II)"란에 별도 기재
청구액	약가와 조제료 등을 합산한 금액에서 10원 미만 절사하여 기재
특정내역기재란	특정기호 등을 기재
발생단위구분	특정내역 발생 단위별로 해당 구분자를 기재 1: 명세서 단위 2: 줄번호 단위

줄번호	조제내역의 줄번호 단위로 특정내역을 기재할 경우에 해당 줄번호를 4자리 숫자로 기재 (단, 명세서 단위의 특정내역인 경우에는 기재하지 않음)
특정내역구분 특정내역	당해 내역의 구분코드(4. 진료과목 및 특정내역 구분코드)를 특정내역구분란에 기재하고 그에 해당되는 기술사항을 특정내역란에 기재
인증결과	전자문서의 위조 및 변조여부를 점검할 수 있는 검증결과 값을 생성하여 기재

5. 진료과목 및 특정내역 구분코드

가. 진료과목별 코드

진료과목은 실제진료를 받은 진료과목(병원 이상) 또는 상병명에 해당되는 진료과목(의원)을 아래 코드로 기재하되, 진료과목이 2개 이상에 해당되는 경우에는 이를 모두 기재하여야 한다.

표6-2 진료과목별 코드

진료과목	코드번호	진료과목	코드번호
내 과	01	피 부 과	14
신 경 과	02	비 뇨 의 학 과	15
정신건강의학과	03	진단 방사선과	16
외 과	04	방사선종양학과	17
정 형 외 과	05	병 리 과	18
신 경 외 과	06	진단검사의학과	19
흉 부 외 과	07	결 핵 과	20
성 형 외 과	08	재 활 의 학 과	21
마취통증의학과	09	핵 의 학 과	22
산 부 인 과	10	가 정 의 학 과	23
소 아 청 소 년 과	11	응 급 의 학 과	24
안 과	12	작업환경의학과	25
이 비 인 후 과	13	예 방 의 학 과	26
치 과	50	한 방	80
보 건 기 관	90		

나. 특정내역 구분코드

- 특정의 진료(조제)내역 및 청구내역에 대한 추가적 기술사항 등을 기재
  - ㅇ 항목의 특정내역 기재형식 중 숫자형은 9로, 문자형은 X로, 소숫점은 V로, 연월일은 CCYYMMDD로, 시간의 시 · 분은 HHMM으로 표기하며 괄호()는 크기를 나타냄
- 특정내역 구분코드 MB001~MB004, JB001~JB004를 제외한 특정내역 코드의 작성요령은 보건복지부장관이 고시하는 내용을 따른다.

구분코드	특정내역	기재형식	설 명
MS001	원내 투약일수 (경구 · 외용)	9(3)	의약분업예외사항이 발생하여 경구 또는 외용약제를 원내에서 조제 · 투약시 해당 명세서의 실 투약일수를 기재(입원인 경우 퇴원약 조제 · 투약일수까지 포함, 의 · 치과, 한방명세서 해당)
MS002	원내 투약일수 (주사제)	9(3)	주사제를 원내 투여한 경우 해당 명세서의 주사제 실 투여일수(인슐린 등 분할투여 주사제 포함)를 기재(입원인 경우 퇴원약 조제일수까지 포함, 의 · 치과명세서 해당)
MS003	의약분업 예외 구분코드	9(2)	보건기관, 정신과 정액 의료급여명세서에서 의약분업예외사항에 해당되어 원내 직접조제한 경우 해당 예외구분 코드기재
MS005	낮병동 재원시간	ccyymm ddhhmm/ ccyymm ddhhmm	낮병동 입원시 해당 날짜와 재원기간 From/To를 기재
MS007	암질환 Stage 분류	X(4)/X(3)	등록 암환자가 C00~C97 상병으로 진료를 받은 경우 원발암 상병코드(3단 또는 4단)와 확인된 병기 Stage 분류를 기재 ※ MS008과 선택기재 가능 (예시) 위 유문부 악성 신생물로 Stage ⅢA인 경우 "C164/3A"로 기재
MS008	암질환 TNM 분류	X(4)/X(4)/ X(3)/X(3)	등록 암환자가 C00~C97 상병으로 진료를 받은 경우 원발암 상병코드(3단 또는 4단)와 확인된 병기 TNM 분류를 기재 ※ MS007과 선택기재 가능 (예시) 위 유문부 악성 신생물로 T2aN2M0인 경우 "C164/T2a/N2/M0"로 기재

구분 코드	특정 내역	기재 형식	설　　명
MS009	항암 화학요법 투여단계 및 주기	9(1)/ 9(2)/ 9(2)	등록 암환자가 C00~C97 상병으로 항암화학요법제를 투여받은 경우 투여단계(line) 및 투여주기(Cycle)를 기재 ※투여주기는 2 cycle 이상인 경우 From/To를 모두 기재 (예시) 항암요법 1차(1st line)에 3주기(cycle) 투여시 "1/03/"로 기재 항암요법 1차(1st line)에 3주기부터 5주기(cycle)까지 투여 시 "1/03/05"로 기재
MT001	상해외인	X(1)	■ 한국표준 질병 · 사인분류의 제20장에 의거 상병의 원인에 해당하 는 분류기호 중 영문 첫 자리(V,W,X,Y)만 기재 ■ 양 · 한방과가 동시에 개설된 요양병원 및 보건의료원에서 양(한)방 입원 진료중 한(양)방 협의진료로 별도의 명세서 작성시 'C'를 기재
MT003	개방병원 진료시 의뢰기관 기호	9(8)/9(1)	의료법 제33조의3(시설 등의 공동이용)의 규정에 의거 개원의가 참여하여 개방병원에서 입원 및 외래수술 등 요양급여를 행하고 동 소요비용을 개방병원에서 청구할 경우 진료를 의뢰한 요양기관(개원의원)기호 및 의뢰 당시 환자의 개원의원에서의 진료형태(입원: 1, 외래: 2)를 기재
MT004	소명자료 구분	X(1)	전산청구시 우편 또는 전송망 등으로 명세서와 관련된 소명자료를 첨부하는 경우 'Y'로 기재
MT010	폐렴정보	X(1)/X(1)/ X(1)/X(1)/ X(1)/X(1)/ ccyymmdd	폐렴이 발생되어 행위별수가를 적용하는 경우 '폐렴 환자에 대한 점검표' 6항목의 해당유무(각 사항에 해당하면 "Y", 그렇지 않으면 "N")와 진단일을 순서대로 기재
MT011	패혈증정보	X(1)/X(1)/ X(1)/ X(1)/X(1)/ ccyymmdd	패혈증이 발생되어 행위별수가를 적용하는 경우 '패혈증 환자에 대한 점검표' 5항목의 해당유무(각 사항에 해당하면 "Y", 그렇지 않으면 "N")와 진단일을 순서대로 기재

<table>
<tr><th>구분
코드</th><th>특정
내역</th><th>기재
형식</th><th>설 명</th></tr>
<tr><td>MT015</td><td>제출자료
목록표</td><td>X(2)</td><td>요양급여비용청구 시 심사참고자료 등을 제출하는 경우 기재하되, 아래의 제출자료별 코드를 참조하여 '제출자료코드/제출자료코드/........'형태로 기재

〈제출자료별 세부코드〉
<table>
<tr><th>구분</th><th>제출자료명</th><th>코드</th><th>제출자료명</th><th>코드</th></tr>
<tr><td rowspan="6">진료기록부</td><td>입퇴원기록지</td><td>01</td><td>의사지시기록지</td><td>02</td></tr>
<tr><td>수술기록지</td><td>03</td><td>마취기록지</td><td>04</td></tr>
<tr><td>경과기록지</td><td>05</td><td>간호기록지</td><td>06</td></tr>
<tr><td>집중치료실
기록지</td><td>07</td><td>투약기록지</td><td>08</td></tr>
<tr><td>신경차단술
시술기록지</td><td>09</td><td>혈액투여기록지</td><td>10</td></tr>
<tr><td>재활 · 물리
치료기록지</td><td>11</td><td>방사선치료기록지</td><td>12</td></tr>
<tr><td rowspan="4">검사결과지</td><td>검체검사결과지</td><td>21</td><td>조직병리
검사결과지</td><td>22</td></tr>
<tr><td>기능검사결과지</td><td>23</td><td>내시경, 천자 및
생검료 결과지</td><td>24</td></tr>
<tr><td>골밀도검사결과지</td><td>25</td><td>핵의학영상
진단결과지</td><td>26</td></tr>
<tr><td>판독결과지</td><td>27</td><td>–</td><td>–</td></tr>
<tr><th>구분</th><th>제출자료명</th><th>코드</th><th>제출자료명</th><th>코드</th></tr>
<tr><td rowspan="4">영상
자료</td><td>X-RAY 필름</td><td>41</td><td>CD</td><td>42</td></tr>
<tr><td>디스켓</td><td>43</td><td>Full PACS</td><td>44</td></tr>
<tr><td>비디오테이프</td><td>45</td><td>Roll film</td><td>46</td></tr>
<tr><td>Cine 필름</td><td>47</td><td>file (mail)</td><td>48</td></tr>
<tr><td rowspan="2">기타
자료</td><td>의사소견서</td><td>61</td><td>장기입원사유서</td><td>62</td></tr>
<tr><td>집중치료실
장기입원사유서</td><td>63</td><td>교과서적자료 등
근거자료</td><td>64</td></tr>
</table></td></tr>
<tr><td>MT016</td><td>제출자료
목록표
(기타)</td><td>X(200)</td><td>요양급여비용청구 시 심사참고자료 등을 제출하는 경우 기재하되, 'MT015'에서 정한 제출자료 이외의 자료를 제출하는 경우 기재
– 평문(FreeText) ※영문(200자), 한글(100자)</td></tr>
<tr><td>MX999</td><td>기타내역</td><td>X(700)</td><td>기타 명세서 추기내역 기재
– 평문(freetext)
※ 영문(700자), 한글(350자)</td></tr>
</table>

<table>
<tr><th>구분
코드</th><th>특정
내역</th><th>기재
형식</th><th>설 명</th></tr>
<tr><td></td><td></td><td></td><td>최초 청구시에는 간병인 인력현황을 모두 기재하지만 2회차 제출시 부터는 변경인력 현황만 기재(예: 퇴사자,입사자 등)
이름/주민번호/면허(자격)번호/자격취득일자/입사일(최초근무일)/퇴사일(근무 종료일)
– 계속근무시 퇴사일은 99991231로 기재
– 간병인 현황에 대한 동 구분코드는 반드시 명일련 1번에 기재</td></tr>
<tr><td></td><td></td><td></td><td>진료구분을 '⑤ 병행진료'로 선택한 경우에 병행사유에 해당하는 코드 기재
<table>
<tr><th>코드</th><th>병행진료사유</th></tr>
<tr><td>01</td><td>요양 증인 의료기관에 치과, 안과, 이비인후과, 비뇨기과, 정신과, 피부과, 신경과, 흉부외과가 없어 병행진료한 경우</td></tr>
<tr><td>02</td><td>수술 후 상병상태를 확인하기 위해 수술한 의료기관에 병행진료한 경우</td></tr>
<tr><td>03</td><td>진폐환자가 폐암진단을 위해 상급종합병원에서 병행진료한 경우</td></tr>
<tr><td>04</td><td>진폐환자가 합병증 및 속발증이 발생하여 수술이 필요하여 병행진료한 경우</td></tr>
<tr><td>05</td><td>진폐환자가 상급의료기관에서 진료할 특별한 사유 발생으로 병행진료한 경우</td></tr>
<tr><td>06</td><td>요양 중인 의료기관에 MRI, CT 검사장비가 없어 병행진료한 경우</td></tr>
<tr><td>07</td><td>요양 중인 의료기관이 응급의료기관으로 지정되어 있지 않아 다른 산재보험 의료기관에서 응급처치를 한 경우</td></tr>
<tr><td>08</td><td>의과 산재보험 의료기관과 한의과 산재보험 의료기관에서 동시진료가 필요하여 병행진료한 경우</td></tr>
<tr><td>09</td><td>전원요양 전 수술등을 위한 검사가 필요하여 미리 전원요양을 하고자 하는 의료기관에 통원진료를 받는 경우</td></tr>
</table>
</td></tr>
<tr><td>MB003</td><td>특별진찰
선택진료료</td><td>X(20)/9(6)</td><td>진료구분을 의과 '④ 특별진찰'로 선택한 경우에 기재
담당의사명/담당의사 면허번호</td></tr>
<tr><td>MB004</td><td>최초 입원
일자</td><td>ccyymmdd</td><td>입원 청구 시 동일 의료기관에 최초 입원한 일자를 기재
– 입원기간 별 최초입원일자, 재입원 시에는 재입원 최초일자를 기재</td></tr>
</table>

[줄번호(확장번호)단위]

구분코드	특정내역	기재형식	설 명
JS001	마취과 전문의	9(13)/9(6)/X(20)	마취의사를 초빙하여 마취(바2) 실시한 경우 당해 마취의사의 내역 기재 (주민번호 기재시 "–"는 기재생략) 주민번호/자격번호/성명
JS002	의약분업 예외구분 코드	9(2)	의약분업 예외사항 발생으로 의료기관에서 원내 조제 · 투약이 이루어진 경우 해당 예외구분코드(별표7. 의약분업예외구분코드 참조)를 기재하고, 원외처방발행기관에서 퇴장방지의약품 원외처방 시 해당의약품의 사용장려비를 청구할 경우 구분 코드 '99'를 기재
JS003	입원시각	ccyymmdd hhmm	0~6시 사이에 입원한 경우 해당 입원시간을 기재
JS004	퇴원시각	ccyymmdd hhmm	18~24시 사이에 퇴원한 경우 해당 퇴원시간을 기재
JS005	검체검사 위탁	9(8)/ccyymmdd	수탁기관에 검체검사를 의뢰한 경우 수탁기관기호와 검사의뢰일을 기재
JS006	시설 등의 공동이용 진료	9(8)/ccyymmdd	의료자원을 공동 이용하는 계약에 의하여 요양기관의 시 설, 인력 및 장비 등을 공동이용하는 경우 실시기관의 요양기관기호와 진료의뢰일을 기재
JS007	개방병원 의뢰진료	9(8)/ccyymmdd	개원기관이 개방병원으로 검체검사 외 검사 등을 의뢰한 경우 개방병원의 요양기관기호와 의뢰일을 기재
JS008	위탁진료	9(8)/ccyymmdd	의료자원을 공동 이용하는 계약에 의한 경우가 아닌 시설 · 장비 및 인력 등을 보유한 다른 요양기관에 진료를 의뢰한 경우 실시한 요양기관기호와 의뢰일을 기재
JS009	준용명	X(700)	"상대가치점수표"에 분류되지 않은 항목을 "상대가치점수표" 상의 비슷한 진료행위로 준용하여 'JJJJJJ' 코드로 청구시 진료행위명과 산출식을 기재하고, 한의사의 임의처방 청구시에는 임의처방명을 기재 – 산재특정 진료수가분류코드인 'AAAAAA' 청구 시에도 진료행위명 기재 – 평문(freetext) ※영문(700자), 한글(350자)
JS010	야간가산	ccyymmdd hhmm	진찰료 또는 수술 · 처치, 마취료 등 야간가산 시 실시시간 기재
JS011	혈명코드	X(5)	한방 침술 시 혈명코드 기재하되, 혈명코드가 두 개 이상일 경우 "/"로 구분
JT001	확인코드	X(5)	진료행위에 대한 추가기술 사항을 구분하는 코드로서 확인코드가 여러 개 발생할 경우"/"로 구분하여 기재

<table>
<tr><th>구분
코드</th><th>특정내역</th><th>기재형식</th><th>설 명</th></tr>
<tr><td>JT002</td><td>진찰료</td><td>9(2)/
ccyymmdd</td><td>진찰료를 1일 2회 이상 산정 시 기재
진료과목/진찰일/진료과목/진찰일...형태로 기재
(진료과목은 별표5.진료과목별 코드 참조)</td></tr>
<tr><td>JT003</td><td>중환자실</td><td>ccyy
mmdd/
ccyy
mmdd</td><td>중환자실에 입원한 경우 집중치료실 입원기간 From/To를 기재</td></tr>
<tr><td>JT006</td><td>DUR관련
확인 코드</td><td></td><td>약국에서 처방조제 시 상호금기 및 연령금기 약제에 대하여 처방의사에게 확인 후 조제시 기재
H/확인시간/관련조제약품코드(관련조제약품코드)/양측 확인자 성명/확인내용</td></tr>
<tr><td>JT007</td><td>치매
검사
결과</td><td>연령금기인
경우: X(1)/
HHMM/
X(9)/X(30)/
X(500)
상호금기인
경우: X(1)/
HHMM/
X(9),X(9)/
X(30)/
X(500)</td><td>「MMSE 검사결과/검사실시일/CDR검사결과/검사실시일/GDS 검사결과/검사실시일」 순서대로 기재</td></tr>
<tr><td>JT009</td><td>저함량 배수
조제 의약품
조제사유
(약국)</td><td>X(1)/X(200)</td><td>제조업자(수입자)·성분·제형이 동일한 의약품 중 여러 함량으로 등재되어 있는 경우 고함량 의약품으로 조제하지 않고 저함량 의약품으로 배수 조제시 해당 조제사유를 기재 (처방 및 직접조제 모두 해당)
(조제사유코드가 'E'인 경우는 구체적인 사유를 함께 기재)
조제사유코드/구체적 사유
※ 구체적 사유는 평문(Free Text)으로 기재 (영문 200자, 한글 100자)

〈배수 조제사유별 코드〉
<table><tr><th>사 유</th><th>코드</th></tr><tr><td>용량 조절(titration) 중인 의약품</td><td>A</td></tr><tr><td>환자의 자가 조절이 필요한 의약품</td><td>B</td></tr><tr><td>투여시기 마다 1회 투약량을 달리하는 경우</td><td>C</td></tr><tr><td>처방전 발행의사에게 고함량 의약품으로의 처방변경이 불가능함을 확인 후 조제한 경우</td><td>D</td></tr><tr><td>기타 환자상태 등 고려 배수 조제가 불가피한 경우</td><td>E</td></tr></table></td></tr>
</table>

<table>
<tr><th>구분 코드</th><th>특정내역</th><th>기재형식</th><th>설 명</th></tr>
<tr><td>JT010</td><td>저함량 의약품 배수 처방 (조제)사유 (의료기관)</td><td>X(1)/X(200)</td><td>제조업자(수입자)·성분·제형이 동일한 의약품 중 여러 함량으로 등재되어 있는 경우 고함량 의약품으로 조제하지 않고 저함량 의약품으로 배수 조제시 해당 조제사유를 기재(처방 및 직접조제 모두 해당)
(조제사유코드가 'E'인 경우는 구체적인 사유를 함께 기재)
조제사유코드/구체적 사유
※ 구체적 사유는 평문(free text)으로 기재 (영문 200자, 한글 100자)
〈배수 처방(조제) 사유별 코드〉
<table>
<tr><th>사 유</th><th>코드</th></tr>
<tr><td>용량 조절(titration) 중인 의약품</td><td>A</td></tr>
<tr><td>환자의 자가 조절이 필요한 의약품</td><td>B</td></tr>
<tr><td>투여시기 마다 1회 투약량을 달리하는 경우</td><td>C</td></tr>
<tr><td>기타 환자상태 등 고려 배수 처방이 불가피한 경우</td><td>D</td></tr>
<tr><td>기타 환자상태 등 고려 배수 조제가 불가피한 경우</td><td>E</td></tr>
</table></td></tr>
<tr><td>JT011</td><td>병용·연령금기 등 약제처방(조제)사유 (의료기관 및 약국)</td><td>X(400)</td><td>의료기관(의·치과, 보건기관)이 병용·연령금기 등 약제를 원외처방하거나 원내조제하는 경우 또는 약국이 병용·연령금기 등 약제를 직접 조제하는 경우에는 구체적 사유를 기재
※ 구체적 사유는 평문(free text)으로 기재 (영문 400자, 한글 200자)</td></tr>
<tr><td>JT012</td><td>동일성분 의약품 중복 처방(조제) 사유 (의료기관 및 약국)</td><td>X(1)/X(200)</td><td>의료기관(의·치과 및 보건기관) 외래 진료분 원외처방전의 일부 의약품을 동일성분 의약품으로 중복처방 시 해당 처방사유 코드를 기재
중복처방(조제) 사유코드/구체적 사유
※ 구체적 사유는 평문(free text)으로 기재(영문200자, 한글 100자)
〈중복처방 사유별 코드〉
<table>
<tr><th>사 유</th><th>코드</th></tr>
<tr><td>환자가 장기 출장이나 여행으로 인하여 의약품이 소진되기 전 처방을 받아야 하는 경우</td><td>A</td></tr>
<tr><td>의약품 부작용, 용량 조절 등으로 약제 변경이 불가피하나, powder 형태의 조제 등으로 인하여 기존 처방의약품 중 특정 성분만을 구분하여 별도 처방 할 수 없는 경우</td><td>B</td></tr>
<tr><td>항암제 투여 중인 환자나 소아환자로서 구토로 인해 약 복용 중 약제가 소실된 경우 등 환자의 귀책사유 없이 약제가 소실·변질된 경우</td><td>C</td></tr>
<tr><td>A부터 C까지에 해당하지 않는 사유로 환자가 6개월에 215일 이상의 처방을 원하여 약값의 전액을 본인부담하는 경우</td><td>E</td></tr>
</table></td></tr>
</table>

<table>
<tr><th>구분
코드</th><th>특정내역</th><th>기재형식</th><th>설 명</th></tr>
<tr><td>JT014
(신설)</td><td>향정신성
약물
장기처방
(조제)사유
(의료기관)</td><td>X(1)/X(200)</td><td>◆ 의료기관(의 · 치과 및 보건기관) 외래 진료시 향정신성 약물을 1회에 30일을 초과하여 원외처방하거나 원내 조제하는 경우 'Y/구체저사유'를 기재
※ 구체적 사유는 평문(Free Text)으로 기재 (영문200자, 한글 100자)</td></tr>
<tr><td>JX999</td><td>기타내역</td><td>X(700)</td><td>특정내역의 구분코드가 없는 경우에는 기타 줄번호(확장 번호) 단위의 기타내역에 기재
– 평문(FreeText) ※ 영문(700자), 한글(350자)</td></tr>
<tr><td>JB001</td><td>진료담당
의사
간병필요
소견</td><td>(400)/
9(6)/
X(20)</td><td>진료담당의사의 간병필요 소견을 기재
간병사유/담당의면허번호/담당의사명
※"간병사유"는 간단하고 구체적으로 기재
평문(Free Text)으로 기재(한글 200자, 영문 400자)</td></tr>
<tr><td>JB002</td><td>이송료</td><td>9(2)/
X(5)/
9(2)/
ccyymmdd</td><td>의료기관 등의 구급차를 이용하여 환자를 이송한 경우 기재
이송수단/이송거리/동행인/이송일자
<table><tr><th>이송수단</th><th>동행인</th></tr><tr><td>일반(01)</td><td>의사(01)</td></tr><tr><td>특수(02)</td><td>간호사(02)</td></tr><tr><td rowspan="2">–</td><td>응급구조사(03)</td></tr><tr><td>없음(04)</td></tr></table>※ 이송거리 단위는 KM로 기재</td></tr>
<tr><td>JB003</td><td>재활
보조기구</td><td>ccyymmdd</td><td>청구되는 재활보조기구(코드별)가 있는 경우 적용일자 기재 (수리료 제외)</td></tr>
<tr><td>JB004</td><td>확인수수료</td><td>ccyymmdd

단, 요양비
청구서에
대한
확인수수료
기재
시에는
(2)/
ccyymmdd</td><td>확인수수료가 발생된 경우에 기재
– 발급일자
단, 요양비청구서는 요양비청구서 구분코드 기재
– 요양비청구서 구분코드 / 발급일자
<table><tr><th colspan="2">요양비 청구서 구분코드</th></tr><tr><td>요양비(01)</td><td>보조기대(04)</td></tr><tr><td>간병료(02)</td><td rowspan="2">기타(05)</td></tr><tr><td>이송비(03)</td></tr></table></td></tr>
<tr><td>JB005</td><td>향정신성약
물처방
(조제)사유
(의료기관)</td><td>X(200)</td><td>◆ 의료기관(의 · 치과)이 향정신성 약물을 원외처방하거나 원내조제하는 경우에는 구체적 사유를 기재
※ 구체적 사유는 평문(Free Text)으로 기재 (영문200자, 한글 100자)</td></tr>
</table>

구분코드	특정내역	기재형식	설 명
JB006	상급병실 사용사유 (의료기관)	X(200)	의료기관(의 · 치과 · 한의과)에서 상급병실을 사용한 경우 구체적 사유를 기재

(부칙)

제3조(서식개정에 대한 경과조치) 이 규정 시행에도 불구하고 제3조의 의료기관 지정 등 관련서식(별지 제1호 서식)과 제13조(별표 2)에 따른 진료비 · 약제비의 청구서식은 2014년 4월 1일부터 적용한다.

※ 명세서 단위 및 줄번호 단위별로 특정내역이 발생 시 해당 단위별로 작성하고, 동일 명세서 및 줄번호에 여러 특정내역이 발생시에도 각각으로 생성하며, 약제, 검사, 처치 등 별도의 인정기준에 의한 경우에는 검사일자, 검사결과 등을 세부작성요령 〈별첨. 특정내역 구분코드(별도인정) 〉에 의거 기재한다.

6. 산재보험 약제상한차액 청구방법(보건복지부 시장형 실거래가 제도 관련)

(1) 청구방법

○ 약제상한차액은 산재특정 진료수가 코드 "BBBBBB(영문 대문자 6자리)"를 사용하여 해당 약제의 아래 줄에 작성하고, 코드명은 상한차액의 해당 약제명으로 기재한다.

(2) 작성예시

○ 의료기관에서 청구하는 경우(경구약제 3일분을 처방 · 조제 · 투약 시)

항	목	코드	코드명	일수	수량	단가	금액
3	1	648500230	데코펜정	3	3	70	630 A
3	1	BBBBBB	상한차액(데코펜정)	1	1	* 50	* 50 B
3	1	640000480	바난정	3	2	905	5,430 C
3	1	BBBBBB	상한차액(바난정)	1	1	** 634	** 634 D
3	1	669904070	티파론정	3	3	185	1,665 E
3	1	BBBBBB	상한차액(티파론정)	1	1	*** 63	*** 63 F

주) 1. 상한차액 단가 * 3일×3회×{(78원(상한가)−70원(구입가))×70%}=50원(원 미만 4사5입) 2. 상한차액 금액 * 1일×1회×50원 = 50원(원 미만 4사5입) 3. 총 약제비 = 8,472원(A+B+C+D+E+F) ➡ 약제와 상한차액 합산

7. 진료비청구용 자료제출 및 청구일정

(1) 자료제출

① 요양기관은 요양급여비용을 청구하고자 하는 때에는 진료비청구서에 명세서와 기타 필요한 서류를 첨부하여 근로복지공단에 제출한다.

② 요양기관은 원료약, 요양기관 자체 조제(제제)약 및 치료재료의 실구입가격을 확인할 수 있는 목록표를 근로복지공단에 제출한다.

(2) 요양급여비용 청구(시기)

① 입원진료의 청구시기는 다음 각 호와 같다.

1. 정보통신망으로 진료수가를 청구할 경우에는 퇴원일이 속한 날의 다음 주 월요일부터 청구할 수 있다. 다만, 월의 말일과 초일이 모두 포함된 주의 진료수가를 청구하는 경우에는 이를 월별로 구분하여 청구한다.
2. 서면으로 진료수가를 청구하는 경우에는 퇴원일이 속한 다음 달 초일부터 월별로 청구한다.

② 30일을 초과하여 입원진료를 하는 경우에는 연계 심사가 가능하도록 다음 각 호의 기재방법에 따라 월단위로 분할 청구할 수 있다. 다만, 의약품관리료의 경우에는 일괄하여 청구한다.

1. 정보통신망의 경우 청구구분란에 분리청구코드, 기청구명세서의 접수번호, 명세서일련번호 및 최초입원개시일을 기재한다.
2. 서면의 경우 명세서 상단에 최초입원개시일을 기재하고, 진료내역 하단의 "특정내역"란에 기청구명세서의 접수번호, 명세서일련번호, 당월진료개시일, 수술명, 주요진료내용 및 월별 진료비총액 등을 기재한다.

③ 외래진료는 내원일이 속한 날의 다음 달 초일부터 월별로 청구하거나, 내원일이 속한 다음 주 월요일부터 주단위로 구분하여 청구할 수 있다. 다만, 월의 말일과 초일이 모두 포함된 주의 진료수가를 청구하는 경우에는 이를 월별로 구분하여 청구한다.

④ 제1항 및 제2항의 규정에도 불구하고 요양병원형 수가를 적용하는 진료수가는 청구

매체 및 입원기간에 관계없이 월별로 구분하여 진료월 다음달 초일부터 청구한다. 이 경우 명세서 기재방법은 제2항 각 호에 따른다.

그림 6-3 ▶ 전자 의무기록 작성

(3) 의료기관의 신고

의료기관은 진료수가를 최초로 청구하는 때에는 「국민건강보험법」 제43조제1항에 따라 시설 · 장비 및 인력 등에 대한 현황을 근로복지공단에 신고하여야 한다.

의료기관은 제1항에 따라 신고한 내용이 변경된 경우에는 「국민건강보험법」 제43조제2항에 따라 15일 이내에 변경사항을 근로복지공단에 신고하여야 한다.

8. 진료비청구서 명세서 작성요령

1) 요양급여비용 명세서 작성요령

(1) 요양개시일 및 요양급여일수 등

① "상병명 및 상병분류기호"란에는 통계청 고시에 따른 「한국표준질병 · 사인분류」의 상병명 및 분류기호를 주상병, 부상병, 배제된 상병 순으로 기재(영문자는 반드시 대문자로 기재, '·' 또는 *, + 등 특수기호는 기재 생략)한다.

② "당월요양개시일"란에는 해당 요양기관에 해당 상병의 요양급여를 위하여 그 달에 최초 입원한 연, 월, 일을 기재하고, 30일을 초과한 입원요양급여비용의 분리 청구 시에는 "최초입원개시일"란에 해당 상병의 요양급여를 위해 최초 입원한 연, 월, 일을 기재한다.

③ "내원일자"란에는 해당 요양기관에 해당 상병의 요양급여를 위하여 외래에 내원한 일자를 기재하며, 동일인에게 초진 및 재진을 1일에 2회 이상 행하고 초 · 재진 진찰료를 2회이상 산정하는 경우에는 명세서 '특정내역'란에 그 사유를 기재한다.

④ "당월요양급여일수(외래 명세서의 경우는 '요양급여일수')"에는 해당 상병으로 당월(당일)에 요양급여를 받은 실 일수를 기재하며, 입원 또는 내원일수에 투약일수(의료기관의 경우 원내투약일수)를 산입하여 산정한다. 이때 입원 또는 내원일수와 투약일수가 중복될 때에는 1일로 계산한다.

⑤ "입원일수"는 상대가치점수표 제2부 제1장 2. 입원료 등 산정지침에도 불구하고 수진자가 입원한 날부터 퇴원일까지의 일수를 기재한다.

(2) 명세서 작성요령(종합병원, 병원, 의원)

① 명세서 중단 우측 란에는 "요양급여의 내역과 처방 내역"을 다음과 같은 순서로 기재한다.

❶ 처방전 발급번호 및 점검번호, 처방일수 ❷ 처방내역 ❸ 요양급여의 내역

② 동일월에 하나의 상병에 대한 요양급여중에 다른 상병에 대하여 요양급여를 한 경우 또는 하나의 상병에 대한 요양급여가 끝나고 새로운 다른 상병에 대하여 요양급여한 경우에는 한 장의 명세서에 작성하되, 상병별 요양급여 내역 등은 구분하여 기재한다.

③ 명세서 중단 좌측 란에 "요양급여의 내역과 처방내역"을 구분한 내역에 따라 회(종), 기본진료, 약제, 특정재료(I)에 해당하는 금액, 진료행위(II)에 해당하는 금액을 각각 구분 기재한다.

❶ "기본진료, 약제, 특정재료(I)"란은 기본진료료, 의약품관리료, 약제, 치료재료 및 혈액 등 요양기관 종별 가산율이 적용되지 아니하는 비용을 기재한다.

❷ "진료행위(II)"란은 요양기관 종별 가산율이 적용되는 비용을 기재한다.

④ "처방전 발급번호"는 발급연월일(CCYYMMDD)과 일련번호(5자리수 이내)로 구성된 처방전 발급번호를 발급일자 순으로 기재하고, 하단의 "점검번호"는 "처방전 발급번호의 일련번호"를 합산한 값을 기재한다.

⑤ "처방일수"는 처방전에 기재된 처방약품별 처방일수 중 가장 긴 처방일수를 기재하되, 일자별로 처방내역이 달라 각각 다른 의약품을 조제하도록 처방된 경우에는 각각의 처방일수를 합산하여 기재한다.

⑥ 처방내역은 "처방전 발급번호"를 기재한 순서대로 각각 구분하여 약품코드, 약품명, 1회 투약량, 1일 투여횟수, 총 투약일수를 기재한다. 이때 「약사법」 제26조와 제27조에 따라 처방내역을 수정 또는 변경한 경우에는 수정 · 변경된 처방내역을 기재하되, 대체 조제의 경우에는 원 처방내역을 기재한다.

⑦ 평일 18시(토요일은 13시)~09시 또는 공휴일(「관공서의 공휴일에 관한 규정」)에 진찰 또는 기타 진료행위를 하여 가산하는 경우 진료일자와 진료개시 시간을 명시한다. 이 때 진찰료에 가산하는 경우에는 좌측 구분 란의 "야간 · 공휴 회"란에 그 횟수를 기재한다.

(3) 소계 · 가산율 및 청구액

① "소계"란은 "1"란부터 "T"란까지의 (I)란의 합계금액과 (II)란의 합계금액을 각각 기재한다.

② "가산율"란은 요양기관종별 가산율을 기재하고, 가산금액란은 (II)란의 소계금액에 요양기관종별 가산율을 곱한 금액으로 기재하되, "원" 미만은 4사5입한다.

③ 청구액은 1"란은 (I)란과 (II)란의 소계와 가산금액을 합한 총 금액에서 10원 미만은 절사한 금액을 기재한다.

2) 작성요령

(1) 상병명 및 상병분류기호

① 요양급여비용 청구시 사용하는 상병명 및 상병분류기호는 「한국표준질병 · 사인분류」에 따라 기재하되, 분류기호가 6단위로 분류되어 있는 경우 6단 분류기호까지 기재하고, 분류기호가 3단위, 4단위 또는 5단위까지만 분류된 경우는 3단, 4단 또는 5단 분류기호를 기재하며, 분류기호란의 앞자리에서부터 기재한다. 다만, 보건복지부장관이 별도의 기재요령을 정하는 경우는 그에 따른다.

② 치과진료의 경우에는 상병의 부위(치식)를 상병명과 함께 기재하되 치식의 구분은 붙임 4. "치식구분 기재 요령"에 따른다.

③약국 직접 조제 · 투약의 경우에는 붙임 5. "약국 직접 조제 · 투약 시 증상분류기호"에 따라 기재하며, 처방전조제의 경우에는 처방전에 기재된 "상병분류기호"를 기재한다.

(2) 진료과목 코드

진료과목은 실제 진료를 받은 진료과목(병원급 이상 요양기관) 또는 상병명에 해당되는 진료과목(의원급 요양기관)을 기재하되, 진료과목이 2개 이상에 해당되는 경우에는 이를 모두 기재한다.

(3) 진료구분

입원 및 통원을 구분하여 첵크한다.

(4) 치료구분

- 명세서상 최종 진료일의 환자상태를 구분하여 ① 치유 ② 사망 ③ 요양 중 사망 ④ 전원 ⑤ 계속으로 구분하여 기재한다.

수행 내용 및 수행 준거

1 요양급여비용 청구방법과 요양급여비용 명세서 작성시 종합병원 · 병원 · 의원의 경우 작성순서를 알아본다.

(1) 요양기관은 요양급여비용 청구는 정보통신망(토탈서비스)청구, 서면청구 중 한가지의 방법을 선택하여 요양급여비용을 청구한다.

(2) 명세서 중단 우측 란에는 "요양급여의 내역과 처방 내역"은 (1) 처방전 발급번호 및 점검번호, 처방일수 (2) 처방내역 (3) 요양급여의 내역 순으로 기재한다.

2 요양급여비용 명세서 작성시 소계 및 가산율(가산금액). 청구액에 대하여 알아본다.

(1) "소계"란은 "1"란부터 "T"란까지의 (I)란의 합계금액과 (II)란의 합계금액을 각각 기재한다.

(2) "가산율"란은 요양기관종별 가산율을 기재하고, 가산금액란은 (II)란의 소계금액에 요양기관종별 가산율을 곱한 금액으로 기재하되, "원" 미만은 4사5입한다.

(3) 청구액은(진료비총액)은 I항 + II항 + 종별가산금액 : 10원 미만은 절사한다.

3 요양급여비용 명세서 작성 시 (I)란 및 (II)란의 기재사항을 이해하고 작성해본다.

(1) "기본진료, 약제, 특정재료(I)"란은 기본진료료(진찰료, 입원료), 의약품관리료, 약제, 치료재료 및 혈액, 식대 등 요양기관 종별 가산율이 적용되지 아니하는 비용을 기재한다.

(2) "진료행위(II)"란은 요양기관 종별 가산율이 적용되는 비용(검사료, 영상진단료, 조제료, 주사수기료, 이학요법료, 마취료, 처치 및 수술, 캐스트료, 등)을 기재한다.

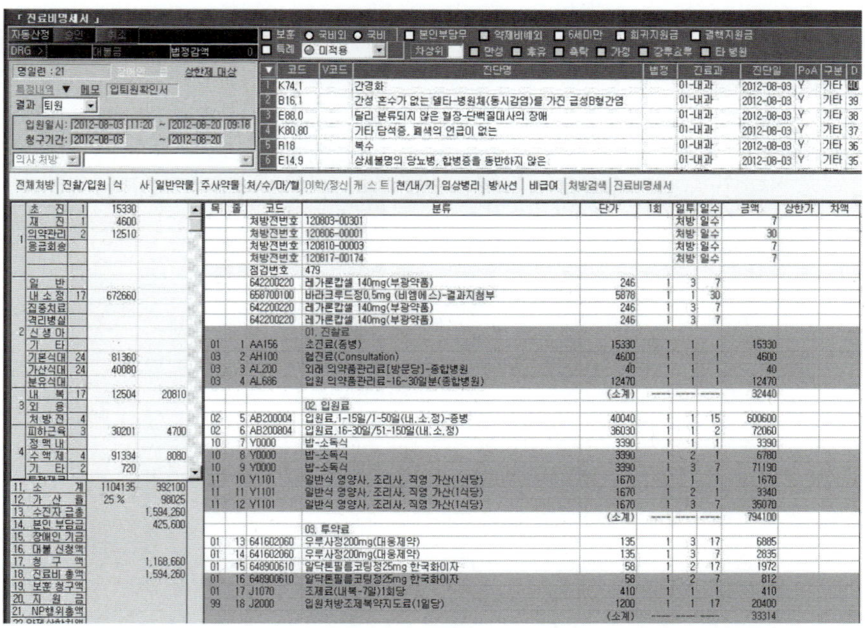

그림 6-4 ▶ 진료비청구명세서 작성 심사 화면

4 명세서 작성 시 치료구분에 대하여 알아본다.

진료일의 환자상태를 구분하여 ① 치유 ② 사망 ③ 요양 중 사망 ④ 전원 ⑤ 계속으로 구분하여 기재한다.

5 심사 시 진료행위 산정기준 및 지침, 약제 및 치료재료 목록표 등을 활용한다.

6 건강보험심사평가원 및 근로복지공단토털서비스 홈페이지를 검색하여 보험심사 인정기준을 활용한다.

7 의무기록지를 심사에 활용하여 주상병-부상병-배제상병(추정상병)순으로 기재한다.

8 자체 심사 시 가능한 발생된 청구대상 미수금과 청구차액(심사조정액)이 많이 발생하지 않도록 한다.

수행 Tip!

- 고용노동부(근로복지공단)에서 고시한 진료비명세서 작성요령을 참고한다.

<table>
<tr><td>서식번호</td><td></td><td></td><td></td><td></td><td colspan="6">[별지 제9호서식] 산 업 재 해 보 상 보 험
진료비 · 약제비 청구서</td><td rowspan="2">처리기간</td><td>전자문서 10일</td></tr>
<tr><td colspan="11"></td><td>서면 40일</td></tr>
<tr><td colspan="2">① 사업구분</td><td colspan="11">□ 산재보험 요양급여비용 □ 후유증상관리비용 □ 진폐건강진단비용</td></tr>
<tr><td rowspan="5">청구기관</td><td colspan="2">② 청구기관 코드</td><td></td><td rowspan="3">③ 명칭</td><td rowspan="3"></td><td>④ 대표자</td><td colspan="6"></td></tr>
<tr><td colspan="2">□ 산재보험 의료기관 지정코드</td><td></td><td rowspan="2">⑤ 작성자</td><td rowspan="2" colspan="6"></td></tr>
<tr><td colspan="2">□ 산재보험 약국 등록코드</td><td></td></tr>
<tr><td>⑥ 우편번호</td><td></td><td colspan="3">⑦ 소재지</td><td>⑧ 전화번호</td><td colspan="6"></td></tr>
<tr><td>⑨ 청구구분</td><td>□ 원 청구
□ 보완청구
□ 추가청구</td><td>⑩ 진료 연월</td><td></td><td>⑪ 은행
⑫ 계좌번호</td><td colspan="7"></td></tr>
</table>

구 분			⑬ 건수	⑭ 청구액
계				
의 과	입원	1		
	통원	2		
치 과	입원	3		
	통원	4		
한의과	입원	5		
	통원	6		
약 국		7		

⑮ 간병료 산정 현황	㉮ 간호인력 확보수준 (간호등급)	㉯ 간병료청구기간 (월 단위)	㉰ 간병병상수 (일별 병상수의 총합)	㉱ 간병인 수 (일별 간병인수의 총합)	㉲ 병상수 대 간병인수의 비(소수점 이하 둘째자리에서 절사)
		. . . – . . .	병상	명	:
		. . . – . . .	병상	명	:

〔 □ 진료비 □ 약제비 〕 를 위와 같이 청구합니다.

첨 부 : 진료비 · 약제비 명세서 부
진료비 · 약제비 청구관련자료 부
처방전 매

청구일자 : 년 월 일
청 구 인 : (서명 또는 날인)

근로복지공단 이사장(지역본부(지사)장) 귀하

접수일자		접수번호		처리기한	

접수번호

[별지 제10호서식]

산업재해보상보험 간병 제공 현황 통보서

①의료기관 코드		②명 칭	
③주 소	□□□-□□□	☎	

【간병제공 기간별 간병인력 확보수준】

④간호인력확보수준 (간호등급)	⑤간병료 청구 기간 (월 단위)	⑥간병 병상수 (일별 병상수의 총합)	⑦간병인 수 (일별 간병인 수의 총합)	⑧병상수 대 간병인수의 비 (소수점 2자리에서 절사)
(　　) 등급	. . . ~ . . .	병상	명	:
(　　) 등급	. . . ~ . . .	병상	명	:
(　　) 등급	. . . ~ . . .	병상	명	:

【간병인 현황 (별지사용가능)】

연번	성명	주민등록번호	면허(자격)번호	취득일자	⑨입사일 (최초근무일)	⑩퇴사일 (근무종료일)
1						
2						
3						
4						

【간병 필요에 대한 소견서(별지사용가능)】

1	성명		주민등록번호			재해일자	
	간병기간	. . . ~ . . .		간병범위	(　)호	간병 필요등급	□ 1등급 □ 2등급 □ 3등급
	간병사유					담당의사 면호번호 제　　호 성명　　(서명 또는 날인)	
2	성명		주민등록번호			재해일자	
	간병기간	. . . ~ . . .		간병범위	(　)호	간병 필요등급	□ 1등급 □ 2등급 □ 3등급
	간병사유					담당의사 면호번호 제　　호 성명　　(서명 또는 날인)	
3	성명		주민등록번호			재해일자	
	간병기간	. . . ~ . . .		간병범위	(　)호	간병 필요등급	□ 1등급 □ 2등급 □ 3등급
	간병사유					담당의사 면호번호 제　　호 성명　　(서명 또는 날인)	

간병 제공 현황 통보서를 위와 같이 제출합니다.

년　월　일

개설자(대표자)　　(서명 또는 인)

작성자 성 명　　(서명 또는 인)

근로복지공단 이사장(　　　지역본부(지사)장) 귀하

〈구비서류〉	1. 산재보험 간병제공 청구 관련 자료 1부.(필요시 한함) 2. 국민건강보험법에 의한 요양기관 입원환자 간호관리료 차등제 산정현황 1부.(필요시 한함)

작 성 요 령(뒷면)

【간병제공 기간별 간병인력 확보수준】

① 의료기관 코드 : 소속기관장이 부여한 산재보험 의료기관 코드를 기재

② 명 칭 : 의료기관 명칭을 기재

③ 주 소 : 의료기관 소재지를 기재

④ 간호인력 확보 수준 : 「건강보험 행위 급여 · 비급여 목록표 및 급여 상대가치점수」 제2부 제1장 [산정지침] 2. 입원료 등 라. 간호인력확보수준에 따른 입원환자 간호관리료 차등제에 분류된 1등급 내지 7등급에 해당하는 간호등급을 기재. (요양병원은 제외)

⑤ 간병료 청구기간 : 의료기관에서 실제 간병을 제공한 기간을 월 단위로 기재. (중환자실, 회복실 또는 폐쇄병동 입원기간은 간병기간에서 제외)

※ 예시 : 2017.7.15.~2017.9.15.까지 간병료를 청구할 경우 ➡ 1. 2017.7.15~2017.7.31. 2. 2017.8.1.~2017.8.30. 3. 2017.9.1.~2017.9.15.로 구분 기재

⑥ 간병 병상수 : 의료기관에서 실제 간병을 제공하는 운영 병실의 병상수로 일별 병상수의 총합을 기재

※ 산정 예시 : 간병이 제공된 병실의 총 병상수가 20병상이고 간병 제공한 총 일수가 31일인 경우 ➡ 20병상×31일 = 620병상임

⑦ 간병인 수 : 의료기관에서 실제 간병을 제공하는 병실에서 간병업무에 종사하는 간병인수로 일별 간병인수의 총합을 기재, 단, 15일 이상 장기 휴가자는 제외

※ 산정 예시 : 간병을 제공한 총 일수가 31일이고 서비스를 제공한 간병인수가 15일간 18명, 16일간 17명인 경우 ➡ (18명×15일)+(17명×16일) = 542명

⑧ 병상수 대 간병인수 비 : ⑥간병 병상수를 ⑦간병인수로 나눈 비율을 소수점 이하 둘째자리에서 절사하여 기재

※ 간병비율 산정 예시 : 20병상에 투입된 간병인수가 15일간은 18명, 16일간은 17명일 경우 ➡ 20병상×31일 / {(18명×15일)+(17명×16일)} = 620 / 542 = 1.143 : 1 = 1.1 : 1

【간병인 현황】

⑨ 입사일(최초근무일) : 직접 고용한 경우에 입사일을 기재하고, 직접 고용하지 않은 경우에는 최초근무일을 기재

⑩ 퇴사일(근무종료일) : 직접 고용한 경우에 퇴사일을 기재하고, 직접 고용하지 않은 경우에는 근무종료일을 기재

【간병 필요에 대한 소견서】

1. "간병기간"은 산재근로자가 실제 간병을 제공받은 기간을 기재. 단 중환자실, 회복실 또는 폐쇄병동 입원기간은 간병기간에서 제외
   ※ 예시 : 진료비 청구기간이 2017.07.01.~2017.07.30.기간 중에 두 차례(07.01~07.10와 07.15~07.20)에 걸쳐 간병을 받은 경우 ➡ 2017.07.01~2017.07.10과 2017.07.15~2017.07.20로 기간을 분리하여 기재
2. "간병범위"는 산업재해보상보험법 시행규칙 제11조제2항의제1호 부터 제10호까지 해당하는 호를 기재
3. "간병 필요등급"은 간병범위에 따른 각 호에 해당하는 1등급 · 2등급 · 3등급 중 해당하는 등급을 기재
4. "간병사유"는 간병이 필요한 사유와 간병범위 및 간병 필요등급에 대한 소견을 간단히 기재

서식번호		[별지 제11호서식]	진료비 명세서	의 · 치과용

사업구분	□ 산재보험 요양급여비용 □ 후유증상관리비용 □ 진폐건강진단비용				
산재 근로자 인적 사항 등	성명		주민등록번호		소속사업장명	
	재해일자	년 월 일	진료기간	년 월 일 ~ 년 월 일( )일간	실진료일수	( )일
	진료개시일	년 월 일	중환자실 입원 □	년 월 일 ~ 년 월 일( )일간	퇴원약투약일수	( )일
			간병료청구	유 □ · 무 □	간병범위	( )호
	진료구분	□입원( ) □통원( ) ①일반 ②요양장기(정액)③치과④특별진찰 ⑤병행진료 ⑥진폐 ⑦정밀진단⑧신체감정⑨건강진단1차⑩건강진단2차 ⑪,⑫사용유보				
	치료구분	( ) ① 치유 ② 사망 ③ 요양 중 사망 ④ 전원 ⑤ 계속				

상 병 명	분류기호	상병명	분류기호	수술코드	진료과목	치식도

내원일	1	2	3	4	5	6	7	8	9	10	11	12	13	14	15	16	17	18	19	20	21	22	23	24	25	26	27	28	29	30	31

구 분			기본진료, 약제, 특정재료(Ⅰ)	진료행위(Ⅱ)
1. 진찰료(외래관리료 포함)	①초진	회	원	야간,공휴 회
	②재진	회	원	야간,공휴 회
	③의약품관리료	일	원	
	④응급 및 회송료	회	원	
	⑤가정간호기본방문료	회	원	
	⑥만성질환관리료	회	원	
2. 입원료	①일 반	일	원	
	②내과, 정신과	일	원	
	③중환자실	일	원	
	④격리병실	일	원	
	⑤상급병실	일	원	
	⑥기 타	일	원	
	⑦기본식대		원	
	⑧가산식대		원	
3. 투약료 및 처방전	①내복	일분	원	원
	②외 용	일분	원	원
	③처방전	회		
4. 주사료	①피하또는근육내	일	원	원
	②정맥내	일	원	원
	③수액제	일	원	원
	④기 타	일	원	원
	⑤특정 재료	일	원	
	⑥수 혈	회	원	원
5. 마취료	①	회	원	원
6. 이학요법료	①	종	원	원
7. 정신요법료	①	종	원	원
8. 처치 및 수술료	①처치 및 수술	종	원	원
	②캐스트	회	원	원
9. 검사료	①자체검사	종	원	원
	②위탁검사관리		원	
	③위탁검사	종	원	
10.영상진단 및 방사선 치료료	①진 단	종	원	원
	②치 료	종	원	원
L.요양장기(정액)		일	원	
S. 특수장비	①CT	회	원	원
	②MRI	회	원	원
	③PET	회	원	원
51.간병료	①간병료	일	원	
52.선택진료	①선택진료	회	원	
53.치과보철	①치과보철	종	원	
54.재활보조기구	①재활보조기구	종	원	
	②처방및검수료	종	원	
55.통합재활훈련	①통합재활훈련	종	원	
56.초음파	①초음파	종	원	
57.수수료	①발급 · 확인수수료	종	원	
58.이송료	①이송료	회	원	
59.치료 보조기구	①치료보조기구	종	원	
99.기타	①기타		원	원
특수장비총액				원
11. 소 계			원	원
12. 가 산 율			%	원
13. 청 구 액				원

처방전 교부번호		처방일수	
점검번호			

약품코드	약품명	1회투약량	1일투여횟수	총투약일수

코드	코드명	진료기간	단가	수량	일수	금액

특정내역	

※ 심사내역	항	목	조정금액	Ⅰ.Ⅱ	항	목	조정금액	Ⅰ.Ⅱ
일련번호		※전체조정 계						

서식번호				[별지 제12호서식]	진료비 명세서	한의과용

사업구분		□ 산재보험 요양급여비용 □ 후유증상관리비용				
산재근로자 인적사항 등	성명		주민등록번호		소속사업장명	
	재해일자	년 월 일	진료기간	년 월 일 ~ 년 월 일 ( )일간	실진료일수	( )일
	진료개시일	년 월 일	중환자실 입원	년 월 일 ~ 년 월 일 ( )일간	퇴원약투약일수	( )일
			간병료청구	유 □ · 무 □	간병범위	( )호
	진료구분	□ 입원( ) □ 통원( ) ①일반 ②요양장기(정액) ③특별진찰 ④병행진료 ⑤신체감정 ⑥사용유보 ⑦ 사용유보				
	치료구분	( ) ① 치유 ② 사망 ③ 요양 중 사망 ④ 전원 ⑤ 계속				

한방상병명	한방상병분류기호	양방상병명	양방상병분류기호	진료과목

내원일	1 2 3 4 5 6 7 8 9 10 11 12 13 14 15 16 17 18 19 20 21 22 23 24 25 26 27 28 29 30 31

구 분		기본진료, 약제(Ⅰ)	진료행위(Ⅱ)	코드	코드명	진료기간	단가	수량	일수	금 액
1. 진찰료 (외래관리료 포함)	①초진 회	원	야간,공휴 회							
	②재진 회	원	야간,공휴 회							
	③기타	원								
	④가정간호기본방문료 회	원								
2. 입원료	①일반 일	원								
	②내과,정신과 일	원								
	③중환자실 일	원								
	④상급병실 일	원								
	⑤ 기타 일	원								
	⑥ 기본식대	원								
	⑦ 가산식대	원								
3. 투약료	①내복약 일분	원								
	②처방 · 조제 · 복약지도료 일분		원							
4.시술 및 처치료	①침술 회		원							
	②구술 회		원							
	③부항술 회		원							
	④처치료 회		원							
	⑤기타 회		원							
5. 검사료	①양도락검사 회		원							
	②맥전도검사 회		원							
	③경락기능검사 회		원							
	④기타 회		원							
6.한방물리요법	① 종	원								
51.간병료	①간병료 일	원								
52.선택진료	①선택진료 회	원								
57.수수료	①발급 · 확인수수료 종	원								
58.이송료	①이송료 회	원								
60.한방 첩약 및 탕전료	①첩 약 첩	원								
	②탕전료 일	원								
99.기타	①기타	원	원							
00.	사용유보									
00.	사용유보									
00.	사용유보									
00.	사용유보									
11. 소 계		원	원							
12. 가 산 율		%	원							
13. 청 구 액			원							

특정내역							
※ 심사내역	항	목	조정금액	Ⅰ.Ⅱ	항	목	조정금액	Ⅰ.Ⅱ
일련번호		※전체조정 계						

서식번호					[별지 제13호서식]	약제비 명세서

사업구분	ㅁ산재보험 요양급여비용	ㅁ후유증상관리비용

산재근로자	성 명		처방전 발행 의료기관	산재보험의료 기관지정코드	
	주민등록번호			의료기관명칭	
	재해일자			대표자	

상병명	상병분류기호	처방전교부일자	처방전교부번호	사용기간	조제투약일	투약일수	비 고
						일	

구 분		약가(I)	조제료등(II)
1. 약 제 비	①내복 일분	원	원
	②외용 일분	원	원
	③주사료 일분	원	
	④약국관리료, 기본조제기술료, 복약지도료		원
	⑤소 계(①~④)		원
	⑥의약품관리료		원
2. 소 계		원	원
3. 청 구 액			원

조 제 투 약 내 역						
약품코드	약품명	조제구분	단가	1일투약량	총투약일수	금액(원)

처 방 내 역						
약품코드	약 품 명		1회투약량	1일투여횟수	총투약일수	비 고

특정내역	

※ 심사내역	항	목	조정 금액	I . II		항	목	조정 금액	I . II	
일련번호		※전체조정 계								

받는 사람 귀하

주 소

□□□－□□□

부서명 : 담당자 : (☎ － －)

서식번호	산 업 재 해 보 상 보 험 [별지 제14호서식] 진료비 · 약제비 지급결정 통지서				
사업구분	□ 산재보험 요양급여비용 □ 후유증상관리비용 □ 진폐건강진단비용				
발송번호		접수번호		접수일자	
의료기관(약국)코드		의료기관(약국)명칭		대표자명	
년 월분 외 명에 대한 { □ 진료비 □ 약제비 }					

구 분	건 수	금 액	소득세 원천징수	
청 구	건	원	소득세	
지 급	건	원	주민세	
조 정	건	원	공제총액	
불 능	건	원		
보 류	건	원	개산급지급	
지급결정액			개산지급액	
실 지급액			개산지급일자	
			정산차액	
분할내역				
통지사항				
은 행 명			계좌번호	

위와 같이 결정하여 통지합니다.

년 월 일

근로복지공단 지역본부(지사)장 (인)

귀하

※ 1. 이 결정에 불복하는 경우 심사청구(이의신청) 또는 행정소송법에 의한 행정소송을 제기할 수 있으며, 심사 청구(이의신청)의 제기방법으로는 서면으로 작성하거나 온라인 심사청구시스템(http://total.kcomwel.or.kr)을 이용하여 제출할 수 있습니다.(단 , 후유증상은 '이의신청'만 제기할 수 있습니다.)

2. 심사청구(이의신청)를 할 경우에는 결정이 있음을 안 날부터 90일 이내에 당해 심사결정을 행한 공단의 관할 지역본부(지사)를 거쳐 공단에 제기하시기 바랍니다.

6-2 진료비 심사청구

학습목표

1 | 외래(통원)진료 심사 및 재원심사와 퇴원 후 병원 자체심사를 할 수 있다.
2 | 진료비계산과정에서 산정착오나 누락이 없었는지 검토할 수 있다.
3 | 진료기록부에 의한 상병명을 확인하고 의무기록지와 비교하여 심사청구 할 수 있다.

1. 요양급여비용 심사

1) 진료비 심사의 개요

산재보험 진료비심사제도는 의료기관이 환자 진료 후 근로복지공단에 진료비를 청구하였을 때 근로복지공단에서 의료기관의 부당한 진료비청구나 착오 등의 여부를 심사하는 것이다. 이는 진료질서의 확립을 유도하고 보험재정을 보호하며, 각 의료기관의 진료서비스가 적정하게 이루어지도록 하는 데 목적이 있다. 따라서 진료비 심사제도는 의료기관이 제공한 요양급여에 대하여 근로복지공단에서 진료비가 적정하게 산정되었는지를 심사하는 제도이다.

(1) 진료비청구 전 심사

외래(통원)환자는 진료 후 입원환자는 환자가 퇴원한 후에 심사하는 것을 청구전 심사라고 하는데, 심사방법으로는 진료비명세서 출력에 의한 심사와 전산화면심사, 그리고 양자를 혼합한 혼합방식이 있다.

(2) 진료비 심사청구

산재보험환자의 진료비심사청구요령(고용노동부고시)에 의한 청구방법에는 진료비명세서(서면), 정보통신망을 이용한 전자문서교환방식이 있으나 대부분 전자문서방식에 의한 정보통신망을 이용하여 청구를 하고 있다.

2) 진료비심사 기준 및 심사

(1) 심사의 필요성 및 의의

요양급여비용 심사는 관계법령에서 정한 기준과 원칙에 근거하여 의학적으로 보편타당하고 경제적으로는 비용효과적인 방법으로 요양급여가 행하여졌는지 여부를 공정하고 타당하게 심사함으로써, 불필요한 과다비용의 억제와 부당한 진료비용의 지급을 방지하고 의료자원의 과소이용 및 부적절한 이용을 방지하는데 있다.

또한 사회보험제도하에서 의료보장 취지에 합당한 적정진료를 보장함으로써 요양급여에 대한 사회적 책임과 국민에 대한 의학적 보호기능을 실제화 하는데 그 의의가 있다고 할 수 있다.

따라서 심사는 행위별로 산정한 요양기관의 청구내용이 요양급여기준 등에 적합한지를 심사하여 청구오류나 위반사항을 조정함으로써 요양급여비용의 청구질서를 확립하고 적정진료를 유도하는데 그 목적이 있다.

(2) 심사의 법적 근거

산업재해보상보험법(제40조, 동법 시행령 제28조, 동법 시행규칙 제17조) 및 고용노동부고시에 의한 요양기관으로부터 요양급여에 관한 비용의 청구가 있을 때는 근로복지공단이 요양급여비용(진료비)를 심사한 후 산재보험진료비를 지불한다.

(3) 진료비 심사 및 결정

근로복지공단은 진료비청구를 받은 경우에는 1. 청구 명세 중 산재보험 요양급여기준을 위반한 사항이 있는지 여부 2. 진찰 · 약제 · 처치 · 수술이나 그 밖의 치료가 업무상의 재해를 입은 근로자의 요양에 필요하고 적정한 것이었는지 여부 등의 사항을 심사하여 지급 여부 및 지급 금액을 결정하고 있다.

(4) 심사기간 및 정산

산재보험 진료비 청구를 받은 날부터 40일 이내에 하여야 하며, 다만, 고용 · 산재정보통신망이나 정보통신망으로 청구한 경우에는 10일 이내에 지급결정을 하여야 한다. 그러나 10일 이내에 지급결정을 할 수 없는 경우에는 산재보험 의료기관이 청구한 진료비의 100분의 85에 해당하는 금액을 미리 지급한 후 심사가 끝나면 그 결과에 따라 정산할 수 있다.

3) 산재보험 진료비 심사기준

산재보험 요양급여의 범위 및 비용 산정기준은 건강보험 요양급여 기준을 적용하고, 동 기준에서 정한 사항이 근로자 보호를 위하여 적당하지 아니한 경우 및 동 기준에서 정하고 있지 아니한 사항의 경우 등에는 고용노동부장관이 별도 고시하는「산업재해보상보험 요양급여산정기준」을 적용한다.

따라서 심사기준은 요양기관이 청구한 요양급여비용의 심사 시 적합성 여부에 대한 판단기준을 의미하며 요양급여비용 청구에 대한 심사기준은 아래와 같다.

2. 심사내용 및 방법

(1) 병원자체 심사(청구 전)

① 통원(외래)심사

산재보험환자가 진료 후 요양급여기준 및 심사기준에 의한 의료기관 자체심사를 하여 근로복지공단에 청구하는 것을 말한다.

② 재원심사

진료기록부를 바탕으로 재원중인 환자에 대한 처방이 적절한지 여부(처방누락, 처방과잉 진료, 적용 및 산정기준, 급여 및 비급여 적용 등)를 확인 심사하고, 퇴원심사시(퇴원예고환자) 환자의 신속 정확한 퇴원을 하기 위해서 재원중인 환자의 처방 및 진단을 심사한다.

③ **퇴원심사**

❶ 퇴원이 예고된 환자에 대해서 적정진료비 및 산재보험급여기준에 적합하였는지 처방이나 진단을 심사한다.

❷ 근로복지공단의 청구 후 삭감에 대비하여 사전에 미리 걸러주는 작업을 한다.

❸ 재원심사와 마찬가지로 급여여부 조정, 누락처방 입력, 동일처방 삭제 등의 작업과, 환자의 자격 및 사후 청구시에 진단이 환자의 상태 등 고려하여 조정한다.

❹ 기타 부가적인 정보를 주기 위해서 부분, 전체 코멘트 등의 심사정보사항을 입력하고, 퇴원할 수 있도록 심사완료 시킨다.

④ **퇴원 후 사후심사**

환자가 퇴원 후 병원의 전문심사요원이 진료행위 산정기준과 심사지침에 의한 심사로써 의무기록과 대조하여 진료내역과 상병일치여부, 심사기준과 유권해석, 분과 심사위원회지침 등을 참고하여 의무기록지와 대조 병원자체심사를 한 후 근로복지공단으로 정보통신망을 이용 청구하게 된다.

(2) 청구시기 및 심사방법

① **청구시기**

진료비는 신속 · 정확하게 청구하여 조기에 미수금을 회수하는 것이 필요하며, 따라서 입원의 경우는 가능한 주간단위로 구분하여 청구하고, 장기재원환자의 경우에는 월단위로 분할청구 하는 것이 병원경영과 미수금관리에 효율적이다.

② **심사방법**

심사방법에는 진료비명세서에 의한 심사와 전산화면심사, 혼합방식이 있다.

- 진료비명세서에 의한 심사는 전산으로 출력된 진료비명세서를 진료기록부 및 심사기준과 대조 · 확인하는 심사방법으로 진료내역을 일자별이나 항목별로 출력된 진료비명세서를 확인할 수 있는 장점이 있으나 출력에 따른 시간과 비용이 많이 소요되는 단점이 있다.

- 전산화면심사는 진료비명세서를 출력하지 않고 전산화면으로 진료기록부와 대조 심사하는 방법으로 시간과 비용이 절약되는 장점이 있다.
- 혼합방식심사는 진료비명세서와 전산화면심사를 혼합하여 사용하는 방식이다. 병원별 심사방법은 상이하나 입원의 경우는 수정보완 사항이 상대적으로 외래(통원) 심사보다 많기 때문에 혼합방식을 많이 사용하고 외래(통원) 진료비심사는 진료내역이 적고 상병기재 등 단순하므로 전산화면 심사를 많이 활용하고 있다.

(3) 병원의 진료비 명세서 청구절차

진료비청구란 본인이 부담하는 진료비를 근로복지공단에 청구하는 과정으로서 일정한 양식에 의거 서면이나 전자문서를 이용하여 청구를 하게되나 대부분 의료기관은 정보통신망을 이용한 전자문서방식으로 진료비를 청구하고 있다. 산재보험의 진료비청구절차는 다음과 같다.

산재보험 진료비 청구절차
① 환자 진료비 본인부담 계산(대상자에 한함) → ② 청구대상 미수금 발생 → ③ 진료비청구명세서 생성(DATA 정리) → ④ 명세서출력 또는 전산화면심사(진료기록부와 대조) → ⑤ 병원자체심사(사전 및 사후) → ⑥ 진료비명세서 분류 → ⑦ 검사결과지 및 소견서 첨부 → ⑧ 진료비명세 마감 및 청구액 품의 → ⑨ 정보통신망(토탈서비스 또는 EDI)청구

(4) 근로복지공단의 심사

근로복지공단은 요양기관의 청구내용이 산재보험법 및 고용노동부고시 사항과 건강보험요양급여기준 및 심사기준 등에 적합한지를 심사한다.

4. 요양급여비용 심사 · 지급

근로복지공단의 요양급여비용심사가 완료되면 지체 없이 요양기관의 금융기관(채신관서 포함) 계좌번호로 요양급여비용을 송금하고 요양급여비용 지급통보서에 의하여 요양기관에 통보하여야 한다.

공단은 항목별 진료비 조정 내역이 있을 경우는 요양기관에 그 내역을 통보하여야 한다.

5. 진단의 기재원칙

(1) 진단 분류기호 부여기준

① 주진단(Principal diagnosis)

환자가 병원에 입원하게 된 주원인에 대하여 입원기간중의 모든 검사 또는 수술 등을 통하여 확립된 최종 진단이다.

❶ 한번 입원한 건에 대하여는 하나의 주진단을 부여한다. 둘 이상의 병태가 주진단 정의에 똑같이 부합될 때는 둘 중 어느 진단을 선택하여도 무방하나 하나의 진단만을 주진단으로 부여한다.

❷ 비급여대상 질환(「국민건강보험 요양급여의 기준에 관한 규칙」 별표2 제6호에 해당하는 질환)이 주진단에 해당될 경우는 기타진단 중 가장 주된 진료를 받은 진단을 주진단으로 선정한다.

❸ 진단이 확립되지 아니한 경우 의심되는 진단(의증)을 주진단으로 부여할 수 있다.

입원기간 중 생성된 진단 정보가 없어서 진료 후에도 주진단이 여전히 '의심되는', '의문나는' 등으로 기록되어 있는 경우 의심되는 진단을 확진된 것처럼 부여할 수 있다.

② 기타진단

입원기간 중 발생했거나, 입원당시부터 주진단과 함께 가지고 있던 병태로서 환자진료에 영향을 준 주진단 이외의 추가진단을 말한다.

❶ 확립된 진단만 부여하고 의심되는 진단(의증)은 기타진단으로 부여하지 아니한다. 기타진단은 확진된 경우만 부여할 수 있으며, 의심되는 진단(의증)은 부여하지 아니한다. 의심되는 진단(의증)의 경우는 그 진단과 관련되는 증상 및 증후〔XVIII장. 달리 분류되지 않은 증상 · 징후와 임상 및 검사의 이상 소견에 해당되는 분류기호〕로 부여하여야 한다.

❷ 비급여 대상 질환은 기타진단으로 부여하지 아니한다.

❸ 이번 입원과 관련 없는 이전 병태는 기타 진단으로 부여하지 아니한다. 진료기록부의 최종진단명란에 기재되어 있는 진단명은 주진단 이외에는 일반적으로 모두 기타

진단으로 간주할 수 있으나, 그 중 과거의 진료 또는 병력에 해당되는 병태로서 이번 입원과 관련 없는 경우는 기타진단으로 부여하지 아니한다.

❹ 상병분류 구분은 주상병(치료나 검사에 대한 환자의 요구가 가장 컸던 상병)과 부상병(진료기간 중 주상병과 함께 있었거나 발생된 병태로서 환자 진료에 영향을 주었던 상병) 배제진단(최종 상병명이 확진된 경우 이전에 고려하였던 R/O 상병 등이 있는 경우)순으로 기재한다.

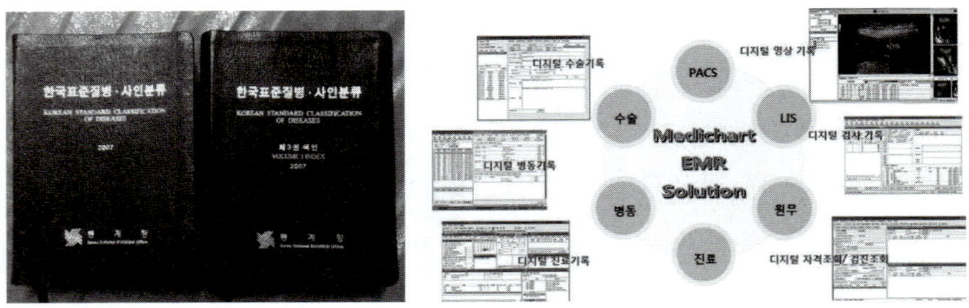

그림 6-5 ▶ 한국표준질병 · 사인분류 및 전자의무기록

7. 진료비 청구용 의무기록 서식

요양급여비용 심사 청구용으로 활용되는 의무기록 서식 및 내용은 다음과 같다.

(1) 진단요약색인 기록지(Diagnostic summary index)

퇴원한지 1개월 이내 같은 병명으로 입원한 경우, 정식기록지 대신에 사용된다.

(2) 입퇴원기록지(Admission discharge record)

입원하여 진단, 치료, 퇴원까지 행하여진 진료과정에 대한 요약하는 문서로서 의무기록 맨 앞에 철하며, 또 다른 이름으로는 "face sheet" 또는 "summary sheet"라고도 한다.

① 입원진단명(Admitting Diagnosis) : 환자가 입원, 검사, 진료 혹은 치료를 필요 하는 질병상태를 의사가 임시판단

② 퇴원진단명(Discharge Diagnosis Information) : 최종진단명, 주진단명, 기본진단

명, 주 처치명, 수술, 처치, 검사명, 퇴원과명, 날짜, 시간, 치료결과, 퇴원형태. 차후 진료계획, 전공의, 주치의 서명

(3) 퇴원요약지(Discharge summary sheet)

입원 기간 동안 환자질병의 경과, 검사, 치료 및 결과에 대한 것을 한눈에 볼 수 있게 요약해 놓은 기록문서로서 주치의 및 담당전문의가 환자퇴원직후에 기록한다. 주요 기록내용으로는 ① 병원입원동기요인 - 주소(CC), 현 병력(PI) ② 신체조사, 임상검사, 방사선검사, 특수검사 ③ 최종진단명 ④ 앞으로의 치료계획 및 퇴원 약 처방 등이 있다.

(4) 병력기록지(Medical history)

환자 병력은 의사가 임시진단명(Diagnostic impression)을 내기 위하여 필요한 정보를 활용(환자, 보호자, 동반자)기록하는 문서이며, 입원 후 24시간 이내 작성하는 것이 원칙이며, 수술이 예정된 환자는 수술 전에 작성해야 한다. 또한 병력기록지는 환자의 병력을 자세하게 기록하여 진찰과 치료의 방향을 계획하는데 도움을 주며, 환자를 제일 처음으로 접한 인턴이 기록하는 것이 통례이다.

주요기록 내용으로는,

① 주소(C.C: Chief Complaint): 병원 찾게 된 증상, 기간, 상태기록

② 현재질병상태(P.I: Present Illness) : 초기증상부터 진행양상과 상태, 중증도, 특징 등 기록

③ 과거병력(P.HX: Past History) : 과거 앓았던 질병, 결과, 치료, 투약 등 기록

④ 개인력(P.H: Personal History) : 결혼상태, 식습관, 수면습관, 종교, 술, 담배, 약물 복용 등

⑤ 가족력(F.H: Family History) : 환자의 가족관계, 유전적 질환, 체질, 선천적인 질병 등

⑥ 신체 각 계통 조사(ROS: Review System) : 환자 진술 아닌 체계적인 검사 통한 진단상태이다.

(5) 기간중 병력기록지(Interval history)

퇴원한지 1개월 이내에 같은 병명으로 재입원 경우 작성하는 의무기록이다

(6) 신체검진기록지(Physical examination)

시신, 촉진, 타진, 청진의 4가지 기본방법을 이용하는 의무기록서식이다.

(7) 단기간 입원기록지(Short form medical record)

입원기간이 48시간 이내인 단기간 입원환자에게 사용되는 의무기록지이다(주로 편도선 절제술, 낮병동 입원수술, 포경수술 등).

(8) 경과기록지(Progress notes)

질병 경과에 대한 의사와 그밖에 치료자들이 직접 기록 서명하는 서식으로 진료과정에서 진료팀이 서로 대화, 협의하는 도구로서 환자진료를 수행한 질병의 경과를 직접기록하고, 날짜, 서명, 전문직명(MD, RN)을 기록하는 서식이다. 주 내용으로는 ① 입원기록(Admission note) ② 경과기록(Progress note) ③ 교대근무기록(Service-in, service-Out note) ④ 전과기록(Transfer-in, Transfer-out note) ⑤ 최종경과기록지(Final progress note) 등이 있다

(9) 수술기록지(Operation record)

수술을 담당했던 의사가 작성하며, 수술직후에 기록하거나 녹음, 수술집도의사와 보조의사의 서명이 반드시 있어야 한다. 수술집도의 성명, 수술보조자 성명, 수술 전 및 수술 후 진단명 수술과정, 수술명, 수술일자 등이 기록된다.

(10) 의사기록지(Doctors order sheet)

주치의는 환자 진단이나 치료에 필요한 지시(검사, 처방, 처치 등) 내용을 간호사나 house staff에게 문서나 구두로 보내는 기록지이다.

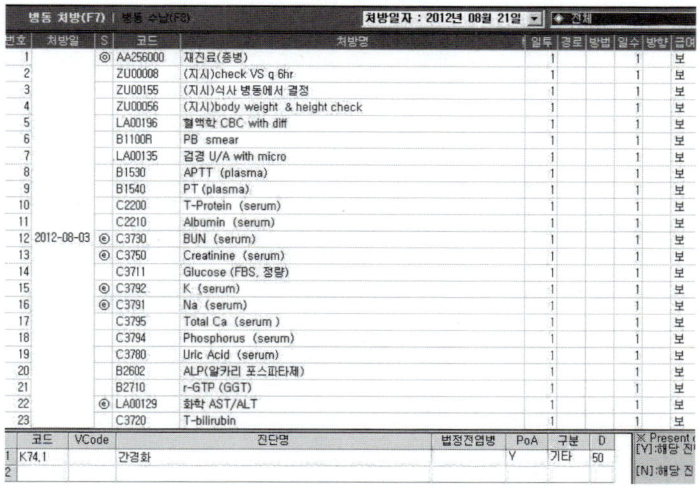

병동 처방(F7) | 병동 수납(F8) 처방일자 : 2012년 08월 21일 ◆ 전체

번호	처방일	S	코드	처방명	일투	경로	방법	일수	방향	급여
1		◎	AA256000	재진료(종병)	1			1		보
2			ZU00008	(지시)check VS q 6hr	1			1		보
3			ZU00155	(지시)식사 병동에서 결정	1			1		보
4			ZU00056	(지시)body weight & height check	1			1		보
5			LA00196	혈액학 CBC with diff	1			1		보
6			B1100R	PB smear	1			1		보
7			LA00135	검경 U/A with micro	1			1		보
8			B1530	APTT (plasma)	1			1		보
9			B1540	PT (plasma)	1			1		보
10			C2200	T-Protein (serum)	1			1		보
11			C2210	Albumin (serum)	1			1		보
12	2012-08-03	ⓔ	C3730	BUN (serum)	1			1		보
13		ⓔ	C3750	Creatinine (serum)	1			1		보
14			C3711	Glucose (FBS, 정량)	1			1		보
15		ⓔ	C3792	K (serum)	1			1		보
16		ⓔ	C3791	Na (serum)	1			1		보
17			C3795	Total Ca (serum)	1			1		보
18			C3794	Phosphorus (serum)	1			1		보
19			C3780	Uric Acid (serum)	1			1		보
20			B2602	ALP(알카리 포스파타제)	1			1		보
21			B2710	r-GTP (GGT)	1			1		보
22		ⓔ	LA00129	화학 AST/ALT	1			1		보
23			C3720	T-bilirubin	1			1		보

	코드	VCode	진단명	법정전염병	PoA	구분	D
1	K74.1		간경화		Y	기타	50
2							

※ Present
[Y]:해당 진
[N]:해당 진

그림 6-6 ▶ 의사기록지(Doctors Order Sheet)화면

(11) 협의진단기록(Consultation report)

주치의는 자기전문분야가 아닌 영역에 문제가 발생되거나 의심이 갈 때보다 정확한 진단이나 치료를 위해 그 분야 전문의에게 진단 의뢰하는 경우에 기록하는 서식이다. 의뢰하는 경우는 ① 환자상태 위독할 때 ② 진단이 잘 내려지지 않을 때 ③ 합병증 등 타과진료필요 시 ④ 정신적 증상 ⑤ 환자나 가족이 원할 때 등이다.

(12) 임상병리 검사보고서(Laboratory report)

임상병리 지시는 주치의사, 임상병리사가 검사를 실시 후 기록하는 서식이다

(13) 조직병리검사 보고서(Pathology report)

모든 수술과 조직을 적출하는 특수처치, 혹은 사체부검을 하는 경우 병리조직검사보고서가 작성 되어야 한다. 조직검사보고서(tissue teport)는 검사 후 24시간 이내 작성되어야 하고, 부검보고서(autopsy report)는 부검 후 임시보고서는 3일 이내 최종보고서는 3개월 이내 작성되어야 한다.

(14) 그라프기록지(graphic record)

T.P.R sheet라고 하며, 환자의 체온(temperature), 맥박(pulse), 호흡(respiration)을 측정하는 기록지이다.

(15) 활력증상기록지(Vital sign record)

환자 상태가 중할 때 간호사가 자주 관찰, 측정하여 쉽게 연속적으로 기록하는 것이다.

(16) 간호기록지(Nurses notes)

환자가 입원부터 퇴원 시까지 환자의 모든 상황, 간호내용, 환자의 반응, 상태 변화 등을 계속적 관찰하여 담당 간호진들이 기록하는 문서이다.

① Admission note : 입원 일시와 입원방법, 입원 시 환자 상태, 주증상 등을 기록한다.

② Nursing progress note : 시행된 치료 및 처치명, 검사명, 검사물채취, 전과, 협진 등을 기록한다.

③Discharge note: 퇴원 일시, 퇴원 시 환자 상태, 퇴원 후 지시 내용 등을 기록한다.

(17) 방사선기록지(Radiology report)

진단이나 치료를 위한 방사선 기록지(진단 및 치료방사선 기록지)이다.

① 진단방사선기록지 : 방사선 촬영을 한 필림 상에 나타낸 것을 방사선과 전문의가 판독하여 그 내용을 기록한다.

② 치료방사선기록지 : 방사선 치료를 시행한 경우, 광선의 종류, 양등을 자세히 기록하여 방사선 전문의사가 서명한다.

(18) 심전도검사보고서(Electrocardiographic report)

심장의 박동상태, 심장전문의사의 검사판독내용을 기록하는 서식이다.

(19) 뇌파검사보고서(Electroencephalographic report)

뇌파의 변화, 뇌와 신경계의 질환, 신경과 전문의사가 판독한 내용이 포함된다.

(20) 마취기록지(Aanesthetic record)

① 마취전 · 후 신체조사 기록지 : 마취하기 전에 신체 각계의 상태와 증상 등을 점검하는 것으로, 수술 전 48시간 이내에 기록하여야 한다. 마취를 시행한 의사가 마취로 인한 합병증 여부 등을 점검하여 그 상태를 수술 후 24시간 이내에 기록한다.
② 마취기록 : 마취제의 종류, 양, 마취방법, 수술의사명 등이 기록되며 마취의사의 서명이 있어야 한다.

(21) 회복실 기록지(Recovery room record)

수술 후 회복실로 옮겨진 환자의 상태 등을 기록하는 문서로서, 수술실을 출발하여 병실에 도착 할 때 까지 환자 상태가 모두 기록되어야 한다.

(22) 핵의학 검사지(Nucler medicine)

방사선의약품을 체내 주입하여 검사하는 기록문서이다.

(23) 투약기록지(Medication sheet)

주치의 약물(투약)처방과 함께 간호사의 수행으로 이루어지며, 약물투입은 경구, 주사, 흡입 등의 방법으로 처방된 약물이 투입 된 후 약명, 투입방법, 일시, 양 등을 기록하는 문서이다.

(24) 수혈기록지(Transfusion record)

수혈을 받은 환자의 기록에는 반드시 수혈기록지가 있어야 한다.

(25) 산과기록지(Obstetric record) 1) 산전기록지

① 산과기록지 : 임신초기에 산과 외래를 방문 때부터~분만 전까지 정기적으로 와서 산전관리를 받을 때마다 기록한다(가족력, 월경력, 병력, 현재임신, 이전 임신력, 신체조사, 골반조사, 임상병리검사, 산 전관리기록 등).

② 진통 및 분만기록지(진통의 3단계)

제1기 : 진통시작부터 자궁경이 완전히 열릴 때 까지/제2기: 자궁경이 완전히 열린 후부터 태아의 분만까지/제3기: 태아의 분만부터 태반이 나올 때 까지 산후기록지(산후경과기록 및 퇴원요약기록, 산후간호기록지)

③ 신생아기록지 : 출생과 동시에 병원등록번호 발급(부여)

❶ 분만시 신생아기록지(출생기록지) : 애기를 받은 의사가 기록함(산모의 병력, 현 분만상태, 신생아기록, 신체조사기록)

❷ 신생아검진기록지 : 신생아를 인계받은 소아과의사가 신생아를 자세히 관찰하여 상태를 기록

❸ 신생아확인기록지 : 신생아 식별위해 작성

(26) 기타 의무기록서식

① paramedical 분야에서 사용한 기록지 ② 특수병동에서 사용하는 기록지(중환자실, 신장투석실) ③ 특수진단기록지(근전도, 폐기능) ④ 이송기록지 ⑤ 청약서, 신청서 또는 서약서

(27) 법적문제 발생 시 병원과 의사를 보호하기 위해 만든 서식

① 수술, 마취(검사)청약서 ② 의무기록사본발급신청서 등

(28) 외래기록지

① 응급실 기록지(응급실에서 진료를 받은 환자 모두에게 작성되는 서식으로 법적 문제와 관련 상세히 작성 필요함)

② 외래진료기록지

환자가 외래진료를 받을 때 마다 날짜, 주 호소, 검사명 등 그리고 진료의사의 서명이 기록되어야한다.

③ 가정간호기록지

간호사가 환자를 방문하여 간호서비스를 제공할 때 마다 그 내용을 기록한다.

④ 재활치료기록지

매일 또는 정기적으로 외래를 방문하여 재활치료를 받는 경우에 작성한다.

수행 내용 및 수행 준거

1 의료기관의 자체심사와 근로복지공단의 심사과정(절차)에 대하여 알아본다.

(1) 의료기관에서는 통원(외래)는 방문별 심사 후 금월 진료분은 익월 초부터 청구할 수 있다.

(2) 입원심사는 재원심사와 퇴원 후 심사를 거쳐 퇴원 다음 주 월요일부터 청구할 수 있다.

• 재원환자의 진료비 사전 심사제도의 운영 시 기대효과는 다음과 같다.

- 진료담당의사, 간호사 등 직원에게 건강보험 인정기준 및 진료비 산정정보 사전 제공
- 급여기준에 의한 적정진료비 퇴원 전 산정(신뢰도 확보, 민원사전방지)
- 행위별, 수가항목별, 진료정보와 통계자료 활용(임상연구자료, 질향상, DRG)
- 퇴원 전 진료비 자체심사 종결로 진료비 조기청구(자료운용 및 수익증가에 기여)
- 퇴원일에 진료비계산 오전 10시 이전 종결로 오전 퇴원 후 귀가 등이다.

(3) 근로복지공단의 심사절차는 ① 전산점검 → ② 심사직원심사와 ③ 심사위원 또는 전문심사(심사위원회심사)로 진행된다.

(4) 심사직원심사는 주로 일반사항 및 심사기준 범위 내 심사를 말하며, 심사위원심사

는 전문의학적 판단에 의한 진료의 적정성여부 심사이며, 심사위원회심사는 심사결정기준의 합의결정이 필요한 사항의 심사를 의미한다.

2 산재보험진료비명세서 작성 시 기재사항에 대하여 알아보고 업무를 수행한다.

의료기관은 명세서작성시에 다음과 같은 사항이 누락되지 않도록 기재하여야 한다.

1. 사업구분(요양급여비용, 휴유증, 진폐검진) 2. 산재근로자인적사항(성명, 주민번호, 소속사업장) 3. 재해일자 4. 진료기간 5. 진료개시일 6. 진료일수 7. 투약일수 8. 진료구분(입원, 통원) 9. 치료구분(치유, 사망, 요양 중 사망, 전원, 계속) 10. 상병명 및 분류기로 11. 수술코드 12. 진료과목 13. 간병료 청구(유, 무) 14. 중환자실 입원기간(대상자) 15. 요양급여비용의 내용 16. 처방전 내용 등

3 산재보험 진료비 청구 심사 및 결정과 지급(정산)에 대하여 알아본다.

산재보험 진료비 청구를 받은 날부터 40일 이내에 하여야 하며, 다만, 고용・산재정보통신망이나 정보통신망으로 청구한 경우에는 10일 이내에 지급결정을 한다(10일 이내에 지급결정을 할 수 없는 경우에는 청구한 진료비의 100분의 85에 해당하는 금액을 미리 지급한 후 심사가 끝나면 그 결과에 따라 정산할 수 있다).

4 요양급여비용 심사청구 시 활용되는 의무기록 서식의 종류와 내용에 대하여 알아본다.

5 병원의 의료정보 시스템 청구프로그램(OCS)과 의무기록정보 시스템을 활용하여 심사자체심사 준비를 한다.

(1) 자체 심사시는 가능한 두 개의 전산 프로그램 화면(청구, 의무기록)을 활용한다.

(2) 심사시 진료행위 산정기준 및 지침, 약제 및 치료재료 목록표 등을 활용한다.

(3) 심사시 진료의사의 소견이 필요한 것은 진료과에 의뢰하여 자료를 요청한다.

(4) 생성된 명세서 기재(입력) 내용과 의무기록지를 비교하여 자체 심사(조정)한다.

(5) 자체 심사시 가능한 발생된 청구대상 미수금과 청구차액(심사조정액)이 많이 발생하지 않도록 한다(자체 심사시 조정된 내역을 요약 정리하여 해당 진료과 협조요청 및 직원의 보험교육 등에 활용한다).

6 **의료정보실에서 생성된 명세서의 진료내역과 의무기록지를 비교하여 자체 심사하며, 고용. 노동부의 토털서비스에서 심사정보를 활용한다.**

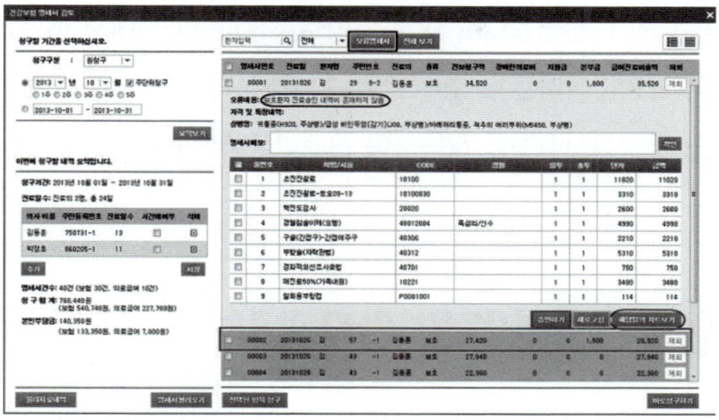

그림 6-7 ▶ 진료비 청구 심사프로그램

7 **요양급여비용 청구 시 상병명, 상병분류 기호순서에 대하여 알아본다.**

(1) 통계청 고시에 의한 "한국표준질병 · 사인분류"의 분류기호를 주상병-부상병-배제진단순으로 기재하되, 주상병은 반드시 첫 번째 자리(제1단)에만 기재하고, 부상병, 배제진단(추정상병)은 각각 2개 이상인 경우 중요도 순으로 각각 기재한다.

(2) 질병코드는 알파벳과 숫자를 사용하여 표현 : 한국표준질병 사인분류 8차 개정판(KCD-8) 분류체계에 의한다.

8 **의료기관 자체 심사 시 진료의사의 소견이 필요한 것은 진료과에 의뢰하여 자료를 요청한다.**

9 **자체 심사가 완료되면 진료과별 심사 조정내역을 과별로 요약 정리한다.**

10 **자체 심사가 완료되면 발생된 미수발생액과 청구차액을 진료과별로 정리하고 집계한다.**

11 **요양급여비용청구서에 통원(외래) 및 입원을 구분하고 분야별 건수와 청구액 등을 집계하고 마감한다.**

12 진료비청구명세서 작성을 완료 후 내부결재를 득한 후 요양급여비용 명세서를 정보통신망을 통하여 근로복지공단으로 청구한다.

13 근로복지공단 및 대한병원협회 또는 건강보험심사평가원에서 매년 초에 시행하는 보험교육(요양급여기준 및 진료행위 수가산정지침 개정에 관한 교육)에 참가하여 보험관리의 최신정보를 획득하여 진료비심사청구에 활용한다.

6-3 심사지급분석 및 사후관리

학습목표

1 | 진료비 심사지급에 대한 진료비 지급내역을 분석할 수 있다.
2 | 심사 결정사항에 대한 이의신청이나 재심청구, 심사청구를 요청할 수 있다.

1. 심사지급분석 및 사후관리

(1) 심사결과 통보 및 진료비 지급

근로복지공단은 요양급여비용의 심사 후 진료비를 지체 없이 요양기관의 금융기관 계좌번호로 요양급여비용을 송금하고 그 내역을 요양기관에 통보하여야 한다.

(2) 진료비 조정 및 삭감분석

근로복지공단의 진료비 심사지급내역서를 분석 후 재청구 및 이의신청과 심사조정률을 관리하는 과정으로서 분석하는 방법은 ① 요양급여비용 심사결정금액의 정산내역서 - 삭감금액, 줄번호별 심사조정코드 확인 ② 요양급여비용 삭감 금액 - I 항, II 항 확인 ③ 조정률관리 등이 있다.

(3) 심사사후 관리

심사사후 관리란 진료비청구에 대하여 근로복지공단의 심사가 종결되고, 그 결과를 요양기관에 통보한 후 심사가 급여기준 및 심사기준에 의하여 정확하게 이루어졌는지를 재점검하여 부당삭감은 이의신청을 하고 지급불능건은 자료를 보완하여 재청구를 하는 과정을 말한다.

2. 심사(재심사)청구 및 행정소송

(1) 심사(재심사)청구 및 행정소송

공단이 행한 보험급여 등의 결정에 불복이 있는 자는 이의제기를 할 수 있으며 이를「심사청구」라 하고, 심사청구 결과 결정된 내용에 대하여 다시 이의를 제기하는 것을「재심사청구」라고 한다. 심사(재심사)청구는 보험급여 등의 결정이 있음을 안 날부터 90일 이내에 그 보험급여 등의 결정을 행한 근로복지공단 지역본부 또는 지사에 접수하여야 한다. 또한 심사청구, 재심사청구를 거치지 않고 바로 행정법원에 소송을 제기할 수도 있다.

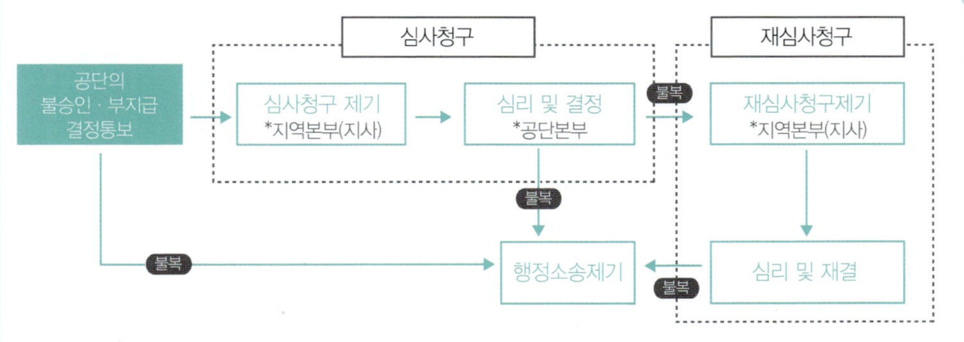

그림 6-8 ▶ 심사청구 절차

표6-3 심사청구 및 행정소송

구분	내용
심사청구제도	근로복지공단 각 지역본부(지사)에서 행한 산업재해보상보험법상의 보험급여에 관한 결정에 불복이 있는 자는 권리구제를 위해 심사청구를 제기하는 제도이다.
재심사청구	공단본부에 심사청구를 제기한 후 동 심사청구에 대한 공단본부의 심사결정에 이의가 있는 사람은 고용노동부 산재보험재심사위원회에 재심사청구를 하는 것을 말한다.

행정소송제기	산업재해보상보험법상 보험급여 등에 관한 결정 또는 심사결정에 불복이 있는 경우 결정(심사결정)이 있음을 안 날부터 90일 이내에 심사 또는 재심사 청구를 거치지 아니하고 행정소송을 제기 할 수 있다.

(2) 처리절차 안내

- 심사, 재심사청구 과정을 거쳐 행정소송을 하는 경우
  ① 심사청구서를 작성하여 근로복지공단의 결정지사에 제출하면 된다(결정내용을 안 날부터 90일 이내).
  ② 심사결정에 대한 이의 제기와 관련한 청구절차는 심사청구와 같은 방식으로 재심사 청구서에 의거 재심사청구 제기하면 된다(심사청구에 대한 결정내용을 안 날부터 90일 이내). 심사기관은 고용노동부 산업재해보상보험재심사위원회에서 담당한다.
- 심사 · 재심사청구 절차를 거치지 않고 행정소송을 제기하는 경우

근로복지공단의 결정에 이의가 있는 경우에 행정법원에 소송제기하면 된다(보험급여 등의 결정내용을 안 날부터 90일 이내).

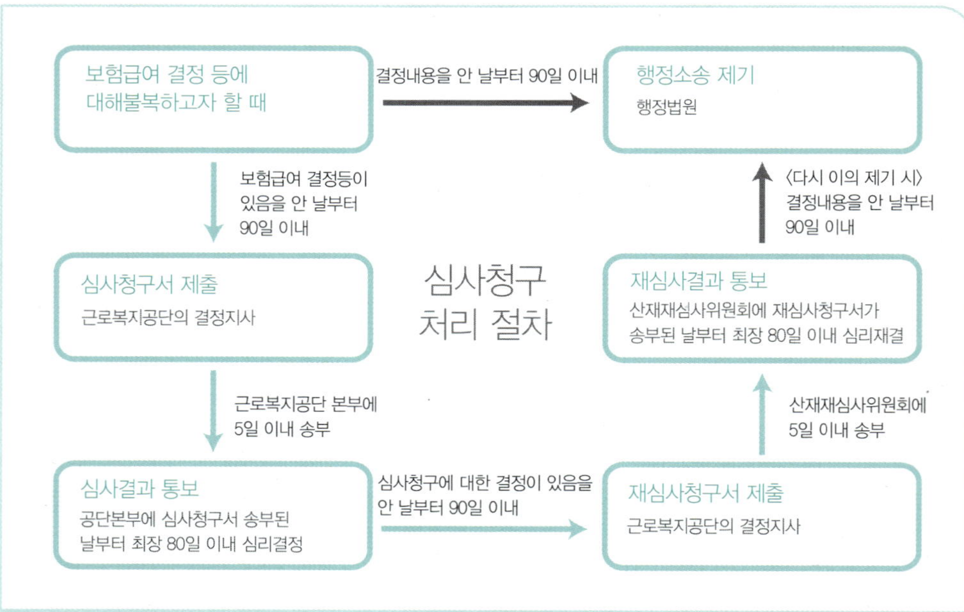

그림 6-9 ▶ 심사처리절차

(자료출처: 근로복지공단)

<table>
<tr><td colspan="3">[별지 제25호 서식]</td><td colspan="6">진료비 · 약제비 재심사청구서</td><td colspan="2">처리기간
60일</td></tr>
<tr><td colspan="2">문서번호</td><td></td><td colspan="3">심사청구 분야</td><td colspan="5">□ 진료비 □ 부당이득
□ 약제비 □ 기타</td></tr>
<tr><td rowspan="4">청
구
인</td><td>사업장명
(기호)</td><td></td><td rowspan="4">원처분기관
결정내용</td><td colspan="2">접수번호
(부당접수번호)</td><td colspan="2"></td><td rowspan="4">첨
부
서
류</td><td colspan="2" rowspan="4">1.심사결과통보서
2. 진료기록부
3. X-ray film
4. 검사결과지
5. 기타</td></tr>
<tr><td>주 소</td><td></td><td colspan="2">결정기관</td><td colspan="2"></td></tr>
<tr><td rowspan="2">성 명
(대표자명)</td><td rowspan="2"></td><td colspan="2">결정년월일</td><td colspan="2"></td></tr>
<tr><td colspan="2">결정이 있음을
안 날</td><td colspan="2"></td></tr>
<tr><td colspan="2">심사결정기관명</td><td></td><td colspan="3">심사결정한 날</td><td>. . .</td><td colspan="2">심사결정이
있음을 안 날</td><td colspan="2">. . .</td></tr>
<tr><td colspan="2">재심사청구건수</td><td></td><td colspan="3">재심사청구비용 총액</td><td colspan="5"></td></tr>
<tr><td colspan="2">심사결정기관의
고지유무 및 그 내용</td><td colspan="9"></td></tr>
<tr><td rowspan="2">접수
번호</td><td rowspan="2">명세서
일련번호</td><td rowspan="2">수진자</td><td rowspan="2">진료구분
(입원 · 외래)</td><td colspan="2">재심사청구금액</td><td colspan="3" rowspan="2">청구의 취지 및 이유
(상세히 기술)</td><td colspan="2" rowspan="2">첨부
서류</td></tr>
<tr><td>Ⅰ항</td><td>Ⅱ항</td></tr>
<tr><td></td><td></td><td></td><td></td><td></td><td></td><td colspan="3">별첨 사용 가능</td><td colspan="2"></td></tr>
<tr><td colspan="11">산업재해보상보험법 제106조에 따라 위와 같이 청구합니다.
. . .
청구인 : (서명 또는 인)
산업재해보상보험재심사위원회 위원장 귀하</td></tr>
</table>

3. 보완청구 및 추가청구 요령

(1) 보완청구

의료기관에서 진료비를 청구하였으나, 심사불능 처리된 건(인적사항 미기재 등으로 반송된 건)에 대하여는 해당사유를 보완하여 명세서를 재작성하여 청구하는 것을 말한다.

(2) 추가청구

의료기관이 진료비를 지급받은 명세서 중 진료내역의 일부가 당초 청구시 누락되어 누락된 진료내역만을 추가로 청구하는 경우에는 심사청구서 및 명세서의 청구구분란에는 추가청구 구분코드("2")를 기재하고, 명세서의 청구구분란에 이미 통보된 원청구서의 접수번호,명세서 일련번호를 기재하여야 하며, 이 경우 반드시 진료기록부 사본을 첨부하여야 한다.

4. 진료행위에 대한 누락방지책

진료비심사청구 실무와 관련 진료행위에 대한 청구누락 방지책의 사례를 참고하여 사전에 효율적인 관리가 필요하다.

표6-4 진료행위에 대한 누락방지책

구 분		내 용
1	의료진의 진료기록(처방입력)	의무기록(경과기록, 수술기록, 상병 포함)
2	진료항목(행위)별 수가산정기준	산정(적용)기준 및 인정기준, 유권해석 등
3	미수발생액(청구대상액)과 청구차액	청구차액 최소화 필요(청구전 자체조정액)
4	보험교육 및 심사기준(지침)홍보	의료진 및 간호부서, 진료지원부서 등
5	수술 후 처치료 및 간호처치료	기준 및 인정범위, 산정방법 등
6	초진 및 재진료산정 및 협진료 관리	산정기준과 지침에 의한 산정
7	산재 및 자동차보험 비대상 질환	승인된 상병 외의 진료비는 건강보험으로 청구
8	보험청구심사 기능의 전문화	보험청구심사 전문요원 양성 필요
9	특정진료재료 관리	처치 및 수술재료, 봉합사 인정기준 등
10	가산(율) 적용대상 관리	공휴일, 야간, 나이, 시간, 식사가산 기준 등
11	심사지급내역분석 사후관리	보완 및 추가청구, 부당한 조정 이의신청,
12	처방입력누락(착오) 방지	행위, 코드, 수량, 일수, 시간, 재료 등
13	응급의료관리료 산정	응급증상(급여) 및 비해당증상(전액본인부담)

자료출처: S병원 및 B병원 경영진단분석보고서(김회창)

수행 내용 및 수행 준거

1 진료비청구 심사지급 후 심사사후관리에 대하여 알아보고 실행한다.

심사사후관리란 요양급여비용 심사청구에 대하여 근로복지공단의 심사가 종결되고, 그 결과를 의료기관에 통보한 후 심사가 심사기준에 의하여 정확하게 이루어졌는지를 재점검 하여 진료행위에 대한 누락을 방지하는데 있다.

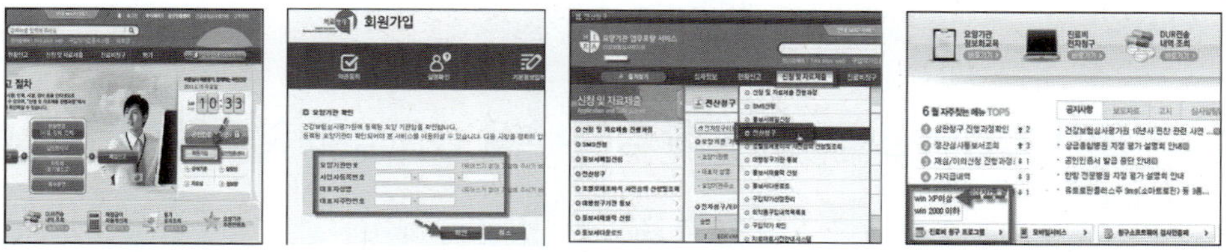

그림 6-10 ▶ 진료비청구 포털서비스 화면

2 심사(재심사)청구 및 행정소송 대하여 알아보고 이행한다.

근로복지공단 각 지역본부(지사)에서 행한 산업재해보상보험법상의 보험급여에 관한 결정에 불복이 있는 자는 권리구제를 위해 심사청구를 제기할 수 있다

① 근로복지공단이 행한 보험급여 등의 결정에 불복이 있는 자는 이의제기를 할 수 있으며 이를「심사청구」라 하고, 심사청구 결과 결정된 내용에 대하여 다시 이의를 제기하는 것을「재심사청구」라 한다.

② 심사(재심사)청구는 보험급여 등의 결정이 있음을 안 날부터 90일 이내에 그 보험급여 등의 결정을 행한 근로복지공단 지역본부 또는 지사에 접수하여야 한다.

③ 또한 심사청구. 재심사청구를 거치지 않고 바로 행정법원에 소송을 제기할 수도 있다.

3 보완청구 및 추가청구의 개념을 알아보고 심사지급내역을 분석 후 수행한다.

(1) 보완청구란 의료기관에서 요양급여비용을 청구하였으나, 근로복지공단에서 심사불능 처리된 건(반송건)에 대하여는 해당사유를 보완하여 명세서를 재작성하여 청구하는 것을 말한다.

(2) 추가청구는 의료기관이 요양급여비용을 지급받은 명세서 중 진료내역의 일부가 당초 청구시 누락되어 누락된 진료내역만을 추가로 청구하는 것을 말한다. 추가청구시는 구분코드("2")를 기재하고, 명세서의 청구 구분란에 이미 통보된 원 청구서의 접수번호,명세서 일련번호를 기재하여야 하며, 이 경우 반드시 진료기록부 사본을 첨부하여야 한다.

4 요양급여비용 심사조정내역서의 빈도 높은 사유별코드를 알아보고 이의신청시 참고한다.

5 요양급여비용청구 심사지급에 대한 정산내역을 통원(외래) 및 입원 구분하여 분석한다.

표6-5 산재보험진료비 청구현황 및 심사조정률 (단위: 건, 백만 원, %)

구분		전월			금월		
		건수	총진료비	조정율	건수	총진료비	조정율
산재	외래						
	입원						

6 진료비청구심사의 효율화방안에 대하여 알아보고 자체 심사 시 활용한다.

7 근로복지공단에서 지급한 진료비 지급내역을 분석하고 미수금을 정리한다.

8 근로복지공단 및 보건복지부의 급여회신, 유권해석, 신규고시사항, 진료비심사사례를 관리하고 주요내용을 의료진과 직원들에게 교육한다.

수행 Tip!

• 산업재해보상법의 심사청구 및 행정소송에 대한 관련 법령을 참고한다.

제 7 장

공무상요양보험 및 국가배상제도

7-1 | 공무상요양제도

7-2 | 국가배상제도

▶ 수행내용 및 수행준거

7-1 공무상요양제도

학습목표

1 | 공무상요양제도에 대하여 안내하고 업무를 수행할 수 있다.
2 | 공무상요양환자의 자격관리와 진료비를 산정하여 청구할 수 있다.

1. 공무상요양에 관한 법률

(1) 공무원연금법 및 사립학교교직원연금법

공무원연금법과 사립학교교직원연금법에 의하여 공(직)무상 사망 및 부상, 질병, 폐질 등이 발생할 시 요양급여를 하며, 그에 관한 비용을 공무원연금관리공단 이사장이나 사립학교교직원 연금관리공단에 청구하도록 하고 있는 급여제도이다. 이와 관련된 법령을 보면 다음과 같다.

① 공무원연금법 공무원 연금법은 1982년 12월 제정되어 공무원연금관리공단이 발족되면서 공무원의 퇴직 또는 사망과 공무로 인한 부상, 질병 및 폐질에 대하여 적정급여를 실시함으로서 공무원 및 그 가족의 생활안정과 복리증진에 기여하는데 그 목적이 있다.

② 사립학교교직원연금법 1974년 12월에 제정되어 1975년 1월에 사립학교교직원연금관리공단을 설립하여 사립학교교직원의 퇴직, 사망 및 직무상 질병, 부상, 폐질에 대한 적정급여를 확립하여 교직원과 그 가족의 생활안정과 복리향상에 기여함을 목적으로 하고 있다.

2. 공무상요양제도

(1) 공무상요양제도의 개요

공무상요양제도는 공무원연금법과 사립학교교직원연금법에 의하여 공무상 사망 및 부상, 질병, 폐질 등이 발생할 경우에 요양급여를 하며, 그에 관한 비용을 공무원연금공단이나 사립학교교직원 연금공단에 청구하도록 하고 있는 급여제도이다. 따라서 공무상 질병 또는 부상을 입은 공무원이나 사립학교교직원이 공단으로부터 공무상요양(기간연장) 승인을 받고 요양기관에서 소정의 요양을 하는 때는 요양에 소요되는 비용을 정부(국가 또는 지방자치단체)에서 지급하는 비용을 말한다.

(2) 대상 및 급여종류

① 요양급여 대상

공무상요양급여는 공무상 절차에 의해 관련 공단으로부터 요양승인을 받은 경우에 해당이 되며, 공무상요양승인은 공무원연금공단이나 국방부로부터 그리고 직무상 요양승인은 사립학교교직원 연금공단으로부터 요양승인을 받은 경우에 요양급여비를 받을 수 있다(공무상 질병, 부상의 치료목적이 아니거나 지급범위를 초과하는 금액은 지급대상이 아님)

그림 7-1 ▶ 공무원연금공단 및 공상 신청

② 지급범위 및 급여종류

공무상요양비 지급범위는 국가 또는 지방자치단체가 비용 전액을 부담하며, 급여종류는 건강보험 적용급여, 산재보험 적용급여, 공무상 특수요양비가 있다.

표7-1 급여종류

구분	내용	비고
건강보험적용범위	진료비, 약제, 치료비 등	
산재보험 요양급여	간호비(1~3등급), 이송비, 재활보조기구, 통합재활훈련 등	
공무상특수요양비	간호비(기본), MRI촬영료, 초음파검사, 상급병실차액, 부대경비, 흉터(반흔) 수술비	공무상 질병, 부상의 치료목적이 아니거나 지급범위초과금액은 지급대상 아님

(3) 공무상요양비 산정기준

① 요양급여비 산정기준

- **진료비**

요양급여기준은 보건복지부장관이 고시한 건강보험 요양급여기준액표 및 진료수가표, 약가표에 의한 급여비를 산정기준으로 하며, 공무상요양승인을 득한 상병과 요양승인 기간내에 진료한 경우에 한한다.

- **요양비**

건강보험에서 인정되지 아니하는 식대, 진단서, M.R.I(자기공명영상), 초음파, 병실료, 보조기, 보철료 등은 노동부장관이 고시하는 산업재해보상보험 요양급여비 산정기준에 준하여 산정한다.

- **간호비 및 이송비**

환자의 부상이나 질병으로 인하여 산업재해보상보험법 시행규칙 제27조에 의한 요양급여의 대상이 될 경우에는 간호비 및 이송비를 청구할 수 있다.

② 공무상요양비는 건강보험요양급여와 건강보험 비급여 중 산재요양급여 및 공무상특수요양비를 포함한다.

(4) 공무상요양비 산정방식

공무상요양비는 공무원이 공무수행과 관련하여 발생한 질병이나 부상으로 요양을 하는 때에 그에 소요되는 비용을 지급하는 급여를 말한다.

따라서 공무원이 공무상 질병 또는 부상으로 인하여 요양승인을 받은 경우에, ① 진단, ② 약제 · 치료재료 및 보철구의 교부, ③ 처치 · 수술 기타의 치료, ④ 병원 또는 요양소에서의 수용, ⑤ 간호, ⑥ 이송의 요양을 하는 때에는 공무상 요양비를 지급한다. 공무상 요양비는 동일한 질병 또는 부상에 대하여 실제 요양기간이 2년(730일)을 넘지 아니하는 범위 안에서 그 요양에 소요된 금액으로 하고 있다. 공무상 요양비의 비용 산정방식은 3가지 유형으로 분류할 수 있다.

첫째, 국민건강보험법 제42조의 규정에 의한 국민건강보험 적용급여 및 수가기준에 의거하여 일반적인 비용을 산정한다.

둘째, 국민건강보험법 제42조의 규정에 의하여 산정한 요양비를 초과하거나 동조의 규정에 의한 요양 이외의 요양에 소요되는 비용으로서 제40조의 규정에 의하여 산정하는 요양비로 적용하여 요양비의 범위가 확대되어 있다. 제40조의 규정에 의한 급여 및 수가기준을 따르는 항목으로 간병비, 이송비, 식대, 보조기, 보철구, MRI촬영료, 초음파검사, 진단서료 등이 이에 해당한다.

셋째, 상급병실사용료, 화상환자 치료제 · 치료보조제 · 약제 등 화상환자 반흔제거 수술비, 초음파 추가검사의 경우에는 공무원연금법에 의한 공무상특수요양비 산정기준 적용급여 및 수가기준에 따라야 한다. 이에 해당하는 급여항목인 간병비, 상급병실사용료(2인실 내지 3인실 14일 이내), 화상환자 치료제 · 치료보조제 · 약제 등 화상환자 반흔제거수술비 등은 공무원연금관리공단으로부터 승인을 받아야 한다(공무원연금법 제39조2항과 3항).

(5) 공무상요양 절차

① 최초 요양승인 이후 계속적인 치료가 필요한 경우 공상공무원(소속기관경유)이 공단에 기간연장 신청을 통해 요양 승인을 받도록 되어 있다.

② 공무상요양(기간연장) 승인 결정시 공단에서 해당 요양기관에 승인 관련 사실을 통보하게 된다.

(6) 요양기관의 범위

① 의료법에 의하여 개설된 의료기관, 약사법에 의하여 등록된 약국, 지역보건법에 의한 보건소 등의 요양기관은 공무원연금법 제37조에 의하여 공무원 및 사립학교직원에 대한 요양을 실시할 수 있다.

② 공무상요양 승인 기간중에는 전원 등의 사유로 요양기관 변경시 별도의 청구절차 등이 필요하지 않다.

– 지급기관 : 공무원연금공단/사립학교교직원 연금공단

– 진료비 심사기관 : 건강보험심사평가원

(6) 청구 및 지급절차

① 요양기관에서 공무상요양 승인을 받은 공상공무원에 대한 진료비 청구는 건강보험 환자에 대한 진료비 청구절차와 유사하다.

② 즉, 요양기관에서 '공상' 진료로 청구하는 경우 건강보험요양급여 전액(본인부담금 포함)을 건강보험심사평가원에 청구하고, 심사결과에 따라 국민건강보험공단에서 지급받게 되며, 사후 국민건강보험공단과 공무원연금공단이 비용을 정산하게 된다.

③ 건강보험 비급여 중 산재보험요양급여 및 공무상특수요양비에 해당되는 비용은 공상공무원이 요양기관에 우선 납부하고 요양기관에서 발급된 진료비 영수증 등 구비서류를 첨부하여 공단 관할 지부에서 청구하여 지급받게 된다.

2. 공무상요양급여 신청 및 지급절차

(1) 요양 승인 신청

요양 승인 신청기한은 상병일 및 요양 개시일로부터 1년 이내이며, 연금을 취급하는 소속기관을 경유하여 공단에 신청하는 절차를 거친다. 공무원이 요양기관에서 요양비를 받는 요양을 하고자 할 때에는 당해 공무원 또는 그의 위임을 받은 자가 공무상요양승인신청서에 치료기간을 명기한 진단서(요양기관이 발행)를 첨부하여 연금취급기관장에게 제출하고, 연금취급기관장은 그 질병 또는 부상의 경위를 조사한 후 7일 이내에 그 신청서에 공무원건강 진단카드 사본과 상병경위 조사서를 첨부하여 공단에 이송해야 한다. 이 경우 긴급한 처치를 요하는 질병 또는 부상으로 인하여 미리 그 승인을 얻을 수 없는 경우에는 요양을 개시한 후 지체 없이 승인신청을 해야 한다. 위의 신청서를 이송 받은 공단은 공무상요양 승인여부 및 요양기간을 결정하여 그 결정서를 신청인 · 요양기관 및 연금취급기관장과 공무상 요양급여업무를 위탁받은 국민건강보험공단에 송부하여 공무상 요양비의 식사 및 지급, 요양비 정산 등에 관한 업무를 수행하게 된다.

표7-2 신청절차

구분	내용	비고
청구인	공무상요양승인신청서」에 「진단서」 등 구비서류를 첨부하여 소속기관(연금취급기관)에 신청	
연금취급기관(소속기관)	신청인이 제출한 「공무상요양승인신청서」에 상병경위조사서 등을 작성하여 공단으로 이송	
공단	공무원연금급여심의회의 심의를 거쳐 공무상요양승인 여부를 결정하여 통보(청구인, 국민건강보험공단 등)	

(2) 요양연기 신청

요양기간을 초과하는 요양을 하고자 할 경우에는 공무상요양기간연장 승인신청서에 진단서를 첨부하여 연금취급기관장에게 제출하고 연금취급기관장은 이를 확인한 후 7일 이내에 공무원연금공단에 이송하여야 하며, 이를 송부 받은 공무원연금공단은 공무상요양 승인여부 및 요양기간을 결정하여 그 결정서를 신청인 · 요양기관 및 연금취급기관장과 제31조의2의 규정에 의하여 공무상 요양급여업무를 위탁받은 국민건강보험공단에 송부하여야 한다.

(3) 공무상 요양비의 청구 및 지급절차

① 요양기관에서 공무상요양승인을 받은 공상공무원에 대한 진료비 청구는 건강보험 환자에 대한 진료비 청구절차와 유사하다.

② 즉, 요양기관에서 '공상' 진료로 청구하는 경우 건강보험요양급여 전액(본인부담금 포함)을 건강보험심사평가원에 청구하고, 심사결과에 따라 국민건강보험공단에서 지급받게 되며, 사후 국민건강보험공단과 공무원연금공단이 비용을 정산하게 된다.

③ 건강보험 비급여 중 산재보험요양급여 및 공무상특수요양비에 해당되는 비용은 공상공무원이 요양기관에 우선 납부하고 요양기관에서 발급된 진료비 영수증 등 구비서류를 첨부하여 공단 관할 지부에서 청구하여 지급받게 된다.

③ 요양비는 현물급여로 공상 공무원 본인에게 지급하지 않고 해당요양기관에서 국민건강보험으로 청구하여 지급받게 된다. 요양기관이 공무상요양을 실시한 경우에는

진료비청구서에 그 명세서를 첨부하여 국민건강보험공단에 청구하고, 국민건강보험공단은 청구서에 의하여 당해 진료비를 지급한 때에는 공무상요양비청구서에 그 명세서를 첨부하여 공무원연금공단에 제출하고, 공무원연금공단은 1월 이내에 이를 심사하여 공무상요양비를 지급하여야 한다.

표7-3 청구 및 지급절차

공무상요양비	청구방법 및 요양비 정산
급여(건강보험급여 본인부담금) ※의료비영수증상에 "급여" 항목	별도의청구절차없이국민건강보험공단에서공상공무원에게지급 – 공무상요양 승인일로부터 3~4개월 소요
비급여(산재보험급여, 특수요양비) ※의료비영수증상에 "비급여" 항목	비급여(산재 및 특수요양비)는 공상공무원이 직접 공단에 청구

(4) 요양비 지급

요양기관에서는 급여비용은 모두 공단에 청구하고, 비급여 비용만 환자에게 수납하며, 환자는 요양기관에 납부한 비급여 비용을 공무원연금공단에 청구한다.

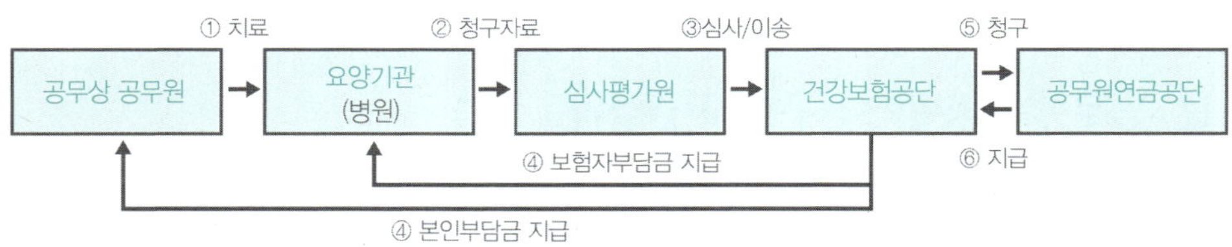

그림 7-2 ▶ 건강보험이 적용되는 급여 지급절차

그림 7-3 ▶ 공무상 특수요양비(건강보험 비적용 급여) 지급절차

(5) 발급 및 구비서류

공상공무원이 건강보험비급여 비용을 요양기관에 부담한 경우 공무원이 공단에 요양비를 청구할 수 있도록 의료기관은 아래의 서류를 발급협조가 필요하다.

① 공무상 요양비청구서(지정양식 작성)

② 해당 요양기관(병 · 의원, 약국)의 영수증

③ 본인부담 비급여에 대한 세부내역서

※ 비급여세부내역서는 요양기관(병원) 원무과에서 발급한다. 또한 추가서류에는 간호비, 화상치료비, 성형수술비, 상급병실사용료, 치과보철비 등에 대한 추가서류가 필요하다.

표7-4 공상공무원 진료 시 발급서류

구분	발 급 서 류	비 고
기본 발급서류	■ 진료비 영수증(계산서) ■ 비급여 세부내역서 (건강보험 청구코드 기재요망)	
추가 발급서류	■ 간호기간의 간호기록지 사본 ■ 간호 필요사유에 대한 소견서	– 입원기간 중 간호 필요시
	■ 상급병실 사용확인서	– 일반병실이 없어 상급병실을 사용한 경우
	■ 상급병실 사용에 대한 소견서	– 상병상태가 특수요양비 기준에 해당되어 상급병실 사용이 불가피한 경우 (예시 : 뇌혈종 제거술, 기관절개 상태 등)
	■ 보철종류, 단가, 보철치아 갯수 등이 기재된 담당의사 소견서	– 승인상병에 대한 보철 치료 시
	■ 치료재 등 거래명세서, ■ 사용내역 및 가격이 명시된 진료비내역서	– 화상환자 치료 시
	■ 담당의사 소견서	– 화상(반흔제거술), 성형수술 시
	■ 자동차보험으로 처리한 경우 (본인과실에 의한 자기신체사고 보험)	– 진료비 명세서
	■ 일반진료로 처리한 경우	– 건강보험수가로 환산한 진료비 명세서

(6) 유의사항

① 다른 법령(자동차보험, 국가유공자 등)에 의해 의료지원이 이루어지는 경우 해당절차에 따라 진료비를 청구하여야 한다. 다만, 가해자의 폭행 등으로 인한 공무상요양의 경우 공상공무원(경찰공무원 등)이 가해자로부터 손해배상을 받지 않았음을 확인하는 경우 일반진료가 아닌 '공상' 진료로 건강보험요양급여 전액을 건강보험심사평가원에 청구하실 수 있다.

※ 공상진료로 청구 시 먼저 공단에서 비용을 부담하고 가해자에게 구상권을 행사하게 된다.

② 공무상요양 승인상병과 비승인상병에 대한 진료비 구분 청구

- 공상공무원이 공무상요양 승인기간 동안 공무상요양승인상병에 대해 진료 받는 경우 요양기관에서 진료비 청구시 요양기관 종별가산율 등은 산재요양급여 기준을 적용하여 건강보험요양급여 전액을 심사평가원을 통해 청구할 수 있으나,
- 비승인상병에 대해서는 공무상진료와 무관함으로 일반 '건강보험' 진료로 청구하여야 한다.

3. 의료재활수가체계 및 비급여항목

국민건강보험요양급여는 요양급여비용의 일부(본인일부부담금)와 비급여 대상 및 전액본인부담 약제 등에 대하여 환자본인이 부담하도록 되어 있다. 공무상요양급여는 요양기관에서 공무상요양승인을 받았을 경우에는 본인일부부담금을 부담하지 않는 것은 물론, 국민건강보험에서 비급여대상 중 일부가 추가 급여되므로 국민건강보험적용시보다 공상인 경우가 환자에게 유리할 수 있다.

따라서 공무원연금제도의 공무상요양의 범위는 국민건강보험과 산재보험 요양급여의 범위를 준용하고 있기 때문에 공무원연금제도에서 별도 인정하는 의료재활수가체계는 없다. 그러나 국민건강보험과 산재보험 요양급여의 범위 이외의 요양에 소요되는 비용으로 대통령령이 정하는 요양비는 공무원연금공단의 승인을 받아 인정이 가능하기 때문에 국민건강보험보다는 의료재활수가 인정범위가 넓다고 할 수 있다.

표7-5 비급여(산재보험급여 및 공무상특수요양비) 항목별 지급기준

구분	내용
비급여항목	간호비, 상급병실차액, 치과보철,이송비, 재활보조기구, 의지 및 보조기, 자기공명영상(MRI)촬영료, 초음파검사료, 재활치료료(산재기준), 진단서 및 제증명발급수수료(용도 외), s화상치료재, 치료보조재 및 약제, 성형수술비, 건강보험비급여항목, 부대경비, PCA(통증자가조절법)

4. 요양기간 연장 및 재요양신청

(1) 요양기간 연장

요양기간 연장승인이란 공무원요양승인을 받아 요양중인 자가 승인된 기간을 초과하여 요양하고자 할 때 요양기간을 연장하는 제도이다.

※ 이때 최초 승인 신청시 누락되었거나 치료과정에서 새로이 생긴 질병에 대해 추가로 승인 신청할 수 있다. 국가유공자 등 예우 및 지원에 관한 법률」에 의한 국가유공자로 등록되어 국가보훈처 지정(또는 위탁) 병원에서 요양을 받은 경우 요양기간 연장승인을 받을 수 없다.

표7-6 요양기간연장 신청절차

구분	내용
공상공무원	「공무상요양기간연장승인신청서」에 「진단서」를 첨부하여 공단(재해보상실)으로 직접 신청
공단	신청서 및 진단서 등을 확인하여 요양기간 연장승인 여부를 결정하여 통보(청구인, 국민건강보험공단 등)
구비서류	공무상 요양기간연장승인신청서, 향후 치료기간이 명시된 진단서
비고	국가유공자 등 예우 및 지원에 관한 법률」에 의한 국가유공자로 등록되어 국가보훈처 지정(또는 위탁) 병원에서 요양을 받은 경우 요양기간 연장승인을 받을 수 없다.

(2) 공무상요양 기간연장(추가상병) 승인 인터넷 신청안내

국민연금공단은 공무원이 업무와 관련된 질병 및 부상에 대해 공무상요양 승인 기간 치료 받고, 그 상병이 완치되지 않아 계속적인 치료가 필요하거나 공무상요양 승인시 누락(추가)된 상병에 대하여 공무원연금법상 요양기간 연장 및 추가상병 보상 제도를 운영하고 있다. 그 간 공무상요양 기간연장(추가상병) 승인 신청시 오프라인만 가능하였으나, 우편 신청에 따른 비용과 번거로움을 해소하고자 인터넷 신청 시스템을 개설하였으며, 향후 계속적인 치료 또는 승인상병과 관련된 추가 상병이 발생한 경우 신청하시면 신속히 처리하여 드리고 있다.

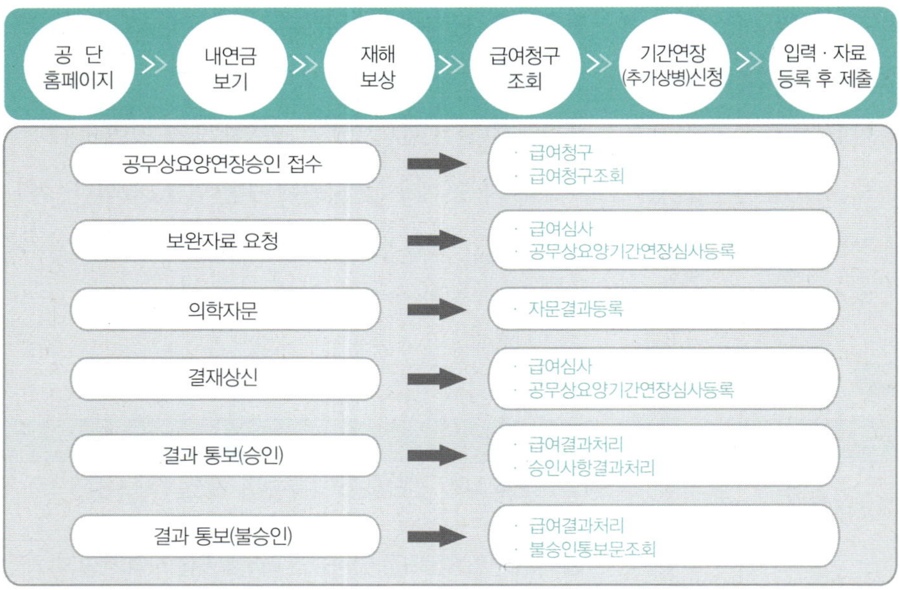

그림 7-4 ▶ 공무상요양 기간연장(추가상병)승인 인터넷 신청 방법

(3) 재요양

재요양이란 공무상 요양비를 받은 사람이 치유된 후 재발하거나 치유 당시보다 상태가 악화되어 치료가 필요하다는 의학적 소견이 있는 경우 재요양을 신청하는 제도를 말한다.

표7-7 재요양 신청절차

구분	내용
공상공무원	「공무상재요양승인신청서」에 「진단서」및 재요양 요건을 증명할 수 있는 「의무기록 사본」을 첨부하여 공단(재해보상실)으로 직접 신청
공단	「공무원연금급여심의회」의 심의를 거처 공무상재요양승인 여부를 결정하여 통보(청구인, 국민건강보험공단 등)
구비서류	재요양승인신청서, 향후 치료기간이 명시된 진단서, 최초 승인상병으로 인하여 계속 치료가 필요하다는 의사 소견서

(4) 장해급여

① 장해연금은 공무상 질병 부상으로 인하여 장애상태로 되어 퇴직한 때 또는 퇴직 후 그 질병 또는 부상으로 장애상태로 된때 지급한다.

② 장해보상금은 장해연금에 갈음하여 일시금으로 지급받고자 할 때 지급한다.

(5) 장애상태 및 등급판정

① 장애상태는 공무상 질병 또는 부상으로 인한 증상이 안정된 후 6개월이 경과 되고, 그 증상이 자연적 경과로 최종상태에 이르게 된 경우를 말한다.

② 장애등급 판정은 장애등급 판정은 장해급여 청구시 제출한 「공무원연금 장해진단서」를 기준으로 한다.

표7-8 신청절차

구분		내용
청구인		「장해급여청구서」에 「공무원연금 장해진단서」등 구비서류를 첨부하여 퇴직 당시 소속기관에 청구
연금취급기관		청구인이 제출한 「장해급여청구서」에 장애경위조사서 등을 작성하여 공단으로 이송
공단		[공무원연금급여심의회]의 심의를 거쳐 장해급여 지급 여부를 결정하여 통보(청구인, 소속기관
구비서류	청구인(공무원)	청구인(공무원) ; 장애인급여청구서, 공무원연금장애진단서
	소속기관	장애경위조사서, 의무기록지 사본, 건강진단결과통보서 및 문진표 사본, 재해유형별 입증서류

7-2 국가배상제도

학습목표

1 | 국가배상제도에 대하여 안내하고 업무를 수행할 수 있다.
2 | 국가배상환자의 자격관리와 진료비를 해당기관에 청구할 수 있다.

1. 국가배상제도

(1) 국가배상제도의 의의

국가배상제도는 공무원의 직무상 불법행위나 공공시설의 설치 또는 관리상의 잘못으로 손해를 입은 국민을 위하여 국가배상법에 의거 국가나 지방자치단체에서 적정한 배상을 하여주는 제도이다.

(2) 국가배상법(國家賠償法)

국가나 지방자치단체는 공무원 또는 공무를 위탁받은 사인(공무원)이 직무를 집행하면서 고의 또는 과실로 법령을 위반하여 타인에게 손해를 입히거나,「자동차손해배상 보장법」에 따라 손해배상의 책임이 있을 때에는 이 법에 따라 그 손해를 배상하여야 한다. 다만, 군인 · 군무원 · 경찰공무원 또는 예비군대원이 전투 · 훈련 등 직무 집행과 관련하여 전사(戰死) · 순직(殉職)하거나 공상(公傷)을 입은 경우에 본인이나 그 유족이 다른 법령에 따라 재해보상금 · 유족연금 · 상이연금 등의 보상을 지급받을 수 있을 때에는 이 법 및 「민법」에 따른 손해배상을 청구할 수 없다.

(3) 배상기준

① 제2조제1항을 적용할 때 타인을 사망하게 한 경우 피해자의 상속인(유족)에게 다음의 기준에 따라 배상한다.

1. 사망 당시의 월급액이나 월실수입액(月實收入額) 또는 평균임금에 장래의 취업가능기간을 곱한 금액의 유족배상(遺族賠償)

2. 대통령령으로 정하는 장례비

② 제2조제1항을 적용할 때 타인의 신체에 해를 입힌 경우에는 피해자에게 다음의 기준에 따라 배상한다.

1. 필요한 요양을 하거나 이를 대신할 요양비
2. 월급액이나 월실수입액 또는 평균임금의 수입에 손실이 있는 경우에는 요양기간 중 그 손실액의 휴업배상(休業賠償)
3. 피해자가 완치 후 신체에 장해(障害)가 있는 경우에는 그 장해로 인한 노동력 상실 정도에 따라 피해를 입은 당시의 월급액이나 월실수입액 또는 평균임금에 장래의 취업가능기간을 곱한 금액의 장해배상(障害賠償)

③ 제2조제1항을 적용할 때 타인의 물건을 멸실·훼손한 경우에는 피해자에게 다음 각 호의 기준에 따라 배상한다.

④ 생명·신체에 대한 침해와 물건의 멸실·훼손으로 인한 손해 외의 손해는 불법행위와 상당한 인과관계가 있는 범위에서 배상한다.

⑤ 사망하거나 신체의 해를 입은 피해자의 직계존속(直系尊屬)·직계비속(直系卑屬) 및 배우자, 신체의 해나 그 밖의 해를 입은 피해자에게는 대통령령으로 정하는 기준 내에서 피해자의 사회적 지위, 과실(過失)의 정도, 생계 상태, 손해배상액 등을 고려하여 그 정신적 고통에 대한 위자료를 배상하여야 한다.

⑥ 제1항제1호 및 제2항제3호에 따른 취업가능기간과 장해의 등급 및 노동력 상실률은 대통령령으로 정한다.

⑦ 제1항부터 제3항까지의 규정에 따른 월급액이나 월실수입액 또는 평균임금 등은 피해자의 주소지를 관할하는 세무서장 또는 시장·군수·구청장(자치구의 구청장을 말한다)과 피해자의 근무처의 장의 증명이나 그 밖의 공신력 있는 증명에 의하고, 이를 증명할 수 없을 때에는 대통령령으로 정하는 바에 따른다.

(4) 배상책임

국가나 지방자치단체는 공무원 또는 공무를 위탁받은 사인(이하 "공무원")이 직무를 집행하면서 고의 또는 과실로 법령을 위반하여 타인에게 손해를 입히거나, 「자동차손해배상 보장법」에 따라 손해배상의 책임이 있을 때에는 이 법에 따라 그 손해를 배상하여야 한다.

(5) 배상신청 대상

배상금을 지급받으려는 자는 그 주소지 · 소재지 또는 배상원인 발생지를 관할하는 지구심의회에 배상신청을 하여야 한다.

① 국가(지방자치단체 포함)의 차량 · 군용차량에 의하여 신체상, 재산상 손해를 입은 때

② 공공시설물(도로, 교량, 상하수도 등)의 설치 또는 관리의 잘못으로 신체상, 재산상 손해를 입은 때

③ 군작전 훈련에 의하여 신체상, 재산상 손해를 입은 때

④ 공무원, 군인(군무원 포함)의 직무상 불법행위로 신체상, 재산상 손해를 입은 때

⑤ 주한 미군인(군무원 포함)의 불법행위나 미 군용차량 등으로 신체상, 재산상 손해를 입은 때 등이다.

(6) 배상신청 장소

① 군대, 군인의 불법행위가 아닌 경우의 신청장소(각 지방검찰청에 설치된 아래 배상심의회)

② 군대, 군인의 불법행위를 원인으로 신청하는 경우(국방부 각급사단 이상의 부대에 설치된 배상심의회)

국가배상법 시행규칙 [별지 제8호서식] 배상신청서

접수번호	접수일자	처리기간

신청인	성 명 : (인)		생년월일 :	
	주 소 : (전화번호:)			
	직 업 :		피해자와의 관계 :	
	다음 에게 국가배상신청에 관한 일체의 권한을 위임함 위임인 성 명 : (인) 대리인 성 명 : (인) 생년월일 : 주 소 : (전화번호 :)			
피해자	성 명 :		생년월일 :	
	주 소 :			
	직 업 :		기왕의 신체상해 :	
사고개요 (상세한 것은 별지에 적음)	발생일시 :			
	발생장소 :			
	가해자 소속 :		성명 :	
	사고내용 :			
신청액	요양비	원	장례비	원
	휴업배상	원	위자료	원
	장해배상	원	재산손해	원
	유족배상	원	기 타	원
	합 계			원

위 사고와 관련하여 이미 지급받은 금액	내역	금액	지급일자	지급자

사전지급 신청액	내역	금액	사 유

「국가배상법」 제12조에 따라 위와 같이 배상신청을 합니다.

년 월 일

ㅇㅇ지구배상심의회 위원장 귀하

(7) 배상신청 시 구비서류

① 모든 사건에 공통되는 구비서류

- 신청서 1통(배상심의회에 소정양식이 있음)
- 주민등록표 등본 1통

② 피해자가 사망한 경우

- 가족관계등록부
- 사망진단서
- 월수입액증명서
- 진료비 영수증 또는 명세서(치료중 사망한 경우) 각 1통

③ 피해자가 상해를 입은 경우

- 진단서 또는 소견서
- 진료비 영수증 또는 명세서(향후 치료비 추정서 포함)
- 월수입증명서(수입손실이 있는 경우)각 1통

④ 건물, 차량, 선반 등 피해의 경우

- 등기부 또는 등록원부등본
- 수리비 영수증 또는 그 내역 명세서
- 월수입증명서(수입손실이 있는 경우)각 1통
- 토지피해의 경우

⑤ 등기부등본 또는 토지(임야)대장등본

- 복구비 영수증 또는 그 내역명세서 각 1통

⑥ 기타 손실의 경우

- 손해의 내용을 명백히 하는 서류 1통

(8) 배상심의회 배상신청에 대한 결정

① 배상결정: 국가 또는 지방자치단체의 배상책임이 있음을 인정하는 결정

② 배상신청 기각결정: 국가 또는 지방자치단체의 배상책임이 없어 배상금을 지급하지 아니한다.

(9) 지급시기

지방자치단체의 배상금 지급기관의 장은 배상결정에 대한 동의를 하고 신청인으로부터 배상금 지급청구를 받은 때에는 2주일 이내에 배상금을 지급하여야 한다.

(10) 배상금 지급청구서 제출기관

① 각 지구배상심의회 해당 지방검찰청
② 각 지구배상심의회 해당 군부대
③ 각 특별회계기관(철도청 등)이다.

(11) 재심신청

지구심의회에서 배상신청이 기각(일부 기각된 경우를 포함) 또는 각하된 신청인은 결정정본이 송달된 날부터 2주일 이내에 그 심의회를 거쳐 본부심의회나 특별심의회에 재심(再審)을 신청할 수 있다.

수행 내용 및 수행 준거

1 공무상요양제도 및 관련 적용법령에 대하여 알아본다.

공무원연금법과 사립학교교직원연금법에 의하여 공무상 사망 및 부상, 질별, 폐질 등이 발생하였을 때 피해자 및 그 가족에게 생활안정과 복리증진을 위해 시행하는 요양급여제도를 공무상요양(공상)이라 한다.

2 공무상요양급여 신청을 알아보고 업무를 수행한다.

(1) 요양급여 신청

공무수행 중 질병 또는 부상을 당하여 진료를 받고자 할 경우에는 본인 또는 위임받은 자는 공무상 요양승인신청서에 진단서를 첨부하여 연금취급기관 또는 학교기관에 재출하고 연금취급기관은 질병 및 부상의 경위를 조사하여 공무원연금공단 또는 사립학교교직원연금공단에 제출한다.

제출서류
① 공무상요양승인신청서 ② 요양기관발행 진단서(입원, 외래, 치료기간 명시) ③ 최초로 내원한 병원의 의무기록지 사본 ④ 상병경위조사서 ⑤ 재해유형별 추가 입증서류

(2) 요양연기 신청

공무상요양 승인기간을 초과하여 요양시 공무상요양 연장승인을 득하여야 한다. 이때에는 기간 만료전에 공무상요양기간연장신청서에 예상치료기간과 입원외래 구분 및 치료예상기간이 명시된 진단서를 첨부하여 연금공단에 제출하고 신청한다.

(3) 전원

공무상요양환자의 전원시는 연금기관에서 발행한 공무상요양승인결정서 사본을 요양받고자하는 요양기관에 제출한다. 이때 제출받은 요양기관은 공상으로 진료하고 전원된 환자의 요양연기신청이 필요한 경우에는 요양연기신청에 의하여 연기할 수 있다.

(4) 재요양

치유된 상병이 재발하거나 치유당시보다 상태가 악화되어 치료가 필요하다는 의학적 소견이 있는 경우에는 재요양을 신청한다. 신청서류는 재요양승인신청서, 향후치료기간이 명시된 진단서, 최초 승인상병으로 인하여 계속 치료가 필요하다는 의사소견서이다.

3 공무상요양급여의 수가산정 및 요양기관종별가산율에 대하여 알아본다.

수가산정 및 종별가산율은 산업재해보상보험과 동일하게 적용(산정)한다.

4 공무상요양보험의 진료비청구에 대하여 이해하고 명세서를 작성 심사 청구한다.

공무상요양급여의 진료비는 진료비명세서에 "공상"을 표기 후 건강보험심사평가원으로 청구한다.

5 공무상요양(공상) 진료 기록 및 수납 방법에 대하여 알아보고 업무를 수행한다.

(1) 급여 비용 기록하기는 급여 항목을 진료부에 기록한 후 "공상" 버튼 클릭한다.

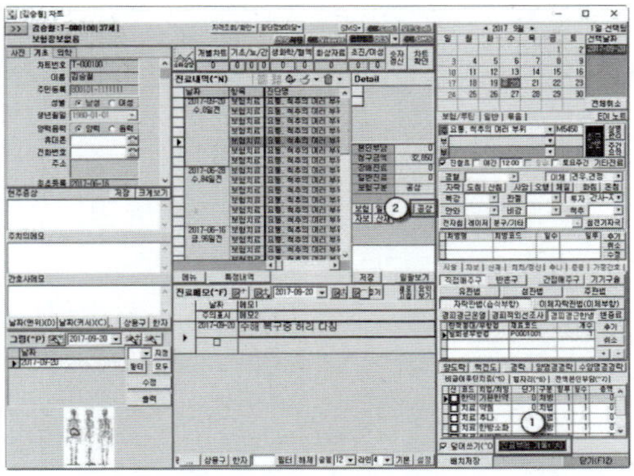

그림 7-5 ▶ 공무상요양 등록

(2) 비급여 비용 기록하기는 "일반" 탭에서 공상진료관리의 비급여 항목을 선택 → 총 진료비 입력, 진료기록부에 기록한 후 일반진료 기록 확인한다.

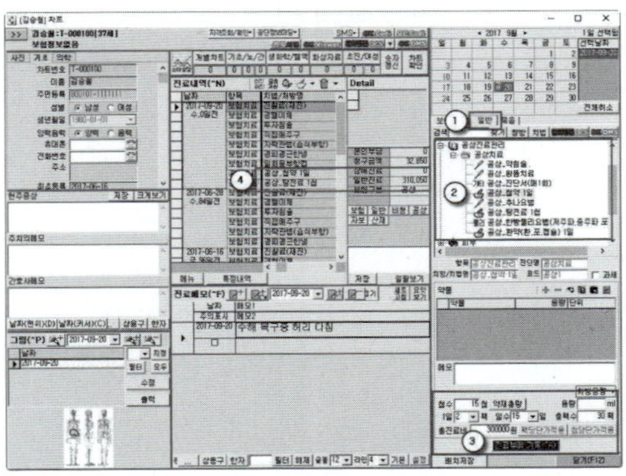

그림 7-6 ▶ 공무상요양 진료입력

(3) 비급여 비용 수납하기는 접수/수납프로그램의 수납현황에서 비급여 비용인 일반진료비를 수납한다.

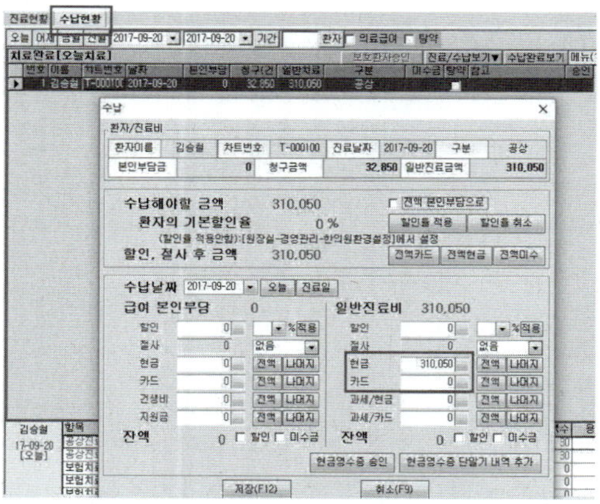

그림 7-7 ▶ 공무상요양 진료비수납(비급여 진료 부분)

6 국가배상제도에 대하여 알아보고 해당업무가 발생시는 업무를 수행한다.

국가배상제도는 공무원의 직무상 불법행위나 공공시설의 설치 또는 관리상의 잘못으로 손해를 입은 국민을 위하여 국가배상법에 의거 국가나 지방자치단체에서 적정한 배상을 하여주는 제도이다.

수행 Tip!

- 국민연금공단 홈페이지를 검색 후 공무상요양에 대한 급여기준 및 보상신청과 관리에 대하여 자료를 수집 활용한다.

제8장

자동차보험제도

8-1 자동차보험제도

학습 목표

1 | 자동차보험의 가입대상 및 관련 법령에 대하여 알 수 있다.
2 | 자동차보험의 보험의 종류와 법적 책임에 대하여 알 수 있다.

1. 자동차보험 개요

(1) 의의

자동차를 소유하거나 사용 또는 관리하는 과정 중에 발생하는 불의의 사고 때문에 발생할 수 있는 사람이나 시설, 장비 등에 대한 손해를 보상하기 위한 것이다. 보험가입을 강제하는 건강보험이나 산업재해보상보험과 같은 사회보험(社會保險)과는 달리, 자동차보험은 자동차의 소유자 또는 운전자의 개인적 경제 사정에 따라 보험가입 여부를 자유의사에 맡기는 사(私)보험이다.

또한 교통사고에 의한 사회적 손실을 방치할 수 없는 필요성에 따라, 책임보험은 모든 자동차의 소유자가 가입해야 하는 강제적 사항으로 공(公)보험적 성격을 지니고 있으며, 자동차보험은 자동차 소유자가 일정한 보험료를 보험회사에 납입하면, 보험회사는 가입기간 내에 사고가 발생할 경우, 인명과 재산상에 발생한 손해를 보상해 주는 사보험 성격의 보험이라고 할 수 있다.

교통사고란 「도로교통법」에서 "차의 운전 등 교통으로 인하여 사람을 사상(死傷)하거나 물건을 손괴한 것"으로 정의하고 있다.

정리하면, 자동차보험이란 자동차를 보험의 목적으로 하고 그 소유, 사용, 관리로 발생한 손해를 보상하는 보험으로 자동차의 충돌이나 화재, 도난 등의 사고로 인한 차량의 손해나 운전 중의 사고로 남에게 피해를 끼쳤을 때 지급하는 보상(배상)하는 보험을 말한다.

보험의 종류에는 차를 가지고 있는 소유자가 의무적으로 가입해야하는 책임보험(責任保險)과 운전자의 의사에 따라 추가로 가입할 수 있는 종합보험(綜合保險)으로 분류된다.

(2) 역사

자동차보험은 1896년 미국에서 시작되었으며, 한국에서는 1924년 일본의 미쓰이물산(三井物産) 경성지점이 자동차보험 영업을 시작한 것이 자동차보험의 효시이다. 그 후 1937년 조선화재(현재의 메리츠화재해상보험(주)의 전신)가 최초로 자동차보험 영업인가를 받았다. 그 이후 1962년 한국자동차보험공영사(韓國自動車保險共營社:동부화재해상보험(주)의 전신)가 발족, 다음해 '자동차손해배상보장법'이 제정되어 책임보험으로 시행되었다.

(3) 발전

표8-1 자동차보험 발전과정

구분	내용
1963. 4. 4	자동차 손해배상 보장법 제정
1963. 6. 1	자동차 손해배상 책임보험(강제보험) 시행
1981.12.31	교통사고 처리 특례법 제정(1982.1.1 시행)
1995. 6.12	자동차보험 수가 고시(1995.8.1 시행)
1999.10. 8	자동차보험 수가 가산율 변경 시행
2003.10. 8	자동차보험 수가 가산율(산재보험과 동일한 수준) 변경 시행
2013.7.1	진료비청구 심사기관 위탁(건강보험심사평가원)
2014.4.1	책임보험금 인상(사망 1억 5천만 원, 부상 최고 3,000만 원)
2016.4.1	책임보험금 인상(사망 1억 5천만 원, 휴유장애 최대 1억 5천만 원, 부상 최고 3,000만 원

(3) 용어의 정의

① "자동차"란 「자동차관리법」의 적용을 받는 자동차와 「건설기계관리법」의 적용을 받는 건설기계 중 대통령령으로 정하는 것을 말한다.

② "운행"이란 사람 또는 물건의 운송 여부와 관계없이 자동차를 그 용법에 따라 사용하거나 관리하는 것을 말한다.

③ "자동차보유자"란 자동차의 소유자나 자동차를 사용할 권리가 있는 자로서 자기를 위하여 자동차를 운행하는 자를 말한다.

④ "운전자"란 다른 사람을 위하여 자동차를 운전하거나 운전을 보조하는 일에 종사하는 자를 말한다.

⑤ "책임보험"이란 자동차보유자와 「보험업법」에 따라 허가를 받아 보험업을 영위하는 자가 자동차의 운행으로 다른 사람이 사망하거나 부상한 경우 이 법에 따른 손해배상책임을 보장하는 내용을 약정하는 보험을 말한다.

⑥ "책임공제(責任共濟)"란 사업용 자동차의 보유자와 「여객자동차 운수사업법」, 「화물자동차 운수사업법」, 「건설기계관리법」에 따라 공제사업을 하는 자가 자동차의 운행으로 다른 사람이 사망하거나 부상한 경우 이 법에 따른 손해배상책임을 보장하는 내용을 약정하는 공제를 말한다.

⑦ "자동차보험 진료수가(診療酬價)"란 자동차의 운행으로 사고를 당한 자가 「의료법」에 따른 의료기관에서 진료를 받음으로써 발생하는 비용으로서 다음 각 목의 어느 하나의 경우에 적용되는 금액을 말한다.

비용으로서 다음 각 목의 어느 하나의 경우에 적용되는 금액을 말한다.

가. 보험회사의 보험금(공제금 포함)으로 해당 비용을 지급하는 경우

나. 제30조에 따른 자동차손해배상 보장사업의 보상금으로 해당 비용을 지급하는 경우

다. 교통사고환자에 대한 배상이 종결된 후 해당 교통사고로 발생한 치료비를 교통사고환자가 의료기관에 지급하는 경우

⑧ "자동차사고 피해지원사업"이란 자동차사고로 인한 피해를 구제하거나 예방하기 위한 사업을 말하며, 다음 각 목과 같이 구분한다.

가. 자동차손해배상 보장사업에 따라 국토교통부장관이 자동차사고 피해를 보상하는 사업

나. 자동차사고 피해예방사업에 따라 국토교통부장관이 자동차사고 피해예방을 지원하는 사업

다. 자동차사고 피해자 가족 등 지원사업에 따라 국토교통부장관이 자동차사고 피해자 및 가족을 지원하는 사업

라. 자동차사고 후유장애인 재활지원사업에 따라 국토교통부장관이 자동차사고 후유장애인 등의 재활을 지원하는 사업

2. 손해배상을 위한 보험 가입

(1) 보험 등의 가입 의무

① 자동차보유자는 자동차의 운행으로 다른 사람이 사망하거나 부상한 경우에 피해자에게 대통령령으로 정하는 금액을 지급할 책임을 지는 책임보험이나 책임공제에 가입하여야 한다.

② 자동차보유자는 책임보험 등에 가입하는 것 외에 자동차의 운행으로 다른 사람의 재물이 멸실되거나 훼손된 경우에 피해자에게 대통령령으로 정하는 금액을 지급할 책임을 지는 「보험업법」에 따른 보험이나 「여객자동차 운수사업법」, 「화물자동차 운수사업법」 및 「건설기계관리법」에 따른 공제에 가입하여야 한다.

③ 다음 각 호의 어느 하나에 해당하는 자는 책임보험 등에 가입하는 것 외에 자동차 운행으로 인하여 다른 사람이 사망하거나 부상한 경우에 피해자에게 책임보험 등의 배상책임한도를 초과하여 대통령령으로 정하는 금액을 지급할 책임을 지는 「보험업법」에 따른 보험이나 「여객자동차 운수사업법」, 「화물자동차 운수사업법」 및 「건설기계관리법」에 따른 공제에 가입하여야 한다.

1. 「여객자동차 운수사업법」 제4조제1항에 따라 면허를 받거나 등록한 여객자동차 운송사업자
2. 「여객자동차 운수사업법」 제28조제1항에 따라 등록한 자동차 대여사업자
3. 「화물자동차 운수사업법」 제3조 및 제29조에 따라 허가를 받은 화물자동차 운송사업자 및 화물자동차 운송가맹사업자
4. 「건설기계관리법」 제21조제1항에 따라 등록한 건설기계 대여업자

④ 제1항 및 제2항은 대통령령으로 정하는 자동차와 도로가 아닌 장소에서만 운행하는 자동차에 대하여는 적용하지 아니한다.

⑤ 제1항의 책임보험등과 제2항 및 제3항의 보험 또는 공제에는 각 자동차별로 가입하여야 한다.

(2) 보험 등의 가입 의무 면제

① 자동차보유자는 보유한 자동차를 해외체류 등으로 6개월 이상 2년 이하의 범위에서 장기간 운행할 수 없는 경우로서 대통령령으로 정하는 경우에는 그 자동차의 등록 업무를 관할하는 특별시장 · 광역시장 · 도지사 · 특별자치도지사(자동차의 등록업무가 시장 · 군수 · 구청장에게 위임된 경우에는 시장 · 군수 · 구청장을 말한다)의 승인을 받아 그 운행중지기간에 한하여 제5조제1항 및 제2항에 따른 보험 또는 공제에의 가입 의무를 면제받을 수 있다. 이 경우 자동차보유자는 해당 자동차등록증 및 자동차등록번호판을 시 · 도지사에게 보관하여야 한다.

② 제1항에 따라 보험 또는 공제에의 가입 의무를 면제받은 자는 면제기간 중에는 해당 자동차를 도로에서 운행하여서는 아니 된다.

③ 제1항에 따른 보험 또는 공제에의 가입 의무를 면제받을 수 있는 승인 기준 및 신청 절차 등 필요한 사항은 국토교통부령으로 정한다.

(3) 보험금의 청구

① 보험가입자 등에게 제3조에 따른 손해배상책임이 발생하면 그 피해자는 대통령령으로 정하는 바에 따라 보험회사 등에게 「상법」 제724조제2항에 따라 보험금 등을 자기에게 직접 지급할 것을 청구할 수 있다. 이 경우 피해자는 자동차보험진료수가에 해당하는 금액은 진료한 의료기관에 직접 지급하여 줄 것을 청구할 수 있다.

② 보험가입자 등은 보험회사 등이 보험금 등을 지급하기 전에 피해자에게 손해에 대한 배상금을 지급한 경우에는 보험회사 등에게 보험금등의 보상한도에서 그가 피해자에게 지급한 금액의 지급을 청구할 수 있다.

(4) 피해자에 대한 가불금

① 보험가입자 등이 자동차의 운행으로 다른 사람을 사망하게 하거나 부상하게 한 경우에는 피해자는 대통령령으로 정하는 바에 따라 보험회사 등에게 자동차보험진료수가에 대하여는 그 전액을, 그 외의 보험금등에 대하여는 대통령령으로 정한 금액을 제10조에 따른 보험금 등을 지급하기 위한 가불금(假拂金)으로 지급할 것을 청구

할 수 있다.

② 보험회사 등은 제1항에 따른 청구를 받으면 국토교통부령으로 정하는 기간에 그 청구받은 가불금을 지급하여야 한다.

③ 보험회사 등은 제2항에 따라 지급한 가불금이 지급하여야 할 보험금등을 초과하면 가불금을 지급받은 자에게 그 초과액의 반환을 청구할 수 있다.

④ 보험회사 등은 제2항에 따라 가불금을 지급한 후 보험가입자등에게 손해배상책임이 없는 것으로 판명된 경우에는 가불금을 지급받은 자에게 그 지급액의 반환을 청구할 수 있다.

⑤ 보험회사 등은 제3항 및 제4항에 따른 반환 청구에도 불구하고 가불금을 반환받지 못하는 경우로서 대통령령으로 정하는 요건을 갖추면 반환받지 못한 가불금의 보상을 정부에 청구할 수 있다.

3. 자동차보험의 특징 및 기능

(1) 자동차보험의 특징

국민건강보험 및 산재보험과 비교한 자동차보험의 특징은 아래와 같다.

표8-2 국민건강보험, 산업재해보상보험, 자동차보험 특징 비교

구분	국민건강보험	산업재해보상보험	자동차보험
운영주체	국가 (국민건강보험공단)	국가 (근로복지공단)	기업 (손해보험사, 공제조합)
운영목적	사회보장	사회보장	이윤추구
보험가입	강제가입	사업주 강제가입	임의 가입 (책임보험은 강제)
위험분산	전 국민 대상	사업주, 근로자 대상	자동차 운전자 대상
수급권	법적 수급권	법적 수급권	계약적 수급권

(2) 주요 기능

자동차보험은 개인생활과 기업경영안정 등 사회보장적 성격을 가지며, 피해자에 대한 구제로 가해자의 경제적 손실에 따른 위험부담을 줄여주고, 보험료 할증 및 할인제도를 통한 안전의식을 고취시켜 사고 예방적 역할을 한다.

4. 자동차보험계약

(1) 보험계약 및 자동차보험계약의 의의

① 보험계약(保險契約)은 '당사자 일방(보험계약자)이 약정한 보험료를 지급하고 상대방(보험자)이 피보험자의 재산 또는 생명신체에 관하여 불확정한 사고가 생길 경우에 일정한 보험금액을 지급할 것을 약정함으로써 효력이 생기는 계약'이다(상법 제638조)

② 자동차보험계약은 「상법」 제726조의 2에서 "자동차보험계약은 피보험자가 자동차를 소유·사용·관리하는 동안에 발생한 사고로 인하여 생긴 손해의 보상을 목적으로 하는 손해보험계약이다"라고 명시하고 있다.

(2) 자동차보험계약 요소

① 보험회사(보험자)

자동차보험을 영위하고 있는 보험회사로서 자동차사고 발생 시 보험금 지급의무를 지는 자를 말한다.

② 보험계약자

보험회사와 자동차보험계약을 체결하는 계약 당사자로서 1차적 보험료 지급의무를 지는 자로서 자동차보험계약에서는 통상 보험계약자와 기명(記名) 피보험자가 동일인이 대부분이며, 보험계약자는 계약의 취소 또는 해지권을 행사할 수 있으나, 보험금 청구권은 없다.

③ 피보험자

손해보험(損害保險)과 인보험(人保險)의 피보험자는 구별되는 데, 손해보험에서의 피보험자는 피보험이익(보험계약의 목적)의 주체로서 보험사고시 보험자에 대해 보험금 청구권을 갖는 자를 말한다.

인보험계약에서의 피보험자는 생명 또는 신체에 관하여 보험에 붙여진 자이고, 보험금 청구권은 보험수익자가 갖는다. 자동차보험에서의 피보험자는 기명 피보험자, 친족 피보험자, 허락 피보험자, 사용피보험자, 운전 피보험자로 구분되어 있다.

④ 보험사고

보험자의 책임을 구체화시키는 사고를 말하는 것으로 자동차보험에서의 보험사고(保險事故)는 배상책임보험의 경우 자동차사고를 보험사고로 보는 것이 통설이며 자기신체사고와 무보험자동차상해담보에서의 보험사고는 피보험자의 상해라 할 수 있다.

자기차량손해에서의 보험사고는 보통보험약관에서 열거하고 있는 것으로 충돌, 접촉, 추락, 전복, 침수, 화재, 폭발, 낙뢰, 낙하물, 풍력, 도난 등에 의한 손해를 말한다.

⑤ 보험기간

보험회사가 피보험자(피해자)에 대해 보상책임을 지는 기간을 말하며, 일반적으로 보험증권(保險證券)에 기재된 보험기간의 첫날 24시부터 마지막 날 24시까지를 말한다. 자동차보험에 처음으로 가입하는 자동차란 자동차판매업자 또는 기타 양도인 등으로 부터 매수인 또는 양수인에게 인도된 날로부터 10일 이내에 처음으로 동 매수인 또는 양수인을 기명 피보험자로 하는 자동차보험에 가입하는 신차(新車) 및 중고차를 말한다.

(가) 계약체결시

일반적으로 보험증권에 기재된 보험기간의 첫날 24시부터 마지막날 24시까지이다. 단, 대인배상 I (책임공제를 포함)의 경우 전(前) 계약의 보험기간과 중복되는 경우에는 전 계약의 보험기간이 끝나는 시점부터 시작한다. 예외적으로, 자동차보험에 처음 가입하는 자동차 및 대인배상 I 에서는 보험료를 받은 때부터 마지막 날 24시까지이다. 다만, 보험증권에 기재된 보험기간 이전에 보험료를 받았을 경우에는 그 보험기간의 첫날 0시부터 시작한다.

(나) 계약내용 변경시

① 담보 추가시 : 24시부터 ② 특약 변경 시 : 24시부터 ③ 차량 대체 시 : 대체승인 시점부터이다.

8-2 자동차보험의 종류

1. 자동차 보험의 종류(유형)

자동차보험은 자동차 손해배상 보장법에 의해 의무적으로 가입해야 하는 강제보험인 책임보험(대인배상)과 보험가입자의 자유로운 선택에 의하여 가입할 수 있는 종합보험(임의보험)으로 구분할 수 있으며, 종합보험은 개인용, 업무용, 영업용 자동차 보험 및 이륜자동차 보험으로 구분되고 기타 운전자 보험, 외화표시 자동차 보험, 자동차 취급업자 보험 등으로 나눌 수 있다.

(1) 자동차보험의 차종에 따른 유형 및 가입대상

① 개인용 자동차보험

개인용자동차종합보험은 개인이 소유한 자가용 승용차를 대상으로 하는 자동차 보험. 가정용 · 출퇴근용 및 개인 사업용 승용차가 이에 해당한다.

따라서 자동차등록원부상의 소유자가 개인(자연인 및 개인사업자)인 법정정원 10인승 이하의 개인소유 자가용 승용차(단, 인가된 자동차학원 또는 자동차학원 대표자 소유의 자동차로서 운전교습, 도로주행교육 및 시험에 사용되는 승용차는 제외)가 해당된다.

② 업무용 자동차보험

개인이나 기업에서에서 업무를 목적으로 사용하는 관용 자동차를 대상으로 하는 보험이다. 승용차와 승합차, 화물차 등 다양한 차종의 가입이 가능하다.

따라서 법정승차정원 10인승 이하의 개인 소유 자가용 승용차를 제외한 모든 비사업용 자동차 및 인가된 자동차학원 또는 학원 대표자 소유의 자동차가 해당된다.

③ 영업용 자동차보험

수익을 목적으로 일정한 요금을 받고 운행하는 택시, 버스, 화물차 등이 가입하는 보험을 말하며, 모든 사업용(영업용) 자동차 및 영업용건설기계가 해당된다.

④ 운전면허교습생자동차보험

연습운전면허소지자가 해당된다.

⑤ 운전자보험

자동차운전면허소지자, 건설기계조종면허소지자가 해당된다.

⑥ 외화표시자동차보험

국내거주 외국인 및 외국기관과 관련하고 있는 국내 업체나 외국인 개인소유 자동차나 외국군부대에 용역납품 등을 위하여 출입하는 자동차가 해당된다.

⑦ 자동차취급업자보험

자동차 탁송업자, 자동차판매업자, 제작회사, 자동차정비업자, 대리운전업자 등 자동차 취급업자가 해당된다.

⑧ 이륜자동차보험

오토바이 운전자를 대상으로 가입하는 보험을 말한다. 기존에는 125cc 이상만 의무적으로 보험을 가입하게 하였으나, 법령이 바뀌어 50cc 이하도 보험을 의무적으로 가입해야 하며, 이륜자동차 및 원동기장치자전거가 해당된다.

⑨ 농기계보험

농기계, 트랙터, 동력경운기, 농업용 트랙터 및 콤바인 등 농기계가 해당된다.

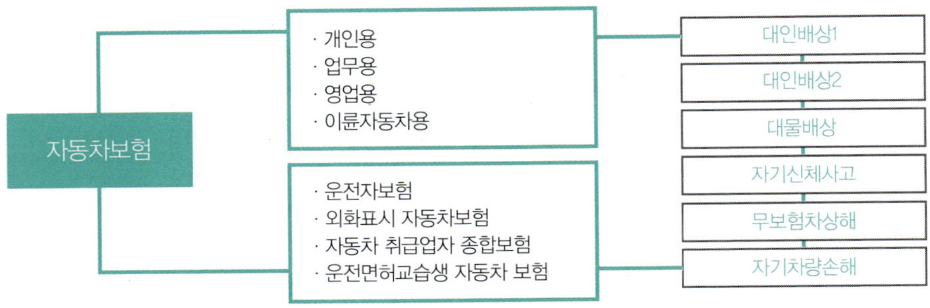

그림 8-1 ▶ 자동차보험의 종류

(2) 자동차보험의 종류별 보장(담보종목) 내역

현행 자동차보험은 대인배상Ⅰ, 대인배상Ⅱ, 대물배상, 자기신체사고, 무보험 자동차에 의한 상해, 자기차량손해의 6가지 담보종목과 특별약관으로 구성되어 있고, 보험계약자는 6개 담보종목 중 한 가지 이상 선택적으로 가입할 수 있다. 다만, 「자동차손해배상보장법」(이하 자배법)의 규정에 따라 자동차보유자는 대인배상 및 대물배상을 의무적으로 가입하여야 한다.

표8-3 자동차보험의 보장담보 구분

구분	보장담보
대인1. 대인2	자동차사고로 다른 사람을 사망하게 하거나 다치게 한 경우에 보상하는 담보
대물	자동차사고로 상대방의 차량이나 재산에 손해를 입힌 경우에 보상하는 담보
자기신체사고 (자동차상해)	자동차사고로 피보험자 본인이 다친 경우에 보상하는 담보
무보험차량 상해	무보험차량이나 뺑소니 사고로 피보험자가 상해를 입은 경우 보상
자기차량 손해	본인의 과실로 인한 사고로 피보험자 본인의 차량이 파손된 경우 보상

① 책임보험(대인배상Ⅰ)

자동차 책임보험이라 함은 의무로 가입해야 하는 대인배상1과 대물배상으로 이루어져 있으며, 대인배상 1은 사고 발생 시 타인에 대한 보상을 의미하며 보상금 제한이 있으며 대물배상은 타인의 차량 및 재물(반려동물 포함)의 보상을 의미하고 있다.

책임보험은 최소한의 손해배상 이행이 보장되도록 자배법 상 가입이 강제되는 보험이다. 가입대상은 자동차, 배기량 500cc 이상의 이륜자동차 및 건설기계 중 6종 건설기계(덤프트럭, 타이어식 기중기, 콘크리트믹서트럭, 트럭적재식 콘크리트펌프, 트럭적재식 아스팔트살포기, 타이어식 굴삭기)로 이들은 강제가입 대상이다. 보상한도는 1사고당 한도액은 없으나, 2016년 4월부터 피해자 1인당 한도는 사망 및 후유장해 시에는 최고 1억 5천만 원, 부상 시에는 부상등급에 따라 최고(1급) 3,000만 원이다.

② 임의보험(종합보험 : 대인배상 II)

의무적으로 가입해야 하는 책임보험 외에 운전자가 필요에 따라 선택해 가입할 수 있는 종합보험을 말한다. 종합보험의 종류에는 대인배상II, 대물배상, 자기신체사고, 자기차량손해, 무보험자동차상해 등이 있다. 대부분의 운전자들은 책임보험 외에 자신에게 적합한 보험을 선택해서 가입하고 있다. 우리나라에 등록된 차량 중 종합보험에 가입된 차량은 약 85%이며, 책임보험에 가입된 차량은 약 15%이다.

▫ 대물배상(강제)

대물배상이란 교통사고로 남의 자동차나 재산을 손상한 경우에 보상해 주는 것을 말하며, 대물배상은 강제가입대상으로 피보험자가 자동차사고로 남의 재물을 멸실, 파손, 오손하여 피해자에게 생기는 수리비 등 직접적인 손해와 대차(貸車)료, 휴차료, 휴업료, 영업손실, 자동차시세하락손해 등 간접적인 손해에 대한 법률상 손해배상책임을 진다. 2016년 4월부터 대물배상은 2천만 원 한도이상으로 가입하도록 의무화되었으며, 따라서 가입금액은 2천만 원, 3천만 원, 5천만 원, 1억 원, 2억 원... 10억 원 등이 있다.

▫ 자기신체사고

자기신체사고는 차주와 운전자, 이들의 가족 등 피보험자가 피보험자동차의 사고로 사망하거나 부상을 당했을 경우에 보상하는 것을 말한다. 사망은 보험가입금액을 정액지급(1,500만~1억)/장해는 각 장해급별(1~14급) 보험가입금액을 정액지급/부상은 각 부상급별(1~14급) 보험가입금액 범위 내에서 실제 소요된 치료비를 보상한다.

□ **자기차량손해**

자기차량보험이란 피보험자의 자동차가 손괴된 경우 수리비 등을 보상받는 보험을 말하며, 이때 보험회사에서는 본인에게도 일정 금액을 부담하게 하는데 이를 '자기부담금'이라고 한다. 따라서 자기차량손해는 피보험 자동차에 생긴 사고로 인한 손해 중 직접손해만을 보상하며, 사고발생 시 일정금액을 피보험자가 부담하는 자기부담금 제도가 있다. 보상은 보험가입금액 한도 내에서 실(實)손해를 보상(5만 원, 10만 원, 20만 원, 30만 원, 50만 원)한다.

□ **무(無)보험차 손해**

무보험자동차에 또는 보유불명차량에 의해 기명(記名) 피보험자 등 피보험자가 사상한 경우에 책임보험 초과부분에 대해 1인당 2억 원을 한도로 실제 손해를 보상하고 다른 자동차를 운전 중에 생긴 대인·대물사고도 보상한다. 대인배상 I · II, 대물배상, 자기신체사고를 모두 가입하여야 계약이 가능하다.

(3) 보험자의 면책사유

보험기간 중에 계약상의 우연한 사고가 발생하게 되면 보험자는 보험금을 지급할 진정한 의무를 지게 되나 보험계약법이나 약관상 일정한 사유가 있는 때에는 보험금 지급의무를 면제받게 되는 데 그 일정한 사유를 면책사유라 한다.

① 고의사고

대인 I 을 포함한 전(全)담보 공통면책사유로 고의로 인한 손해가 있다. 고의란 일정한 결과가 발생할 것을 알면서 감히 이를 행하는 심리상태로 미필적 고의까지 포함하는 개념이다.

② 이상위험(異常危險)

이상위험이란 통상의 위험을 초과하여 사고발생시 지급할 보험금이 막대하여 보험단체에 불이익한 영향을 줄 수 있는 위험을 말한다(전쟁, 혁명, 내란, 사변, 폭동, 소요 및 이와 유사한 사태에 기인한 손해/지진, 분화, 태풍, 홍수, 해일 등의 천재지변에 의한 손해)

단, 자기신체사고, 자기차량사고의 경우 자연재해로 인한 태풍, 홍수, 해일 등은 보상한다.

③ 유상(有償)운송(자가용 영업)

「여객자동차운수사업법」에 비사업용 자동차의 영업행위는 물론 유상운송을 금지하고 있다.

④ 시험용 등으로 사용

피보험자가 도로경주나 서킷(circuit) 경주 등에 경기 중이거나 경기에 나가기 위하여 연습 중에 발생한 사고와 자동차 제조사나 자동차 부품 제조사 등이 자동차의 성능을 시험하기 위하여 시험운전 중 발생한 사고는 면책대상이다. 그러나 입사시험, 운전자 채용시험, 자동차수리업자 등의 시운전, 시승, 검사장 검사 등은 이에 포함되지 않는다.

⑤ 제3자와의 다른 계약

피보험자가 손해배상에 관하여 제3자와의 사이에 다른 계약을 맺고 있을 때 그 계약으로 말미암아 늘어난 손해는 보상하지 않는다.

⑥ 무면허 운전

피보험자 본인이 무면허 운전을 하였거나, 기명 피보험자의 명시적 · 묵시적 승인하에서 피보험자동차의 운전자가 무면허운전을 하였을 때에 생긴 사고로 인한 손해는 보상하지 않는다. 단, 대물배상의 경우 자배법상 자동차 보유자가 의무적으로 가입하여야 하는 대물배상 보험가입금액(1천만 원) 한도 내에서는 보상한다.

무면허운전 사고 시 처벌기준

운전면허 또는 건설기계 조종사 면허를 받지 않거나 국제면허증을 소지하지 않고 운전하다가 서고 발생 시는 5년 이하의 금고 또는 2천만원 이하의 벌금을 부과한다(교통사고처리특례법 제3조 제2항).

⑦ 기왕증(旣往症)

기왕증이란 과거에 앓았거나 현재 앓고 있는 질병을 말하며, 약관상 보험금 지급기준에 의해 대인배상 I · II, 자기신체사고, 무보험자동차에 의한 상해에 대한 보험금 산출 시, 당해 자동차사고가 있기 전에 이미 가지고 있던 증상에 대해서는 보상하지 않는다.

8-3 자동차와 자동차사고

1. 자동차의 정의 및 분류

(1) 자동차의 정의(도로교통법)

차에 대한 정의는「도로교통법」에서 "자동차, 건설기계, 원동기장치자전거, 자전거, 사람 또는 가축의 힘이나 그 밖의 동력(動力)으로 도로에서 운전되는 것"으로 정의하고 있다.

(2) 자동차의 분류

「자동차관리법」에 따른 다음의 자동차. 다만, 원동기장치자전거는 제외한다.

① 승용자동차 : 10인 이하를 운송하기에 적합하게 제작된 자동차

② 승합자동차 : 11인 이상을 운송하기에 적합하게 제작된 자동차

③ 화물자동차 : 화물을 운송하기에 적합한 화물적재공간을 갖추고, 화물적재공간의 총적재화물의 무게가 운전자를 제외한 승객이 승차공간에 모두 탑승했을 때의 승객의 무게보다 많은 자동차

④ 특수자동차 : 다른 자동차를 견인하거나 구난작업 또는 특수한 작업을 수행하기에 적합하게 제작된 자동차로서 승용자동차 · 승합자동차 또는 화물자동차가 아닌 자동차

⑤ 이륜자동차 : 총배기량 또는 정격출력의 크기와 관계없이 1인 또는 2인의 사람을 운송하기에 적합하게 제작된 이륜의 자동차 및 그와 유사한 구조로 되어 있는 자동차

「건설기계관리법」 제26조제1항 단서에 따른 건설기계 6종 덤프트럭, 타이어식 기중기,

콘크리트믹서트럭, 트럭적재식 콘크리트펌프, 트럭적재식 아스팔트살포기, 타이어식 굴삭기

건설기계의 범위
「자동차손해배상 보장법」 제2조제1호에서 "「건설기계관리법」의 적용을 받는 건설기계를 말한다. 1. 덤프트럭 2. 타이어식 기중기 3. 콘크리트믹서트럭 4. 트럭적재식 콘크리트펌프 5. 트럭적재식 아스팔트살포기 6. 타이어식 굴삭기 7. 특수건설기계 중 특수건설기계(트럭지게차, 도로보수트럭다, 노면측정장비)

2. 자동차사고의 분류 및 책임

(1) 자동차사고의 분류

자동차사고란 자동차를 소유, 사용, 관리하는 동안에 발생되는 사고로 사고발생의 객체에 따라 대인사고와 대물사고로 구분한다.

○ 대인사고(對人事故)는 자동차사고로 사람의 생명이나 신체가 사상됨을 의미하며, 이는 다시 사고발생 주체인 자기가 사상된 자손사고와 타인이 사상된 대인사고로 분류된다.

○ 대물사고(對物事故)는 자동차사고로 자기 또는 타인의 물건 또는 차량 등에의 재물이 손상되는 사고를 말하고, 이는 다시 자기 자신의 차량이 파괴되는 자차사고와 타인의 차량을 포함한 타인의 재물이 손상되는 대물사고로 분류된다.

교통사고의 인적피해 및 인명피해에 따른 교통사고의 구분은 다음과 같다.

(가) 교통사고의 인적피해 구분

① 사망(死亡) : 교통사고 발생 시로부터 30일 이내에 사망한 경우를 말한다.

② 중상(中傷) : 교통사고로 3주 이상이 치료를 요하는 부상을 입은 경우를 말한다.

③ 경상(經常) : 교통사고로 5일 이상 3주 미만의 부상을 입은 경우를 말한다.

④ 부상(負傷) : 5일 미만의 치료를 요하는 부상을 입은 경우를 말한다.

(나) 인명피해에 따른 교통사고의 구분.

① 대형사고 : 사망자가 3명 이상이거나 부상자(사망자 포함)가 20명 이상인 사고를 말한다.

② 사망사고 : 사망자가 1명 이상인 사고를 말한다.

③ 중상사고 : 사망자 없이 중상자가 1명 이상인 사고를 말한다.

③ 경상사고 : 사망자, 중상자 없이 경상자가 1명 이상인 사고를 말한다.

④ 부상신고 사고 : 사망자, 중상자, 경상자 없이 부상신고자가 1명 이상인 사고를 말한다.

(다) 교통사고의 유형

교통사고의 유형은 충돌유형과 대상에 따라 차대사람, 차대차, 차량단독, 철길건널목 사고로 구분한다.

① 차대사람사고 : 차가 보행자를 충격한 사고

② 차대차사고 : 차와 다른 차가 충돌 · 추돌 또는 접촉한 사고

③ 차량단독사고 : 운전자, 차 도로상에 설치된 각종 시설물 또는 자연물이 원인이 되어 차가 스스로 전도, 전복, 추락, 충격한 사고

④ 철길건널목 사고 : 열차가 당사자로 된 건널목 사고 등이 있다.

▣ 음주운전 관련

도로교통법 제44조(술에 취한 상태에서의 운전금지)에서는 술에 취한 상태에서의 운전을 금지하고 있으며 술에 취한 상태의 기준은 혈중알콜농도 0.03% 이상인 경우를 말한다.

표8-4 연도별 교통사고 발생 현황

구 분	발생건수	사망건수	부상건수
2020년도	209,664	3,081	306,194
2021년도	203,130	2,916	291,608
2022년도	196,836	2,735	281,803

표8-5 연도별 차량증가현황

연도	2019	2020	2021	2022
대수	23,677,366	24,365,979	24,911,101	25,503,078

표8-6 차종별 등록현황

구 분	계	승용차	승합차	화물차	기타(특수)
2022년	25,503,078	20,952,759	723,961	3,696,317	130,041

표8-7 차종별 사고현황

구 분	승용차	승합차	화물차	특수차	이륜차	기타
2021년	65.2%	4.9%	12.8%	0.6%	9.2%	7.3%

자료출처 : 경찰청, 교통사고 통계(2022년)

(2) 자동차사고의 법적책임

자동차 사고를 일으킨 운전자에게는 민사상, 형사상, 행정상 책임이 동시에 부과된다. 다만 교통사고처리특례법의 시행에 따라 자동차보험에 가입하였을 때 발생하는 사고 중 대부분은 형사책임과 민사책임은 면제되고 있다.

① 형사상의 책임(刑事上責任)

차의 운전자의 업무상 또는 중대한 과실로 인하여 사람을 사상에 이르게 한 자는 5년 이하의 금고 또는 2천만 원 이하의 벌금에 처한다(형법 제268조 업무상과실 · 중과실 치사상)

② 민사상의 책임(民事上責任)

고의 또는 과실로 인한 위법행위로 타인에게 손해를 가한 자는 그 손해를 배상할 책임을 말하며, 자동차사고의 경우에도 운전자와 그 소유자가 고의 또는 과실로 타인의 신체나 생명을 사상케 하거나 재물손괴로 손해를 가한 가해운전자는 자동차손해배상보장법에 따른 피해자 측에 대한 손해배상(치료비, 수리비, 휴업손해, 상실수익 등) 책임이다. 즉

자동차를 운전한 사고운전자에게 발생되는 불법행위에 대한 책임이다(민법 제750조 불법행위의 내용).

③ **행정상의 책임(行政上責任)**

교통사고가 교통법규 위반 등으로 발생한 경우 사고 운전자는 민 · 형사상의 책임 외에 면허 취소나 면허정지 등의 행정처분을 받게 되는 데 이를 운전면허 행정에 따른 책임 즉, 벌점부과, 면허정지 및 취소 범칙금부과 등을 말한다.

▣ 행정처분 기준

① **면허정지**

법규위반 또는 교통사고로 인하여 운전면허의 처분 벌점이 40점 이상 되었을 때(1점을 1일씩 계산 집행)

② **누산점수 초과로 인한 면허취소 기준(당해 위반 또는 사고일 기준 3년간 관리)**

- 1년간 121점 이상
- 2년간 201점 이상
- 3년간 271점 이상 기간

③ **처분벌점의 소멸(무위반/무사고자 특혜부여)**

처분 벌점이 40점 미만일 경우 최종 위반일/사고일로부터 1년을 무위반/무사고로 경과한 때(누산점수에서 공제)

④ **모범운전자 정지처분집행 일수감경**

모범운전자(10년 이상 무사고/유공운전자의 표시장을 받고 종사중인 자)에게는 면허정지처분 집행기간을 1/2로 감경(1점을 1일씩 계산 집행사고야기로 인한 벌점이 있는 경우 제외)

⑤ **교통소양교육을 이수한 때 정지처분 집행일수 감경**

정지처분 20일 감경(실제 정지 집행일수는 감경해 주나 본인의 누산점수에서는 공제하지 않음)

⑥ 운전면허취소 개별기준(전체 16개 항목 중 특히 주요항목)

술에 취한 상태의 인명사고(혈중알콜농도 0.03% 이상), 술에 만취된 상태의 운전(혈중알콜농도 0.1% 이상) 교통사고 야기도주 단속 경찰관 등 폭행(구속된 때)외 12건

3. 책임보험 등 사업

(1) 계약의 체결 의무

① 보험회사 등은 자동차보유자가 제5조제1항부터 제3항까지의 규정에 따른 보험 또는 공제에 가입하려는 때에는 대통령령으로 정하는 사유가 있는 경우 외에는 계약의 체결을 거부할 수 없다.

② 자동차보유자가 교통사고를 발생시킬 개연성이 높은 경우 등 국토교통부령으로 정하는 사유에 해당하면 제1항에도 불구하고 다수의 보험회사가 공동으로 제5조제1항부터 제3항까지의 규정에 따른 보험 또는 공제의 계약을 체결할 수 있다. 이 경우 보험회사는 자동차보유자에게 공동계약체결의 절차 및 보험료에 대한 안내를 하여야 한다.

(2) 보험 계약의 해제

보험가입자와 보험회사 등은 다음 각 호의 어느 하나에 해당하는 경우 외에는 의무보험의 계약을 해제하거나 해지하여서는 아니 된다.

1. 「자동차관리법」 제13조 또는 「건설기계관리법」 제6조에 따라 자동차의 말소등록(抹消登錄)을 한 경우
2. 해당 자동차가 제5조제4항의 자동차로 된 경우
3. 해당 자동차가 다른 의무보험에 이중으로 가입되어 하나의 가입 계약을 해제하거나 해지하려는 경우
4. 해당 자동차를 양도한 경우

5. 천재지변 · 교통사고 · 화재 · 도난, 그 밖의 사유로 자동차를 더 이상 운행할 수 없게 된 사실을 증명한 경우
6. 그 밖에 국토교통부령으로 정하는 경우

(3) 의무보험 계약의 승계

① 의무보험에 가입된 자동차가 양도된 경우에 그 자동차의 양도일부터 「자동차관리법」 제12조에 따른 자동차소유권 이전등록 신청기간이 끝나는 날(자동차소유권 이전등록 신청기간이 끝나기 전에 양수인이 새로운 책임보험 등의 계약을 체결한 경우에는 그 계약 체결일)까지의 기간은 「상법」 제726조의4에도 불구하고 자동차의 양수인이 의무보험의 계약에 관한 양도인의 권리의무를 승계한다.

② 제1항의 경우 양도인은 양수인에게 그 승계기간에 해당하는 의무보험의 보험료(공제계약의 경우에는 공제분담금을 말한다. 이하 같다)의 반환을 청구할 수 있다.

③ 제2항에 따라 양수인이 의무보험의 승계기간에 해당하는 보험료를 양도인에게 반환한 경우에는 그 금액의 범위에서 양수인은 보험회사 등에게 보험료의 지급의무를 지지 아니한다.

(4) 보험금의 지급

①「도로교통법」 제44조제1항에 따른 술에 취한 상태에서 운전금지 위반 등 대통령령으로 정하는 사유로 다른 사람이 사망 또는 부상하거나 다른 사람의 재물이 멸실되거나 훼손되어 보험회사등이 피해자에게 보험금 등을 지급한 경우에는 보험회사 등은 법률상 손해배상책임이 있는 자에게 국토교통부령으로 정하는 금액을 구상(求償)할 수 있다.

② 제5조제1항에 따른 책임보험 등의 보험금 등을 변경하는 것을 내용으로 하는 대통령령을 개정할 때 그 변경 내용이 보험가입자 등에게 유리하게 되는 경우에는 그 변경 전에 체결된 계약 내용에도 불구하고 보험회사 등에게 변경된 보험금 등을 지급하도록 하는 다음 각 호의 사항을 규정할 수 있다.

1. 종전의 계약을 새로운 계약으로 갱신하지 아니하더라도 이미 계약된 종전의 보

험금 등을 변경된 보험금 등으로 볼 수 있도록 하는 사항

2. 그 밖에 보험금 등의 변경에 필요한 사항이나 변경된 보험금 등의 지급에 필요한 사항

(5) 책임보험금

① 법 제5조제1항에 따라 자동차보유자가 가입하여야 하는 책임보험 또는 책임공제(책임보험)의 보험금 또는 공제금(책임보험금)은 피해자 1명당 다음 각 호의 금액과 같다.

1. 사망한 경우에는 1억5천만 원의 범위에서 피해자에게 발생한 손해액. 다만, 그 손해액이 2천만 원 미만인 경우에는 2천만 원으로 한다.
2. 부상한 경우에는 별도정하는 금액의 범위에서 피해자에게 발생한 손해액. 다만, 그 손해액이 법 제15조제1항에 따른 자동차보험진료수가(診療酬價)에 관한 기준에 따라 산출한 진료비 해당액에 미달하는 경우에는 별도로 정하는 금액의 범위에서 그 진료비 해당액으로 한다.
3. 부상에 대한 치료를 마친 후 더 이상의 치료효과를 기대할 수 없고 그 증상이 고정된 상태에서 그 부상이 원인이 되어 신체의 장애(후유장애)가 생긴 경우에는 별도로 정하는 금액의 범위에서 피해자에게 발생한 손해액

② 동일한 사고로 제1항 각 호의 금액을 지급할 둘 이상의 사유가 생긴 경우에는 다음 각 호의 방법에 따라 책임보험금을 지급한다.

1. 부상한 자가 치료 중 그 부상이 원인이 되어 사망한 경우에는 제1항제1호와 같은 항 제2호에 따른 한도금액의 합산액 범위에서 피해자에게 발생한 손해액
2. 부상한 자에게 후유장애가 생긴 경우에는 제1항제2호와 같은 항 제3호에 따른 금액의 합산액
3. 제1항제3호에 따른 금액을 지급한 후 그 부상이 원인이 되어 사망한 경우에는 제1항제1호에 따른 금액에서 같은 항 제3호에 따른 금액 중 사망한 날 이후에 해당하는 손해액을 뺀 금액

③ 법 제5조제2항에서 "대통령령으로 정하는 금액"이란 사고 1건당 2천만 원의 범위에서 사고로 인하여 피해자에게 발생한 손해액을 말한다.

8-4 자동차보험 관련 법령

1. 자동차보험의 관련 법규

(1) 자동차손해배상보장법

자동차의 운행으로 사람이 사망 또는 부상하거나 재물이 멸실 또는 훼손된 경우에 손해배상을 보장하는 제도를 확립하여 피해자를 보호하고 자동차운송의 건전한 발전을 촉진함을 목적으로 한다.

따라서 자동차의 운행으로 사람이 사망하거나 부상한 경우에 있어서의 손해배상을 보장하는 제도를 확립함으로써 피해자를 보호하고 자동차운송의 건전한 발전을 촉진함을 목적으로 하며, 자동차보유자를 알 수 없는 자동차의 운행으로 인하여 사망하거나 부상한 경우 또는 보험가입자 등이 아닌 자가 자동차를 운행하다 손해배상의 책임을 지게 되는 경우에 피해자의 청구에 따라 책임보험의 보험금의 한도 안에서 그가 입은 피해를 보상하는 보장사업을 주요 내용으로 하고 있다.

(가) 자동차손해배상책임

자기를 위하여 자동차를 운행하는 자는 그 운행으로 다른 사람을 사망하게 하거나 부상하게 한 경우에는 그 손해를 배상할 책임을 진다. 다만, 다음의 어느 하나에 해당하면 그러하지 아니하다.

① 승객이 아닌 자가 사망하거나 부상한 경우에 자기와 운전자가 자동차의 운행에 주의를 게을리 하지 아니하였고, 피해자 또는 자기 및 운전자 외의 제3자에게 고의 또는 과실이 있으며, 자동차의 구조상의 결함이나 기능상의 장해가 없었다는 것을 증명한 경우

② 승객이 고의나 자살행위로 사망하거나 부상한 경우

(나) 손해배상을 위한 보험 가입

① 자동차보유자는 자동차의 운행으로 다른 사람이 사망하거나 부상한 경우에 피해자에게 대통령령으로 정하는 금액을 지급할 책임을 지는 책임보험이나 책임공제에 가

입하여야 한다.

② 자동차보유자는 책임보험 등에 가입하는 것 외에 자동차의 운행으로 다른 사람의 재물이 멸실되거나 훼손된 경우에 피해자에게 대통령령으로 정하는 금액을 지급할 책임을 지는「보험업법」에 따른 보험이나「여객자동차 운수사업법」,「화물자동차 운수사업법」 및「건설기계관리법」에 따른 공제에 가입하여야 한다.

(2) 교통사고처리 특례법

업무상과실 또는 중대한 과실로 교통사고를 일으킨 운전자에 관한 형사처벌 등의 특례를 정함으로써 교통사고로 인한 피해의 신속한 회복을 촉진하고 국민생활의 편익을 증진함을 목적으로 한다.

업무상과실 또는 중대한 과실로 교통사고를 일으킨 운전자가 피해자와 합의를 하거나 보험 등에 가입한 경우에는 가입한 운전자를 처벌할 수 없도록 형사처벌 등의 특례를 인정하는 제도이다.

① 특례 및 제외사항

교통사고 외에 피해자가 사망하지 않고, 피해자와 가해자간에 손해배상에 대한 합의가 이루어졌을 때에는 피해자가 가해자의 처벌을 원하지 않는 것으로 간주하고 있다. 그러나 가해차량이 손해배상의 무한배상을 보장하고 있는 자동차종합보험 대인배상이나 공제조합에 가입되어 있을 경우에는 피해자와 합의가 이루어지지 않았을 경우라도 합의가 성립된 것으로 간주하여 형사처벌을 면제한다.

② 처벌의 특례

❶ 차의 운전자가 교통사고로 인하여 형법 제268조의 죄를 범한 경우에는 5년 이하의 금고 또는 2천만원 이하의 벌금에 처한다.

❷ 차의 교통으로 제1항의 죄중 업무상과실치상죄 또는 중과실치상죄와「도로교통법」 제151조의 죄를 범한 운전자에 대하여는 피해자의 명시한 의사에 반하여 공소를 제기할 수 없다.

다만, 차의 운전자가 제1항의 죄중 업무상과실치상죄 또는 중과실치상죄를 범하고 피해자를 구호하는 등 도로교통법 제54조 제1항의 규정에 의한 조치를 하지 아니하고 도주하거나 피해자를 사고 장소로부터 옮겨 유기하고 도주한 경우, 같은 죄를 범하고「도로교통법」제44조 제2항을 위반하여 음주측정 요구에 따르지 아니한 경우(운전자가 채혈 측정을 요청하거나 동의한 경우는 제외)에는 그러하지 아니하다.

▣ 보험 등에 가입된 경우의 특례

① 교통사고를 일으킨 차가「보험업법」제4조, 제126조, 제127조 및 제128조,「여객자동차 운수사업법」제60조, 제61조 또는「화물자동차 운수사업법」제51조에 따른 보험 또는 공제에 가입된 경우에는 제3조제2항 본문에 규정된 죄를 범한 차의 운전자에 대하여 공소를 제기할 수 없다. 다만, 다음 각 호의 어느 하나에 해당하는 경우에는 그러하지 아니하다.

1. 제3조제2항 단서에 해당하는 경우
2. 피해자가 신체의 상해로 인하여 생명에 대한 위험이 발생하거나 불구(不具)가 되거나 불치(不治) 또는 난치(難治)의 질병이 생긴 경우
3. 보험계약 또는 공제계약이 무효로 되거나 해지되거나 계약상의 면책 규정 등으로 인하여 보험회사, 공제조합 또는 공제사업자의 보험금 또는 공제금 지급의무가 없어진 경우

② 제1항에서 "보험 또는 공제"란 교통사고의 경우「보험업법」에 따른 보험회사나「여객자동차 운수사업법」또는「화물자동차 운수사업법」에 따른 공제조합 또는 공제사업자가 인가된 보험약관 또는 승인된 공제약관에 따라 피보험자와 피해자 간 또는 공제조합원과 피해자 간의 손해배상에 관한 합의 여부와 상관없이 피보험자나 공제조합원을 갈음하여 피해자의 치료비에 관하여는 통상비용의 전액을, 그 밖의 손해에 관하여는 보험약관이나 공제약관으로 정한 지급기준금액을 대통령령으로 정하는 바에 따라 우선 지급하되, 종국적으로는 확정판결이나 그 밖에 이에 준하는 집행권원(執行權原)상 피보험자 또는 공제조합원의 교통사고로 인한 손해배상금 전액을 보상하는 보험 또는 공제를 말한다.

③ 제1항의 보험 또는 공제에 가입된 사실은 보험회사, 공제조합 또는 공제사업자가 제

2항의 취지를 적은 서면에 의하여 증명되어야 한다.

■ **우선 지급할 치료비에 관한 통상비용의 범위(시행령2조)**

① 법 제4조제2항의 규정에 의하여 우선 지급하여야 할 치료비에 관한 통상비용의 범위는 다음 각호와 같다.

1. 진찰료
2. 일반병실의 입원료. 다만, 진료상 필요로 일반 병실보다 입원료가 비싼 병실에 입원한 경우에는 그 병실의 입원료
3. 처치 · 투약 · 수술 등 치료에 필요한 모든 비용
4. 의지 · 의치 · 안경 · 보청기 · 보철구 기타 치료에 부수하여 필요한 기구 등의 비용
5. 호송 · 전원 · 퇴원 및 통원에 필요한 비용
6. 보험약관 또는 공제약관에서 정하는 환자식대 · 간병료 및 기타 비용

② 치료비에 관한 통상비용의 계산에 있어서 피해자가 외국에서 치료를 받은 경우의 제1항 각 호의 비용은 국내의료기관에서 동일한 치료를 하는 경우 그에 상당한 비용으로 한다. 다만, 국내의료기관에서 치료가 불가능하여 외국에서 치료를 받은 경우에는 그에 소요되는 비용으로 한다.

(3) 형사처벌 유형

교통사고처리특례법의 형사처벌 면제에서 제외되는 11가지 조항에 해당되면 형사처벌을 받게 되며, 다음과 같다.

표8-8 교통사고처리특례법의 형사처벌 면제 제외사항

교통사고처리특례법의 형사처벌 면제 제외 사항
① 운전자의 신호 위반(전경대원의 수신호 포함) ② 중앙선 침범 또는 고속도로상의 횡단, 회전, 후진 등 ③ 당해 도로 제한속도 20km 초과 ④ 앞지르기 방법 · 금지시기 · 금지장소 또는 끼어들기의 금지를 위반 ⑤ 철길건널목 통과 방법 위반 ⑥ 횡단보도에서의 보행자 보호의무 위반 ⑦ 무면허 운전 ⑧ 음주운전 또는 약물 복용 ⑨ 인도돌진(人道突進) 사고 : 보도가 설치된 도로의 보도를 침범하거나 보도횡단방법에 위반하여 운전 ⑩ 승객의 추락방지의무를 위반하여 운전 ⑪ 어린이 보호구역에서 어린이의 안전에 유의하면서 운전하여야 할 의무 위반

(4) 업무상과실·중과실 치사상

업무상 과실 또는 중대한 과실로 인하여 사람을 사상에 이르게 한 자는 5년 이하의 금고 또는 2천만원 이하의 벌금에 처한다.

(5) 특례사항 예외

① 뺑소니 사고

모든 자동차의 운전자가 업무상 과실치상죄 또는 중과실치상죄를 범하고 피해자를 구호하는 등 도로교통법 제59조 제1항(사고발생 시의 조치)의 규정에 의한 조치를 하지 아니하고 도주하거나 피해자를 사고 장소로부터 옮겨 유기하고 도주한 뺑소니 사고인 경우에는 특례에서 제외된다. 따라서 자동차사고 발생 시에는 즉시 정차하여 피해자를 구호조치하고 경찰서 신고 등 하나라도 이행되지 않으면 뺑소니로 오해를 받을 수 있다.

② 사망사고

교통사고로 인한 사망 시에는 피해자와 합의한 경우라도 업무상 과실치상죄와 중과실치상죄 등 부상의 경우에 한하므로 사망의 경우에는 처벌의 특례에 속하지 않아 특례법의 적용을 받을 수 없다.

(6) 국가배상법

국가배상법(國家賠償法)은 국가 또는 지방자치단체는 공무원이 그 직무를 집행함에 당하여 고의 또는 과실로 법령에 위반하여 타인에게 손해를 가하거나, 자배법의 규정에 의하여 손해배상책임이 있는 때에는 이 법에 의하여 그 손해를 배상하여야 한다. 국가나 지방자치단체가 소유한자동차의 사고에 있어 국가나 지방자치단체의 책임발생 요건은 자배법에 의하여 판정하고, 손해배상 절차 · 군인 등의 특례조항은「국가배상법」에 따른다.

2. 자동차사고 보험금지급청구 절차

① 법 제10조제1항에 따라 보험금 또는 공제금(보험금)의 지급을 청구하거나 법 제11조제1항에 따라 가불금의 지급을 청구하려는 자는 보험회사 또는 공제사업자(보험회사)에 다음 각 호의 사항을 적은 청구서를 제출하여야 한다.

1. 청구인의 성명 및 주소
2. 청구인과 사망자의 관계(피해자가 사망한 경우만 해당)
3. 피해자 및 가해자의 성명 및 주소
4. 사고 발생의 일시 · 장소 및 개요
5. 해당 자동차의 종류 및 등록번호
6. 보험가입자(공제가입자 포함)의 성명 및 주소
7. 청구금액과 그 산출 기초. 다만, 법 제11조제1항에 따라 가불금의 지급을 청구하는 경우에는 산출 기초를 적지 아니한다.

② 제1항에 따른 청구서에는 다음 각 호의 서류를 첨부하여야 한다.

1. 진단서 또는 검안서
2. 제1항제2호부터 제4호까지의 사항을 증명할 수 있는 서류
3. 제1항제7호에 따른 산출 기초에 관하여 국토교통부령으로 정하는 증명서류

③ 제1항에 따라 보험금 등과 가불금의 지급을 함께 신청하는 자는 그 지급청구서를 각각 제출하되, 그 중 하나의 청구서에는 제2항제1호 및 제2호에 따른 서류를 첨부하지 아니할 수 있다.

④ 보험회사 등은 보험금 등 또는 가불금을 적절하게 지급하기 위하여 필요하다고 인정하면 제2항제1호에 따른 진단서를 제출하는 자에게 보험회사 등이 지정하는 자가 작성한 진단서를 제출하게 할 수 있다. 이 경우 진단서 작성에 필요한 비용은 보험회사 등이 부담한다.

3. 보험 등에의 가입의무가 없는 자동차

법 제5조제4항에서 "대통령령으로 정하는 자동차"란 다음 각 호의 어느 하나에 해당하는 자동차를 말한다.

(1) 대한민국에 주둔하는 국제연합군대가 보유하는 자동차

(2) 대한민국에 주둔하는 미합중국군대가 보유하는 자동차

(3) 제1호와 제2호에 해당하지 아니하는 외국인으로서 국토교통부장관이 지정하는 자가 보유하는 자동차

(4) 견인되어 육지를 이동할 수 있도록 제작된 피견인 자동차이다.

4. 보험 등의 가입 의무 면제사유

법 제5조의2제1항 전단에서 "대통령령으로 정하는 경우"란 다음 각 호의 어느 하나에 해당하는 경우를 말한다.

(1) 해외근무 또는 해외유학 등의 사유로 국외에 체류하게 되는 경우

(2) 질병이나 부상 등의 사유로 자동차 운전이 불가능하다고 의사가 인정하는 경우

(3) 현역(상근예비역은 제외한다)으로 입영하거나 교도소 또는 구치소에 수감되는 경우이다.

수행 내용 및 수행 준거

1 자동차보험의 개요와 목적에 대하여 알아본다.

교통사고란 도로교통법에서 정하고 있는 도로에서 차량으로 인하여 발생한 인적 · 물적 피해가 따르는 사고를 의미하며, 자동차보험은 자동차를 소유 · 사용 또는 관리하는 동안에 발생하는 불의의 교통사고로 인하여 발생하는 인적 · 물적 손해를 보상하는 데 목적이 있다.

2 자동차보험의 유형 및 가입대상에 대하여 알아본다.

(1) 자동차보험의 유형 및 가입대상에

① 개인용 자동차보험 ② 업무용 자동차보험 ③ 영업용 자동차보험 ④ 운전면허교습생 자동차보험 ⑤ 운전자보험 ⑥ 외화표시자동차보험 ⑦ 자동차취급업자보험 ⑧ 이륜자동차보험 ⑨ 농기계보험 등이 있다.

(2) 가입절차

① 보험가입자의 청약 → ② 보험자의 인수여부 결정 → ③ 보험료 영수증 발행교부 → ④ 보험증권 발급 순이다.

3 자동차보험의 종류별 보장(담보종목)내역에 대하여 알아본다.

자동차보험은 대인배상Ⅰ, 대인배상Ⅱ, 대물배상, 자기신체사고, 무보험 자동차에 의한 상해, 자기차량손해의 6가지 담보종목과 특별약관으로 구성되어 있고, 보험계약자는 6개 담보종목 중 한 가지 이상 선택적으로 가입할 수 있다. 보험가입 상품에는 책임보험(강제보험), 종합보험(임의보험), 운전자보험(임의보험) 등이 있다.

무보험·뺑소니 등 자동차사고 책임보험 최대 보상한도는 사망 및 휴유장애 시 1억5천만 원, 부상 시 3천만 원으로 확대하고, 대물의무보험 보상한도를 2천만 원이다.

4 자동차손해배상 보장사업 안내에 대하여 알아본다.

자동차손해배상 보장사업은 자동차 보유자가 납부하는 책임보험료 중 1%를 정부가 분담금으로 징수하여 교통사고를 당하고도 보상 받지 못하는 피해자에 대하여 자동차손해배상보장 법에 따라 대인배상/책임보험 한도 내에서 손해를 보상하는 일종의 사회보장제도이다. 피해보상 대상은 뺑소니 자동차 피해자, 책임보험 미가입 자동차사고 피해자이다(단, 보유자가 피해자에 대한 손해배상책임을 면할 경우에 해당함).

표8-9 청구서류 및 기한 안내

구비서류	발급처	청구기간
교통사고 사실확인원	경찰서/ 지구대	손해사실을 안 날(통상 사고발생일)로부터 3년 이내
보장사업청구서 겸 위임장	서식	
피해자의 진단서 피해자의 치료비 영수증/명세서	의료기관	
피해자의 가족관계 증명서 기타손해액을 입증하는 서류 등	개인	

5 책임보험과 종합보험의 차이에 대하여 알아보고 업무를 수행한다.

책임보험(責任保險)은 자동차를 구매해서 소유한 사람이라면 의무적으로 가입해야하는 보험이며, 종합보험은 의무적으로 가입해야 하는 책임보험만으로는 큰 사고의 경우 보상금액이 부족할 수 있기 때문에 대부분 운전자가 만약을 대비해 추가 보상범위를 정해 책임보험과 함께 종합보험에 가입하고 있다.

종합보험(綜合保險)은 안에는 의무적으로 가입해야 하는 책임보험 이외에 운전자가 필요에 따라 선택해서 가입할 수 있는 상품들이 있으며, 선택 가능한 보험의 종류에는 대인배상2, 대물배상, 자기신체사고, 자기차량손해, 무보험자동차상해 등이 있고 보험종류와 금액의 범위를 정해서 선택적으로 가입할 수 있다.

표8-10 책임보험과 종합보험의 차이점

구분	책임보험	종합보장
강제성	강제보험	임의보험
담보종류	대인배상 I 대물배상	대인배상 II. 대물배상 자기신체사고. 자기차량사고.무보험차사고
보상한도	대인배상 I : 최고 1억원5천만원 (최저 3천만원) 대물배상 : 최고 2천만원	대인배상 II : 5천만원부터 무한 대물배상 : 2천만원부터 무한 자기신체사고 : 1천5백만원부터 1억원 자기차량사고 : 보험가입 금액한도 실손보상 무보험차사고 : 책임보험 초과부터 2억원 한도

범칙행위 및 범칙금액표(제37조제1항 관련)[별표 6] (단위: 만 원)

범칙행위	해당 법조문	범칙금액
1. 사업용 자동차를 의무보험에 가입하지 아니하고 운행한 경우	법 제50조 및 법 제51조 법 제50조 및 법 제51조 법 제50조 및 법 제51조	승합자동차 200 화물자동차 100 특수자동차 100 건설기계 100 승용자동차 100
2. 비사업용 자동차를 의무보험에 가입하지 아니하고 운행한 경우		승합자동차 50 화물자동차 50 특수자동차 50 건설기계 50 승용자동차 40
3. 이륜자동차를 의무보험에 가입하지 아니하고 운행한 경우		10

■ 다이렉트자동차보험은 오프라인으로 보험설계사 및 대리점을 통하지 않고, 인터넷 혹은 모바일을 통해서 본인이 직접 자동차보험에 가입하는 방식을 말한다.

6 자동차사고의 분류 및 법적책임에 대하여 이해한다.

(1) 자동차사고의 분류에는 대인사고와 대물사고가 있다.

(2) 교통사고의 인적피해 구분에는 ① 사망 ② 중상 ③ 경상 ④ 부상이 있다.

(3) 법적책임에는 형사상책임. 민사상책임, 해정상책임이 있다.

7 교통사고처리특례법 중 형사처벌 면제에서 제외되는 11가지 조항 사항에 대하여 알아본다.

8 자동차보험의 보험사업자 및 web site에 대하여 알아본다.

표8-11 자동차보험사

보험사	전화번호	홈페이지
DB손해보험	1566-0000	http://www.directdongbu.com
롯데손해보험	1588-3344	http://www.lotteins.co.kr
삼성화재보험	1588-3339/1588-5114	http://www.samsungfire.com
KB손해보험	1544-0114	www.kbinsure.co.kr
메리츠화재보험	1566-7711	www.meritzfire.com

현대해상하이카다이렉트보험	1577-1001	http://www.hicardirect.com
LG 손해보험	310-2345, 778-7858	http://www.lgins.co.kr
AXA다이렉트보험	1566-1566	http://www.axa.co.kr
한화손해보험	1566-8000	www.hwgeneralins.com
MG손해보험	1588-5959	www.mggeneralins.com
현대해상보험	1588-5656	www.hi.co.kr
흥국화재해상보험	1688-1688	www.heungkukfire.co.kr
하나손해보험	1644-7725	www.educar.co.kr

9 자동차사고의 조사 및 처리과정에 대하여 알아본다.

교통사고(자동차사고)가 발생하면 당사자가 경찰서와 보험회사에 신고하며, 관할경찰서 교통사고조사계에서는 접수-배당-현장검증 및 사고원인을 조사한다.

▣ 가해자· 피해자 구분

① 일반사고 가해자 : 보험가입사실증명원 제출, 자동차보험 미가입시 합의서 제출 → 범칙금 부과 → 운전면허 행정처분(면허정지, 면허취소), 형사처벌 면제

② 일반사고 피해자 : 진단서, 차량수리 견적서 제출 → 보험회사와 치료비 보상

③ 사망, 도주, 특례11개항 사고 가해자 : 피의자 신문조서 작성 → 보험가입사실증명원 제출 → 합의시 합의서 제출 → 경찰에서 입건 → 검사에게 수사지휘(신병구속, 불구속) 건의 → 검찰, 법원 송치 → 금고, 벌금 등 처벌 → 자동차 및 운전면허 행정처분

④ 사망, 도주, 특례11개항 사고 피해자 : 피해진술서 작성 → 진단서, 차량수리 견적서를 제출한다.

10 자동차 보험금청구서류에 대하여 알아보고 해당업무 수행에 참고한다.

표8-12 자동차보험 보상항목 및 구비서류

보상항목	구비서류	비고
공통사항	청구서. 신분증. 통장사본	
입원실손의료비	– 진단서(20만 원 미만 시 병명이 기재된 입퇴원확인서로 대체가능) – 입퇴원확인서	

통원실손의료비	– 병명확인이 가능한 서류(진단서, 통원확인서, 진료확인서, 소견서 등 택일) – 계산서영수증(일자별계산서 또는 납입확인서)	청구금액 20만 원이 넘는 경우 진료비상세내역서 추가
처방실손의료비	처방전과 일자별 약제비 계산서(영수증)	
사망	– 사망진단서(사체검안서) 원본 또는 사본 – 제적등본 –가족관계증명서	
휴유장애	– 휴유장애진단서, 정밀검사결과지, 장애인등록증	
암진단비	– 암확정진단서(수술명, 질병분류기재) – 조직검사결과지 또는 조직병리검사결과보고서	
수술급여금	– 진단서 또는 수술확인서(병명기재)	
입원일당	입 · 퇴원확인서	
상해의료비	– 진단서 – 진료비계산서(영수증, 약제비영수증 포함) – 치료비지급결의서(자동차보험처리 경우)	
골절진단금	– 진단서, 처방전, 진료확인서, 소견서, 의무기록 중 택일 – 재해입증서류	
화상진단금	심재성 2도 이상 화상분류코드가 기재된 서류	진료확인서

11 음주운전사고 시 처벌기준에 대하여 알아본다.

운전자가 음주를 한 후 운전하는 것을 말하는 것으로 음주운전 단속시 혈중 알코올 농도 0.03% 이상이 나오면 운전면허 정지나 운전면허 취소 사유가 되며 다음과 같은 책임이 있다.

(1) 민사적 책임

음주운전(飮酒運轉)은 1회 적발 시 10%, 2회 적발 시 20% 보험료가 할증되고 음주운전 교통사고 시에는 종합보험에 가입되어 있어도 대인사고 1,000만 원, 대물사고 500만 원의 자기부담금을 부담해야 한다. 보험료는 본인 명의 자동차보험에 한해 할증된다.

(2) 형사적 책임

「도로교통법」 제148조의 2항에 의거 ① 제44조제2항을 위반한 사람은 1년 이상 6년 이하의 징역이나 500만 원 이상 3천만 원 이하의 벌금에 처하며, ② 제44조제1항을 위반한 사람 중 혈중알코올농도가 0.2퍼센트 이상인 사람은 2년 이상 6년 이하의 징역이나 1천만 원 이상 3천만 원 이하의 벌금에 처한다. ③ 제44조제1항을 위반한 사람 중 혈중알코올농도가 0.03퍼센트 이상 0.2퍼센트 미만인 사람은 1년 이상 5년 이하의 징역이나

500만원 이상 2천만 원 이하의 벌금에 처하도록 되어 있다.

(3) 행정상 책임

음주운전으로 적발되면 행정처분을 받게 되는데 음주운전 기준에 따라 면허가 일정 기간 정지되거나 면허가 취소된다.

표8-13 음주운전 시 운전면허 행정처분

<table>
<tr><th colspan="2">구분</th><th>단순 음주</th><th>대물사고</th><th>대인 사고</th></tr>
<tr><td rowspan="4">1회</td><td>0.03 ~ 0.08% 미만</td><td>벌점 100점</td><td>벌점 100점
(벌점 110점)</td><td rowspan="4">면허취소
(결격 기간 2년)</td></tr>
<tr><td>0.08 ~ 0.2% 미만</td><td rowspan="3">면허취소
(결격기간 1년)</td><td rowspan="3">면허취소
(결격기간 2년)</td></tr>
<tr><td>0.2% 이상</td></tr>
<tr><td>음주 측정 거부</td></tr>
<tr><td colspan="2">2회 이상</td><td>면허 취소
(결격 기간 2년)</td><td colspan="2">면허취소
(결격기간 3년)</td></tr>
<tr><td colspan="4">음주운전 인사사고 후 도주</td><td rowspan="2">면허취소
(결격기간 5년)</td></tr>
<tr><td colspan="4">사망사고</td></tr>
</table>

12 자동차보험의 포상급제도에 대하여 알아보고 이해한다.

국토교통부장관은 자동차 보유자를 알 수 없는 자동차의 운행으로 다른 사람을 사망하게 하거나 부상하게 한 자동차 또는 운전자를 목격하고 대통령령으로 정하는 관계 행정기관이나 수사기관(경찰관서 및 소방관서)에 신고 또는 고발한 사람에 대하여 그 신고되거나 고발된 운전자가 검거될 경우 1백만 원의 범위에서 포상금을 지급할 수 있다. [2013.3.23 제11690호(정부조직법)]

수행 Tip!

• 자동차손해배상보장법 및 손해보험사 홈페이지 등에서 자료를 수집하여 참고한다.

제9장

자동차보험 급여관리

9-1 자동차보험 급여관리

학습목표

1 | 자동차보험의 급여기준 및 제한사항에 대하여 알 수 있다.
2 | 자동차보험환자의 급여기준에 의한 자격을 관리할 수 있다.

1. 자동차보험 급여 및 자격관리

(1) 업무 절차

① 응급실 내원시 업무

자동차사고로 부상당한 환자는 대부분 응급실로 이송되는데, 원무 담당자가 수행해야 하는 업무 절차와 중점 사항은 다음과 같다.

첫째, 환자의 인적 사항과 사고내용을 파악해야 한다.
환자의 소지품을 파악하여 목록을 작성하고 별도로 구분하여 보관하는 동시에, 보호자에게 연락하여 후속 절차를 이행할 수 있게 하고, 교통사고가 발생한 장소, 시간, 차량번호, 운전자, 가족관계 여부, 목격자, 가해자, 환자 이송·인계자 등을 정확하게 확인한다.

둘째, 진료비 지급 보증인을 설정한다.
환자가 입원 진료를 받아야 하는 상황인 경우의 대부분은 사고 조사가 끝나지 않아 피해자가 불분명하기 때문에 자칫하면, 진료비 지불 책임이 불분명한 상황이 될 뿐 아니라, 병원이 진료비 분쟁에 휘말려 들 수 있으므로, 환자에게 있어 적기에 적정한 진료가 제공되는 것이 가장 중요한 사실을 설명하여 진료비를 책임질 수 있는 보증인을 설정하게 한다.

셋째, 운전자 및 보호자에게 경찰신고를 권유한다.
운전자나 보호자에게 경찰과 보험회사에 사고 발생 사실의 신고 여부를 확인하고, 신고가 되지 않았을 경우는 신속하게 접보(粘報)할 것을 권유한다.

넷째, 보험회사에 지급(지불)보증서를 요구한다.

피보험자가 가입한 보험의 유형에 따라 진료비를 보상하는 범위가 달라지므로, 보험회사로부터 지급보증을 받을 경우는 보험회사 담당자가 아니라 보험회사 대표자 또는 해당 지사의 진료비지급보증서(별지9호 서식)를 요구한다.

② 환자의 의료보장 적용

교통사고 환자라 하더라도 다음과 같은 경우에는 건강보험이나 의료급여, 산재보험 등을 적용해야 한다. 그리고 건강보험 및 의료급여를 적용해야 하는 경우는 보험자에게 급여 적용 사실을 통보한다.

- 가해차량 운전자 또는 피보험자의 부모, 배우자, 직계자녀의 부상
- 운전자 본인의 부상
- 뺑소니 차량에 의한 사고(책임보험 범위 내 제외)
- 무보험 차량에 의한 사고로 가해자의 보상능력 부재(책임보험 범위 초과분)
- 천재지변, 소요사태로 인한 사고

또한, 업무용이나 영업용 자동차를 직접 운전하다가 사고를 유발한 운전자나 피보험자가 부상을 당한 경우는 산업재해 보상보험을 적용하여야 한다.

그러나 고의의 범죄행위사고 및 무면허 운전자 본인사고, 음주운전 시 사고는 건강보험급여가 제한되므로 민원발생의 소지를 없애기 위해 국민건강보험공단(또는 의료급여인 경우 시 · 군 · 구청)에 통보하여 급여여부를 결정하도록 한다.

(2) 진료비 관리

① 진료의 기준

의료기관은 교통사고 환자의 조속한 원상회복을 위하여 필요한 진료에 최선을 다하되, 그 진료는 보편, 타당한 방법 범위 및 기술 등에 따라 이를 행하여야 한다.

② 진료수가의 인정 범위

교통사고 환자의 진료비는 보건복지부장관이 일반환자의 진료에 관하여 의학적으로 보편 · 타당한 방법, 범위 및 기술 등으로 인정한 진료기준(고시 및 지침 포함) 및 국민건

강보험법 제24조 제1항과 동법 시행령 제24조의 규정에 의해 보건복지부장관이 고시하는 건강보험 요양급여 행위 및 그 상대가치 점수를 기준으로 한다.

③ 급여 제한

자동차 보험으로 보장되지 않는 제한 범위는 다음과 같다.

- 당해 자동차사고와 인과관계가 없는 상병에 대한 진료비. 다만, 당해 자동차 사고 당시는 증상이 없었으나, 환자에게 고의 또는 중대한 과실이 없고, 의료기관 또한 고의 또는 과실 없이 진료 중에 발생한 증상(합병증)은 급여
- 당해 자동차 사고가 있기 전부터 있었던 증상(기왕증)에 대한 진료비. 단, 기왕증도 당해 자동차 사고 때문에 악화된 경우, 그 악화로 인하여 추가된 진료비는 급여
- 교통사고 환자의 요구에 의하여 상급병실을 사용하였거나 치료 이외의 목적 의 진료를 행한 경우에 일반 병실료와의 차액 및 치료 이외 목적의 진료로 인해 발생한 비용. 다만, 진료 상 필요한 경우나 의료기관의 병실 사정으로 부득이 상급병실을 이용할 경우(7일 이내)는 급여
- 자동차 보험 환자가 의료기관의 퇴원 또는 전원(轉院) 지시에 불응하는 경우에 그 지시일 다음 날부터 그 의료기관에 입원하여 증가된 진료비
- 인정범위에서 제외되는 비용은 교통사고 환자가 부담

④ 환자관리의 주요 내용

재원환자를 관리하는 담당자는 다음의 주요 업무와 핵심사항에 대하여 숙지하고 업무를 수행해야 한다.

- 보험회사 및 보호자의 보증 유무 확인과 보완, 종합보험 미가입 차량에 의한 사고 환자의 채권 확보
- 자동차 보험에 제외되거나, 책임보험을 초과하여 진료비가 발생한 경우의 수가 유형 관리 및 적용
- 사고와 무관한 질병, 질환 진료비 확인과 구분 및 본인부담금 청구, 회수
- 진단서 발급 및 추가 상병 발생 확인과 진단 기간 관리
- 외출(원칙적 금지), 전실 · 전과 관리

- 장기 재원환자 관리 및 적기 퇴원 유도
- 의료진과 보험회사와의 협조 업무

■ 자동차보험진료수가에 관한 기준 [별지 제5호서식]

교통사고환자 진료비 안내문

뜻하지 않은 교통사고로 고통을 겪고 계시는 귀하와 가족분들께 진심으로 위로의 말씀을 드리며, 조속히 쾌유하시길 바랍니다. 교통사고로 인하여 처리되는 진료비에 대한 이해를 돕고자 다음과 같이 안내를 드립니다.

– 다　　음 –

> 교통사고로 인한 진료비는 보험회사에서 지급되고, 기존질병에 대한 진료비는 건강보험 등으로 처리됩니다.

교통사고로 인한 진료비는 보험회사에서 지급되고, 기존질병에 대한 진료비는 건강보험 등으로 처리됩니다.

1. 교통사고로 인해 발생된 진료비는 자동차보험으로 처리됩니다. 이 경우 의료기관은 이에 해당하는 진료비를 교통사고환자에게 직접 청구할 수 없습니다.

2. 기존 질병 및 해당 자동차사고와 관련이 없는 상병에 대한 진료비는 건강보험 등으로 처리되며 이 경우 환자측의 본인부담금이 발생합니다.

3. 다만, 기존질병이라고 하여도 당해 교통사고로 인하여 악화된 경우, 그 악화로 인한 진료비 또는 자동차사고와 인과관계가 없으나 고의 또는 과실 없이 진료 중에 발생한 합병증 진료비는 자동차보험으로 처리됩니다.

※ 관련규정
1. 「자동차손해배상보장법」제12조
2. 국토교통부 고시 「자동차보험진료수가에 관한 기준」제6조 제1항

손해보험협회 · 대한의사협회 · 대한병원협회 · 대한치과의사협회 · 대한한의사협회
(담당자 : ㅇㅇ 화재(공제), ㅇㅇㅇ, 전화 　　– 　　　)

2. 입원환자관리

(1) 입원환자의 관리

① 보험회사 등에 자동차보험진료수가를 청구할 수 있는 의료기관은 교통사고로 입원한 환자의 외출이나 외박에 관한 사항을 기록 · 관리하여야 한다.

② 입원환자는 외출하거나 외박하려면 의료기관의 허락을 받아야 한다.

③ 자동차보험진료수가의 지급 의사 유무 및 지급 한도를 통지한 보험회사 등은 입원환자의 외출이나 외박에 관한 기록의 열람을 청구할 수 있다. 이 경우 의료기관은 정당한 사유가 없으면 청구에 따라야 한다.

(2) 입원환자의 외출 또는 외박에 관한 기록 관리

의료기관이 입원환자의 외출 또는 외박에 관한 사항을 기록 · 관리할 때에는 별지 제3호의2서식의 외출 · 외박 기록표에 적어야 한다.

<table>
<tr><td colspan="5">[별지 제3호의2서식]</td><td colspan="6">외출 · 외박 기록표</td></tr>
<tr><td colspan="5"></td><td colspan="6">(20 년 월)</td></tr>
<tr><td rowspan="2">순번</td><td rowspan="2">환자 이름</td><td>생년월일</td><td rowspan="2">환자 또는 그 보호자의 서명</td><td rowspan="2">외출 · 외박 사유</td><td rowspan="2">허락 기간</td><td rowspan="2">허락한 의료인 등의 서명</td><td rowspan="2">외출 · 외박 일시</td><td rowspan="2">귀원 일시</td><td rowspan="2">귀원을 확인한 의료인 등의 서명</td><td rowspan="2">비고</td></tr>
<tr><td>주소</td></tr>
<tr><td rowspan="2"></td><td rowspan="2"></td><td></td><td rowspan="2"></td><td rowspan="2"></td><td rowspan="2">월 일
시 분
~ 월 일
시 분</td><td rowspan="2"></td><td rowspan="2"></td><td rowspan="2"></td><td rowspan="2"></td><td rowspan="2"></td></tr>
<tr><td></td></tr>
</table>

(3) 교통사고환자의 퇴원·전원 지시

① 의료기관은 입원 중인 교통사고환자가 수술 · 처치 등의 진료를 받은 후 상태가 호전되어 더 이상 입원진료가 필요하지 아니한 경우에는 그 환자에게 퇴원하도록 지시할 수 있고, 생활근거지에서 진료할 필요가 있는 경우 등 대통령령으로 정하는 경우에는 대통령령으로 정하는 다른 의료기관으로 전원(轉院)하도록 지시할 수 있다. 이 경우 의료기관은 해당 환자와 제12조제1항에 따라 자동차보험진료수가의 지급의사를 통지한 해당 보험회사 등에게 그 사유와 일자를 지체없이 통보하여야 한다.

② 제1항에 따라 교통사고환자에게 다른 의료기관으로 전원하도록 지시한 의료기관이 다른 의료기관이나 담당의사로부터 진료기록, 임상소견서 및 치료경위서의 열람이나 송부 등 진료에 관한 정보의 제공을 요청받으면 지체 없이 이에 따라야 한다.

[별지 제3호서식] 문서번호 :

교통사고 입원환자 퇴원 가능 소견서

수　신 : ㅇㅇ보험 주식회사 (공제조합) ㅇㅇ 보상팀장(보상사무소장) 귀하
주　소 :
제　목 : 교통사고 입원환자 퇴원 가능 소견서 제출

1. 귀 사(조합)가 자동차보험진료수가로 지급보증한 교통사고입원환자에 대하여 진료한 결과, 의학적인 판단상 우리 의료기관에서의 입원진료가 더 이상 필요하지 않다고 사료되기에 다음과 같이 통지하오니 참고하시기 바랍니다.
2. 따라서 자동차보험진료수가에 관한 기준에 따라 귀 사(조합)가 이 통지를 받은 이후 별도의 지급보증 중지여부를 통지하지 아니할 경우에는 그 때까지의 입원진료비는 지급의사가 있는 것으로 간주하여 청구하겠으니 지급하여 주시기 바랍니다.

－ 다　　음 －

가. 환　자　명:
나. 환자 생년월일:　　　　　　(남, 여)
다. 주요 진단명 :
라. 향후 치료 방법에 대한 소견 :
　("치료종료", "통원", "타의료기관으로의 전원입원" 중 하나를 기재)
마. 특기사항 : (환자의 퇴원가능 사유, 현 증상 및 상태, 향후 치료내용, 형태 등을 기술).끝.

20　년　월　일
주치의 : ㅇㅇㅇ (면허번호 :　　　) (서명)
ㅇㅇ 병(의)원 원장 ㅇㅇㅇ (인)

주소 :

도달증명	1. 직접전달, 팩스전송	수령일시		수령인명		수령인서명	
	2. 등기우편	등기번호 : ㅇㅇ 우체국 20 년 월 일 제　호					
	3. 내용증명	우체국 접수증명인으로 대체					

※ 비 고 : 동 서식은 2매 1조로 작성하여 1부는 의료기관이 보관하고 1부는 보험회사등에게 전달하여야 합니다. 의료기관보관용에는 반드시 도달증명에 대한 기재가 있어야 하며, 심사평가원에 진료수가 청구시 제출합니다.

(4) 교통사고환자 전원지시

① 전원은 "생활근거지에서 진료할 필요가 있는 경우 등 대통령령으로 정하는 경우"란 입원 중인 교통사고환자가 수술·처치 등의 진료를 받은 후 해당 의료기관 또는 담당의사의 의학적 판단 결과 상태가 호전되어 더 이상 진료 중인 의료기관에서의 입원진료가 필요하지 않아 생활근거지에 소재한 의료기관 또는 제2항에 따른 다른 의료기관으로 옮길 필요가 있는 경우를 말한다.

② "대통령령으로 정하는 다른 의료기관"이란 다음 각 호의 구분에 따른 의료기관을 말한다.

1. 「의료법」 제3조제2항제3호가목부터 라목까지의 규정에 따른 병원 · 치과병원 · 한방병원 및 요양병원(이하 "병원등")에 입원 중인 교통사고환자: 상급종합병원, 종합병원 및 병원등을 제외한 의료기관
2. 「의료법」 제3조제2항제3호마목에 따른 종합병원에 입원 중인 교통사고환자 : 「의료법」 제3조의4제1항에 따라 지정된 상급종합병원 및 종합병원을 제외한 의료기관
3. 상급종합병원에 입원 중인 교통사고 환자 : 상급종합병원을 제외한 의료기관

(5) 교통사고 관련 조사기록의 열람 청구

① 법 제14조 제4항 전단에 따라 보험회사 등이 경찰관서에 열람을 청구할 수 있는 교통사고 관련 조사기록은 국가경찰공무원이 작성한 교통사고보고서 중 1. 교통사고 발생 일시, 장소 및 원인 2. 교통사고 유형 및 피해상황 3. 무면허운전 및 음주운전 여부에 관한 기록으로 한다.

② 보험회사 등이 법 제14조 제4항 전단에 따라 교통사고 관련 조사기록의 열람을 청구하는 경우에는 열람예정일 7일 전까지 열람청구서에 열람사유서를 첨부하여 경찰관서에 제출하여야 한다.

③ 제1항에 따른 열람의 청구를 받은 경찰관서는 수사에 지장을 초래하는 등 특별한 사유가 있는 경우를 제외하고는 열람방법, 열람장소 및 열람범위 등을 정하여 서면, 전자우편 또는 휴대전화 등의 방법으로 알려야 한다.

(6) 책임보험 등의 보상한도를 초과하는 경우에의 준용

자동차보유자가 책임보험 등의 보상한도를 초과하는 손해를 보상하는 보험 또는 공제에 가입한 경우 피해자가 책임보험 등의 보상한도 및 이를 초과하는 손해를 보상하는 보험 또는 공제의 보상한도의 범위에서 자동차보험진료수가를 청구할 경우에도 제10조부터 제13조까지, 제13조의2 및 제14조를 준용한다.

3. 입원료 및 식대관리

(1) 입원료 및 식대의 기본원칙

① 의료기관은 의학적인 판단상 교통사고 환자의 입원이 불필요하다고 판단한 경우에는 그 소견을 보험회사 등에게 서면 통지하여야 한다.

② 보험회사 등은 초진기간이 지난 입원환자의 호전 정도를 관찰, 입원이 불필요하다고 판단되는 경우에는 해당 의료기관에 입 · 퇴원 여부를 질의하여야 한다.

③ 의료기관은 보험회사 등의 소견 의뢰에 대하여 반드시 회신하여야 하며 그 회신기한은 보험회사 등의 소견 의뢰 공문을 수령한 날로부터 7일(토요일, 공휴일 제외) 이내로 한다.

④ 의료기관이 보험회사 등의 입 · 퇴원 여부 질의에 대하여 회신을 거부하거나 지연한 경우에는 해당 지연기간에 대한 입원료 및 식대는 의료기관이 부담한다.

⑤ 보험회사 등이 의료기관으로부터 공식적인 퇴원, 전원 또는 통원소견을 통지받았음에도 불구하고 입원진료비 지급보증을 중지하지 아니한 경우에는 그 중지의사 미통지 기간에 대한 입원료 및 식대는 보험회사 등이 부담한다.

⑥ 보험회사 등은 교통사고 환자가 입원한 경우 당해 교통사고 환자 또는 그 보호자에게 '교통사고로 인한 상해 및 질병에 대한 진료비는 자동차보험에서 지급하고, 환자의 기존 질병 및 당해 교통사고와 관련이 없는 상해 및 질병에 대한 진료비는 국민건강보험 등으로 처리됨'을 서면으로 안내하여야 한다.

⑦ 주치의의 의학적 판단 또는 심사청구사건에 대한 심의회의 심사 결과 해당 교통사고 환자의 입원사유가 교통사고와 인과 관계없는 상해 및 질병으로 인한 것으로 결정된 때에는 그로 인한 입원료 및 식대는 인정하지 아니한다.

(2) 입원료 및 식대 심사지침

① 보험회사 등의 입 · 퇴원여부 질의에 대하여 의료기관이 7일(토요일, 공휴일 제외)이 지나도록 회신을 거부하거나 지연한 경우

⇒ 회신 마감일 이후부터 회신통지가 보험회사 등에게 도달된 날까지의 입원료 및

식대는 의료기관의 부담으로 심사 · 결정한다.

② 보험회사 등이 의료기관으로부터 퇴원, 전원 또는 통원 가능 소견을 통지받았음에도 불구하고 입원진료비에 대한 지급보증 중지통보를 아니한 경우

⇒ 퇴원, 전원 또는 통원가능소견 통지를 받은 날부터 보험회사 등의 입원진료비 지급보증중지 공문이 의료기관에 도달된 날까지의 입원료 및 식대는 전액 인정하는 것으로 심사 · 결정한다.

③ 이전 진료기관에서 퇴원 또는 통원 소견의 통지가 있었음에도 불구하고 교통사고 환자가 전원하여 입원한 경우

⇒ 환자가 전원하여 입원하게 된 경우 해당 의료기관은 반드시 환자가입원한 시각부터 24시간(공휴일 제외) 내에 입원진료비에 대한 보험회사 등의 지급보증여부를 서면으로 확인받아야 한다. 이 경우 보험회사 등이 입원 진료비 지급보증 통보를 했던 경우에 한하여 입원료 및 식대를 인정한다.

④ 보험회사 등의 입 · 퇴원 여부 질의결과 의료기관이 일정시점까지 입원할 필요가 있다고 회신한 경우

⇒ 제1차 질의회신에 의한 입원연장기간에 대한 입원료 및 식대는 원칙적으로 전액 인정하는 것으로 심사 · 결정한다.

⑤ 부득이한 사유로 인하여 의사의 허락하에 외출 · 외박한 경우

⇒ 1일 외박한 경우 입원료는 전액을 인정하고, 2일 이상 외박한 경우는 입원료 중 병원관리료만 인정한다.

⑥ 환자가 무단으로 외출 · 외박하는 사례가 잦은 경우

⇒ 무단 외출 · 외박일 이후의 입원료 및 식대는 전액 불인정한다.

⑦ 주치의의 의학적 판단 또는 심사청구사건에 대한 심의회의 심사 결과 해당 교통사고 환자의 입원사유가 교통사고와 인과 관계없는 상해 또는 질병으로 인한 것으로 결정된 경우

⇒ 해당 입원기간에 대한 입원료 및 식대는 인정하지 아니하고, 자동차손해배상보장법 이외의 해당 법령에 따라 청구할 것을 의료기관에 안내한다.

⑧ 의사표시의 정확한 전달과 표준화를 위하여 보험회사 등 및 의료기관이 사용하여야 할 서식을 사용한다(서식 참조).

9-2 교통사고 환자 관리

1. 교통사고 환자 관리

(1) 교통사고환자 접수

1차적으로 접수한 보호자에게 교통사고 여부를 확인하고 보험가입여부, 차량번호, 피보험자를 확인하고 6하 원칙에 의해서 사고경위를 확인한다. 보험가입자의 경우에는 사고접수번호를 확인 후 해당보험사에 연락하여 "진료비지급보증서"를 Fax 등을 이용하여 문서로 제공받아 진료비 처리를 후불로 처리할 수 있도록 조치하여야 한다.

보험사와 연락을 취할 수 없는 경우에는 보호자에게 진료비를 수납 후 보험사에 청구할 수 있도록 안내한다. 자동차사고의 경우 보호자나 운전자의 진술만으로 보험급여 적용여부 확인이 불가능 하므로 병원근무자는 중간적인 입장에서 병원의 업무처리방침을 안내하여 주고 양측이 스스로 시비를 가리도록 한다.

지급보증번호 : 　　교통사고환자에 대한 진료비 지급보증서　　[별지 제9호서식]

수　신 : ㅇㅇ병(의)원장 귀하
제　목 : 교통사고환자에 대한 진료비 지급보증서

1. 귀 의료기관의 발전을 기원합니다.
2. 귀 의료기관에 진료한 다음 교통사고환자는 우리 회사(조합)가 보상책임을 지고 있는 피해자로서 우리 회사(조합)는 자동차손해배상보장법 제12조제1항에 의거하여 귀 의료기관에 자동차보험진료수가 기준에 의해 진료비를 지급할 것을 보증합니다.

－다　　음－

환자성명	(남,여)	생년월일	
접수번호		피보험차량번호	
사고일자		담보종목	
상해급수		보상한도	
보상 담당자		연락처	
특이사항			

20　년　월　일
ㅇㅇ보험주식회사　ㅇㅇ센터장 (인)

주소 :

지급보증 중지번호 : 교통사고환자에 대한 진료비 지급보증 중지 통보서
[별지 제10호 서식]

수　신 : ㅇㅇ병(의)원장 귀하
제　목 : 교통사고환자에 대한 진료비 지급보증 중지 통보서

1. 귀 의료기관의 발전을 기원합니다.
2. 귀 의료기관에서 진료한 다음 교통사고 환자는 우리 회사(조합)와 합의가 성립되어 자동차손해배상보장법 제12조제1항에 따라 귀 의료기관에 자동차보험진료수가기준에 의한 진료비를 지급할 의사가 없음을 통보합니다.

－다　　음－

환자 성명	(남, 여)
환자 생년월일	
지급보증번호	
지급보증 중지일자	20　　년　월　일
특이사항	

20　년　월　일
ㅇㅇ보험주식회사　ㅇㅇ센터장 (인)

주소 :

(2) 자동차보험 입원환자 관리

입원시 미비한 사항을 보완하며, 자동차보험 적용과 관련 사항(사고일시, 장소, 차량번호, 운전자, 보험회사, 책임보험 및 종합여부 등)을 확인 관리한다. 아울러 보험회사의 지급보증서를 서면으로 받도록 하고 곤란한 경우에는 Fax를 이용한다.

또한 진료 중 지병이나 사고와 관련이 없는 질환의 확인하여 조치하고, 보험회사 및 경찰서제출용 진단서 발급을 확인한다.

(3) 자동차보험 진료비 지불 보증

① 자동차보험환자의 비급여진료 및 지급보증 지연 등을 대비하여 진료비보증(입원서약서)을 환자 또는 보호자에게 받는다.

② 자동차 사고 시 보험접수가 되었는지 확인하고 해당 보험회사에 연락하여 진료비 지급보증서를 받고 자손, 책임, 대인보험인지 확인한다. (단, 보험회사 진료비 지급보

증이 안 되는 경우에는 환자에게 먼저 자동차보험수가 100%를 수납 받고 차후에 진료비 지급보증이 확인되었을 경우 병원에서 환불 후 심평원에 청구 후 진료비를 지급받는다.)

③ 환자의 진단이나 상태를 확인하고 입원 치료인지 통원 치료 대상자인지 확인한다.

④ 입원 환자인 경우 해당과의 진단이 몇 주가 나왔는지 확인한다(급수를 확인한다).

⑤ 진단이 나온 주에 따라 입원하여 진단기간 확인 후 퇴원 예정일 전에 퇴원 통보를 한다. (단, 추가 진단이 있을 경우 통보 전 확인하여 환자에게 추가 진단 내용을 알린다.)

⑥ 자보 미승인 상병진료(기왕증 등)에 대하여 건강보험 또는 의료급여를 적용하여 본인부담금을 수납하고 공단부담금에 대한 미수금이 발생한다.

⑦ 퇴원 후 자동차보험치료비를 병원자체 심사 후 건강보험심사평가원에 청구를 한다.

⑧ 청구가 끝나면 자동차보험 관리대장에 보험사별 환자에 대한 인적 사항과 보험 회사에서 지급받은 금액을 기입한다.

⑨ 건강보험심사평가원에서 진료비지급내역서가 통보되면 분석 후 미수금을 정리하고 부당 삭감분은 자료보완 후 이의신청한다.

⑩ 보험회사와 분쟁이 있을 경우는 자동차보험 진료수가분쟁심의회에 심사를 청구 한다.

(4) 자동차보험 미수금 관리

자동차보험 환자의 진료미수금 관리업무 수행과정의 가장 큰 어려움은 환자의 증상과는 상관없이 상급병실료와 선택진료비(청구대상의료기관에 한함)에 대한 지급 보증이 제외되기 때문에 환자와 병원 또는 관계기관과 병원간의 다툼이 발생할 수 있기 때문에 사전관리가 필요하다.

또한 보험회사 담당자의 잦은 교체로 인한 업무의 인계가 잘 되지 않아 업무처리에 상당한 어려움이 발생하기도 한다. 그리고 승인상병과 관계없는 기왕증에 대한 진료 및 외래환자의 소액 미수금관리에 문제가 없도록 관리가 필요하다.

수행 내용 및 수행 준거

1 자동차 교통사고발생 시 처리요령에 대하여 알아본다.

(1) 불의의 사고를 내거나 당하게 되더라도 당황하지 말고 침착해야 합니다. 사고는 예기치 않는 순간에 발생하기 때문에 노련한 운전자라도 순간 당황하는 것은 마찬가지입니다. 이때 무엇보다도 중요한 것은 침착하게 냉정을 되찾는 일입니다.

(2) 사고차량을 즉시 정차시키고 사상자의 구호 등 적절한 조치를 하십시오. 사고발생 시 가능한 그 자리에(교차로 등 교통이 혼잡한 곳이면 인접한 안전 장소로 이동하십시오.) 사고차량을 정차시킨 후 사상자의 지혈, 응급조치와 병원후송 등 적절한 구호조치를 해야 합니다. 만약 당황하여 현장을 이탈 할 경우 뺑소니 등의 오해소지가 있으므로 즉시 정차하는 것이 좋습니다.

(3) 후속사고의 발생방지와 교통 소통에 지장이 없도록 필요한 조치를 해야 합니다.사고차량을 움직일 수 있을 경우에는 후행차량의 소통에 방해가 되지 않도록 신속히 갓길로 이동하고, 움직일 수 없는 경우에는 안전표지판 등을 설치하여 추가 교통사고가 발생되지 않도록 조치하여야 합니다.

(4) 사고 사상자 구호, 사상자 구호에 어려움이 있을 때는 경찰서에 지체 없이 신고하십시오. 이때 신고 내용은 사고장소, 사상자수, 부상의 정도, 손상된 물건, 손상의 정도 등 사고와 관련된 조치사항입니다.

(5) 사고차량의 네 바퀴 밑과 노면흔적 등에 스프레이로 현장 상황을 표시해 둡니다. 사고차량의 최종 위치와 노면흔적, 유류품의 위치는 사고 조사 과정에서 본인의 주장을 입증하는 증거자료가 됩니다.

(6) 사고 장면을 목격한 목격자를 확보해야 합니다. 직접 목격자의 확보가 어려운 상황이면 사고주변 상황, 즉 주위 다른 차량의 차량번호 등을 파악하여 사고조사 시 활용합니다.

(7) 상대차량번호 등 관련 사항을 메모하십시오. 교통사고는 순간적으로 발생하므로, 사고차가 도주(뺑소니)해 버리면 사고처리는 매우 어렵게 됩니다. 그러므로 사고를 내거나 당하게 된 경우, 상대방의 차량번호, 연락처 등 관련 사항을 정확하게 메모해서, 사후에라도 원활한사고처리가 이루어질 수 있도록 해야 합니다.

(8) 보험회사에 사고 접수하여 적절하게 처리되도록 합니다. 교통사고가 발행하면 차주나 운전자는 피해를 입은 사람에게 그 피해를 배상해야 할 법적인 책임을 지게 되므로 피해자에게 신속하고 적절한 수준의 피해보상을 받을 수 있도록 보험회사에 사고접수를 해야 합니다.

(9) 초보운전자의 경우, 사고처리에 대해 보험회사에 자문 받거나 가족과 상의하여 처리합니다. 초보운전자나 여성운전자의 경우 사고처리를 위해 함부로 차에서 내리지 말고(특히, 야간) 상대차량 번호 등을 메모한 후 보험회사에 연락하여 자문을 받거나 주위친지 중 교통사고에 대한 전문 지식이 있는 분에게 연락하여 조치 요령에 대해조언을 받는 것이 좋습니다.

(10) 일방적으로 과실을 인정하고 면허증이나 자동차등록증을 주거나 손해배상을 약속해서는 안 됩니다. 일방적으로 과실을 인정하는 것은 피해야 하며 운전면허증이나 자동차등록증을 주거나 특히 손해배상을 약속해서는 안 됩니다. 보험회사에 신고하여 처리해 주겠다고 답변하는 것이 바람직한 조치입니다(자료출처: 현대해상보험 홈페이지)

2 자동차보험환자가 의료기관 내원 시 접수 및 자격관리 사항을 확인한다.

3 자동차보험환자가 응급실 내원 시 처리사항에 대하여 알아보고 업무를 수행한다.

4 자동차보험환자의 보험급여 및 급여제한사항에 대하여 업무를 수행한다.

5 자동차보험환자가 전원을 해야할 경우 처리사항에 대하여 업무를 수행한다.

6 자동차보험환자의 비급여 대상 진료 및 미수금관리에 대한 업무를 수행한다.

수행 Tip!

- 자동차손해배상보장법 및 자동차손해보험사 등 홈페이지 검색하여 자료를 참고한다.

제10장

자동차보험 진료수가 기준

10-1 자동차보험 진료수가 기준

학습 목표	1	자동차보험의 진료수가 산정기준에 의한 관리를 할 수 있다.

1. 자동차보험진료수가 및 청구에 관한 세부기준

1) 자동차보험진료수가에 관한 기준

이 고시(국토교통부 고시 제2022-658호)는 자동차보험진료수가에 관하여 「자동차손해배상 보장법」 제12조의2, 제19조, 같은 법 시행령 제11조의2, 제16조의2, 같은 법 시행규칙 제6조의5에 따라 건강보험심사평가원에 위탁된 자동차보험진료수가의 청구 · 심사 · 지급 및 이의제기 등에 관한 절차와 방법, 서식과 작성요령 및 자동차보험진료수가분쟁심의회 심사청구의 대상 및 절차를 규정함을 목적으로 한다.

2. 진료의 기준 및 진료수가의 인정범위

(1) 진료의 기준

의료기관은 교통사고환자의 조속한 원상회복을 위하여 필요한 진료에 최선을 다하되, 그 진료는 보편. 타당한 방법. 범위 및 기술 등에 따라 이를 행하여야 한다.

(2) 진료수가의 인정범위

① 교통사고환자에 대한 진료수가의 인정범위는 다음 각 호에 따른다.

1. 「국민건강보험법」제41조제3항 및 제4항에 따라 보건복지부장관이 정한 내역 및 기준
2. 「국민건강보험법」시행규칙 별표7에 따른 '보조기기에 대한 보험급여기준'
3. 「응급의료에 관한 법률」 제23조제1항에 따른 응급의료수가기준

② 제1항에서 정한 인정범위와 달리 정하는 사항에 대해서는 다음 각 호에 따른다.

1. 건강보험기준과 달리 적용할 필요에 의하여 별표 1에 규정된 사항
2. 건강보험기준에 규정되지 않았거나 요양급여로 정하지 아니한 진료항목에 대해 별표 2에 규정된 사항
3. 제2호에서 정하지 아니한 항목의 진료수가에 대하여 고용노동부장관이 고시한 「산업재해보상보험 요양급여 산정기준」의 별표 "산재보험에서 추가로 인정하는 요양급여의 범위 및 비용산정기준"에 규정된 사항. 다만, 제1절 치과보철의 [진료원칙] 중 제6호, 제7절 보험급여청구서 확인 및 진단서 발급수수료, 제10절 재활보조기구 처방 및 검수료, 제11절 이송료, 제14절 전신해부에 따른 비용, 제15절 재활치료료 중 제3호, 제18절 예방접종비용은 제외한다.

③ 진료수가 적용기준 및 방법에 관한 세부사항은 별표 3에 따른다.

④ 제2항제2호 및 제3호에 명시된 항목이 건강보험기준의 개정으로 새로이 요양급여의 범위에 포함되는 경우에는 그 날부터 건강보험기준에 따른다.

⑤ 법 제31조제1항제1호에 따른 의료재활시설의 재활의학과 전문의가 다음 각 호의 어느 하나에 해당하는 환자의 동의를 받아 시범재활치료를 할 경우에는 별표 4에 따른다.

1. 사고 후 2년 이내의 기간 동안 치료 중인 환자로서 적극적인 재활치료의 효과가 기대되는 경우
2. 사고 후 2년이 경과하였으나 부적절한 치료(전문재활치료를 중단한 경우 등)를 받은 환자로서 적극적인 재활치료의 효과가 기대되는 경우

(3) 진료수가 인정 제외대상

① 제5조에 따른 인정범위의 진료비에도 불구하고 다음 각 호에 해당하는 진료비는 그 인정범위에서 제외된다.

1. 명백히 해당 자동차사고와 인과관계가 없는 상병(傷病)에 대한 진료비. 다만, 해당 자동차사고 당시에는 증상이 없었으나 환자에게 고의 또는 중대한 과실이 없으며 의료기관 또한 고의 또는 과실 없이 진료 중에 발생한 증상("합병증"을 말한다)에 대한 진료비는 그러하지 아니하다.

2. 해당 자동차사고가 있기 전에 이미 가지고 있던 증상(기왕증)에 대한 진료비. 다만, 기왕증이라 하여도 해당 자동차사고로 인하여 악화된 경우에는 그 악화로 인한 진료비는 그러하지 아니하다.
3. 교통사고환자의 요구로 발생한 상급병실료(기본입원료와의 차액) 및 상급종합병원, 종합병원, 병원, 한방병원, 요양병원의 2~3인실 사용 시 건강보험에서 정한 본인일부부담금(상급종합병원, 종합병원, 병원, 한방병원의 2~3인실 사용시 입원일수에 따른 입원료의 본인일부부담금 산정기준은 별표 3에 따른다)에 해당하는 입원료. 다만, 다음 각 목의 어느 하나에 해당되는 경우에는 그러하지 아니한다.

가. 의료진이 치료상 부득이하게 상급병실 및 상상급종합병원, 종합병원, 병원, 한방병원, 요양병원의 2~3인실에 입원하여야 한다고 판단하여 입원하였을 때

나. 병실의 사정으로 부득이 상급종합병원, 종합병원, 병원, 한방병원, 요양병원의 2~3인실 사용 시 7일의 범위에서는 그 병실의 입원료를 지급함. 다만, 7일을 초과했을 때에는 상급병실은 기본입원료만 지급하고 상급종합병원, 종합병원, 병원, 한방병원, 요양병원의 2~3인실 입원료는 건강보험에서 정한 본인일부부담금을 제외한 차액만 지급함.

4. 교통사고환자가 제12조제1항에 따른 의료기관의 퇴원 또는 전원(轉院) 지시에 불응하는 경우에 그 지시일의 다음 날부터 그 의료기관에서 입원함으로 인하여 증가된 진료비. 다만, 퇴원 또는 전원 지시에 따라 통원치료 또는 다른 의료기관으로 전원하여 발생한 진료비는 그러하지 아니하다.

(4) 자동차보험 진료체계

보험가입자가 자동차사고를 당하였을 경우는 별도의 진료체계(1, 2차) 없이 각 보험사의 지급보증에 의한 의료기관이 진료 후 진료비 심사위탁기관인 건강보험심사평가원으로 청구한다(자동차보험 지정병원 별도 없음).

10-2 진료수가 산정방법

1. 진료수가 산정방법

(1) 진료수가의 산정방법

① 제5조의 진료수가 인정범위는 다음 각 호의 비용으로 산정하되, 제4호 및 제5호는 각 호의 순서에 따라 적용한다.

1. 건강보험기준 중 상대가치점수, 금액이 정해진 행위 · 치료재료, 상한금액이 정해진 약제에 대해서는「국민건강보험법」제45조제4항 및 제46조, 같은 법 시행령 제21조제2항, 제3항제1호 · 제3호 및 제22조에 따른 요양급여의 상대가치점수 및 금액
2. 제5조제1항제2호에 의한 보조기기는「국민건강보험법」시행규칙 [별표7]에 의한 금액
3. 제5조제2항 제1호부터 제3호까지에서 정한 항목 및 제5조제5항에서 정한 항목에 대해서는 그 항목의 점수 및 금액
4. 제1호 및 제3호에서 비용이 정해지지 아니한 행위는「건강보험 행위 급여 · 비급여 목록표 및 급여 상대가치점수」"제2부 행위 급여목록 상대가치점수 및 산정지침" 중 가장 유사한 분류항목의 점수 및 금액
5. 건강보험기준의 비급여대상으로 상대가치점수가 정해지지 아니한 행위는 해당 진료에 소요된 실제비용, 비급여로 정해진 치료재료 및 상한금액이 정해지지 않은 약제는 의료기관의 실구입가

② 제1항에도 불구하고 제5조제2항 각 호의 인정범위 중 금액으로 정한 항목은 의료기관 종별가산율을 적용하지 아니하되, 별도로 가산을 인정하는 항목은 그러하지 아니하다.

③ 개별 의료기관이 제5조의 진료수가 인정범위에 해당하는 비용에 관하여 별도로 정한 금액 또는 실제 구입금액이 제1항제1호부터 제4호까지의 규정에 따라 정한 금액보다 낮은 경우에는 제1항제1호부터 제4호까지의 규정에도 불구하고 그 금액을 산정한다.

(2) 진료료의 산정

① 진료료는 건강보험기준에 정한 진료료에 대하여는 그 금액에 따른다. 이 경우 건강보험기준의 제1편 제1부 일반원칙 II. 요양기관 종별가산율 제1항 중 가목(상급종합병원)의 가산율은 45%, 나목(종합병원)의 가산율은 37%, 다목(병원)의 가산율은 21%, 라목(의원)의 가산율은 15%로 하여 이를 산정한다.

② 제1항에 의한 진료료의 산정에 있어 건강보험기준의 산정지침중 별표 1에 열거된 진료항목에 대하여는 그 표에서 규정하는 바에 의하여 이를 달리 적용한다.

③ 건강보험기준에서 정하지 아니한 진료항목에 대한 진료료는 별표 2에 의하고, 별표 2에서도 규정되지 아니한 진료항목에 대한 진료료는 건강보험기준에서 가장 유사한 분류항목을 준용하여 진료료를 산정한다. 다만, 준용하기 곤란한 특수한 진료행위이거나 새로운 진료행위인 경우에는 심의회가 정한 진료료에 의하며, 심의회가 정한 진료료가 없는 경우에는 당해 진료에 소요되는 실제비용으로 이를 산정한다.

④ 개별 의료기관이 진료료에 관하여 별도로 정한 금액이 제1항 내지 제3항의 규정에 의하여 산정한 금액보다 낮은 금액인 경우에는 제1항 내지 제3항의 규정에 불구하고 그 금액을 진료료로 산정한다.

(3) 약가의 산정

① 진료에 수반되어 사용된 의약품의 가격은 건강보험기준에 의하여 이를 산정한다.

② 제1항의 의약품의 가격이 건강보험기준에서 정하지 아니한 경우에는 의료기관이 당해 의약품을 구입한 가격으로 이를 산정한다. 다만, 보건복지부장관의 승인을 받은 가격이 있는 경우에는 그 승인가격에 의한다.

(4) 진료 재료대의 산정

진료에 사용된 재료대는 다음의 가격에 의하여 산정하되, 복수의 가격이 존재하는 경우에는 각호의 순서에 의한다. 다만, 심의회가 별도의 가격을 정한 경우에는 그 가격에 의한다.

1. 건강보험기준에서 별도로 산정할 수 있도록 규정한 경우 그 산정방법에 의한 가격

2. 별표 2중 비고 3의 규정에 의한 가격
3. 의료기관이 실제구입한 가격

(5) 기타 비용의 산정

제7조 내지 제9조의 규정에 의하여 정해지지 아니한 진료에 관한 비용은 당해 의료기관의 실제비용에 의한다. 다만, 심의회가 별도의 산정기준을 정한 경우에는 그 기준에 의한다.

2. 진료수가의 청구 · 지급절차 및 방법

(1) 진료수가의 청구

① 「자동차손해배상 보장법 시행규칙」 제6조의2 및 제6조의3에 따른 진료수가의 청구 · 지급절차 및 방법 등은 국토교통부장관이 정하여 고시하는 「자동차보험진료수가 심사업무처리에 관한 규정」을 따른다.

② 의료기관이 제1항에 따라 진료수가를 청구할 때에는 반드시 해당 교통사고환자에 대한 진료기록부 등의 기록내용에 근거하여 청구서 등을 작성하여야 한다.

③ 의료기관이 제1항에 따라 다음 각 호의 진료수가를 청구할 때에는 그 내용 · 근거 및 진료비용을 객관적으로 알 수 있도록 소명하여야 한다. 이 경우 그 소명이 없거나, 소명된 내용 · 근거 및 진료비용이 객관적으로 인정될 수 없는 부분의 진료비는 교통사고환자 진료비의 인정범위에서 제외된다.

1. 제6조제1항 각 호의 단서에 해당하는 진료비
2. 별표 1에 명시된 진료항목(종별가산율 및 입원료는 제외)에 대한 진료비중 건강보험기준을 초과하는 진료비

(2) 진료기록의 확인청구

① 보험회사 등은 진료수가 지급을 위하여 관계 진료기록이 필요한 경우 법 제12조의2 제1항에 따라 위탁한 심사평가원 또는 의료기관에게 진료기록의 확인을 청구할 수 있다. 이 경우 그 청구는 별지 제1호 서식에 의한다.

② 제1항에 따른 보험회사 등의 확인청구 내용이 진료에 관한 사실 확인 및 진료수가 지급에 필요한 범위를 명백히 초과한 것으로 판단되는 경우 심사평가원 또는 의료기관은 관계진료기록의 일부만을 확인하게 하거나 그에 응하지 아니할 수 있다. 이 경우에는 보험회사 등에게 그 사유를 소명하여야 한다.

(3) 진료수가의 지급

① 보험회사 등은 의료기관의 제11조 제1항 및 제13조 제2항 전단의 지급청구에 이견이 없거나 제13조제2항 후단의 동의서를 받은 경우에는 법 제12조제4항 본문 및 영 제16조제1항의 규정에 의하여 그 지급청구액을 의료기관에게 지급한다.

② 보험회사 등과 의료기관은 법 제21조의 규정에 의하여 심의회의 심사 · 결정이 있는 경우에는 법 제19조 제2항 및 영 제16조 제2항의 규정에 의하여 그 때까지 지급되지 아니한 금액을 지급하거나 초과된 지급액을 반환한다.

③ 법 제20조 제1항 단서의 규정에 의하여 심의회의 합의의 권고를 받아 보험회사 등과 의료기관 간에 합의가 이루어진 경우에는 그 합의의 내용에 따른다.

[별표 1]

<u>건강보험기준 및 응급의료기준 중 달리 적용하는 사항</u> (제5조제1항제1호관련)

대 분 류	건강보험기준 및 응급의료기준 중 달리 적용하는 사항
일반사항	[의료기관 종별가산율] 「건강보험 행위 급여 · 비급여목록표 및 급여 상대가치점수」의 제1편 제1부 "Ⅱ. 요양기관 종별가산율" 1항의 의료기관 종별에 따라 가산하는 비율을 다음과 같이한다. 1. 가목은 45% 2. 나목은 37% 3. 다목은 21% 4. 라목은 15%
제1장 기본진료료	[입원료] 「건강보험 행위 급여 · 비급여목록표 및 급여 상대가치점수」제1편 제2부 제1장 [산정지침] 2.입원료 등 라. (5) 및 (6)을 다음과 같이 한다. 1. 상급종합병원과 종합병원을 제외한 의료기관의 입원료(가-2)는 입원 51일째부터 150일까지는 해당 점수의 90%를 산정하고(산정코드 첫 번째 자리에 '8'로 기재), 입원 151일째부터 해당 점수의 85%를 산정한다.(산정코드 첫 번째 자리에 '9'로 기재). 2. 종합병원의 입원료(가-2)는 입원기간에 관계없이 해당 점수의 100%를 산정한다. 3. 상급종합병원의 입원료(가-2, 가-9)는 입원기간에 관계없이 해당 점수의 100%에 병원관리료 100%를 가산하여 산정한다(산정코드 두 번째 자리에 '9'로 기재) 다만, 4인실로 신고하는 1~3인실 입원료의 병원관리료는 키-1-바 특정 병원관리료(VA016, 90016)로 산정하되, 산정기간은 2015.9.1.부터 2018.12.31.까지 진료분에 한한다.
제5장 주사료	[주사료] 피하 또는 근육내주사(마-1)는 외래는 1일 1회, 입원은 1일 4회 이내만 산정한다. 다만, 응급을 요하거나 진료상 반드시 필요한 경우에는 예외로 한다. 수액제 주입로를 통한 주사(마-5-1)는 외래는 1일 1회, 입원은 1일 4회 이내만 산정한다.

대 분 류	건강보험기준 및 응급의료기준 중 달리 적용하는 사항
제7장 이학요법료	[이학요법료] 표층열치료(사-101), 한냉치료(사-101-1), 경피적전기자극치료(사-104), 간섭파전류치료(사-104의 '주')는 수상일로부터 17일까지 외래는 1일 1회 2부위까지, 입원은 1일 2회 2부위까지 산정하며, 수상일로부터 18일 이후부터는 부위 불문하고 외래는 1일 1회, 입원은 1일 2회만 산정한다.
제9장 처치 및 수술료 등	[처치 및 수술료 등] 안면 또는 경부에 대하여 창상봉합술(자-2-가)을 시행한 경우에는 1회의 시술에 한하여 별도로 50,000원을 산정한다.(키-9, VI010)
	[처치 및 수술료 등] 「건강보험 행위 급여 · 비급여목록표 및 급여 상대가치점수」제1편 제2부 제9장 자-24 반흔구축성형술[운동제한이 있는 것], 저-21 자가 지방 혹은 진피-지방이식술, 자-13-1 색소레이저광선치료'는 다음의 키-10 반흔구축성형술, 키-11 자가 지방 혹은 진피-지방이식술, 키-14 레이저 반흔성형술로 산정한다. 키-10 반흔구축성형술 Release of Scar Contracture 주: 1. 운동제한유무와 관계없이 산정한다. 2. 안면성형술시 사용된 봉합사는 실구입가로 산정한다. 3. Z-plasty 혹은 W-plasty 등 국소피판에 해당하는 피부성형술을 시행한 경우 시술전 반흔 길이의 1.5배를 산정한다.
제14장 한방시술 및 처치료	[시술료] 온냉경락요법(하-70)은 수상일로부터 17일까지 외래는 1일 1회 2부위까지, 입원은 1일 2회 2부위까지 산정하며, 수상일로부터 18일 이후부터는 부위 불문하고 외래는 1일 1회, 입원은 1일 2회만 산정한다.
응급의료 기준	[응급의료관리료] 응급의료수가기준의 2. 산정기준 "가"항에 의거 응급실에서 응급환자 또는 응급실에 내원한 환자에게 응급처치 및 응급의료를 행한 경우 초일에 한하여 산정하되, 응급환자에 해당되지 않는 환자의 경우에도 보험회사등이 응급의료관리료 전액을 부담한다.

[별표3]

자동차보험 진료수가 적용기준 및 방법에 관한 세부사항 (제5조 제3항 관련)

연번	항목	제 목	세 부 인 정 사 항
1	일반사항	진료수가(행위) 인정범위	1. 교통사고환자에대한진료수가(행위)는건강보험요양급여목록에 등재(고시)되어 있는 행위를 우선 인정함. 2. 건강보험기준에서 비급여로 정해진 행위에 대해서는 요양급여 대상에 대체가능한 행위가 없거나 환자의 증상 및 질병의 정도에 따라 진료상 반드시 필요한 경우 사례별로 인정함.
2		진료수가(약제) 인정범위	1. 교통사고환자에게 사용하는 약제는 약사법령에 의한 허가 · 신고사항(효능 · 효과, 용법 · 용량 등) 범위 내에서 환자의 증상 등에 따라 필요 · 적절하게 투여하여야 함. 2. 이 경우 건강보험 「약제급여목록 및 급여상한 금액표」에 등재된 약제를 우선 인정하고, 등재되지 않은 약제를 사용하는 경우에는 별도 산정이 가능한 약제로서 등재된 약제 중 대체 가능한 약제가 없거나 환자의 증상 및 질병의 정도에 따라 진료상 반드시 필요한 경우 사례별로 인정함.

3		진료수가 (치료재료) 인정범위	1. 교통사고환자에게 사용하는 치료재료는 약사법 및 기타 다른 관계법령에 의하여 허가 · 신고 또는 인정된 사항(효능 · 효과 및 사용방법)의 범위 내에서 환자의 증상에 따라 의학적 판단에 의하여 필요 적절하게 사용하여야 함. 2. 이 경우 건강보험에서 요양급여 대상인 치료재료를 우선 인정하고, 비급여대상으로 정해진 치료재료는 요양급여 대상 치료재료 중 대체가능한 치료재료가 없거나 환자의 증상 및 질병의 정도에 따라 진료상 반드시 필요한 경우 사례별로 인정함. 3. 건강보험기준에서 인정범위 등이 별도 정해지지 않은 경우에는 「치료재료 급여 · 비급여 목록 및 급여 상한금액표」 상 중분류의 사용 용도 범위 내에서 사용하되, 환자 진료상 불가피하게 사용 용도범위를 벗어나 사용한 것으로 확인이 되는 경우는 사례별로 인정함
4		진료수가 (신의료기술등) 인정범위	1. 건강보험에서 요양급여대상 또는 비급여대상으로 결정되지 않은 새로운 행위 및 치료재료(신의료기술등)를 자동차사고환자에게 시행 또는 사용하는 경우, 인정범위는 건강보 험 요양급여대상 여부의 결정신청서가 접수된 행위 · 치료재료로서, 건강보험기준 중 대체 가능한 행위 · 치료재료가 없거나 환자의 증상 및 질병의 정도에 따라 의학적으로 불가피한 경우에 인정함. 2. 이 경우 의료기관은 해당 신의료기술등에 대한 가격(행위는 실제비용, 치료재료는 실구입가)을 기재한 비용산정 목록표를 심사평가원에 제출하여야 함.
5		건강보험기준 중 전액본인부담 항목에 대한 인정기준	자동차보험진료수가기준 제5조제1항에 의한 건강보험기준 중 인정기준을 초과하여 환자 본인이 전액을 부담하는 부분에 대해서는 교통사고환자의 진료를 위해 필요한 경우 인정할 수 있음.
7	입원료	교통사고환자에 대한 상급병실료 산정기준	「자동차보험진료수가에 관한 기준」 제6조제1항에 의거 보험업법에 따라 인가된 자동차보험약관에 의하여 부득이하게 상급병실을 사용한 경우에는 입원당 약관에서 정하는 범위 내에서 기본입원료 외에 상급병실료(일반병실료와의 차액)를 별도 산정하되, 보험회사등은 상급병실의 사용이 부득이한지 여부를 면밀히 관찰하여 불필요한 상급병실 사용이 발생하지 않도록 하여야 함.
8		건강보험 (의료급여 포함) 또는 산재 등 타 법령에 의거 진료를 받고 있던 환자가 자동차보험으로 적용될 경우 입원료 체감제 적용방법	건강보험(의료급여 포함) 또는 산재 등 타 법령에 의거 진료를 받고 있던 환자가 자동차보험으로 적용될 경우 입원료 체감제는 자동차보험 적용일로부터 적용함.

9	의약품 관리료	건강보험(의료급여 포함) 또는 산재 등 타 법령에 의거 진료를 받고 있던 환자가 자동차보험으로 적용될 경우 입원환자 의약품관리료 산정방법	건강보험(의료급여 포함) 또는 산재 등 타 법령에 의거 진료를 받고 있던 환자가 자동차보험으로 적용될 경우 입원환자 의약품 관리료는 자동차보험 적용일을 시점으로 하여 해당 소정점수의 의약품관리료를 산정함.
10	이학 요법료	교통사고환자에 대한 물리치료사 1인당 1일 물리치료 실시 인원	해당항목의 물리치료를 실시할 수 있는 일정한 면적의 해당 치료실과 실제 사용할 수 있는 장비를 보유하고 있는 의료기관에서 재활 및 물리치료를 실시한 경우에 상근하는 물리치료사 1인당 물리치료 실시인원(물리치료 실시 총 청구건수를 의미함)은 월평균(또는 주평균) 1일 30명까지 인정함. 다만, 상근물리치료사 1인 이상이 근무하는 기관에서 시간제, 격일제 근무자(주3일 이상이면서 주20시간 이상 근무하는 자)의 경우 0.5인으로 보아 월평균(또는 주평균) 1일 15명까지 인정함. ※ 월평균(주평균) 물리치료 실시인원 = 1개월간(1주일간) 총 물리치료청구건수(물리치료 실시 연인원)÷1개월간(1주일간) 물리치료사 근무일수
11	한방 물리요법	교통사고환자에 대한 한의사 1인당 1일 한방물리요법 실시인원	의료기관(보건의료원 포함)의 침구실 등에서 한방물리요법을 실시한 경우에 상근하는 한의사 1인당 한방물리요법 실시인원(한방물리요법 실시 총 청구건수를 의미함)은 월평균(또는 주평균) 1일 20명까지 인정함. 다만, 시간제, 격일제 근무자는 주3일 이상이면서 주20시간 이상인 경우 0.5인으로 보아 월평균(또는 주평균) 1일 10명까지 인정함. ※ 월평균(주평균) 한방물리요법 실시인원 = 1개월간(1주일간) 총 한방물리요법 청구건수(한방물리요법 실시 연인원)÷1개월간(1주일간) 한의사 근무일수
12	입원료 및 식대	입원료 및 식대 심사기준	1. 교통사고환자의 입원은 의사가 진료상 필요하다고 인정하여 진료기록부상 의학적으로 타당한 기록이 있는 경우 인정함. 2. 의료기관은 입원 중인 교통사고환자의 입원이 불필요하다고 판단한 경우 환자에게 퇴원을 지시하여야 함. – 환자가 퇴원지시에 불응하는 경우 의료기관은 퇴원 또는 전원 소견을 보험회사 등에 즉시 서면으로 통지(별지 제3호 서식)하고, 환자나 보호자에게 퇴원 및 전원의 필요성을 충분히 납득할 수 있도록 설명하고 진료기록부에 기재하여야 함. – 보험회사 등은 의료기관에서 통지된 퇴원 또는 전원 가능 소견서에 대하여 의료기관에 입원진료비 지급보증 중지 여부를 회신하여야 함.(별지 제4호 서식)

			– 심사기관은 보험회사 등이 의료기관으로부터 퇴원 또는 전원 가능소견을 통지 받고 입원진료비 지급보증 중지를 회신하기 전까지의 입원료와 입원진료비 지급보증 중지를 회신하지 아니한 경우의 입원료는 인정하여야 함. 3. 입원중인 환자가 주치의의 허가를 받아 외박시 입원료는 산정가능하나, 연속하여 24시간을 초과하는 경우에는 입원 료 중 입원환자 병원관리료만 산정함. 이 때 병원관리료 산정방법은 건강보험 입원환자 외박 시 병원관리료 산정방법과 동일함. 또한 입원중인 환자가 무단으로 외출, 외박하는 경우에는 무단 외출, 외박일 이후 입원료는 인정하지 아니함.
13	진료수가 제외대상	진료비 처리방법	명백히 해당 자동차사고와 인과관계가 없는 상병에 대한 진료비 및 교통사고환자가 해당 자동차사고가 있기 전에 가지고 있던 증상("기왕증"을 말한다)의 진료비에 대하여 – 보험회사 등은 환자 또는 보호자에게 '건강보험 등으로 처리됨'을 서면으로 안내(별지 제5호 서식) – 의료기관은 주치의의 의학적 판단에 따라 진료비 구분하여 청구 – 심사기관은 자동차보험진료수가 인정범위에서 제외되는 것으로 판단하는 경우 그 진료비를 인정하지 아니하나, 제6조제1항제1호 및 제2호의 단서조항에 해당하는 경우 해당 진료비를 인정함
14	처치 및 수술료	동일 피부 절개하에 2가지 이상 수술을 동시 시술시 수가 산정방법	동일 피부 절개하에 2가지 이상 수술을 동시에 시술한 경우 자동차보험진료수가의 인정범위(제5조)내에서 모든 수술료에 대하여 주된 수술은 소정점수(또는 금액)에 의하여 산정하고, 제2의 수술부터는 해당 수술 소정점수(또는 금액)의 50%, 상급종합병원 · 종합병원은 해당수술 소정점수(또는 금액)의 70%를 산정함. 다만, 주된 수술시에 부수적으로 동시에 실시하는 수술의 경우에는 주된 수술의 소정점수(또는 금액)만 산정함.
15	요양 병원	기왕증이 있는 자동차 사고환자가 요양병원 입원시 환자분류군별 정액수가 및 기왕증 비용 산정방법	1. 기왕증이 악화된 경우 (1) 기왕증이 악화된 상태를 반영하여 환자분류군별 정액수가 산정 (2) 기왕증에 대한 비용은 환자분류군별 정액수가에 포함되어 있으므로 건강보험 또는 의료급여로 별도 산정 불가 2. 기왕증이 악화되지 않은 경우 (1) 기왕증이 환자분류군 변경을 수반하는 경우 – 기왕증을 제외한 자동차사고로 인한 환자상태로 환자분류군별 정액수가 산정 – 환자분류군별 정액수가에 포함되지 않은 기왕증 비용은 건강보험 또는 의료급여로 청구 가능 (2) 기왕증이 환자분류군 변경을 수반하지 않는 경우 – 기왕증을 포함하여 환자분류군별 정액수가 산정 – 기왕증에 대한 비용은 환자분류군별 정액수가에 포함되어 있으므로 건강보험 또는 의료급여로 별도 산정 불가

16	치아 보철	치아보철비 산정기준	치아보철비의 경우 보험업법에 따라 인가된 자동차보험약관에 의하여 인정되는 범위 내에서 산정한다.
17	시범재활 치료	대상자 선정절차	1. 제5조제5항의 재활의학과 전문의는 시범재활치료가 필요하다고 판단한 환자에게 시범재활치료에 대해 설명한 후 '시범재활치료계획 및 환자동의서'(별지 제6호 서식)를 작성하고, 7일이내에 지급의사를 통지받은 보험회사등에게 제출한다. 2. 시범재활치료대상자를통보받은보험회사등은의료재활시설이 심사기관으로 해당 환자에 대한 자동차보험진료수가를 청구한 경우 해당 환자가 시범재활치료 대상자임을 심사기관에 알려야 한다. 3. 시범재활치료 대상자의 시범재활치료 기간 연장이 필요한 경우, 재활의학과 전문의는 '시범재활치료계획 및 환자동의서'에 현재의 환자 상태, 기간 연장이 필요한 사유 및 연장 기간 등을 기재하여 시범재활치료 기간이 종료되기 7일전까지 보험회사 등에게 제출한다.
18	시범재활 치료	재가적응훈련관 대상자 선정절차	1. 제5조제5항의 재활의학과 전문의는 교통사고로 인하여 독립적 일상생활동작의 수행이 완벽하지 못하여 간헐적으로 타인의 도움이 필요하다고 판단되는 환자(환자의 보호자를 포함한다)에게 재가적응훈련관에서 실시하는 특수재활치료에 대해 설명한 후 '자동차보험 재가적응훈련계획 및 동의서'(별지 제9호 서식)를 작성하고, 7일 이내에 지급의사를 통지받은 보험 회사 등에게 제출한다. 2. 재가적응훈련대상자를통보받은보험회사등은의료재활시설이 심사기관으로 해당 환자에 대한 자동차보험진료수가를 청구한 경우 해당 환자가 재가적응훈련관에서 실시하는 특수재활치료 대상자임을 심사기관에 알려야 한다.
19	입원환자 식대	교통사고환자에 대한 치료식 영양관리료 적용기준	1. 당해 요양기관에 소속된 영양사가 1인당 1일 40명 이하의 환자에게 치료식(멸균식 포함)을 제공한 경우에 산정한다. 2. 그 외 치료식 영양관리료 산정기준, 영양사 인력 산정 기준 및 현황 통보 기준은 건강보험기준을 적용한다.

3. 교통사고환자에 대한 치료식 영양관리료 적용기준

건강보험기준과 동일하게 적용하며, 당해 요양기관에 소속된 영양사가 1인당 1일 40명 이하의 교통사고 환자(자동차보험)에게 치료식(멸균식 포함)을 제공한 경우에 산정가능하다.

수행 내용 및 수행 준거

1 자동차사고로 응급실내원 시 처리요령을 이해하고 업무를 수행한다.

(1) 환자의 인적사항을 파악한다.

(2) 진료비 지불 보증관계를 확인하고 처리한다.

(3) 보험회사 및 경찰서에 신고를 권유한다.

(4) 자동차보험의 가입유무 및 보험종류를 확인한다.

(5) 소속보험회사에 지급보증(양식사용)을 요청한다.

2 자동차사고 시 보험회사에 통보사항에 대하여 알아본다.

피보험자는 사고발생 후 즉시 보험회사에 사고 내용을 통보사항은 다음과 같다.

통보사항
ㅇ 사고일시 및 사고장소 ㅇ 보험자 : 성명, 전화번호 ㅇ 피보험차량 : 번호, 차명 ㅇ 운전자 : 성명, 성별, 나이, 주민등록번호, 면허번호 ㅇ 피해자 : 성명, 성별, 나이, 치료병원명, 피해상태(부상, 사망) ㅇ 피해물 : 차량번호, 소유자명, 정비공장명 및 전화번호 ㅇ 사고내용 : 6하원칙에 의거 기록 ㅇ 책임보험 계약상황 : 가입회사, 계약번호, 보험기간(종합보험과 상이한 보험회사에 가입한 경우) ㅇ 신고 : 경찰서 신고여부, 경찰서명 등

3 자동차보험의 진료수가적용 및 비급여대상을 이해하고 업무를 수행한다.

(1) 자동차보험의 수가는 보건복지부장관이 고시한 건강보험수가를 근간으로 국토교통부장관이 고시한 수가를 적용한다.

(2) 요양기관종별가산율과 입원료적용은 산재보험적용과 동일하다.

ㅇ 요양기관 종별가산율은 상급종합병원 45%, 종합병원 37%, 병원 21%, 의원은 15% 적용한다.

(3) 기본진료료 중 진찰료는 건강보험수가를 적용하고 입원료는 별도산정기준에 의한다. 혈액 및 혈액성분제제의 수가도 건강보험수가를 적용한다.

(4) 약품 및 재료재 수가는 의료기관의 실구입가(약가의 경우 실구입가 또는 상한가내 가중평균가)를 적용한다.

(5) 자동차보험의 비급여대상은 자동차보험 사고와 관련이 없는 질환의 진료 및 상급

병실차액. 선택진료비 등이 있다(단 상급병실차액 및 선택진료비는 보험사 지급보증시는 급여).

4 건강보험에서는 보험급여가 되지 않는 사항 중 자동차보험은 급여가 되는 사항을 파악하고 급여관리에 적용한다.

건강보험에서 급여가 되지 않는 사항 중 자동차보험 급여가 되는 사항은 진단서발급료, 초음파 진단료, 보철, 보조기, 방사선검사 인정범위(MRI, PET)확대, 특수검사(수면 다원 검사, 위장출혈검사, 임상심리검사 등), 피부성형술, 재활치료 등이 있다.

5 자동차보험 급여제한사항을 환자관리시 참고하여 업무수행에 활용한다.

(1) 고의의 범죄행위사고 및 무면허 운전자 본인사고, 음주 운전시 사고는 국민건강보험공단에 "급여제한여부통보서"의 회신에 의거 처리한다.

(2) 뺑소니 차량에 의한 사고는 책임보험 한도 내 에서는 자동차보험을 적용하고 초과분은 건강보험이나 의료급여로 처리한다.

(3) 업무용이나 영업용 자동차를 직접 운전하다가 사고를 유발한 운전자나 피보험자가 부상을 당한 경우는 산업재해 보상보험을 적용한다.

6 국토교통부에서 고시한 자동차보험진료수가기준을 참고하여 자격관리와 급여관리 및 수가관리 업무를 수행한다.

수행 Tip!

- 국토교통부고시 진료수가산정기준과 건강보험요양급여기준 및 진료행위료 산정지침을 참고한다.

제11장

자동차보험 진료비심사청구

11-1 자동차보험 진료비청구 관련 법령

학습목표	1 | 자동차보험 진료비청구에 관한 관련 법령을 이해하고 관리할 수 있다.

1. 자동차보험진료수가 및 청구

(1) 자동차보험진료수가

국토교통부장관은 교통사고환자에 대한 적절한 진료를 보장하고 보험회사 등 의료기관 및 교통사고환자 간의 진료비에 관한 분쟁을 방지하기 위하여 자동차보험진료수가에 관한 기준을 정하여 고시할 수 있다.

(2) 진료수가 용어의 정의

1. "자동차보험진료수가"란 「자동차손해배상 보장법」 제2조제7호에서 정한 것을 말한다.
2. "교통사고환자"란 자동차의 운행으로 인한 사고로 말미암아 의료기관에서 진료를 받았거나 받는 자를 말한다.
3. "의료기관"이란 「의료법」 제3조에 따른 "의료기관" 및 「지역보건법」 제8조에 따른 "보건의료원"을 말한다.
4. "보험회사 등"이란 다음 각 목의 어느 하나에 해당하는 자를 말한다.
   가. 「보험업법」에 따른 보험회사
   나. 「여객자동차운수사업법」, 「화물자동차운수사업법」 및 「건설기계관리법」에 따른 공제사업을 하는 자
   다. 법 제45조제1항에 따라 같은 항 제2호의 업무를 위탁받은 자(이하 "자동차손해배상보장사업자")
5. "비용산정 목록표"란 다음 각 목의 어느 하나에 소요되는 실제 비용에 대한 목록표를 말한다.

가. 「자동차보험진료수가에 관한 기준」 제5조제1항에 따른 인정범위(이하 "건강보험기준"이라 한다)에서 정한 비급여행위, 건강보험기준에서 정한 급여 · 비급여 대상이 아닌 행위 및 치료재료("신의료기술 등")의 급여 결정신청건

나. 「자동차보험진료수가에 관한 기준」 별표2의 항목 중 비용이 정해지지 않은 진료항목

6. "비급여약제"란 건강보험기준에서 상한금액이 정해지지 않은 약제를 말한다.
7. "심사청구"란 보험회사 등 또는 의료기관이 규칙 제6조의4제2항에 따른 심사평가원의 이의제기 결과에 불복하여 법 제19조제1항에 따라 자동차보험진료수가분쟁심의회(이하 "심의회"라 한다)에 청구하는 것을 말한다.
8. "심사(피)청구인"은 심사청구의 주(객)체로서 이들을 당사자라 한다.
9. "심사청구액"이라 함은 심사청구인이 제28조제3항에 따른 이의제기결과통보에 불복하여 심의회에 심사청구하는 금액을 말한다.
10. "시범재활치료"라 함은 「자동차손해배상 보장법」 제31조제1항제1호에 따른 의료재활시설에서 「자동차보험 진료수가에 관한 기준」 제5조제5항에 따라 시행한 재활치료를 말한다.

(3) 자동차보험진료수가기준에 포함되어야 하는 사항

법 제15조제2항에서 "그 밖에 국토교통부령으로 정하는 사항"이란 다음 각 호의 사항을 말한다.

① 자동차보험진료수가로 산정 · 지급하는 진료의 기준

② 자동차보험진료수가의 산정방법

③ 자동차보험진료수가의 청구 및 지급방법

④ 자동차보험진료수가로 산정 · 지급하는 「의료법」 제46조제5항에 따른 추가비용에 관한 사항

(4) 자동차보험진료수가의 청구 및 지급

① 보험회사 등이 법 제12조의2 제1항 및 영 제11조의 2에 따라 건강보험심사평가원

에 업무를 위탁한 경우에 의료기관은 건강보험심사평가원에 자동차보험진료수가를 청구하여야 한다.

② 건강보험심사평가원은 제1항에 따라 진료수가를 청구 받은 때에는 해당 보험회사 등에 청구 받은 사실을 알려야 한다.

(가) 보험금 청구

① 보험가입자 등에게 제3조에 따른 손해배상책임이 발생하면 그 피해자는 대통령령으로 정하는 바에 따라 보험회사 등에게 「상법」 제724조제2항에 따라 보험금등을 자기에게 직접 지급할 것을 청구할 수 있다. 이 경우 피해자는 자동차보험진료수가에 해당하는 금액은 진료한 의료기관에 직접 지급하여 줄 것을 청구할 수 있다.

② 보험가입자 등은 보험회사 등이 보험금 등을 지급하기 전에 피해자에게 손해에 대한 배상금을 지급한 경우에는 보험회사 등에게 보험금 등의 보상한도에서 그가 피해자에게 지급한 금액의 지급을 청구할 수 있다.

(나) 보험금 지급청구 절차

① 법 제10조 제1항에 따라 보험금 또는 공제금의 지급을 청구하거나 법 제11조제1항에 따라 가불금의 지급을 청구하려는 자는 보험회사 또는 공제사업자에 다음의 사항을 적은 청구서를 제출하여야 한다.

청구서 제출내용
1. 청구인의 성명 및 주소 2. 청구인과 사망자의 관계(피해자가 사망한 경우만 해당) 3. 피해자 및 가해자의 성명 및 주소 4. 사고 발생의 일시 · 장소 및 개요 5. 해당 자동차의 종류 및 등록번호 6. 보험가입자(공제가입자 포함)의 성명 및 주소 7. 청구금액과 그 산출 기초

② 보험회사 등은 보험금 등 또는 가불금을 적절하게 지급하기 위하여 필요하다고 인정하면 제2항 제1호에 따른 진단서를 제출하는 자에게 보험회사 등이 지정하는 자가 작성한 진단서를 제출하게 할 수 있으며, 이 경우 진단서 작성에 필요한 비용은 보험회사 등이 부담한다.

(다) 자동차보험진료수가의 청구 및 지급

① 보험회사 등은 보험가입자등 또는 제10조 제1항 후단에 따른 피해자가 청구하거나

그 밖의 원인으로 교통사고환자가 발생한 것을 안 경우에는 지체 없이 그 교통사고환자를 진료하는 의료기관에 해당 진료에 따른 자동차보험진료수가의 지급 의사 유무와 지급 한도를 알려야 한다.

② 보험회사 등으로 부터 자동차보험진료수가의 지급 의사와 지급 한도를 통지받은 의료기관은 그 보험회사 등에게 국토교통부장관이 고시한 기준에 따라 자동차보험진료수가를 청구할 수 있다.

③ 의료기관이 제2항에 따라 보험회사 등에게 자동차보험진료수가를 청구하는 경우에는 「의료법」 제22조에 따른 진료기록부의 진료기록에 따라 청구하여야 한다.

④ 제2항에 따라 의료기관이 자동차보험진료수가를 청구하면 보험회사 등은 30일 이내에 그 청구액을 지급하여야 한다. 다만, 보험회사 등이 제12조의2제1항에 따라 위탁한 경우 전문심사기관이 심사결과를 통지한 날부터 14일 이내에 심사결과에 따라 자동차보험진료수가를 지급하여야 한다.

⑤ 의료기관은 제2항에 따라 보험회사 등에게 자동차보험진료수가를 청구할 수 있는 경우에는 교통사고환자(환자의 보호자를 포함한다)에게 이에 해당하는 진료비를 청구하여서는 아니 된다. 다만, 다음 각 호의 어느 하나에 해당하는 경우에는 해당 진료비를 청구할 수 있다.

1. 보험회사 등이 지급 의사가 없다는 사실을 알리거나 지급 의사를 철회한 경우
2. 보험회사 등이 보상하여야 할 대상이 아닌 비용의 경우
3. 제1항에 따라 보험회사 등이 알린 지급 한도를 초과한 진료비의 경우
4. 제10조제1항 또는 제11조제1항에 따라 피해자가 보험회사 등에게 자동차보험진료수가를 자기에게 직접 지급할 것을 청구한 경우
5. 그 밖에 국토교통부령으로 정하는 사유에 해당하는 경우

(라) 진료수가의 지급에 관한 이자율(시행령16조)

보험회사 등이 법 제12조제4항 본문에 따른 지급기한을 넘겨 청구액을 지급하는 경우에는 연 20퍼센트의 이자율을 적용하여 지급한다.

2. 자동차보험심사기관 및 분쟁심위원회

(1) 자동차보험 진료수가 심사업무 처리에 관한 규정

자동차보험 진료수가의 청구, 심사, 지급 및 이의제기 등에 필요한 세부사항은 국토교통부장관이 정하여 고시한다.

(2) 업무의 위탁

① 보험회사 등은 의료기관이 청구하는 자동차보험 진료수가의 심사 · 조정 업무 등을 대통령령으로 정하는 전문심사기관에 위탁할 수 있다.

② 전문심사기관은 제1항에 따라 의료기관이 청구한 자동차보험 진료수가가 제15조에 따른 자동차보험 진료수가에 관한 기준에 적합한지를 심사한다.

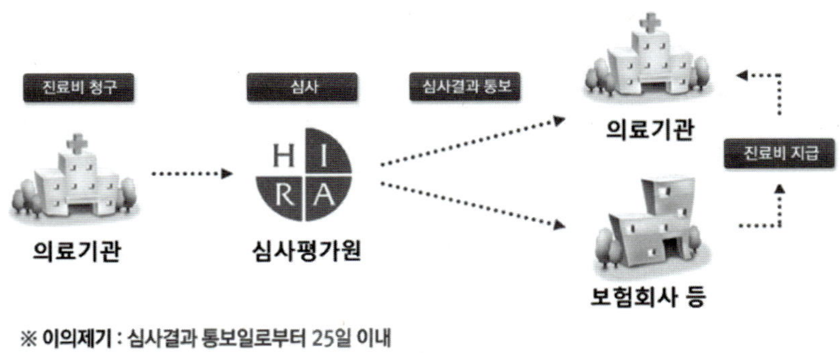

그림 11-1 ▶ 자동차보험 진료비 청구체계 흐름도

(3) 자동차보험진료비(진료수가) 전문심사기관

대통령령으로 정하는 자동차보험진료비청구의 전문심사기관은 건강보험심사평가원에서 담당한다.

(4) 자동차보험진료수가 분쟁심의회

① 자동차보험진료수가와 관련된 분쟁의 예방 및 신속한 해결을 위하여 자동차손해배상보장법 제17조에 의해 1999년 7월 1일 설립되었다. 담당업무는 건강보험심사평

가원의 심사결정에 불복하여 심사청구한 자동차보험진료수가의 심사·조정 및 국토교통부장관에 대하여 자동차보험진료수가에 관한 기준 조정에 대한 건의 등이다.

② 심의회는 위원장을 포함한 18명의 위원으로 구성하며, 위원은 국토교통부장관이 위촉하되, 6명은 보험회사 등의 단체가 추천한 자 중에서, 6명은 의료사업자단체가 추천한 자 중에서, 6명은 대통령령으로 정하는 요건을 갖춘 자 중에서 각각 위촉한다.

3. 진료기록의 열람 및 진료에 관한 기록 보존

(1) 진료기록의 열람

① 보험회사 등은 의료기관으로부터 자동차보험진료수가를 청구받으면 그 의료기관에 대하여 관계 진료기록의 열람을 청구할 수 있다.

② 심사 등을 위탁받은 전문심사기관은 심사 등에 필요한 자료를 의료기관에 요청할 수 있다.

③ 제1항 또는 제2항의 경우 의료기관은 정당한 사유가 없는 한 이에 응하여야 한다.

④ 보험회사 등은 보험금 지급 청구를 받은 경우 대통령령으로 정하는 바에 따라 경찰청 등 교통사고 조사기관에 대하여 교통사고 관련 조사기록의 열람을 청구할 수 있다. 이 경우 경찰청 등 교통사고 조사기관은 특별한 사정이 없는 한 열람하게 하여야 한다.

⑤ 보험회사 등 또는 전문심사기관에 종사하거나 종사한 자는 제1항부터 제4항까지에 따른 진료기록 또는 교통사고 관련 조사기록의 열람으로 알게 된 다른 사람의 비밀을 누설하여서는 아니 된다.

(2) 진료에 관한 기록 보존

의료기관이 교통사고환자를 진료한 경우에는 다음 각 호의 서류를 해당 진료가 끝난 날부터 5년간 보존하여야 한다.

1. 자동차보험진료수가청구서 및 자동차보험진료수가명세서
2. 약제 및 치료재료 기타 진료의 구성요소의 구입에 관한 서류
3. 개인별 투약기록

4. 그 밖에 보건복지부장관이 고시한「건강보험 행위 급여 · 비급여 목록표 및 급여 상대가치점수」제1편 제2부에 따른 간호관리 등급료의 산정자료 등 진료수가의 산정에 필요한 서류 및 이를 증명하는 서류
5. 제1호부터 제4호까지의 서류 등을 디스켓 · 마그네틱테이프 등 전산기록장치를 이용하여 자기매체에 저장하고 있는 경우에는 해당 자료

11-2 진료비청구요령 및 명세서 작성

학습 목표

1 | 자동차보험 진료비청구 명세서 작성요령에 의거에 명세서를 작성할 수 있다.

1. 자동차보험 청구명세서 작성요령

국토교통부 고시「자동차보험진료수가 심사업무처리에 관한 규정」제20조제8항 및 건강보험심사평가원 공고에 의한 자동차보험 진료수가의 청구서 및 명세서 세부작성요령은 다음과 같다.

(1) 자동차보험 진료수가 청구 시 유의사항

① 자동차보험 진료수가 청구서 및 자동차보험 진료수가 명세서는 반드시 해당 의료기관 종사자가 직접 작성하여야 한다. 다만, 대행청구단체로 하여금 심사청구를 하게 하는 경우에는 대행청구단체의 작성자를 기재하고, 2인 이상이 공동으로 작성한 경우에는 작성책임자의 성명, 생년월일을 기재하여야 한다.

② 청구서 등 전자서명이 필요한 전자문서는 의료기관 대표자(청구인)가 청구내용 및 금액을 확인한 후 지정된 전송항목에 전자서명을 하여야 한다.

③ 외래명세서는 방문 일자별로 작성하여 주단위 또는 월단위로 청구할 수 있으며 주단위로 청구하는 기관은 해당 진료수가를 청구단위구분 순서대로 청구하여야 한다.

④ 동일인에 대한 동일 청구단위별 진료수가는 분할하여 청구하여서는 아니 된다.

(2) 진료수가 청구서 및 명세서 구분방법

항 목		세 부 작 성 요 령
1.	청구서	1. 청구서의 입원·외래 구분청구 등 청구서의 구분방법은 "자동차보험진료수가 심사업무처리에 관한 규정 제2장 제2절 청구서, 명세서 서식 및 작성요령 (별표 1) 자동차보험 진료수가 청구체계"에 따른다. 2. 청구매체별로 정보통신망의 경우 위탁검사와 비위탁검사를 구분하지 않고 보험회사등별, 의과·치과 및 한방, 입원·외래별로 명세서를 분리하여 청구서를 각각 작성하고, 서면의 경우 검체검사비위탁분은 정보통신망과 동일한 방법으로 청구하며, 검체검사위탁분은 보험회사 등별, 입원·외래로 분리하여 청구한다. 3. 병원급이상 의료기관에서 다른 직역의 진료과목을 추가 개설한 경우 의과, 치과, 한의과 진료를 각각 구분하여 청구서를 작성한다. 4. 외래 명세서 방문일자별 작성 후 주단위로 구분하여 청구할 경우에는 반드시 주단위로 명세서를 분리하여 청구서를 각각 작성한다.
2.	명세서	1. 명세서는 의과, 치과, 한의과로 구분하여 작성하되, "작성요령 (별표 3) 진료과목별 코드"에 기재된 진료과목 순으로 구분한다. – 응급실내 응급의학과에서 진료한 경우에는 응급의학과로 분류하고, 응급환자가 응급실을 경유하여 입원한 경우 또는 응급실에서 응급의학과가 아닌 다른 진료과에서 진료한 경우에는 해당 상병의 진료과목으로 분류한다. – 종합병원, 치과병원이외의 병원(한방병원, 요양병원 포함)에서의 치과의 경우 2013년 12월 31일까지 세부 진료과목은 표시하지 않고 '치과'로 표시한다. 2. 외래 방문일자별 명세서 가. 동일 환자의 명세서는 방문일자별로 구분하여 연이어 각각 작성한다. 나. 서면의 경우 방문일자별로 작성하되, 명세서 일련번호는 방문일자별로 연이어 부여한다. 또한, 환자일련번호는 환자별 명세서 총건수와 순서를 표기(예: 3-1, 3-2, 3-3)하되, 명세서가 1건인 경우에는 1-1로 기재한다. 3. 기 타 가. 요양병원의 입원 명세서 정액수가 적용기간과 행위별수가 적용기간(특정기간)의 진료내역을 구분하여 각각 작성한다. 나. 진찰 및 처방전 발행이외의 진료내역이 없어 청구액이 발생하지 않는 경우에도 처방내역을 포함하여 명세서를 작성·청구한다.
3.	기 타	1. 서면청구기관의 경우 가. 외래 명세서의 한 묶음이 400건 이상일 경우에는 400건씩 묶으며, 입원의 경우는 100건 이상일 경우 100건씩 묶어서 구분한다. 나. 명세서 일련번호는 매 명세서마다 순서대로 기재하되, 명세서 1건이 2매 이상인 경우에는 해당 건수마다 연번호(1—1, 1—2 등)를 기재한다. 2. 자료제출방법의 일원화 정보통신망 또는 서면 중 한가지 방법으로 진료수가를 청구하되, 청구구분(원청구, 추가·보완청구 등)을 불문하고 동일한 방법을 사용하여 청구하여야 한다.

(3) 자동차보험 진료수가 청구체계 및 보험사별 청구코드

자동차보험의 진료수가 청구체계 및 보험사별 청구코드는 다음과 같다.

(별표1) 자동차보험 진료수가 청구체계(제13조제5항 관련)

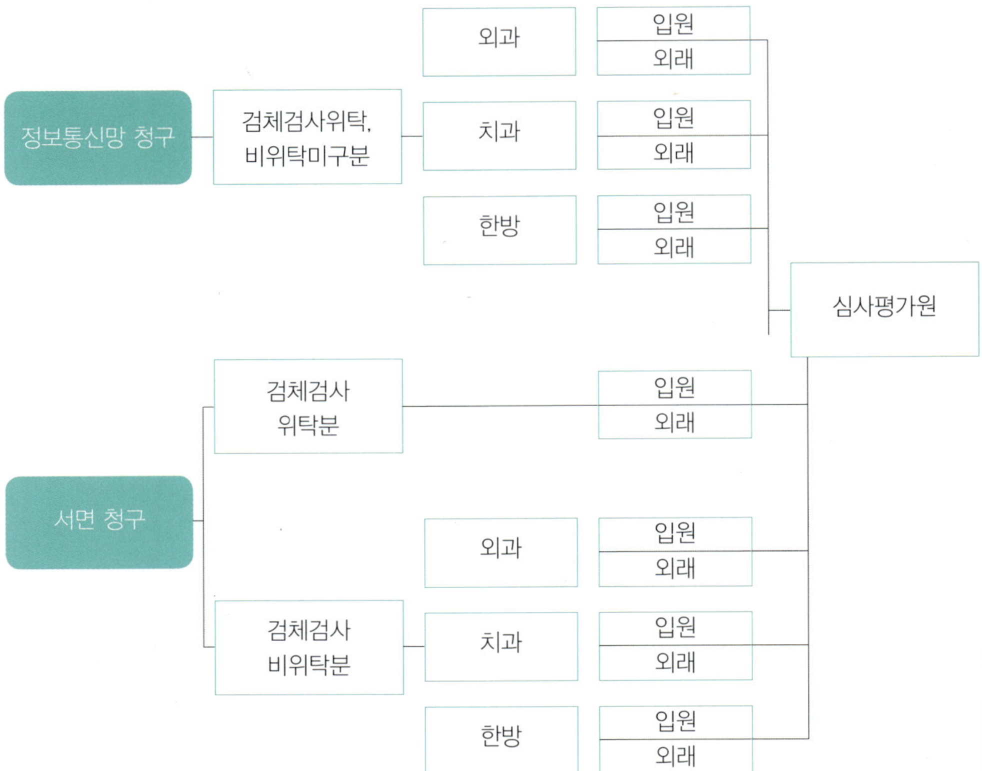

주) 요양병원의 의과 입원은 장기환자와 제외환자의 진료수가로 구분하여 청구함

그림 11-2 ▶ 자동차보험 진료수가 청구체계

표11-1 자동차보험사 보험청구 코드

보험회사 등	코드	보험회사 등	코드
메리츠화재해상보험	01	전국택시공제조합	21
한화손해보험	02	전국버스공제조합	22
롯데손해보험	03	전국화물자동차공제조합	23
MG손해보험	04	전국개인택시공제조합	24
흥국화재해상보험	05	전국전세버스공제조합	25
삼성화재해상보험	08	전국렌터카공제조합	30
현대해상화재보험	09	AXA손해보험	41

KB손해보험	10	하나손해보험	42
DB손해보험	13	BNP파리바카디프손해보험	43
AIG손해보험	17	현대하이카다이렉트자동차보험	45
–	–	캐롯손해보험	69

(4) 진료과목별 코드

“진료과목”은 실제 진료를 받은 진료과목(병원급 의료기관) 또는 상병명에 해당되는 진료과목(의원급 의료기관)을 아래 코드로 기재하되, 진료과목이 2개 이상에 해당되는 경우에는 이를 모두 기재하여야 한다.

① 의 과

진료과목	코드번호	진료과목	코드번호
내 과	01	피 부 과	14
신 경 과	02	비 뇨 의 학 과	15
정신건강의학과	03	영 상 의 학 과	16
외 과	04	방사선종양학과	17
정 형 외 과	05	병 리 과	18
신 경 외 과	06	진단검사의학과	19
흉 부 외 과	07	결 핵 과	20
성 형 외 과	08	재 활 의 학 과	21
마취통증의학과	09	핵 의 학 과	22
산 부 인 과	10	가 정 의 학 과	23
소아청소년과	11	응 급 의 학 과	24
안 과	12	작업환경의학과	25
이 비 인 후 과	13	예 방 의 학 과	26

※ 내과 세부전문과목

진료과목	코드번호	진료과목	코드번호
내과 통합	00	신장내과	05
소화기내과	01	혈액종양내과	06
순환기내과	02	감염내과	07
호흡기내과	03	알레르기내과	08
내분비 · 대사내과	04	류마티스내과	09

※ 내과 세부전문과목 운영기관 중 일부 분리하지 않고 통합 운영하는 분야는 ‘00’으로 기재

② 치 과

진료과목	코드번호	진료과목	코드번호
치 과	49	치 과 보 존 과	55
구강악안면외과	50	구 강 내 과	56
치 과 보 철 과	51	영상치의학과	57
치 과 교 정 과	52	구 강 병 리 과	58
소 아 치 과	53	예 방 치 과	59
치 주 과	54		

③ 한 방

진료과목	코드번호	진료과목	코드번호
한 방 내 과	80	침 구 과	85
한 방 부 인 과	81	한방재활의학과	86
한 방 소 아 과	82	사 상 체 질 과	87
한방안 · 이비인후 · 피부과	83	한방신경정신과	84

3. 진료수가의 청구 · 지급절차 및 방법

1) 진료수가의 청구

(1) 청구인

진료수가의 청구인 또는 검체검사 공급내역 통보인은 해당 의료기관의 대표자(개설자)가 된다.

(2) 「정보통신망 이용촉진 및 정보보호 등에 관한 법률」의 준용

의료기관이 진료수가를 「정보통신망 이용촉진 및 정보보호 등에 관한 법률」제2조제1항제1호에 따른 정보통신망을 이용하여 청구하거나, 보건복지부장관이 고시하는 「건강보험 행위 급여 · 비급여 목록표 및 급여 상대가치점수」 중 '검체검사위탁에 관한 기준'에 따른 수탁기관이 검체검사공급내역을 정보통신망으로 통보하는 경우 전자문서, 전자서명, 전자문서의 효력, 전자문서의 도달시기, 전자문서 내용의 추정 등은 「정보통신망 이용촉진 및 정보보호 등에 관한 법률」의 관련규정을 준용한다.

(3) 진료수가 청구 및 자료제출 매체

① 의료기관은 진료비청구포털서비스의 정보통신망을 이용하여 전산으로 진료수가를 청구한다. 다만, 다음 각 호의 어느 하나에 해당하는 경우에는 서면으로 진료수가를 청구할 수 있다.

1. 보건복지부장관이 고시하는「요양급여비용 청구방법, 심사청구서 · 명세서서식 및 작성요령」제5조제1항에 따라 정보통신망(포털) 이외의 방법으로 요양급여비용을 청구하는 경우
2. 「국민건강보험법」 제47조제1항에 따른 요양급여비용 청구 실적이 없는 경우

② 의료기관이 정보통신망으로 진료수가를 청구하거나 수탁기관이 정보통신망으로 검체검사공급내역을 통보하고자 하는 경우에는 별지 제1-1호 서식에 따른 전산청구(포털)신청서를 심사평가원에 제출한다.

③ 제2항에도 불구하고 보건복지부장관이 고시한「요양급여비용 청구방법, 심사청구서 · 명세서서식 및 작성요령」제5조제2항에 따른 정보통신망을 동일하게 이용하는 의료기관은 전산청구신청서 제출을 생략할 수 있다.

④ 정보통신망으로 청구하는 의료기관에서 제2항에 따른 청구방법을 변경하고자 하는 경우에는 사전에 별지 제1-2호 서식에 따른 전산청구(포털) 변경신청서를 심사평가원에 제출한다.

⑤ 심사평가원은 제2항 및 제4항에 따른 신청이 접수되면 정보통신망 청구기관으로 등록, 변경한 후 의료기관에 통보한다.

⑥ 의료기관은 제1항에 따른 진료수가 청구를「국민건강보험법」 제47조제6항 각 호의 단체가 대행하게 할 수 있고, 대행청구통지방법은 보건복지부장관이 고시한「요양급여비용 청구방법, 심사청구서 · 명세서서식 및 작성요령」제15조에 따른다.

⑦ 전산청구(포털) 신청 · 변경신청서 제출 및 결과 등에 대한 통보는 정보통신망을 이용할 수 있다.

(4) 진료수가 청구서 등의 제출 및 자료의 전송

① 의료기관이 규칙 제6조의2제1항에 따라 진료수가를 청구하고자 하는 때에는 청구

서에 명세서와 기타 필요한 자료를 첨부하여 심사평가원에 제출하여야 한다.

② 보험회사 등은 의료기관이 교통사고환자로부터 진료비를 직접 받은 후 보험회사 등으로부터 자동차보험진료수가의 지급의사와 지급한도를 통지받은 경우에 한하여 제1항의 명세서에 교통사고환자가 납부한 진료비의 세부내역을 기재하여 건강보험심사평가원에 청구할 것을 별지 제19호 서식에 따라 요청할 수 있다.

③ 의료기관은 제2항에 따라 보험회사 등으로부터 청구요청을 받은 경우 통보받은 날로부터 30일 이내에 심사평가원에 진료수가를 청구하여야 한다.

④ 의료기관은 진료수가를 청구할 때에 전송한 전자문서가 심사평가원에 접수되었는지 여부를 확인하여야 하고, 접수일은 전자문서 전체가 심사평가원에 도달한 날로 한다.

⑤ 의료기관이 진료수가를 서면으로 청구한 경우 접수일은 서면청구 전체 자료가 심사평가원에 도달한 날로 한다.

(5) 진료수가 청구 시기

① 입원진료의 청구시기는 다음 각 호와 같다.

1. 정보통신망으로 진료수가를 청구할 경우에는 퇴원일이 속한 날의 다음 주 월요일부터 청구할 수 있다. 다만, 월의 말일과 초일이 모두 포함된 주의 진료수가를 청구하는 경우에는 이를 월별로 구분하여 청구한다.
2. 서면으로 진료수가를 청구하는 경우에는 퇴원일이 속한 다음 달 초일부터 월별로 청구한다.

② 30일을 초과하여 입원진료를 하는 경우에는 연계 심사가 가능하도록 다음 각 호의 기재방법에 따라 월단위로 분할 청구할 수 있다. 다만, 의약품관리료의 경우에는 일괄하여 청구한다.

1. 정보통신망의 경우 청구구분란에 분리청구코드, 기청구명세서의 접수번호, 명세서일련번호 및 최초입원개시일을 기재한다.
2. 서면의 경우 명세서 상단에 최초입원개시일을 기재하고, 진료내역 하단의 “특정내역”란에 기청구명세서의 접수번호, 명세서일련번호, 당월진료개시일, 수술명,

주요진료내용 및 월별 진료비총액 등을 기재한다.

③ 외래진료는 내원일이 속한 날의 다음 달 초일부터 월별로 청구하거나, 내원일이 속한 다음 주 월요일부터 주단위로 구분하여 청구할 수 있다. 다만, 월의 말일과 초일이 모두 포함된 주의 진료수가를 청구하는 경우에는 이를 월별로 구분하여 청구한다.

④ 제1항 및 제2항의 규정에도 불구하고 요양병원형 수가를 적용하는 진료수가는 청구매체 및 입원기간에 관계없이 월별로 구분하여 진료월 다음달 초일부터 청구한다. 이 경우 명세서 기재방법은 제2항 각 호에 따른다.

(6) 목록표 등의 제출

① 의료기관은 진료수가를 최초로 청구하는 때에는 실제 구입가격을 확인할 수 있는 구입증빙자료를 첨부한 다음 각 호의 목록표 등을 건강보험심사평가원에 제출하여야 한다. 이 경우 목록표 등은 진료수가 청구 전에 도달될 수 있도록 한다.

1. 원료약 구입목록표
2. 치료재료 및 비급여약제 구입목록표
3. 자체 조제(제제)약 목록표
4. 비용산정 목록표

② 의료기관은 제1항에 따라 제출한 내용이 변경된 경우에는 변경사항을 심사평가원에 제출하여야 한다.

③ 의료기관으로부터 검체검사를 수탁 받은 기관은 위탁기관에 검사결과를 통보하는 시점에 검체검사공급내역을 심사평가원에 제출하여야 한다.

④ 요양병원은 보건복지부장관이 고시한「건강보험 행위 급여ㆍ비급여 목록표 및 급여상대가치점수」제3편 제2부에 따른 환자평가표를 해당 진료분의 명세서 청구 전에 심사평가원에 제출하여야 한다.

⑤ 제1항부터 제4항까지의 규정에 따른 목록표 등은 정보통신망을 이용하여 제출한다. 다만, 제6조제1항에 따라 서면으로 청구하는 의료기관은 이를 서면으로 제출할 수 있다.

⑥ 제1항 및 제2항에도 불구하고 보건복지부장관이 고시한「요양급여비용 청구방법,

심사청구서 · 명세서서식 및 작성요령」 제6조제2항에 따라 원료약, 자체 조제(제제)약 및 치료재료의 실구입 가격을 확인할 수 있는 목록표를 심사평가원에 제출한 경우에는 이를 생략할 수 있다.

(7) 의료기관의 신고

① 의료기관은 진료수가를 최초로 청구하는 때에는 「국민건강보험법」 제43조제1항에 따라 시설 · 장비 및 인력 등에 대한 현황을 심사평가원에 신고하여야 한다.

② 의료기관은 제1항에 따라 신고한 내용이 변경된 경우에는 「국민건강보험법」제43조제2항에 따라 15일 이내에 변경사항을 심사평가원에 신고하여야 한다.

③ 제1항 및 제2항에도 불구하고 「국민건강보험법」 제43조제1항 및 제2항에 따라 시설 · 장비 및 인력 등에 대한 현황을 심사평가원에 신고한 의료기관은 제1항 및 제2항에 따른 신고를 생략할 수 있다.

3. 청구서, 명세서 서식 및 작성요령

(1) 전자청구 서식

① 의료기관과 심사평가원이 진료수가 청구와 관련하여 사용할 수 있는 전자청구 서식의 종류는 다음 각 호와 같다.

1. 자동차보험진료수가청구서 2. 자동차보험진료수가명세서(의과, 치과, 한방)
3. 치료재료 및 비급여약제 구입내역 통보서 4. 의료기관 조제 · 제제약 내역 통보서
5. 비용산정 통보서 6. 보완자료 제출내역서 7. 검체검사 공급내역 통보서
8. 자동차보험진료수가청구서 · 명세서 접수증
9. 자동차보험진료수가 심사결과 통보서 10. 보완자료 요청내역서
11. 수탁기관 통보확인결과 통보서 12. 이의제기(정산심사)결과 통보서
13. 정산심사내역서 14. PACS 등 영상자료 제출내역서 15. 환자평가표 파일

② 제1항 각호에서 정한 전자문서의 서식번호는 별표 2와 같다.

(2) 청구서와 명세서의 구분 작성

① 청구서와 명세서는 보험회사별(공제사업자를 포함한다), 의과 · 치과 및 한방, 입원과 외래로 각각 구분하여 작성한다.

② 수탁기관의 검체검사공급내역통보서는 위탁기관별로 구분한다.

③ 제1항에도 불구하고 요양병원입원 진료수가 청구서와 명세서는 「국민건강보험법 시행령」 제21조제3항제1호 및 「국민건강보험 요양급여의 기준에 관한 규칙」 제8조제4항의 규정에 의하여 포괄적인 행위가 적용되는 환자(장기환자)와 포괄적인 행위가 적용되지 않는 환자로 각각 구분한다.

④ 서면으로 진료수가를 청구하는 의료기관 중 검체검사를 위탁한 의료기관은 검체검사위탁분에 대하여 입원, 외래로 분철하여 작성 청구한다.

⑤ 제1항부터 제4항까지 규정과 제6조에 따른 진료수가의 청구는 별표1과 같이 한다.

⑥ 동일 교통사고환자에 대한 명세서는 제1항에 따라 구분하여 다음 각 호와 같이 작성한다.

1. 입원의 경우 입원진료기간의 진료내역을 동일한 명세서에 통합하여 작성한다. 다만, 다음 각 목의 경우는 진료내역을 구분하여 각각 작성한다.

가. 요양병원형 수가를 적용하는 교통사고환자의 명세서는 정액수가 적용기간과 행위별수가 적용기간(특정기간)의 진료내역

나. 「자동차보험 진료수가에 관한 기준」 제5조제5항에 따른 시범재활치료 대상자의 명세서는 시범재활치료 적용기간과 적용외기간의 진료내역

2. 외래의 경우 진료내역을 방문일자별로 작성한다.

⑦ 제6항제2호에 따른 동일 교통사고환자의 명세서는 연이어 각각 작성한다.

(3) 끝수 계산

① 청구서와 명세서에 기재하는 금액 중 진료비총액, 청구액, 환자납부총액은 10원 미만의 끝수가 있을 때에는 그 끝수는 계산하지 아니한다.

② 제1항에서 정한 금액 이외의 금액은 원 미만을 사사오입한다. 다만, 정보통신망으로 청구하는 기관은 코드단위 금액을 기재한다.

(4) 한글 전용

청구서, 명세서 및 진료수가 청구에 필요한 자료의 기재사항은 한글과 아라비아 숫자로 정확하게 기재한다. 다만, 의학용어 등 특수한 용어가 필요한 경우에는 영문 또는 한문으로 표기할 수 있다.

(5) 사고접수번호 및 지급보증번호

① 보험회사 등이 부여한 사고접수번호를 명세서에 기재한다.

② 법 제12조제1항에 따라 자동차보험진료수가의 지급 의사 유무와 지급 한도를 통보받은 별지 제9호 서식의 지급보증번호를 명세서에 기재한다.

(6) 교통사고환자 성명, 주민등록번호

신생아로서 주민등록번호를 받지 못한 경우에는 “환자 성명”란에 산모이름과 신생아임을 구분할 수 있도록 “아기”를 함께 쓰거나 “이름”을 쓰고, “주민등록번호”란에는 앞부분에 생년월일과 뒷부분은 남아는 “3”, 여아는 “4”로 기재한다. 다만, 쌍태아의 경우에는 “주민등록번호”란의 끝자리에 첫째 아이는 “1”, 둘째 아이는 “2”를 기재한다.

(7) 상병명 및 상병분류기호

① 진료수가 청구시 사용하는 상병명 및 상병분류기호는 “한국표준질병 · 사인분류”에 따라 기재하되, 분류기호가 6단위로 분류되어 있는 경우 6단 분류기호까지 기재하고, 분류기호가 3단위, 4단위 또는 5단위까지만 분류된 경우는 3단, 4단 또는 5단 분류기호를 기재하며, 분류기호란의 앞자리에서부터 기재한다. 다만, 국토교통부장관이 별도의 기재요령을 정하는 경우는 그에 따른다.

② 치과진료의 경우에는 상병의 부위(치식)를 상병명과 함께 기재하되 치식의 구분은 심사평가원장이 정하여 공고한 “치식구분 기재 요령”에 따른다.

(8) 진료결과

명세서상의 최종 진료일의 교통사고환자 상태를 다음과 같이 구분하여 해당 코드를 기재한다.

1. 명세서상 최종진료일 당시 입원중이거나 계속 내원이 예정된 경우: 계속(1)
2. 다른 의료기관으로 진료를 의뢰한 경우: 이송(2)
3. 당초 의뢰한 의료기관으로 보낸 경우: 회송(3)
4. 의료기관내에서 사망이 확인된 경우: 사망(4)
5. 제2호부터 제4호까지에 해당되지 않은 퇴원 또는 외래 치료종결인 경우: 퇴원 또는 외래 치료종결(9)

(9) 기타 작성요령

① 서면으로 진료수가를 청구하는 경우에는 별첨1 "서면서식 작성요령"에 따른다.

② 정보통신망으로 진료수가를 청구하거나 검체검사공급내역을 통보할 경우에는 별첨2 "전자문서 작성요령"을 따른다.

③ 진료과목은 실제 진료를 받은 진료과목(병원급 의료기관) 또는 상병명에 해당하는 진료과목(의원급 의료기관)을 별표 3 "진료과목별 코드"에 따라 기재하되, 진료과목이 2개 이상에 해당되는 경우에는 이를 모두 기재한다.

④ 의약분업 예외사항 발생으로 의료기관에서 자체 조제 · 투약하는 경우에는 별표 4 "의약분업 예외 구분코드"에 해당하는 코드를 기재한다.

⑤ 별도 명세서 작성구분 등 특정의 진료내역 및 청구내역에 대한 추가적 기술사항 등이 있을 경우에는 별표 5 "특정내역 구분코드"에 따라 해당 구분코드 및 내역을 "특정내역기재란"에 기재한다.

⑥ 진료수가 청구시 사용하는 보험회사 등 코드와 명칭은 별표 6 "보험회사 등 코드"에 따른다.

⑦ 진료수가 청구시 사용하는 진료코드는 심사평가원장이 정하여 공고한 "진료코드"에 따른다.

⑧ 제1항 및 제2항에 따른 요령에서 정하지 않은 세부작성요령은 심사평가원장이 정할

수 있으며, 심의회 심사청구 세부작성요령은 심의회 위원장이 정할 수 있다.

4. 진료수가 청구의 접수 및 명세서보관

(1) 진료수가 청구의 접수

① 의료기관이 제7조제1항에 따라 진료수가를 청구한 경우 심사평가원은 별지 제14호 서식에 따른 자동차보험진료수가 청구서 · 명세서 접수증을 발급하여야 한다.

② 심사평가원은 제7조제1항에 따른 청구 내역을 보험회사 등에 통보하여야 하며, 보험회사 등은 청구 내역 통보를 받은 날부터 2일 이내에 진료수가 심사에 필요한 자료를 심사평가원에 제출하여야 한다.

(2) 청구서 등의 반송 및 수정 보완 요청

① 건강보험심사평가원은 의료기관으로부터 제출받은 청구서와 명세서가 이 규정에서 정한 기재사항 중 진료수가 심사에 필요한 필수사항을 누락하였거나 착오기재 등(청구오류)으로 진료수가의 심사가 곤란한 경우에는 그 사유를 명기하여 반려하거나, 2일 이내에 수정 · 보완할 것을 정보통신망을 이용하여 요청할 수 있다.

② 제1항에 따라 심사평가원으로부터 청구서와 명세서를 반려 받은 의료기관은 그 사유를 수정 · 보완하여 다시 청구하여야 하며, 진료수가명세서에 대한 수정 · 보완 요청을 받은 의료기관은 제1항에서 정한 기간 이내에 청구오류를 수정 · 보완하여야 한다.

(3) 진료수가의 심사

① 심사평가원은 진료수가의 청구를 받은 때에는 그 청구 내역이 국토교통부장관이 고시하는 「자동차보험진료수가에 관한 기준」에 적합한지를 심사하여야 한다.

② 심사평가원은 진료수가를 심사함에 있어 의학적 전문성과 효율성을 기하기 위하여 자동차보험진료수가심사위원회를 설치 · 운영할 수 있다. 이때 자보심사위원회의 구성 및 운영 등에 관하여 필요한 사항은 국토교통부장관이 정한다.

③ 심사평가원은 다음 각 호의 어느 하나에 해당하는 경우에는 진료수가의 지급 후 심사내역에 대하여 확인 · 조정할 수 있다.

1. 약제 및 치료재료의 금액
2. 기타 심사평가원장이 진료수가 심사내역의 확인이 필요하다고 인정하는 경우

(4) 청구서와 명세서의 보관

① 보험회사 등 및 심사평가원은 청구서와 명세서를 5년간 보관한다. 다만, 조사연구 등을 위하여 필요한 경우에는 보험회사 등의 장 및 심사평가원장은 보관기간을 별도로 정할 수 있다.

② 제1항에 따른 보관기간의 기산일은 심사가 완결된 날이 속하는 연도의 다음 연도 1월 1일로 한다.

5. 서면서식 작성요령(제12조 및 제20조제1항 관련) : 별첨1

※ 청구서 및 명세서 작성시 유의사항

1. 청구서 및 명세서는 반드시 제12조(서면서식)에서 정한 양식과 규격을 사용하여 작성한다.
2. 청구서 및 명세서의 각 항목은 정해진 작성요령에 따라 명확히 기재한다.
3. "의료기관기호"는 「국민건강보험법 시행규칙」 제12조에 따라 요양기관 현황 신고를 함에 있어 심사평가원으로부터 부여받은 요양기관 기호를 기재한다.

Ⅰ. 자동차보험진료수가청구서(별지 제2호부터 제2-1호까지의 서식)

1. ※란은 심사평가원이 기재한다.
2. "④ 청구단위구분"란은 외래진료수가를 주단위나 월단위로 통합 청구하는 경우 해당 구분자를 기재한다.

■ 구분자 : 월단위 청구(0), 주단위 청구(1주-1, 2주-2, 3주-3, 4주-4, 5주-5, 6주-6)

3. "⑪ 건수"란은 첨부된 명세서의 건수를 기재한다.
4. "⑮ 환자납부총액"과 "⑭ 청구액"은 각 명세서상의 환자납부총액 및 청구액을 각각 합계한 금액으로 기재하고, "⑫ 진료비총액"란은 "⑬ 환자납부총액"과 "⑭ 청구액"의 합계액을 기재한다.
5. 검체검사 위탁의 경우 일반 진료수가청구서와 구분할 수 있도록 3cm×7cm의 "위탁 검사용" 적색도장을 진료수가청구서 청구일자 상단 여백에 날인한다.
6. "청구인"란에는 해당 의료기관의 대표자(개설자)가 청구내용 및 금액을 확인한 후 성명을 기재하고, 서명 또는 날인하여야 한다.
7. "작성자"란에는 청구서 및 명세서를 직접 작성한 자의 ⑦ 성명 및 ⑧ 생년월일을 정확히 기재하고 서명 또는 날인한다. 만약 2인 이상이 공동으로 작성한 경우 작성책임자만 기재한다.
8. "대행청구단체 ⑨ 기호 및 ⑩ 명칭"란에는 심사평가원에서 "대행청구단체"에 부여한 기호 및 대행청구업무를 수행하는 관련의약단체(지부, 분회 포함)의 명칭을 기재한다.

Ⅱ. 진료수가명세서(별지 제3호부터 별지 제8호까지의 서식)

1. 진료개시일 및 내원일수 등

가. "상병명 및 상병분류기호"란에는 통계청 고시에 따른 「한국표준질병·사인분류」의 상병명 및 분류기호를 주상병, 부상병, 배제된 상병 순으로 기재(영문자는 반드시 대문자로 기재, ' ' 또는 *, + 등 특수기호는 기재 생략)한다. 이 경우 주상병은 반드시 첫 번째 자리(제1단)에 기재하여야 하며, 주상병과 함께 있었거나 발생된 병태로서 환자 진료에 영향을 주었던 병태(부상병)는 두 번째 자리(제2단)부터 중요도 순으로 기재한다. 또한, 배제된 상병(최종상병이 확진된 경우 이전에 고려하였지만 배제된 상병)은 상병명에 배제된 상병임을 별도 명시한다.

나. "사고접수번호 및 지급보증번호"는 보험회사 등이 부여한 사고접수번호와 보험회사 등으로부터 받은 "교통사고환자에 대한 진료비 지급보증서"(별지 제9호 서식)에 기재된 자동차보험진료수가의 지급 의사와 한도를 통지받은 관리번호를

기재한다.

다. "당월진료개시일"란에는 해당 의료기관에 해당 상병의 진료를 위하여 그 달에 최초 입원한 연, 월, 일을 기재하고, 30일을 초과한 입원진료수가의 분리청구시에는 "최초입원개시일"란에 해당 상병의 진료를 위해 최초 입원한 연, 월, 일을 기재한다.

라. "내원일자"란에는 해당 의료기관에 해당 상병의 진료를 위하여 외래에 내원한 일자를 기재하며, 동일인에게 초진 및 재진을 1일에 2회 이상 행하고 초 · 재진 진찰료를 2회 이상 산정하는 경우에는 명세서 '특정내역'란에 그 사유를 기재하고 내원일수는 1일로 기재한다.

마. "당월진료일수"에는 해당 상병으로 당월(당일)에 진료를 받은 실 일수를 기재하며, 입원 또는 내원일수에 투약일수(의료기관의 경우 원내투약일수)를 산입하여 산정한다. 이때 입원 또는 내원일수와 투약일수가 중복될 때에는 1일로 계산한다.

바. "입원일수"는「건강보험 행위 급여 · 비급여 목록표 및 급여 상대가치점수」(이하「상대가치점수표」라 한다) 제2부제1장 2. 입원료 등 산정지침에도 불구하고 환자가 입원한 날부터 퇴원일까지의 일수를 기재한다.

사. 요양병원 입원환자 중 동일인에 대하여 의과 명세서, 요양병원 정액 명세서 및「자동차보험 진료수가에 관한 기준」제5조제5항에 따른 시범재활치료 적용 등으로 각각 작성될 경우에 "최초입원개시일"은 환자의 최초 입원일자를, "당월진료일수"는 해당 명세서상의 투약일수를 포함한 진료기간만을 기재한다.

아. "특정내역"란은 신생아체중 등 특정의 진료내역, 처방내역 및 청구내역에 대한 추가적 기술사항 등을 기재한다.

자. "환자 일련번호"란(외래 명세서에만 해당)에는 동일 환자가 진료를 받은 일수가 여러 날인 경우 해당 명세서마다 총 내원(방)일수에 일련번호를 부여하여 기재한다.

2. 진료의 내용 및 처방내역 등 (별지 제3호부터 별지 제8호까지의 서식)

가. 명세서 중단 우측 란에는 "진료내역과 처방내역"을 다음과 같은 순서로 구분하

여 기재하되, 항목 간 구분을 위하여 시작과 끝에 가로선을 삽입하고 항목의 시작 시 "분류"란에 제목을 기재한다.

1) 상병명 및 상병기호(상병란의 5개 초과시)

2) 진료내역(가로선으로 각 항별 구분)

3) 처방내역

- 처방전 발급내역별 처방전 발급번호, 점검번호, 처방일수, 처방내역

4) 특정내역(심사시 참고사항 등)

나. "진료내역과 처방내역"은 내역별(줄번호, 코드구분, 코드, 분류, 단가 등)로 구분할 수 있도록 세로선을 삽입하여 인쇄하되, 좌측세로선과 우측세로선 사이에 각각 한 칸의 공백을 두어 기재한다. 또한, "코드"는 심사평가원에서 제공하는 코드(마스터 파일)를 기재하고, "분류"란 기재 시 1줄을 넘기지 않는 범위내에서 기재한다.

다. 동일월에 하나의 상병에 대한 진료중에 다른 상병에 대하여 진료를 한 경우 또는 하나의 상병에 대한 진료가 끝나고 새로운 다른 상병에 대하여 진료한 경우에는 한 장의 명세서에 작성하되, 상병별 진료 내역 등은 구분하여 기재한다.

라. 명세서 중단 좌측 란에 "진료의 내역과 처방내역"을 구분한 내역에 따라 기본진료・약제・특정재료(Ⅰ)에 해당하는 금액, 진료행위(Ⅱ)에 해당하는 금액을 각각 구분 기재한다.

(1) "기본진료, 약제, 특정재료(Ⅰ)"란은 기본진료료, 의약품관리료, 약제, 치료재료 및 혈액 등 의료기관 종별 가산율이 적용되지 아니하는 비용을 기재한다.

(2) "진료행위(Ⅱ)"란은 의료기관 종별 가산율이 적용되는 비용을 기재한다.

마. "처방전 발급번호"는 발급연월일(CCYYMMDD)과 일련번호(5자리수이내)로 구성된 처방전 발급번호를 발급일자 순으로 기재하고, 하단의 "점검번호"는 "처방전 발급번호의 일련번호"를 합산한 값을 기재한다.

바. "처방일수"는 처방전에 기재된 처방약품별 처방일수 중 가장 긴 처방일수를 기재하되, 일자별로 처방내역이 달라 각각 다른 의약품을 조제하도록 처방된 경우에는 각각의 처방일수를 합산하여 기재한다.

사. 처방내역은 "처방전 발급번호"를 기재한 순서대로 각각 구분하여 약품코드, 약품명, 1회 투약량, 1일 투여횟수, 총 투약일수를 기재한다. 이때 「약사법」 제26조와 제27조에 따라 처방내역을 수정 또는 변경한 경우에는 수정 · 변경된 처방내역을 기재하되, 대체 조제의 경우에는 원 처방내역을 기재한다.

아. 진료의 내역은 진찰료, 입원료(식대 · 상급병실료 포함), 투약료 및 처방전, 주사료, 마취료, 이학요법료, 정신요법료, 처치 및 수술료, 검사료, 영상진단 및 방사선 치료료, 환자납부액, 요양병원 정액, 특수장비 순서로 줄번호, 코드구분, 코드, 분류, 단가, 1회 투약량[의약품인 경우만 해당. 단, 한방은 제외], 1일 투여량 또는 투여(실시)횟수, 총투여일수 또는 실시횟수, 금액을 각각 기재한다.

(1) 명세서 좌측의 "구분"의 분류별('항'별)로 합계 금액을 기재하되, 분류별('항'별) 끝 가로선 윗줄에 "분류"란에 "합계"라 기재하고 "금액"란에 금액합계를 기재한다.

(2) "줄번호"는 진료코드에 일련번호를 4자리 숫자로 부여하되 연이어 부여 기재한다.

(3) "코드구분"은 코드를 구분하는 구분자로서, 코드를 기재할 경우는 해당 구분자를 심사평가원장이 정하여 공고한 "진료코드"의 코드개요를 참조하여 반드시 기재한다.

자. 평일 18시(토요일은 13시)~09시 또는 공휴일(관공서의 공휴일에 관한 규정)에 진찰 또는 기타 진료행위를 하여 가산하는 경우 진료일자와 진료개시 시간을 명시한다.

차. 「약사법」의 관련규정에 해당되어 원내 투약한 경우에는 "분류"란에 "별표 4. 의약분업 예외구분코드"의 해당 코드와 의약품명을 함께 기재한다.

카. 검체검사 위탁의 경우 의뢰기관은 "검사료"란의 (I)란에 ② 위탁검사관리료, ③ 위탁검사료를 구분하여 각각 총 합산한 금액을 기재하되, ③ 위탁검사료에는 위탁검사 해당항목의 소정 검사료와 별도 산정 가능한 재료대를 합산하여 기재하여야 하며, 이 경우 해당 검사항목 뒷줄 여백에 검체검사 위탁 구분코드 "L"과 실시(수탁)한 의료기관의 "기호", "검사의뢰일"을 기재한다.

타. 「의료법」 제39조(시설 등의 공동이용)에 따라 의료자원(시설 · 장비 및 인력 등)을 공동이용하는 계약에 따른 경우에는 해당 진료항목 뒷줄 여백에 시설 등의 공동이용 진료구분자 "K"와 실시한 의료기관(수탁기관)의 "기호", "진료의뢰일"을 기재하며, 공동이용계약에 따른 경우가 아닌 시설 · 장비 및 인력 등을 보유한 다른 의료기관에 진료를 의뢰한 경우에는 해당 진료항목 뒷줄 여백에 위탁진료 구분자 "T"와 수탁한 의료기관의 "기호", "진료의뢰일"을 기재한다. 참여의의 참여 없이 개방병원에 검사 등만 의뢰하여 진료한 경우 해당 진료항목 뒷줄 여백에 개방병원 진료구분자 "P"와 실시한 의료기관(개방병원)의 "기호", "진료의뢰일"을 기재하고, 참여의에 의해 개방병원에서 이루어진 입원 및 외래 수술 등의 진료인 경우에는 "특정내역"란에 개방병원 진료구분자 "P"와 의뢰한 의료기관(참여병 · 의원)의 "기호", "진료형태(입원, 외래)"를 기재한다.

파. 「상대가치점수표」 제1부 Ⅰ. 일반기준 제3호에 따라 제2부 각 장에 분류되지 아니한 진찰 · 처치 · 수술 및 기타의 치료에 대한 진료를 실시한 경우에 우선적으로 행위의 내용 · 성격과 상대가치점수가 가장 유사한 분류항목으로 산정하는 경우에는 "준용" 항목임을 명시하고 해당코드 외에 실 진료행위 명칭을 기재한다. 다만, 급여 결정신청 후 건강보험 급여 또는 비급여로 결정 · 고시되기 전인 신의료기술 등은 'SSSSSS' 코드로 청구하고, 급여 결정신청일과 신의료기술등 명칭을 기재한다.

하. 환자가 상급병실을 사용한 경우 "입원료"란의 (Ⅰ)란에 ⑨ 상급병실료에 상급병실을 사용한 금액을 기재(코드에 대한 세부내역은 심사평가원장이 정하여 공고한 "진료코드" 참조)한다.(단, 환자가 직접 지불한 경우 환자납부액란에 기재)

거. "환자납부액"란에는 의료기관이 교통사고환자(환자 보호자 포함)로부터 직접 받은 진료비 세부내역을 의료기관종별 가산율 적용여부에 따라 기본진료 · 약제 · 특정재료(Ⅰ)란과 진료행위(Ⅱ)란을 구분하여 기재한다.

3. 한방 의료기관(별지 제7호부터 제8호까지의 서식)

가. "한방건강보험 기준처방별 가격표"에 따른 한방기준처방을 투여하는 경우에는 진료수가 명세서 코드란에 투여처방의 표준코드를, 분류란에는 처방명(제품명)을 기재한다.

나. 단미엑스산제를 56개 고시처방에 의하지 아니하고 한의사 임의 처방으로 투여하는 경우에는 분류란 상단에 처방명을 기재하고, 그 하단에 「한약제제 급여목록 및 상한금액표」에 등재된 단미엑스산제의 코드, 품명, 단가 등을 기재한다.

다. "단가"란에는 기준처방(임의처방)별 1일당 약가, 「한약제제 급여목록 및 상한금액표」상의 단위가격, 건강보험기준에서의 비급여약제의 경우 구입내역 목록표상의 단가를 기재하되, 원미만을 4사5입하여 금액을 정확히 기재한다. 단미엑스산제(분할투여한 처방)인 경우 1일투여량 란에 1일 총투여량(소수 셋째자리에서 4사5입)을 기재하며, 총투여일수 란에는 실투여일수를 기재한다. 금액은 단가에 1일투여량 및 총투여일수를 곱한 후 원미만은 4사5입하여 금액란에 기재한다.

라. "처방·조제·복약지도료"란은 외래 또는 입(퇴)원 환자에게 투약한 경우에 산정하며, 만 6세 미만의 소아에게 내복약을 처방·조제한 경우에는 소정금액의 20%를 가산하여 "진료행위(II)"란에 기재한다. 입원환자에 대하여 입원기간 중 투약한 경우에는 투약 1일당으로 산정하며, 퇴원환자에게 투약한 경우에는 퇴원익일부터 산정하되, 입원명세서의 "분류"란에 투약내역 기재시 "퇴원약 ○일분"이라고 기재한다.

마. 부항술-자락관법(하-31-나)에 사용된 1회용 부항컵과 고정용 신축성 붕대 및 처치시 사용된 재료대는 "4.시술 및 처치료 ⑤기타"란의 "기본진료, 약제, 특정재료(I)"란에 기재한다.

바. 변증기술료(40400)는 "4. 시술 및 처치료 ⑤ 기타"란의 "진료행위(II)"란에 기재한다.

사. 첩약(13010) 및 탕전료(13020)는 "4. 시술 및 처치료 ⑤ 기타"란의 "기본진료, 약제, 특정재료(I)"란에 기재한다. 첩약을 투여하는 경우에는 진료수가 명세서 코드란에 코드(13010)와 분류란에 "첩약"이라고 기재하고, 처방한 첩약명은 특정내역란에 기재하되, 처방명이 2개 이상인 경우 2개 이상의 처방명을 모두 기재한다.

4. 소계, 가산율 및 금액, 진료비총액, 환자납부총액, 청구액 등

가. “소계”란은 “1”란부터 “S”란까지(“11”란 포함)의 (Ⅰ)란의 합계금액과 (Ⅱ)란의 합계금액을 각각 기재한다.

나. “가산율”란은 의료기관종별 가산율을 기재하고, “가산금액”란은 (Ⅱ)란의 소계금액에 의료기관종별 가산율을 곱한 금액으로 기재하되, “원”미만은 4사5입한다.

다. “진료비총액”란은 기본진료, 약제, 특정재료(Ⅰ)란의 소계와 진료행위(Ⅱ)란의 소계와 가산금액을 모두 합하여 총 금액에서 10원미만 절사하여 기재한다.

라. “환자납부총액”란은 환자납부액 (Ⅰ)란과 (Ⅱ)란 및 의료기관종별 가산율에 따른 가산금액을 합한 총 금액에서 10원미만 절사하여 기재한다.

마. “청구액”란은 진료비총액에서 환자납부총액을 제외한 금액을 기재한다.

5. 기타

가. 「상대가치점수표」의 각 장별 산정지침과 자동차보험 진료수가기준 등에 의거 첨부 (증빙)자료를 제출하여야 하는 건에 대하여는 해당 진료수가명세서에 자료(검사결과지 등)를 첨부하여야 한다.

나. 보건의료원은 의료기관과 같은 명세서를 사용한다.

다. 가정간호기관으로 등록된 의료기관에서 가정간호를 실시한 경우 명세서는 외래의 서식(별지 제4호, 제8호)을 사용하며, 명세서 하단 “특정내역”란에 가정간호 구분자 “Z"를 반드시 기재하되, 응급상황으로 인한 외래진료가 발생한 경우에는 가정간호건과 함께 앞뒤로 편철하여 청구한다.

라. 사업장부속의료기관은 해당 산정항목에 대하여 공휴・야간가산 등 각종 가산율을 산정하지 아니한다.

Ⅲ. 심사청구서(별지 제20호 서식)

1. ※란은 자동차보험진료수가분쟁심의회에서 기재한다.
2. 심사청구사건 “1건”이란 1인의 심사청구인 및 1회의 이의제기 결과통보서를 기준으로 한다. 다만, 이 요건을 갖추더라도 환자가 다른 경우에는 그 각각을 1건으로 한다.
3. “① 진료과목”란에는 제20조제3항에 따라 기재하되, 진료과목이 2개 이상일 경우는 주상병에 따른 진료과목만 기재한다.

4. "② 심사청구인"과 "③ 심사피청구인"란의 "기호/코드"는 요양기관 기호 또는 (별표 6)에 따른 보험회사 등 코드를 기재한다.
5. "⑦ 사고접수번호"란에는 보험회사 등이 부여한 사고접수번호를 "-" 포함하여 기재한다.
6. "⑧ 환자탑승차량 견적"란에는 차대차 사고의 경우 환자탑승차량의 피해견적 금액을 기재한다.
7. "⑩ 이의제기결과통보서 도달일자"란에는 심사평가원 이의제기결과통보서 도달일자를 정확히 기재한다.
8. "⑫ 연번"란은 해당 심사청구사건에 2개 이상의 진료수가 명세서가 있는 경우 진료기간이 앞선 청구서부터 번호를 부여한다. 다만, 심사청구대상이 아닌 진료수가 명세서의 경우에는 연번을 부여하지 아니한다.
9. "⑬ 접수번호"와 "⑭ 명일련"란에는 심사평가원이 부여한 청구명세서의 접수번호와 진료수가 명세서 상의 일련번호를 기재한다.
10. "⑮ 진료비청구기간"란에는 심사청구대상 진료수가 명세서별 진료비 청구기간을 기재한다.
11. "⑰ 이의제기금액"란에는 심사청구대상 진료수가 명세서별로 심사평가원에 이의제기한 금액을 기재한다.
12. "⑱ 심사청구액"란에는 심사청구대상 진료수가 명세서별로 심사청구액을 기재(각 연번별로 심사청구액의 합계)하고, 총 합계액을 기재한다.
13. "⑳ 치료경과"란에는 환자의 치료관련 주요사항을 기재한다(예: 주요치료내용, 환자의 직업, 장해발생여부 등).
14. 심사청구 세부내역은 연번이 여러 개일 경우 연번별로 각각 작성하여야 하고 내용이 서식의 범위를 넘을 때는 별지로 작성한다.
    가. "항"과 "목"란에는 진료수가 명세서 구분 중 항과 목를 기재한다.
    나. "분류 및 약품명(코드)"란에는 심사청구하고자 하는 진료수가 명세서상의 분류 또는 약품명을 기재하고 해당 코드를 기재한다.
    다. "심사청구액"란에는 해당 분류 및 약품명에 대하여 심사청구인이 이의제기결과 통보서의 심사결정금액 중 이의가 있어 심사 청구하는 금액을 I항과 II항으로 구분하여 기재한다.

라. "심사청구사유 및 내역"란에는 해당 분류 및 약품명에 대한 심사청구 내역과 주장에 대한 근거 · 기준 · 사유 등을 구체적으로 기재한다.

마. "소계"란에는 각 항목의 내역란 "금액"의 합계액을 (I)란, (II)란에 그대로 기재한다.

바. "가산율"란에는 "%" 표 앞에는 의료기관의 해당 가산율을 기재하고, 진료행위 (II)란의 소계란 금액에 의료기관 종별가산율을 곱한 금액을 기재한다(원 미만 4사5입).

사. "합계"란에는 (I)란, (II)란의 소계와 의료기관 종별 가산금액을 모두 합한 금액에서 10원 미만의 끝수는 절사하여 기재한다.

15. "제출서류"란의 필수제출서류 5. 심사청구인 사업자등록증 사본과 추가제출서류는 해당 란에 √표시한다.

Ⅳ. 적용범위

이 고시는 다음 각 호의 경우에 이를 적용한다.

1. 「자동차손해배상 보장법 시행규칙」 제6조의2부터 제6조의4까지의 규정에 따라 의료기관이 자동차보험진료수가를 「국민건강보험법」 제62조에 따른 건강보험심사평가원에 청구한 경우
2. 의료기관이 교통사고환자에게 진료비를 직접 받은 후 보험회사 등으로부터 자동차보험진료수가의 지급의사와 지급한도를 통지받고 심사평가원에 청구할 것을 요청받은 경우
3. 보험회사 등 및 의료기관이 법 제19조에 따라 심의회에 심사청구 하는 경우이다.

▣ 상기사항은 자동차보험진료수가 심사업무처리에 관한 규정(국토교통부 고시)이며, 진료비청구명세서 및 기타 제출양식은 다음과 같다.

[별지제1-1호서식] **전산청구(포털) 신청서** [자동차보험]

1. 의료기관 현황 및 청구 관련사항

의료기관 명 칭			의료기관 기호	
대 표 자 성 명				
의료기관 주 소	(우편번호 –)		전 화 번 호	
신 청 구 분 * 해당란에 ∨표기	자동차보험진료수가( ), 검체검사공급내역( )			
청 구 방 법 * 해당란에 ∨표기	포털( )			
청구희망 청구년월				

2. 프로그램 관련사항

가. 의원급

형 태 * 해당란에 ∨표기	①상용패키지 ( ) ②외주개발 ( ) ③자체개발 ( )
공급업체명	
소프트웨어명	

나. 병원급 이상

구 분		의과	치과	한방
①상용패키지	공급업체명			
	소프트웨어명			
②외주개발	공급업체명			
	소프트웨어명			
③자체개발				

자동차보험진료수가 심사업무처리에 관한 규정 제6조제2항에 따라 정보통신망으로 자동차보험진료수가를 청구하기 위해 신청합니다.

년 월 일

신청인 의료기관

대 표 자(원장) (인)

건강보험심사평가원장 귀하

<table>
<tr><td>서식
번호</td><td>C</td><td>0</td><td>0</td><td>1</td><td colspan="4">(　　년　월분)
요양병원 자동차보험진료수가청구서</td><td>※접수번호</td><td colspan="2"></td></tr>
<tr><td rowspan="4">의료기관</td><td>①기 호</td><td colspan="2"></td><td>②명칭</td><td></td><td>③전화번호</td><td></td><td>④청구단위구분</td><td></td></tr>
<tr><td>⑤소재지</td><td colspan="6"></td><td>⑥우편번호</td><td colspan="2"></td></tr>
<tr><td rowspan="2">작성자</td><td>⑦성 명</td><td colspan="4">(서명 또는 인)</td><td rowspan="2">대행
청구
단체</td><td>⑨기호</td><td></td></tr>
<tr><td>⑧생년월일</td><td colspan="4"></td><td>⑩명칭</td><td></td></tr>
</table>

<table>
<tr><td colspan="4">구 분</td><td>⑪건수</td><td>⑫진료비 총액</td><td>⑬환자납부총액</td><td>⑭청구액</td></tr>
<tr><td colspan="4">계</td><td></td><td></td><td></td><td></td></tr>
<tr><td rowspan="3">의과</td><td rowspan="2">입원</td><td>장기환자</td><td>11</td><td></td><td></td><td></td><td></td></tr>
<tr><td>제외환자</td><td>1</td><td></td><td></td><td></td><td></td></tr>
<tr><td colspan="2">외래</td><td>2</td><td></td><td></td><td></td><td></td></tr>
<tr><td rowspan="2">치과</td><td colspan="2">입원</td><td>3</td><td></td><td></td><td></td><td></td></tr>
<tr><td colspan="2">외래</td><td>4</td><td></td><td></td><td></td><td></td></tr>
<tr><td rowspan="2">한방</td><td colspan="2">입원</td><td>5</td><td></td><td></td><td></td><td></td></tr>
<tr><td colspan="2">외래</td><td>6</td><td></td><td></td><td></td><td></td></tr>
</table>

자동차손해배상 보장법 시행규칙 제6조의2제1항의 규정에 의거 진료수가의 심사 · 지급을 청구합니다.

청구일자 :　　　　년　　월　　일

청 구 인 :　　　　　　(서명 또는 인)

건강보험심사평가원장　귀하

보험회사 및 공제조합의 장　귀하

첨부: 자동차보험 진료수가 명세서　　　　　매

■ 자동차보험진료수가 심사업무처리에 관한 규정 [별지 제4호 서식] [의과외래]

자동차보험 진료수가 명세서(외래)

보험회사등 명칭		서식번호	C	0	0	3
보험회사등 코드		의료기관 기호				
환자 성명		의료기관 명칭				
환자 주민번호	–	사고접수번호				

상병명	분류기호	수술	진료과목	내원일자		
	.				지급보증번호	
	.				당월진료일수 (투약일수포함)	일
	.				진료결과	
	.					
	.					

구분		기본진료, 약제, 특정재료(I) (원)	진료행위(II) (원)
1.	①초진		
	②재진		
	③의약품관리료		
	④응급및회송료		
	⑤가정간호기본방문료		
	⑥만성질환관리료		
	⑦선택진료비		
	⑧기타		
3.	①내 복		
	②외 용		
	③처방전		
4.	①피하또는근육내		
	②정맥내		
	③수액제		
	④기 타		
	⑤특정재료		
	⑥수혈		
5.	①마취		
6.	①이학요법료		
7.	①정신요법료		
8.	①처치 및 수술		
	③캐스트		
	④기타		
9.	①자체검사		
	②위탁검사관리		
	③위탁검사		
10.	①진단		
	②치료		
11.	①환자납부액		
S.	①CT		
	②MRI		
	③PET		
12.소 계			
13.가 산 율		%	
15.진 료 비 총 액			
16.환 자 납 부 총 액			
17.청 구 액			
일련 번호		※ 심사조정	
환자일련번호	–		

처방전 발급번호					처방일수	
점검번호						

줄번호	코드구분	약품코드 (일반명 또는 제품명코드)	약품명(일반명 또는 제품명)		1회 투약량	1일투여 횟수	총투약 일수	
줄번호	코드구분	코드	분류 (예외구분코드)	단가	1회 투약량	1일 투여량 또는 실시 횟수	총 투여일수 또는 실시횟수	금액

특정내역	

※ 심사내역	구분	코드	조정	I . II	구분	코드	조정	I . II
	계				계			

자동차보험 진료수가 명세서(입원)

보험회사등 명칭		서식번호	C	0	0	2
보험회사등 코드		의료기관 기호				
환자 성명		의료기관 명칭				
환자 주민번호	–	사고접수번호				

상병명	분류기호	수술	진료과목	당월진료개시일 / 최초입원개시일	지급보증번호	
	.				당월진료일수 (투약일수포함)	일
	.					
	.				진료결과	
	.					
	.					

입원일수 일 / 구분		기본진료, 약제, 특정재료(I) (원)	진료행위(II) (원)
1.	①초진		
	②재진		
	③의약품관리료		
	④응급및회송료		
	⑤선택진료비		
	⑥기타		
2.	①일반		
	②내과질환자, 정신질환자, 만8세미만의소아		
	③중환자실		
	④격리병실		
	⑤신생아		
	⑥기타		
	⑦기본식대		
	⑧가산식대		
	⑨상급병실료		
3.	①내 복		
	②외 용		
	③처방전		
4.	①피하또는근육내		
	②정맥내		
	③수액제		
	④기 타		
	⑤특정재료		
	⑥수혈		
5.	①마취		
6.	①이학요법료		
7.	①정신요법료		
8.	①처치 및 수술		
	③캐스트		
	④기타		
9.	①자체검사		
	②위탁검사관리		
	③위탁검사		
10.	①진단		
	②치료		
11.	①환자납부액		
S.	①CT		
	②MRI		
	③PET		
12.소 계			
13.가 산 율		%	
15.진 료 비 총 액			
16.환 자 납 부 총 액			
17.청 구 액			
일련번호		※심사조정	

처방전 발급번호					처방일수	
점검번호						

줄번호	코드구분	약품코드 (일반명 또는 제품명코드)	약품명 (일반명 또는 제품명)		1회 투약량	1일 투여횟수	총투약일수	
줄번호	코드구분	코드	분류(예외구분코드)	단가	1회 투약량	1일투여량 또는 실시횟수	총투여일수 또는 실시횟수	금액

특정내역	

※심사내역	구분	코드	조정	I, II	구분	코드	조정	I, II
	계				계			

■ 자동차보험진료수가 심사업무처리에 관한 규정 [별지 제3-1호 서식]

[의과입원 – 요양병원 정액]

자동차보험 진료수가 명세서

보험회사등 명칭		서식번호		C	0	0	2
보험회사등 코드		의료기관	기호				
환자 성명			명칭				
환자 주민번호	–	사고접수번호					

상병명	분류기호	수술	진료과목	당월진료개시일 / 최초입원개시일	지급보증번호	
	.				당월진료일수 (투약일수포함)	일
	.					
	.					
	.				진료결과	
	.					
	.					

입원일수	일		
구 분		기본진료, 약제, 특정재료 (Ⅰ) (원)	진료행위 (Ⅱ) (원)
1.	①초진		
	②재진		
	③의약품관리료		
	④응급및회송료		
	⑤선택진료비		
	⑥기타		
2.	①일반		
	②내과질환자, 정신질환자 만8세미만의소아		
	③중환자실		
	④격리병실		
	⑤신생아		
	⑥기타		
	⑦기본식대		
	⑧가산식대		
	⑨상급병실료		
3.	①내 복		
	②외 용		
	③처방전		
4.	①피하또는근육내		
	②정맥내		
	③수액제		
	④기 타		
	⑤특정재료		
	⑥수혈		
5.	①마취		
6.	①이학요법료		
7.	①정신요법료		
8.	①처치 및 수술		
	③캐스트		
	④기타		
9.	①자체검사		
	②위탁검사관리		
	③위탁검사		
10.	①진단		
	②치료		
11.	①환자납부액		
L.	①요양병원 정액		
S.	①CT		
	②MRI		
	③PET		
12.소 계			
13.가 산 율		%	
15.진 료 비 총 액			
16.환 자 납 부 총 액			
17.청 구 액			
일 련 번 호		※ 심사조정	

처방전 발급번호			처방일수	
점검번호				

줄번호	코드구분	약품코드 (일반명 또는 제품명코드)	약품명(일반명 또는 제품명)		1회 투약량	1일 투여 횟수	총투약 일수	
줄번호	코드구분	코드	분류 (예외구분코드)	단가	1회 투약량	1일투여량 또는 실시횟수	총투여일수 또는 실시횟수	금 액

특정내역	

※ 심사내역	구분	코드	조정	Ⅰ, Ⅱ	구분	코드	조정	Ⅰ, Ⅱ
	계				계			

■ 자동차보험진료수가 심사업무처리에 관한 규정 [별지 제6호 서식]　　　　[치과외래]

자동차보험 진료수가 명세서

보험회사등 명칭		서식번호	C	0	0	5
보험회사등 코드		의료기관 기호				
환자 성명		의료기관 명칭				
환자 주민번호	–	사고접수번호				

상병명	분류기호	수술	진료과목	내원일자	지급보증번호	
┼	.				당월진료일수 (투약일수포함)	일
┼	.					
┼	.					
┼	.				진료결과	
┼	.					

구 분		기본진료, 약제, 특정재료 (Ⅰ) (원)	진료행위(Ⅱ) (원)
1.	①초진		
	②재진		
	③의약품관리료		
	④응급 및 회송료		
	⑤선택진료비		
	⑥기타		
3.	①내복		
	②외용		
	③처방전		
4.	①피하또는근육내		
	②정맥내		
	③수액제		
	④기 타		
	⑤특정재료		
	⑥수혈		
5.	①마취		
8	①처치 및 수술		
	보통 x / 복조 x / 즉처 x / 지각과민 x		
	치수절단 x / 즉발근충 x x / 근관와동 x / 근관성형 x		
	발 수 x / 근세척 x / 근 충 x / 근관확대 x		
	치면세마 x / 치근활택술 x / 후처치 x x x x / 내소염 x x x x		
	치석제거 x x / 치주소파 x x / 치은박리 x x / 치은절제 x		
	치주처치 x x / 교합조정 x / 러버댐 x / 응급근관 x		
	충전물연마 x / 신부착 x / 보철물제거 x x / 치아진정 x		
	발유치 x / 전 x / 구 x / 난 x / 매 xxx		
	충 아 1면 x　복 1면 x　와 1면 x 말 2면 x　합 2면 x　동 2면 x 감 3면 x　레 3면 x　형 3면 x 전 4면 x　진 4면 x　성 4면 x		
	②기 타		
9.	①자체검사		
	②위탁검사관리		
	③위탁검사		
10.	①진단		
	②치료		
11.	①환자납부액		
S.	①CT		
	②MRI		
	③PET		
12.소 계			
13.가 산 율		%	
15.진 료 비 총 액			
16.환 자 납 부 총 액			
17.청 구 액			
일 련 번 호		※ 심사조정	
환자 일련번호			

처방전 발급번호			처방일수	
점검번호				

줄번호	코드구분	약품코드 (일반명 또는 제품명코드)	약품명(일반명 또는 제품명)		1회 투약량	1일투여 횟수	총투약 일수	
줄번호	코드구분	코드	분류 (예외구분코드)	단가	1회투약량 (3,4항 해당)	1일투여량 또는실 시횟수	총투여일수 또는 실시횟수	금 액

특정내역	

※ 심사내역	구분	코드	조정	Ⅰ, Ⅱ	구분	코드	조정	Ⅰ, Ⅱ
	계				계			

■ 자동차보험진료수가 심사업무처리에 관한 규정 [별지 제5호 서식]

[치과입원]

보험회사등 명칭		자동차보험 진료수가 명세서	서식번호		C	0	0	4
보험회사등 코드			의료기관	기호				
환 자 성 명				명칭				
환자 주민번호	–		사고접수번호					

상병명	분류기호	수술	진료과목	당월진료개시일 / 최초입원개시일	지급보증번호	
	.				당월진료일수 (투약일수포함)	일
	.					
	.					
	.				진료결과	
	.					

입원일수		일	기본진료, 약제, 특정재료(Ⅰ) (원)	진료행위(Ⅱ) (원)
구 분				
1.	①초진			
	②재진			
	③의약품관리료			
	④응급및회송료			
	⑤선택진료비			
	⑥기타			
2.	①일반			
	②내과질환자. 정신질환자 만8세미만의소아			
	③중환자실			
	④격리병실			
	⑤신생아			
	⑥기타			
	⑦기본식대			
	⑧가산식대			
	⑨상급병실료			
3.	①내 복			
	②외 용			
	③처방전			
4.	①피하또는근육내			
	②정맥내			
	③수액제			
	④기 타			
	⑤특정재료			
	⑥수혈			
5.	①마취			
6.	①이학요법료			
8.	①처치 및 수술			
	③캐스트			
	④기타			
9.	①자체검사			
	②위탁검사관리			
	③위탁검사			
10.	①진단			
	②치료			
11.	①환자납부액			
S.	①CT			
	②MRI			
	③PET			
12.소 계				
13.가 산 율		%		
15.진 료 비 총 액				
16.환 자 납 부 총 액				
17.청 구 액				
일 련 번 호			※ 심사조정	

처방전 발급번호						처방일수	
점검번호							
줄번호	코드구분	약품코드 (일반명 또는 제품명코드)	약품명(일반명 또는 제품명)		1회 투약량	1일투여 횟수	총투약 일수	
줄번호	코드구분	코드	분류 (예외구분코드)	단가	1회 투약량	1일투여량 또는 실시횟수	총투여일수 또는 실시횟수	금 액
특정내역								

※ 심사내역	구분	코드	조정	Ⅰ.Ⅱ	구분	코드	조정	Ⅰ.Ⅱ
	계				계			

[별지 제10호 서식] [자동차보험]

치료재료 구입목록표

의료기관	기 호						작성자	(인)	
	명 칭						확인자	(인)	
코 드	구 입 내 용						구입처 (상호 & 납세번호)	제조회사	비 고
	품 명	규 격	구입년월일	수 량	구 입 가	단 가			

첨부 : 구입증빙자료(사본) 매

[별지 제11호 서식] [자동차보험]

비급여약제 구입목록표

의료기관	기 호							작성자	(인)
	명 칭							확인자	(인)
코 드	구 입 내 용							비 고	
	품 명	규격 / 단위	수입업소명/ 제조회사명	구입년월일	구입량	구입가	단가		

첨부 : 구입증빙자료(사본) 매

[별지 제13호 서식] [자동차보험]

비용산정 목록표

의료기관	기 호			작성자	(인)
	명 칭				
	TEL			확인자	(인)
코드구분	진료구분	코드	분류(신청)명	비용 (단가)	적용(신청)일

조제 · 제제약 목록표

<table>
<tr><td rowspan="3">의료
기관</td><td>기 호</td><td colspan="5"></td><td rowspan="2">작성자</td><td colspan="2">(인)</td></tr>
<tr><td>명 칭</td><td colspan="5"></td><td colspan="2"></td></tr>
<tr><td>TEL</td><td colspan="5"></td><td>확인자</td><td colspan="2">(인)</td></tr>
<tr><td colspan="2">조 제 (제제)
약 품 명</td><td colspan="7">사 용 약 품 내 용</td><td>용법용량</td></tr>
<tr><td colspan="2"></td><td>코 드</td><td>약 품 명</td><td>규격
/단위</td><td>구입일자</td><td>단위당
가격</td><td>분 량</td><td>분량당
가격</td><td rowspan="4"></td></tr>
<tr><td colspan="2">규 격 / 단 위</td><td rowspan="8"></td><td rowspan="8"></td><td rowspan="8"></td><td rowspan="8"></td><td rowspan="8"></td><td rowspan="8"></td><td rowspan="8"></td></tr>
<tr><td colspan="2"></td></tr>
<tr><td colspan="2">조제 (제제)
약 품 코 드
(건강보험심사
평가원이 기재)</td></tr>
<tr><td colspan="2">청 구 가</td><td>효능 · 효과</td></tr>
<tr><td colspan="2">가격적용일</td><td>비고</td></tr>
<tr><td colspan="2">구 분</td><td rowspan="2"></td></tr>
<tr><td colspan="2">제제약( )
조제약( )</td></tr>
</table>

자동차보험진료수가 청구서 · 명세서 접수증

의료기관기호 : 의료기관명 :

접수 번호	진료 년월	보험회사등 코드	청구 구분	청구 건수	청구액	접수 번호	진료 년월	보험회사등 코드	청구 구분	청구 건수	청구액

주) 1.보험회사코드는 뒤쪽과 같음 2.청구구분란은 0=원청구, 1=보완청구, 2=추가청구

귀하께서 제출하신 자동차보험진료수가 청구서와 명세서를 상기와 같이 접수하였음을 알려드립니다.

20 년 월 일

건강보험심사평가원장 [직인]

<table>
<tr><th colspan="2">[별지 제1호서식]</th><th colspan="2">교통사고환자 진료기록 확인 요청서</th></tr>
<tr><td>보험회사명
(기 호)</td><td></td><td>의료기관명
(기 호)</td><td></td></tr>
<tr><td>환 자 명</td><td></td><td>환자 생년월일</td><td>(남, 여)</td></tr>
<tr><td>진 료 기 관</td><td></td><td>진 료 과 목</td><td></td></tr>
<tr><td>목 록</td><td colspan="3">세부확인요청사항</td></tr>
<tr><td>ㅁ 응급실 기록지</td><td colspan="3"></td></tr>
<tr><td>ㅁ 경과 기록지</td><td colspan="3"></td></tr>
<tr><td>ㅁ 의사 명령지</td><td colspan="3"></td></tr>
<tr><td>ㅁ 수술 기록지</td><td colspan="3"></td></tr>
<tr><td>ㅁ 마취 기록지</td><td colspan="3"></td></tr>
<tr><td>ㅁ 투약 기록지</td><td colspan="3"></td></tr>
<tr><td>ㅁ 간호 기록지</td><td colspan="3"></td></tr>
<tr><td>ㅁ 검사 결과지</td><td colspan="3"></td></tr>
<tr><td>ㅁ 방사선 결과지</td><td colspan="3"></td></tr>
<tr><td>ㅁ 기 타</td><td colspan="3"></td></tr>
<tr><td colspan="4">「자동차손해배상 보장법」 제14조제1항과 국토교통부고시 「자동차보험진료수가에 관한 기준」 제10조제1항에 따라 교통사고환자 진료기록의 [ ]열람, [ ]자료제출을 위와 같이 요청합니다.

년 월 일

○ ○ 보험주식회사(보상센터장) (인)</td></tr>
</table>

수행 내용 및 수행 준거

1 자동차보험의 진료비청구에 대하여 이해하고 명세서를 작성하여 청구한다.

(1) 자동차진료비 청구기관은 건강보험심사평가원이며 진료비지급은 보험사가 지급한다.

(2) 진료비청구는 건강보험과 동일(의과, 치과, 외래, 입원 구분)하며 청구매체는 정보통신망 또는 서면청구로 하고, 명세서작성방법은 건강보험과 동일하다(다만, 사고접수번호 및 지급보증번호를 기재한다).

(3) 진료수가산정방법은 건강보험기준과 국토교통부장관의 고시에 따른다.

(4) 자동차보험 진료비청구서식과 청구요령을 숙지한다.

2 시설 및 장비, 인력에 대한 변경사항은 15일 이내에 심평원에 신고하고 약제 및 치료재료 목록표 등을 제출한다.

3 자동차보험 진료수가 청구시기(일정)에 대하여 알아보고 미수금을 조기 회수할 수 있도록 업무를 수행한다.

(1) 외래진료는 내원일이 속한 날의 다음 달 초일부터 월별로 청구하거나, 내원일이 속한 다음 주 월요일부터 주단위로 구분하여 청구할 수 있다.

(2) 입원진료의 청구시기는 정보통신망으로 진료수가를 청구할 경우에는 퇴원일이 속한 날의 다음 주 월요일부터 청구할 수 있다(장기 재원환자의 경우 30일을 초과하여 입원진료를 하는 경우에는 연계 심사가 가능하도록 월단위로 분할 청구할 수 있다).

(3) 요양병원형 수가를 적용하는 진료수가는 청구매체 및 입원기간에 관계없이 월별로 구분하여 진료월 다음달 초일부터 청구한다.

4 자동차보험환자의 진료시 승인상병 외 진료시는 관련부서(간호부서 등)의 협조를 받아 처리한다.

자동차사고와 관련이 없는 진료시(기왕증 및 만성질환 등)는 건강보험 또는 의료급여를 적용하여 본인부담을 수납하고 별도로 구분하여 보험자부담금을 청구한다.

5 요양급여비용 청구방법과 요양급여비용 명세서 작성 시 종합병원 · 병원 · 의원의 경우 작성순서를 알아본다.

(1) 요양기관은 요양급여비용 청구를 정보통신망 또는 서면 중 한가지의 방법을 선택하여 요양급여비용을 청구한다.

(2) 명세서 중단 우측 란에는 "요양급여의 내역과 처방 내역"은 (1) 처방전 발급번호 및 점검번호, 처방일수 (2) 처방내역 (3) 요양급여의 내역 순으로 기재한다.

6 요양급여비용 명세서 작성 시 (I)란 및 (II)란의 기재사항을 이해하고 작성해본다.

(1) "기본진료, 약제, 특정재료(I)"란은 기본진료료(진찰료, 입원료), 의약품관리료, 약제, 치료재료 및 혈액, 식대 등 요양기관 종별 가산율이 적용되지 아니하는 비용을 기재한다.

(2) "진료행위(II)"란은 요양기관 종별 가산율이 적용되는 비용(검사료, 영상진단료, 조제료, 주사수기료, 이학요법료, 마취료, 처치 및 수술, 캐스트료, 등)을 기재한다.

7 요양급여비용 명세서 작성 시 소계 및 가산율과 가산금액에 대하여 알아본다.

(1) "소계"란은 "1"란부터 "T"란까지의 (I)란의 합계금액과 (II)란의 합계금액을 각각 기재한다.

(2) "가산율"란은 요양기관종별 가산율을 기재하고, 가산금액란은 (II)란의 소계금액에 요양기관종별 가산율을 곱한 금액으로 기재하되, "원" 미만은 4사5입 한다.

8 종별가산금액 및 요양급여 총액과 청구액의 기재사항을 이해하고 작성해본다.

(1) 종별가산금액(가산율)은 진료행위(II)의 소계란 금액에 요양기관 종별가산율을 곱한 금액을 기재하고 원미만 4사5입 한다.

(2) "진료비총액"란은 기본진료, 약제, 특정재료(I)란의 소계와 진료행위(II)란의 소계와 가산금액을 모두 합하여 총 금액에서 10원미만 절사하여 기재한다.

(3) "환자납부총액"란은 환자납부액 (I)란과 (II)란 및 의료기관종별 가산율에 따른 가산금액을 합한 총 금액에서 10원 미만 절사하여 기재한다.

(4) "청구액"란은 진료비총액에서 환자납부총액을 제외한 금액을 기재한다.

9 요양급여비용 명세서 작성시 인적사항과 상병명 및 진료결과 코드 작성을 해본다.

(1) 인적사항은 사고환자명과 주민번호 및 사고접수번호, 지급보증번호를 기입한다.

(2) 상병명은 주상병-부상병-배제(추정)상명 순(상병코드 포함)으로 명세서에 기재한다.

(3) 진료결과는 명세서상 최종 진료일의 환자상태를 구분하여 계속진료는 1, 이송은 2, 회송은 3, 사망은 4, 퇴원 또는 종결은 9로 해당코드를 기재한다.

10 진료비명세서를 작성하고 청구요령에 의거 건강보험심사평가원으로 접수한다.

(1) 진료비 자체심사가 완료되면 명세서를 편철하고 청구금액을 산출 후 내부품의를 받는다.

(2) 내부품의가 완료되면 건강보험심사평가원으로 접수하고 접수증을 받는다.

수행 Tip!

- 국토교통부에서 고시한 진료수가명세서 작성요령과 지침을 참고한다.

11-3 자동차보험 진료비심사 청구

학습목표

1 | 심사기준에 의한 외래진료 심사 및 재원심사와 퇴원 후 병원 자체심사를 할 수 있다.
2 | 진료비심사과정에서 산정착오나 누락이 없었는지 검토할 수 있다.
3 | 진료기록부에 의한 상병명을 확인하고 의무기록지와 비교하여 심사청구 할 수 있다.

1. 자동차보험 진료비 개요

(1) 진료비 심사의 의의

진료비심사제도는 의료기관이 교통사고환자를 진료 후 건강보험심사평가원에 진료비를 청구 하였을 때 심평원에서 심사기준에 의한 의료기관의 부당한 진료비청구나 착오 등의 여부를 심사하는 것이다. 이는 진료질서의 확립을 유도하고 보험재정을 보호하며, 각 의료기관의 진료서비스가 적정하게 이루어지도록 하는 데 목적이 있다. 따라서 진료비심사제도는 의료기관이 제공한 요양급여에 대하여 진료비를 건강보험심사평가원에 청구하였을 때 청구된 진료비가 적정하게 산정되었는지를 심사하는 제도이다.

(2) 자동차보험 진료수가의 심사

① 건강보험심사평가원은 진료수가의 청구를 받은 때에는 청구 내역이 국토교통부장관이 고시하는「자동차보험진료수가에 관한 기준」에 적합한지를 심사하여야 한다.

② 심사평가원은 진료수가를 심사(심사내역 확인 포함)함에 있어 효율성을 기하기 위하여 전문가로 구성된 자문단을 운영할 수 있으며,「국민건강보험법」제66조에 따른 진료심사평가위원회의 의학적 전문지식에 대한 자문을 받을 수 있다.

③ 심사평가원은 다음 각 호의 어느 하나에 해당하는 경우에는 진료수가의 지급 후 심사내역에 대하여 확인 · 조정할 수 있다.

1. 약제 및 치료재료의 금액
2. 기타 심사평가원장이 진료수가 심사내역의 확인이 필요하다고 인정하는 경우

(3) 자동차보험 심사개요 및 필요성

① 심사개요

의학적 전문성에 기초한 체계적이고 일관성 있는 자동차보험 진료비 심사를 통해 국민을 의학적으로 보호하고, 심사결과에 대한 의료기관의 수용성을 높이기 위해 보험회사와 공제조합의 자동차보험 진료비 심사업무를 위탁받아 건강보험심사평가원이 2013년 7월부터 수행하고 있다.

② 심사의 필요성

요양급여비용 심사는 관계법령에서 정한 기준과 원칙에 근거하여 의학적으로 보편타당하고 경제적으로는 비용효과적인 방법으로 요양급여가 행하여졌는지 여부를 공정하고 타당하게 심사함으로써, 불필요한 과다비용의 억제와 부당한 진료비용의 지급을 방지하고 의료자원의 과소이용 및 부적절한 이용을 방지하는데 있다.

따라서 요양급여비용심사는 행위별로 산정한 요양기관의 청구내용이 요양급여기준 등에 적합한지를 심사하여 청구오류나 위반사항을 조정함으로써 요양급여비용의 청구질서를 확립하고 적정진료를 유도하는데 있다.

(4) 자동차보험 심사의 법적근거

① 자동차손해배상보장법 제12조의 2(업무의 위탁)

- 보험회사 등은 제12조의제4항에 따라 의료기관이 청구하는 자동차보험진료수가의 심사 · 조정 업무 등을 대통령령으로 정하는 전문심사기관에 위탁할 수 있다.

② 자동차손해배상보장법 시행령 제11조의 2(자동차보험진료수가 전문심사기관)

- "대통령령으로 정하는 전문심사기관"이란「국민건강보험법」제62조에 따른 건강보험심사평가원을 말한다.

③ 국민건강보험법 제63조 제1항(심사평가원의 업무 등)제5호

- 제1항. 심사평가원은 다음 각 호의 업무를 관장한다.
- 5호. 다른 법률에 따라 지급되는 급여비용의 심사 또는 의료의 적정성 평가에 관하여 위탁받은 업무

④ 자동차손해배상보장법 시행규칙 제6조의 2(자동차보험진료수가의 청구) 등이다.

(5) 자동차보험심사의 기준

자동차보험 요양급여의 범위 및 비용 산정기준은 건강보험 요양급여 기준을 적용하고, 동 기준에서 정한 사항이 근로자 보호를 위하여 적당하지 아니한 경우 및 동 기준에서 정하고 있지 아니한 사항의 경우 등에는 국토교통부장관이 별도 고시하는「진료수가산정기준」을 적용한다.

① 보건복지부장관이 의학적으로 보편·타당한 방법·범위 및 기술 등으로 인정한 진료기준(건강보험기준)
② 건강보험기준과 달리 적용하는 사항
③ 건강보험기준에서 요양급여로 정하지 않았거나 달리 정한 사항
④ 국토교통부장관이 고시한 '자동차보험에서 추가로 인정 하는 요양급여의 범위 및 비용 산정기준' 등이다.

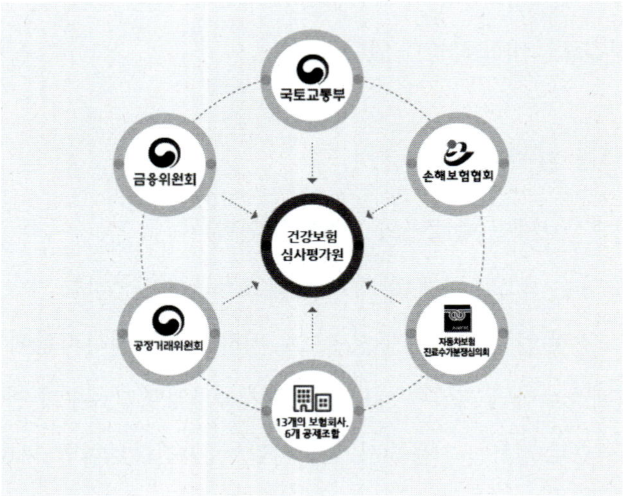

그림 11-3 ▶ 자동차보험 진료비심사 관련기관

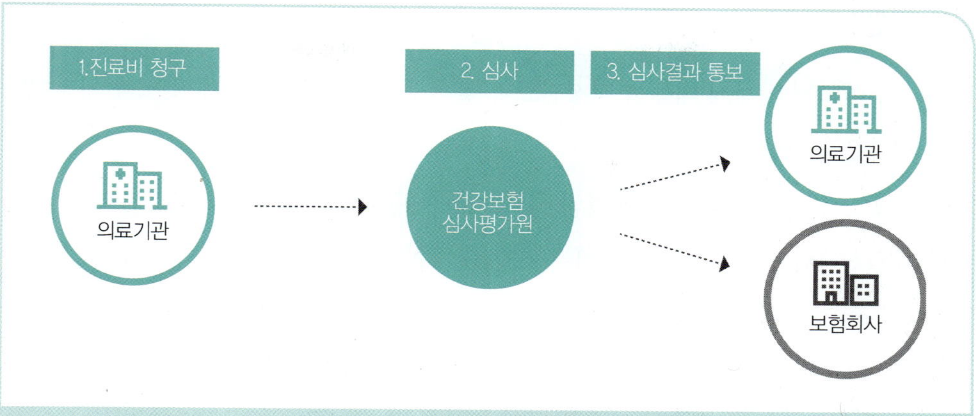

그림 11-4 ▶ 자동차보험 진료비심사 청구의 흐름도

(6) 자동차보험 진료비심사 청구의 흐름도

의료기관이 자동차보험 진료비를 심사평가원으로 청구하고 그 결과에 따라 보험회사 및 공제조합이 진료비를 지급한다.

2. 의료기관의 자체심사 및 심사평가원 심사

(1) 의료기관의 자체 심사(청구 전)

자동차보험환자가 비급여 진료 등 본인부담진료비를 납부(대상자에 한함)하고 퇴원한 후 보험사가 부담하는 진료비에 대하여 청구하기 전에 심사하는 것을 사후심사 또는 청구전 심사라고 한다.

① 재원심사

진료기록부를 바탕으로 재원중인 환자에 대한 처방이 적절한지 여부 (처방누락, 처방과잉 진료, 적용 및 산정기준, 급여 및 비급여 적용 등)를 확인 심사하고, 퇴원심사시(퇴원예고환자) 환자의 신속 정확한 퇴원을 하기 위해서 재원중인 환자의 처방 및 진단을 심사한다.

② 퇴원심사

❶ 퇴원예고된 환자에 대해서 적정진료비 및 자동차보험급여기준에 맞도록 처방이나 진단을 심사한다.
❷ 사후 삭감에 대해서 사전에 미리 걸러주는 검토 작업을 한다.
❸ 재원심사와 마찬가지로 급여여부 조정, 누락처방 입력, 동일처방 삭제 등의 작업과, 환자의 보험자격 및 사후 청구시에 진단이 환자의 상태와 맞도록 조정한다.
❹ 기타 부가적인 정보를 주기 위해서 부분, 전체 코멘트 등의 정보(명일련 단위, 줄번호단위)를 입력하고, 환자가 수납하고 퇴원할 수 있도록 심사완료 시킨다.

③ 퇴원 후 사후심사

환자가 퇴원 후 병원의 전문심사요원이 진료행위 산정기준과 심사지침에 의한 심사로써 의무기록지와 대조하여 진료내역과 상병일치여부, 심사기준과 유권해석, 분과 심사위원회지침 등을 참고하여 병원자체심사를 한 후 건강보험심사평가원으로 정보통신망을 이용 청구하게 된다.

(가) 청구시기 및 심사방법

1 청구시기

진료비는 신속 · 정확하게 청구하여 조기에 미수금을 회수하는 것이 필요하며, 따라서 입원의 경우는 가능한 주간단위로 구분하여 청구하고, 장기재원환자의 경우에는 월단위로 분할청구 하는 것이 병원경영과 미수금관리에 효율적이다.

2 심사방법

진료비심사방법에는 진료비명세서에 의한 심사와 전산화면심사, 혼합방식이 있다.

- 진료비명세서에 의한 심사는 전산으로 출력된 진료비명세서를 진료기록부 및 심사기준과 대조 · 확인하는 심사방법으로 진료내역을 일자별이나 항목별로 출력된 진료비명세서를 확인할 수 있는 장점이 있으나 출력에 따른 시간과 비용이 많이 소요되는 단점이 있다.
- 전산화면심사는 진료비명세서를 출력하지 않고 전산화면으로 진료기록부와 대조심사하는 방법으로 시간과 비용이 절약되는 장점이 있다.

• 혼합방식심사는 진료비명세서와 전산화면심사를 혼합하여 사용하는 방식이다. 병원별 심사방법은 상이하나 입원의 경우는 수정보완사항이 상대적으로 외래심사보다 많기 때문에 혼합방식을 많이 사용하고 외래진료비심사는 진료내역이 적고 상병기재 등 단순하므로 전산화면심사를 많이 활용하고 있다.

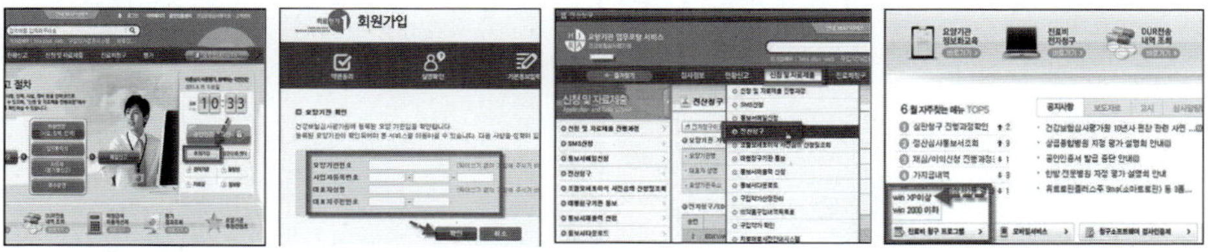

그림 11-5 ▶ 진료비청구 포털서비스 화면

(나) 의료기관의 진료비 명세서 청구절차

진료비청구란 본인이 부담하는 진료비를 제외한 손해보험사 부담진료비를 건강보험심사평가원에 청구하는 과정으로서 일정한 양식에 의거 서면이나 전자문서(정보통신망)를 이용하여 청구를 하게 되나 대부분 의료기관은 정보통신망으로 진료비를 청구하고 있다. 자동차보험의 경우 진료비청구절차는 다음과 같다.

자동차보험 진료비청구절차

① 환자 진료비 본인부담 계산(대상자) → ② 보험사 미수금 발생 → ③ 진료비청구명세서 생성(DATA 정리) → ④ 명세서출력 또는 전산화면심사(진료기록부와 대조) → ⑤ 의료기관 자체심사(사전 및 사후) → ⑥ 진료비명세서 분류 → ⑦ 검사결과지 및 소견서 첨부 → ⑧ 진료비명세서 마감 및 청구액 품의 → ⑨ 정보통신망 전송

(2) 건강보험심사평가원의 심사

건강보험심사평가원은 자동차보험사의 진료비심사를 위탁받아 의료기관의 청구내용이 규정에 의한 요양급여기준과 관련법령 및 심사기준에 의한 요양급여비용의 내역에 적합한지를 심사한다.

(3) 심사관련 보완자료의 요청

건강보험심사평가원은 의료기관으로부터 제출받은 자료만으로 진료수가의 심사 및 이의제기 처리가 곤란하다고 인정되는 경우에는 진료기록부, 환자에게 발행된 진료비계산서 사본 등 진료수가 심사에 필요한 보완자료의 제출을 요청할 수 있다. 보완자료의 제출을 요청하는 경우에는 심사평가원은 10일의 기간을 정하여 요청하여야 하며, 보완자료 요청을 받은 의료기관은 동기간 내에 제출하여야 한다.

(4) 진료수가 내역의 현지 확인

건강보험심사평가원장은 심사평가원의 소속직원이 현지(의료기관)를 방문하는 경우에는 별지 제15호 서식에 따른 진료수가 현지 확인 통보서와 심사평가원의 소속직원임을 증명할 수 있는 신분증을 의료기관의 장에게 제시하여야 한다.

[별지제15호 서식]	진료수가 현지 확인 통보서	[자동차보험]
의료기관 명 칭 : 대표자 :	기 호 : 소재지 :	
자동차손해배상 보장법 시행규칙 제6조의3에 따라 자동차보험 진료수가에 대한 현지 확인을 아래와 같이 실시하고자 합니다.		
가. 기 간 :	나. 내 용 :	다. 방문자 성명 :
	201 . . . 건강보험심사평가원장	

5. 심사결과통보 및 진료비지급

(1) 진료수가 심사결과의 통보

① 건강보험심사평가원은 진료수가를 심사한 경우에는 별지 제16호 서식에 따른 진료수가심사결과통보서(심사결과통보서)에 다음의 사항을 기재하여 의료기관 및 보험회사 등에 통보하여야 한다.

1. 심사청구서에 관한 사항
2. 진료수가 심사담당자의 성명 및 전화번호
3. 명세서별 심사내역(심사조정내역이 없을 경우 생략할 수 있다.)
4. 진료수가 심사조정사항이 있을 경우 항목별, 사유별 조정내역 및 심사결정 사항
5. 진료수가의 심사가 불가하거나 보류 중일 경우 그 내역

② 심사평가원은 제23조제3항에 따른 심사내역에 대한 확인결과 새로운 조정사유를 확인한 경우에는 그 내역을 의료기관 및 보험회사 등에 통보하여야 한다.

③ 심사평가원은 제21조제1항에 따른 청구서 접수증 및 제1항에 따른 심사결과통보서를 정보통신망을 이용하여 의료기관 또는 보험회사 등에 통보할 수 있으며, 의료기관이 진료수가를 서면으로 청구한 경우도 이와 같다.

④ 심사평가원은 제28조제3항에 따른 이의제기결과를 정보통신망을 이용하여 의료기관 또는 보험회사 등에 통보할 수 있으며, 의료기관이 진료수가를 서면으로 청구한 경우도 이와 같다.

(2) 자동차보험진료수가의 심사·지급

① 건강보험심사평가원은 자동차보험진료수가를 청구 받은 때에는 그 청구 내용이 자동차보험진료수가에 관한 기준에 적합한 지를 심사하여야 한다.

② 건강보험심사평가원의 원장은 청구 받은 사실을 확인할 필요가 있다고 인정하면 해당 의료기관에 관련 자료의 제출을 요구할 수 있으며, 의료기관은 특별한 사유가 없으면 이에 따라야 한다. 다만, 해당 의료기관이 관련 자료의 제출을 거부하거나 제출한 자료만으로는 사실관계 확인이 곤란한 경우에는 현지를 방문하여 확인할 수 있다.

③ 건강보험심사평가원의 원장은 자동차보험진료수가를 청구받은 날부터 15일 이내에 해당 의료기관 및 보험회사 등에 그 심사결과를 알려야 한다.

④ 보험회사 등은 제3항에 따라 자동차보험진료수가 심사결과를 통보받은 때에는 해당 의료기관에 자동차보험진료수가를 지급하여야 한다.

(3) 자동차보험 진료수가의 지급

① 보험회사 등은 건강보험심사평가원의 심사결과에 따라 지체없이 진료수가를 지급하고 그 내역을 의료기관에 통보하여야 한다.

② 보험회사 등이 의료기관에 지급할 진료수가는 명세서별로 10원 미만의 끝수가 있을 때에는 끝수를 제외한 금액으로 한다.

③ 보험회사 등은 보험회사 등의 변경 등으로 진료수가 지급주체가 다른 경우에는 해당 의료기관에게 우선 지급 한 후 해당 보험회사 등과 상호 정산하여야 한다.

④ 보험회사 등은 의료기관이 제7조제3항에 따라 청구하지 아니한 경우 환자납부액을 의료기관에 지급할 진료비 금액 중에서 공제하거나 정산할 수 있다.

⑤ 보험회사 등이 의료기관에 지급할 진료비 금액 중에서 공제하거나 정산하는 경우에는 그 내역을 의료기관 및 심사평가원에 통보하여야 한다.

수행 내용 및 수행 준거

1 의료기관의 자체심사와 건강보험심사평가원의 심사과정(절차)에 대하여 알아본다.

(1) 의료기관의 자체심사는 외래심시와 재원심사, 퇴원심사, 퇴원후 심사직원 자체심사가 있다.

(2) 건강보험심사평가원의 심사절차는 ① 전산점검 → ② 심사직원심사 → ③ 심사위원심사 → ④ 전문심사(심사위원회심사)의 순서로 진행된다.

- 심사직원심사는 주로 일반사항 및 심사기준 범위 내 심사를 말하며, 심사위원심사는 전문의학적 판단에 의한 진료의 적정성여부 심사이며, 심사위원회심사는 심사결정기준의 합의결정이 필요한사항의 심사를 의미한다.

2 자동차보험 진료수가 청구시기(일정)에 대하여 알아보고 미수금을 조기 회수할 수 있도록 업무를 수행한다.

(1) 외래진료는 내원일이 속한 날의 다음 달 초일부터 월별로 청구하거나, 내원일이 속한 다음 주 월요일부터 주단위로 구분하여 청구할 수 있다.

(2) 입원진료의 청구시기는 진료비청구포털서비스의 정보통신망을 이용하여 진료수가를 청구할 경우에는 퇴원일이 속한 날의 다음 주 월요일부터 청구할 수 있다.

(3) 장기 재원환자의 경우 30일을 초과하여 입원진료를 하는 경우에는 연계 심사가 가능하도록 월단위로 분할 청구할 수 있다.

(4) 요양병원형 수가를 적용하는 진료수가는 청구매체 및 입원기간에 관계없이 월별로 구분하여 진료월 다음달 초일부터 청구한다.

□ 재원환자의 진료비 사전 심사를 실시시 기대되는 효과는 다음과 같다.

- 진료담당의사, 간호사 등 직원에게 건강보험 인정기준 및 진료비 산정정보 사전 제공.
- 급여기준에 의한 적정진료비 퇴원 전 산정(신뢰도 확보, 민원사전방지)
- 행위별, 수가항목별, 진료정보와 통계자료 활용(임상연구자료, 질향상, DRG)
- 퇴원 전 진료비 자체심사 종결로 진료비 조기청구(자료운용 및 수익증가에 기여)
- 퇴원일에 진료비계산 오전 10시 이전 종결로 오전 퇴원 후 귀가 등이다.

3 자동차보험 진료수가 청구시 기재사항에 대하여 알아보고 수행한다.

요양기관 또는 대행청구단체는 요양급여비용 명세서에 다음과 같은 사항을 기재하여야 한다.

1. 사고접수번호 및 지급보험증번호 2. 사고환자의 성명 및 주민등록번호
3. 질병명 또는 부상명 4. 요양 개시 연월일 및 요양 일수
5. 요양급여비용의 내용 6. 처방전 내용 7. 진료비총액 및 청구액 등

4 자동차보험 진료비청구심사 · 지급 관련 법령내용을 알아본다.

의료기관이 자동차보험진료수가를 청구하면 보험회사 등은 30일 이내에 그 청구액을 지급하여야 한다. 다만, 보험회사 등이 제12조의2제1항에 따라 위탁한 경우 전문심사기관이 심사결과를 통지한 날부터 14일 이내에 심사결과에 따라 자동차보험진료수가를 지급하여야 한다.

5 요양급여비용 심사청구 시 활용되는 의무기록서식의 종류와 내용에 대하여 알아본다.

6 병원의 의료정보시스템 청구프로그램(OCS)과 의무기록정보시스템을 활용하여 심사자체심사 준비를 한다.

7 의료기관의 의료정보실에서 생성된 명세서의 진료내역과 의무기록지를 비교하여 자체 심사하며, 건강보험심사평가원의 건강보험 토털서비스에서 심사정보를 활용한다.

(1) 자체 심사시는 가능한 두 개의 전산 프로그램 화면(청구, 의무기록)을 활용한다.

(2) 국토교통부에서 고시된 심사청구서 및 명세서 작성요령을 참고한다.

(3) 명세서의 맨 윗부분 기본사항(사고접수번호, 보험지급번호 및 인적사항 등)이 기재되었는지 확인한다.

(4) 명세서 기재(입력) 내용과 의무기록지를 비교하여 자체 심사(조정)한다.

(5) 심사 중 의사의 소견이 필요한 사항은 해당 진료과에 자료작성을 협조 요청한다.

(6) 자체 심사시 가능한 발생된 청구대상 미수금과 청구차액(심사조정액)이 많이 발생하지 않도록 한다.

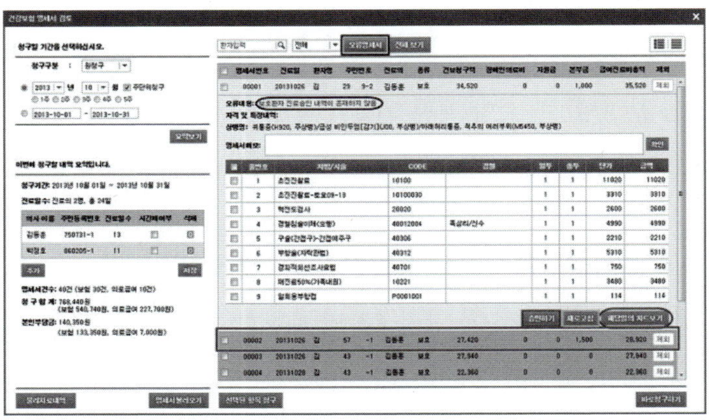

그림 11-6 ▶ 진료비 청구 심사프로그램

8 요양급여비용 청구시 상병명, 상병분류 기호순서에 대하여 알아본다.

(1) 통계청 고시에 의한 "한국표준질병 · 사인분류"의 분류기호를 주상병- 부상병- 배제진단순으로 기재하되, 주상병은 반드시 첫 번째 자리(제1단)에만 기재하고, 부상병, 배제진단(추정상병)은 각각 2개 이상인 경우 중요도 순으로 각각 기재한다.

(2) 질병코드는 알파벳과 숫자를 사용하여 표현 : 한국표준질병 사인분류 8차 개정판(KCD-8) 분류체계에 의한다.

9 심사청구시 진료의사의 소견이 필요한 것은 진료과에 의뢰하여 자료를 요청한다.

10 의료기관의 자체 심사가 완료되면 발생된 미수발생액과 청구차액을 진료과별로 정리하고 집계한다.

11 진료비청구명세서의 외래 및 입원을 구분하고 분야별 건수 총진료비/환자부담/청구액 등을 집계하고 마감한다.

12 청구명세서를 완료 후 내부결재를 득한 후 자동차보험진료수가 명세서를 정보매체를 통하여 건강보험심사평가원으로 청구한다.

13 대한병원협회 또는 건강보험심사평가원에서 매년 초에 시행하는 건강보험교육(요양급여기준 및 진료행위 수가산정지침 개정에 관한 교육)에 참가하여 건강보험관리의 최신정보를 획득하여 진료비심사청구에 활용한다.

수행 Tip!

- 관련 법령 및 건강보험심사평가원의 홈페이지를 검색하여 진료비심사기준을 수집하여 심사에 참고한다.

11-4 심사지급분석 및 사후관리

학습 목표
1 | 진료비 심사지급에 대한 진료비지급내역을 분석할 수 있다.
2 | 심사 결정사항에 대한 이의신청이나 심사청구를 요청할 수 있다.

1. 심사지급분석 분석

(1) 진료비지급내역서 분석

건강보험심사평가원의 진료비심사지급통보 받은 후 조정(삭감) 처리한 진료비 내역을 확인하는 과정으로 조정된 진료내역을 분석하여 진료비를 재청구 및 이의신청을 하기 위한 작업이다. 분석하는 방법은

① 요양급여비용 심사결정금액의 정산내역서 - 삭감금액, 줄번호별 심사조정코드 확인
② 요양급여비용 삭감 금액 - Ⅰ항, Ⅱ항 확인 ③ 지급불능건 및 반송건 확인 등이다.

(2) 진료비 심사조정코드 및 상세설명 내역

의료기관에서 건강보험심사평가원으로 요양급여비용 청구 후 진료비 심사결과에 대한 통보시 빈도가 높은 심사조정코드 및 상세내역은 다음과 같다.

표11-2 요양급여비용 심사(조정)내역 빈도 높은 사유별 코드

조정코드	조정코드 항목	조정코드 상세 설명 내역
A	금액 산정착오 조정 (행위, 약제, 치료재료)	행위, 약제, 치료재료에 대한 「급여목록표」, 「약제 및 치료재료의 구입금액에 대한 산정기준」 등에서 정한 금액과 일치하지 않은 금액으로 착오 청구한 경우
B	요양급여기준 적용착오비용 조정	고시, 행정해석 등에서 정한 산정지침 및 수가 등 제반기준을 잘못 적용한 경우
C	요양급여기준 범위초과비용 조정, 처방내역 미확인 조제	• 「요양급여의 적용기준 및 방법」 등에서 정한 요양급여기준 범위 및 식약청 허가사항 범위 등을 초과하여 진료한 경우 • 처방전 발행의사에게 약학적으로 의심이 나는 처방내역 등을 확인하지 않고 조제한 경우
D	계산착오금액 조정	명세서 상의 각 금액에 대한 합산액 착오

E	비급여 또는 요양급여비용의 100분의 100본인부담항목 조정	비급여 대상 및 100분의 100 본인부담 항목을 청구한 경우
F	구입증빙자료 미제출분 조정	약제, 치료재료 등 구입증빙자료 미제출한 경우
G	중복청구비용 조정	동일 수진자의 동일 요양급여비용을 2회 이상 중복하여 청구한 경우
H	소멸시효기간이 경과된 요양급여비용 조정	건강보험법에 의한 소멸시효기간이 경과된 요양급여비용의 청구

■ 자동차보험진료수가 심사업무처리에 관한 규정 [별지 제16호 서식]

진료수가심사결과통보서

접수번호 :	묶음번호 :	심사차수 :	보험자구분 :	진료년월 :	청일련 :
페이지 :	담당부, 심사위원 :		담당자 :		TEL :
	대표자 귀하	의료기관기호 :			

명세서 일련번호	보험 회사 코드	지급 보증 번호	진찰횟수 (초 / 재진)	내원 일수	청구 사항	심사 결정사항	수탁기관 지급액	심사 결정액	증감내역사항(주2): 계 (항목 / 사유 / 감액 / Ⅰ Ⅱ)	항목	사유	감액	Ⅰ Ⅱ	기타 감액 Ⅰ, Ⅱ	증액 Ⅰ, Ⅱ	진료 개시일
사고접수번호			가산 횟수	진료 일수	진료비 총액	진료비 총액										
진료구분(주1) / 환자성명 / 생년월일 / 성별				처방 횟수	환자 납부총액 / 청구액	환자 납부총액 / 청구액										

합계	구 분	건 수	진료비총액	환자납부총액	청구액	구 분	건 수	환자납부총액	청구액	수탁기관 지급액	심사 결정액
	청구사항					심사 불능사항					
	심사 결정사항					증감사항					

297mm×210mm(백상지 80g/㎡)

2. 보완청구 및 추가청구

(1) 보완청구

의료기관에서 진료수가를 청구하였으나, 건강보험심사평가원에서 심사불능 처리된 건(반송)에 대하여는 해당 사유를 보완하여 명세서를 재작성하고, 청구서에 첨부하여 다시 청구하는 것을 말한다. 이때 반드시 원청구분 등과 구분·작성하여 청구하여야 한다.

(2) 추가청구

의료기관이 진료수가를 지급 받은 명세서 중 진료내역의 일부가 당초 청구시 누락되어 누락된 진료내역만을 추가로 청구하는 경우 및 교통사고환자의 진료수가를 청구한 이후 교통사고환자에게 직접 받은 진료비의 세부내역에 대하여 보험회사 등으로부터 심사청구 요청을 받은 경우에는 명세서를 작성하여 청구서에 첨부하여 다시 청구하는 것을 말한다. 이때 반드시 원청구분과 구분·작성하여 청구하여야 하며, 또한 통보된 원 청구서의 접수번호, 명세서 일련번호를 기재하여야 하고, 반드시 진료기록부 사본을 첨부하여야 한다.

3. 이의신청 및 심사청구

(1) 심사결과에 대한 이의신청

건강보험심사평가원으로부터 자동차보험 진료청구 심사지급에 대한 심사내역서가 의료기관에 통보되면 심사지급내역을 면밀히 분석한 후 부당삭감(조정)에 대해서는 이의신청을 하게 된다.

① 의료기관 또는 보험회사 등이 심사평가원의 진료수가 심사결과에 이의가 있을 때에는 규칙 제6조의4에 따라 심사결과통보서를 받은 날부터 90일 이내에 별지 제17호 서식에 따라 이의제기를 하여야 한다.

② 의료기관은 제23조제3항에 따른 조정사유에 대하여는 조정사유를 통보받은 날로부터 90일 이내에 이의제기를 하여야 한다.

③ 건강보험심사평가원은 제1항부터 제2항까지의 규정에 따른 이의제기를 받은 때에는 규칙 제6조의4제2항에 따라 이의제기를 받은 날로부터 60일 이내에 별지 제18호 서식에 따른 문서로 의료기관 및 보험회사 등에게 이의제기에 대한 결과를 통보하여야 한다.

[별지제17호서식]	이의제기서([ ]의료기관 [ ]보험회사등)	[자동차보험]		처리기간 30일
문서번호		진료과목		
의료기관	명칭		첨부서류	1. 심사결과통보서 2. 진료기록부 3. X-ray film 4. 검사결과지 5. 기타 이의제기 사유를 입증할 수 있는 서류
	기호			
진료수가 심사결과 통보서	접수번호			
	심사차수			
	통보서 도달일자			
이의제기	건수총계			
	비용총액			

순번	명세서 번호	보험회사등		환자 성명	진료구분 (입원 · 외래)	이의제기금액		이의제기사유 및 내역 (상세히 기술)	첨부서류
		코드	명칭			Ⅰ항	Ⅱ항		

자동차손해배상 보장법 시행규칙 제6조의4에 따라 위와 같이 심사평가원의 심사결과에 대하여 이의제기합니다.

. . .

신청인 : (서명 또는 인)
주소 :
전화번호 :

건강보험심사평가원장 귀하

[별지 제18호 서식]	이의제기결과통보서([ ]의료기관 [ ]보험회사등)		[자동차보험]
문서번호		관련근거	
의료기관	명 칭		
	기 호		

귀 원(보험회사등)에서 이의제기한 사항에 대한 처리결과를 아래와 같이 알려드립니다.
건강보험심사평가원장

접수번호 (연번)	심사차수	명세서 일련번호	보험회사등		환자성명	심사결정금액		결정내용
			코드	명칭		Ⅰ항	Ⅱ항	

(2) 자동차보험진료수가의 심사 청구

① 보험회사 등과 의료기관은 심사결과에 이의가 있는 때에는 이의제기 결과를 통보받은 날로부터 30일 이내에 심의회에 그 심사를 청구할 수 있다.

② 제12조의2제1항에 따른 전문심사기관의 심사결과를 통지받은 보험회사 등 및 의료기관은 제1항의 기간에 심사를 청구하지 아니하면 그 기간이 끝나는 날에 의료기관이 지급 청구한 내용 또는 심사결과에 합의한 것으로 본다.

③ 제1항에 따른 심사 청구의 대상 및 절차 등은 대통령령으로 정한다.

❶ 심사청구 시 제출서류

(가) 제28조제3항에 따른 이의제기 결과가 자동차보험진료수가기준을 부당하게 적용한 것으로 판단되면 심사청구인은 별지 제20호 서식의 심사청구서를 심의회에 제출하여야 한다. 이 경우 심사청구서 제출 방법은 우편 또는 직접 방문으로 한다.

(나) 심사청구인은 제1항의 심사청구서에 다음 각 호를 첨부하여야 한다.

1. 제28조에 의한 이의제기서 및 이의제기결과통보서
2. 제13조제1항에 의한 자동차보험진료수가명세서
3. 심사청구 접수비용 예치 확인서
4. 심사청구인 사업자등록증 사본

(다) 제2항제1호의 이의제기서는 심사평가원의 이의제기 결과가 기각처리된 경우 이의제기 주체가 그 결과에 대해 심의회에 심사청구 하는 경우에만 제출한다.

(라) 제2항제4호는 심사청구인이 심의회에 최초로 심사청구한 경우에만 제출한다. 다만, 이미 제출한 내용이 변경된 이후 심사청구할 때에도 이와 같다.

(마) 제1항의 심사청구는 교통사고환자별로 심사평가원의 이의제기결과통보서를 기준으로 청구하여야 하며, 심사청구액의 범위는 제28조제1항 및 제2항의 이의제기 금액 이내로 한다.

❷ 심사청구 접수

(가) 심의회는 제출된 심사청구서가 관련 법령 및 이 고시에서 정한 사항에 부합하지 아니하는 경우에는 그 접수를 거부하여야 한다. 다만, 심의회는 법 제19조제1항의 기간 이내에 심사청구인에게 필요한 사항에 대해 수정·보완할 것을 요청할 수 있다.

(나) 심의회가 심사청구서를 접수한 때에는 별지 제21호 서식의 접수증을 심사청구서에 기재된 심사청구인의 전자우편 주소로 송부하여야 한다.

(다) 심사청구인은 제2항의 접수여부를 확인하여야 하며, 심의회에 접수된 심사청구서의 심사청구액을 임의로 변경할 수 없다.

❸ 심사청구 답변서

(가) 심의회는 제32조제2항에 따라 심사청구를 접수한 때에는 심사피청구인에게 심사청구서 사본으로 그 사실을 통보하고, 심사평가원에게는 별지 제22호 서식으로 그 사실을 통보한다.

(나) 심사피청구인은 제1항의 통보를 받은 날부터 30일 이내에 별지 제23호 서식에 따라 작성한 답변서와 이와 관련된 증빙자료를 심의회에 제출하여야 한다. 다만, 답변서를 제출하지 아니한 경우에는 심사평가원의 이의제기 결과와 동일한 것으로 본다.

(다) 심사평가원은 제1항의 통보를 받은 날부터 30일 이내에 별지 제24호 서식에 따라 작성한 해당사건의 심사의견을 심의회에 제출하여야 한다.

지급보증번호 :　　교통사고환자 진료비에 대한 심사요청서[별지 제19호 서식]

수　신 : ㅇㅇ병(의)원장 귀하
제　목 : 교통사고환자 진료비에 대한 심사요청서

1. 귀 의료기관의 발전을 기원합니다.
2. 귀 의료기관에 진료한 다음 교통사고환자는 우리 회사(조합)가 보상책임을 지고 있는 피해자로서 우리 회사(조합)는 자동차보험진료수가 심사업무처리에 관한 규정 제7조에 따라 귀 의료기관이 교통사고 환자로부터 직접 지급받은 진료비를 통보하오니 세부내역을 기재하여 건강보험심사평가원에 30일 이내에 심사청구하여 주시기 바랍니다.

－ 다　　음 －

환 자 성 명	(남,여)	생 년 월 일	
사고접수번호		사 고 일 자	
진 료 기 간		환자납부액	
담당자 이름		담당자 연락처	
특 이 사 항			

20　년　월　일
ㅇㅇ보험주식회사　ㅇㅇ센터장 (인)

주소 :

[별지 제22호 서식]　　심사청구 접수 내역 통보서

순번	심사청구 접수번호	연번	심사청구인	심사피청구인	이의제기금액	이의제기 결과통보서		심사청구 내역	
	환자성명		기호(코드)	기호(코드)	심사청구금액	접수번호	명일련	분류 및 약품명	심사청구 사유
1									

자동차보험진료수가 심사업무처리 규정 제33조제1항에 따라 심사청구 접수 내역을 통보하니, 같은 조 제3항에 따라 귀 원의 심사의견을 30일 이내에 심의회로 제출하여 주시기 바랍니다.

년　월　일

자동차보험진료수가분쟁심의회 위원장 (직인)

[별지 제20호 서식]

심 사 청 구 서(ㅁ의료기관 ㅁ보험회사)

<table>
<tr><td colspan="2">※심사청구접수번호</td><td></td><td>①진 료 과 목</td><td></td></tr>
<tr><td rowspan="4">②심사 청구인</td><td>기호/코드</td><td></td><td>명 칭</td><td></td></tr>
<tr><td>주 소</td><td colspan="3">ㅁㅁㅁ-ㅁㅁㅁ</td></tr>
<tr><td>전 화 번 호</td><td></td><td>전 자 우 편</td><td></td></tr>
<tr><td>작 성 자 명</td><td colspan="3">(서명 또는 날인)</td></tr>
<tr><td rowspan="3">③심사 피청구인</td><td>기호/코드</td><td></td><td>명 칭</td><td></td></tr>
<tr><td>주 소</td><td colspan="3">ㅁㅁㅁ-ㅁㅁㅁ</td></tr>
<tr><td>담 당 자</td><td></td><td>전 화 번 호</td><td></td></tr>
<tr><td colspan="2">④ 환 자 성 명</td><td></td><td>⑤ 생년월일</td><td> 성별 </td></tr>
<tr><td colspan="2">⑥ 사 고 일 시</td><td></td><td>⑦ 사고접수번호</td><td></td></tr>
<tr><td colspan="2">⑧ 환자탑승차량 견적</td><td colspan="3"></td></tr>
<tr><td colspan="2">⑨ 사 고 경 위</td><td colspan="3"></td></tr>
<tr><td colspan="2">⑩ 이의제기결과통보서 도달일자</td><td></td><td>⑪ 심사수수료예치액</td><td>원(예치일: 월 일)</td></tr>
</table>

⑫연번	⑬접수번호	⑭명일련	⑮진료비 청구기간	⑯진료구분 (입 · 통원)	⑰이의제기금액	⑱심사청구액
1						
2						
3						
총 합 계						

⑲주요진단명		
⑳치료 경과		

심사청구 세부내역

<table>
<tr><td rowspan="2">⑫ 연번</td><td rowspan="2">㉑ 항</td><td rowspan="2">㉒ 목</td><td rowspan="2">㉓ 분류 및 약품명(코 드)</td><td colspan="2">㉔ 심사청구액</td><td rowspan="2">㉕ 심사청구 사유 및 내역</td></tr>
<tr><td>I</td><td>II</td></tr>
<tr><td></td><td></td><td></td><td></td><td></td><td></td><td></td></tr>
<tr><td colspan="4">㉖ 소 계</td><td></td><td></td><td rowspan="3"></td></tr>
<tr><td colspan="4">㉗ 가 산 율</td><td>%</td><td></td></tr>
<tr><td colspan="4">㉘ 합 계</td><td></td><td></td></tr>
</table>

<table>
<tr><td rowspan="2">㉙ 제출서류</td><td>필수</td><td>1. 이의제기서 및 이의제기결과통보서
2. 자동차보험 진료수가 명세서
3. 심사수수료 예치사실 확인 서류(예 : 무통장 입금증 등)
4. 심사청구서 부본
5. 심사청구인 사업자 등록증 사본 (ㅁ신규 ㅁ변경)</td><td>*제출근거 :
자동차보험진료수가 심사업무처리에 관한 규정 제31조제2항</td></tr>
<tr><td>추가</td><td colspan="2">ㅁ6. 진료기록부 사본
ㅁ7. CD
ㅁ8. 필름
ㅁ9. 기타 (예 : 심평원 1차 심사결과 통보서, 진단서 등)</td></tr>
</table>

자동차손해배상보장법 제19조제1항의 규정에 의하여 위와 같이 심사청구 합니다.

청구일 : 년 월 일

청구인 : (인)

자동차보험진료수가분쟁심의회 귀중

<table>
<tr><th>[별지 제22호 서식]</th><th colspan="9">심사청구 접수 내역 통보서</th></tr>
<tr><td rowspan="2">순번</td><td>심사청구 접수번호</td><td>연번</td><td>심사청구인</td><td>심사피청구인</td><td>이의제기금액</td><td colspan="2">이의제기 결과통보서</td><td colspan="2">심사청구 내역</td></tr>
<tr><td colspan="2">환자성명</td><td>기호(코드)</td><td>기호(코드)</td><td>심사청구금액</td><td>접수번호</td><td>명일련</td><td>분류 및 약품명</td><td>심사청구 사유</td></tr>
<tr><td>1</td><td></td><td></td><td></td><td></td><td></td><td></td><td></td><td></td><td></td></tr>
<tr><td colspan="10">자동차보험진료수가 심사업무처리 규정 제33조제1항에 따라 심사청구 접수 내역을 통보하니, 같은 조 제3항에 따라 귀 원의 심사의견을 30일 이내에 심의회로 제출하여 주시기 바랍니다.
년 월 일
자동차보험진료수가분쟁심의회 위원장 (직인)</td></tr>
</table>

<table>
<tr><th colspan="2">[별지 제23호 서식]</th><th colspan="3">답 변 서</th></tr>
<tr><td colspan="2">①심사청구접수번호</td><td></td><td>②연 번</td><td></td></tr>
<tr><td colspan="2">③환 자 성 명</td><td></td><td>④진료비청구기간</td><td></td></tr>
<tr><td colspan="2">⑤심사청구인명</td><td></td><td>⑥심사피청구인명</td><td></td></tr>
<tr><td>⑦코드</td><td>⑧분류 및 약품명</td><td colspan="3">⑨심사청구사유에 대한 답변</td></tr>
<tr><td colspan="2">⑩제출서류</td><td colspan="3">□ 1. 진료기록부 사본 □ 2. CD □ 3. 필름 □ 4. 기타 ( )</td></tr>
<tr><td colspan="5">자동차보험진료수가 심사업무처리 규정 제33조제2항에 따라 위와 같이 답변서를 제출합니다.
제 출 일 : 년 월 일 제 출 인 : (인)
자동차보험진료수가분쟁심의회 귀중</td></tr>
</table>

<table>
<tr><th colspan="2">[별지 제24호 서식]</th><th colspan="4">심 사 의 견 서</th></tr>
<tr><td>①심사청구접수번호</td><td></td><td>②연번</td><td></td><td>③환 자 성 명</td><td></td></tr>
<tr><td>④명세서접수번호</td><td colspan="3"></td><td>⑤명세서일련번호</td><td></td></tr>
<tr><td colspan="6">심 사 의 견</td></tr>
<tr><td colspan="6"></td></tr>
<tr><td colspan="6">자동차보험진료수가 심사업무처리 규정 제33조제3항에 따라 심사청구 접수 내역에 대한 심사의견을 위와 같이 제출합니다.
제 출 일 : 년 월 일
자동차보험진료수가분쟁심의회 귀중</td></tr>
</table>

수행 내용 및 수행 준거

1 진료비청구 심사지급에 대한 진료비지급 내역서를 면밀하게 분석한다.

2 건강보험심사평가원으로부터 진료비심사지급내역서가 통보되면 분석 후 미수금을 정리하고 재청구대상(이의신청, 보완청구, 추가청구 등)을 발췌한다.

3 진료비청구 심사내역서를 분석 후 보완청구 및 추가청구를 한다.

(1) 보완청구란 요양기관에서 요양급여비용을 청구하였으나, 심사평가원에서 심사불능 처리된 건(반송건)에 대하여는 해당사유를 보완하여 명세서를 재작성하여 청구하는 것을 말한다.

(2) 추가청구는 요양기관이 요양급여비용을 지급받은 명세서 중 진료내역의 일부가 당초 청구 시 누락되어 누락된 진료내역만을 추가로 청구하는 것을 말한다. 추가청구 시는 구분코드("2")를 기재하고, 명세서의 청구 구분란에 이미 통보된 원 청구서의 접수번호, 명세서 일련번호를 기재하여야 하며, 이 경우 반드시 진료기록부 사본을 첨부하여야 한다.

4 진료비 심사조정에 대한 이의신청 및 심사청구에 대하여 알아보고 해당사항이 있을 경우 업무를 수행한다.

(1) 이의신청은 의료기관 또는 보험회사 등이 심사평가원의 진료수가 심사결과에 이의가 있을 때에는 규칙 제6조의4에 따라 심사결과통보서를 받은 날부터 90일 이내에 별지 제17호 서식에 따라 이의제기를 하여야 한다.

(2) 건강보험심사평가원은 이의제기를 받은 날로부터 60일 이내에 별지 제18호 서식에 따른 문서로 의료기관 및 보험회사 등에게 이의제기에 대한 결과를 통보하여야 한다.

(3) 심사청구는 보험회사 등과 의료기관은 심사결과에 이의가 있는 때에는 이의제기 결과를 통보받은 날로부터 30일 이내에 심의회에 서식을 활용 심사를 청구할 수 있다.

5 자동차보험의 삭감(조정)내용 중 진료부서에 협조가 필요한 사항을 발췌하여 통

보하고 해당 업무를 수행한다.

6 진료비청구 심사지급에 대한 정산내역을 외래 및 입원 구분하여 분석한다.

표11-3 자동차보험진료비 청구현황 및 심사조정률

(단위 : 건, 백만원,%)

구분	전월			금월		
	건수	총진료비	조정율	건수	총진료비	조정율
외래						
입원						
계						

7 심사시 조정된 내역을 요약 정리하여 해당 진료과 협조요청 및 직원의 보험교육 등에 활용한다.

8 진료비청구심사의 효율화방안에 대하여 알아보고 자체 심사시 활용한다.

표11-4 진료비청구심사의 효율화방안

1	자동차보험진료비는 미수발생 후 최단시일 내(외래는 익월, 입원은 퇴원 후 다음주/장기입원환자는 월단위 분할청구) 청구하도록 한다.
2	심사단체(심평원 등)에서 보완자료 요청시는 기한 내 자료를 송부하여 삭감을 미연에 방지하여야 한다.
3	심사 청구 후 반송건에 대해 즉시 자료를 보완하여 누락없이 청구(재청구)하여야한다.
4	약품 및 재료대 구입증빙자료를 기한 내(분기 최초월 14일 이내) 심평원에 자료를 송부하여야 한다.
5	진료비청구 후 진료행위에 대한 누락이 발생하면 즉시 추가 청구하여야 한다.
6	자동차보험환자(또는 산재환자)의 기왕증진료(미승인상병)는 본인부담금을 징수하고 별도 청구(건강보험 또는 의료급여)하여 진료비누락을 방지하여야 한다.
7	1회의 진찰로 연속 처방한 물리치료 및 주사에 대하여 진료기록부에 누락이 없도록 기록하여야 한다.
8	자체 심사시 진료행위에 대한 행위별 가산율 적용(야간 및 공휴일, 나이, 기타)이 산정기준에 맞게 산정되었는지 확인하여야 한다.
9	진료비심사지급 통보서에 대한 조정내역을 면밀히 분석하여 수가산정 및 적용착오가 없도록 하여야 한다.
10	특히 입원환자의 항생제삭감을 보험유형별로 분석하여 약품관리에 활용하여야 한다.
11	자동차보험환자에 반복 삭감하는 건(행위)에 대해서는 진료과와 협의, 대응방안을 강구하여야 한다.

자료출처: B병원 경영진단보고서(김회창)

9 보건복지부 및 국토교통부의 급여회신, 유권해석, 신규고시사항, 진료비심사사례를 관리하고 주요내용을 의료진과 직원들에게 교육한다.

10 자동차보험진료수가분쟁심의회 심사청구제도 활용 안내에 대하여 알아본다.

자동차손해배상보장법 제19조에 의거 현행 자동차보험진료수가 심사는 보험회사 등으로부터 업무 위탁을 받은 건강보험심사평가원에서 1차 및 2차(이의제기)를 한 후, 그 결과에 불복하는 당사자를 위해 자동차보험진료수가분쟁심의회(이하 '심의회')에서 3차(심사청구제도)를 진행하고 있다(심의회' 홈페이지(www.aimfrc.co.kr)

수행 Tip!

- 관련 법령 및 국토교통부와 보건복지부고시 진료비심사기준을 참고한다.

11-5 자동차보험진료수가 청구 및 심사 관련 질의응답 사항

1) 청구 및 접수 관련사항

Q1 서면 청구서 및 명세서의 접수처는 어디인가요?

○ 자동차보험진료수가는 의료기관 종별 및 지역구분 없이 모두 우리 원의 자동차보험심사센터(본원)로 청구하여야 합니다.

Q2 심사불능코드 J1(보험회사 등 요청에 의한 지급불능건)에 대한 상세내용 확인은 어디로 해야 하나요?

○ 심사불능코드 J1은 자격점검 관련 지급불능의 경우로 해당 보험회사 등으로 확인하시기 바랍니다.

Q3 보험회사등별로 청구서와 명세서를 구분하여 각각 작성해야 하나요?

○ 우리 원은 의료기관의 진료수가 청구내역 및 심사결과를 해당 보험회사 등에 통보하고, 보험회사등에서 진료수가를 지급하기 때문에 보험회사 등별로 각각 구분하여 작성하여야 합니다.

Q4 다중 추돌사고 등 여러 보험회사 등이 배상책임을 비율로 지불보증을 하는 경우 해당 보험사별로 각각 작성하여 청구해야 하나요?

○ 대표 보험회사 등 1곳으로 기재하여 전체 진료수가를 청구하면 해당 보험회사 등간 정산하여 지급할 것입니다.

Q5 현재 보험회사 등으로 청구시에는 진료수가 비용이 많은 입원의 경우 30일 이내건도 분할하여 청구하였는데, 심사평가원으로 청구시에도 분할하여 청구 가능하나요?

○ 입원 진료수가는 정보통신망으로 청구시 퇴원일이 속한 날의 다음주 월요일부터 할 수 있으며, 서면으로 청구시 퇴원일이 속한 다음 달 초일부터 월별로 청구할 수 있습니다. 또한, 30일을 초과하여 입원진료를 하는 경우에는 월단위로 분할청구 할 수 있습니다.

Q6 지급보증 한도 초과시 한도액만큼만 청구하고, 한도를 초과한 진료비는 환자에게 청구하여도 되나요?

○ 자동차보험 진료수가는 보험회사 등의 보험금 또는 자동차손해배상보장사업의 보상금으로 해당 비용을 지급합니다. 따라서, 진료수가 청구시에는 지급한도 범위내에서 청구하여야 합니다. 또한, 자동차손해배상보장법에 따르면 보험회사 등이 알린 지급보증한도를 초과한 진료비의 경우 환자에게 청구할 수 있음을 알려드립니다.

Q7 자동차보험 진료수가는 정보통신망으로만 청구해야 하나요? 서면 청구는 불가능하나요?

○ 자동차보험 진료수가는 정보통신망(진료비 청구포탈)으로 청구하는 것이 원칙입니다. 다만, 아래의 어느 하나에 해당하는 경우에는 서면으로 청구할 수 있습니다.

- 건강보험 요양급여비용의 청구 실적이 없는 경우
- 건강보험 요양급여비용을 서면으로 청구하는 경우

2) 명세서 작성방법

Q1 명세서 작성방법 및 청구주기는 어떻게 되나요?

○ 명세서 작성방법 및 청구주기는 건강보험과 동일합니다. 즉, 입원은 통합 작성하고, 외래는 일자별로 작성하여 월단위 또는 주단위로 청구하여야 합니다.

Q2 상급병실료는 어떻게 청구하나요?

○ 보험회사등이 상급병실 사용에 대해 지급 보증한 경우에 교통사고환자가 실제 사용한 상급병실료에 대하여 산정하며, 보험회사 등이 지급 보증한 근거자료(지급보증서 등)를 첨부하여야 합니다.

Q3 진료수가 명세서 서식에 환자납부액을 기재하도록 되어 있는데 환자납부액이 무엇인가요?

○ 지급보증 지연 등으로 인해 의료기관이 교통사고환자로부터 직접 받은 진료비(일명 '직불진료비') 중 보험회사 등의 보상책임이 있어 보험회사 등으로부터 심사평가원에 세부내역을 청구할 것을 요청받은 진료비입니다.

Q4 환자납부액(일명 '직불진료비')은 어느 경우에 청구하여야 하며 청구방법은 어떻게 되나요?

○ 환자납부액은 교통사고환자에게 직접 받은 직불진료비에 대해 무조건 청구하는 것이 아니라, 보험회사 등으로부터 환자납부액에 대해서 심사평가원에 심사청구할 것을 요청받은 경우에 한하여 진료수가 명세서 '11항. 환자납부액'란에 세부내역을 기재하여 청구하여야 합니다.

○ 또한, 교통사고환자의 진료수가를 청구한 이후 환자납부액을 별도로 청구하는 경우에는 추가청구 작성요령에 따라 청구하시기 바랍니다.

Q5 자동차보험 청구시 상해외인을 기재하여야 하나요?

○ 교통사고환자는 전 건이 상해외인으로 인해 발생됨에 따라 진료수가 명세서에 '상해외인(V,W,X,Y)' 기재는 제외하였습니다.

○ 단, 협의 진료 등으로 별도의 명세서를 작성하는 경우 '별도 명세서 작성 구분자'는 '특정내역(기재)'란에 기재하시면 됩니다.

Q6 사고접수번호 기재 방법은?

○ 보험회사등이 자동차사고에 대해서 각 사고별로 부여한 사고접수번호를 "-"를 포함하여 기재하여야 합니다.

Q7 지급보증번호란 무엇이며, 청구시 기재 방법은?

○ 지급보증번호는 의료기관이 보험회사 등으로부터 자동차보험 진료수가의 지급의사와 지급한도를 통지받은 '교통사고환자에 대한 진료비 지급보증서' 상에 기재된 관리번호이며, 청구시에는 "-"를 포함하여 기재하여야 합니다.

Q8 비급여 약제, 치료재료대 등의 구입단가가 입원 중 변경된 경우는 어떻게 청구하나요?

○ 약제 및 치료재료대 구입단가, 비급여 행위의 실제 소요비용이 변경된 경우 "변경일"란에 변경일을 기재하여 청구합니다.

Q9 자동차보험 환자는 보험회사 등으로 청구시 주로 주상병만 기재하여 청구하였는데, 진료 중 발생한 부상병도 모두 기재하여 청구하여야 하나요?

○ 진료기록부에 작성된 주상병 및 부상병, 배제된 상병을 모두 기재하여 청구합니다.

Q10 129사설응급구조기관을 이용하여 후송하는 경우 환자가 응급구조기관에 직접 비용을 지불했는데, 이 경우 직접 받은 진료비용도 청구하여야 하나요?

○ 자동차보험 진료수가 심사업무처리에 관한 규정 제3조 적용범위에 따르면 의료기관(의료법에 따른 의료기관 및 지역보건법에 따른 보건의료원)에서 실시한 진료수가에 한하여 우리 원으로 청구 가능합니다.

3) 자료제출 관련사항

Q1 진료수가 청구 전 제출하여야 하는 목록표 등의 종류는 무엇인가요?

○ 비용산정 목록표, 비급여약제 구입내역 목록표, 치료재료 급여□비급여 구입내역 목록표, 원료약 구입목록표, 조제(제제)약 목록표, 요양병원 환자평가표가 있습니다.

Q2 건강보험에서는 비급여항목에 대한 비용산정 목록표 및 구입내역 목록표를 제출하지 않아도 되는데, 자동차보험에서는 왜 비급여항목에 대한 구입내역 목록표 등을 제출하여야 하나요?

○ 자동차보험 진료수가 기준에 따르면 가격이 별도로 정해지지 않은 약제 및 치료재료의 경우 실구입 가격을, 행위의 경우는 진료에 소요되는 실제비용을 산정토록 되어 있습니다. 따라서, 실구입 가격과 진료에 소요된 실제비용의 확인을 위해 진료수가 최초 청구시 및 단가(비용)이 변경될 때마다 구입내역 목록표 등을 제출하여야 합니다.

Q3 비용산정 목록표, 비급여약제 구입내역 목록표, 치료재료 급여 · 비급여 구입내역 목록표 등은 어떤 방법으로 어디로 제출해야 하나요?

○ 비용산정 목록표 등은 진료수가 청구전에 아래 '표'와 같이 건강보험기준에서의 급여 및 비급여 항목으로 구분하여 정보통신망을 이용하여 제출하여야 합니다. 다만,「자동차보험진료수가 심사업무처리에 관한 규정」제6조제1항에 따라 서면으로 청구하는 의료기관에 한하여 서면 제출도 가능합니다.

- 행위 - 약제 - 치료재료별 목록표 제출 여부

구분	건보 급여항목	건보 비급여항목
행위 및 액제	–	제출 필요
치료재료	제출 필요 (건강보험 기 제출시 제출 생략)	제출 필요

- 목록표 접수처 및 제출방법

제출방법	접 수 처	
	건보 급여항목	건보 비급여항목
서면 제출	건강보험 요양급여비용 심사관할 본 · 지원	자동차보험심사센터(본원)
정보통신망 이용 제출	우리원 홈페이지 → 요양기관 업무포털서비스 → 신청 및 자료제출	우리원 홈페이지→ 요양기관 업무포털서비스 → 자동차보험 → 신청 및 자료제출

Q4 치료재료, 비급여약제 등 신고목록을 엑셀파일로 업로드하여 제출 할 수 있나요?

○ 자동차보험 진료수가 청구포털 프로그램에서 일괄 업로드 할 수 있습니다. 다만, 우리원 홈페이지 요양기관 업무포털 서비스의 신청 및 자료제출에서는 건별 입력하여야 합니다.

Q5 건강보험은 검사 영상자료의 경우 용량이 커서 포탈로 제출하지 못하고 별도 CD로 송부하고 있는데, 자동차보험도 동일한 방법으로 제출하여도 되나요?

○ 자동차보험 환자의 검사 영상자료 등 심사참고 자료의 경우 용량이 커서 포탈로 제출하지 못하면, 건강보험과 동일하게 별도 CD로 제출하여도 됩니다.

Q6 심사 보완자료의 제출을 요청받은 경우 제출기간은 어떻게 되나요?

○ 심사 보완자료의 제출을 요청받은 경우 10일 이내에 제출하여야 합니다.

Q7 요양병원의 경우 현재 일부 보험회사에서는 행위별로 작성하여 청구하라는 곳도 있습니다. 1주일 이상 입원한 경우 건강보험처럼 환자평가표를 작성하여 제출하여야 하나요?

○ 요양병원에 입원시 건강보험과 동일하게 포괄적인 행위가 적용되는 장기환자의 경우 요양병원 정액수가를 적용하여야 하며, 환자평가표를 작성하여 제출하여야 합니다.

Q8 CT 검사 등을 다른 의료기관으로 위탁 진료시 검사료 청구는 어느 기관에서 하나요?

○ 건강보험과 동일하게 입원의 경우 위탁한 의료기관에서 청구하여야 하며, 외래의 경우는 위탁한 의료기관 또는 검사를 실시한 의료기관에서 청구 가능합니다.

Q9 검사를 의뢰받아 실시하는 경우 지급보증번호를 따로 받아야 되나요?

○ 진료수가 명세서 청구시 지급보증번호를 반드시 기재하여야 합니다. 따라서, 수탁받은 기관에서 검사 등을 청구하는 경우에도 별도의 지급보증이 필요합니다.

Q10 심사결과에 대한 심사청구 단계는 없나요?

○ 우리원으로 심사 위탁 후 진료수가 청구서와 명세서는 심사, 심사결과의 통보, 심사결과에 대한 이의제기 과정으로 처리되며, 보험사, 의료기관 모두 심사청구 단계는 없습니다. 참고로, 의료기관의 심사청구권에 대한 법안이 발의 중에 있음을 알려드립니다.

Q11 기왕증을 가진 교통사고 환자가 건강보험과 자동차보험 진료를 동일에 외래 진료시 별도 명세서 작성구분자 "K"를 기재하여 청구하여야 하나요?

○ 별도 명세서 작성구분자 "K" 는 타법령(산재보험, 건강보험 등)으로 입원진료 중 교통사고로 인한 상병에 대한 진료로 별도의 명세서 작성시 기재합니다. 따라서, 외래 진료의 경우 별도 명세서 작성구분자는 기재하지 않아도 되며, 건강보험과 자동차보험 해당 진료내역으로 각각 청구하시면 됩니다.

4) 신청 및 신고 관련사항

Q1 자동차보험 교통사고환자에 대한 진료수가를 청구하려고 하는데, 요양기관 현황신고는 어떻게 해야 됩니까?

○ 의료기관은 진료수가를 최초로 청구하는 때에는 국민건강보험법 시행규칙 제12조의 절차에 따라 우리원의 건강보험 요양급여비용 심사관할 본□지원으로 요양기관 현황을 신고하시고, 우리원으로부터 부여받은 요양기호를 사용하여 자동차보험 진료수가를 청구하시면 됩니다.

다만, 건강보험 등 요양급여비용 청구시 요양기관 현황을 신고한 의료기관은 별도 신고를 생략할 수 있습니다.

5) 홈페이지

Q1 자동차보험만 청구하는 의료기관도 심사평가원에 회원가입을 해야 하나요?

○ 심사평가원은 의료기관 포털서비스를 통해 자동차보험 청구 및 목록표 제출 등 자동차보험 심사업무의 전반적인 사항을 안내하고 있습니다. 해당 서비스를 이용하기 위해서는 요양기관으로 회원가입을 꼭 하셔야 합니다.

※ 회원가입 : 심사평가원 홈페이지(www.hira.or.kr) → 회원가입(요양기관) → 약관동의 → 본인확인 → 기본정보입력 → 가입완료

Q2 공인인증서 등록은 어떻게 해야 하나요?

○ 서비스를 이용하는 PC에 보건복지분야에서 사용가능한 공인인증서가 저장된 상태에서 심사평가원 홈페이지 공인인증센터를 통해 등록하시면 됩니다.

※ 등록절차 : 심사평가원 홈페이지(www.hira.or.kr) → 회원가입(요양기관) → 로그인(아이디/비밀번호) → 공인인증센터 클릭 → 인증서 등록하기 → 등록 완료

Q3 공인인증서는 어떻게 발급받을 수 있나요?

○ 국민건강보험공단(www.nhic.or.kr, 1577-1000) 또는 국민연금관리공단(www.nps.or.kr, 1355)에서 보건복지분야에서 사용가능한 공인인증서를 발급하고 있습니다. 발급 받으신 후에는 심사평가원 홈페이지 공인인증센터메뉴를 통해 해당 공인인증서를 등록하셔야 서비스 이용이 가능합니다.

Q4 자동차보험용 진료비 청구포털 프로그램을 설치해야 하나요?

○ 건강보험 청구 시 진료비 청구포털 프로그램을 사용하신 의료기관은 자동차보험 청구를 위한 프로그램을 자동으로 설치(Update)해 드립니다. 단, 건강보험 청구 시 진료비 청구포털을 사용하지 않은 의료기관은 프로그램을 신규로 설치하셔야 사용이 가능합니다.

※ 설치절차 : 심사평가원 홈페이지(www.hira.or.kr) → 요양기관업무포털 서비스 → 화면 하단의 "진료비 청구 프로그램" 클릭(다운로드)

Q5 '진료비 청구포털서비스'를 사용하려면 KT-EDI를 해지해야 하나요?

○ 기본적으로 EDI해지 여부를 체크하지는 않으며, '전산청구신청서'를 통해 사용신청 여부만 점검합니다. 그러므로 EDI 해지여부와는 무관하게 서비스를 사용하실 수 있습니다. 단, 산재청구 등의 이유로 EDI 해지를 하지 않는 경우 해당 서비스에 대한 KT 사용요금은 계속 부과될 수 있습니다.

Q6 AFK가 발생되었다고 문자가 왔는데 어떻게 해야 하나요?

○ 청구명세서 접수과정에서 확인 된 단순기재착오 등 청구오류에 대한 안내입니다. 심사평가원에 회원가입하신 요양기관은 요양기관 업무포털 "자동차보험 〉 진료비청구 〉 청구오류 〉 (접수 후)청구오류 수정보완"메뉴를 선택하여 처리가 가능합니다. 단, 메뉴 사용이 불가능한 요양기관은 회원가입 및 공인인증서 등록 문제를 확인하시기 바랍니다.

※ AFK란? 금액산정착오(A), 증빙자료 미제출(F), 코드착오(K) 등 청구오류 건에 대하여 의료기관과 심사평가원 간에 진료수가 청구명세서 접수단계에서 수정·보완처리 지원 서비스를 말한다.

Q7 자동차보험에 대한 변경사항 적용 후 청구SW 인증검사를 받아야 하나요?

○ 청구SW에 자동차보험을 적용 후 청구SW에 대한 인증검사는 실시하지 않습니다. 하지만, 데이터 송·수신 등의 검증은 지원하오니 진료비 청구포털 프로그램(※ 설치방법은 'Q43' 참조) 등을 활용하여 사전점검 등의 자체 테스트를 진행하시기 바랍니다.

6) 진료수가 기준

Q1 현재 건강보험 기준에서 비급여대상이면서 수가코드가 없는 선택진료비, 상급병실료 등은 별도 코드를 고시하나요? 진료수가 코드가 고시되면 의료기관 및 청구 SW업체는 어떤 작업을 해야 하나요?

○ 국토교통부에서 「자동차보험 진료수가에 관한 기준」을 개정 고시하고 있습니다. 건강보험에서는 비급여대상이지만 자동차보험 진료수가 인정범위에 해당되는 선택진료비, 상급병실료 등의 경우 진료수가 코드가 부여될 것이며, 국토교통부 고시에 따라 우리원에서는 진료수가 코드를 홈페이지에 게재할 예정입니다. 의료기관 및 청구 SW업체에서는 의료기관 자체적으로 사용하는 코드와 고시된 진료수가 코드와의 매핑 작업이 필요합니다.

Q2 개정 고시 예정인 「자동차보험 진료수가에 관한 기준」의 변경 내용은 무엇입니까?

○ 국토교통부에서는 「자동차보험 진료수가에 관한 기준」 중 건강보험기준과 달리 정한 별표 및 진료코드 신설에 대한 개정을 진행하고 있습니다.

Q3 심평원에서 자동차보험 심사에 적용하는 기준은 무엇인가요?

○ 국토교통부에서 고시한 「자동차보험 진료수가에 관한 기준」을 적용하고 있습니다. 이 기준에 따르면 진료수가의 인정범위는 보건복지부장관이 정한 건강보험기준, 국토교통부 장관이 건강보험기준과 달리 정한 (별표1) (별표2), 산재기준 중 (별표) 및 심의회가 별도의 진료기준 및 수가를 정한 사항에 의하도록 되어 있습니다.

Q4 교통사고 환자가 기왕증이 있는 경우는 어떻게 심사하나요? 기여도에 따라 청구해야 하나요?

○ 기왕증은 담당 주치의의 판단이 우선이며, 기왕증으로 판단되면 기왕증 진료비와 자동차보험 진료비를 구분하여 청구하여야 합니다. 기왕증 진료비에 대한 심사는 자동차보험 전문가자문단과 심사위원회의 자문을 받아 심사할 예정입니다.

Q5 의학적으로 MRI 촬영이 필요하지 않으나 환자가 원하여 촬영하는 경우 환자에게 비용징수 가능한가요?

○ 환자가 원하여 촬영하였더라도 환자가 보험회사등에 진료비를 청구하는 경우 보험회사 등은 의료기관에게 그 세부내역을 심사평가원으로 청구할 것을 요청할 수 있으며, 의료기관이 청구하지 않은 경우 보험회사 등은 의료기관에 지급할 진료비 금액 중에서 공제하거나 정산할 수 있습니다. 환자에 대한 진료는 담당의사의 의학적 판단에 따라야 합니다.

Q6 MRI는 건강보험 환자의 경우 인정기준 이외는 비급여대상입니다. 자동차보험의 MRI 인정기준은 무엇인가요?

○ MRI는 건강보험의 경우 고시 기준에 따라 인정범위 외에 비급여토록 되어 있으나, 교통사고환자는 진료에 필요한 경우 자동차보험 진료수가로 인정될 수 있습니다. 자동차보험에서의 MRI는 자동차보험심사 자문단 및 진료심사평가위원회의 자문을 거쳐 기준을 정립해 나갈 예정입니다.

Q7 염좌 등 경미한 자동차사고 환자가 입원하는 경우 입원료는 건강보험 기준을 적용하여 심사하나요?

○ 경미한 자동차사고 상해환자 입원기준 등은 현재 검토 중이며, 자동차보험의 특성을 고려하여 심사할 예정입니다.

Q8 건강보험의 경우 환자가 퇴원 거부시 공단에 급여제한여부를 신청할 수 있습니다. 자동차보험 교통사고환자가 퇴원 거부시에는 어떻게 하여야 하나요?

○ 자동차보험 진료수가에 관한 기준에 따르면 의료기관의 퇴원 또는 전원 지시에 불응하는 경우 그 지시일의 다음 날부터 그 의료기관에서 입원함으로 인하여 증가된 진료비는 진료수가 인정범위에서 제외됩니다. 이 경우 의료기관은 해당 환자 및 보험회사 등에게 그 사유와 일자를 지체없이 통보하여야 합니다.

Q9 상급병실료 인정기준은 무엇인가요? 인정기준 이외에는 환자에게 받아도 되나요?

○ 보험업법에 의하여 인가된 자동차보험약관 또는 심의회가 정하는 기준에 의하여 부득이 상급병실을 사용한 경우에는 진료수가 인정범위에 해당되나, 교통사고환자의 요구에 의하여 상급병실을 사용한 경우 일반병실료와의 차액은 진료수가 인정범위에서 제외되며 교통사고환자에게 그 비용을 청구할 수 있습니다. (자료출처: 건강보험심사평가원)

제12장

산재보험 및 자동차보험 의료수가관리

12-1 의료수가의 개념 및 종류

학습목표

1 | 산업재해보험 및 자동차보험의 의료수가를 관리할 수 있다.
2 | 산업재해보험 및 자동차보험의 비급여사항을 관리할 수 있다.

1. 의료수가의 개념

(1) 의료수가

의료수가(醫療酬價)는 의료행위에 대한 대가로 지불하는 비용으로서 의사나 약사 등의 의료서비스 제공자에게 의료행위에 대해 제공하는 비용을 말한다. 일반적으로 치료원가와 의사 · 간호사 등 보건의료인의 인건비와 전기료 등 의료기관 운영에 따른 부대비용을 합친 금액을 기준으로 결정된다. 의료수가는 = 상대가치점수 × 환산지수로 산출된다.

① 상대가치점수

상대가치점수란 요양급여에 소요되는 시간 노력 등 업무량, 인력 시설 · 장비 등 자원의 양과 요양급여의 위험도를 고려하여 산정한 요양급여의 가치를 각 항목 간에 상대적 점수로 나타낸 것을 말한다(국민건강보험법시행령 제24조).

따라서 상대가치점수는 의료행위 간 가치를 상대적으로 비교하여 화폐단위가 아닌 '점수'로 표현한 것이며, 의료행위 건강보험수가는 매년 보건복지부 장관이 정하여 고시하는 건강보험요양급여비용인 점수당 단가(환산지수)를 곱한 비용이다(환산지수는 공단의 이사장과 대통령령이 정하는 의약계를 대표하는 자와의 계약으로 정하고 있으며, 계약 미체결시는 건정심에서 결정하고 있다).

② 상대가치의 구성요소

구성요소는 다음과 같이 업무량 상대가치, 진료비용 상대가치 및 위험도 상대가치로 구성된다.

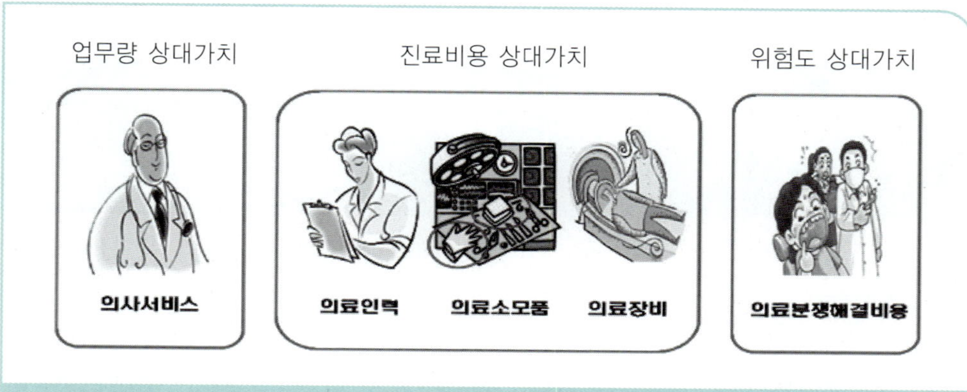

그림 12-1 ▶ 상대가치의 구성요소

③ 환산지수

환산지수는 상대가치점수 1점당 단가로서 공단의 이사장과 대통령령이 정하는 의약계를 대표하는 자와의 계약으로 정하고 있으며, 계약 미체결시는 건강보험정책심의위원회(건정심)에서 결정하고 있다.

④ 상대가치점수에 의한 수가산정요령

보건복지부에서 고시한 수가는 상대가치점수에 유형별 점수당 단가(환산지수)를 곱하여 산출한다. 점수당 단가(환산지수)는 공단의 이사장과 요양급여비용 협의회의 위원장 간의 계약으로 정하고, 계약기간은 1년으로 한다.

⑤ 요양급여비용의 내역

요양급여비용의 내역은 국민건강보험법 제45조제4항과 동법 시행령 제21조제2항에 의거 보건복지부장관이 정하여 고시하는 "요양급여의 상대가치점수"의 아래 유형별 분류에 따른 점수당 단가로 산정하며 내역은 다음과 같다

표12-1 건강보험 요양급여비용 내역

구분	요양기관분류						
	병원, 요양병원 및 종합병원	의원	치과의원 및 치과병원	한의원 및 한방병원	조산원	약국 및 회귀 · 필수 의약품 센터	보건소 보건의료원 및 보건지소
점수당 단가	79.7원	92.1원	93.0원	95.4원	151.9원	97.6원	91.0원

(주) 2023년 1월 1일 시행 기준이며, 보건복지부 고시에 의하여 점수당 단가는 매년 변동될 수 있음.

⑥ 상대가치점수 및 환산지수 기준 수가산정 실례

상대가치점수에 점수당 단가(환산지수)를 곱하여 수가를 산재보험 또는 자동차보험 의료기관 종별로 산출한다.

2023년 기준 상대가치점수 및 환산지수 기준 수가산정 실례는 다음과 같다.

표12-2 인공관절치환술/고관절 자-71-(1)

종별	산정방법	금액	종별가산율 (산재 및 자보)	종별가산율 적용 후 금액(원)
병원	(11,583.98점×79.7원)	924.243	21%	1,117,124
종합병원	(11,583.98점×79.7원)	924.243	37%	1,264,843
상급종합병원	(11,583.98점×79.7원)	924.243	45%	1,338,702

(주) 수가 산출공식 : (상대가치점수 × 점수당 단가 환산지수)에서 의료기관 종별가산율 적용사례이며, 매년 환산지수 변경 시는 금액이 다를 수 있음.

(2) 의료수가의 종류 및 고시기관

우리나라의 의료수가를 적용하는 방법은 크게 건강보험수가와 산업재해보상보험수가, 자동차보험수가 및 일반수로 분류할 수 있다. 이들 수가는 기본적으로 보건복지부장관이 고시하는 건강보험수가에 근간을 두고 행위료 가산율 및 대상을 조정하여 적용하는 형태를 취하고 있다. 의료수가의 종류 및 고시기관은 다음과 같다.

표12-3 의료수가의 종류 및 고시기관

수가종류	고시기관	비고
건강보험수가	보건복지부	행위별수가, 포괄수가제
의료급여수가	보건복지부	

산재보험수가	고용노동부	
자동차보험수가	국토교통부	
일반수가	병원(홈페이지 게시)	상급병실료 등 비급여수가
외국인 진료수가	의료기관	병원별 상이

2. 우리나라의 의료수가제도

(1) 행위별 수가제(Fee-For-Service : FFS)

건강보험의 행위별수가제(fee-for-service)는 의료기관에서 의료인이 제공한 의료서비스(행위, 약제, 치료재료 등)에 대해 서비스별로 가격(수가)을 정하여 사용량과 가격에 대해진료비를 지불하는 제도이다.

우리나라는 1977년 의료보험 도입 당시부터 채택하고 있다. 따라서 진료에 소요되는 약제 또는 재료비를 별도로 산정하고 의료인이 제공한 진료의 개별행위마다 일정한 값을 정하여 의료비를 지급하는 성과불제도이다.

즉, 의사들이 환자에게 제공한 각각의 진료서비스나 진료재료, 약제에 대하여 진료비를 지불하는 방식이다. 이 수가제도는 의학기술의 발달, 첨단 과학을 응용한 고급의료서비스 개발에 기여한바가 크지만 총 의료비 증가 현상을 초래하고 있으며 장·단점은 아래와 같다.

① 장점

의료공급자가 진료행위 및 서비스항목, 소요재료, 의약품별로 가격을 정하는 제도이기 때문에 의료를 이용하는 환자 측이나 의료서비스를 공급하는 의사 측에서 절대적으로 요구하는 다음 사항들을 실현할 수 있다.

❶ 환자에게 양질의 의료서비스 제공이 가능하며, ❷ 신의료기술 및 신약개발에 기여하고 ❸ 의료의 연구개발에 동기가 부여되고 ❹ 환자와 의료인 간에 신뢰가 조성된다.

② 단점

진료비가 진료의 양에 비례하기 때문에 환자에게 많은 진료를 제공할수록 의사 또는 의료기관의 수입이 증가하게 되어 ❶ 과잉진료와 과잉검사를 초래할 수 있으며 ❷ 의료서비스의 양을 필요 이상으로 증가시켜 진료비용을 상승시킬 수 있으며 ❸ 지나친 신 의료기술 등의 개발로 국민의료비 증가가 우려되고 ❹ 환자에게는 의료기관을 상대로 의료서비스 가격의 적정성을 확인하기가 어렵기 때문에 진료비 부당 청구의 가능성이 내재하고 있으며 ❺ 의료기관의 시설과 장비에 과잉투자를 야기시킬 수 있으며 ❻ 진료수가 및 약가 등의 세분화에 따른 진료비 청구업무가 매우 복잡하다.

(2) DRG(Diagnosis Related Groups : 진단명기준 포괄수가제)

진단명기준 환자군이라 번역되는 DRG는 입원환자의 특성 및 진료의 특성에 의해 임상적인 진료내용과 자원의 소모량이 유사하도록 분류한 질병군으로서, 분류체계는 주진단명 및 기타진단명, 수술처치명, 연령, 성별, 진료결과 등에 따라 진료내용이 유사한 질병군으로 분류되는데 이때 하나의 입원환자 분류군을 DRG라고 부른다.

DRG는 한 가지 치료행위가 기준이 아니고 환자가 어떤 질병의 진료를 위하여 입원하였는가에 따라 질병군(환자군)별로 미리 책정된 일정액의 진료비를 지급하는 제도로 환자가 병원에서 어떤 치료를 받든지 입원일수와 질병의 중증도에 따라 미리 정해진 진료비를 요양기관에 지불하는 제도이다.

행위별수가제가 개별 진료행위의 수가를 모두 합해 총진료비를 산출하는 반면 포괄수가제는 진료비총액이 미리 책정되어 있는 점이 다르다. 우리나라는 1997년 시범사업을 거처 2003년 9월부터 4개 진료과(외과, 이비인후과, 안과, 산부인과) 7개 질병군의 입원환자에 대해 요양기관이 행위별수가제 또는 포괄수가제 중에서 선택하는 방식으로 시행되어오다가 2012년 7월 1일부터 병원 및 의원, 2013년 7월 1일부터는 종합병원 및 상급종합병원으로 확대 시행되고 있다. DRG제도의 장 · 단점은 아래와 같다.

① 장점

❶ 행위별수가제에서 발생할 수 있는 과잉진료와 의료서비스의 오 · 남용 등에 따른 진료량 증대 유인 억제 및 이에 따른 의료비절감효과가 있다(과잉진료방지와 의료서비스 오. 남용 억제).

❷ 행위별수가제의 문제로 지적되어 왔던 의료기관의 진료비 청구방법이 매우 간편해

지고 진료비 청구심사가 불필요하거나 간소화되므로 의료기관 및 보험자의 행정비용이 절감되는 효과가 있다(진료비 청구 및 심사의 간소화).

❸ 진료비 계산방식이 간단명료하여 환자들의 퇴원시 진료비를 둘러싼 마찰을 감소시킬수 있으며, 투명성을 제고할 수 있다(진료비 계산서의 투명).

❹ 미리 정해진 수가에 의해서 진료비가 책정되기 때문에 의료인과 보험자 간에 마찰을 해소할 수 있다(의료인과 보험자간 마찰 해소).

❺ 진료 및 관리의 생산성 향상만이 이익증대를 보장하므로 의료공급자 수준에서 경영과 진료 제공의 효율화를 위한 의식전환(예 : Critical Pathway)과 재원일수 단축과 생산성의 증가를 가져올 수 있다(경영과 진료의 효율화).

② **단점**

❶ 의료서비스 제공을 최소화하려는 경향이 있어 환자와의 마찰이 예상되고 의료의 질적인 저하가 우려될 수 있다.

❷ DRG코드는 질병의 중증도 조작에 따라 의료기관이 허위 및 부당청구할 우려가 있다.

❸ 진료효과 면에서는 우수하나 비용이 많이 드는 신기술이나 진료방식의 채택이 억제되어 새로운 의료기술의 개발이나 임상연구 분야의 발전에 장애(저해)가 될 수 있다.

표12-4 DRG 대상 질병군 4개 진료과 7개 질병군

진료과(목)	대상 질병군	비고
안과	수정체 수술(소절개, 대절개, 양안, 단안)	
이비인후과	편도 및 아데노이드 절제술(연령)	
외과	충수절제술(복잡한 주진단, 복강경)	
	서혜 및 대퇴부 탈장수술(연령, 복강경, 편측, 양측)	
	항문수술(원형자동문합기 이용, 복수, 주요, 기타)	
산부인과	자궁적출 및 기타 자궁 및 자궁부속기 수술(복강경)	악성종양 제외
	제왕절개분만(단태아, 다태아)	질식분만 제외

(3) 신포괄지불제도

환자가 입원해서 퇴원할 때까지 발생하는 진료에 대하여 미리 정해진 금액을 적용하는

제도이다. 다만, 의사가 직접 시행하는 시술과 10만원 이상의 고가 약제 · 치료재료는 행위별수가를 적용한다. 즉, 행위별수가제와 기존 7개 질병군 포괄수가제 방식(DRG)을 개선하기 위해 개발된 모델이다.

① 실시근거

보건의료기본법 제44조 제1항에 따라 정부의 새로운 진료비지불제도의 시범적용을 위하여 신포괄 모형에 대한 시범사업을 2011년 7월 1일부터 실시하고 있다.

② 대상기관 및 질병군

❶ 시범사업은 2009년 4월 국민건강보험공단 일산병원에서 처음 시작된 이후 2012년 7월 1일부터 서울특별시 서울의료원 등 지역거점 공공병원 44개 기관(시범요양기관)을 대상으로 실시하고 있다.

❷ 또한 건강보험심사평가원은 급성기병원 및 종합병원 중 일정요건을 갖춘 요양기관에 대하여 공모를 거쳐 2018년 8월부터 민간병원을 대상으로 시범사업을 확대 실시하고 있다.

❸ 시범사업에 적용되는 질병군은 559개이며, 연령에 따라 세분하면 665개(665개 연령 세분질병군을 합병증 및 동반상병에 따라 다시 세분하면 1,752개) 질병군이다.

3. 의료수가의 종류

(1) 건강보험수가

국민건강보험법 및 보건복지부고시(요양급여비용)에 의해 의료기관에서 의료인이 제공한 의료 서비스(행위, 약제, 치료재료 등)에 대해 서비스 별로 가격(수가)을 정하여 사용량과 가격에 의해 진료비를 지불하는 제도로 우리나라는 건강보험 도입 당시부터 적용하고 있다. 따라서 상대가치점수 × 환산지수와 의료기관 종별가산율로 산출된다.

(2) 의료급여수가

의료급여법 및 보건복지부고시(요양급여비용)에 의해 의료기관에서 의료인이 제공한 의료 서비스(행위, 약제, 치료재료 등)에 대해 서비스 별로 가격(수가)을 정하여 사용량과 가격에 의해 적용되는 수가를 말한다.

(3) 산재보험수가

고용노동부장관이 고시하는 수가로서 일반사업장 근로자의 업무와 관련된 질병이나 부상으로 인하여 진료 받는 경우에 산정하는 수가이다. 산재수가는 건강보험수가를 기반으로 하되 행위료 가산율을 별도로 산정하며, 건강보험에서 비급여 인정되는 보조기, 치과보철료, 제증명발급료 등에 대하여는 별도의 급여수가를 고시하고 있으며 또한 초음파, MRI 등 특수촬영은 급여범위가 건강보험보다 확대되어 있다.

(4) 자동차보험수가

국토교통부장관의 고시에 의해 자동차사고 피해자에게 적용하는 수가이며, 의료기관에서는 가해자가 가입한 손해보험회사나 자동차공제조합으로부터 진료비를 수령한다.

자동차보험수가는 산재수가와 마찬가지로 건강보험수가를 기반으로 하되 행위료가산율을 별도로 산정하며, 건강보험에서 비급여 인정되는 보조기, 치과보철료, 제증명발급료 등에 대하여는 별도의 급여수가를 고시하고 있으며 또한 초음파, MRI 등 특수촬영은 급여범위가 건강보험보다 확대되어 있다.

(5) 일반수가

병원이 자체적으로 임의로 결정한 수가로서 보험급여가 적용되지 아니하는 비급여 등의 수가를 의미하며, 상급종합병원 1인실료, 종합병원의 상급병실차액, 종합건강진단료, 미용목적 성형수술료, 제증명료 등이 있다.

(6) 외국인 진료수가

국내 보험이 없는 외국인에 대하여 진찰료, 입원료, 행위, 약제, 치료재료 등에 대하여 의료수가를 책정하여 적용하고 있는 수가를 말하며, 의료기관 종별로 수가는 상이하다.

12-2 의료수가관리

1. 의료기관 종별가산율

(1) 종별가산율이란?

종별가산율이란 요양기관 종별에 따라 투자비용 및 인력 운용에 대한 보상 차원에서 행위료에 대해 차별적으로 계산할 수 있도록 운영하는 제도이다. 종별가산율은 행위요양급여비용에만 적용되는 것으로 약가 및 재료대에는 적용되지 않는다.

(2) 종별가산율 계산방법

종별가산율을 이용한 진료비 계산은 모든 행위 분류항목에 대한 소정점수에 점수당 단가를 곱한 금액을 모두 합산한 금액에 요양기관의 종별에 따라 다음 비율을 가산한다. 단, 약국, 조산원, 보건소, 보건지소, 보건진료소, 정신요양병원, 사업장부속 요양기관 등은 종별가산율을 적용하지 않는다.

(3) 의료보장별 진료비 산정기준 및 종별가산율

① **의료보장별 진료비 산정근거와 종별가산율은 다음과 같다.**

표12-5 의료보장별 진료비 산정근거

구분	건강보험	의료급여	산재보험	자동차보험
산정 근거	보건복지부고시	보건복지부고시	고용노동부고시	국토교통부 고시
행위료 종별가산율 (기술료)	상급종합병원 : 30%, 종합병원 ; 25%, 병원 : 20%, 의원 : 15%	3차의료급여기관 : 22%, 종합병원 ; 18%, 병원 : 15%, 의원 : 11%	상급종합병원 : 45%, 종합병원 ; 37%, 병원 : 21%, 의원 : 15%	산재와 동일
약가	실구입가 또는 상한가	좌동	좌동	좌동
특정 재료대	실구입가	좌동	좌동	좌동

② 약가의 산정기준

의약품은 약사법령에 의하여 허가 또는 신고된 사항(효능 · 효과 및 용법 · 용량 등)의 범위 안에서 환자의 증상 등에 따라 필요 · 적절하게 처방 · 투여하여야 하며, 약가산정은 보건복지부장관이 고시한 상한가 이내에서 의료기관의 실구입가에 의하여 산정한다.

③ 치료재료의 산정기준

치료재료는 약사법 기타 다른 관계법령에 의하여 허가 · 신고 또는 인정된 사항(효능 · 효과 및 사용방법)의 범위 안에서 환자의 증상에 따라 의학적 판단에 의하여 필요 · 적절하게 사용한다.

치료재료비용 산정은 보험유형별로 상한금액 내 의료기관의 실구입가로 산정하는 방법과 급여기준고시로 정액수가로 산정하는 방법(관절경, 복강경수술시 치료재료비용 등),행위수가로 산정하는 방법(혈액투석 재료대, 체외충격파쇄석술 재료대 등)이 있다.

▣ 치료재료의 종류

① 의료기기법에 의한 의료기기(인공관절, 인공수정체, 인공심장판막, 인공심장박동기. CT, MRI, PET, 체외충격파쇄석기(ESWL) 등

② 약사법에 의한 의약외품(거즈, 붕대, 탄력붕대, 봉합사 등)

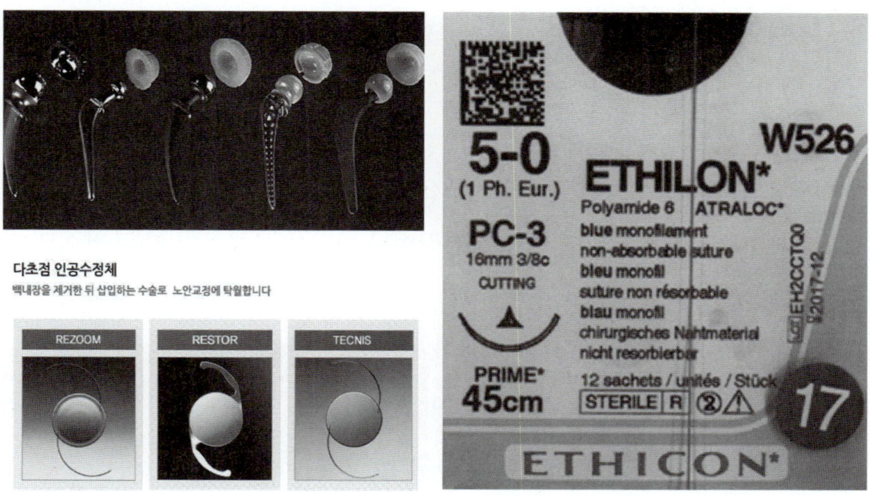

그림 12-2 ▶ 치료재료(관절 및 봉합사)

③ 인체조직안전 및 관리 등에 관한 법률에 의한 인체조직(뼈, 건, 피부, 연골, 인조혈관 등)

④ 배터리, 디스켓 등 공산품

④ 진료수가의 의료기관 종별가산율 적용 및 미적용 항목

진료수가의 의료기관 종별가산율이 적용되는 항목과 미 적용되는 항목은 다음과 같다.

표12-6 의료기관 종별가산율 적용과 미적용 항목

구분	종별가산율	항목명
행위수가	종별가산율 적용	• 검사료, 방사선료, 마취료, 처치 및 수술료 • 캐스트료, 이학요법료, 정신요법료 • 조제료, 주사행위료, 치과처치 및 수술료
행위수가	종별가산율 미적용	• 진찰료, 입원료, 응급의료관리료, 가정간호방문료 • 혈액료 • 약제비, 치료재료비 • 바이러스 혈청검사, Infusion Pump 사용료 • C-Arm형 영상증폭장치 이용료
약품 및 재료수가	종별가산율 미적용	약제비(실구입가 및 상한가), 치료재료비는 실구입가로 인정

2. 비급여 진료수가

1) 비급여의 개념 및 분류

(1) 비급여

비급여란 요양급여에서 제외되는 범위는 질병, 부상의 치료목적이 아니거나, 업무 또는 일상생활에 지장이 없는 질환, 기타 보험급여의 원리에 부합하지 않는 것으로서 보험급여가 되지 않고 전액 환자가 부담하는 것을 의미한다. 비급여 대상의 항목에는 행위·약제 및 치료재료 등이 있다.

(2) 산재보험 요양비용으로 지급할 수 없는 비급여 항목

1. 업무상 부상 또는 질병의 치료목적이 아닌 진료 또는 투약

2. 산재보험 요양급여 산정기준 제2조 및 제3조제1항의 규정에서 정하지 않은 요양급여
3. 상급병실 사용료(다만, ① 종합병원 이상에서 요양하는 경우로서 상병상태가 응급진료, 수술 등으로 입원요양이 필요하나 일반병실이 없어 부득이하게 특실을 제외한 상급병실을 사용하는 경우에 7일의 범위에서 인정. ② 증상이 위중하여 절대 안정이 필요하고, 의사 또는 간호사가 상시 감시하면서 수시로 적절한 조치를 해야 할 필요가 있다고 인정되나, 중환자실 · 격리실 등 집중치료실이 없거나 여유 병상이 없어 불가피하게 상급병실을 사용한 경우는인정)

(3) 비급여 진료비용 등의 고지 및 표시

의료법 및 의료법시행규칙에 의한 비급여 진료비용의 고시 및 표시사항은 다음과 같다.

① 의료기관 개설자는 "국민건강보험법 제41조제3항"에 따라 요양급여의 대상에서 제외되는 사항 또는 "의료급여법 제7조제3항"에 따라 의료급여의 대상에서 제외되는 사항의 비용(비급여 진료비용)을 환자 또는 환자의 보호자가 쉽게 알 수 있도록 보건복지부령으로 정하는 바에 따라 고지하여야 한다.

② 의료기관 개설자는 보건복지부령으로 정하는 바에 따라 의료기관이 환자로부터 징수하는 진료기록부 사본 · 진단서 등 제증명수수료의 비용을 접수창구 등 환자 및 환자의 보호자가 쉽게 볼 수 있는 장소에 게시하여야 한다.

③ 의료기관 개설자는 제1항 및 제2항에서 고지 · 게시한 금액을 초과하여 징수할 수 없다.

④ 인터넷 홈페이지를 운영하는 병원급 의료기관은 제1항 및 제2항의 사항을 제1항 및 제2항의 방법 외에 이용자가 알아보기 쉽도록 인터넷 홈페이지에 따로 표시하여야 한다.

(4) 비급여의 분류

① 법적 비급여

「국민건강보험법」 제41조제3항, 「의료급여법」 제7조제3항 및 「국민건강보험 요양급여의 기준에 관한규칙」 별표2(제9조제1항 관련)에서 규정된 비급여대상을 의미한다.

② 한시적 비급여

보험재정의 부담을 초래하는 경우와 대체 가능한 경우 및 비용 효과적 측면에서 고가인 경우, 건강보험제도의 여건상 요양급여로 인정하기 어려운 경우 등이 있다.

3. 비급여 대상

(1) 다음 각목의 질환으로서 업무 또는 일상생활에 지장이 없는 경우에 실시 또는 사용되는 행위 · 약제 및 치료재료

① 단순한 피로 또는 권태

② 주근깨 · 다모(多毛) · 무모(無毛) · 백모증(白毛症) · 딸기코(주사비) · 점(모반) · 사마귀 · 여드름 · 노화현상으로 인한 탈모 등 피부질환

③ 발기부전(impotence) · 불감증 또는 생식기 선천성기형 등의 비뇨생식기 질환

④ 단순 코골음

⑤ 질병을 동반하지 아니한 단순포경(phimosis)

⑥ 검열반 등 안과질환

⑦ 기타 ①목 내지 ⑥목에 상당하는 질환으로서 보건복지부장관이 정하여 고시하는 질환

(2) 다음 각목의 진료로서 신체의 필수 기능개선 목적이 아닌 경우에 실시 또는 사용되는 행위 · 약제 및 치료재료

① 쌍꺼풀수술(이중검수술), 코성형수술(융비술), 유방확대 · 축소술, 지방흡인술, 주름살제거술 등 미용목적의 성형수술과 그로 인한 후유증치료

② 사시교정, 안와격리증의 교정 등 시각계 수술로써 시력개선의 목적이 아닌 외모개선 목적의 수술

③ 치과교정. 다만, 입술입천장갈림증(구순구개열)을 치료하기 위한 치과교정 등 보건복지부장관이 정하여 고시하는 경우는 제외한다.

④ 씹는 기능 및 발음 기능의 개선 목적이 아닌 외모개선 목적의 턱얼굴(악안면) 교정술

⑤ 관절운동 제한이 없는 반흔구축성형술 등 외모개선 목적의 반흔제거술

⑥ 안경, 콘텍트렌즈 등을 대체하기 위한 시력교정술

⑦ 질병 치료가 아닌 단순히 키 성장을 목적으로 하는 진료

⑧ 그 밖에 가목부터 사목까지에 상당하는 외모개선 목적의 진료로서 보건복지부장관이 정하여 고시하는 진료

⑨ 기타 ①목 내지 바목에 상당하는 외모개선 목적의 진료로서 보건복지부장관이 정하여 고시하는 진료

(3) 다음 각목의 예방진료로서 질병 · 부상의 진료를 직접목적으로 하지 아니하는 경우에 실시 또는 사용되는 행위 · 약제 및 치료재료

① 본인의 희망에 의한 건강검진(법 제47조의 규정에 의하여 공단이 가입자 등에게 실시하는 건강검진 제외)

② 예방접종(파상풍 혈청주사 등 치료목적으로 사용하는 예방주사 제외)

③ 구취제거, 치아 착색물질 제거, 치아 교정 및 보철을 위한 치석제거 및 구강보건증진 차원에서 정기적으로 실시하는 치석제거, 다만, 치석제거만으로 치료가 종료되는 전악(全顎)치석제거로서 보건복지부장관이 정하여 고시(치석제거(스켈링)하는 만 19세 이상 후속처치 없이 치석제거만으로 치료가 종료되는 환자는 하는 경우는 제외한다.

④ 불소부분도포, 치면열구전색(치아홈메우기) 등 치아우식증(충치) 예방을 위한 진료. 다만, 18세 이하인 사람의 치아 중 치아우식증(충치)이 생기지 않은 순수 건전치아인 제1큰어금니 또는 제2큰어금니에 대한 치면열구전색(치아홈메우기)은 제외한다.

⑤ 멀미 예방, 금연 등을 위한 진료

⑥ 유전성질환 등 태아의 이상 유무를 진단하기 위한 세포유전학적 검사

⑦ 장애인 진단서 등 각종 증명서 발급을 목적으로 하는 진료

⑧ 기타 ①목 내지 ⑤목에 상당하는 예방진료로서 보건복지부장관이 정하여 고시하는 예방진료

(4) 보험급여시책상 요양급여로 인정하기 어려운 경우 및 그 밖에 건강보험급여원리에 부합하지 아니하는 경우로서 다음 각목에서 정하는 비용 · 행위 · 약제 및 치료재료

① 가입자 등이 다음 표에 따른 요양기관으로서 다음 각 항목 중 어느 하나의 요건을 갖춘 요양기관에서 1개의 입원실에 1인(「의료법」 제3조제2항제1호에 따른 의원급 의료기관 및 제3호나목에 따른 치과병원의 경우 3인 이하)이 입원할 수 있는 병상(이하 "상급병상"이라 한다)을 이용한 경우에는 다음 표의 구분에 따라 부담하는 비용. 다만, 격리치료 대상인 환자가 1인실에 입원하는 경우 등 보건복지부장관이 정하여 고시하는 불가피한 경우에는 비급여대상에서 제외한다.

요양기관 구분	비용
「의료법」 제3조제2항제1호에 따른 의원급 의료기관	제8조에 따라 고시한 요양급여대상인 입원료 외에 추가로 부담하는 입원실 이용 비용
「의료법」 제3조제2항제3호나목에 따른 치과병원	
「의료법」 제3조제2항제3호가목에 따른 병원 중 진료과목에 소아청소년과 또는 산부인과를 둔 병원으로서 보건복지부장관이 정하여 고시하는 요건을 갖춘 병원 (이하 "아동 · 분만병원"이라 한다)	
상급종합병원	입원실 이용 비용 전액
「의료법」 제3조제2항제3호에 따른 병원급 의료기관(치과병원 및 아동 · 분만병원은 제외한다)	

상급종합병원 및 종합병원 2,3인실 입원료 보험적용 및 본인부담률

* 2018년 7월 1일부터 2인실, 3인실에 입원한 경우 보험급여 적용(병실별 고시수가)을 받게 되며, 상급종합병원의 1인실(특실포함) 이용자는 상급병실료 전액을 본인이 부담(비급여대상)부담한다. 입원료의 본인부담은 상급종합병원의 경우 2인실은 50%, 3인실은 40%, 4인실은 30%, 5인실은 20%를 본인이 부담하며, 종합병원의 2인실은 40%, 3인실은 30%, 4인실 이상은 20%를 본인이 부담한다.

(가) 의료법령에 따라 허가를 받거나 신고한 병상 중 입원실 이용비용을 입원료만으로 산정하는 일반병상을 다음의 구분에 따라 운영하는 경우. 다만, 규칙 제12조제1항 또는 제2항에 따라 제출한 요양기관 현황신고서 또는 요양기관 현황 변경신고서 상의 격리병실, 무균치료실, 특수진료실 및 중환자실과 「의료법」 제27조제3항제2호에 따른 외국인환자를 위한 전용 병실 및 병동의 병상은 일반병상 및 상급병상의 계산에서 제외한다.

㉮ 의료법령에 따라 신고한 병상이 10병상을 초과하는 「의료법」 제3조제2항 제1호의 의원급 의료기관, 같은 항 제3호나목의 치과병원, 같은 법 제3조의5제1항에 따른 지정을 받은 산부인과 또는 주산기(周産期) 전문병원 및

아동 · 분만병원: 일반병상을 총 병상의 2분의 1 이상 확보할 것

㉯「의료법」 제3조제2항제3호에 따른 병원급 의료기관(치과병원 및 아동 · 분만병원을 제외한다): 일반병상을 총 병상의 5분의 3 이상 확보할 것

㉰「의료법」 제3조제2항제3호마목의 종합병원 및 같은 법 제3조의4제1항에 따른 지정을 받은 상급종합병원: 일반병상을 총 병상의 5분의 4 이상 확보할 것

(나) 의료법령에 의하여 신고한 병상이 10병상 이하인 경우

② ①의 목에도 불구하고 다음 각 항목에 해당하는 경우에는 다음의 구분에 따른 비용

(가) 가입자등이 「의료법」 제3조제2항제3호라목에 따른 요양병원(「정신보건법」 제3조제3호에 따른 정신의료기관 중 정신병원,「장애인복지법」 제58조제1항 제4호에 따른 장애인 의료재활시설로서 「의료법」 제3조의2의 요건을 갖춘 의료기관은 제외) 중 입원실 이용비용을 입원료만으로 산정하는 일반병상(규칙 제12조제1항 또는 제2항에 따라 제출한 요양기관 현황신고서 또는 요양기관 현황 변경신고서 상의 격리병실, 무균치료실, 특수진료실 및 중환자실과「의료법」제27조제3항제2호에 따른 외국인환자를 위한 전용 병실 및 병동의 병상은 제외한다)을 50퍼센트 이상 확보하여 운영하는 요양병원에서 1개의 입원실에 5인 이하가 입원할 수 있는 병상을 이용하는 경우 : 제8조제4항 전단에 따라 고시한 입원료 외에 추가로 부담하는 입원실 이용 비용

(나) 가입자 등이 ①의목(가)에서 정한 요건을 갖춘 상급종합병원, 종합병원, 병원 중「호스피스 · 완화의료 및 임종과정에 있는 환자의 연명의료결정에 관한 법률」제25조에 따라 호스피스전문기관으로 지정된 요양기관에서 1인실 병상을 이용하여 같은 법 제28조에 따른 호스피스 · 완화의료를 받는 경우(격리치료 대상인 환자가 1인실에 입원하는 경우, 임종실을 이용하는 경우 등 보건복지부장관이 정하여 고시하는 불가피한 경우는 제외한다): 제8조제4항 전단에 따라 고시한 호스피스 · 완화의료 입원실의 입원료 중 4인실 입원료 외에 추가로 부담하는 입원실 이용 비용

③ 선별급여를 받는 사람이 요양급여비용 외에 추가로 부담하는 비용

④ 법 제51조에 따라 장애인에게 보험급여를 실시하는 보장구를 제외한 보조기 · 보청기 · 안경 또는 콘택트렌즈 등 보장구. 다만, 보청기 중 보험급여의 적용을 받게 될 수술과 관련된 치료재료인 보건복지부장관이 정하여 고시하는 보청기는 제외한다.

⑤ 친자확인을 위한 진단

⑥ 치과의 보철(보철재료 및 기공료 등을 포함한다) 및 치과임플란트를 목적으로 실시한 부가수술(골이식수술 등을 포함한다). 다만, 보건복지부장관이 정하여 고시하는 만 65세 이상인 사람의 틀니 및 치과임플란트는 제외한다.

⑦ 이 규칙 제8조의 규정에 의하여 보건복지부장관이 고시한 약제에 관한 급여목록표에서 정한 일반의약품으로서 「약사법」 제23조에 따른 조제에 의하지 아니하고 지급하는 약제

⑧ 「장기등 이식에 관한 법률」에 따른 장기이식을 위하여 다른 의료기관에서 채취한 골수 등 장기의 운반에 소요되는 비용

⑨ 「마약류 관리에 관한 법률」제40조에 따른 마약류 중독자의 치료보호에 소요되는 비용

⑩ 이 규칙 제11조제1항 또는 제13조제1항의 규정에 따라 요양급여대상 또는 비급여대상으로 결정 · 고시되기 전까지의 행위 · 치료재료(「신의료기술평가에 관한 규칙」 제2조제2항에 따른 평가 유예 신의료기술을 포함하되, 같은 규칙 제3조의4에 따른 신의료기술평가 결과 안전성 · 유효성을 인정받지 못한 경우에는 제외한다). 다만, 제11조제9항 또는 제13조제1항 후단의 규정에 따라 소급하여 요양급여대상으로 적용되는 행위 · 치료재료(「신의료기술평가에 관한 규칙」 제2조제2항에 따른 평가 유예 신의료기술을 포함한다)는 제외한다.

⑪ 「신의료기술평가에 관한 규칙」 제3조제8항제2호에 따른 제한적 의료기술

⑫ 「의료기기법 시행규칙」 제32조제1항제6호에 따른 의료기기를 장기이식 또는 조직이식에 사용하는 의료행위

⑬ 그 밖에 요양급여를 함에 있어서 비용효과성 등 진료상의 경제성이 불분명하여 보건복지부장관이 정하여 고시하는 검사 · 처치 · 수술 기타의 치료 또는 치료재료

(5) 보건복지부장관이 정하여 고시하는 질병군에 대한 입원진료의 경우에는 제(1)호

내지 제(4)호(제4호 하목을 제외한다), 제(7)호에 해당되는 행위 · 약제 및 치료재료. 다만, 제(2)호 ⑦목, 제(3)호 ⑦목, 제4호 ⑫목은 다음 각목에서 정하는 경우에 한한다.

① 보건복지부장관이 정하여 고시하는 행위 및 치료재료

② 질병군 진료 외의 목적으로 투여된 약제

5의2. 영 제21조 제3항 제3호에 따른 완화의료 입원진료의 경우에는 제(1)호부터 제(3)호까지, 제(4)호 (나)목(2) · ⑫목에 해당되는 행위 · 약제 및 치료재료. 다만, 제2호사목, 제(3)호 ⑧목 및 제4호 ⑫목은 보건복지부장관이 정하여 고시하는 행위 및 치료재료에 한정한다.

(6) 건강보험제도의 여건상 요양급여로 인정하기 어려운 경우

① 보건복지부장관이 정하여 고시하는 한방물리요법

② 한약첩약 및 기상한의서의 처방 등을 근거로 한 한방생약제제

(7) 약사법령에 따라 허가를 받거나 신고한 범위를 벗어나 약제를 처방 · 투여하려는 자가 보건복지부장관이 정하여 고시하는 절차에 따라 의학적 근거 등을 입증하여 비급여로 사용할 수 있는 경우. 다만, 제5조 제4항에 따라 중증환자에게 처방 · 투여하는 약제 중 보건복지부장관이 정하여 고시하는 약제는 건강보험심사평가원장의 공고에 따른다.

4. 신규 행위 · 치료재료의 요양급여 결정신청 및 결정

(1) 보험급여가 되지 않는 새로운 치료행위 시술 및 치료재료(약품 및 치료재료)가 있을 경우에는 국민건강보험요양급여 기준에 관한 규칙 제10조에 의한 신청은 요양기관, 의약관련 단체 또는 치료재료의 제조업자 · 수입업자는 국민건강보험법 제41조의3 제1항에 따른 행위 · 치료재료에 대한 요양급여대상 여부의 결정신청을 하려는 경우에는 각호의 구분에 따른 날부터 30일 이내에 보건복지부장관에게 신청(별지 제14호서식의 요양급여행위평가신청서,별지 제16호서식의 치료재료평가신청서)하여 요양급여여부를 확인받도록 한다.

(2) 신청에 대한 요양급여의 결정은 제10조에 따라 요양급여대상 여부의 결정신청을

받은 보건복지부장관은 정당한 사유가 없는 한 결정신청일부터 100일 이내에 법 제4조에 따른 건강보험정책심의위원회의 심의를 거쳐 요양급여대상 또는 비급여대상에 의한 해당여부를 결정하여 고시해야 한다. 이 경우 요양급여대상으로 결정한 행위 · 치료재료에 대해서는 영 제21조 제1항부터 제3항까지의 규정에 따른 요양급여의 상대가치 점수 또는 영 제22조 제1항에 따른 치료재료의 상한금액을 함께 정하여 고시하도록 되어 있다.

5. 의료수가관리

(1) 신규수가 개설 및 수가변경

① 신규수가를 개설할 경우는 내부결재(품의)를 득한 후 해당부서에 수가코드 및 수가, 보험사항(인정기준) 등을 통보해야 한다.

② 특정재료 및 약품의 경우에도 해당위원회(구매 및 약사)를 심의를 거쳐 내부결재(품의)를 득한 후 해당부서로 수가코드 및 수가, 보험사항(인정기준) 등을 통보해야 한다.

(2) 수가관리

① 병원의 의료수가관리는 병원의 경영과 진료수익관리에 매우 중요한 역할을 하고 있다. 따라서 의료수가위원회, 수가관리 전담부서 및 전담자. 수가 신설 및 변경, 비급여수가 운영 등 수가관리에 신중을 기하여야 한다.

② 매년 정기적으로 1~2회 수가발생 해당부서를 방문하여 수가를 점검, 확인하고, 신설 및 변경사항이 있는지 협의하며, 수가 코드집을 정리(관리)하여야 한다.

수행 내용 및 수행 준거

1 의료수가의 개념을 이해하고 수가종류에 대하여 알아본다.

(1) 의료수가란 요양급여비용으로 의료행위에 대한 대가로 지불하는 비용을 말하며,

수가 종류(유형)에는 건강보험수가, 의료급여수가, 산재보험수가, 자동차보험수가, 일반수가, 외국인진료수가 등이 있다.

(2) 보험수가 적용에 대한 용어는 다음과 같다.

구분	보험급여 (보험수가)	비급여	전액본인부담
기준	보험인정 항목	보험급여가 되지 않아 전액 본인부담항목	
수가 적용	건강보험	일반	건강보험수가 또는 실구입가
본인 부담	요양기관종별 부담률	일반수가로 전액부담	건강보험수가 100% 또는 실구입가 전액부담

2 행위별수가제와 DRG(진단명기준포괄수가제)의 장 · 단점에 대하여 알아본다.

(1) 행위별수가제

의료기관에서 의료인이 제공한 의료서비스(행위, 약제, 치료재료 등)에 대해 서비스별로 가격(수가)을 정하여 사용량과 가격에 대한 진료비를 지불하는 제도로서 장점은 의료의 질 향상, 임상연구에 기여 등이며, 단점은 과잉진료우려, 의료비상승, 진료비청구복잡화 등이다.

(2) DRG

입원환자 대상 진단명기준 포괄수가제도로서 장점은 의료비절감, 의약품 오남용방지, 진료비청구 간소화, 단점은 새로운 의료기술의 개발이나 임상연구 분야의 발전에 장애, 의료기관의 허위 및 부당청구 우려 등이다.

3 상대가치점수 및 환산지수의 정의를 하고 수가항목을 "예"를 들어 산정해본다.

(1) 상대가치점수

요양급여에 소요되는 시간 노력 등 업무량, 인력 시설 · 장비 등 자원의 양과 요양급여의 위험도를 고려하여 산정한 요양급여의 가치를 각 항목 간에 상대적 점수로 나타낸 것이다.

(2) 환산지수

환산지수는 상대가치점수 1점당 단가로서 공단의 이사장과 대통령령이 정하는 의약계를 대표하는 자와의 1년 단위계약으로 정하고 있다.

(3) 수가산정 '예'

표12-7 수가산정 실례(일반처치 또는 수술 후 처치/단순처치 자 -2-1-가-(1))

종별	산정방법	금액	종별가산율(산재/자보)	종별가산율 적용 후 금액(원)
병원	(64.08점×79.7원)	5,425	21%	6,564
종합병원	(64.08점×79.7원)	5,425	37%	7,432
상급종합병원	(64.08점×79.7원)	5,425	45%	7,866

주) 수가 산출: (상대가치점수 × 점수당 단가 환산지수)에서 의료기관 종별가산율 적용사례이며, 매년 환산지수변경시는 금액이 다를 수 있음.

4 보험유형별 외래 및 입원진료시 본인부담률에 대하여 알아보고 업무를 수행한다.

(1) 건강보험

표12-8 보험유형별 본인 및 보험자 진료비 부담률

구 분	기 관	진료비 본인부담률(%) (비급여제외 급여부분)	소재지 및 환자구분	비고
외 래	의원, 보건기관	30	모든 지역	별도 고시 경우 제외
	병원	40	동지역 일반환자	
	종합병원	50	동지역 일반환자	
	상급종합병원	진찰료전액 + 60	모든 지역 일반환자	
입 원	모든 의료기관	20	단, 식대 50% 본인부담	

상기는 일반적인 본인부담률이며, 산정특례인 경우는 별도 본인부담률을 적용함.

(2) 산재보험 및 자동차보험

산재보험 및 자동차보험은 비급여 진료를 제외한 본인부담(률)이 없으며, 진료비 모두를 진료비지급기관에 청구한다.

5 행위별수가제와 DRG, 신포괄수가제를 비교해본다.

표12-9 행위별수가제와 DRG, 신포괄수가제 비교

구분	행위별수가제(FFS)	포괄수가제(DRG)	
		포괄수가제	신포괄수가제
정의	제공된 의료서비스의 단위당 가격과 서비스의 양에 따라 진료비를 보상해주는 제도	입원환자에게 미리 정해진 일정액을 지불하는 제도 (진단명 기준 포괄수가제)	
내용	실제로 제공된 의료서비스 항목 단가 및 제공횟수만큼 진료비 계산 • 총진료비 = 점수당 단가 × Σ 행위별 상대가치점수	질병군별로 사전에 정해진 진료건당 진료비 지불	질병군별 사전에 정해진 건당 기준수가 + 사전에 정해진 진료일당수가 + 행위별 수가(의사행위료, 고가의 약제, 치료재료)의 합
지불단위	개개 서비스	진료건당	진료건당+거개 서비스 합
지불액 결정	치료 후	진단 후	치료 후
시행년도	1979년부터	2002년 현재	2009년 시범사업

6 병원의 진료 각 부서를 방문하여 해당부서 의료수가에 대하여 점검(수가코드 및 수가명, 수가, 보험 적용사항 등)하고 개선 및 보완한다.

7 의료수가의 관리 및 신설에 대하여 알아보고 병원의 운영실태를 조사해본다.

(1) 병원의 의료수가관리는 병원의 경영에 매우 중요하다. 수가관리는 주로 병원의 보험심사과 또는 원무과에서 담당을 하지만, 새로운 신규사업, 진료과 개설, 전문센터 및 클리닉개설, 고가 특수 장비구입 등이 있을 경우에는 기획실에서 사전 투자에 대한 분석을 해야 한다.

(2) 신규 보험수가를 신설할 경우에는 수가코드와 해당 수가명을 관련부서로 통보한다.

(3) 비급여수가를 신설할 경우에는 소요내역(인력, 장비, 난이도, 시간, 재료 등) 및 타 병원운영수가, 환자부담 등을 면밀하게 분석하여 수가를 산정 결재를 득한 후 신설 운영한다.

(4) 수가담당부서에서는 매년 최소 1회 이상 일반수가(병원의 관행수가)에 대해서는 검토분석 후 조정하는 것이 효율적이다(가급적 보험수가가 조정되는 1월 또는 2월부터 적용하는 것이 병원관리에 효율적이다).

매년 정기적 일반수가(비급여) 조정검토가 필요한 수가
상급병실료, 각종 진단서발급료, 예방접종비, 종합건강진단수가(프로그램 운영별), 미용목적 성형수술료, 보조기, 초음파 검사비(부위별), 수면내시경료, 산재 및 자동차보험 비급여 운영수가 항목, 치과비급여, 기타 비급여 항목 등

(5) 병원의 의료수가위원회를 구성하고 수가관리 전담자를 임명하며, 수가코드집을 제작하여 활용한다.

8 병원에서 빈도 높은 비급여 대상(행위)에 대하여 조사하고 종류를 나열해본다.

상급종합병원의 1인실 입원료(전액), 상급병실차액, 진단서발급료, 종합건강진단(종류별), 미용목적성형술, 마약중독증, 유전자검사, 시력교정술(라식수술), 일상생활에 지장이 없는 피부 및 비뇨기 질환, 초음파(건강보험적용기준 외), MRI 및 PET(건강보험적용기준 외), 진정(수면)내시경료, 치아교정 및 치과 보철, 임플란트수술 등이 있다.

9 기타 비급여종류 및 질의회신 사례 등을 조사하고 파악해본다.

(1) 약제 보험인정기준 및 전액본인부담 사례

구분	보험인정기준	비고
인사돌	치주염, 치은염 환자 중 당뇨, 임산부, 전신질환자와 치은박리소파술 경우(1일 6정 4주간만 인정)	기준외 투여시 전액본인부담
단백 아미노산제	경구로 영양공급이 불충분하여 대수술, 중증전신화상 등 비경구적으로 영양공급이 필요한경우만 인정	인정기준외 투여시 전액본인부담
알부민 주사	만성 저단백증으로 급성합병증을 치료시 혈중 알부민 검사치가 3.0이하인경우만 인정(Shock, 화상, 만성간질환 및 신질환, 복수 등)	인정기준외 저알부민혈증 진료상 필요경우는 전액본인부담

(2) 건강보험 기타 비급여 및 전액본인부담(사례)

(1) 기타 비급여 및 전액본인부담 항목
(1) 진정(수면)내시경료 : 보험기준 외 (2) 캡술내시경검사(Capsule Endoscopy) : 보험인정기준 외 (3) MRI 및 PET 보험인정기준 외 검사료 (4) 교육상담료(보험급여기준 외) (5) 인공치은 (6) 양수검사 (7) 유전자 돌연변이검사 (8) 후각기능검사 (9) 중성자선 치료 (10) 알레르겐 면역요법 및 약물탈감작요법 (10) 언어치료 (11) 지방흡입기 이용 액취증수술 (12) 다빈치 로봇 수술 (13) 코골이 장치 (14) 이갈이 장치 (15) 한방 향기요법 (16) 출생 후 폴라로이드 촬영 (17) 기억력검사 (18) 언어능력검사 (19) 미각검사 (20) 초음파검사(보험기준 외) (21) 안치료 (22) Cast Walker (23) 보조기 (24) 입원환자용 소모품 세트(물병, 체온계, 타월, 수저, 슬리퍼), (25) 의무기록복사(실비부담) 등

㈜ 진정(수면)내시경은 4대 중증질환(암, 심장질환, 뇌혈관질환, 희귀난치성질환)의 검사와 치료 시술시는 2017.2.1.일부터 건강보험급여대상임.

10 건강보험심사평가원 홈페이지 및 모바일 앱을 통해 상급종합병원, 종합병원, 치과병원, 한방병원, 전문병원의 비급여 진료비를 공개내역에 대하여 알아본다.

의료법(제45조, 제63조, 시행규칙 제42조의2)에 의하여 비급여 진료비 공개내역 대상항목은 2023년 기준 672개 항목이다.

대항목(항목수)	항 목
상급병실료(차액)(3)	1인실, 2인실, 3인실
초음파검사료(2)	갑상선, 유방
제증명수수료(20)	일반진단서, 사망진단서, 출생증명서, 병사용진단서, 장애진단서(일반장애, 정신지체 및 발달장애), 상해진단서(3주 미만, 3주 이상), 휴유장애진단서, 근로능력평가용진단서, 영문진단서, 입원확인서, 입퇴원확인서, 진료확인서, 통원확인서, 외래진료확인서, 장애증명소견서(보험회사제출용), 향후진료비추정서(천만원 이상, 미만)
교육상담료(6)	당뇨병교육(1회방문/다회방문), 고혈압교육, 심장질환교육, 만성신부전증교육 (1회방문/다회방문)
MRI 진단료(4)	뇌, 뇌혈관, 경추, 요천추
치과임플란트료(1)	치과임플란트
다빈치로봇수술료(2)	근치적 전립선 적출술(전립선암), 갑상선 악성종양 근치수술(갑상선암)
양수염색체검사료(1)	양수염색체검사
수면내경검사 환자관리행위료(3)	위, 대장, 위 · 대장(동시) 수면내시경 검사
치과충치치료료(1)	광중합형 복합레진충전
초음파검사료(1)	상복부(간 · 담낭 · 담도 · 비장 · 췌장)
한방시술료(3)	추나요법(단순, 복잡, 특수)
체온열검사료/ 경피온열검사료(2)	전신, 부분
시력교정술료(2)	라식, 라섹
치과보철료(1)	골드크라운(금니)

11 병원의 진료 각 부서를 방문하여 해당부서 의료수가에 대하여 점검(수가코드 및 수가명, 수가, 보험 적용사항 등)하고 개선 및 보완한다.

제13장

환자진료실적 관리

13-1 환자통계

학습 목표	1	환자유형별 외래 및 입원환자의 진료실적을 작성하고 분석할 수 있다.

1. 원무통계

1) 원무통계의 개념 및 목적

(1) 원무통계

원무통계란 의료기관이 제공한 진료서비스를 받은 환자수와 같은 진료량에 관한 사항, 진료서비스를 제공함으로써 발생한 진료비에 관한 사항, 병상이용도에 관한 사항, 진료권에 관한 사항 및 기타 원무관리와 관련된 통계를 의미한다. 진료실적 분석지표에는 진료량지표, 진료비지표, 병상이용도 지표, 진료권 지표로 구분한다.

(2) 원무통계의 목적

원무통계의 목적은 경영적인 측면과 의학 및 정보관리의 측면에서의 목적이 있으며, 점차 경영분석의 자료 및 수요예측의 측면에서의 그 목적성이 확대되어가고 있으며, 크게 세 가지로 분류한다.

① 경영실적자료

병원의 운영에 따른 실적을 파악하기 위하여 일정기간의 환자 및 진료수익 등을 분석하는 것으로 기본적으로는 환자수(외래, 입원, 응급), 진료 및 검사건수, 병상이용률, 진료수익 등에 관한 통계이다.

세부적으로 분류하면 방문형태별, 외래 및 입원별, 의료보장 유형별, 거주 지역별, 연령별, 진료담당의사별, 검사종류별 등으로 구분하여 집계할 수 있다. 또한 이용 단순한 경영실적자료로 활용되기도 하나 진료과나 진료수가항목별(행위별) 및 담당 의사별 원가분석을 위한 기초자료나 내부통제목적으로 이용하는 경우도 있다.

② **의학연구자료**

학술연구에 필요한 기초자료로 활용할 목적으로 상병별, 수술, 검사, 사망, 부검, 성별 및 연령별 통계 등을 이용하여 보건통계나 연구자료로 활용하기도 한다.

③ **보고자료**

경영실적에 대한 결과를 외부기관에 보고하거나 제출할 목적으로 이용되는 자료이다. 세금관계나 관련 기관의 진료실적 자료 제출, 의료기관 현황, 병원신임평가, 의료기관 인증, 응급의료기관 평가자료에 활용되기도 한다.

2. 환자의 구분 및 산정기준

환자구분은 진료형태에 따라 외래환자, 입원환자로, 내원경험에 따라 신환자, 구환자로, 질병양상에 따라 진료과별 초진환자, 재진환자로, 진료희망에 따라 일반진료환자와 선택진료환자로, 진료비 지급방법에 따라 건강보험환자, 의료급여환자, 산재보험환자, 자동차보험환자, 일반환자로 구분할 수 있다. 그리고 환자수, 병상수, 의료수익 산정의 일반원칙은 아래와 같다.

(1) 환자수 구분

① **외래환자수**

진료과를 중심으로 산정하되 한 환자가 하루에 2개과에서 진료를 받았다면 2명으로 계산하며, 응급환자수는 별도로 구분한다. 그리고 신체검사 수진자(건강검진 및 종합검진, 일반신체검사)는 외래환자에 포함하지 않고 별도로 관리하며, 또한 임상진료과에서 진료지원과에 검사를 의뢰하여 실시한 경우 진료지원과(임상병리검사, 방사선촬영 등)의 환자수는 산정하지 않는다.

② **입원환자수**

하루 동안 병상을 차지하고 있었던 환자수를 산정하며, 입원 중에 전과한 환자는 전출된 진료과와 전입된 진료과에 각각 분리하여 산정한다. 그리고 신생아의 경우는 별도 입원수속을 한 경우에만 입원환자로 산정한다.

(가) 입원실인원

입원 수속이 종료되고 입원이 허락된 환자 수로 매일 0시 기준으로 그 이전 24시간 내에 입원수속을 행한 환자를 말한다.

(나) 입원환자 연인원

일정기간에 병상을 차지하고 있는 환자의 총합계를 뜻하며, 재원환자 연인원수와 같은 개념이다. 또한 연입원 환자수라 하며 입원환자의 총재원일수를 말한다(예 : 입원환자 1명이 10일간 입원하면 실입원 환자수는 1명, 입원연인원은 10명으로 집계한다).

(다) 퇴원환자 실인원

입원한 환자가 입원치료를 종결하고 의료기관을 떠나는 환자 수를 의미하며, 매일 0시에서 24시간 이내 퇴원수속을 마치고 병원을 떠난 환자 수를 말한다.

(라) 재원환자수

재원환자수는 일정시점을 기준으로 병원에서 입원진료 중에 있는 환자의 통계이다.

(2) 환자종류(유형)별 구분

환자유형은 건강보험환자, 의료급여환자, 산재보험환자, 자동차보험환자, 일반환자 등으로 구분한다.

① 건강보험환자

건강보험환자는 국민건강보험법에 의하여 건강보험 수가를 적용받는 환자를 말한다.

② 의료급여환자

의료급여환자는 의료급여법에 의하여 의료급여 적용대상(1종, 2종)이 되는 환자를 말한다.

③ **산재보험환자**

산재보험환자는 산업재해보상보험법에 의하여 산재보험이 적용되는 환자를 말한다.

④ **자동차보험환자**

자동차보험환자는 자동차손해배상보장법에 의하여 자동차보험이 적용되는 환자를 말한다.

⑤ **일반환자**

상기환자외 일반수가의 적용을 받는 환자를 말한다. 또한 특정수가를 기준으로 계약한 기관의 환자라도 건강보험, 의료급여, 산재보험, 자동차보험 이외의 환자는 일반환자로 적용한다(예, 미용성형목적 환자, 해외 입국환자 등).

(3) 진료과별 환자수

① **진료과별 외래환자수**

진료과별 외래환자수는 일정기간에 진료과별로 진료를 받은 환자수를 의미하며, 초진 및 재진환자로 구분하여 집계한다.

② **진료과별 입원환자수**

진료과별 입원환자수는 일정기간에 입원진료를 받은 환자수를 의미하며, 진료과별로 집계한다.

(4) 외래(또는 입원)진료일수 및 가동병상수

① 외래진료일수는 일정기간동안 외래환자의 진료일수를 말하며, 진료를 하지 않는 날짜(공휴일 등)는 진료일수에 포함하지 않는다.

② 입원진료일수는 일정기간동안 입원환자의 진료일수를 말한다.

③ 가동병상수

허가병상과는 달리 입원환자의 진료를 위하여 병실에 실제 투입된 병원이 보유하고 있는 병상수를 말한다. 따라서 입원환자가 실제 이용 가능한 보유병상수(일반병상, 중환자 병상,상급병상 등)를 말하며, 응급실, 분만실, 회복실, 주사실, 인공신장투석실, 물리치료실, 신생아용 베지넷 등은 가동병상수에서 제외함을 원칙으로 한다.

(5) 의료수익

발생주의에 의해 계상하며 환자수 산정에 대응하여 수진형태별, 진료과별, 진료비 지급방법별로 구분하여 계상한다. 따라서 병원의 수익은 진료수익과 진료외 수익, 기타수익(부대사업 수익 등)으로 구분한다.

3. 원무통계의 구분

원무통계는 주로 환자진료통계와 진료수익통계로 나눌 수 있으며, 환자진료실적은 일반적으로 외래와 입원으로 구분하여 집계한다.

(1) 외래환자통계

외래환자통계는 외래에서 진료한 방문환자를 의미하며, 한 환자가 하루에 2개과 이상의 진료과에서 진료를 받았으면 2명으로 집계한다. 신체검사나 건강검진의 경우에는 외래환자수에 포함하지 않으며 직접진료를 담당하는 진료과별로 집계한다.

그리고 진단검사의학과, 병리과, 영상의학과 등의 경우에는 직접적인 접수와 진료가 이루어 졌을 경우에만 별도로 외래환자수로 산정하고, 임상진료과의 처방에 따라 검사를 위해 방문하는 보조진료부문의 환자는 외래환자수에 포함하지 않는다.

외래환자의 집계에 있어서 진료일수는 실제 진료일수를 기록하며 오전만 진료하는 토요일은 0.5일로 계산하기도 한다.

① 진찰료 발생기준

건강보험의 진찰료산정기준에 의한 진찰료를 산정하는 방법에 따라 초진과 재진환자로 구분하여 집계하는 방법이며, 하루에 2개과 이상 초진을 행한 경우는 각각 산정한다.

② 과거방문 여부

해당병원의 이용여부에 따라 처음 방문하였을 경우에는 신환으로 구분하고, 과거 방문한 경험이 있어 등록번호가 있는 경우에는 구환으로 분류하여 집계하는데 건강보험의 진찰료 산정기준에 의하여 접수하기 때문에 현재는 많이 활용되고 있지 않는다. 신환이 많을수록 병원의 신뢰도나 친화도가 높다고 할 수 있다.

③ 이용경로

병원에 방문하게 된 경로별로 집계하는 방식으로 외래 혹은 응급실 이용이나 다른 병원의 경유여부 등에 따라 집계하는 방식이다.

④ 거주지역

환자의 거주지역에 따른 집계로서 병원의 지역사회 친화도를 나타내는 요소로 이용된다.

(2) 입원환자통계

입원환자통계는 병원에 입원하여 진료를 받는 환자를 집계한 것으로 병상가동 여부 및 입원수익통계와 관련하여 환자수 분석은 매우 중요한 의미와 가치를 갖는다. 따라서 외래와는 달리 실입원환자수 및 퇴원환자수를 연인원으로 구분하여 집계하며, 연인원은 입원실료가 부과된 입원환자를 기준으로 일정시점이나 일정기간을 합산하여 작성한다.

또한 입원진료 중에 진료과가 변경되는 경우 변경되는 날은 변경된 진료과로 집계하고, 신생아가 질환이나 미숙아로 입원수속을 한 경우에는 입원환자로 집계하되 정상신생아의 경우에는 산모(분만)환자에 포함되는 관계로 입원환자로 집계하지 않는다.

입원환자의 통계유형에는 실입원환자수, 퇴원환자수, 연인원(연입원환자수), 재원환자수, 재원환자연인원 등이 있다.

- 입원 중에 전과한 환자는 입원료를 계상하는 과의 환자로 계산하되 전출된 과의 전입된 과에 이중으로 계산하지 않는다.
- 산모가 분만 후 2박 3일 입원해 있는 동안 신생아는 입원환자로 보지 않으며, 그러나

차후 신생아가 이상이 발생하여 입원수속 후 입원료가 부과하는 경우에는 입원환자로 계산한다.

4. 진료수익통계 및 기타수익 통계

(1) 인식기준

의료수익을 계산하는 방법은 발생주의와 현금주의, 절충주의 등이 활용되고 있다. 발생주의는 의료서비스를 제공한 시점에서 의료수익이 발생하였다고 보는 방법이며, 현금주의는 의료수익의 발생과 관계없이 실제로 현금이 입금된 날을 기준으로 의료수익을 계산하는 방법이다.

절충주의는 발생주의와 현금주의로 혼용하여 사용하고 있는 경우이다. 따라서 대부분의 병원은 의료수익의 발생이 현실적인 서비스 제공과 일치하기 때문에 기업회계기준, 의료기관회계기준, 법인세법 등 모든 기준에서는 발생주의를 채택하고 있다.

(2) 진료수익통계

진료수익통계는 크게 외래진료수익과 입원진료수익으로 구분하고 다시 환자종류별, 진료과별, 수가항목별(진료행위별)로 나누어 집계할 수 있다. 진료수익을 환자종류, 진료과, 수가항목으로 구분하여 집게시에는 진료과별·수가유형별 의료수익집계표, 진료과별·수가항목별 의료수익집계표 및 진료과별·수가항목별 의료수익집계표로 분류하여 집계할 수 있다. 진료수익통계는 일별, 월별, 분기별, 연간수익통계로 집계하여 병원경영 실적분석에 이용되고 있다.

(3) 기타 수익통계

기타 수익통계에는 검진수익통계, 부대사업수익 통계(장례식장, 편의점, 커피숍, 식당수익 등) 등이 있다.

(4) 진료비 조정통계

보험자단체에서 진료비를 청구하여 심사조정후의 조정된 내용을 항목별로 집계한 통계자료를 진료비 조정(삭감)통계라 한다. 이미 발생된 보험자단체 부담진료비에 대한 통계로서 월별, 분기별, 혹은 연도별로 분석하여 경영실적관리와 의료의 질 관리활동에 이용되고 있다.

13-2 환자진료실적 분석

1. 환자 진료실적 분석

진료실적이란 병원이 제공한 의료서비스를 받은 환자의 수와 진료건수를 기초로 하여 산출되는 진료량과 진료수익, 병상이용률 등을 말하는데, 전술한 바와 같이 외래. 입원, 진료과별, 환자종류(유형)별로 집계되어 있는 환자수와 수가종목별, 환자종류별로 집계하는 진료건수를 연결시키면 여러 가지의 분석이 가능해진다.

진료실적 분석지표에는 진료량 분석지표, 진료비 분석지표, 병상이용도 분석지표, 진료권 분석지표 등이 있다.

(1) 진료량 분석지표

진료량 분석지표에는 외래환자 초진율, 외래환자 입원율, 응급환자율, 평균재원일수, 입원대 외래환자 비율, 일평균 외래환자수, 100병상당 일일평균 외래(재원)환자수, 외래(입원)환자 유형(종류)별 구성비 등이 있다. 진료량은 병원이 제공한 의료를 받은 환자의 수와 진료건수를 의미한다.

① 일평균 외래환자수(명)

연외래환자수를 외래진료일수로 나눈 값으로 일 평균 몇 명의 환자가 병원에 내원하였는가를 측정하는 것이다. 외래환자와 연인원수는 초진환자와 재진환자를 합한수를 말하며, 외래진료일수는 공휴일을 제외하며 토요일 진료시는 0.5일로 계산한다.

$$\text{일평균 외래환자수} = \frac{\text{외래환자연인원수}}{\text{외래진료일수}}$$

② 외래환자 초진율(%)

외래환자 초진율은 일정기간 동안의 연 외래환자 중 초진환자가 차지하는 비율이다 이는 병원의 환자유인력을 나타낸다. 또한 이 비율이 높아지면 병원 진료권 인구가 증가하고 병원의 신뢰도가 높아지고 있다는 것을 의미한다.

$$\text{외래환자 초진율} = \frac{\text{초진환자수}}{\text{연외래환자수}} \times 100$$

③ 외래환자 입원율(%)

외래환자 입원율은 일정기간 동안의 연 외래환자 중 그 병원에 입원하는 환자의 비율을 의미하며, 병원에 내원하는 환자의 질병의 중증도를 나타낸다.

$$\text{(1) 외래환자 입원율} = \frac{\text{실입원환자수}}{\text{연외래환자수}} \text{X}100$$

$$\text{(2) 진료과별 외래환자 입원율} = \frac{\text{진료과별실입원환자수}}{\text{진료과별연외래환자수}} \times 100$$

④ 응급환자율(%)

응급환자율은 연외래환자 중에서 응급환자가 차지하는 비율을 의미한다. 응급환자율이 높으면 입원잠재력이 높아짐을 의미하고, 지역사회주민의 병원에 대한 신뢰도를 나타낸다. 또한 응급환자비율이 높으면 입원하는 환자수도 많을 수 있다.

$$\text{응급환자율} = \frac{\text{응급환자연인원수}}{\text{외래환자연인원수}} \times 100$$

⑤ 응급환자 입원율(%)

응급환자 입원율은 응급실에 내원하여 진료한 환자 중 몇 명이 입원하였는가를 비율로 산출하는 지표이다. 응급실에 내원한 환자의 상당수가 다른 병원으로 후송된다면 병원은 지역사회로부터 신뢰를 잃게 될 뿐만 아니라, 의료수익도 감소할 수밖에 없으므로 이 비율은 입원환자관리라는 측면에서 볼 때 응급실의 효율적 관리운영을 위해 분석이 필요하다.

$$\text{응급환자 입원율} = \frac{\text{응급환자 중 입원한 환자수}}{\text{총 응급 환자수}} \times 100$$

⑥ 평균재원일수(일)

재원일수는 입원에서 퇴원까지의 일수를 말하며, 입원환자의 총 재원일수를 퇴원 실인원수로 나눈 값으로서, 입원환자가 평균 며칠동안 재원 하였는가를 파악하고 특성별 재원상황을 설명해준다.

$$\text{평균재원일수} = \frac{\text{퇴원환자재원일수 누계}}{\text{퇴원실 인원수}} \quad \text{또는} \quad \frac{\text{총재원일수}}{\frac{(\text{입원실 인원} + \text{퇴원실인원})}{2}}$$

- 평균재원일수가 길어지면 병상이용률은 높아지나 병상회전율이 낮아지고 진료건당 진료비는 증가되는 반면, 입원환자 1인당 1일 평균부담 진료비는 감소한다. 반대로 진료의 집중도가 클수록 평균재원일수는 짧아지나 환자 1인당 일평균 진료비는 증대된다.

⑦ 입원대 외래환자 비율(%)

입원대 외래환자 비율은 연외래환자수를 총 재원일수로 나눈 값으로서 입원환자수에 대한 외래환자수의 비중을 설명하고 의료수익의 외래 의존도를 나타내 준다. 이 비율이 높으면 병상이용률보다 병원이용률이 상대적으로 더 높아지며 입원환자도 증가할 가능성이 있음을 시사한다. 일반적으로 병상규모가 작은 병원은 입원환자가 상대적으로 적음으로 이 비율이 높게 나타나며, 병상규모가 큰 병원은 입원환자 중심의 진료를 하기 때문에 이 비율이 낮아지게 된다.

$$\text{입원대 외래환자비율} = \frac{\text{연외래환자수}}{\text{총재원일수}}$$

- 일반적으로 입원 대 외래환자비가 1 : 2 수준이며, 예를 들면 1,000병상 규모의 병원에서 일평균 외래환자수는 약 2,000명 이상 정도가 되어야 한다는 의미이다.

⑧ 100병상당 1일 평균 외래(재원)환자수(명)

규모가 서로 다른 병원간의 일일평균 외래(입원)환자의 진료실적을 비교해 보기위한 지표로서, 연 외래환자수(총재원일수)를 외래(입원)진료일수로 나누어 일평균 외래(재원)환자수를 산출하고 이를 다시 100병상당 외래(재원)환자수로 환산한 값이다.

가동병상수란 입원환자의 진료를 위하여 병실에 실제 투입된 병원이 보유하고 있는 병상수를 의미한다. 따라서 응급실, 분만실, 회복실, 주사실, 인공신장투석실, 신생아용 베지넷 등은 가동병상에서 제외된다.

$$\text{100병상당 일일평균외래(재원)환자수} = \frac{\text{연외래환자수(총재원일수)} \div \text{외래(입원)진료일수}}{\text{평균가동병상수/100병상}}$$

⑨ 외래(입원)환자 진료과별 구성비(%)

외래(입원)환자를 진료과별 이용형태에 따라 환자의 점유율 구성비를 측정하는 지표이다.

$$\text{외래환자 진료과별 구성비} = \frac{\text{(진료과별)외래환자연인원수}}{\text{외래환자연인원수}} \times 100$$

$$\text{입원환자 진료과별 구성비} = \frac{\text{(진료과별)입원환자연인원수}}{\text{입원환자연인원수}} \times 100$$

⑩ 외래(입원)환자 유형(종류)별 구성비(%)

외래(입원)환자를 진료비 지불형태로 구분해 볼 때 전체 외래(입원)환자에 대한 각각의 점유율을 나타낸다. 환자의 유형에는 건강보험환자, 의료급여환자, 산업재해보험환자, 자동차보험환자, 일반환자 등이 있다.

$$\text{외래(입원)환자 유형별 구성비} = \frac{\text{환자 유형별 외래환자연인원수(환자 유형별 재원환자연인원수)}}{\text{연외래환자수(재원환자연인원수)}} \times 100$$

⑪ 외래환자 1인당 방문횟수

외래환자가 평균 몇회나 본원에 와서 외래진료를 받았는가를 알기위한 지표로서 의사의 진료방침에 따라 차이가 발생할 수 있다. 이 지표는 외래진료비의 청구누락 여부 검증에 중요한 역할을 담당한다고 볼 수 있다.

$$\text{외래환자 1인당 방문횟수} = \frac{\text{진료과별 연외래환자수}}{\text{진료과별 실외래환자수}}$$

Ex) A의사는 1주일 이후에 진료 받으러 오라고 하고, B의사는 3일 후에 오라고 한다면 외래환자수가 동일할 경우라도 B의사가 담당한 외래환자의 평균방문횟수는 2배가 넘게 된다.

⑫ 외래(입원)환자 연령대별 구성비(%)

외래(입원)환자 연령대별구성비는 병원을 이용한 외래(입원)환자의 연령대별 점유 구성비를 알기위한 지표로써 0~9세, 10세 이상~19세, 20세 이상~29세, 30세 이상~39세, 40세 이상~49세, 50세 이상~59세, 60세 이상~69세, 70세 이상~79세, 80세 이상으로 구분하여 산출한다. 이 지표는 산출하여 진료과의 활성화정책 및 특수클리닉개설에 참고하기도 한다.

$$\text{외래(입원)환자 연령대별 구성비} = \frac{\text{연령대별 외래(실입원)환자수}}{\text{연외래(실입원)환자수}} \times 100$$

⑬ 예약접수율 및 예약진료율

병원의 진료예약(내원, 전화, 인터넷 등)에 대한 통계로서, 특히 예약환자는 예약된 진료일에 내원하여 진료를 받을 수 있도록 모바일안내 등을 이용 하여야하며, 부도율 관리가 무엇보다도 중요하다. 예약접수율은 연외래환자 중 예약한 환자수의 비율이며, 예약진료율은 연외래환자수 중 예약 후 실제로 진료를 받은 환자수의 비율을 말한다.

$$(1)\ 예약접수율 = \frac{예약접수환자수}{연외래환자수} \times 100$$

$$(2)\ 예약진료율 = \frac{예약진료환자수}{연외래환자수} \times 100$$

(2) 진료비 관련 분석지표

진료비 관련 분석지표는 진료과별, 환자유형별, 수가종류별로 구분하여 산출할 수 있으며 진료비 분석은 단위당 금액이나 항목별 구성비를 산출하여 이용한다. 진료비 관련 지표에는 외래 및 입원평균진료비, 100병상당 외래(입원)수익, 진료과별 외래(입원)수익 구성비, 외래(입원)진료행위별 구성비 수익 등이 있다.

① 외래환자 1인 1일당 평균진료비(원)

일정기간의 외래 진료수익을 연외래환자수로 나누어 산출한다. 외래환자 1인 1일당 평균진료비가 높다는 것은 외래수익이 많음을 의미하나 외래환자의 감소를 초래할 우려가 있다. 외래수익을 증대하기 위해서는 외래환자수를 증가시키거나 외래환자의 1인 1일당 평균진료비를 증대하여야 한다.

$$외래환자\ 1인\ 1일\ 평균진료비 = \frac{외래수익}{연외래환자수}$$

- 외래환자 1인 1일당 평균진료비는 수가종목별 진료량과 수가수준에 의해서 결정되므로 진료과별 환자종류별 외래환자 1인 1일당 평균진료비가 전년 또는 유사규모의

병원에 비해 현저히 높거나 낮게 나타났을 경우에 제공되는 환자 1인당 진료량 및 수가 수준에 대한 분석도 아울러 실시함으로써 서비스량의 적정여부 및 수가수준의 적정성여부를 검토하여야 한다.

② 입원환자 1인 1일당 평균진료비(원)

입원환자 1인 1일당 평균진료비는 일정기간의 입원진료수익을 총재원일수로 나누어 산출한다. 이는 입원환자에게 제공되는 진료량, 진료건당, 진료비수준, 재원일수에 영향을 받는다. 따라서 이 지표가 낮은 병원은 평균재원일수를 단축시키기 위하여 노력하여야 한다.

입원환자 1인 1일당 평균진료비가 높으면 병원수익에도 긍정적인 영향을 미치게 되나 입원환자수가 감소할 우려가 있다.

$$\text{입원환자 1인 1일 평균진료비} = \frac{\text{입원수익}}{\text{총재원일수}}$$

■ 한국보건산업진흥원 및 대한병원협회에서 매년 발행되는 병원경영분석자료를 참고해서 전국평균지표와 해당병원의 입원 및 외래환자 평균수익과 비교하고 분석하는데 도움이 된다.

③ 100병상당 일평균 외래(입원)수익(원)

100병상당 일평균 외래(입원)수익은 일정기간 진료과별, 환자종류별 외래(입원)수익을 외래(입원)진료일수로 나누어 일평균 수익을 산출하고, 이를 다시 100병상으로 환산하여 산출할 수 있다. 분석목적은 병원 전체의 외래(입원)수익이 타 병원과 비교하면 어떠한가를 알기 위함이다.

$$\text{100병상당 일평균 외래(입원)수익} = \frac{\text{외래(입원)수익} \div \text{외래(입원)진료일수}}{\text{평균가동병상수} \div \text{100병상}}$$

■ 이 지표는 자체의 의미도 있지만 유사규모병원과 다른 병원의 자료와 비교해 보는 것이 중요하다.

④ 진료과별 외래(입원)수익 구성비(%)

진료과별 외래(입원)수익 구성비는 진료과별 외래(입원)수익을 총 외래(입원)수익으로 나누어 백분율로 산출한다. 이는 진료과별 외래(입원)수익에 대한 상대적 기여도를 나타낸다. 환자종류별 외래(입원)수익의 구성비를 산출 할 수도 있다.

$$\text{진료과별 외래(입원)수익 구성비} = \frac{\text{진료과별 외래(입원)수익}}{\text{총 외래(입원)수익}} \times 100$$

⑤ 환자종류별 외래(입원)수익 구성비(%)

환자종류별 외래(입원)수익 구성비는 일정기간의 외래(입원)수익을 환자종류별로 구분하여 이의 총 외래(입원)수익에 대한 구성비를 백분율로 나타낸 것이다. 또한 이 지표는 총외래(입원)수익에 대한 환자종류별 외래(입원)수익의 상대적인 기여도를 나타내는데 활용되고 있다. 보다 상세한 분석을 위해서는 진료과별 환자종류별 외래(입원)수익의 구성비를 파악하여야 한다.

$$\text{환자종류별 외래(입원)수익 구성비} = \frac{\text{환자종류별 외래(입원)수익}}{\text{총외래(입원)수익}} \times 100$$

⑥ 진료행위별 외래(입원)수익 구성비(%)

진료행위별 외래(입원)수익 구성비는 일정기간 중 외래(입원)수익을 진료행위(항목)별로 구분하여 이의 총 외래(입원)수익에 대한 구성비를 백분율로 나타낸 것이다. 진료행위별 구성항목은 건강보험의 수가산정지침 분류항목(진찰료, 입원료, 검사료, 방사선료, 투약료, 주사료, 이학요법료, 정신요법료, 마취료, 처치 및 수술료, 치과, 혈액, 식대 등)에 의거 산출한다.

$$\text{진료행위별 외래(입원)수익 구성비} = \frac{\text{진료행위(항목)별 외래(입원)수익}}{\text{총 외래(입원)수익}} \times 100$$

■ 진료행위별 구성비를 산출할 때는 전체 진료비대비 또는 진료과별대비 구성비를 산출하기도 한다. 따라서 수가종목별 구성비 중에서

① 투약료, 주사료가 차지하는 비율이 너무 높으면 → 과잉투약, 고가약품을 많이 사용하는 것으로 사료되며,

② 입원실료와 식대의 구성비가 지나치게 높으면 → 장기요양환자(만성기 질환)가 많고 수술료 및 다른 행위료 비중이 상대적 낮다는 것으로 의미한다.

③ 처치 및 수술료비중이 높다면 외과계 환자의 비중이 높고, 중증도가 높은 환자가 많음을 의미한다.

⑦ 100병상당 월평균 의료수익(원)

100병상당 월평균 의료수익을 외래수익과 입원수익의 합계액을 기간 중 월수로 나누어 월 평균의료수익을 산출하고 이를 100병상으로 환산한 지표이다. 진료과별 환자종류별 월평균 진료수익을 산출할 수 있다.

$$100병상당\ 월평균\ 의료수익 = \frac{외래수익+입원수익}{평균가동병상수 \div 100병상}$$

⑧ 의료미수금 회전기간(일)

$$의료미수금\ 회전기간(일) = \frac{의료미수금잔액}{의료수익} \times 365$$

진료비 중 본인부담금을 제외한 보험자(공단)부담 미수금과 본인부담미수금의 회수기간으로서 미수금 회전기간은 짧을수록 효율성이 높다.

⑨ 보험심사조정률(%)

진료비 중 보험자 부담분의 청구액을 기준으로 한 심사조정액의 비율로 나타낸 지표이다. 병원에 따라 심사조정(삭감)률은 총진료비 대비 조정율, 청구액 대비 조정률 분석하여 경영지표로 활용하고 있다. 보험심사조정률은 보험청구유형별(건강보험, 의료급여, 산재, 자보)로 산출하여 분석한다.

$$\text{보험심사조정률} = \frac{\text{심사조정액}}{\text{총진료비(또는 청구진료비)}} \times 100$$

(3) 병상이용도 분석지표

병상이용도 분석지표에는 병원이용률, 병상이용률, 병상점유율, 병상회전율, 병상회전간격, 병상회전기간 등이 있다.

① 병원이용률(%)

병원이용률은 일정기간 중 연 입원환자수(총 재원일수)에 연 외래환자수를 환자 1인당 부담진료비를 기준으로 입원환자수를 환산 합계하여 연 가동병상수로 나눈 지표이다. 병상이용률이 입원환자 만을 대상으로 한 지표라면, 병원이용률은 입원과 외래를 동시에 평가하는 지표라고 할 수 있으며, 병원 인력시설의 활용도를 종합적으로 나타내는 지표이다.

$$\text{병원이용률} = \frac{\text{조정환자수}}{\text{연 가동 병상수}} \times 100$$

- 조정환자수란 일정기간 중 연입원환자수에 환자 1인당 부담진료비를 기준으로 하여 연외래환자수를 입원환자수로 환산하여 더한 것을 말한다. 따라서 병원이용률은 조정환자수를 연간 가동병상수로 나눈 백분율을 말한다. 참고적으로 조정환자수는 다음과 같은 공식에 의하여 계산된다.

$$\text{조정환자수} = \text{총재원일수(연입원환자수)} + \text{연외래환자수} \times \frac{\text{외래환자당 일평균진료비}}{\text{입원환자당 일평균진료비}}$$

② 병상이용률(%)

병상이용률은 일정기간 중 환자를 수용할 수 있는 상태로 가동한 병상(연 가동병상)이 실제 환자에 의해 점유된 비율이다. 병상이용률이 80%라 한다면 100병상에 대하여 80병상이 이용되고 있다는 것을 의미한다. 병상이용률은 병원의 인력 및 시설의 활용도를 간접적으로 나타내지만 이는 단편적으로 점유병상의 상황을 나타내는 정태적인 분석에 지나지 않는다.

병상이 효율적으로 운영되어 입원환자가 이용한다면 그 만큼 시설이용도가 높아지고 수익성이 좋아지며, 국가적으로 지원을 효율적으로 활용하는 결과라고 할 수 있다. 가동연병상수는 일정기간 동안의 매일 매일 가동병상수를 더한 병상수를 말한다.

$$병상이용률 = \frac{총재원일수}{연\ 가동병상수} \times 100$$

- 일반적 경영분석에서 양방병원의 병상가동율이 85% 이상이면 양호한 것으로 평가되며, 절대로 100%를 초과할 수는 없으며, 병상규모가 클수록 이 지표의 값이 높아지는 경향이 있다. 한편 연가동병상수 계산방식은 다음과 같다.

$$연가동병상수 = (평균가동병상수 \times 입원진료일수)$$

③ 병상회전율(%)

병상회전율은 일정기간에 1병상이 평균 몇 명의 입원환자를 수용하였는가를 나타내는 지표이다. 즉 일정기간 중 실제 입원 또는 퇴원한 환자수를 평균가동병상수로 나눈 지표를 말한다. 병상이용률이 높은 경우에는 평균재원일수가 짧을수록 병상회전율이 높게 나타난다. 따라서 병상회전율은 병상이용률과 병행하여 분석하는 것이 좋다.

$$병상회전율 = \frac{퇴원(입원)실\ 인원수}{평균\ 가동병상수}$$

④ 병상회전간격(일)

$$\text{병상회전간격} = \frac{\text{연 가동병상수} - \text{퇴원환자 총재원일수}}{\text{퇴원실인원수}}$$

병상회전간격은 퇴원하고 나서 다음 환자가 입원할 때까지 병상이 평균적으로 며칠간 유휴상태(유휴일수)에 있는가를 나타내는 지표이다. 병상회전간격이 짧을수록 병상이용률이 높다는 것을 의미한다. 따라서 평균재원일수가 길어지면 병상이용률은 높아지나 병상회전율은 낮아지고 진료건당 진료비는 증가되는 반면, 입원환자 1인당 1일 평균부담 진료비는 감소된다.

⑤ 병상회전기간(일)

$$\text{병상회전기간} = \frac{\text{평균가동병상수}}{\text{입원(퇴원)환자 실인원수}} \times 365$$

병상회전기간은 병상회전율 공식을 역수로 하여 산출된다. 이 지표는 연간 1병상당 다음환자를 수용하는데 평균적으로 걸리는 기간을 의미한다. 따라서 병상회전율이 36.5회라면 병상회전기간은 365 ÷ 36.5 = 10일이 된다. 그리고 병상회전기간은 평균재원일수에 병상회전간격을 더한 것이 된다. 또한 병상이용률과의 관계는 병상이용률은 평균재원일수/평균재원일수 + 병상회전간격 × 100이다.

(4) 진료권 관련 분석지표

진료권 관련 분석지표는 특정병원을 이용하는 환자들의 공간적 범위를 그 병원의 진료권이라 한다. 병원 진료권은 지역사회 안에서 병원의 역할과 지역사회 주민의 점유상태를 파악하고 향후 의료수요와 의료서비스량의 변화를 추정하기 위해 분석할 필요가 있다.

진료권 관련지표에는 지역별 환자분포율, 지역별 친화도, 거리별 환자분포율, 소요시간별 환자분포율 등이 있다.

① 지역별 환자분포율(%)

지역별 환자분포율은 특정지역으로부터 오는 환자가 몇 %나 되는가를 분석함으로써 특정병원의 진료권과 환자의 분포상황을 알 수 있다. 이 지표는 진료과별, 환자유형별 등과 같이 세분하여 분석할 수 도 있다. 또한 이 지표는 세부지역으로 나누어 분석하고 내원환자가 없는 지역은 그 원인을 심층 분석할 필요가 있다.

$$\text{지역별외래(입원)환자분포율(\%)} = \frac{\text{특정지역의 외래 실인원수(특정지역의 입원실인원수)}}{\text{총외래 실인원수(총입원실인원수)}} \times 100$$

② 친화도(%)

$$\text{지역별 친화도} = \frac{\text{일정기간 단위지역 내의 특정병원에서 퇴원한 환자수}}{\text{일정기간 단위지역에서 퇴원환자수}} \times 100$$

친화도란 특정병원이 지역사회 안에서 지역사회 주민들의 점유상태를 나타내는 지표이다. 즉 일정기간 단위지역에서 퇴원한 환자수 중 특정병원에서 퇴원한 환자수의 정도를 나타낸다. 병원을 설립하거나 증축하고자 할 경우에는 병원의 설립지역에 대한 의료수요조사를 하여야 한다. 의료수요에 대한 조사가 이루어지면 이를 바탕으로 친화도나 지역별 환자분포비율 같은 분석이 이루어 질 수 있다.

따라서 친화도는 특정지역의 퇴원환자수 중 특정병원에서 퇴원한 환자가 몇 명인가를 알아내기 위하여 계산되며, 이 비율이 높으면 높을수록 그 지역의 주민들은 특정병원을 많이 이용하고 있다는 것을 의미한다.

③ 거리별 환자분포율(%)

$$\text{거리별 환자분포율} = \frac{\text{일정한 거리 내의 외래(입원)실인원수}}{\text{총외래(입원)실인원수}} \times 100$$

거리별 환자분포율은 병원으로부터 거리별로 분류하여 거리별 환자분포를 파악하는 지표이다. 예를 들어 1Km 내에서 오는 환자의 비율, 1km에서 2km 사이에서 오는 환자의 비율을 파악할 수 있다.

④ 소요시간별 환자분포율(%)

소요시간별 환자분포율은 환자들이 병원에 오는데 걸리는 시간별로 환자분포 상태를 파악하는 지표이다. 예를 들어 병원에 오는데 5분 이내 걸리는 환자비율, 5분에서 10분 이내 걸리는 환자비율을 파악할 수 있다. 그러나 환자의 교통수단에 따라 소요시간 차이가 크기 때문에 거리별 환자분포율보다는 불확실한 정보를 제공한다고 볼 수 있다.

$$\text{소요시간별 환자분포율} = \frac{\text{일정기간 소요시간대에 속하는 외래(입원)실인원수}}{\text{총외래(입원)실인원수}} \times 100$$

- 진료권은 특정의료기간을 이용하는 환자의 공간적 분포인데 일반적으로 의료기관과 이용자의 거리가 가까울수록 특정병원의 이용환자수가 많고, 멀어질수록 감소한다. 그러나 특수한 진료를 담당하는 특수병원이나 전문병원, 상급종합병원의 경우에는 다르다고 할 수 있다.

⑤ 기타지표

환자들의 병원시설이용도 만족지수를 산출하기 위한 기초자료로는 진료 및 검사대기시간, 건강검진 예약 소요시간, 병원체류시간, 진료예약 소요시간, Refer환자 회신기간, 입퇴원수속 대기시간, 각종 접수창구 대기시간, 주차시설 이용 대기시간 등이 있다.

⑥ 환자원조사

환자원조사란 조사지역 내의 각 병원에서 일정기간동안에 퇴원한 환자의 주소를 1년 단위로 계절변동을 고려하여 표본을 추출하고 이를 근거로 어떤 지역의 환자가 어느 병원을 이용하는가를 조사하는 것을 말한다.

수행 내용 및 수행 준거

1 병원통계 및 원무통계의 개념에 대하여 이해하고, 통계의 종류에 대하여 용어를 정의한다.

병원통계는 환자수, 진료비, 질병, 수술, 사망률 등의 자료를 작성하여 병원의 운영, 의학연구, 의료기관 현황보고, 병원신임평가, 의료기관인증 등을 위한 자료를 얻는데 그 목적이 있다.

또한 병원의 각종 경영통계를 토대로 경영성과를 비교 분석하여 문제점 및 원인을 규명하고 개선방안을 마련하여 경영자를 비롯한 여러 관계자들에게 보다 정밀한 경영정보를 제공하는 것을 의미한다. 병원통계에는 ① 원무통계 ② 진료통계 ③ 병원경영통계 등이 있으며, 통계의 요건에는 ① 적시성 ② 명료성 ③ 간결성 ④ 정확성이 있다.

원무통계는 병원경영통계의 일부로서 환자 및 진료비와 관련된 통계로 병원의 진료서비스 제공결과에 따라 발생되는 의료수익을 일정한 기준에 의하여 외래 · 입원의 진료과별, 의사별, 진료형태별, 환자유형(수가종류)별, 진료행위별 등으로 분류 · 집계한 표를 말한다.

2 환자진료실적 분석지표의 종류와 내용을 이해하고 분류한다.

진료실적 분석지표에는 진료량지표, 진료비지표, 병상이용도 지표, 진료권 지표 등으로 구분한다.

① 진료량 분석지표에는 외래환자 초진율, 외래환자 입원율, 응급환자율, 평균재원일수, 입원대 외래환자 비율, 일평균 외래환자수, 100병상당 일일평균 외래(재원)환자수, 외래(입원)환자 유형(종류)별 구성비 등이 있다.

② 진료비 관련 분석지표는 진료과별, 환자유형별, 수가 종류별로 구분하여 산출할 수 있으며 진료비 분석은 단위당 금액이나 항목별 구성비를 산출하여 이용하며, 진료비 관련지표에는 외래 및 입원평균진료비, 100병상당 외래(입원)수익, 진료과별 외래(입원)수익 구성비, 외래(입원)진료행위별 구성비 수익 등이 있다.

③ 병상이용도 분석지표에는 병원이용률, 병상이용률, 병상점유율, 병상회전율, 병상회전간격, 병상회전기간 등이 있다.

④ 진료권 관련지표에는 지역별 환자분포율, 지역별 친화도, 거리별 환자분포율, 소요 시간별 환자분포율 등이 있다.

3 환자의 구분 및 산정기준에 대하여 이해하고 산출 방법을 실습한다.

(1) 환자의 유형, 초진 및 재진, 외래환자수, 입원실인원, 퇴원실인원, 입원연인원, 평균재원일수, 병상이용률, 가동병상 등

(예) 800병상인 B병원은 연간 실퇴원환자수가 26,280명이고, 연간 총재원일수가 262,800일이라면 평균재원일수는 10일로 계산된다(262,800일 ÷ 26,280명).

4 A병원의 최근 3년간 외래환자 진료실적지표 분석, 응급실이용환자 지표분석, 건강진단 수진자 이용지표분석 및 입원환자 진료실적을 비교 분석해보고 환자증가 방안을 수립한다.

① 외래환자 진료실적 지표 분석

표13-1 외래환자 진료실적 지표 분석

(단위 : 명, 원, %)

구 분	2021년	2022년	2023년	증감	전국평균
100병상당 월평균 외래환자수					
일평균 외래환자수					
외래환자당 일평균 진료비					
초진환자율					
응급환자율					
입원환자 대비 외래환자비율					

(주) 1. 100병상당 월평균 외래환자수 = (연외래환자수÷12월) ÷ (병상수/100병상)
2. 일평균 외래환자수= 연외래환자수(검진 제외)÷총진료일수(순수진료일수)
3. 외래환자당 일평균 진료비 = 연외래수익 ÷ 연외래환자수
4. 초진환자율 = 초진환자수 ÷ 연외래환자수
5. 입원환자 대비 외래환자비율 = 연외래환자수 ÷ 연입원환자수
응급환자율(%) = 응급환자수 ÷ 연외래환자수

○ 100병상당 월평균 외래환자수는 본원의 외래환자수가 적정한 수준인가의 여부를 타 병원이나 전국 평균 등과 비교하기 위한 지표이다.

② 응급환자 진료실적

표13-2 응급환자 진료실적

(단위 : 명, %)

구분		2021년	2022년	2023년	증감
총환자수	주간				
	야간 및 공휴일				
	계				
월평균 환자수					
일평균 환자수					
입원환자수(입원율)					
후송/전원환자(후송률)					
일평균 환자지수					

③ 입원환자 진료실적지표 분석

표13-3 입원환자 진료실적지표 분석

(단위 : : %, 일, 원)

구 분	2021년	2022년	2023년	증감	전국평균
가동병상수					
병상이용(가동)률					
실입원환자수					
실퇴원환자수					
총재원일수(연인원)					
평균재원일수					
환자당 일평균 진료비					
외래환자 입원율					
의료급여 환자비율					

(주) 1. 병상이용률 = 연입원환자수 ÷ (병상수 × 365일)
2. 평균재원일수 = 연입원환자수 ÷ 실입원환자수
3. 환자당 일평균 진료비 = 연입원수익 ÷ 연입원환자수
4. 외래환자 입원율 = 실입원환자수 ÷ 연외래환자수
5. 의료급여환자비율= 연입원환수 ÷ 의료급여 연입원환자수

5 A병원의 월별 환자진료실적을 작성하고 분석한다.

표13-4 월별 외래환자수 및 수익 분석

(단위 : 명, 일, 천원, %)

구분		월별						
		1월	2월	3월	4월	5월	6~12월	합계
진료일수								
환자수	초진							
	재진							
	계							
월평균 환자수								
일평균 환자수								
수익								
평균진료비								

(주) 각 진료과별로도 작성한다.

표13-5 월별 입원환자수 및 수익 분석

(단위 : 명, 일, 천원, %)

구분		월별						
		1월	2월	3월	4월	5월	6~12월	합계(평균)
환자수	실입원							
	실퇴원							
	연인원							
일평균 재원환자수								
평균재원일수								
병상이용률								
수익								
평균진료비								

(주) 진료과별로도 작성한 후 합계를 산출한다.

6 월별 환자의 유형별 · 지역별 · 연령대별 이용 점유율을 작성하고 분석한다.

표13-6 환자 유형별 점유율 분석

(단위 : %)

구분 유형	외래			입원		
	1월	2～12월	합계	1월	2～12월	합계
건강보험						
의료급여						
자동차보험						
산재보험						
일반						
계	100	100	100	100	100	100

표13-7 지역별 환자 점유율 분석

(단위 : %)

구분 지역별		외래			입원		
		1월	2～12월	합계	1월	2～12월	합계
①주진료 지역							
②부진료 지역							
계		100	100	100	100	100	100

표13-8 연령대별 수진인원 비율

(단위 : %)

구분 연령대별	외래			입원		
	1월	2～12월	합계	1월	2～12월	합계
20대 미만						
20～29						
30～39						
40～49						
50～59						
60～69						
70대 이상						
계	100	100	100	100	100	100

7 월별 보험청구 심사 조정률을 작성하고 비교 분석한다.

표13-9 건강보험 월별 진료비 청구 심사조정률 분석

(단위 : 건, 천원, %)

<table>
<tr><th colspan="2" rowspan="3">구분</th><th colspan="6">월별</th><th rowspan="3">합계</th></tr>
<tr><th colspan="4">청구내용 및 조정액</th><th colspan="2">조정(삭감)률</th></tr>
<tr><th>청구 건수</th><th>총 진료비</th><th>청구액</th><th>조정액</th><th>총진료비 대비</th><th>청구액 대비</th></tr>
<tr><td rowspan="3">건강 보험</td><td>외래</td><td></td><td></td><td></td><td></td><td></td><td></td><td></td></tr>
<tr><td>입원</td><td></td><td></td><td></td><td></td><td></td><td></td><td></td></tr>
<tr><td>계</td><td></td><td></td><td></td><td></td><td></td><td></td><td></td></tr>
<tr><td colspan="2">분석</td><td colspan="7"></td></tr>
</table>

(주) 상기 양식에 의거 보험유형별(건강보험, 의료급여, 산재보험, 자동차보험)로 작성하여 분석한다.

8 보유병상수란 무엇이며 실례를 들어 산출해본다.

(1) 보유병상수는 병원이 입원환자의 진료를 위하여 병실에 실제 투입한 보유하고 있는 병상(즉 환자가 입원하더라도 입원을 할 수 있도록 대기상태에 있는 병상)을 말하며 일반병상, 중환자병상, 보육기(Incubator) 등이 있다. 따라서 연 보유병상수는 매일 매일의 보유병상수를 누계한 것을 말한다(보유병상수 × 365일).

(2) 보유병상수의 산출방법은 매일의 보유병상수를 누계하여 기간 중 일수로 나누어 계산한다.

(Ex : 1일부터 10일까지는 100병상, 11일부터 30일까지는 200병상 보유한 병원의 월평균 보유병상수 = (10일 × 100병상 + 20일 × 200병상)/30일 = 167병상)

9 A병원의 조정환자수를 실례를 들어 산출해본다.

(실례 : 총재원일수 : 500일, 연외래환자수 : 1,000명, 입원환자 1인당 평균진료비 : 20,000원, 외래환자 1인당 일평균 진료비 : 10,000원인 경우 조정환자수는?)

산출공식은

$$조정환자수 = 총재원일수(연입원환자수) + 연외래환자수 \times \frac{외래환자당\ 일평균진료비}{입원환자당\ 일평균진료비}$$

따라서 500 + 1,000 × = 1,000명이다.

10 상기사항을 토대로 월별 환자진료실적을 작성하고 종합분석하여 경영진에게 보고한다.

수행 **Tip!**

- 대한병원협회(한국병원경영연구원) 및 한국보건산업진흥원 등 병원경영통계자료를 참고한다.

부록

예상문제

01 | 산재보험

02 | 자동차보험

객관식 예상문제

01 | 산재보험

001 산업재해보상보험법이 제정 · 공포되고 시행된 연도는 언제인가?

① 1950년 ② 1963년 ③ 1970년 ④ 1977년

002 산재보험적용사업장이 1인 이상으로 확대되어 사업이 시행된 시기는?

① 1980년 1월1일 ② 1990년 7월1일
③ 1995년 1월1일 ④ 2000년 7월1일

003 산업재해재보상보험 사업을 실제로 집행하는 고용노동부 산하기관은?

① 안전보건공단 ② 근로복지공단
③ 산업안전협회 ④ 건설공제조합

004 다음 중 근로복지공단의 주요사업업무가 아닌 것은?

① 보험가입자와 수급권자에 관한 기록의 관리. 유지
② 보험료 징수 및 보험급여의 결정과 지급
③ 근로자의 복지 증진을 위한 사업
④ 보험급여 결정 등에 관한 심사청구의 심리.결정
⑤ 근로자의 산재보험료 납부

005 산재보험 보험료는 누가 부담하는가?

① 고용주(사업주) ② 고용주와 근로자 각각 부담
③ 고용노동부 ④ 가입자가 모두 부담

006 다음 중 산재보험의 특징은?

가. 고용주 보험	나. 무과실책임주의
다. 자진신고 및 자진납부원칙	라. 정률보상방식
마. 강제사회보험	

① 가, 나
② 가, 나, 다
③ 가, 나, 다, 라
④ 가, 나, 다, 라, 마

007 다음 중 산재보험의 특징 중 관계가 먼 것은?

① 고용주 보험이다.
② 강제사회보험이다.
③ 자진신고 및 자진 납부의 원칙이다.
④ 의료기관 모두 산재보험 지정기관이다.

008 출퇴근 보험료가 징수되고 발생한 재해보험이 시행된 시기는?

① 2005년 1월1일
② 2008년 7월 1일
③ 2015년 1월 1일
④ 2018년 1월 1일

009 원 · 하청 산업재해 통합관리제도가 시행된 시기는?

① 2005년 1월1일
② 2008년 7월 1일
③ 2015년 1월 1일
④ 2018년 1월 1일

010 산재보험의 의료수가고시 기관은?

① 보건복지부 ② 고용노동부 ③ 국토교통부 ④ 기획재정부

011 산재보험의 발생요인 아닌 것은?

① 일반적 요인
② 기술적 요인
③ 직업적 요인
④ 교육적 요인
⑤ 관리적 요인

012 근로복지공단은 보험가입자의 확인이 없는 요양급여의 신청을 받은 경우에는 그 사실을 해당 근로자가 소속된 보험가입자에게 알려야 하며, 이 경우 보험가입자는 통지를 받은 날부터 ( ) 이내에 공단에 그 요양급여 신청에 대한 의견을 제출할 수 있다.

① 7일 ② 10일 ③ 15일 ④ 20일

013 산업재해보상법에 의해 보험급여를 받을 권리를 행사하지 아니하면 소멸시효가 만료되어 보험급여가 지급되지 않으므로 ( )에 공단에 청구하여야 한다.

① 1년 이내 ② 2년 이내 ③ 3년 이내 ④ 5년 이내

014 업무상 재해로 인한 부상 및 질병에 대한 산재보험의 요양기간의 적용은?

① 1일 이상 ② 2일 이상 ③ 3일 이상
④ 4일 이상 ⑤ 7일 이상

015 다음 중 산재보험의 급여 종류가 아닌 것은?

① 요양급여, 휴업급여 ② 장해급여, 유족급여
③ 상병보상연금급여, 장례비 ④ 간병급여, 직업재활급여
⑤ 일반급여, 특별급여

016 휴업급여는 평균급여(임금)의 100분의 ( )에 상당하는 금액을 지급하는가?

① 50% ② 60% ③ 70% ④ 80% ⑤ 90%

017 업무상 재해가 요양개시 후 2년이 경과하여도 치유되지 않아 폐질의 정도에 따라 지급되는 급여는?

① 휴업급여 ② 장해급여
③ 상병보상연금급여 ④ 직업재활급여

018 산재보험환자의 야간진료시 야간 가산율이 적용되지 않는 항목 중 틀린 것은?

① 재료대 ② 물리치료료 ③ 마취료 ④ 주사료 ⑤ 검사료

019 다음 중 산재보험의 비급여 항목은?

가. 상급병실료(차액) 나. MRI 다. 보조기 라. 식대

① 가, 나 ② 가. ③ 나, 라 ④ 다, 라

020 산재보험환자의 근로복지공단의 승인상병이 아닌 기왕증을 진료시(건강보험증 소지) 설명 중 관계가 먼 것은?

① 본인부담율은 본인이 부담한다.
② 보험자부담금은 심평원으로 청구한다.
③ 산재보험대상이 아니므로 진료비 전액 본인이 부담한다.
④ 진료비지급은 국민건강보험공단이 한다.

021 산재보험의 진료비 및 약제비를 근로복지공단에 정보통신망을 이용 토탈서비스(전자문서청구)로 청구시 며칠이내에 지급하도록 되어있는가?

① 7일 이내 ② 10일 이내 ③ 20일 이내 ④ 40일 이내

022 다음 중 산재보험의 요양급여의 범위가 아닌 것은?

가. 진찰 및 검사	나. 약제 및 진료재료, 보조기	다. 처치 및 수술
라. 재활치료	마. 입원	바. 간호 및 간병
사. 이송	아. 교통비	자. 특별활동비

① 가. 다 ② 나,라 ③ 마, 사 ④ 나, 바 ⑤ 아, 자

023 다음 중 산재보험의 간병급여의 종류는 어떻게 구분되는가?

① 일반간병급여와 특별간병급여 ② 내과적 간병급여와 외과적 간병급여
③ 상시간병급여와 수시간병급여 ④ 외래급여와 입원급여

024 업무상 재해를 당하거나 업무상 질병에 걸린 근로자가 요양으로 인하여 취업하지 못한 기간에 대하여 피재근로자와 그 가족의 생활보호를 위하여 지급하는 보험급여는?

① 유족급여 ② 간병급여 ③ 직업재활급여 ④ 요양급여

025 요양개시 후 2년이 경과하여도 치유되지 아니하고 요양이 장기화됨에 따라 해당 피재근로자와 그 가족의 생활안정을 도모하기 위하여 휴업급여 대신에 보상수준을 향상시켜 지급하게 되는 보험급여는?

① 요양급여 ② 상병보상연금급여
③ 직업재활급여 ④ 휴업급여

026 장례비는 근로자가 업무상의 사유로 사망한 경우에 지급하되, 평균임금의 ( )에 상당하는 금액을 그 장제(葬祭)를 지낸 유족에게 지급하는 것을 말한다.

① 80일분 ② 100일분 ③ 120일분 ④ 150일분

027 직업훈련이 필요한 산재근로자에게 직업훈련에 드는 비용과 직업훈련수당을 지급하는 직업훈련지원과 업무상 재해가 발생할 당시사업장에 복귀한 산재근로자에 대하여 사업주가 고용을 유지하거나 직장적응훈련 또는 재활운동을 실시하는 경우 직장복귀지원금, 직장적응훈련비 및 재활운동비를 지원하는 급여는?

① 장해급여 ② 상병보상연금급여
③ 직업재활급여 ④ 휴업급여

028 다음 중 산재보험의 직업재활급여 지급대상이 아닌 것은?

① 직장복귀지원금　　② 직장적응훈련비
③ 재활운동비　　④ 특별치료비

029 근로자가 보험가입자(사업주)의 고의 또는 과실로 발생한 업무상 재해로 제1급부터 제3급까지의 장해등급 또는 진폐장해등급에 해당하는 장해를 입은 경우 수급권자가 근로복지공단에 따른 손해배상청구 대신 청구할 수 있는 특별급여는?

① 장해특별급여　　② 상병보상연금급여
③ 직업재활급여　　④ 유족특별급여

030 요양급여를 받으려는 자는 소속 사업장, 재해발생 경위, 그 재해에 대한 의학적 소견, 그 밖에 고용노동부령으로 정하는 사항을 적은 서류를 첨부하여 근로복지공단에 요양급여의 신청하는 서류명은?

① 근로자 재해신청서　　② 산재보험요양급여신청서
③ 근로자산재보험신청서　　④ 산재보험 장해요양신청서

031 산재보험요양급여신청서를 근로복지공단에 제출하면 업무상재해 판정은 며칠이내에 하여야 하는가?

① 5일　　② 7일　　③ 10일　　④ 2주일(14일)

032 요양 중인 근로자는 산재보험 의료기관의 인력 · 시설 등이 그 근로자의 전문적인 치료 또는 재활치료에 맞지 않아서 다른 산재보험 의료기관으로 옮길 필요가 있는 경우에 해당하는 것은?

① 이동요양　　② 직업재활요양　　③ 재요양　　④ 전원요양

033 요양급여를 받은 자가 치유 후 요양의 대상이 되었던 업무상의 부상 또는 질병이 재발하거나 치유 당시보다 상태가 악화되어 이를 치유하기 위한 적극적인 치료가 필요하다는 의학적 소견이 있으면 다시 요양급여를 받을 수 있는 것은?

① 직업재활요양 ② 특별요양 ③ 재요양 ④ 전원요양

034 산재 요양급여를 받지 못하고 자신이 직접 의료기관에서 부담한 요양 진료비를 근로복지공단에 직접 청구하는 현금급여를 무엇이라고 하는가?

① 본인부담보상제도 ② 일반요양비청구
③ 2종요양비청구 ④ 본인부담환급금

035 심사청구는 요양급여결정에 대한 불복은 그 결정이 있음을 안 날로부터 (　　)이내에 근로복지공단의 지역본부(지사)에 청구해야 한다.

① 30일 ② 60일 ③ 90일 ④ 120일

036 공단의 심사청구에 대한 결정의 불복은 산업재해보상보험 재심사위원회에 (　　) 이내에 재심사청구를 할 수 있다.

① 30일 ② 60일 ③ 90일 ④ 120일

037 산재보험요양기관의 종별가산율 적용이 잘 못된 것은?

① 상급종합병원 : 45% ② 종합병원 : 35%
③ 병원 : 21% ④ 의원 : 15%

038 상급종합병원 및 공단에 두는 의료기관(근로복지공단직영병원)은 입원료는 해당입원료에 병원관리료를 몇% 가산하는가?

① 30% ② 50% ③ 70% ④ 100%

039 산재보험 지정 병원의 종별 가산율은?

① 15% ② 18% ③ 21% ④ 25%

040 산재보험 지정 종합병원의 종별가산율은?

① 30% ② 35% ③ 37% ④ 45%

041 근로복지공단에서 전문적인 재활치료(집중재활치료 대상자 포함)가 필요한 산재환자를 위하여 병원급 이상의 산재보험 의료기관 중에서 인력, 시설, 산재환자 요양의 적합성 등을 평가 및 심사하여 별도 인증한 의료기관은?

① 의료기관인증기관 ② 재활전문병원
③ 재활인증의료기관 ④ 산재전문의료기관

042 입원환자가 보호자나 개인 고용 간병인이 필요 없도록 간호인력에 의해 전문적인 간호서비스를 24시간 받게 됨으로써 입원서비스의 질을 향상시키고 환자 및 가족의 간병 부담을 경감시킬 수 있도록 간호사와 간호보조 인력이 전인간호서비스를 제공하는 제도는?

① 간호 · 간병통합서비스 ② 간호서비스제도
③ 의료질지원금 ④ 병동환자서비스제도

043 병원의 간호 · 간병통합서비스가 정식으로 실시된 시기는?

① 2015년 4월 1일 ② 2016년 4월 1일
③ 2017년 1월 1일 ④ 2018년 1월 1일

044 산재보험의 진료비 지불 보증기관은?

① 대한병원협회 ② 건강보험심사평가원
③ 국민건강보험공단 ④ 근로복지공단

045 산재보험의 진료비청구 심사기관은?

① 대한병원협회 ② 건강보험심사평가원
③ 국민건강보험공단 ④ 근로복지공단

046 산재보험환자의 식대부담 및 가산항목에 대한 설명 중 옳지 않는 것은?

① 식대는 근로자가 부담하지 않는다.
② 식대는 본인이 50% 부담하고 나머지 금액은 근로복지공단에 청구한다.
③ 식대 전액 진료비청구시 근로복지공단으로 청구한다.
④ 식대가산은 기본식대에다 가산항목으로 영양사, 조리사, 직영가산이 있다.

047 산재의료기관지정병원을 평가하는 곳은?

① 근로복지공단 ② 건강보험심사평가원
③ 보건복지부 ④ 대한병원협회

048 산재보험 재활인증의료기관의 우대조치사항이 아닌 것은?

① 건강보험급여항목 이학요법료 소정점수의 20% 별도산정
② 재활수가항목 26개 항목 추가 인정(비급여대상 15개 및 급여대상 기준완화)
③ 재활치료대상자의 전원지원
④ 진찰료 및 입원료 소정점수의 10% 가산

049 산재의료기관의 평가항목이 아닌 것은?

① 인력, 시설, 장비 ② 의료서비스내용 및 수준
③ 요양한 근로자의 만족도 ④ 업무상 재해를 입은 근로자에 대한 진료실적
⑤ 입원환자 중 중환자 비율

050 공무원 또는 사립학교교직원이 공무상질병이 발생한 경우 진료비청구처 및 심사 기관은?

① 국민건강보험공단 ② 건강보험심사평가원
③ 근로복지공단 ④ 국민연금공단

051 공무원이 공무상 질병 또는 부상을 입은 경우 공무상요양승인신청을 하는 기관은?

① 국민건강보험공단
② 건강보험심사평가원
③ 근로복지공단
④ 공무원연금공단

052 사립학교교직원이 공무상 질병 또는 부상을 입은 경우 공무상요양승인신청을 하는 기관은?

① 국민건강보험공단
② 사립학교교직원 연금공단
③ 근로복지공단
④ 국민연금공단

053 공무원의 직무상 불법행위나 공공시설의 설치 또는 관리상의 잘못으로 손해를 입은 국민을 위하여 국가배상법에 의거 국가나 지방자치단체에서 적정한 배상을 하여주는 제도는?

① 공무상요양제도
② 국가배상제도
③ 정부보상제도
④ 공무원배상제도

054 산재보험환자가 야간 또는 공휴일에 초진 또는 재진을 행한 경우에는 기본진찰료 소정점수의 몇 %를 가산하는가?

① 20% ② 30% ③ 50% ④ 100%

055 산재보험환자의 입원료 산정에 관한 설명으로 맞지 않는 것은?

① 1일이라 함은 12시(정오부터 다음날 12시(정오)까지를 의미한다.
② 0~6시 사이에 입원하거나, 18~24시 사이에 퇴원한 경우에는 입원료 소정점수의 50%를 별도 산정한다.
③ 6~12시 사이에 입원하거나, 12~18시 사이에 퇴원한 경우에는 동기간의 입원료는 별도 산정하지 아니한다.
④ 입원과 퇴원이 같은 날에 이루어진 경우에는 전체 입원 시간이 8시간 이상인 경우에 한하여 1일의 입원료를 산정한다.

056 산재보험의 요양급여비용청구 중 진료내역의 일부가 당월청구에서 누락되었을 때의 청구는?

① 누락청구 ② 추가청구 ③ 재청구 ④ 보완청구

057 산재보험의 요양급여비용 진료비 명세서작성시 (Ⅰ)란에 산정하여야 할 항목은?

① 검사료,이학요법료 ② 진찰료,입원료
③ 조제료,주사수기료 ④ 수술료,마취료

058 산재보험 입원환자의 요양급여비용 명세서작성시 (Ⅱ)란에 산정하여야 할 항목 중 틀린 것은?

① 검사료, 이학요법료 ② 진료재료대, 식대
③ 조제료, 주사수기료 ④ 수술료, 마취료

059 산재보험환자가 장기재원환자의 경우 며칠을 초과하여 입원진료를 하는 경우에는 연계 심사가 가능하도록 월단위로 분할 청구할 수 있는가?

① 30일 ② 60일 ③ 90일 ④ 100일

060 산재보험환자의 약품 및 진료재료가 보험급여적용시 수가산정은?

① 일반수가 ② 고용노동부 고시수가
③ 의료기관 실구입가 ④ 실구입가의 10%가산

02 | 자동차보험

061 자동차의 운행으로 사람이 사망 또는 부상하거나 재물이 멸실 또는 훼손된 경우에 손해배상을 보장하는 제도를 확립하여 피해자를 보호하고 자동차운송의 건전한 발전을 촉진함을 목적으로 하는 법은?

① 자동차보험법
② 자동차손해배상보장법
③ 책임보험법
④ 자동차사고보상법

062 업무상과실 또는 중대한 과실로 교통사고를 일으킨 운전자에 관한 형사처벌 등의 특례를 정함으로써 교통사고로 인한 피해의 신속한 회복을 촉진하고 국민생활의 편익을 증진함을 목적으로 하는 법은?

① 교통사고처리특례법
② 자동차손해배상보장법
③ 책임보험법
④ 자동차사고보상법

063 자동차손해배상보장법이 제정되어 시행된 시기는?

① 1960년 1월 1일
② 1963년 6월 1일
③ 1968년 1월 1일
④ 1980년 7월 1일

064 교통사고처리 특례법이 제정되어 시행된 시기는?

① 1982년 1월 1일
② 1985년 6월 1일
③ 1990년 1월 1일
④ 1992년 7월 1일

065 자동차보험의 진료비청구 심사 위탁기관은?

① 국민건강보험공단
② 각 보험사별
③ 건강보험심사평가원
④ 손해보험사 단체

066 자동차보험 진료비 심사 후 지급기관은?

① 국민건강보험공단 ② 각 보험사별
③ 건강보험심사평가원 ④ 손해보험사 단체

067 자동차보유자와 「보험업법」에 따라 허가를 받아 보험업을 영위하는 자가 자동차의 운행으로 다른 사람이 사망하거나 부상한 경우 이 법에 따른 손해배상책임을 보장하는 내용을 약정하는 보험은?

① 책임공제 ② 책임보험 ③ 종합보험 ④ 자동차특례보험

068 사업용 자동차의 보유자와 「여객자동차 운수사업법」, 「화물자동차 운수사업법」, 「건설기계관리법」에 따라 공제사업을 하는 자가 자동차의 운행으로 다른 사람이 사망하거나 부상한 경우 이 법에 따른 손해배상책임을 보장하는 내용을 약정하는 공제를 무엇이라고 하는가?

① 책임공제 ② 책임보험 ③ 종합보험 ④ 자동차특례보험

069 자동차 보험기간은 보험회사가 피보험자(피해자)에 대해 보상책임을 지는 기간을 말하며, 일반적으로 보험증권에 기재된 보험기간의 첫날 ( )부터 마지막 날 24시까지를 말한다.

① 9시부터 ② 10시부터 ③ 12부터 ④ 24시부터

070 개인용 자동차보험의 가입대상은 자동차등록원부상의 소유자가 개인 법정정원 ( ) 이하의 개인소유 자가용 승용차이다.

① 5인승 ② 7인승 ③ 10인승 ④ 12인승

071 업무용 자동차의 보험가입대상은 법정승차정원 (   ) 이하의 개인 소유 자가용 승용차를 제외한 모든 비사업용자동차 및 인가된 자동차학원 또는 학원 대표자 소유의 자동차이다.

① 5인승 ② 7인승 ③ 10인승 ④ 12인승

072 교통사고의 인적피해 구분 중 사망은 교통사고 발생 시로부터 (   )이내에 사망한 경우를 말한다.

① 10일 ② 15일 ③ 20일 ④ 30일

073 교통사고의 인적피해 구분 중 중상은 교통사고로 (   ) 이상이 치료를 요하는 부상을 입은 경우를 의미한다.

① 1주 ② 2주 ③ 3주 ④ 4주

074 교통사고의 인적피해 구분 중 경상은 교통사고로 5일 이상 (   ) 미만의 부상을 입은 경우를 말한다.

① 1주 ② 2주 ③ 3주 ④ 4주

075 교통사고의 인적피해 구분 중 부상은 (   )미만의 치료를 요하는 부상을 입은 경우를 말한다.

① 3일 ② 5일 ③ 7일 ④ 10일

076 다음 중 교통사고의 법적책임이 아닌 것은?

① 형사상 책임 ② 민사상책임 ③ 보상상책임 ④ 행정상책임

077 자동차보험의 형사상책임에서 차의 운전자의 업무상 또는 중대한 과실로 인하여 사람을 사상에 이르게 한 자는 (   )이하의 금고 또는 2천만원 이하의 벌금에 처하도록 되어 있다.

① 2년 ② 3년 ③ 5년 ④ 7년

078 다음 중 자동차보험의 민사상의 책임이 아닌 것은?

① 치료비 ② 벌점부과 납입 ③ 수리비 ④ 휴업손해

079 다음 중 자동차보험의 행정상의 책임이 아닌 것은?

① 벌점부과
② 면허정지
③ 면허취소
④ 자동차치료비 보상

080 책임보험금 지급대상으로 자동차사고로 사망한 경우 보상금 최고 한도액은?

① 1억 ② 1억5천만원 ③ 2억 ④ 3억

081 교통사고처리특례법의 형사처벌 면제에서 제외되는 11가지 조항 사항에 포함되지 않는 것은?

① 운전자의 신호위반, 중앙선침범, 무면허 운전, 끼어들기 금지 위반
② 당해도로 제한속도 20Km초과, 철길건널목 통과방법 위반
③ 횡단보도 보행자 보호의무위반, 음주운전
④ 인도돌진 사고, 어린이 보호구역 안전의무위반
⑤ 과속운전 위반, 안전띠 착용 의무위반

082 업무상 과실 또는 중대한 과실로 인하여 사람을 사상에 이르게 한 자는 (   )의 금고 또는 2천만원 이하의 벌금에 처하도록 되어 있는가?

① 3년 이상 ② 5년 이하 ③ 7년 이하 ④ 10년 이상

083 자동차사고의 보험금지급청구서를 제출할 때 서류가 아닌 것은?

① 청구인의 성명 및 주소, 청구인과 사망자의 관계
② 피해자 및 가해자의 성명 및 주소,
③ 사고발생일시. 장소 및 개요, 보험가입자(공제가입자 포함)의 성명 및 주소
④ 해당자동차의 종류 및 등록번호, 청구금액과 그 산출 기초
⑤ 보증인의 성명 및 주소

084 자동차보험의 포상금제도는 자동차보유자를 알 수 없는 자동차의 운행으로 다른 사람을 사망하게 하거나 부상하게 한 자동차 또는 운전자를 목격하고 대통령령으로 정하는 관계 행정기관이나 수사기관(경찰관서 및 소방관서)에 신고 또는 고발한 사람에 대하여 그 신고되거나 고발된 운전자가 검거될 경우 (　　)의 범위에서 포상금을 지급할 수 있다.

① 50만원　　② 1백만원　　③ 2백만원　　④ 3백만원

085 자동차보험수가고시 기관은?

① 보건복지부　　② 국토교통부　　③ 경찰청　　④ 고용노동부

086 자동차손해배상보장법 제12조제1항에 의거 교통사고환자에 대한 진료비 지급보증서의 발행기관은?

① 해당 보험사　　② 손해보험협회　　③ 경찰청　　④ 자동차보험협회

087 교통사고환자에 대한 진료비 지급보증 중지 통보서의 발행기관은?

① 해당 보험사　　② 손해보험협회　　③ 경찰청　　④ 자동차보험협회

088 교통사고환자가 병원에 입원 중에 부득이한 사유로 인하여 의사의 허락하에 외출 · 외박한 경우에 입원료청구는?

① 입원료 중 병원관리료만 청구한다.
② 입원료 중 의학관리료와 간호관리료만 청구한다.
③ 입원료 모두(의학관리료, 병원관리료, 간호관리료) 청구한다.
④ 입원료 중 의학관리료만 청구한다.

089 교통사고환자가 병원에 입원시 식대에 관한 설명 중 맞는 것은?

① 식대는 전액 환자가 부담한다.
② 식대는 해당보험사가 부담하고 진료비청구시 포함하여 청구한다.
③ 식대는 50% 만 본인이 부담하고 나머지 금액은 보험사 청구한다.
④ 식대는 일반식만 보험이 되며, 치료식은 비급여 대상이다.

090 다음 중 자동차보험환자의 비급여 대상항목은?

① 치료목적 성형수술
② CT, MRI, PET
③ 식대, 보조기
④ 상급병실사용료, 업무상 부상 또는 질병의 치료목적이 아닌 진료 또는 투약

091 자동차보험환자의 생활근거지에서 진료할 필요가 있어 입원 중인 교통사고환자가 수술 · 처치 등의 진료를 받은 후 해당 의료기관 또는 담당의사의 의학적 판단 결과 상태가 호전되어 더 이상 진료 중인 의료기관에서의 입원진료가 필요하지 않아 생활근거지에 소재한 의료기관으로 옮기는 것은?

① 회송 ② 전원 ③ 요양 ④ 이송

092 자동차보험으로 진료중인 환자(건강보험가입자)의 보험사의 승인상병이 아닌 기왕증을 진료시 진료비청구에 관한 설명 중 맞는 것은?

① 본인부담금(율)은 병원에 납부하고 보험자부담금은 병원이 심평원에 청구한다.
② 기왕증 진료비는 전액본인이 부담한다.
③ 외래인 경우는 전액본이 부담하고 입원진료는 병원이 심평원에 청구한다.
④ 기왕증진료비는 본인이 50% 부담하고 50%는 병원이 심평원에 청구한다.

093 자동차보험의 의료기관 종별가산율 적용 중 잘못된 것은?

① 의원: 15% ② 병원: 20%
③ 종합병원: 37% ④ 상급종합병원: 45%

094 자동차보험환자의 피하 또는 근육내주사료(마-1)는 건강보험과 달리 외래는 1일 1회, 입원은 1일 (　) 이내만 산정한다.

① 3회 ② 4회 ③ 5회 ④ 6회

095 자동차보험의 의료기관 종별 입원료산정에 대한 설명 중 잘못된 것은?

① 상급종합병원과 종합병원을 제외한 의료기관의 입원료(가-2)는 입원 51일째부터 150일까지는 해당 점수의 90%를 산정하고, 입원 151일째부터 해당 점수의 85%를 산정한다.
② 종합병원의 입원료(가-2)는 입원기간에 관계없이 해당 점수의 90%를 산정한다.
③ 상급종합병원의 입원료(가-2, 가-9)는 입원기간에 관계없이 해당 점수의 100%에 병원관리료 100%를 가산하여 산정한다.
④ 병원의 입원료는 입원료(가-2)는 입원 51일째부터 150일까지는 해당 점수의 90%를 산정하고, 입원 151일째부터 해당 점수의 85%를 산정한다.

096 의료기관이 자동차보험진료수가를 청구하면 보험회사 등은 (　)이내에 그 청구액을 지급하여야 한다. 다만, 보험회사 등이 제12조의2제1항에 따라 위탁한 경우 전문심사기관이 심사결과를 통지한 날부터 (　)이내에 심사결과에 따라 자동차보험진료수가를 지급하여야 한다.

① 20일, 10일 ② 25일, 15일 ③ 28일, 20일 ④ 30일, 14일

097 건강보험심사평가원의 원장은 자동차보험진료수가를 청구 받은 날부터 ( )이내에 해당 의료기관 및 보험회사 등에 그 심사결과를 알려야 한다.

① 15일 ② 20일 ③ 25일 ④ 30일

098 의료기관 및 보험회사 등은 건강보험심사평가원의 자동차보험 심사결과에 이의가 있는 때에는 심사결과를 통보받은 날부터 ( )이내에 건강보험심사평가원에 이의제기할 수 있다.

① 30일 ② 60일 ③ 90일 ④ 120일

099 건강보험심사평가원은 자동차보험심사의 이의제기를 받은 때에는 이의제기를 받은 날부터 ( )이내에 해당 의료기관 및 보험회사 등에게 이의제기에 대한 심사결과를 알려야 한다.

① 15일 ② 20일 ③ 30일 ④ 60일

100 다음 중 야간 또는 공휴일에 초진 또는 재진을 행한 경우에는 기본진찰료 소정점수의 몇 %를 가산하는가?

① 20% ② 30% ③ 40% ④ 50%

101 다음 중 진찰료 산정 시 응급실에 내원한 환자의 평일 야간가산 적용시간은?

① 평일 20시 ~ 익일 09시 ② 평일 18시 ~ 익일 09시
③ 토요일 14시 ~ 익일 09시 ④ 토요일 15시 □익일 08시

102 다음 중 소정 입원료의 30%를 가산할 수 없는 경우는?

① 내과질환자 ② 정신질환자
③ 만 8세 미만의 소아환자 ④ 만 70세 이상의 노인환자

103 다음 중 자동차보험의 요양급여비용(진료비 명세서) 청구시 기재사항이 아닌 것은?

① 가입자 성명 및 보험가입번호 ② 가입자의 주소, 혈액형
③ 수진자 주민번호, 요양급여 개시일 ④ 상병명, 상병코드

104 자동차보험의 요양급여비용청구 중 진료내역의 일부가 당월청구에서 누락되었을 때의 청구는?

① 누락청구 ② 추가청구 ③ 재청구 ④ 보완청구

105 자동차보험의 요양급여명세서 작성시 진료재료 (I)란에 산정하여야 하는 것은?

① 수술료 ② 약제료 ③ 검사료 ④ 방사선 촬영료

106 자동차보험환자의 야간 또는 공휴일에 시행한 진료행위 중 행위료 가산율이 적용되지 않는 것은?

① 검사료 ② 처치 및 수술료 ③ 마취료 ④ 캐스트료

107 자동차보험의 요양급여비용 명세서작성시 (I)란에 산정하여야 할 항목 중 틀린 것은?

① 진찰료, 입원료 ② 약품, 검사재료
③ 필름료, 수술재료 ④ 검사료, 수술료, 주사수기료

108 자동차보험의 입원료산정기준 중 0–6시 사이에 입원하거나, 18–24시 사이에 퇴원 경우는 입원료소정수가의 ( )를 별도 산정한다.

① 20% ② 30% ③ 50% ④ 100%

109 자동차보험의 요양급여비용 명세서 작성시 진료결과란의 표기 중 잘못 기재된 것은?

① 계속-(1) ② 이송-(2) ③ 사망-(3) ④ 회송-(3)

110 자동차보험의 진찰료산정 중 평일18시(토요일13시)~익일09시 또는 공휴일에 진찰시는 기본진찰료 소정점수의 ( )를 가산한다.

① 30% ② 20% ③ 15% ④ 10%

111 자동차보험의 진료비청구 후 반송되어 자료를 보완하여 청구하는 것을 ( )라고 하며, 진료비 청구 후 누락되어 청구하는 것을 ( )라고 한다.

① 추가청구/보완청구 ② 보완청구/추가청구
③ 보완청구/정기청구 ④ 재청구/보완청구

112 자동차보험의 요양급여비용 명세서 작성시 상병명을 기재할 때 가장 거리가 먼 항목은?

① Impression(imp) ② Rule OUT(R/O)
③ Chief Complaints(C/C) ④ Final Diagnosis

113 자동차보험 진료비청구 중 입원진료비는 퇴원일이 속한 날의 다음 주 ( )부터 청구할 수 있으며, 외래진료비(약국 포함)는 내원일이 속한 날의 다음 달 초일부터 ( )로 청구한다.

① 월요일/월별 ② 화요일/월1회 ③ 수요일/월2회 ④ 목요일/월3회

114 자동차보험회사 및 건강보험심사평가원은 진료비청구서와 명세서를 몇 년간 보관하여야 하는가?

① 1년 ② 2년 ③ 3년 ④ 5년

115 자동차보험환자가 장기재원환자의 경우 (　　)을 초과하여 입원진료를 하는 경우에는 연계 심사가 가능하도록 월단위로 분할 청구할 수 있다.

① 20일　　② 30일　　③ 60일　　④ 90일

116 자동차보험환자의 진료비 청구 전 의료기관은 진료수가를 최초로 청구하는 때에는 실제 구입가격을 확인할 수 있는 구입증빙자료(목록표)를 첨부한 자료를 심사평가원에 제출하여야 하는데 해당 목록 서류가 아닌 것은?

① 원료약 구입목록표
② 치료재료 및 비급여약제 구입목록표
③ 자체 조제(제제)약 목록표
④ 비용산정 목록표
⑤ 의료장비목록표

117 자동차보험 진료수가명세서 작성시 기재사항이 아닌 것은?

① 진료비지급보증서 관리번호
② 사고차량번호
③ 사고접수번호
④ 지급보증번호

118 자동차보험 및 산재보험 진료비청구시 명세서에 상병기재순위는?

① 배제상병- 주상병-부상병
② 주상병-부상병-배제상병
③ 주상병-추정상병-부상병
④ 부상명-주상명-배제상명

119 자동차보험의 요양급여비용 명세서작성시 (Ⅱ)란에 산정하여야 할 항목 중 틀린 것은?

① 검사료, 이학요법료
② 진찰료, 입원료
③ 조제료, 주사수기료
④ 처치 및 수술료, 마취료

120 자동차보험환자가 응급의료에 관한 법률에 의한 응급의료관리료 산정대상 응급환자에게 응급의료수가기준 중 "응급처치료"는 해당 항목을 실시한 경우에는 소정점수의 몇 %를 가산하는가?

① 20%　　② 30%　　③ 50%　　④ 100%

주관식 예상문제

01 | 산재보험

001 산업재해보상보험 제도의 목적과 특징에 대하여 설명하시오

002 산업재해보상보험의 운영체계 및 근로복지공단의 주요업무에 대하여 요약 설명하시오

003 업무상재해의 기본원칙 및 재해기준에 대하여 요약 설명하시오

004 업무상재해의 인정기준에 대하여 요약 설명하시오

005 산재보험의 종류와 지급사유에 대하여 요약설명하시오

006 산재보험의 요양급여의 범위 및 신청절차에 대하여 요약 설명하시오

007 산재보험의 보험급여 지급제한 및 구상권에 대하여 설명하시오

008 산재보험의 권리구제방법에 대하여 요약 설명하시오

009 산재보험 요양기관 종별 가산율과 입원료산정에 대하여 설명하시오

010 산재보험의 비급여대상에 대하여 요약 설명하시오

011 산재보험의 의료기관지정 신청절차에 대하여 설명하시오

012 산재보험의 진료비 및 약제비청구방법(절차)과 지급에 대하여 설명하시오

013 산재보험 진료비(요양비)명세서 작성시 기재사항에 대하여 설명하시오

014 산재보험의 외래(통원) 및 입원 진료비(요양비) 청구시기에 대하여 설명하시오

015 산재보험의 진료비 심사(기준, 기간, 지급)에 대하여 요약 설명하시오

016 산재보험의 진료비심사 지급분석 및 사후관리(이의신청, 보완청구, 추가청구)에 대하여 설명하시오

017 공무상요양보험(제도) 및 국가배상제도에 대하여 요약 설명하시오

02 | 자동차보험

001 자동차보험의 종류와 책임보험과 종합보험의 차이점에 대하여 설명하시오

002 자동차보험의 종류별 보장(담보종목)에 대하여 설명하시오

003 자동차보험의 유형 및 가입대상에 대하여 설명하시오

004 교통사고의 인적피해 구분과 음주운전 기준에 대하여 설명하시오

005 자동차사고의 법적책임(형사, 민사, 행정)에 대하여 설명하시오

006 자동차손해배상보장법의 목적에 대하여 설명하시오

007 교통사고처리특례법 및 형사처벌 면제 제외사항에 대하여 설명하시오

008 자동차보험의 의료기관 접수 및 자격관리사항에 대하여 요약 설명하시오

009 자동차보험 요양기관 종별 가산율과 입원료산정에 대하여 설명하시오

010 자동차보험의 비급여대상에 대하여 요약 설명하시오

011 자동차사고발생시 해당 보험회사 통보사항(내용)에 대하여 설명하시오

012 자동차보험의 의료기관 진료비청구 방법과 및 의료기관 현황신고에 대하여 설명하시오

013 자동차보험의 외래 및 입원 진료비 청구시기에 대하여 설명하시오

014 자동차보험 진료비명세서 작성시 (Ⅰ)란과 (Ⅱ)란의 기재사항에 대하여 설명하시오

015 자동차보험의 의료기관의 자체심사 방법과 심사전문기관 위탁심사에 대하여 설명하시오

016 자동차보험 진료수가 청구시 명세서 기재사항에 대하여 설명하시오

017 자동차보험의 진료비심사 지급분석 및 사후관리(이의신청, 보완청구, 추가청구)에 대하여 설명하시오

산재보험 및 자동차보험 예상문제(객관식) 정답

번호	정답	번호	정답	번호	정답	번호	정답
1	2	31	2	61	2	91	2
2	4	32	4	62	1	92	1
3	2	33	3	63	2	93	2
4	4	34	3	64	1	94	2
5	1	35	3	65	3	95	2
6	4	36	3	66	2	96	4
7	4	37	2	67	2	97	1
8	4	38	4	68	1	98	3
9	4	39	3	69	4	99	4
10	2	40	3	70	3	100	2
11	3	41	3	71	3	101	4
12	2	42	1	72	4	102	2
13	3	43	2	73	3	103	2
14	4	44	4	74	3	104	2
15	5	45	4	75	2	105	2
16	3	46	2	76	3	106	1
17	3	47	1	77	3	107	4
18	3	48	4	78	2	108	3
19	2	49	5	79	4	109	3
20	3	50	2	80	2	110	1
21	2	51	4	81	5	111	2
22	5	52	2	82	2	112	3
23	3	53	2	83	5	113	1
24	1	54	2	84	2	114	4
25	2	55	4	85	2	115	2
26	3	56	2	86	1	116	5
27	3	57	2	87	1	117	2
28	4	58	2	88	2	118	2
29	1	59	2	89	2	119	2
30	2	60	3	90	4	120	3

[참고문헌]

[서적 및 연구보고서]

1. 직업능력개발원/교육부(2014). NCS 병원경영기획.원무관리 직업능력개발원/교육부
2. 산업재해보상보험법, 시행령. 시행규칙
3. 자동차손해배상보장법, 시행령, 시행규칙
4. 대한병원협회(2023). 건강보험 요양급여비용. 대한병원협회
5. 김회창(2023). NCS 기반 원무관리(제4판). 보문각
6. 김회창(2021). 원무관리실무(제2판). 보문각
7. 김회창(2022). 병.의원 병원경영전략. 보문각
8. 김회창(2023). NCS 기반 건강보험실무(제5판). 보문각
9. 김회창(2014). NCS 기반 병원경영실무. 보문각
10. 김회창(2017). NCS 기반 병원경영기획. 장솔출판사
11. 김회창(2021). 병원경영평가(제2판). 보문각
12. 김회창(2019). 건강검진관리. 보문각
13. 김회창 외 28인(2020). 병원행정사/건강보험사. 보문각
14. 김회창(2020). NCS 기반 건강보험심사청구(제3판). 보문각
15. 김회창(2023). 실무중심의 의료의 질 관리(제3판). 보문각
16. 김회창, 임배만(2012~2020).병원경영진단 및 컨설팅 보고서. HM & Company
17. 강공언, 김회창 외 6인(2017). NEW 건강보험론. 메디시언/지구문화사
18. 김회창(2018). 원무관리의 효율적 운영방안. 동원대학교
19. 김수배, 이도연(2018). 원무관리론, 에듀팩토리
20. 김회창(2021). 산재보험 및 자동차보험관리(제2판). 보문각
21. 김회창(2021). 건강보험이론과 실제. 보문각
22. 보건행정교수협의회(2015). 병원행정사, 건강보험사. 계축문화사
23. 보건복지부(2023). 건강보험 행위급여 및 급여 상대가치점수. 보건복지부
24. 홍준현(2015). 의무기록정보관리학, 고문사
25. 이한기, 김한겸 외 6인(2014). 최신병리학, 수문사
26. 건강보험심사평가원(2021~2023). 건강보험 심사기준(지침). 건강보험심사평가원
27. 보건복지부(2023). 요양급여비용 청구방법, 명세서서식 및 작성요령. 보건복지부

28. 고용노동부(2023). 산업재해보험 요양급여 산정기준. 고용노동부
29. 국토교통부(2023). 자동차보험진료수가 기준 및 심사처리규정. 국토교통부
30. 보건복지부(2023). 국민건강보험법, 국민건강보험법 시행규칙. 보건복지부
31. 통계청, 대한의무기록협회(2020). 한국표준질병.사인분류. 통계청
32. 김회창, 임배만(2012). B병원 · G병원 컨설팅.교육지원사업보고서. HM&Com-pany
33. 김회창(2011). 진료비수익 및 미수금관리와 보험청구, 심사관리. 대한병원협회
34. 보건복지부(2022). 2021년 보건복지백서/보건복지통계연보. 보건복지부
36. 근로복지공단(2022). 2021년 산업재해통계. 산업재해현황분석, 근로복지공단
37. 고용노동부. 근로복지공단(2020). 산재실무편람. 근로복지공단

[사이트]

1. 한국산업인력공단 http://www.hrdkorea.or.kr
2. 한국직업능력개발원 http://www.krivet.re.kr
3. 국가직무능력표준 : www.ncs.go..kr
4. 서울아산병원: http://www.amc.seoul.kr
5. 대한병원협회: http://www.kha.or.kr
6. 의료기관평가인증원: http://www.koiha.or.kr
7. 고용노동부: http://www.moel.go.kr
8. 보건복지부: http://www.mw.go.kr
9. 국민건강보험공단 : http://www.nhis.or.kr
10. 건강보험심사평가원: http://www.hira.or.kr
11. 근로복지공단: www.kcomwel.or.kr
12. 고용산재보험토털서비스: total.kcomwel.or.kr
13. 공무원연금공단: www.geps.or.kr
14. 안전보건공단: www.kosha.or.kr
15. 현대해상손해보험: www.hi.co.kr
16. 사이버경찰청: www.police.go.kr
17. 네이버 지식 IN: www.naver.com
18. 다음 http://www.daum.net

[찾아보기]

❖ 공저자

김 회 창

- 한양대학교 행정대학원 의료행정학과(병원행정 전공)졸업
- 대구한의대학교 일반대학원 보건학과(보건학 전공) 졸업/보건학박사
- (연수) 미국 시카코 Governors University(Health care 과정)
- 동원대학교 보건의료행정과 교수 역임

정 상 진

- 한양대학교 행정학(병원행정) 석사
- 조선대학교 보건학박사
- 광주보건대학교 보건행정과 교수

박 의 수

- 충남대학교 전산학(이학석사/박사수료)
- 충남대학교 보건학박사
- 대전보건대학교 보건의료행정(학)과 교수

서 정 운

- 경남대학교 사회복지학 석사
- 인제대학교 보건행정학 박사
- 마산대학교 보건행정과 교수

방 기 현

- 인제대학교 보건학과 졸업
- 인제대학교 보건대학원 병원경영학 석사 · 보건학박사
- 동의과학대학교 보건행정과 교수

❖ 교재집필에 자문과 도움을 주신 분

성명	소속	직위
임종진	서울아산병원	관리부원장
박정미	서울아산병원	원무팀 외래Unit 차장
조형래	알비즈 보건의료 TV	대표
육성수	순천의료재단 정병원	행정부원장
전현구	참조은병원	경영지원 본부장
서현석	남기세병원	행정부원장
신민규	분당에이치병원	행정부원장
강희순	한양대학교 창원 한마음병원	원무부장
유재문	서울아산병원	응급실 부장
박상욱	현대유비스병원	행정국장
유종성	바른세상병원	원무팀장